嘉慶 平羅縣志

[清]佚名 纂　徐遠超 校注

道光 平羅記略

[清]徐保字 纂　徐遠超 校注

道光 續增平羅記略

[清]張梯 纂　徐遠超 校注

光緒 寧靈廳志草

[清]佚名 纂　胡玉冰 張煜坤 校注

光緒 平遠縣志

[清]陳日新 纂修　胡玉冰 校注

康熙 新修朔方廣武志

[清]俞益謨 高嶷 修　[清]俞汝欽 李品翕 等纂　田富軍 校注

圖書在版編目(CIP)數據

〔嘉慶〕平羅縣志/(清)佚名纂;徐遠超校注.
〔道光〕平羅記略/(清)徐保字纂;徐遠超校注.
〔道光〕續增平羅記略/(清)張梯纂;徐遠超校注.
—上海:上海古籍出版社,2018.8
(寧夏珍稀方志叢刊)
本書與"〔光緒〕寧靈廳志草;〔光緒〕平遠縣志;〔康熙〕新修朔方廣武志"合訂
ISBN 978-7-5325-8739-1

Ⅰ.①嘉… ②道… ③道… Ⅱ.①佚… ②徐… ③張… ④徐… Ⅲ.①平羅縣—地方志 Ⅳ.①K294.34

中國版本圖書館 CIP 數據核字(2018)第 032913 號

寧夏珍稀方志叢刊
〔嘉慶〕平羅縣志
(清)佚名 纂 徐遠超 校注
〔道光〕平羅記略
(清)徐保字 纂 徐遠超 校注
〔道光〕續增平羅記略
(清)張梯 纂 徐遠超 校注
〔光緒〕寧靈廳志草
(清)佚名 纂 胡玉冰 張煜坤 校注
〔光緒〕平遠縣志
(清)陳日新 纂修 胡玉冰 校注
〔康熙〕新修朔方廣武志
(清)俞益謨 高嶷 修 (清)俞汝欽 李品翯等 纂 田富軍 校注

上海古籍出版社出版發行
(上海瑞金二路 272 號 郵政編碼 200020)
　(1) 網址:www.guji.com.cn
　(2) E-mail:guji1@guji.com.cn
　(3) 易文網網址:www.ewen.co
啟東市人民印刷有限公司印刷
開本 710×1000　1/16　印張 34.75　插頁 3　字數 624,000
2018 年 8 月第 1 版　2018 年 8 月第 1 次印刷
ISBN 978-7-5325-8739-1
K・2446　定價:168.00 元
如有質量問題,請與承印公司聯繫

國家社科基金重大項目（批准號：17ZDA268）成果

國家社科基金重點項目（批准號：12AZD081）成果

寧夏大學哲學社會科學重大創新項目（項目編號：SKZD2017002）成果

《寧夏珍稀方志叢刊》編審委員會

主　　任：姚愛興

副 主 任：崔曉華　金能明　張　廉　何建國　許　興　劉天明
　　　　　　謝應忠

委　　員：(按姓氏筆畫排序)　方建春　田富軍　安正發　李進增
　　　　　　李學斌　李建設　邵　敏　貟有強　馬春寶　湯曉芳
　　　　　　楊　浣　劉鴻雁　薛正昌　韓　超　韓　彬　羅　豐

學術顧問：陳育寧　吳忠禮

主　　編：胡玉冰

總　　序

胡玉冰

　　地方舊志在中國傳統的古籍"四分法"中屬於史部地理類，但它所記載的內容遠遠超出了歷史學、地理學範疇，舉凡政治、經濟、語言、文學等亦多有涉及，故舊志往往被稱爲一地之全史，其學術研究價值也就不言而喻。對舊志進行規範整理與研究，既有助於準確理解其內容，也有助於客觀分析其價值，從而達到古爲今用、推陳出新的目的。規範的舊志整理會爲今人研究提供極大的便利，否則就會有誣古人，貽誤後人。開展陝甘寧三省地方舊志整理與研究工作，是以筆者爲學術帶頭人的學術團隊長期堅持的學術方向。2012年，筆者著《寧夏地方志研究》由中國社會科學出版社正式出版。2018年，該書修訂後改名《寧夏舊志研究》，由上海古籍出版社正式出版。該書首次對寧夏舊志進行了系統全面的研究，基本摸清了寧夏舊志的家底，尤其梳理清楚了寧夏舊志的版本情況。2012年，筆者主持的"寧夏地方文獻整理與研究"獲批爲國家社科基金重點項目。以此爲契機，筆者提出了全面整理寧夏舊志的科研設想，計劃用三年（2015—2018）時間，將傳世的寧夏舊志全部規範整理，成果分批出版，匯編爲叢書《寧夏珍稀方志叢刊》，首批8部成果由中國社會科學出版社2015年正式出版。

　　自元迄清，嚴格意義上的寧夏舊志有38種，傳世的寧夏舊志有33種，其中9種爲孤本。寧夏舊志中，元代《開成志》成書時代最早，惜已亡佚；完整傳世者最早編修於明代；清代編成者傳世數量最多。傳世舊志中，成於明代者6種，成於清代者20種，成於民國者7種。從舊志編纂類型看，有通志7種，分志（州志、縣志）26種。除中國外，日本、美國等也藏有寧夏舊志。日藏數量最多，種類較全，8家藏書機構共藏有13種原版舊志，其中兩種爲孤本。日本主要通過商貿活動與軍事掠奪這兩種方式輸入寧夏舊志。寧夏舊志整理研究工作主要始於20世紀80年代，在文獻著錄、綜合或專題研究、文本整理刊佈等方面取得了一定的成就，爲寧夏文史研究奠定了資料基礎。但也要實事求是地認識到，隨著各種與寧夏有關的新資料不斷發現，尤其是多學科研究視角的創新，已有成果中存在的諸多不足越來越明顯。如在文獻著錄時因部分舊志未能目驗，或者學術見解不同，致使著録内容存在分歧甚至錯誤。研究成果多爲概括性、提要式介紹，多角度、多學科深入分析的成果缺乏。整理成果只是部分解決了舊志存在的文字或内容問題，整理方法不規範、質量不高的現象較爲突出。學術發展的需要，要求舊志整理要更加規範化，整體質量要進一步提高。整理研究寧夏舊志，需要科學的理論與方法來指導。在充分吸收他人學術經驗的基礎上，通過整理研究實踐工作，我們也形成了一些自己的認識，在此想總結出來，與大家一起交流探討。

一、整理前的準備工作

整理舊志，前期需要全面了解整理對象，對其編修者、編修經過、主要内容、文本的語言風格、版本傳世情況等要深入研究。規範整理舊志，要以扎實的研究成果爲基礎，以便選擇最佳底本，準備合適的參校文獻，制定規範的整理方法。

（一）確定整理對象

爲保證舊志整理工作的順利開展，提高工作效率，確定整理對象是正式開始舊志整理前首先要做的，也是必須要做的工作。確定整理對象時，要綜合分析其學術價值、史料價值、傳世情況及今人閱讀理解該對象的困難程度等，一方面要認真通讀原作，另一方面，要同步查檢古今目録文獻對原作的著録情況。

通讀原作，有助於全面了解志書的内容及其史源、結構體例及其語言特點等情況。對内容及其史源的了解，可以幫助我們確定該志有無整理的必要。如傳世的民國十四年（1925）朱恩昭修纂 6 卷本《豫旺縣志》一直被學界當作寧夏同心縣重要的地方文獻在利用。實際上，這部舊志是撮抄之作，並非編者獨立編修。編纂者直接把《〔民國〕朔方道志》中與同心縣前身鎮戎縣有關的内容撮抄出來，參考《朔方道志》的體例，再雜以《〔光緒〕平遠縣志》的部分内容，把資料匯爲一編，取名《豫旺縣志》行世。在明晰了《朔方道志》與《豫旺縣志》的關係後，我們認爲没有必要再整理《豫旺縣志》，只需將《朔方道志》整理出來即可。

對舊志結構體例的了解有助於對舊志存真復原。如天津古籍出版社 1988 年版《寧夏歷代方志萃編》、海南出版社 2001 年版《故宫珍本叢刊》等叢書都影印出版了明朝楊壽等纂修的《〔萬曆〕朔方新志》，所據底本原有補版現象，某些版面的内容重複，特別在卷二有幾處嚴重的錯頁、錯版現象，天津、海南的影印本都未能給予糾正。這些問題若不能發現，整理成果就會出現内容錯亂現象。

每種舊志的編修都有其具體的時代背景,舊志的語言與內容一樣具有時代性,通讀舊志,了解其語言特點,掌握其語言規律,有助於更好地開展標點、分段工作。凡古籍,遣詞造句都有一定的時代風格和特點,只要其內容或文字無誤,就不能按當代行文習慣或理解對原文進行增、删、改等,否則就是替古人寫書。有些舊志語句原本就是通順的,符合特定時代的語言規範,若整理者在原志語句中隨意增加"之""於""以"等字,看似符合當代人的閱讀習慣了,實則畫蛇添足。

同步查檢古今目錄文獻對舊志原作的著錄情況,將著錄內容與通讀舊志時了解的情況相對照,一方面,可以加深對舊志基本情況的了解,使得對舊志的了解更具條理性。另一方面,可以驗證著錄是否準確,糾正存在的問題,以求對舊志基本信息的了解更符合實際。如朱栴編修的《寧夏志》,明朝周弘祖編《古今書刻》上編中就有著錄,這是目錄學著作中最早著錄《寧夏志》的。張維 1932 年編《隴右方志錄》時,據《〔乾隆〕寧夏府志》所載內容著錄《寧夏志》,由於他未經眼《寧夏志》,以爲該書已佚,故著錄其爲佚書,且將書名誤著錄爲《永樂寧夏志》,《寧夏地方志存佚目錄》《稀見地方志提要》等,都沿襲了張維的錯誤。較早披露日藏《寧夏志》信息的是《日本主要圖書館研究所所藏中國地方志總合目錄》,但將"朱栴"誤作"朱㭎"。《中國地方志聯合目錄》《寧夏地方文獻聯合目錄》《甘肅省圖書館藏地方志目錄》《中國地方志總目提要》等對《寧夏志》也作了著錄或提要。其中《中國地方志聯合目錄》以《寧夏志》重刻時間定其書名爲《萬曆寧夏志》,巴兆祥《中國地方志流播日本研究》下編《東傳方志總目》沿襲此說。

(二)了解整理對象的研究現狀

確定整理對象,並對其有基本的認識和了解後,還需要梳理、分析整理對象的學術研究現狀,主要包括目錄著錄、研究論著、整理成果等三方面的信息。

1. 目錄著錄

查檢古今目錄的著錄內容,可以對舊志修纂者、卷數、流傳、內容、館藏、版本等情況有基本的了解。對著錄的每一條信息,都要結合原志進行核查,發現問題,一定要深入研究。如《中國地方志聯合目錄》《甘肅省圖書館藏地方志目錄》均著錄了一部《〔乾隆〕平涼府志》,爲"清乾隆間修,光緒增修,抄本"。[①] 此書孤本傳世,原抄本藏於南京圖書館。甘肅省圖書館有傳抄本,筆者在開展陝甘舊志中寧夏史料輯校工作時,最初設想把此志作爲重要的參校文獻。國家圖書館出版社 2012 年版《南京圖書館藏稀見方志叢刊》第十五和第十六冊即爲《平涼府

---

① 中國科學院北京天文臺編:《中國地方志聯合目錄》,中華書局 1985 年版,第 212 頁。

志》。筆者通過研究發現,古代目錄書中沒有著錄過乾隆時期編修的《平凉府志》,且乾隆以後的平凉各舊志的編纂者也未曾提到過乾隆時期編修《平凉府志》一事,通過對比發現,南圖藏本實際上是撮抄《〔乾隆〕甘肅通志》中的平凉府部分而成,且成書時間不會早於同治十三年(1874),故其雖爲孤本,但無校勘整理價值,所以我們放棄了以此書做參校本的最初設想。

2. 研究論著

充分梳理、分析他人對整理對象的研究成果,一方面,可以使我們清晰地看到學界對整理對象研究的角度及深入程度,避免重複勞動。另一方面,發現已有成果中存在的問題,結合自己的研究糾正這些問題,提高對整理對象的研究水準。如現藏於日本東洋文庫的海内外孤本《〔光緒〕寧靈廳志草》是研究寧靈廳的一手材料,張京生最早撰文研究,①巴兆祥研究最爲詳實,②胡建東、張京生提供了整理文本。③ 各家整理研究各有優長,部分整理研究成果亦多值得商榷之處。通過研究,我們的結論是:該本係編纂者稿本,正文内容有67頁。是書類目設置上全同《甘肅通志》,撰寫方法及輯錄内容則多同《〔嘉慶〕靈州志迹》。因其非定稿,故編修體例、内容、文字等方面尚需進一步完善、充實、修訂,但其在研究寧靈廳歷史、地理、經濟、教育、語言等方面的價值還是應該值得肯定。

3. 整理成果

充分重視研讀已有的整理成果,可以幫助我們了解目前整理所達到的水準,明確重新整理所要達到的目標。如《寧靈廳志草》出版過兩種整理本,通過比較研究,我們發現,兩整理本在整理體例、整理方式、整理結論等方面都存在缺憾。兩書出現多處標點錯誤,誤識原抄本文字,任意剪接原書内容,變亂原書體例,校勘粗糙,原稿中的多處錯誤未能校出,注釋不嚴謹,出現多處誤注現象,等等。有鑒於此,儘管《志草》已出版了兩種整理本,但我們決定還是要重新整理它。

(三) 確定底本,選擇參校本及其他參考文獻

通過查檢目錄著錄,實地開展館藏調查,將目驗的各本進行分析比較,梳理出舊志的版本系統後,最終確定一種爲工作底本。原則上,底本當刊刻或抄錄質量較優,内容最全。底本確定後,還要確定一批參校本和他校資料。一般而言,若舊志版本系統不複雜,建議將傳世各本都列爲參校本,以最大限度地發現底本

---

① 張京生:《〈寧靈廳志草〉考述》,《圖書館理論與實踐》1992年第1期;《歷史的見證——日本藏清稿本〈寧靈廳志草〉的學術價值探析》,《圖書館理論與實踐》2008年第6期。
② 巴兆祥:《日本藏孤本寧夏〈寧靈廳志草〉考述》,《寧夏社會科學》2002年第5期。
③ 寧夏人民出版社2008年版胡建東整理本《光緒寧靈廳志》,陽光出版社2010年版張京生整理本《光緒寧靈廳志草》。

中存在的問題，整理出最優的文本。

　　他校資料的選擇，在通讀舊志時就開始着手進行。整理者可在通讀原本的基礎上，將舊志中明確提到的他書文獻進行梳理，列爲基本參考文獻，並在其後的整理實踐中不斷充實、完善。他校資料的確定，有的可以根據舊志本身提供的信息來選擇。如《〔弘治〕寧夏新志·凡例》言："宦迹在前代者據正史，在國朝者序其時之先後而不遺其人，備參考也。"這就提示我們，校勘《〔弘治〕寧夏新志》的《人物志》《宦迹》時，一定要以正史如《史記》《漢書》等爲他校材料。《凡例》又説："沿革、赫連、拓跋三《考證》，悉據經史及朱子《通鑑綱目》、本朝《續綱目》摘編。"這提示我們，《〔弘治〕寧夏新志》的三卷考證内容，必須要以宋朝朱熹、趙師淵撰《資治通鑑綱目》、明朝商輅撰《續資治通鑑綱目》爲基本的對校資料。《凡例》之後的《引用書目》列舉了編修《〔弘治〕寧夏新志》所引的 42 種文獻，基本按引書成書時代排序。這些文獻，只要有傳世，就一定要將其列入參考文獻之中，因爲它們都是《〔弘治〕寧夏新志》最直接的史料來源。

　　選擇他校資料時，切不可畫地爲牢，只關注某一地區，而是要結合一地的地理沿革情況，擴大他校資料的搜集範圍。歷史上，西北地方陝甘寧三地的地緣關係和政治、文化等關係都非常密切。寧夏在明朝隸屬陝西布政使司管轄，在清朝則隸屬甘肅省管轄，成於明清時期的陝西、甘肅地方文獻特别是舊地方志中，散見有非常豐富且重要的寧夏歷史資料。《〔嘉靖〕陝西通志》《〔萬曆〕陝西通志》《〔康熙〕陝西通志》等三志是陝西舊通志中寧夏史料最豐富者。《〔嘉靖〕平涼府志》所載明朝固原州、隆德縣史料非常系統、豐富。《〔乾隆〕甘肅通志》《〔宣統〕甘肅新通志》是甘肅舊通志中寧夏史料最豐富者。上述六種陝甘舊志中的寧夏史料，爲明清寧夏舊志編纂提供了最豐富、最系統的基本史料。明清寧夏舊志多因襲陝甘通志的材料和編纂體例。如寧夏《〔萬曆〕朔方新志》自《〔嘉靖〕陝西通志》取材，嘉靖、萬曆《固原州志》自《〔嘉靖〕平涼府志》取材，《〔光緒〕花馬池志迹》自《〔嘉慶〕定邊縣志》取材，《〔乾隆〕寧夏府志》《〔民國〕朔方道志》從體例到内容分别受《〔乾隆〕甘肅通志》《〔宣統〕甘肅新通志》的影響，等等。同時，明清時期的寧夏舊志也是研究陝甘文史、整理陝甘舊志的重要資料，如明朝正德、弘治、嘉靖三朝《寧夏志》成書時間均早於《〔嘉靖〕陝西通志》，都可爲整理後者提供重要的參校資料。所以，整理陝、甘、寧任何一省的舊志，尤其是通志及相鄰地區的舊志，確定他校資料時一定要同時關注另外兩省的舊志資料。

　　另外，出土文獻和檔案材料也是重要的他校資料，過去的研究者均未予重視。如慶靖王朱㮵之名，文獻中還出現過"朱㭎""朱㯋"等兩種寫法，筆者據出土於寧夏同心縣的《慶王壙志》，結合明清傳世文獻，考證認爲，慶王之名當爲"朱㭬"而非"朱梅",更非"朱旆"。① 再如,《寧夏府志》卷十三《人物》載,寧夏鄉賢謝王寵"壽七十三卒",而據寧夏靈武出土的《清通義大夫謝觀齋墓志銘》載,謝王寵生於康熙十年(1671),卒於雍正十一年(1733),享年六十三(虛歲),故可據以改正《寧夏府志》記載的錯誤。②

(四) 編寫整理説明

整理説明的主要作用有二,一是規範整理方法,二是方便利用整理成果。整理説明要扼要、準確,方法力求易於操作,切忌繁瑣。一篇規範的整理説明是需要反復完善的。舊志正式整理之前,可先據常規的古籍整理規範,就標點、注釋、校勘等工作草擬出基本的整理要求,選擇部分舊志内容先開展預備性整理工作。再結合遇到的具體問題,對整理説明不斷完善。凡多人合作開展舊志整理工作,或在相對固定的時間内整理多部舊志時,整理説明的這些完善步驟尤其重要。必要時,可選擇典型問題,集體討論,形成統一意見。待整理方法合乎規範、易於操作之後,再最後定稿整理説明,讓它成爲大家都要遵守的原則要求,不能輕易改變。

二、整理的具體環節及方法

整理的前期準備工作結束後,就進入到具體的整理環節了。下面主要從"録文""標點""校勘""注釋"等幾方面談談具體的整理方法。

(一) 録文、標點

具體整理舊志的第一個環節就是録文。高質量地將底本文字轉録爲可以編輯的文檔,可以有效減少由出版機構照原手稿重新録排造成的錯誤。一般來説,録文要求在内容上一仍底本原貌(包括卷帙、卷次、文字、分段等),不改編,以保持内容的原始性、完整性和獨立性,便於整理者與底本對校。將以繁體字出版的舊志,特别需要重視底本存在的異體字、俗體字、通假字、古今字等用字現象,除因特殊的出版要求外,志書原字形不當以意輕改。如有的整理者改"昏"爲"婚",改"禽"爲"擒",改"地里"爲"地理",等等,均顯係誤改。利用軟件進行繁簡字轉換時,要注意其識别率。有些简體字,軟件無法將其轉换成繁體字,有些甚至會

---

① 參見胡玉冰:《寧夏舊志研究》,上海古籍出版社 2018 年版,第二章第一節。
② 參見胡玉冰、韓超:《清代寧夏人謝王寵生平及其〈愚齋反經録〉考略》,《圖書館理論與實踐》2015年第 2 期,第 105—108 頁。

轉換錯誤,如動詞"云"誤轉作"雲",地支"丑"誤轉作"醜",職官名"御史"誤轉作"禦史",表示距離的"里"誤轉作"裏"。因出版要求,還要注意新舊字形問題,如"戶""吕""吴""黄""彦"等爲舊字形,相對應的新字形則是"户""吕""吴""黄""彦"。舊志用字,常有字形前後不一現象,如"强、彊、強""蹟、跡、迹""敕、勅、勑""爲、為"等幾組字,可能會在同一部舊志中交替出現,這類字的字形統一當慎重。整理時原則上遵從舊志原版的用字習慣,盡量用原書字形(俗字或異體字)。多種字形混用者,可統一爲出現頻次較多的字形。但有的整理者將"並、幷、竝、併""采、彩、綵、採""升、陞、昇"三組字分別統改爲"並""采""升",就很值得商榷了。

不同的字形,若有其特殊的用途或意義,就不能隨意地合并統改。特别是地名用字,一定不能以今律古。如寧夏平羅縣之"平羅"係清朝開始使用的地名用字,《〔萬曆〕朔方新志》卷一《地理》中作"平虜",《〔康熙〕陝西通志》卷二《疆域·寧夏衛》避清朝諱改作"平羅"。整理時不能將《朔方新志》的"平虜"改爲"平羅",因爲明朝原本就叫"平虜",清朝因避諱而改,因此不能因其今名而改動明朝舊志的地名用字。同樣,整理清朝舊志,就需要把明朝的地名回改爲當時的用字。如《〔乾隆〕寧夏府志》卷二《地里·疆域·邊界》"北長城"條"雖有平虜城""以故於平虜城北十里許"兩句,"平虜"原均作"平羅",當據《〔萬曆〕朔方新志》卷二《外威·邊防》回改爲"平虜"。

整理者録文時對文稿要做一定的文檔編輯工作,認真閲讀原志,合理區别内容層次及隸屬關係,規範標注各級標題。舊志常用不同的版式風格和大小字體來區分不同類型的内容,録文時要給予充分的考慮。舊志常用不同類型的符號來標示内容的層級隸屬關係,充分理解了這一點,有助於録文時對内容進行分段。舊志原版中多雙行小字,有的雙行小字是補充説明性質的文字,有的雙行小字是解釋性文字。録文排版舊志原版中的雙行小字,若字體、字號同正文文字,就有可能使讀者不能正確判斷原志内容的隸屬關係,有的還可能造成標點符號的混亂,影響對文意的理解。故録文時,最好以不同的字體、字號把舊志原版雙行小字與正文區别開來。

處理舊志中的地圖等圖像文獻時要注意,舊志往往不用一整幅版面來呈現完整的圖像,而是分兩個半版來呈現,今人整理時最好能將其合二爲一。合成後的圖像文獻盡可能保持版面清晰,必要時可將原版中模糊不清的字迹、綫條等修飾清晰,以便他人的正確利用,但有一個原則,那就是不能以意亂改。不要改變原字體,不能改變原綫條走向等,盡量保持原版原貌。有些整理者會請專業的繪圖人員照舊圖另外繪制新圖,上述原則也應該遵守。修飾原版中模糊不清的文字時,盡量結合正文中的相應内容如《疆域》《城池》等内容,避免出錯。

舊志標點，可根據現行標點符號的用法，結合古籍整理的通例，進行規範化標點，具體可參考中華書局編寫的《古籍校點釋例（初稿）》（原載《書品》1991年第4期）。爲統一舊志的標點工作，某些要求可以細化。如整理寧夏舊志時統一規定，凡原書中用以注明具體史料出處的"通志""府志""郡志""縣志""新志""舊志"之類，能考證確定所指文獻者，在正文中均加書名號，標點作《通志》《府志》《郡志》《縣志》《新志》《舊志》，並脚注説明具體所指文獻。如："府志：指《〔乾隆〕寧夏府志》。"凡不能確定具體所指者，則不加書名號，亦脚注説明。如："縣志：具體所指文獻不詳。"

（二）注釋

以往舊志整理，多注重對疑難字詞、典故、人名、地名等的注解，爲進一步提高舊志的利用價值，還應加强以下幾方面内容的注釋工作：

1. 史料出處的注釋

舊志於行文中有時會注明史料出處，但無定制，如朱栴《寧夏志》卷上《河渠》所引史料出處包括："酈道元水經""周禮""西羌傳""唐吐蕃傳""李聽傳""地理志""會要""元和志""元世祖紀""張文謙傳""郭守敬傳"等，考其諸文，分别指酈道元《水經注》、《周禮·地官司徒·遂人》、《後漢書》卷八七《西羌傳》、《新唐書》卷二一六下《吐蕃傳》、《新唐書》卷一五四《李晟傳附李聽傳》、《新唐書》卷三七《地理志》、《唐會要》、《元和郡縣圖志》、《元史》卷五《世祖本紀》、《元史》卷一五七《張文謙傳》、《元史》卷一六四《郭守敬傳》，如果整理者不對其引文細加考究并給予注明，讀者恐怕很難判斷引文的具體出處。

2. 原文體例中資料互見者的注釋

地方舊志行文時，常常會出現"見前""見《進士》""見《藝文》""詳見《人物》""詳見《鄉賢》"等字樣，對這些内容進行注釋，一方面可以驗證原志記載是否可信，另一方面，省去讀者查檢之勞。

3. 干支紀年及缺省内容的注釋

舊志紀年多以干支爲主，有的會承前省略帝王年號，有些行文中常常不出現人物全名，只稱某公，或只稱其職官名，具體年代及人物在原文中没有交代，故整理者當結合上下文來注釋，以幫助讀者正確理解。如多種寧夏舊志中均收録有唐朝楊炎《靈武受命宫頌并序》一文，記載了唐肅宗李亨至德元年（756）至靈武即皇帝位事，其中有"丁卯，廣平王俶、太尉光弼、司徒子儀、尚書左僕射冕、兵部尚書輔國"句。"丁卯"指何時，廣平王等具體指何人，若不熟悉該序寫作時間及歷史背景的話，很難搞清楚。有關唐肅宗李亨至靈武即皇帝位事，《舊唐書》卷十

《肅宗本紀》、《新唐書》卷六《肅宗本紀》、《資治通鑒》卷二一八《唐紀三十四》、《通鑒紀事本末》卷三一中《安史之亂二》等有記載，有的記載相同，有的則相異。如肅宗李亨至靈武和即位的時間，四書記載一致，均記載他於七月辛酉（七月初九）至靈武，甲子（七月十二）即位。而大臣奏請李亨即皇帝位的上奏時間，《舊唐書》記載在七月辛酉，即李亨到達靈武的當天。《新唐書》記載在七月壬戌，是李亨到達靈武的第二天。《資治通鑒》《通鑒紀事本末》記載在七月甲子，是李亨到達靈武的第四天，也就是他即皇帝位的當天。而《靈武受命宮頌》記載的時間"丁卯"（七月十五）則是李亨到達靈武的第七天，是他即位後的第三天了，《資治通鑒》《通鑒紀事本末》都載，這天，上皇制以太子亨充天下兵馬元帥，領朔方、河東、河北、平盧節度都使，南取長安、洛陽。很明顯，楊炎所記時間與事實不符。關於上奏人，《舊唐書》《資治通鑒》《通鑒紀事本末》都記爲"裴冕、杜鴻漸等"，《新唐書》記爲"裴冕等"。而《靈武受命宮頌》所提及的李光弼、郭子儀此時均不在靈武。因此，整理者通過梳理文獻當注明，人物分別指廣平王李俶、太尉李光弼、司徒郭子儀、尚書左僕射裴冕、兵部尚書李輔國，但李光弼、郭子儀此時均不在靈武。所記上奏時間史書記載不一，楊炎所記"丁卯"疑誤。

（三）校勘

以往寧夏舊志的整理本中，有價值的校勘成果非常少見，更說明舊志整理一定要加強校勘工作。校勘的方法，常用的是校勘四法，即對校、本校、他校、理校，此四法往往需要綜合運用，不能只是簡單地運用其中的某一種方法。筆者校勘《寧夏志》卷上《祥異》"永樂甲戌歲金波湖產合歡蓮一"句，查明成祖"永樂"年號紀年干支名（自癸未至甲辰，1403—1424）中無"甲戌"。《寧夏志》卷下《題詠》錄有凝真（朱㭎之號）七律《戊戌歲金波湖合歡蓮》一首，所詠即爲永樂年間金波湖出"祥瑞"合歡蓮一事。故知"永樂甲戌歲金波湖產合歡蓮一"句中"甲戌"當作"戊戌"，永樂戊戌歲即永樂十六年（1418）。

古籍整理要充分吸收已有研究成果，以最大限度地減少原始文本中存在的錯誤，避免利用者以訛傳訛。朱㭎編修《寧夏志》卷下錄有兩篇重要的西夏文獻，其中《大夏國葬舍利碣銘》有"大夏天慶三年八月十日建"句，朱㭎考證後認爲，葬舍利時間"乃夏桓宗純祐天慶三年、宋寧宗慶元二年丙辰也"。寧夏舊志編者甚至許多當代學者都認同這一結論。據牛達生先生考證，[①]"天慶三年"句當作"大

---

① 參見牛達生：《〈嘉靖寧夏新志〉中的兩篇西夏佚文》，《寧夏大學學報》1980年第4期，第44—49頁。

慶三年",故朱橚的考證結論當改作"乃夏景宗元昊大慶三年、宋仁宗景祐五年戊寅也"。

校勘所用他校資料不能失之過簡,亦不能失之過濫,某些關係明確的他書資料當作爲重要的他校資料重點利用,如《〔乾隆〕寧夏府志》大量内容來自《〔萬曆〕朔方新志》和《〔乾隆〕甘肅通志》,我們就要將這兩種舊志作爲《寧夏府志》最主要的他校資料。關於這一點,可以結合整理前要進行參校文獻篩選工作來理解。校勘成果的表達要規範、簡練,術語使用要準確。校勘時凡改必注,改動一定要有堅實的證據,否則只出異文即可。

三、整理研究舊志規範

(一) 整理力求存真復原

整理舊志,不能變亂舊式,隨意在原文中增加原本沒有的文字内容,切忌以今律古。舊志,特別是明清舊志,都有一定的編修體式,不應隨意去變亂它。如許多舊志每條凡例之前都會有"一"這一符號,以使凡例眉目清晰,可有的整理者誤認爲其爲序號,將其改成阿拉伯數字或漢語數目字等。有舊志整理者爲便於讀者統計,往往在山名、河名、人名、詩題、文題等之前添加序數詞,看似眉目清晰了,實則違反了古籍整理的原則。實際上,古人在刻舊志時,往往有一套符號系統表示層次及隸屬關係,今人隨意增加,實在有畫蛇添足之嫌。更有甚者,會調整原書内容的次序、位置,任意删並原志,這就完全變成是當代整理者編修的地方志了。宋人彭叔夏在其《文苑英華辨證自序》中記載:"叔夏嘗聞太師益公先生(指宋人周必大)之言曰:'校書之法:實事是正,多聞闕疑。'"舊志整理要力求做到存真復原,按照一定的整理原則對舊志進行規範的整理。

(二) 研究需要實事求是

評價舊志,一定要實事求是,充分了解舊志編纂的時代性特點,不可苛求古人、求全責備。評價一部舊志的價值,常常從體例、内容兩方面着手,而内容猶重。譚其驤先生曾說過:"舊方志之所以具有保存價值,主要在於它們或多或少保留了一些不見於其他記載的原始史料。"[①]這實際上要求我們,在評價舊志内容價值時,要區别看待,只有獨見於志書的内容價值才更高些,而那些因襲其他

---

① 譚其驤:《地方史志不可偏廢,舊志資料不可輕信》,載《中國地方史志論叢》,中華書局 1984 年,第 12 頁。

志書，或者自其他史書中摘抄的内容，其價值就要另當別論了。如寧夏舊志，其科舉、賦稅、公署、學校、藝文等資料多獨見於志書者，而人物類資料多自他志承襲，評價内容價值時，就要慎言人物類資料的價值。另外，寧夏舊志承襲前代史料時多未加以辨别考證，致使其中的錯誤也被承襲，甚至錯上加錯。如隋朝人柳或徙配地在"朔方懷遠鎮"，自明朝《〔弘治〕寧夏新志》始，一直被作爲流寓寧夏的歷史名人而載之史册。明朝胡侍《真珠船》"懷遠鎮"條考證認爲，柳或徙配地"朔方懷遠鎮"在遼東，與今寧夏無關。《〔弘治〕寧夏新志》《〔嘉靖〕寧夏新志》《〔嘉靖〕陝西通志》《〔萬曆〕朔方新志》等均誤以爲柳或流放在今寧夏故地，故載柳或爲寧夏流寓者。《〔乾隆〕甘肅通志》亦襲其說。過去研究寧夏舊志者都僅限於舊志本身談其價值，没能從史料流傳上分析其價值。如評價《〔乾隆〕銀川小志》内容及學術價值時，有學者認爲該志幾乎將與寧夏有關的歷代詩文全部輯録在志書中，所輯録的水利、學校、風俗等資料都很有研究價值，等等，這些觀點值得進一步商榷。實際上，《〔乾隆〕銀川小志》相當多的内容都是照録明朝人所編寧夏舊志，並非汪繹辰的獨創。從内容的完整性和全面性來看，該志尚不能與明朝所編的寧夏舊志相比。① 有學者認爲，寧夏舊志中以資料而論有三條最爲珍貴，其中的一條就是《〔乾隆〕寧夏府志》中的《恩綸記》。可事實上此段史料最早出自《平定朔漠方略》，《〔乾隆〕寧夏府志》還將左翼額駙"尚之隆"誤抄作"尚之龍"。②

加强舊志的比較研究，會有助於提升舊志的研究水準。比如，以往從事西北古代文史研究特别是寧夏古代文史研究者常將寧夏舊志當作第一手資料來利用，而從史源學角度看，這些資料實際上並非"一手"，而多是從陝甘地方志中輯録的。從現有的寧夏舊志整理成果看，學者也多没有把陝甘方志資料當作必需的參校資料來利用，致使寧夏舊志沿襲自陝甘方志的文字錯訛衍倒、内容遺漏及新增的文字、内容錯誤問題都没有得到糾正，使後人以訛傳訛。同時，從事陝甘古代文史研究、開展陝甘舊方志整理研究，也要注意借鑒寧夏舊志的整理研究成果。辨明史料正誤，以避免以訛傳訛。

（三）成果確保完整呈現

一部完整的舊志整理之作，至少要包括五部分内容：第一，前言。主要介紹舊志的整理研究現狀、編修始末、編修者、版本、内容、價值等方面。第二，校注説

---

① 參見胡玉冰：《寧夏舊志研究》，上海古籍出版社 2018 年版，第三章第一節。
② 參見韓超：《甘肅舊志中的寧夏史料述考》，寧夏大學 2014 届碩士畢業論文，第 43 頁。

明。説明底本、校本等選擇情況,列舉標點、注釋、校勘等原則。第三,新編目錄。舊志一般都有原編目錄,但不便今人利用,故要據整理成果編輯眉目清晰、層次分明、使用方便的新目錄。第四,舊志正文。第五,參考文獻。目前出版的舊志中,有些不列舉參考文獻,有些參考文獻或按文獻出版時間排序,或按在文中出現的順序排序,或按或書名、作者名首字的音序排序,這些都起不到指導學術研究的作用。參考文獻要便於按圖索驥,最好能分類編排。依四庫法進行排列,就是很好的選擇。某些舊志,可根據需要增加索引、附録等内容。編索引可方便使用者查找相關專題資料,附録可在一定程度上彌補舊志正文内容不足的缺點。如民國時期寧夏地區對土地、資源等進行過較爲詳細地調查,形成的調查報告是最原始的檔案資料,這些資料往往散見且不能單獨成書,但它們對有關舊志而言具有很好的補充作用,故應該在附録中予以保留。

目　　録

總序 …………………………………………………… 胡玉冰　1

〔嘉慶〕平羅縣志

前言 ……………………………………………………………… 3
整理説明 ………………………………………………………… 8
〔嘉慶〕平羅縣志 ……………………………………………… 9
　疆域 …………………………………………………………… 9
　形勢 …………………………………………………………… 9
　山川 …………………………………………………………… 9
　古迹 ………………………………………………………… 10
　城池 ………………………………………………………… 10
　堡寨 ………………………………………………………… 11
　橋梁 ………………………………………………………… 13
　公署 ………………………………………………………… 14
　學校 ………………………………………………………… 15
　壇廟 ………………………………………………………… 15
　坊表 ………………………………………………………… 16
　市集 ………………………………………………………… 16
　户口 ………………………………………………………… 16
　田賦 ………………………………………………………… 17
　雜賦 ………………………………………………………… 18
　水利 ………………………………………………………… 18
　官制 ………………………………………………………… 18
　驛遞 ………………………………………………………… 20
　宦迹 ………………………………………………………… 20

鄉獻	20
科貢	20
貢生	21
武科	22

〔道光〕平羅記略

前言	27
整理說明	39
〔徐保字〕平羅記略序	41
平羅記略凡例	43
平羅記略圖目	45
平羅輿地全圖	45
縣治圖	46
唐、惠、昌三渠圖	46
賀蘭山圖	47
平羅記略採訪姓氏	48
平羅記略總目	49
平羅記略卷一	50
象緯	50
星野	50
躔次	50
輿地	51
沿革	51
方域	52
形勢	53
山川	53
邊隘	55
平羅記略卷二	57
古迹	57
城障	57
州鎮	57
營寨	58

寺觀 …………………………………………… 58
　　　名勝 …………………………………………… 59
　建置 ……………………………………………… 60
　　　城池 …………………………………………… 60
　　　公署 …………………………………………… 60
　　　學校 …………………………………………… 61
　　　堡屯 …………………………………………… 62
　　　倉廩 …………………………………………… 65
　　　橋梁 …………………………………………… 65
　　　坊表 …………………………………………… 67
　　　市集 …………………………………………… 67
　　　郵傳 …………………………………………… 68
平羅記略卷三 ………………………………………… 70
　風俗 ……………………………………………… 70
　　　習尚 …………………………………………… 70
　　　制度 …………………………………………… 70
　　　禮儀 …………………………………………… 71
　　　時令 …………………………………………… 71
　　　占驗 …………………………………………… 72
　物產 ……………………………………………… 74
　　　穀屬 …………………………………………… 74
　　　蔬屬 …………………………………………… 74
　　　果屬 …………………………………………… 75
　　　貨屬 …………………………………………… 76
　　　藥屬 …………………………………………… 77
　　　木屬 …………………………………………… 78
　　　花屬 …………………………………………… 78
　　　草屬 …………………………………………… 79
　　　禽屬 …………………………………………… 79
　　　獸屬 …………………………………………… 80
　　　鱗屬 …………………………………………… 81
　　　介屬 …………………………………………… 81
　　　蟲屬 …………………………………………… 81

平羅記略卷四 ································· 84
水利 ································· 84
河渠 ································· 84
閘壩 ································· 87
堤埂 ································· 88

平羅記略卷五 ································· 90
賦役 ································· 90
民數 ································· 90
民田 ································· 90
地丁 ································· 92
廠租 ································· 92
學田 ································· 94
鹺法 ································· 94
解款 ································· 94
支款 ································· 94
雜賦 ································· 95
蠲免 ································· 95
祠祭 ································· 96
崇祀 ································· 96
群祭 ································· 97
壇壝 ································· 97

平羅紀略卷六 ································· 99
職官 ································· 99
知縣 ································· 99
縣丞 ································· 100
訓導 ································· 102
主簿 ································· 102
典史 ································· 103
平羅營參將 ································· 103
守備 ································· 106
千總 ································· 107
把總 ································· 107
洪廣營游擊 ································· 107

守備……109
　　把總……109
　武衛……110
　　營俸……110
　　兵制……110
　　糧餉……111
　　馬政……111
　　軍器……111
　　圍場……112
　　塘汛……112
　　邊功……113
　　恤典……114
　選舉……116
　　進士……116
　　舉人……116
　　貢生……117
　　武進士……117
　　武舉人……118
　　吏員……119
　　行伍……119
　　蔭階……120
平羅記略卷七……122
　人物……122
　　名宦……122
　　鄉達……123
　　儒林……124
　　忠烈……124
　　孝友……125
　　義行……125
　　耆德……126
　　隱逸……126
　　仙釋……126
　　烈女……126

平羅記略卷八 …… 132
　　藝文 …… 132
　　　疏 …… 132
　　　書 …… 136
　　　碑 …… 141
　　　記 …… 148
　　　銘 …… 151
　　　詩 …… 152
　　　賦 …… 160
　　志異 …… 161
〔徐保字　平羅記略跋〕 …… 164
〔項廷綬　平羅記略跋〕 …… 165
〔邵煜　平羅記略跋〕 …… 166

〔道光〕續增平羅記略

前言 …… 169
整理説明 …… 174
〔張梯　續增平羅記略序〕 …… 176
〔郭鴻熙　續增平羅記略序〕 …… 177
續增平羅記略姓氏 …… 178
續增平羅記略卷一 …… 179
　　建置 …… 179
續增平羅記略卷二 …… 181
　　賦役 …… 181
　　　民田 …… 181
　　　蠲免 …… 181
　　　廠租 …… 182
續增平羅記略卷三 …… 183
　　職官 …… 183
　　　知縣 …… 183
　　　訓導 …… 183
　　　縣丞 …… 183

主簿	184
典史	184
平羅營參將	184
守備	185
千總	185
把總	185
洪廣營游擊	185
守備	185
把總	186
選舉	186
文舉人	186
貢生	186
武舉	187
雜職	187
行伍	187
續增平羅記略卷四	**188**
人物	188
耆德	188
恤典	188
續增平羅記略卷五	**189**
藝文	189
碑	189
詩	190
志瑞	193
參考文獻	**194**
一、古代文獻	194
二、現當代文獻	197

〔光緒〕寧靈廳志草

前言	201
整理說明	221
寧靈廳歷代沿革表〔第一〕	223

星野志第二	223
建置第三	225
疆域第四	228
山川第五	231
城池第六	232
公署第七	233
學校第八	235
關梁第九	236
祠祀第十	237
貢賦第十一	239
兵防第十二	242
水利第十三	243
驛遞第十四	247
蠲恤第十五	247
鹽法第十六	247
茶馬第十七	248
物産第十八	248
風俗第十九	249
古迹第二十	251
祥異第二十一	252
陵墓第二十二	253
封爵第二十三	253
職官第二十四	253
名宦第二十五	258
選舉第二十六	261
人物第二十七	261
忠節第二十八	261
孝義第二十九	262
隱逸第三十	262
流寓第三十一	263
仙釋第三十二	263
方伎第三十三	263
列女第三十四	263

藝文第三十五 …………………………………………………… 264
　河源記　元　潘昂霄 ………………………………………… 265
　重修邊牆記　巡撫　趙時春 ………………………………… 265
　峽口禹廟碑 …………………………………………………… 266
　峽口山　〔宋〕張舜民 ……………………………………… 267
　漢渠春漲　〔明〕慶靖王 …………………………………… 267
　月湖夕照 ……………………………………………………… 267
　峽口吟　僉事　齊之鸞 ……………………………………… 267
　青銅禹迹　石茂華 …………………………………………… 267
　初夏放舟青銅峽口，因登百塔寺，用《松陵集》中楞伽精舍倡和韻
　　　金匱　楊芳燦　蓉裳 …………………………………… 268
　同作　無錫　侯士驤　凌衢 ………………………………… 269
　同作　浦江　周爲漢　蟠東 ………………………………… 270
　邊牆　楊芳燦 ………………………………………………… 271
　前題　郭楷　雪莊 …………………………………………… 271
　前題　松江　俞訥 …………………………………………… 272
　前題　侯士驤 ………………………………………………… 272
　前題　秦崟源 ………………………………………………… 272
　前題　楊承憲 ………………………………………………… 272
　重修米谷寺碑記　明成化十年 ……………………………… 272
　重修米谷寺碑記　明隆慶元年　明慶王府左長史　胡光
　　　川南人 …………………………………………………… 273
　濟勝泉記　統帶中路蜀軍　陝西陝安道　黃鼎　蜀川人 … 274
　劉忠壯公祠堂碑文　内閣學士兼禮部侍郎銜　署户部左侍郎
　　　周壽昌　湖南長沙縣人 ………………………………… 274
　蜀軍昭忠祠記　統帶中路蜀軍　陝西陝安道　黃鼎
　　　蜀川人 …………………………………………………… 276
　祭劉忠壯公文　喻光容　仙橋　湖南人 …………………… 277
　皖軍昭忠祠碑記　統帶卓勝軍　記名提督　金運昌 ……… 278
　簡勇節公祠碑記　洪翼　翰騫 ……………………………… 278
　揭告回逆狀　靈州貢生　道以德 …………………………… 279
增採新章十條 …………………………………………………… 294
　方言第一 ……………………………………………………… 294

户口第二……294
　　倉儲第三……294
　　度支第四……294
　　鄉鎮第五……296
　　金石第六……296
　　厘税第七……296
　　實業第八……296
　　巡警第九……297
　　學堂第十……297
附録……310
　一、宣統寧靈廳地理調查表　撫民同知　饒守謙……310
　二、〔宣統〕靈州地理調查表　靈州知州　曾麟綏……313
參考文獻……319
　一、古代文獻……319
　二、現當代文獻……321

〔光緒〕平遠縣志

前言……325
整理説明……333
〔魏光燾〕創修平遠縣志序……335
〔陳日新　平遠縣志序〕……336
平遠縣志凡例……337
平遠縣志目録……338
平遠縣志卷一……339
　圖考……339
平遠縣志卷二……341
　歲時……341
　　氣候……341
　　風雨霜雪冰雹……341
平遠縣志卷三……342
　建置……342

沿革 ………………………………………………… 342

　　疆域 ………………………………………………… 343

　　形勝 ………………………………………………… 343

　　城池 ………………………………………………… 343

　　公署 ………………………………………………… 344

　　倉庫 ………………………………………………… 344

　　里甲 ………………………………………………… 344

　　驛站 ………………………………………………… 344

　　鋪司 ………………………………………………… 344

　　撥插 ………………………………………………… 344

　　社倉 ………………………………………………… 344

平遠縣志卷四 …………………………………………… 346

　　山川 ………………………………………………… 346

　　　山 ………………………………………………… 346

　　　水 ………………………………………………… 347

　　　八景 ……………………………………………… 348

　　　地宜 ……………………………………………… 348

平遠縣志卷五 …………………………………………… 349

　　古迹 ………………………………………………… 349

　　　秦隴山蠻説略　附 ……………………………… 350

平遠縣志卷六 …………………………………………… 353

　　田賦 ………………………………………………… 353

　　　賦始 ……………………………………………… 353

　　　原畝額徵 ………………………………………… 353

　　　清丈額徵 ………………………………………… 354

　　　鹽課 ……………………………………………… 354

　　　户口 ……………………………………………… 354

　　　物産 ……………………………………………… 354

平遠縣志卷七 …………………………………………… 356

　　學校 ………………………………………………… 356

　　　學額 ……………………………………………… 356

　　　選舉 ……………………………………………… 356

平遠縣志卷八 ·········· 357
官師 ·················· 357
新設文員 ············ 357
新設武員　附兵 ······ 357

平遠縣志卷九 ·········· 359
人物 ·················· 359
宋 ··················· 359
金 ··················· 359

平遠縣志卷十 ·········· 360
藝文 ·················· 360
明 ··················· 360

附録 ···················· 375
一、《〔宣統〕甘肅新通志》所載平遠縣史料 ·· 375
卷一《天文志》 ········ 375
卷三《輿地志·圖考》 ·· 376
卷四《輿地志·沿革表·平遠縣》 ·· 376
卷五《輿地志·疆域·平遠縣》 ···· 377
卷六《輿地志·山川上·平遠縣》 ·· 377
卷八《輿地志·形勝·平遠縣》 ···· 379
卷九《輿地志·關梁·平遠縣》 ···· 379
卷十一《輿地志·風俗》 ············ 380
卷十三《輿地志·古迹·平遠縣》 ·· 380
卷十四《建置志·城池·平遠縣》 ·· 380
卷十五《建置志·官廨》 ············ 380
卷十六《建置志·貢賦上》 ·········· 381
卷十七《建置志·貢賦下·户口》 ·· 381
卷十八《建置志·倉儲》 ············ 381
卷十九《建置志·驛遞》 ············ 381
卷二〇《建置志·鹽法》 ············ 382
卷二三《建置志·厘稅》 ············ 382
卷二八《祠祀志·祠宇上·平遠縣》 ·· 382
卷三〇《祠祀志·寺觀·平遠縣》 ···· 382

卷三一《學校志·學額》……………………………………………… 382
　　卷三五《學校志·書院》……………………………………………… 382
　　卷三六《學校志·義學》……………………………………………… 383
　　卷三八《學校志·學堂》……………………………………………… 383
　　卷三九《學校志·選舉上》…………………………………………… 383
　　卷四〇《學校志·選舉下》…………………………………………… 383
　　卷四一《兵防志·兵制》……………………………………………… 383
　　卷四二《兵防志·塞防》……………………………………………… 384
　　卷四三《兵防志·巡警》……………………………………………… 384
　　卷四八《職官志·歷代官制》………………………………………… 384
　　卷五三、卷五四《職官志·職官表》………………………………… 384
　　卷六六《人物志·群材一·固原直隸州·國朝》…………………… 385
　　卷七〇《人物志·忠節一·固原直隸州·國朝》…………………… 387
　　卷七八《人物志·列女三·固原直隸州·國朝》…………………… 388
二、《〔宣統〕甘肅固原直隸州平遠縣地理調查表》
　　（清）秦瑞珍　　呈報 …………………………………………… 401
三、《〔民國〕朔方道志》所載鎮戎縣史料 …………………………… 416
　　《朔方道志》卷之二《輿地志上》…………………………………… 416
　　《朔方道志》卷之三《輿地志下》…………………………………… 419
　　《朔方道志》卷之四《建置志上》…………………………………… 421
　　《朔方道志》卷之五《建置志下》…………………………………… 422
　　《朔方道志》卷之八《貢賦志上》…………………………………… 424
　　《朔方道志》卷之九《貢賦志下》…………………………………… 425
　　《朔方道志》卷之十《學校志》……………………………………… 426
　　《朔方道志》卷之十一《兵防志》…………………………………… 427
　　《朔方道志》卷之十二《職官志一》………………………………… 427
　　《朔方道志》卷之十三《職官志二》………………………………… 429
　　《朔方道志》卷之十五《職官四》…………………………………… 430
　　《朔方道志》卷之十七《人物志二》………………………………… 430
　　《朔方道志》卷之十八《人物志三》………………………………… 431
　　《朔方道志》卷之十九《人物志四》………………………………… 431
　　《朔方道志》卷之二十一《人物志六》……………………………… 433

《朔方道志》卷之二十二《人物志七》⋯⋯⋯⋯⋯⋯⋯⋯⋯⋯ 434
《朔方道志》卷之二十三《人物志八》⋯⋯⋯⋯⋯⋯⋯⋯⋯⋯ 434
《朔方道志》卷之三十一《志餘下》⋯⋯⋯⋯⋯⋯⋯⋯⋯⋯⋯ 434

參考文獻⋯⋯⋯⋯⋯⋯⋯⋯⋯⋯⋯⋯⋯⋯⋯⋯⋯⋯⋯⋯⋯⋯ 438
　一、古代文獻⋯⋯⋯⋯⋯⋯⋯⋯⋯⋯⋯⋯⋯⋯⋯⋯⋯⋯⋯⋯ 438
　二、現當代文獻⋯⋯⋯⋯⋯⋯⋯⋯⋯⋯⋯⋯⋯⋯⋯⋯⋯⋯⋯ 440

〔康熙〕新修朔方廣武志

前言⋯⋯⋯⋯⋯⋯⋯⋯⋯⋯⋯⋯⋯⋯⋯⋯⋯⋯⋯⋯⋯⋯⋯⋯ 445
整理説明⋯⋯⋯⋯⋯⋯⋯⋯⋯⋯⋯⋯⋯⋯⋯⋯⋯⋯⋯⋯⋯⋯ 457
〔俞汝欽　　新修朔方廣武志序〕⋯⋯⋯⋯⋯⋯⋯⋯⋯⋯⋯ 459
新修朔方廣武志姓氏⋯⋯⋯⋯⋯⋯⋯⋯⋯⋯⋯⋯⋯⋯⋯⋯⋯ 460
凡例⋯⋯⋯⋯⋯⋯⋯⋯⋯⋯⋯⋯⋯⋯⋯⋯⋯⋯⋯⋯⋯⋯⋯⋯ 461
朔方廣武志目録⋯⋯⋯⋯⋯⋯⋯⋯⋯⋯⋯⋯⋯⋯⋯⋯⋯⋯⋯ 463
朔方廣武志卷之上⋯⋯⋯⋯⋯⋯⋯⋯⋯⋯⋯⋯⋯⋯⋯⋯⋯⋯ 466
　廣武圖説⋯⋯⋯⋯⋯⋯⋯⋯⋯⋯⋯⋯⋯⋯⋯⋯⋯⋯⋯⋯⋯⋯ 466
　　廣武疆域地理圖⋯⋯⋯⋯⋯⋯⋯⋯⋯⋯⋯⋯⋯⋯⋯⋯⋯⋯ 466
　天文志⋯⋯⋯⋯⋯⋯⋯⋯⋯⋯⋯⋯⋯⋯⋯⋯⋯⋯⋯⋯⋯⋯⋯ 468
　　分野星宿圖⋯⋯⋯⋯⋯⋯⋯⋯⋯⋯⋯⋯⋯⋯⋯⋯⋯⋯⋯⋯ 468
　地里疆域志⋯⋯⋯⋯⋯⋯⋯⋯⋯⋯⋯⋯⋯⋯⋯⋯⋯⋯⋯⋯⋯ 469
　城池志⋯⋯⋯⋯⋯⋯⋯⋯⋯⋯⋯⋯⋯⋯⋯⋯⋯⋯⋯⋯⋯⋯⋯ 469
　建置沿革志⋯⋯⋯⋯⋯⋯⋯⋯⋯⋯⋯⋯⋯⋯⋯⋯⋯⋯⋯⋯⋯ 470
　坊表志⋯⋯⋯⋯⋯⋯⋯⋯⋯⋯⋯⋯⋯⋯⋯⋯⋯⋯⋯⋯⋯⋯⋯ 471
　風俗志⋯⋯⋯⋯⋯⋯⋯⋯⋯⋯⋯⋯⋯⋯⋯⋯⋯⋯⋯⋯⋯⋯⋯ 471
　山川志⋯⋯⋯⋯⋯⋯⋯⋯⋯⋯⋯⋯⋯⋯⋯⋯⋯⋯⋯⋯⋯⋯⋯ 471
　形勝志⋯⋯⋯⋯⋯⋯⋯⋯⋯⋯⋯⋯⋯⋯⋯⋯⋯⋯⋯⋯⋯⋯⋯ 472
　户口志⋯⋯⋯⋯⋯⋯⋯⋯⋯⋯⋯⋯⋯⋯⋯⋯⋯⋯⋯⋯⋯⋯⋯ 472
　屯田〔志〕⋯⋯⋯⋯⋯⋯⋯⋯⋯⋯⋯⋯⋯⋯⋯⋯⋯⋯⋯⋯⋯ 472
　賦役志⋯⋯⋯⋯⋯⋯⋯⋯⋯⋯⋯⋯⋯⋯⋯⋯⋯⋯⋯⋯⋯⋯⋯ 473
　水利志⋯⋯⋯⋯⋯⋯⋯⋯⋯⋯⋯⋯⋯⋯⋯⋯⋯⋯⋯⋯⋯⋯⋯ 473
　宦迹志⋯⋯⋯⋯⋯⋯⋯⋯⋯⋯⋯⋯⋯⋯⋯⋯⋯⋯⋯⋯⋯⋯⋯ 473

明 ……………………………………………………	473
國朝 …………………………………………………	476
兵馬志 ……………………………………………………	477
官俸志 ……………………………………………………	478
兵丁粮餉志 ………………………………………………	478
邊墩志 ……………………………………………………	478
塘墩志 ……………………………………………………	478
隘口志 ……………………………………………………	479
邊外水頭志 ………………………………………………	479
公署行署志 ………………………………………………	479
公署 …………………………………………………	479
行署 …………………………………………………	479
演武教場志 ………………………………………………	479
廣武倉厰志 ………………………………………………	479
學校志 ……………………………………………………	480
文武科貢監志 ……………………………………………	480
文武科貢監生 ………………………………………	480
例監生 ………………………………………………	481
鄉獻志 ……………………………………………………	481
武階志 ……………………………………………………	482
忠志 ………………………………………………………	483
孝志 ………………………………………………………	484
節志 ………………………………………………………	484
義志 ………………………………………………………	484
古迹志 ……………………………………………………	485
祥異志 ……………………………………………………	486
廟宇寺觀庵祠志 …………………………………………	486
橋閘志 ……………………………………………………	487
塋墓志 ……………………………………………………	488
物産志 ……………………………………………………	488
朔方廣武志〔卷之下〕 ………………………………	499
詞翰 ……………………………………………………	499

詩 …………………………………………………… 499
　　傳記 ………………………………………………… 503
　　募引 ………………………………………………… 513
　　貤封 ………………………………………………… 513
　　〔墓志銘〕 …………………………………………… 516
參考文獻 ……………………………………………… 522
　一、古代文獻 ……………………………………… 522
　二、現當代文獻 …………………………………… 525

後記 ……………………………………………… 胡玉冰　527

〔嘉慶〕平羅縣志

(清)佚名　纂　徐遠超　校注

前　　言

　　石嘴山市位於寧夏回族自治區北端，爲自治區直轄地級市，今轄一縣（平羅縣）、二區（大武口區、惠農區）。清朝在今石嘴山市轄境内還曾設新渠縣、寶豐縣。關於平羅、新渠、寶豐等三縣的設廢問題，學者已有所考辨。[①] 筆者想要强調的是，新渠、寶豐二縣裁汰後，其所屬堡寨並非如某些學者所言全歸平羅縣，而是大部分歸併平羅縣管轄，另有部分堡寨則歸寧夏縣管轄。《清實錄·世宗雍正皇帝實録》卷二五載，雍正二年（1724）十月丁酉，從川陝總督年羹堯奏言，廢明朝衛所制，改置府、縣，平虜所爲平羅縣，屬甘肅省寧夏府管轄。卷四四載，雍正四年（1726）五月乙未，議政王大臣等議復川陝總督岳鐘琪等奏，新設新渠縣。卷七五載，雍正六年（1728）十一月壬戌，工部等衙門議復川陝總督岳鐘琪遵旨酌議督理查漢托護工程侍郎通智、單疇書折奏事宜，新設寶豐縣。《清實録·高宗乾隆皇帝實録》卷八八乾隆四年（1739）三月壬子條載：“吏部等部議復欽差兵部右侍郎班第疏稱，寧夏地震，所屬新渠、寶豐率成冰海，不能建城築堡仍復舊規，請將二縣裁汰；所有户口，從前原系招集寧夏、寧朔等鄉民人，令其仍回原籍；有願留傭工者，以工代賑，俟春融凍解，勘民可耕之地，設法安插，通渠溉種；其管道歸寧夏水利同知管理。應如所請。從之。”[②] 這條資料記載了寧夏地震後，清朝原設新渠、寶豐二縣的裁汰善後事宜的基本原則。據《〔乾隆〕寧夏府志》卷五《建置·堡寨》載，寧夏縣所屬堡寨共21處，通寧堡、通朔堡、通貴堡、通昶堡、通吉堡等五堡“皆雍正三年新設，屬新渠縣。後縣廢，歸併寧夏縣”。[③] 平羅縣所屬堡寨共62處，洪廣堡等14處堡皆舊户，通義堡等48處“皆新户里名，多未築堡。新渠、寶豐二縣廢，地入平羅者，曰新户”。[④]

　　現存的平羅舊志共有3部，均編成於清代。其中《平羅縣志》最早當抄成於

　　[①] 參見魯人勇等：《寧夏歷史地理考》，寧夏人民出版社1993年版，第293—299頁，第303—305頁；吴忠禮等：《寧夏歷史地理變遷》，寧夏人民出版社2008年版，第167—170頁，第175—176頁。
　　[②] 吴忠禮、楊新才主編：《〈清實錄〉寧夏資料輯録》，寧夏人民出版社1986年版，第160頁。
　　[③] （清）張金城等修纂：《〔乾隆〕寧夏府志》，胡玉冰、韓超校注，中國社會科學出版社2015年版，第100頁。
　　[④] （清）張金城等修纂：《〔乾隆〕寧夏府志》，胡玉冰、韓超校注，第106頁。

清朝嘉慶十四年（1809）或其後，抄錄者可能是平羅知縣國興。《〔道光〕平羅記略》8卷，徐保字於道光九年（1829）編成，十三年（1833）刊行於世。《〔道光〕續增平羅記略》（簡稱《續增記略》）5卷，張梯修纂，道光二十四年（1844）編成並刊行。

一、整理與研究現狀

《〔嘉慶〕平羅縣志》1卷。張維《隴右方志錄》著錄"1册寫本"，並據該本所載内容對文獻的版本情況進行了推究，稱："今錄嘉慶《故宫圖書館目》載有國興《平羅縣志》，嘉慶十五年鈔本，疑即此志。未見，不敢臆定也。"①《中國地方志聯合目錄》《寧夏地方文獻聯合目錄》《甘肅省圖書館藏地方志目錄》《中國地方志總目提要》等方志書目對該志都有著錄或提要。②

故宫圖書館藏本未見傳世，張維著錄本今藏於甘肅省圖書館，國家圖書館藏有民國二十一年（1932）抄本《平羅縣志》。1967年，臺灣學生書局出版《新修方志叢刊·邊疆方志》，影印抄本《〔嘉慶〕平羅縣志》。陳明猷《新印萬曆〈寧夏志〉及其他》、高樹榆《寧夏回族自治區地方志述評》等文對該志作提要式介紹。陳先生認爲該志"只是一份縣衙門報送上級的關於本縣基本狀況的報告書，並不是作爲地方志編寫的。因此它可能未曾刻印流傳，以致不爲後人所知道。……是平羅縣現存的最早的一部'方志'，所以有很大的史料價值"。③而高先生認爲該志"無甚特色，價值不高"。從該志實際内容看，編修體例雖無甚創新，但部分内容有一定的史料價值。

二、志書内容及編修方法

（一）内容

國家圖書館藏民國二十一年（1932）抄本、臺灣學生書局影印本《平羅縣志》不分卷，原本未題書名、編纂者姓氏，無序跋、目錄，亦未編次頁碼。抄本共25頁，包括《疆域》《形勢》《山川》《古迹》《城池》《堡寨》《橋梁》《公署》《學校》《壇廟》《坊表》《市集》《户口》《田賦》《雜賦》《水利》《官制》《營汛墩》《驛遞》《宦迹》《鄉獻》《科貢》等22類目内容。後人據抄本内容擬定文獻名爲《平羅縣志》。實際上，抄

---

① 張維：《隴右方志錄》，《中國西北文獻叢書》據北平大北印刷局1934年版影印，蘭州古籍書店1990年版，第77册第701頁。
② 《聯合目錄》《甘肅目錄》著錄爲"傳抄清嘉慶間摘錄〈寧夏府志〉本"，《寧夏目錄》著錄爲"清嘉慶刻本"。該本未見有刻本傳世，《寧夏目錄》著錄疑誤。
③ 陳明猷：《新印萬曆〈寧夏志〉及其他》，《寧夏圖書館通訊》1983年第2、3期，第50—51頁。亦載高樹榆等編著：《寧夏方志述略》，吉林省圖書館學會1985年内部發行，第117—118頁。

本所載絶大多數直接從已有舊志中抄録出來，新增内容很少，並非嚴格意義上的、獨立編修的志書，故這樣的定名是不恰當的，取名爲《平羅縣志資料輯録》之類的名稱可能更符合實際些。但爲行文方便，筆者仍然沿用前人的定名。

從實際内容看，《平羅縣志》各類目名稱均襲自《〔乾隆〕寧夏府志》，絶大多數内容也直接抄録自《寧夏府志》。具體來説，其《疆域》《形勢》《山川》《古迹》等4類内容抄録自《寧夏府志》卷一至卷四《地理》，《城池》《堡寨》《橋梁》《公署》《學校》《壇廟》《坊表》《市集》等8類内容均抄録自《寧夏府志》卷五、卷六《建置》，《户口》《田賦》《雜賦》等3類内容均抄録自《寧夏府志》卷七《田賦》，《水利》抄録自《寧夏府志》卷八《水利》，《官制》《營汛墩》《驛遞》《宦迹》等4類内容均抄録自《寧夏府志》卷十至卷十二《職官》，《鄉獻》《科貢》等2類内容均抄録自《寧夏府志》卷十三至卷十五《人物》。

《平羅縣志》編輯過程中還新補充了一些《寧夏府志》没有的内容，或對有些内容進行了改寫。具體來看，《平羅縣志·坊表》增加了沙毓脉妻蘇氏、沈萬積妻張氏、張炳妻解氏等3人事迹。《水利》改寫了《寧夏府志》原載内容，並補充原無内容。《寧夏府志》原載唐渠"歸入西河長三百二十里七分一十三丈，……自站馬橋起至稍陡口三百零一道灌平羅縣田二千五百二十八分"，惠農渠灌平羅田"四千三百餘頃"，昌潤渠"長一百三十六里，……澆灌平羅縣埂外田一千六百九十七分半"，《平羅縣志》作唐渠"歸入西河延長三百餘里，……自平羅交界滿達喇橋起至稍長壹百三拾里澆灌舊户民田壹千伍百餘頃"，惠農渠灌平羅田"肆千貳百餘頃"，昌潤渠"長壹百捌拾肆里，……澆灌民田壹千捌百餘頃"。《科貢》中增加了乾隆四十五年至嘉慶十三年（1780—1808）間平羅縣科舉情況。文舉人中，新增吕雲慶等3位乾隆朝舉人和嘉慶朝舉人俞登淵，貢生中新增徐鶴鵬等10位乾隆朝貢生、孫爾發等5位嘉慶朝貢生。武舉人中，新增康熙乙卯科夏景雲，夏雲慶、田珍等5位乾隆朝舉人，呼萬年等5位嘉慶朝舉人。

《平羅縣志》文字上還有與《寧夏府志》明顯不同的地方，即《寧夏府志》中幾乎所有的漢字數目字包括紀年數目字在《平羅縣志》中均被换成了相應數目字的大寫漢字，如乾隆十三年，《平羅縣志》改抄作"乾隆拾叁年"，再如《寧夏府志》卷七《田賦·丁税》載平羅縣"户一萬六千四百九十，口一十五萬八千三百六十"。[1]《平羅縣志·户口》改抄作平羅縣"户壹萬陸千肆百玖拾，口壹拾伍萬捌千叁百陸拾"。[2]

---

[1] （清）張金城等修纂：《〔乾隆〕寧夏府志》，胡玉冰、韓超校注，第146頁。
[2] 本文引《平羅縣志》，除特别説明外，均據中國國家圖書館藏民國二十一年（1932）抄本摘引，恕不一一注明。

《平羅縣志》所載有明確紀年的内容中,《科貢》記載吴雲封等3人中嘉慶十三年(1808)戊辰科武舉一事是時間最晚者,故該志最早當抄成於清朝嘉慶十四年(1809)或其後。由前引張維《隴右方志録》著録可知,他曾見《〔嘉慶〕故宫圖書館目》著録有嘉慶十五年(1810)鈔本、國興編纂的《平羅縣志》。《〔道光〕平羅記略》卷六《職官》載:國興,滿洲人,嘉慶十四年至十五年(1809—1810)就任平羅知縣。故傳世的《平羅縣志》很有可能就是嘉慶十四年至十五年(1809—1810)就任平羅知縣的國興在任期間編抄的《〔嘉慶〕平羅縣志》。

(二) 編修方法

《平羅縣志》起始文字似一篇公牘,文曰:"署寧夏府平羅縣爲抄賷志書事:遵查卑縣自乾隆叁年地震後,裁汰新渠、寶豐縣,並裁平羅所,歸併建立平羅縣,並無舊存志書,亦無新設志書。兹查照《寧夏府志》書所載卑縣城池、學校、户口,抄録呈賷須至册者。"①這段文字非常清楚地説明,本篇文獻是平羅縣官府遵照寧夏府有關抄送地方志書的要求抄録完成的。本篇文獻問世前,平羅縣既没有舊志傳世,也没有新修志書傳世。現在(嘉慶十四年至十五年)查照乾隆四十五年(1780)成書的《寧夏府志》,把其中所載平羅縣城池、學校、户口等資料都抄録出來,匯爲一編,上報寧夏府。所以《平羅縣志》成書是比較容易的。《平羅縣志》據《寧夏府志》體例直接抄録所載平羅縣的相關資料,無獨特的編修體例可言。由於抄録者的粗心,導致抄録出現了許多錯誤。

三、編修質量

與《寧夏府志》原本相比較,《平羅縣志》有明顯的誤抄、漏抄現象。兹按國家圖書館藏民國二十一年(1932)抄本、臺灣學生書局影印本《平羅縣志》内容次序舉要如下。

《疆域》:《寧夏府志》"西至賀蘭山外邊界六十里""鎮遠關""打磴口"等句,《平羅縣志》脱"山外""六""遠""打"等字;"寧朔縣""王澄堡",《平羅縣志》誤作"寧翔縣""土澄堡"。《山川》:《寧夏府志》"黑山"條"形似虎踞"句,《平羅縣志》誤作"形似虎距";"不老山在縣北塞外"句,《平羅縣志》脱"老""北塞"。《古迹》:《寧夏府志》"塔塔裏城"條"此蓋豐鎮也元爲塔塔裏千户所"句,《平羅縣志》脱"也

---

① "抄賷志書事"之"志",臺灣學生書局影印本誤作"認"("志"異體字"誌"與"認"形近而誤);"須至册者",臺灣學生書局影印本誤脱此4字。

元"。《城池》：《寧夏府志》"洪廣營土城"條乾隆"四年修建周圍二里六分，……駐游擊守備"句，"二里"，《平羅縣志》誤作"陸里"，脱"守備"2字。《堡寨》：《寧夏府志》於洪廣堡、鎮朔堡之下有雙行小注共19字，《平羅縣志》漏抄，李剛堡下有雙行小注8字，《平羅縣志》誤抄於次行"丁義堡"之下。《橋梁》：《寧夏府志》"通豐橋去城北五十里尾閘去城北七十五里以上橋皆在惠農渠上"句，《平羅縣志》脱"尾閘去城北七十五里"9字。《雜賦》：《寧夏府志》載平羅縣"現在當鋪二十二座歲收課銀一百一十兩"，《平羅縣志》誤作"縣屬當鋪貳拾座歲收課銀壹百兩"。

《平羅縣志·科貢》主要據《寧夏府志·科貢》整理摘抄，摘抄中出現問題主要包括漏抄平羅縣籍人、誤抄其他縣籍人、人物科舉年份抄誤、人名用字抄誤等。如漏抄雍正壬子科武舉人陳五教，乾隆辛卯科貢生吕雲鵬、壬辰科貢生秦顥。雍正乙卯科武舉人閆威鳳、王恕、周國柱和乾隆甲子科武舉人夏國傑同爲中衛縣人，《平羅縣志》均當成平羅縣人。貢生武璡、武進士白良璧、武舉人陸炳、田登科等4人，《寧夏府志》均未説明其籍貫，《平羅縣志》把他們都當成平羅縣人。張楷是乾隆己未科貢生，《平羅縣志》誤作"乾隆己卯"。白良璧是雍正甲辰科武進士，許忠朝是乾隆丙辰科武進士，《平羅縣志》分別誤作"康熙甲辰""康熙丙辰"。王希伏是康熙癸巳科武舉人，江繩宗是雍正己酉科武舉人，燕聖寵是乾隆庚午科武舉人，《平羅縣志》分別誤作"康熙甲午""雍正乙酉""乾隆丙午"。貢生顧琰、楊諧、朱占光、武舉人李仙芝、徐天香、許繩武、燕聖寵、胡重器、陳王前，《平羅縣志》分別作顧炎、楊楷、朱占元、李仙枝、許天香、許緯武、燕聖龍、胡宗器、陳王佐。

四、文獻價值

《〔嘉慶〕平羅縣志》成書方式比較特殊，直接抄録自《寧夏府志》，抄録又存在諸多問題，故而其文獻價值大受影響。但該書是平羅縣在清朝正式設縣之後以地方志形式形成的第一份較爲完整、系統的縣情資料，特别是新增了部分《寧夏府志》所無的資料，對於研究清朝嘉慶十四年（1809）以前的平羅縣情還是有一定史料價值的。而且還很有可能影響了道光年間編修的《平羅記略》。因爲《平羅縣志》誤録的雍正乙卯科中衛縣武舉人閆威鳳、王恕、周國柱等三人《平羅記略》也誤録了，《平羅縣志》把朱占光、徐天香、許繩武、胡重器、陳王前等人名誤抄作朱占元、許天香、許緯武、胡宗器、陳王佐，《平羅記略》也誤同《平羅縣志》。《寧夏府志》均未説明其籍貫的武璡、白良璧、陸炳、田登科等4人，《平羅縣志》把他們都視同平羅縣人，《平羅記略》也這樣做了。道光年間編修的《平羅記略》與《平羅縣志》出現了這些相同的問題，説明它在編修的時候很有可能參考了後者。

整 理 説 明

一、本書主要以標點、校勘等方式對平羅舊志進行整理，以中國國家圖書館藏民國二十一年(1932)抄本《平羅縣志》爲底本，以成文出版社、天津古籍出版社、鳳凰出版社等出版之影印本及(乾隆)《甘肅通志》、(萬曆)《朔方新志》、(乾隆)《寧夏府志》等爲參校本，部分標點成果借鑒了中國社會科學出版社2015年版胡玉冰、韓超校注本《寧夏府志》。

二、整理成果以繁體橫排形式出版。注釋均以當頁脚注形式注明，用圈碼①②③之類排序，校勘以[1][2][3]之類排序，放在卷末。正文中以"〔 〕"符號括注的文字，均係整理者增加。

三、以校文字爲主，酌校内容異同。因用字習慣不同而出現人名、地名、族名等同名異寫現象，均出校説明。底本或對校本中存在明顯的誤、脱、衍、倒等現象，於正文中校改後出校説明。雖有異文但意可兩通者，不改正文，僅在校記中説明。除特殊需要外，校本有誤，一般不出校。

四、底本中的異體字、俗體字、通假字、古今字等，如"砦寨""疋匹"之類，一律不出校。某些不規範的異體字、俗體字、古今字等，或前後用字不一者，均按出版要求適當統改成規範、統一的字體，不出校記。《平羅縣志》轉引他書文字内容，引文若與該書通行版本文字不同，除引文確實有誤，如誤録人名、地名、時間等需要出校説明外，凡不影響文意理解者一般不改動引文。

五、《參考文獻》分《古代文獻》和《現當代文獻》分别著録。其中，《古代文獻》分陝甘寧舊志、經部、史部、子部、集部等五類著録，《現當代文獻》分著作、論文兩類著録。

〔嘉慶〕平羅縣志

署寧夏府平羅縣爲抄齎志書事：遵查卑縣自乾隆叁年地震後，裁汰新渠、寶豐縣，並裁平羅所，歸併建立平羅縣，並無舊存志書，亦無新設志書。兹查照《寧夏府志》書所載卑縣城池、學校、户口，抄録呈齎須至册者。計開：

疆域

平羅縣，治在府西北壹百貳拾里。東至黄河岸叁拾里，西至賀蘭〔山〕邊界〔陸〕拾里，[1]南至寧朔縣張亮堡界捌拾里，[2]北至石嘴口鎮〔遠〕關界壹百壹拾伍里，東南至寧夏縣王澄堡界捌拾里，[3]西南至寧朔縣豐登堡界玖拾里，東北至黄河柒拾里，西北至賀蘭〔打磴〕磴口伍拾里。

形勢

黄河流於東南，賀蘭峙於西北。地當北面之衝，鎮遠關、黑山營、洪廣營，實爲外險。《九邊考》。

地勢平曠，土脉蜿蜒，係賀蘭之盡幹。背山面河，溁〔泂環〕抱。〔高〕關聳峙於河北，昌潤繚繞於城南。《寶豐縣記》。

平羅縣，漢北地郡北境地。明初置平羅所，屬寧夏衛。國朝亦爲平羅所。雍正叁年，[4]改平羅縣。肆年，又取查漢托護地置縣，曰新渠、寶豐，皆屬寧夏府。乾隆四年並廢，併入平羅。查漢托護，漢方渠，唐警州，宋定州地。

山川

賀蘭山，在縣西北陸拾里，東抵河。其處又名乞伏山。
西瓜山，在縣北二十八里。
石崖山，在縣東北。《水經注》：[5]"河水經石崖山西，去北地伍百里。崖上自然有文,若戰馬之狀,燦然成著,類圖焉,故亦謂之畫石山。"

老虎山,在縣北壹百捌拾里,黃河岸上。《九邊考》:自老虎山而西,爲長流水、蒲草泉等險,距寧夏衛可數百里,皆可收爲外險。按:此皆在套地。

黑山,在縣北叁百里,賀蘭之尾也。形似虎踞,[6]飲河扼隘。

不〔老〕山,在縣〔北塞〕外。

石嘴山,在縣北。

居中山,在縣東南。

黃河,在縣東叁拾里。[7]

西河,在縣東伍里。北流入黃河,即惠農渠并唐、漢支渠剩水洩焉。

蒲草溝,在縣西北貳百里。明總制王越分兵討賀蘭山後叛寇,北哨擊賊於花果園,南哨至蒲草溝。賊從沙窩遁去,合兵追去大把都城,又追敗之柳溝兒,寇遂遁。

澗泉,在縣城北叁拾伍里。

九泉,在縣城西北肆拾伍里。

古迹

古將臺,在縣西北。其地平曠,圍叁拾里,有將臺旗礅遺址。

廢定州,在府東北,舊新渠縣界,唐置。《元和志》:靈州有定遠城,在州東北貳百里,先天貳年,郭元振以西城遠闊,安豐勢孤,故置此城,募兵鎮之。杜佑《通典》云:"在黃河外,俗呼爲'田州'"。

省嵬城,在省嵬山下西南。去府壹百肆拾里,西夏所築。

石堡鎮,本延州西邊鎮塞,宋至道中陷於元昊,號"龍州"。

塔塔裏城,今黑山北,去府貳百餘里。唐郭元振以西城無援,安豐勢孤,置定遠鎮,此蓋豐鎮〔也。元〕爲塔塔裏千户所。

得補兒湖城,在〔忻〕都北。

察罕腦城,在忻都東北。

城池

平羅城,明永樂初建。萬曆叁年,巡撫羅鳳翔甃以磚石。國朝乾隆叁年,地震傾塌。肆年,發帑重修。周圍長肆里叁分,高貳丈肆尺,址厚貳丈肆尺,頂厚壹丈伍尺。南北貳門,南曰"永安",北曰"鎮遠"。門樓貳座,馬道貳座,角樓肆座,敵樓捌座,東西堆房貳座,南北堆房貳座。城河壹道,寬伍丈,深捌尺。鳳翔府鹽捕廳耿覲業、知平羅縣何世寵監修,費帑銀柒萬餘兩。

洪廣營土城壹座,屬平羅縣,距縣陸拾里。舊城周圍貳里壹百陸拾步。萬曆叁拾叁年,巡撫黃嘉善拓其西北,共壹百陸拾肆丈。池深一丈,闊倍之。國朝乾隆叁年被震塌,肆年修建。周圍陸里陸分,[8]高貳丈肆尺,址厚貳丈肆尺,頂厚壹丈伍尺。南門壹座,門樓壹座,角樓肆座,敵樓叁座。駐游擊守備。止修。①

寶豐城壹座,距平羅伍拾里。雍正叁年,設縣治。乾隆叁年地震廢,城舊址尚存。乾隆拾貳年,改設縣丞,駐城內,司渠務。

新渠縣城壹座,雍正叁年築,地震後廢。

堡寨

洪廣堡,在縣城西南陸拾里。明置游擊,今仍駐游擊守備。

鎮朔堡,在縣城西南柒拾里。明置操守,今設把總。

威鎮堡,在縣北拾伍里。明置操守,今設把總。

寶豐城,在縣城北伍拾里。駐縣丞。

徐合堡,在縣城西柒拾里。

桂文堡,在縣城西陸拾伍里。

虞祥堡,在縣城西肆拾陸里。

常信堡,在縣城西肆拾伍里。

高榮堡,在縣城西伍拾肆里。

李綱堡,在縣城南陸拾里。明置操守,今設把總。

丁義堡,在縣城西伍拾貳里。

姚伏堡,在縣城南肆拾里。

周澄堡,在縣城南叁拾里。

惠威堡,在縣城北拾伍里。

以上堡皆舊戶。

通義堡,在縣城南陸拾里。

通澄堡,在縣城南叁拾伍里。

通伏堡,在縣城南肆拾里。

清水堡,在縣城南伍拾伍里。

六中堡,在縣城南貳拾里。

---

① 此處疑有缺文。

五香堡，在縣城南貳拾伍里。
沿河堡，在縣城南拾伍里。
渠中堡，在縣城北肆拾里。
簡泉屯，在縣城北拾伍里。
上寶閘，在縣城北貳拾里。
下寶閘，在縣城北拾伍里。
西河堡，在縣城北叁拾里。
南長渠，在縣城北貳拾伍里。
北長渠，在縣城北貳拾伍里。
惠北堡，在縣城北貳拾里。
萬寶屯，在縣城北柒拾里。
萬寶池，在縣城北柒拾里。
西寶池，在縣城北貳拾伍里。
通潤堡，在縣城北叁拾伍里。
通豐堡，[9]在縣城北肆拾伍里。
東永固，在縣城北陸拾里。
西永固，在縣城北陸拾里。
永固池，在縣城北柒拾里。
寶馬屯，在縣城北捌拾里。
聚寶屯，在縣城北捌拾里。
市口堡，在縣城北玖拾里。
尾閘堡，在縣城北陸拾里。
上省鬼，在縣城北陸拾里。
下省鬼，在縣城北柒拾里。
沿堤堡，在縣城北捌拾里。
永屏堡，在縣城北捌拾里。
廟臺堡，在縣城北陸拾里。
內紅崗，在縣城北拾伍里。
外紅崗，在縣城東貳拾伍里。
東永惠，在縣城東貳拾里。
西永惠，在縣城東拾伍里。
六羊堡，在縣城東拾伍里。
東通平，在縣城東拾伍里。

西通平,在縣城東拾里。
渠羊堡,[10]在縣城東肆拾里。
靈沙堡,在縣城東叁拾伍里。
東永潤,在縣城東拾伍里。
西永潤,在縣城東拾伍里。
通惠堡,在縣城東貳拾里。
渠口堡,在縣城東貳拾里。
交濟堡,在縣城東貳拾里。
內外正閘,在縣城東貳拾里。
內外雙渠,在縣城東叁拾伍里。
以上堡皆新户里名,多未築堡。新渠、寶豐二縣廢地入平羅者,曰"新户"。

橋梁

通義橋,去城東南陸拾里。
通伏橋,去城東南肆拾里。
通成橋,去城東南貳拾伍里。
惠元閘,去城東南叁拾里。
沿河閘,去城東南拾伍里。
通平橋,去城東拾伍里。
單家橋,去城東北陸里。
通惠閘,去城東北拾里。
永普閘,去城東北貳拾伍里。
通潤橋,去城東北貳拾伍里。
通豐橋,去城北伍拾里。
以上橋皆在惠農渠上。
滿達喇橋,去城西南玖拾里。
站馬橋,去城西南陸拾里。
張明橋,去城西南肆拾伍里。
閆桂橋,去城西南肆拾里。
張桂橋,去城西南叁拾伍里。
太平橋,在城南門外。
龍鳳橋,去城東壹里。

沙窩橋,去城北壹里。

四道橋,去城北壹里。

以上橋皆在唐來渠上。

西河橋,去城東伍里。

通惠橋,去城東北伍里。

六羊橋,去城東拾里。

柳陌橋,[11]去城北貳拾里。

以上橋皆在西河上。

黃家橋,去城東南貳拾里。

魏家橋,去城東南肆拾里。

唐家橋,[12]去城東南叁拾伍里。

征家橋,去城東南叁拾里。

分水閘,去城東南貳拾伍里。

木閘,去城東南貳拾里。

頭閘,去城東拾伍里。

永潤閘,去城東叁拾里。

雙渠閘,去城東貳拾里。

二閘,去城東北叁拾里。

永伏閘,[13]去城東北肆拾里。

廟臺閘,去城東北伍拾里。

三閘,去城東北陸拾里。

以上橋皆在昌潤渠上。

公署

縣署,[14]在城北街。庫在堂左,額貯經費銀叁百兩。

典史署,在城東北。獄在典史署西北。

縣丞署,在舊寶豐縣城。

倉〔廒〕伍,壹在縣城西,壹在洪廣營,壹在李綱堡,壹在寶豐縣,壹在府城東南。

草場,在城內西北。

養濟院,在縣城北門外,養濟孤貧貳拾名,每月支糧三斗。

參將署,在縣城東南。守備署,縣城南街。軍器局,在守備署內。火藥局,在縣城東北。教場,在縣城外正南。

洪廣營游擊署,在洪廣堡内。守備署,在堡東北。軍器局,在守備署内。火藥局,在堡西北。教場,在堡外西南。

威鎮堡把總署,在威鎮堡内西北。火藥局,在堡内。教場,在堡外西南。

李綱堡把總署,在李綱堡内正東。火藥局,在堡内。教場,在堡外西南。

學校

學宮,在縣治南。乾隆叁年地震燬,陸年動帑重建。

大成殿伍間,東、西兩廡各伍間,戟門叁間,東、西更衣廳、省牲所各叁間,欞星門叁間,牌坊壹座。

崇聖祠叁間,在正殿東北。

名宦、鄉賢祠各叁間,在戟門左、右。

忠孝祠,在學宮東。

節義祠,在學宮内。

尊經閣壹座,[15]在正殿西北。

明倫堂叁間,在學宮正西。

東、西齋房各叁間。

學宮署,在明倫堂後。

學生貳年壹貢,廩貳拾缺,增貳拾缺。每歲考,取文、武生各捌名。科考,取文生捌名。佾舞生陸拾肆名。

存貯書籍:《御製日講四書》貳部,共貳拾肆本;《御纂周易折中》貳部,共貳拾本;《聖諭廣訓》壹本;《御纂朱子全書》貳部,陸拾肆本;《御批通鑑綱目》壹部,肆本;《御製詩初集》肆套,貳拾肆本;《御製詩貳集》捌套,肆拾陸本;《御製文初集》壹套,拾陸本;《御纂春秋直解》壹部,捌本;《御纂周易述義》壹部,肆本;《御纂詩義折中》壹套,捌本;《廿一史》壹部,伍拾套,伍百本;《拾叁經》壹部,拾貳套,壹百貳拾本;《科場條約》捌本;《學政全書》壹本;《樂章》壹本。

社學伍:本城武廟壹所,西河堡壹所,洪廣堡壹所,李綱堡壹所,寶豐堡壹所。

壇廟

社稷壇,在城東門外。

先農壇,在城東門外。

風雲雷雨壇,在城東門外。

厲壇,在城北門外。
關帝廟,在城正南。
城隍廟,在城東南。
以上俱係乾隆陸年勤帑重建。
文昌閣,在城外東南。乾隆貳拾捌年,生員龔弼等捐建。
三官廟,在城東北。
馬神廟,在城東北。
牛王廟,在南門外。
龍王廟,在南門外。
東嶽廟,在東門外。
掩骨寺,在北門外。
八蠟廟,在城外東北。

坊表

"抗逆孤忠",爲前明寧夏總兵蕭如薰立,在大街。
"精忠固圉"坊,爲平羅參將孫應舉立,在米粮市。
旌表節孝坊：民人江孔漢妻王氏坊,在城内；民人王施恩妻閆氏坊,在城内；民人李攀桂妻錢氏坊,在城内；民人馬之駱妻葉氏坊,在高榮堡；民人程思茂妻侯氏坊,在城南；民人侯璧妻賀氏坊,在李綱堡；民人沙毓脉妻蘇氏坊,在城内；民人沈萬積妻張氏坊,在通伏堡；民人張炳妻解氏坊,在李綱堡。

市集

本城市集壹處,每逢初叁、拾貳、貳拾貳日交易,有稅。
寶豐市集壹處,每逢貳、伍、捌日交易,有稅。
黄渠橋市集壹處,每逢叁、陸、玖日交易,無稅。
頭閘市集壹處,每逢壹、肆、柒日交易,無稅。
石嘴子市集壹處,每逢初壹、初拾、貳拾日交易,有稅。

户口

户壹萬陸千肆百玖拾。
口壹拾伍萬捌千叁百陸拾。

田賦

原額實地肆千柒拾叁頓肆拾壹畝伍分陸厘。

歷年以來收入新墾地肆千陸拾玖頃貳拾貳畝，又額地伍拾畝。內：

乾隆叁拾年，奉旨：豁除上寶閘、下寶閘沙壓地壹百壹頃陸拾貳畝。

乾隆叁拾貳年，奉旨：豁除新、舊户、東永惠等貳拾柒堡沙壓地壹百貳拾捌頃玖拾壹畝壹分。

乾隆叁拾玖年，奉旨：豁除新户、渠口等堡河崩地壹百貳拾伍頃柒拾畝。

今實額地柒千柒百捌拾陸頃玖拾畝伍分陸厘。內：

舊户科則全田陸百壹拾頃伍畝零，每畝徵粮壹斗貳升、草肆分陸厘貳毫玖絲、地畝銀壹厘。

蘆湖全田叁頃肆拾柒畝陸分伍厘，每畝徵粮壹斗貳升、地畝銀壹厘。

易田陸拾陸頃伍拾陸畝捌分伍厘，每畝徵粮陸升、地畝銀壹厘。

減田壹千伍百貳拾壹頃肆畝零，每畝徵粮陸升。

高亢田壹拾玖頃叁拾壹畝壹分肆厘，每畝徵粮柒升。

新户科則全田肆百叁拾頃貳拾畝零，每畝徵粮壹斗貳升、地畝銀壹厘。

減田壹千貳百貳拾叁頃貳畝零，每畝徵粮陸升。

硝礦全田貳千伍百玖拾柒頃陸拾貳畝，每畝礦銀壹分貳厘伍毫肆肆絲地畝銀壹厘。

硝礦減田壹千叁百壹拾伍頃陸拾畝零，每畝徵礦銀陸厘。

共應徵夏、秋粮叁萬叁百叁石伍斗伍升捌合玖勺。內：

小麥柒千陸百玖拾玖石叁斗伍升陸合柒勺，莞豆壹萬伍百捌石肆升柒合陸勺，青豆肆千貳百柒拾玖石陸斗陸升肆合玖勺，粟米柒千陸百玖拾玖石叁斗伍升陸合柒勺，穀子壹百壹拾柒石壹斗叁升叁合。

共應徵穀草肆萬肆千貳百貳拾束肆分柒厘。

共應徵地畝銀肆千叁百捌拾捌兩陸錢貳分捌厘。

原額身差人丁叁拾肆丁。雍正伍年，在於"請仿以粮載丁之例"案内，奉旨：通省以粮〔載〕丁，按照實徵地畝銀粮，均載丁銀。每粮壹石，均載丁銀壹分陸毫壹絲伍忽，共徵丁銀壹百肆拾叁兩伍錢壹分玖厘。

以上地畝、人丁共實徵銀肆千伍百叁拾壹兩壹錢肆分柒厘。內。①

―――――――――
① 此處疑有缺文。

雜賦

縣屬當鋪貳拾座，歲收課銀壹百兩。

石嘴山口稅壹處，於乾隆拾捌年奉文入平羅經收。每月逢初壹、初拾、貳拾日徵收，歲約收銀柒百餘兩。

本城及寶豐畜稅貳處，每月逢初叁、拾貳、貳拾貳日徵收，歲約收銀玖拾餘兩。

本城及寶豐設立牙行叁名，每歲收課銀壹兩捌錢。

黃渠橋斗行壹名，歲交銀陸錢。[16]

田房契稅，歲無定額，每價銀壹兩照例收稅銀叁分。

水利

唐渠，口開寧朔縣大壩堡青銅峽，經府城西而北至縣城寶閘堡，歸入西河，延長叁百餘里。內除上段係寧夏、朔貳縣澆灌田畝不開外，自平羅交界滿達喇橋起至稍計長壹百叁拾里，澆灌舊戶田壹千伍百餘頃。

惠農渠壹道，距城貳拾里南自寧夏縣葉昇堡綱家嘴開口，接引黃流起哨至縣城北市口堡尾入黃河止，延長百陸拾餘里內除上段係寧夏縣澆灌田畝不開外，自平羅交界通義橋起至稍，計長壹百肆拾伍里，澆灌新戶民田肆千貳百餘頃。

昌潤渠壹道，距城叁拾里南自縣屬通義堡潘山子地方接入黃河開口起稍，至縣北永屏堡地方歸入黃河止，延長壹百捌拾肆里，澆灌民田壹千捌百餘頃。

官制

平羅縣

知縣壹員，每歲俸銀肆拾伍兩，[17]養廉銀陸百兩，公費銀三百陸拾兩。門子貳名，歲支工食銀壹拾貳兩，遇閏加銀壹兩。皂隸壹拾陸名，歲支工食銀玖拾陸兩，遇閏加銀捌兩。馬快捌名，歲支銀壹百叁拾肆兩肆錢，遇閏加銀壹拾壹兩貳錢。庫子肆名，歲支工食銀貳拾肆兩，遇閏加銀貳兩。斗級肆名，歲支工食銀貳拾肆兩，遇閏加銀貳兩。民壯貳拾捌名，[18]歲支工食銀壹百陸拾捌兩，[19]遇閏不加。禁卒捌名，歲支工食銀肆拾捌兩，遇閏不加。傘扇轎夫柒名，歲支工食銀肆拾貳兩，遇閏加銀叁兩伍錢。

縣丞壹員，每歲俸銀肆拾兩，養廉銀二百兩。門子壹名，歲支工食銀陸兩，遇閏加銀伍錢。皂隸肆名，歲支工食銀貳拾肆兩，遇閏加銀貳兩。馬夫壹名，歲支工食銀陸兩，遇閏加銀伍錢。

典史壹員，每歲俸銀叁拾壹兩伍錢貳分，養廉銀陸拾兩。門子一名，歲支工食銀陸兩。遇閏加銀伍錢。皂隸肆名，歲支工食銀貳拾肆兩，遇閏加銀貳兩。馬夫壹名，歲支工食銀陸兩，遇閏不加。

訓導壹員，每歲俸銀肆拾兩。齋夫叁名，歲支工食銀叁拾陸兩，遇閏加銀叁兩。膳夫貳名，歲支工食銀壹拾叁兩叁錢叁分叁厘，遇閏加銀壹兩壹錢壹分壹厘。門斗叁名，歲支工食銀壹拾捌兩，遇閏加銀壹兩伍錢。廩生貳拾名䤲粮陸拾壹兩玖錢貳分。貢生壹名，額設花紅旗區銀貳兩叁錢貳分捌厘。

平羅營

參將壹員，月支俸薪、紙燭銀貳拾兩貳錢柒分捌厘叁毫叁絲叁忽，養廉銀貳拾分，馬步拾，座馬捌匹。守備壹員，月支俸薪紙燭銀柒兩伍錢伍分捌厘捌毫叁絲叁忽，養廉粮拾分，馬肆步陸，坐馬肆匹。

千總壹員，月支俸薪銀肆兩，養廉粮伍分，馬貳步叁，坐馬貳匹。

把總叁員，每員每員月支俸薪銀叁兩，養廉粮肆分，馬貳步貳，坐馬貳匹。

外委叁員，每員除本身馬粮外，養廉步銀壹分。

洪廣營

游擊壹員，月支俸薪、紙燭銀壹拾玖兩貳錢柒分捌厘叁毫叁絲叁忽，養廉粮拾伍分，馬玖步陸，坐馬陸匹。

守備壹員，月支俸薪、紙燭銀柒兩伍錢伍分捌厘捌毫叁絲叁忽，養廉粮拾分，馬肆步陸，坐馬肆匹。

把總肆員，每員月支俸薪銀叁兩，養廉銀肆分，馬貳步貳，坐馬貳匹。

外委肆員，每員除本身馬粮外，養廉步粮壹分。

〔營汛〕

平羅營汛玖處：石嘴子口、鎮遠關口、紅口子、王玘口、打礏口、棗兒口、鎮北關口、韭菜口、歸德口。

洪廣營汛拾玖處：大風口、小風口、安定口、汝箕口、小水口、大水口、逃軍口、西番口、白塔口、新開口、賀蘭口、宿鬼口、拜寺口、鎮北口、水吉口、黃峽口、大塔峽口、小塔峽口、大滾鐘口。

平羅營墩拾伍處：虎尾渠墩、雙渠墩、定遠墩、王奉閘墩、白沙崗墩，以上屬平羅營。田州墩、界牌墩、六家崗墩、振武墩、烏谷墩、肆拾里殿墩、小新渠墩、瓦子崗墩、保安墩、德勝墩。以上屬李綱堡。

洪廣營墩壹拾玖處：黑埂墩、寧遠墩、羅歌墩、尖塔墩、雷家崗墩、中埂墩、新興墩。以上屬洪廣營。周胡瞳莊墩、王千户橋墩、靖羅墩、舊常沙窩墩、新常沙窩墩、高家閘墩。以上屬鎮朔堡。高家閘墩、甜水井墩、北沙城墩、平湖堡墩、夏方墩、馬鞍橋墩、鹽池灣墩。以上分屬鎮北堡。

驛遞

在城驛，至郡城壹百貳拾里。額設馬肆匹，夫貳名。馬歲支料草銀壹百伍兩、備雜項銀壹拾叁兩捌錢。夫歲支工食銀壹拾貳兩、粮壹拾貳石。

宦迹

蕭如薰，字季馨，延安人。歷官寧夏參將，守平虜城。萬曆貳拾年哱拜、劉東暘據寧夏鎮城反，遣其黨土文秀徇平虜，如薰堅守不下。妻楊氏，故尚書兆女也。贊夫死守，日具牛酒犒士。拜養子最驍勇，引河套著力兒急攻，如薰伏兵南關，佯敗誘賊，入射雲死。又襲著力兒營，獲人畜甚多，城獲全。帝聞如薰孤城抗賊，大喜，擢都督僉事寧夏總兵官，統諸援軍，其秋與李如松等共平賊再都督同知廕錦衣世指揮僉事。妻楊氏亦被旌。

孫應舉，平羅參將，知勇兼備。順治初年，套賊圍攻平邑，應舉調度有方，殺退賊衆，民賴以安堵。事聞，欽賜"精忠固圉"匾以表其功。又康熙拾柒年，大水淹城，不及垛者數尺，人多移城外高埠以避患。孫率衆起夫，於東南衝處多築高堤，至今永無水害。

郝失名。平羅千總。開渠於城之東鄉，接引唐來灌溉荒蕪，由是東南壹帶咸開墾焉。

鄉獻

夏景華，舉成化拾年鄉試，任河南彰德府推官。正直尊嚴，人莫敢干以私，即上臺亦嚴憚之，相戒"毋瀆夏推官也"。

科貢

楊魁甲，康熙辛丑科進士，翰林院庶吉士，任陝西直隸吉州知州。

俞登瀛，乾隆丁酉科，文舉選，授神木縣教諭。
呂雲慶，乾隆庚子科，文舉選，授碾伯縣訓導。
呂雲鵬，乾隆辛卯科副榜。
武元輔，乾隆丙午科副榜。
俞登淵，嘉慶丁卯科文舉。

貢生

張楷，乾隆己卯歲貢，選授洋縣教諭。
李維新，乾隆辛酉歲貢，選授邠州訓導。
柴璉，乾隆癸亥歲貢。
劉三畏，乾隆乙丑歲貢，選授寧遠縣訓導。
史繼經，乾隆丁卯歲貢選，授洵陽縣訓導。
朱汲滄，乾隆己巳歲貢選，授河州訓導。
顧炎，乾隆庚午恩貢。
江文煥，乾隆辛未歲貢，選授華陰訓導。
姜繡，乾隆癸酉歲貢。
張創業，乾隆乙亥歲貢。
王元功，乾隆丁丑歲貢選授延州縣訓導。
許涵略，乾隆己卯歲貢。
楊楷，乾隆壬午歲貢。
朱占元，乾隆癸未歲貢。
趙良臣，乾隆乙酉歲貢。
朱衣，乾隆丁亥歲貢。
王道行，乾隆己丑歲貢。
宋希玉，乾隆庚寅廩貢。
吳廷瑞，乾隆辛卯歲貢。
楊謨，乾隆癸巳歲貢。
朱占鰲，乾隆乙未歲貢。
王瀚，乾隆己未廩貢。
聞述，乾隆丁酉歲貢。
徐鶴鵬，乾隆辛丑歲貢。
王言倫，乾隆癸卯歲貢。

司廷秀，乾隆己巳歲貢。
朱适炏，乾隆丁未歲貢。
張朝相，乾隆丁未拔貢。
呂雲錦，乾隆己酉歲貢。
呂雲鶴，乾隆辛亥歲貢。
張啓緒，乾隆辛亥恩貢。
王昇，乾隆癸丑歲貢。
馬配，乾隆乙卯歲貢。
孫爾發，嘉慶丁巳恩貢。
孫綏，嘉慶丁巳歲貢。
朱訓，嘉慶己未恩貢。
高維嶽，嘉慶己未歲貢。
李養恬，嘉慶辛酉歲貢。

武科

夏琳，康熙丁丑科進士，任武昌府參將。
白良璧，康熙甲辰科進士，任洛陽參將。
許忠朝，康熙丙辰科進士，侍衛。
夏景雲，康熙己卯科武舉，任涿州參將。
李連榜，康熙己酉科武舉。
李仙枝，康熙戊子科武舉。
劉儼，康熙戊子科武舉。
王希伏，康熙甲午科武舉。
賈崇爵，雍正丙午科武舉。
江繩宗，雍正乙酉科武舉，任湖廣營都司。
鄭量，雍正壬子科武舉。
葉潤生，雍正壬子科武舉。
閆威鳳，雍正乙卯科武舉。
王恕，雍正乙卯科武舉。
周國柱，雍正乙卯科武舉。
許天香，乾隆丙辰科武舉。
楊夢龍，乾隆丙辰科武舉。

蔣魁龍,乾隆戊午科武舉。
許緯武,乾隆辛酉科武舉。
陸炳,乾隆辛酉科武舉。
夏國傑,乾隆甲子科武舉。
夏雲慶,乾隆甲午科武舉。
呂兆元,乾隆丁卯科武舉。
田登科,乾隆丁卯科武舉。
燕聖寵,乾隆庚午科武舉。
李懷宗,乾隆庚午科武舉。
江從元,乾隆己卯科武舉。
胡宗器,乾隆己卯科武舉。
陳王佐,乾隆壬午科武舉。
張烈,乾隆己亥科武舉。
田珍,乾隆戊申科武舉。
田甲一,乾隆己酉科武舉。
吳殿魁,乾隆壬子科武舉。
李法先,乾隆甲寅科武舉。
呼萬年,嘉慶丁卯科武舉。
洪景命,嘉慶丁卯科武舉。
吳雲封,嘉慶戊辰科武舉。
馬兆熊,嘉慶戊辰科武舉。
王興科,嘉慶戊辰科武舉。

【校勘記】

［1］山、陸：此二字原脱,據《寧夏府志》補。本志下文凡〔　〕中文字均據《寧夏府志》補,不再一一注明。

［2］寧朔：原作"寧翔",據《寧夏府志》卷二《地里·疆域》改,下同。

［3］王：原作"土",據《寧夏府志》卷二《地里·疆域》改。

［4］叁年：《寧夏府志》卷二《地里·沿革》作"二年"。

［5］水：原作"永",據《寧夏府志》卷三《地里·山川》改。

［6］踞：原作"距",據《寧夏府志》卷三《地里·山川》改。

［7］叁拾：《寧夏府志》卷三《地里·山川》作"二十"。

［8］陸里陸分：《寧夏府志》卷五《建置·城池》作"二里六分"。

［9］通豐，原作"通量"，據《寧夏府志》卷五《建置·堡寨》改。
［10］羊：《寧夏府志》卷五《建置·堡寨》作"陽"。
［11］陌：原作"栢"，據《寧夏府志》卷五《建置·堡寨》改。
［12］唐：《寧夏府志》卷五《建置·堡寨》作"康"。
［13］伏：原作"代"，據《寧夏府志》卷五《建置·堡寨》改。
［14］署：原作"屬"，據《寧夏方志》卷五《建置·公署》改。
［15］尊：原作"遵"，據《寧夏府志》卷五《建置·堡寨》改。
［16］交：《寧夏府志》卷五《建置·堡寨》作"繳"。
［17］肆：《寧夏府志》卷九《職官·皇清文職官制》作"三"。
［18］貳：《寧夏府志》卷九《職官·皇清文職官制》作"三"。
［19］壹百陸拾捌：《寧夏府志》卷九《職官·皇清文職官制》作"二百二十八"。

〔道光〕平羅記略

（清）徐保字　纂　徐遠超　校注

前　　言

一、整理與研究現狀

《隴右方志録》《中國地方志聯合目録》《寧夏地方文獻聯合目録》《甘肅省圖書館藏地方志目録》《中國地方志總目提要》等方志書目對《平羅記略》都有著録或提要。[①] 高樹榆《寧夏方志録》《寧夏回族自治區地方志述評》等文對其也有提要式介紹。王耀倫《〈平羅紀略〉和〈續增平羅紀略〉》、李洪圖《略談〈平羅紀略〉》、王亞勇《評〈平羅記略〉之得失》等文均專題探討了志書研究價值。李洪圖《〈平羅紀略〉的編撰者徐保字二、三事》較早對徐保字生平事迹進行鉤稽。胡迅雷《徐保字與平羅》利用《平羅記略》《續增平羅記略》中的資料，介紹徐保字生平，對徐保字治理平羅的政績進行詳細的評述，並提及徐保字編修《平羅記略》一事。同書載胡迅雷《清代平羅俞氏家族》主要利用《平羅記略》資料，對平羅望族俞氏一家五世特別是俞德淵任官時的政績進行了梳理。《平羅春秋》中刊載高尚榮《清代平羅的四部地方志》，提及《平羅記略》，所刊載的任登全《著名知縣徐保字》對《平羅記略》纂修者事迹進行歸納評述，劉天榮《"平羅八景"考》主要利用志書中的原始材料來分析"平羅八景"的特點及其由來。武承愛《田州與田州塔》利用《平羅記略》等志書材料，考證"平羅"與"田州"關繫問題。

《平羅記略》有道光九年（1829）新堡官舍刻本傳世。《甘肅目録》著録館藏有民國間抄本，抄成時間不詳。另外，甘肅省圖書館 1965 年油印該志傳世。1988 年，天津古籍出版社據抄本影印，編入《寧夏歷代方志萃編》。1990 年，蘭州古籍書店據刻本影印，編入《中國西北文獻叢書》之《西北稀見方志文獻》第 51 卷，該本爲張維所藏，徐保字序文後有張氏 1920 年撰寫的題記，內容已録入《隴右方志録》，鈐蓋有"鴻汀""還讀我書樓藏書印"等印文印章。2003 年，寧夏人民出版社、寧夏教育出版社出版《平羅記略》校注本（王亞勇校注），以北京大學圖書館藏

[①] 《聯合目録》《寧夏目録》《甘肅目録》著録本書及《〔道光〕續增平羅記略》時，將書名中"記"皆作"紀"，下文述及的王耀倫、李洪圖、高尚榮、劉天榮、武愛田等人論文中亦將書名中"記"作"紀"。據兩志書原刻本，卷端及版心皆作"記"，疑作"記"是。

道光九年(1829)新堡官舍刻本爲底本進行整理，是目前最便於利用的整理文本。

二、徐保字生平

徐保字字阮鄰，①浙江歸安（今浙江湖州市吴興區）人，生卒年不詳，道光四年至六年(1824—1826)、八年至十年(1828—1830)兩度出任平羅知縣。

國家圖書館藏清光緒八年(1882)李昱、陸心源編《歸安縣志》卷三二《選舉》載，徐保字於嘉慶十二年(1807)中丁卯科副榜，十三年(1808)中戊辰科舉人。同館藏清光緒七年(1881)潘玉璿、周學浚編《烏程縣志》卷十《舉人》載，徐保字嘉慶十三年(1808)中舉，任平涼同知。《平羅記略》卷六《職官》載，他先於清宣宗道光四年(1824)任平羅知縣，六年(1826)李於沆接任。八年(1828)，徐保字再任平羅知縣。十年(1830)，卸任。《續增平羅記略》卷三《職官》載，十年(1830)，訥恩登額任平羅縣。

徐保字爲官非常注重民生。項廷綬《〈平羅記略〉跋》曰："阮鄰先生宰是邑三年，實心實政，凡學校、水利、農田、保甲罔不畢舉。"他在任期間興辦義學、義倉，助學幫困，興修水利，造福百姓。《平羅記略》卷八録徐保字《義學碑》《義倉碑》《改修新濟渠記》等文詳述其事。

三、志書纂修與刊行

徐保字撰《〈平羅記略〉序》、卷八按語，項廷綬、邵煜撰《〈平羅記略〉跋》等對《平羅記略》編修、刊行經過有較爲詳細的記載。

徐保字道光九年(1829)仲春（二月）撰寫的《〈平羅記略〉序》稱："平羅無志，余下車即引爲己任，無如掌故殘缺，文獻寂寥，蓋以地當新闢，初非若靈武之雞田、鹿塞，朔方之沃壤，瓠渾，其迹得而探也。詢之吏，無可考據；諮之士，無可商榷。三年中，採風問俗，隨所見而筆之，兼證《明一統志》《朔方志》《甘肅通志》等書，撰爲八卷。就事實録，疑與僞不敢妄參。第闕漏尚多，非竟可謂《平羅縣志》也，聊記其略云。"從徐保字序可知，他好像没有見到〔嘉慶〕《平羅縣志》，或者由於該志原本就没有獨立的編纂體例，所以徐保字等人没有將它視同縣志，故言

---

① 清光緒七年(1881)《烏程縣志》卷十《舉人》載，徐保字字"元舲"，光緒八年(1882)《歸安縣志》卷三二《選舉》載，徐保字字"沅舲"。徐保字《〈平羅縣志〉序》落款後鈐蓋有"阮鄰"印文印章，項廷綬、邵煜《〈平羅縣志〉跋》，張梯、郭鴻熙《〈續增平羅記略〉序》等序跋提及徐保字時都稱其爲阮鄰先生，故作"元舲""沅舲"者疑誤。

"平羅無志"。徐保字於道光四年至六年(1824—1826)第一次出任平羅知縣,就把纂修縣志當成重要的事情親自來抓。纂修過程中,他曾試圖向官吏、讀書人詢問有關當地志書編修事宜,也曾試圖從文獻中查找資料,但都沒有達到預期目的。在任3年間,他組織當地讀書人中的佼佼者到民間進行調查,並以傳世文獻《明一統志》《朔方志》(即楊應聘萬曆四十五年監修《朔方新志》)、《甘肅通志》等進行考證,對於不能確定的"疑"或"僞"的材料寧付闕如。

道光八年至十年(1828—1830)徐保字再任平羅知縣。據《平羅記略》,有部分道光八年(1828)事,徐保字《〈平羅記略〉序》又撰寫於道光九年(1829),故知徐保字在第二次出任平羅知縣後,對《平羅記略》又有内容上的補充。志書修成刊行時,出於謙虚,徐保字認爲纂修的志書中肯定有很多的缺漏,所以志書不敢稱其爲《平羅縣志》,只稱其爲《平羅記略》。據《〈平羅記略〉採訪姓氏》載,有拔貢生田樹本,平羅縣廩生宋作哲、李芳穠、孔可進、周肇先、王蘭、張肇英,寧朔縣庠生李芳田等8人參與到資料的搜集與調查活動中。朱聯升則負責文稿的謄抄。

項廷綬《〈平羅記略〉跋》載,平羅"志、乘缺略,於古無稽。阮鄰先生宰是邑三年,……暇乃網羅散佚,創爲縣志。其書以《朔方志》爲經,而以史傳緯之。次搜案牘,旁及碑識。簡而有法,繁而不侈。洵足以備一方之故實,而有補於方來。書成,厘爲八卷。不曰《志》而曰《記略》,謙也"。項廷綬進一步確認,徐保字是在其第二個平羅知縣的任期"三年"内完成纂修《平羅記略》的。項廷綬認爲《平羅記略》以〔萬曆〕朔方新志》爲基本框架,用各種史傳文獻、官府公文檔案,甚至碑文題識等作輔助材料,最後編成了一部"簡而有法,繁而不侈"的高水準縣志。志書不稱"志"而稱"記略",則是徐保字謙虚的表現。

邵煜道光十三年(1833)九秋(九月)撰寫的《〈平羅記略〉跋》則爲我們了解《平羅記略》的刊刻過程提供了寶貴的資料,跋曰:"平羅無志,得阮鄰先生《記略》,於是乎有志矣。……阮鄰先生因平邑材乏麻沙,工虧剞劂,爰是寄稿會垣,克成厥是。除先捐給外,因短工價兩百緡,志板未之攜歸,自戊子迄今已六載矣。丹庭吳少府慨捐清俸,倡率邑紳以請於予,予足而成之,今秋原板始歸於邑。第歲經六易,人事階增,事有所增,簡因或缺。前將原刻先拓百本,散之四境,他日再圖續貂之役。纂阮鄰而集裘腋,深願邑之君子匡予所不逮焉。"[①]邵煜認爲,徐保字纂修的《平羅記略》是平羅縣歷史上的第一部專志,道光六年(1826)基本修成,但正式印刷行世是在道光十三年(1833),其刊行過程頗爲艱辛。

---

① 《前言》引《〔道光〕平羅記略》,除特别説明外,均直接引自道光十三年(1833)刻本《平羅記略》,恕不一一注明。

根據序文推究，志書基本修成之時，徐保字卸任知縣，他將《平羅記略》文稿帶回老家浙江會稽，交由當地的書坊雕版。之所以不在平羅當地刻印，一方面是由於徐保字已不在知縣之位，更重要的是由於平羅刻書事業不發達，也缺乏高水準的雕版匠人。所以徐保字有"材乏麻沙，工虧剞劂"之歎。麻沙鎮地處福建建陽縣，它與建陽縣屬下的崇化坊並稱"圖書之府"，均以刻書著名。道光八年（戊子年，1828），雕匠完成了《平羅記略》的雕版工作。志書白口，四周雙邊，單、黑魚尾，每半頁9行，行22至23字。雕版費用除已經付過的定金外，還欠二百緡，相當於200兩左右的白銀。而道光年間平羅知縣一年的歲俸不過45兩白銀，所以這筆工錢相當於知縣徐保字4年多的歲俸，顯然是筆巨大的開支。由於沒能足額支付刻工的工費，徐保字雖於當年再任平羅知縣，但也沒有能將刻好的《平羅記略》書版帶回平羅，到道光十年（1830）他卸任，印版一直被留在會稽當地。道光十三年（1833），與徐保字同籍的會稽人邵煜出任平羅知縣，丹庭吳少府（事迹不詳）帶頭捐出自己的俸銀，並與平羅鄉紳一道請邵煜出資，補足集齊其餘，邵煜玉成其事，出錢交齊所欠雕版工費，於當年秋天，把留在會稽長達6年（自道光八年至道光十三年）之久的《平羅記略》書版全部運回到平羅縣。因時隔6年，原先志稿中很多內容已顯陳舊或失載，理當補充新材料、新內容，但不知何故，邵煜當時並未監修志書，而是把原版《平羅記略》印刷了百部，使其得以正式行世。由此可知，《平羅記略》能夠正式刊行於世，邵煜居功之偉。

　　國家圖書館藏有新堡官舍藏板《平羅記略》。該本卷八《藝文志·詩》有後人圈點、批注。如慶靖王《賀蘭大雪歌》詩天頭處有"貴築縣學附生"6字，徐保字《初冬石嘴子山作》詩天頭處有"一樽清話：霜落晴沙白，雲開野火紅"14字，蔣延祿《平羅八景》詩天頭處有"八首氣體一貫，思致超然，乃唐賢風格"15字。

四、編修方法及內容

　　徐保字《平羅記略》卷八附按語概括而言："是書爲卷八，爲門十四，爲條目九十有九，天文、地理、政治、文章厘然悉舉。"《〈平羅記略〉凡例》10條則詳細說明了志書的具體編修方法及體例等問題。

　　全書內容共245頁。正文前內容共12頁。其中徐保字撰《〈平羅記略〉序》2頁，落款後墨印有"徐保字印"陽文方印、"阮鄰"陰文方印；[①]《〈平羅記略〉凡例》

[①] 國家圖書館藏本無此印章。

10條共2頁;《〈平羅記略〉圖目》半頁,其後依次爲《平羅輿地全圖》《縣治圖》《唐惠昌三渠圖》《賀蘭山圖》等4圖共4頁半,總共5頁;《〈平羅記略〉採訪姓氏》1頁,附8人名單,包括其身份和姓名;《〈平羅記略〉總目》列卷一至卷八的一級類目名,共2頁。

正文卷一至卷八共233頁,每卷正文前先列各卷獨立的二級類目目錄,其後正文則另起一頁,卷端刻書名及卷次,次行刻"歸安徐保字編輯"7字,第3行爲一級類目名,其下小字體爲二級類目名,第4行頂格爲二級類目名,第5行開始是正文。正文先括注材料出處,其下則爲正文。

《凡例》第一條概述了全書分類之由:"《記略》排纂次序,俱仿史例。"也就是說,該志之所以分成《象緯》《輿地》等14類,末附《志異》類,並非個人創新,而是有所沿襲,這從志書基本材料均引自各類文獻就可以得到應證。志書分類,涉及天文、地理及人事等方面的内容,基本滿足了治理地方的文獻需要。正如徐保字所說,通過閱讀這類地方志書,"留心地方者,見關隘之險要,思何以慎守;溝渠之淤塞,思何以疏浚;黎庶之凋瘵,思何以康阜;風俗之蠱惑,思何以轉移。是在守土者,章志貞教,起敝扶衰,而後勒爲一編,即一册中之景象。以憫四境内之饑寒,必謀所以生聚之、教訓之。"凡例還針對志書中的"分野""山川疆域""古迹""物産""水利""藝文"等類内容編輯進行專門説明。

卷一13頁,包括《象緯》《輿地》等兩項一級類目内容。其中《象緯》包含《星野》《躔次》等兩項二級類目内容;《輿地》包含《沿革》《方域》《形勢》《山川》《邊隘》等5項二級類目内容。

《凡例》"分野"條强調有關平羅的内容均取材於古代天文學家或天文學著作,也就是說,必須都是有據可查的,其他概不贅錄。《象緯》之《星野》《躔次》即爲"分野"内容。這部分内容看似全都注明了材料出處,實際上全部襲自《〔萬曆〕朔方新志》。"山川疆域"條重點説明志書中記當時蒙古厄魯特、鄂爾多斯兩旗與平羅交界地地緣關係。説明其關係時主要以《縣册》爲主要依據。

卷二21頁,包括《古迹》《建置》等兩項一級類目内容。其中《古迹》包含《城障》《州鎮》《營寨》《寺觀》《名勝》等5項二級類目内容;《建置》包含《城池》《公署》《學校》《堡屯》《倉廩》《橋梁》《坊表》《市集》《郵傳》等9項二級類目内容。

《凡例》"古迹"條説明與平羅有關的古迹或採編自《大清一統志》,或者是有村落殘碑之類材料可證,强調"別其真贗,據實登記,勿嫌簡略。"如《古迹·寺觀》之"天臺寺",《平羅記略》據《縣册》,注明其地當在縣境的周澄堡(今寧夏平羅縣周城鄉一帶),徐保字又有按語曰:"寺陰殘碣摹得'周堡於夏鎮八十餘里,設有古寺曰天臺,嘉靖乙丑重修'等字迹,則此寺乃明以前古刹矣。"很顯然,天臺寺入選爲"古迹",主要是以碑石文字爲材料依據的。

卷三 14 頁,包括《風俗》《物產》等兩項一級類目內容。其中《風俗》包含《習尚》《制度》《禮儀》《時令》《占驗》等 5 項二級類目內容;《物產》包含《穀屬》《蔬屬》《果屬》《貨屬》《藥屬》《木屬》《花屬》《草屬》《禽屬》《獸屬》《鱗屬》《介屬》《蟲屬》等 13 項二級類目內容。

《凡例》"物產"條説明,《平羅記略》仿《甘肅通志》,在每一名物之下加小注,"昆蟲、草木,略引《爾雅》《楚辭》等書爲證。庶物類名目,覽者曉然,匪鶩泛濫"。[1] 這部分引證文獻是非常豐富的,既有傳世的經部、史部、子部文獻,更有官府公文檔案。如穀屬"小麥"條:"《本草》一名來。《詩》:貽我來牟。"引子部醫學文獻《本草》説明"小麥"異名,又引經部文獻《詩經》爲小麥異名的書證。

筆者統計,《平羅記略·物產》"貨屬"內容全部輯錄自官府檔案文獻《縣册》,"藥屬"內容全部輯錄自醫學著作《本草》。引用經部文獻主要有《詩經》《周禮》《禮記》《孟子》《説文解字》(漢許慎撰,30 卷)、《爾雅》、[2]《方言》(舊本題漢揚雄撰,晋郭璞注,13 卷)、《廣雅》(魏張揖撰,10 卷)、《埤雅》(宋陸佃撰,20 卷)、《正字通》(明張自烈撰,12 卷)等。史部文獻主要有《南史》(唐李延壽撰,80 卷)等。

引用子部文獻最多,唐以前的著作主要包括《春秋運斗樞》、[3]《管子》《白虎通》(全名《白虎通義》,漢班固撰,2 卷)、《禽經》(舊本題師曠撰,1 卷)、《古今注》(舊本題晋崔豹撰,3 卷)、《中華古今注》(舊本題後唐太學博士馬縞撰,3 卷,蓋推廣崔豹之書也)、《博物志》(舊本題晋張華撰,10 卷)、[4]《四民月令》(舊題晋崔寔撰,1 卷)、《金樓子》(梁元帝撰,10 卷)等。[5] 唐代著作有《造化權輿》(趙自勔撰,6 卷)、《酉陽雜俎》(段成式撰,20 卷,續 10 卷)、《嘉話録》(韋絢撰,1 卷)等 3 種。[6] 宋代著作有《夢溪筆談》(沈括撰,26 卷)、《後山談叢》(陳師道撰,4 卷)、[7]《避暑録》(全名《避暑録話》,葉夢得撰,2 卷)等 3 種。元代著作有《穀譜》

---

[1] 從體例而言,《平羅記略》更如《陝西通志》卷四三、四四《物產》的編撰體例。《[乾隆] 甘志》卷二〇《物產》於各名物下主要注明其產地,《陝西通志》則引各種文獻,説明其具體特點。
[2] 《平羅記略》注明材料出處時體例不一,多用書名簡稱,有些簡稱不知所指。又因古籍常有同名異書現象,故羅列若干以俟考。下同。《平羅記略》標注出處有《爾雅》《爾雅注》《爾雅疏》等三書。《爾雅注疏》,晋郭璞注,宋邢昺等疏,11 卷;《爾雅鄭注》,宋鄭樵撰,3 卷。
[3] 原刻本書名原簡稱《運斗樞》,校注本書名誤作《運斗樞玉》。《春秋運斗樞》與《春秋元命苞》都爲《春秋》緯書之一。原文當標點當作"李:《運斗樞》,玉衡星散爲李。"
[4] 明董斯張撰《廣博物志》50 卷。
[5] 《平羅記略》卷三《物產·蟲屬》之"蚊"條曰:"《金樓子》:白鳥蚊也。"《格致鏡原》卷九七同《平羅記略》。校注本"白"誤作"自"。
[6] 又名《劉公嘉話録》,或《劉賓客嘉話録》。劉公指唐人劉禹錫(772—842),字夢得,洛陽(今河南洛陽)人,晚年遷太子賓客,故後人又稱其爲劉賓客。
[7] 道光十三年(1833)刻本《平羅記略》書名誤作"後山叢談"。

（王禎撰，10卷）、①《田家雜占》（婁元禮編，3卷）等2種。明代著作引用最多，有《紺珠》（全名《事物紺珠》，黄一正撰，46卷）、②《學圃雜疏》（王世懋撰，3卷）、③《遵生八箋》（高濂撰，19卷）④《三餘贅筆》（都卬撰，2卷）、《焦氏説楛》（焦周撰，7卷）、⑤《山堂肆考》（彭大翼撰，228卷，《補遺》12卷）、《湘烟録》（閔元京、淩義渠輯，16卷）、《雨航雜録》（馮時可撰，2卷）等8種。清代著作有《致富全書》（清石岩逸叟增定，4卷）、⑥《御定廣群芳譜》（汪灝等撰，100卷）等2種。⑦ 子部文獻中，《委齋百卉志》《花史》《采蘭雜志》《格物論》《格物總論》《格物叢話》等撰者及卷數不詳。

卷四11頁，爲《水利》專卷，其中有《河渠》《閘壩》《堤埂》等3項一級類目内容。《河渠》又包含《唐徠渠》《惠農渠》《昌潤渠》《滂渠》《西河》等5項二級類目内容。《凡例》"水利"條强調，志書將此類内容獨立出"地理"類，就是因爲"平邑百姓依水爲命，唐、惠、昌三渠轄焉，故另立一門，以重渠政。"平羅縣是今寧夏轄境内重要的引黄灌區區域，該志將縣境内主要幹渠如唐徠渠、惠農渠、昌潤渠及其支渠從興修歷史到起至長度等詳細記述，基本勾勒出了平羅全境的水利灌溉系統，還特别記述了徐保字等人治理管道的經驗體會。這些對於考察、興修當今平羅水利系統仍然有一定的借鑒價值。

本卷材料取材包括有《〔萬曆〕朔方新志》《〔乾隆〕寧夏府志》《縣册》《寶豐縣記》等。後兩種文獻顯然是當時最爲可信的官府檔案，《寶豐縣記》的材料更爲珍貴。前文述及，在寧夏府轄境内，雍正四年（1726）新設新渠縣，六年（1728）新設寶豐縣。因寧夏地震，二縣又於乾隆四年（1739）被裁汰，所轄寨堡分屬寧夏、平

---

① 元王禎撰《農書》35卷，其中《農桑通訣》5卷，《農桑圖譜》20卷，《穀譜》10卷。
② 書名中含"紺珠"一詞的文獻有《紺珠集》《小學紺珠》《事物紺珠》等，據《平羅記略》引文及《格致鏡原》卷八八載，當爲《事物紺珠》。
③ 道光十三年（1833）刻本《平羅記略》書名誤作"學譜雜疏"。
④ 《平羅記略》卷三《物産·蔬屬》載："莧：高濂《野蔌品》，野莧比家莧更美。"清陳元龍撰《格致鏡原》卷六二載："高濂《野蔌品》：野莧，夏采熟食，拌料炒食俱可比家莧更美。"明高濂撰《遵生八箋》卷十二《飲饌服食箋·野蔬類》載："野莧菜，夏采熟食，拌料炒食俱可比家莧更美。"三者的相承關系非常明顯，即陳元龍自高濂著述取材，徐保字自陳元龍著述取材。
⑤ 《格致鏡原》卷七二《花類·雞冠花》載："《説楛》：雞冠花，佛書謂之波羅奢花。"《平羅記略》引作："雞冠，《説楛》：佛書謂之波羅奢花。"
⑥ 該書流傳較廣，書名又作《重訂增補陶朱公致富全書》，或《陶朱公致富全書》，或《增補致富全書》等。
⑦ 書名原簡稱作《群芳譜》。《群芳譜》，明王象晉撰，30卷。《四庫全書總目》卷一一六《子部·譜録類存目》曰，其書"略於種植，而詳於療治之法。與典故藝文，割裂餖飣，頗無足取"。《御定廣群芳譜》100卷，康熙四十七年（1708）汪灝等奉敕撰，蓋因王象晉《群芳譜》而廣之，故名。包括《天時譜》6卷，《穀譜》4卷，《桑麻譜》2卷，《蔬譜》5卷，《茶譜》4卷，《花譜》32卷，《果譜》14卷，《木譜》14卷，《竹譜》5卷，《卉譜》6卷，《藥譜》8卷。《平羅記略》引《穀譜》《蔬譜》的内容。《蔬譜》誤引作《蘇譜》。清陳元龍撰《格致鏡原》卷六二載："《蔬譜》：'蔓菁，一名蕪菁。'"内容全同《平羅記略》，可證《平羅記略》之誤。

羅等縣。由於新渠、寶豐兩縣轄境不大，設置時間不長，加上地震中檔案文獻損失嚴重，後世對這兩縣的縣情了解得很不深入。《平羅記略》引《寶豐縣記》，説明當時還存有寶豐縣的類似方志的文獻，由於該書現已不存，故《平羅縣志》"存史"的價值更爲突出了。

卷五 17 頁，包括《賦役》《祠祭》等兩項一級類目內容。其中《賦役》包含《民數》《民田》《地丁》《廠租》《學田》《鹺法》《解款》《支款》《雜賦》《蠲免》等 10 項二級類目內容；《祠祭》包含《崇祀》《群祭》《壇壝》等 3 項二級類目內容。本卷內容主要自《縣册》《學册》《馬廠圖》、平羅縣《賦役全書》《鹽法條例》等檔案文獻取材，史料價值極高。

《賦役全書》爲清朝官府與國計民生密切相關的重要檔案文獻，《清朝通典》卷七載："《賦役全書》，順治三年纂，凡在京各衙門，錢粮項款原額及見在收支、銷算數目，在外直省錢粮、見在熟田、應徵起存數目，均載入頒行。每年令布政司將開墾荒田及增減户丁實數訂入。"《平羅記略》輯入與平羅相關的賦役材料，所記非常詳細。比如"民田"資料，既記載了平羅縣上地、中地、下地的具體原額地畝田數，及應徵粮、草、銀數等，還據實記載了平羅縣地震荒廢地、建築城垣燒造磚瓦窰場佔用民田以及水沖、沙壓、河崩等造成的田地損失情況。這些歷年來田畝增減變化的資料對於研究清朝平羅縣經濟發展情況顯然是很珍貴的一手資料。《蠲免》據《縣册》記載乾隆十四年至道光七年(1749—1827)近 80 年間，平羅縣因遭旱災、水災、雹災、霜災等各種自然災害而被中央政府免徭賦的情况，徐保字輯録這些資料的目的是想強調："平邑舊屬沙漠，……惟地居唐、惠渠之尾，沾溉難周，偏災時告，而徭賦不減，民常苦之。皇上軫念黔黎，屢予蠲賑，俾邊壤窮甿，咸歌樂利，蓋守土者與有同慶焉。"他顯然有歌功頌德的目的在，我們今天可以把這些資料當作平羅縣自然災害史資料來利用。《祠祭》引《永壽縣志》《大清會典》《學册》等資料。從引《學册》內容來看，説明平羅縣與人文教化有關的資料有專門的檔案記載。

卷六 31 頁，包括《職官》《武衛》《選舉》等 3 項一級類目內容。其中《職官》包含《知縣》《縣丞》《訓導》《主簿》《典史》《參將》《游擊》《守備》《千總》《把總》等 10 項二級類目內容；《武衛》包含《營俸》《兵制》《粮餉》《馬政》《軍器》《圍場》《塘汛》《邊功》《恤典》等 9 項二級類目內容；《選舉》包含《進士》《舉人》《貢生》《武進士》《武舉人》《吏員》《行伍》《蔭階》等 8 項二級類目內容。本卷內容主要自《〔乾隆〕寧夏府志》《縣册》《營册》《中樞備覽》等取材，是研究清朝平羅縣職官設置情況的一手資料。從記載內容看，《營册》當爲平羅縣軍事檔案，《中樞備覽》應該是清朝各地官員檔案資料。

由於原新渠、寶豐二縣各種資料特別是職官資料不詳,故凡例中特別說明,《平羅記略》中這兩個縣的職官資料全缺。本卷按語中,對於職官部分的取材另有補充說明:"查新、寶、平三縣並設,兼駐通判。地震册籍盡埋,舊官姓名失考,今就乾隆三年以後者悉登之,其前皆闕疑,鹽運等官亦奉裁不錄。"從所記《選舉》資料看,平羅地方人文不興,"以文學登科目者甚鮮,而武科較盛。"究其原因,除地域狹小、偏遠之外,與平羅自古即爲用兵之地也有很大的關係。

　　卷七 16 頁,爲《人物》專卷,包括《名宦》《鄉達》《儒林》《忠烈》《孝友》《義行》《耆德》《隱逸》《仙釋》《列女》等 10 項一級類目内容。本卷内容主要自〔乾隆〕寧夏府志》《〔乾隆〕甘肅通志》《縣册》《楊氏家譜》《王氏家譜》等取材。平羅雖然人文不興,入《儒林》者僅 4 人,但仍然設專門類目,從舊志當全面記載一縣之人文狀況來説,這是值得肯定的。《列女》占了本卷内容將近一半的篇幅,這也從一個側面反映了封建社會全社會對女性貞操觀念的關注程度都是非常高的。女性事迹能否入地方志書的《列女傳》中,一般需要官府正式認可才行。《平羅記略》據《縣册》載夏禹妻許氏等 4 人姓氏,但略其事迹,按語説明:"以上四節婦,乾隆三年,前知縣馬瑗請旌,因震毁原卷,事迹失考。"

　　卷八 60 頁,爲《藝文》專卷,附《志異》。《藝文》包括《疏》《書》《碑》《記》《銘》《詩》《賦》等 7 項二級類目内容,共録詩文 52 篇,有 40 篇未見載於其他寧夏舊志。其中《疏》録 5 篇,《書》録 4 篇,《碑》録 9 篇,《記》録 6 篇(2 篇見載於他志),《銘》録 1 篇,《詩》録 25 首(10 首見載於他志),《賦》録 2 篇。《凡例》"藝文"條載:"邊邑文物寥寥,本朝教化休明,漸摩日廣,兹取人物之有裨民風、藝文之有關政治者登於編。"值得一提的是 4 篇《書》全部爲韓雄略所作,據《平羅記略》按語:"韓君雄略,晋人,系康熙間平羅所官。條陳利弊,卓有經濟。其幕友廉子璋刊爲一卷,今於市肆亂帙中得之,録其四。"這也從一個方面説明,纂修《平羅記略》時,並不是簡單地抄録現成的資料,的確是四處搜訪。《志異》記載了 6 條唐至清期間發生於平羅縣的災異之事,均取材於《〔萬曆〕朔方新志》《〔乾隆〕寧夏府志》。

　　《平羅記略》最後附項廷綬《〈平羅記略〉跋》1 頁,邵煜《〈平羅記略〉跋》2 頁。兩篇跋語對於研究《平羅記略》成書時間、刊刻經過等均有特殊價值。前已述及,此不贅述。

五、編修質量及文獻價值

(一)編修質量

　　張維《隴右方志録》對此志評價曰:"此志編次,頗爲簡賅。凡所引録,皆注出處,得纂述之法。惟析目至九十九,稍鄰細碎。又沿《明一統志》,誤以寧夏爲夏州,《古迹》得補兒湖城、察罕腦城,皆因夏州而誤録之也。"①張維的評價是比較客觀的。

由於平羅地域狹小,人文亦不發達,故可載之内容遠不及《〔乾隆〕寧夏府志》等志書豐富。但徐保字並未因此而省簡志書的編寫程式及志書的内容構成,他組織了職責分工明確的編修隊伍,有資料收集者、文稿抄録者,由他自己總其成。志書内容結構仿《〔乾隆〕寧夏府志》,包含有編輯人員名單、編輯凡例、輿地圖、正文等。特别是詳注材料出處,其凡例曰:"志乘備一方掌故,苟無其本,傳信適以滋疑,平羅舊無邑志,余爲《記略》,每綴一事,必注來歷,不敢自蹈杜撰,仿《長安志》《古剡録》標明群籍,勿騁己裁。"

更爲可貴的是,《平羅記略》不是原封不動地沿襲原始資料,而是根據實際情況對資料進行糾正或補充。如卷二《建置·城池》引《〔乾隆〕寧夏府志》:"乾隆三年地震城圮,四年重修。……南北堆房二座。……鳳翔府鹽捕廳耿覲業、寧夏縣何世寵、平羅縣馬瑗監修。費帑銀七萬兩有奇。"查《〔乾隆〕寧夏府志》卷五《建置·城池》載:"國朝乾隆三年,地震傾塌。四年,發帑重修。……東西堆房二座。……鳳翔府鹽捕廳耿覲業、知平羅縣何世寵監修,費帑銀七萬餘兩。"②兩相比較就會發現,《平羅記略》對《寧夏府志》有改寫,如將"傾塌"改爲"城圮",將"七萬餘兩"改爲"七萬兩有奇"等。這些都没有影響到原文原義。而把"東西堆房二座"改爲"南北堆房二座",把"知平羅縣何世寵監修"改爲"寧夏縣何世寵、平羅縣馬瑗監修"則與原文原義相去甚遠。

考《平羅記略》卷前附《縣治圖》,這份地圖資料是當地人按乾隆三年(1738)震後重建的實際情況繪製的,應該是可信的。圖上繪製有南堆房和北堆房各一座,也就是説,《平羅記略》改寫後的資料是可信的。關於震後重建工程的監修者,《寧夏府志》未載"馬瑗"。對於平羅縣知縣的任職資料,《寧夏府志》這樣説明:"分設平羅縣自雍正三年始,而乾隆三年地震,册籍焚毁,無由稽查,故自乾隆四年何世寵始。"③再查《平羅記略》,其卷六《職官·知縣》據《縣册》載,馬瑗於乾隆三年(1738)任平羅知縣,何世寵於乾隆四年(1739)接替馬瑗任平羅知縣,並於十三年(1748)再任。也就是説,乾隆三年(1738)地震當年,馬瑗任平羅知縣,第二年何世寵接任。從震後重建的實際情況來看,時任知縣的馬瑗肯定要積極地

---

① 張維:《隴右方志録》,《中國西北文獻叢書》據北平大北印刷局1934年版影印,蘭州古籍書店1990年版,第77册第702頁。
② (清)張金城等修纂:《〔乾隆〕寧夏府志》,胡玉冰、韓超校注,中國社會科學出版社2015年版,第96頁。
③ (清)張金城等修纂:《〔乾隆〕寧夏府志》,胡玉冰、韓超校注,第228頁。

投身其中，後任者何世寵投入的精力當更多。《寧夏府志》由於資料缺乏，沒有把馬瑗的名字列知監修者之列，《平羅記略》則根據官府的一手資料，把馬瑗補充爲監修者，這應該是可信的。關於何世寵任平羅知縣之前的官職，在《寧夏府志》卷九《職官·寧夏縣知縣》中並無其名，《平羅記略》所記不知何據。

再如，關於平羅縣知縣的俸銀問題，《〔乾隆〕寧夏府志》卷九載，按乾隆四十五年(1780)的俸薪、養廉標準，平羅縣知縣每歲俸銀35兩，養廉銀600兩，公費銀360兩。《平羅記略》卷五載，道光年間的標準有了新的變化，知縣每歲俸銀45兩，無養廉銀和公費銀。夫役工食開支中，《〔乾隆〕寧夏府志》載民壯38名，歲支工食銀280兩，《平羅記略》載民壯減少到28名，歲支工食銀亦減爲168兩。

《平羅記略》在有些內容之後還附有按語，"每條末按語，蓋捃撫遺聞而參以臆見，所以證異同也。"這些都説明了徐保字嚴肅認真的修志態度，而這樣的態度是高質量志書成書的重要保證。

當然，誠如張維所言，《平羅記略》也有沿襲舊誤的問題存在。另外，部分史料輯録時有文字上的錯誤，校注本中多已出校，但仍有部分問題未得糾正。如《平羅記略凡例》載："新渠、寶豐、平羅三縣並設，乾隆年間地震，廢新、寶，職官姓氏不得其詳，故闕。"據乾隆《銀川小志》《寧夏府志》《清實録·高宗乾隆皇帝實録》等文獻載，"雍正"顯係"乾隆"之誤。

(二) 文獻價值

關於《平羅記略》的史料價值，王亞勇先生在《〈平羅記略〉及其史料價值》中有詳細的評述。筆者想强調以下三點：

第一，《平羅記略》是今寧夏轄境內北部石嘴山市的第一部地方志書，它對了解和研究清朝平羅縣轄境內的風土人情、政治、經濟、地理等均有重要的資料價值。

第二，《平羅記略》幾乎對每一條資料都注明出處，這在寧夏舊志中也是開創了先例。注明資料出處，一方面體現了編修者態度的嚴謹，另一方面，現已亡佚的文獻如平羅的《縣册》《學册》《營册》等的部分内容幸賴該志得以保存，《寶豐縣記》的部分資料是沿襲自《〔乾隆〕寧夏府志》，但有些也爲《平羅記略》獨有。仍有傳世的文獻如《〔萬曆〕朔方新志》《〔乾隆〕寧夏府志》等則可以據《平羅記略》徵引文獻進行校勘。

第三，對於《平羅記略》所補充的他書罕見的新材料要給予充分的重視。如乾隆三年(1738)寧夏大地震，《〔乾隆〕銀川小志》《〔乾隆〕寧夏府志》中都有詳細的細節描寫，《平羅記略》卷八録班第《請裁新寶二縣疏》爲後人了解和研究這次寧夏大地震又提供了新的、詳實的材料，疏載："寧夏府屬新渠、寶豐二縣地震水溢，户民被災，……十一月二十四日，地忽震裂，河水上泛，灌注兩邑。而地中湧泉直立丈餘者，不計其數。四散溢水深七、八尺以至丈餘不等。而地土低陷數尺，城堡、房屋倒塌，户民被壓溺而死者甚多。臣等逐處查閱，現在新渠縣城南門陷下數尺，北城門洞僅如月牙，而縣屬商賈民房及倉廠亦俱陷入地中，糧石俱在水沙之内，令人刨挖，米糧熱如湯泡，味若酸酒，已不堪食用。四面各成土堆，惠農、昌潤兩渠俱已坍塌，渠底高於渠埂。自新渠而起二三十里以外，越寶豐而石嘴子，東連黄河，西達賀蘭山，周回一二百里竟成一片水海。寶豐縣城郭、倉廠亦半入地中，户民無棲息之所，大半仍回原籍，尚有依棲高阜，聊圖苟活者。"乾隆三年(1738)寧夏大地震後，班第被委任爲欽差，赴寧夏調查災情，指揮抗災搶險，處理災後各項事宜。本疏文是他實地調查的第一手材料，可信度極高。從班第的描述中，我們仿佛又看到了平羅縣震災之後又遭遇水災、冰凍的慘狀。

整理説明

一、本書主要以標點、校勘、注釋等方式對平羅舊志進行整理，以中國國家圖書館藏清道光十三年（1833）刻本《平羅記略》爲底本，以成文出版社、天津古籍出版社、鳳凰出版社等出版之影印本及《〔乾隆〕甘肅通志》《〔萬曆〕朔方新志》《〔乾隆〕寧夏府志》等爲參校本，部分標點成果借鑒了2003年寧夏教育出版社王亞勇點校本。

二、整理成果以繁體横排形式出版。注釋條目以當頁脚注形式注明，用圈碼①②③之類排序，校勘以[1][2][3]之類排序，放在卷末。正文中凡以"〔 〕"括注的文字，均係整理者增加。

三、以[校]字樣於卷末注校勘成果，以校文字異文爲主，酌校内容異同。因用字習慣不同而出現人名、地名、族名等同名異寫現象，均出校説明。底本或對校本中存在明顯的誤、脱、衍、倒等現象，於正文中校改後出校説明。雖有異文但意可兩通者，不改正文，僅在校記中説明。除特殊需要外，校本有誤，一般不出校。

四、《平羅記略》刊刻或引用他書文獻時，因避當朝名諱而改前朝文字者，如"宏治""萬歷"之類，均據原字或原書回改爲"弘治""萬曆"等，僅於首見處出校説明，餘皆徑改，不再一一出校。

五、底本中的異體字、俗體字、通假字、古今字等，如"砦寨""疋匹"之類，一律不出校。某些不規範的異體字、俗體字、古今字等，或前後用字不一者，均按出版要求適當統改成規範、統一的字體，不出校記。《平羅記略》轉引他書文字内容，引文若與該書通行版本文字不同，除引文確實有誤，如誤録人名、地名、時間等需要出校説明外，凡不影響文意理解者一般不改動引文。

六、當頁脚注徑出注釋條目。注釋内容主要包括：原文易致惑者（如文獻簡稱或省稱、干支紀年等）、原文提及的詩文或史料出處、原文體例中資料互見者、整理者對輯補史料的出處説明和整理者的補充文字等。

七、脚注中，凡言"本志"者，均指《平羅記略》。凡言"本志書例"者，均指《平羅記略》編修體例。書名較長者沿用習慣簡稱，具體簡稱參見《參考文獻》。

八、脚注中，凡引古代文獻，均只注明書名、卷次、篇名等，其作者、版本等詳見《參考文獻·古代文獻》。凡引現當代文獻，均只注明作者、書名或論文篇名、頁碼等，其出版社、刊物名、發表時間等詳見《參考文獻·現當代文獻》。若被引用古代文獻已有整理成果，一般直接吸收其合理意見，不再重複叙述校注理由，注明"參見××"字樣。注明引文出處、他校資料或他人校勘、考證成果，亦注明"參見××"字樣。

九、《參考文獻》分《古代文獻》和《現當代文獻》分別著録。其中，《古代文獻》分陝甘寧舊志、經部、史部、子部、集部等五類著録，《現當代文獻》分著作、論文兩類著録。

〔徐保字〕平羅記略序

平虜一隅，左黃河，右賀蘭。《通志》載，①石崖山在平羅縣，則河套地矣。齊之鸞《北關門記》云：[1]"請於唐朔方軍故址，深溝固壘。"是平虜之北關門，朔方軍故址也。歷代河灘遷徙，沙磧夷衍，罕見于史。至前明，始設守禦千户所，隸寧夏衛。因而有城池，有堡砦，有倉廩，有臺堠，有廟宇、廨舍，然不過唐稍片壤耳。寇氛充斥，凋敝殆盡。

我朝定鼎，仍沿明制，立平虜所。謹按《平定朔漠方略》恭載：②聖祖仁皇帝親征噶爾丹，自寧夏城趨白塔，道經堯甫堡、[2]流穆河、哨馬營、石嘴子等地方，靡不禁征，億訪疾苦，雖師旅中，痌瘝在抱，蓋邊甿樂瞻翠蹕焉。雍正間，通侍郎招墾查漢托護地，③開惠農、昌潤二渠。於是唐渠曰"舊户"，惠、昌曰"新户"，設立新渠、寶豐、平羅三縣。乾隆三年地震，廢新、寶，歸併平羅。駸駸然，兼唐、惠、昌而廓之。惟地磽且瘠，鹼蒿、鹼刺、沙蒿、芨草外，四周皆田，居下游，引黃河水灌之不易。矧西南則土皆鹼硝，東北則民雜漢、回。留心地方者，見關隘之險要，思何以慎守；溝渠之淤塞，思何以疏瀹；黎庶之凋瘵，思何以康阜；風俗之蠻果，思何以轉移。是在守土者，章志貞教，起敝扶衰，而後勒為一編，即一册中之景象。以憫四境内之饑寒，必謀所以生聚之、教訓之。此縣志為出治之本，不可不蒐羅而裒輯也。平羅無志，余下車即引為己任，無如掌故殘缺，文獻寂寥，蓋以地當新闢，初非若靈武之雞田、鹿塞，朔方之沃壤、窳渾，其迹得而探也。詢之吏，無可考據；諮之士，無可商榷。三年中，採風問俗，隨所見而筆之，兼證《明一統志》④《朔方志》⑤《甘肅通志》等書，撰為八卷。就事實錄，疑與偽不敢妄參。第闕漏尚多，非竟可謂《平羅縣志》也，聊記其略云。

道光九年仲春，知平羅縣事歸安徐保字識。

---

① 通志：指清朝乾隆年間許容等編修的《甘肅通志》，共五十卷。引文參見《〔乾隆〕甘志》卷六《山川》。
② 平定朔漠方略：書名全稱《聖祖仁皇帝親征平定朔漠方略》，清朝温達等撰，共四十八卷。
③ 通侍郎：指通智。通智，滿州人，雍正年間奉旨開惠農渠、昌潤渠。又奏修唐徕渠、漢延渠、大清渠，為寧夏水利作出了巨大貢獻。
④ 明一統志：即《大明一統志》，明代李賢、彭時等奉敕修撰的地理總志，共九十卷。
⑤ 朔方志：指明朝萬曆四十五年(1617)楊壽等編纂的《朔方新志》，共五卷。

【校勘記】

［1］北關門：原作"北門關",據《〔嘉靖〕寧志》卷一《五衛·北路平虜城》《入夏録》卷下《朔方天塹北關門記》改。下同。

［2］堯甫堡：本志《輿地全圖》作"姚福堡",《寧夏府志》卷五《建置一·堡寨·平羅縣所屬堡寨》作"姚伏堡"。

平羅記略凡例

　　一、《記略》排纂次序，俱倣史例。夫效天法地，考古建今，察風化之剛柔，辨土宜之阜毓。濬河渠所以溉田，均疆畛所以定賦。百神是享，庶績咸熙。八校畢修，三升慎選。由此訪物，望於遐陲。録篇章於載冊，粲乎隱隱，畢備斯志。然而《洪範》不廢，咎徵《春秋》，特書災眚，蓋以覘治忽焉。故分其門類曰《象緯》、曰《輿地》、曰《古迹》、曰《建置》、曰《風俗》、曰《物産》、曰《水利》、曰《賦役》、曰《祠祭》、曰《職官》、曰《武衛》、曰《選舉》、曰《人物》、曰《藝文》，而以《志異》附其末。

　　一、分野，前人力詆其謬，且有以左氏說爲非者，①然唐一行之言，何可廢也。兹就雍州屬星，略引諸書，一切甘石家言，②概不贅録。

　　一、志乘備一方掌故，苟無其本，傳信適以滋疑。平羅舊無邑志，余爲《記略》，每綴一事，必注來歷，不敢自蹈杜撰。倣《長安志》③《古剡録》標明群籍，④勿騁己裁。

　　一、山川、疆域，邊界載列，四境昭申，畫也。若厄魯特、鄂爾多斯兩旂，毗連平壤者，亦間記邊地以樹藩籬。

　　一、平羅古迹，山河外一片黄沙，本無名勝，因據《一統志》各編，⑤採入城、臺、寺院，令小胥遍訪村落殘碑，别其真贋，據實登記，勿嫌簡略。

　　一、《物産》小注亦如《通志》。昆蟲、草木，略引《爾雅》《楚辭》等書爲證。庶物類名目，覽者曉然，匪騖泛濫。

　　一、《水利》，他志附列《地里》，平邑百姓依水爲命，唐、惠、昌三渠轄焉，故另立一門，以重渠政。

　　一、新渠、寶豐、平羅三縣並設，乾隆間地震，[1] 廢新、寶，職官姓氏不得其

---

①　左氏：指左丘明。《山居雜論》曰："分星之說，載之《周禮》，散見於《左氏》。"
②　甘石：指戰國時期齊國甘德與魏國石申，二人以擅長天文並稱"甘石"。
③　長安志：宋代宋敏求撰，共二十卷，是我國現存最早的古都志。
④　古剡録：指南宋史安之、高似孫編修的《浙江嵊縣志》。嵊縣在漢代名剡縣，故該志又稱《古剡録》。
⑤　一統志：指乾隆二十九年（1764）至四十九年（1784）所編的清代地理總志《大清一統志》，共五百卷。

詳,故闕。

一、邊邑文物寥寥,本朝教化休明,漸摩日廣,茲取人物之有裨民風、藝文之有關政治者登於編。

一、每條末按語,蓋捃摭遺聞而參以臆見,所以證異同也。《永壽志》謂鄭注《周禮》、韋注《國語》,亦此意。

【校勘記】

[1] 乾隆間:原作"雍正間",據《寧夏府志》《銀川小志》《清實錄·高宗乾隆皇帝實錄》等改。

平羅記略圖目

平羅輿地全圖

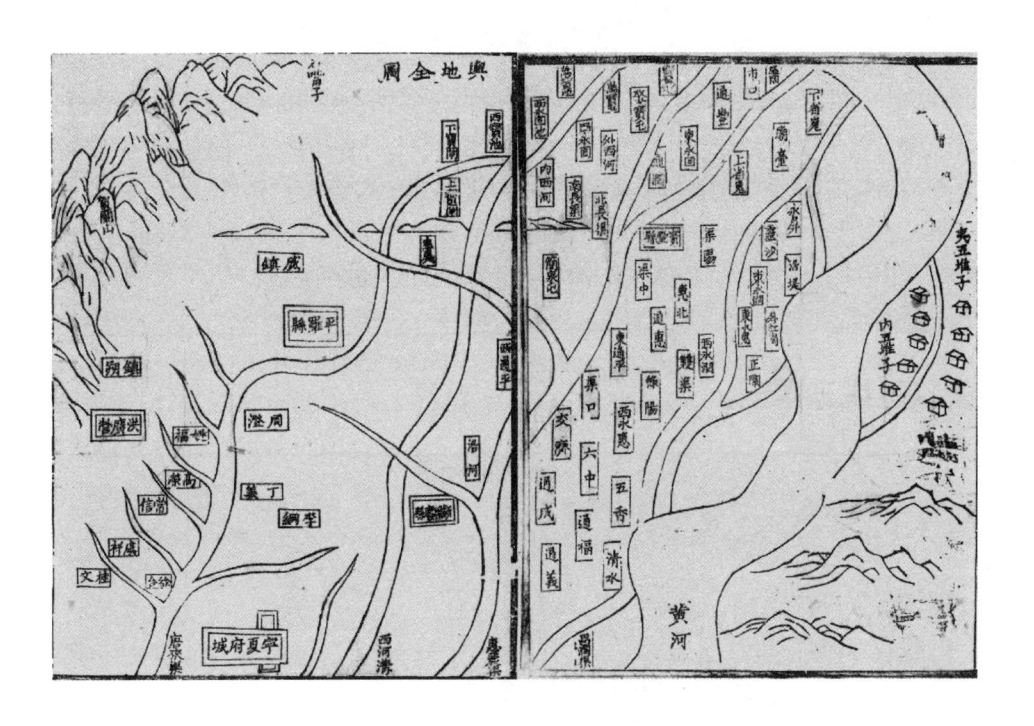

縣治圖

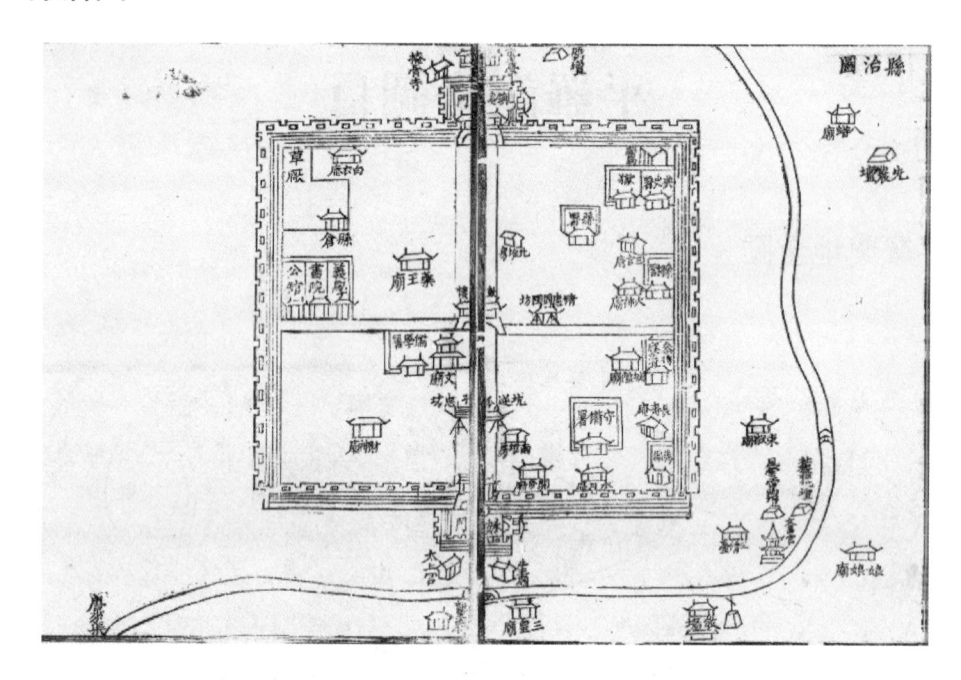

唐、惠、昌三渠圖

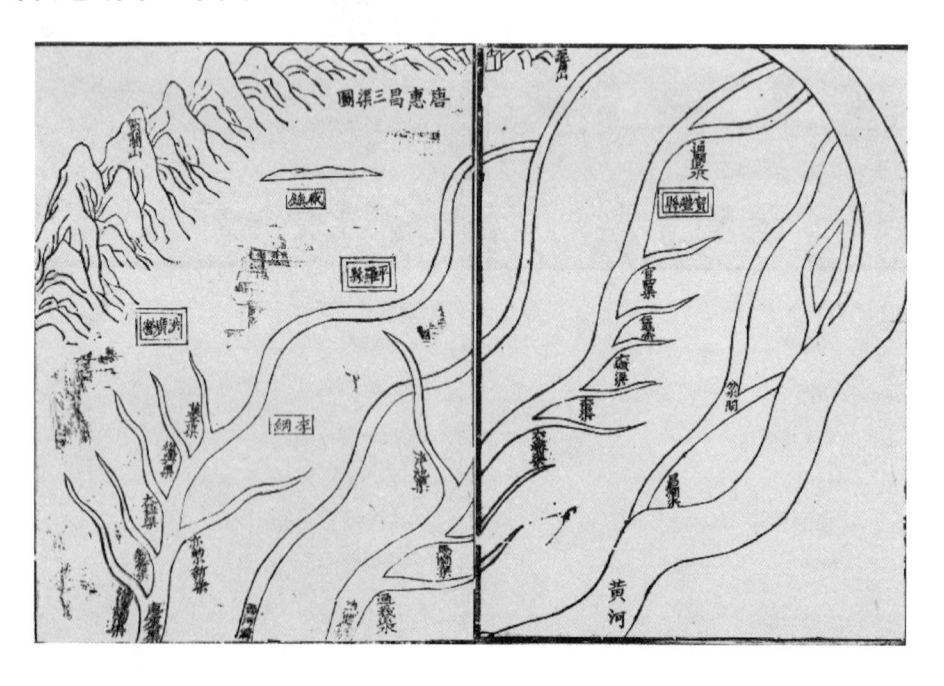

平羅記略圖目　　47

賀蘭山圖

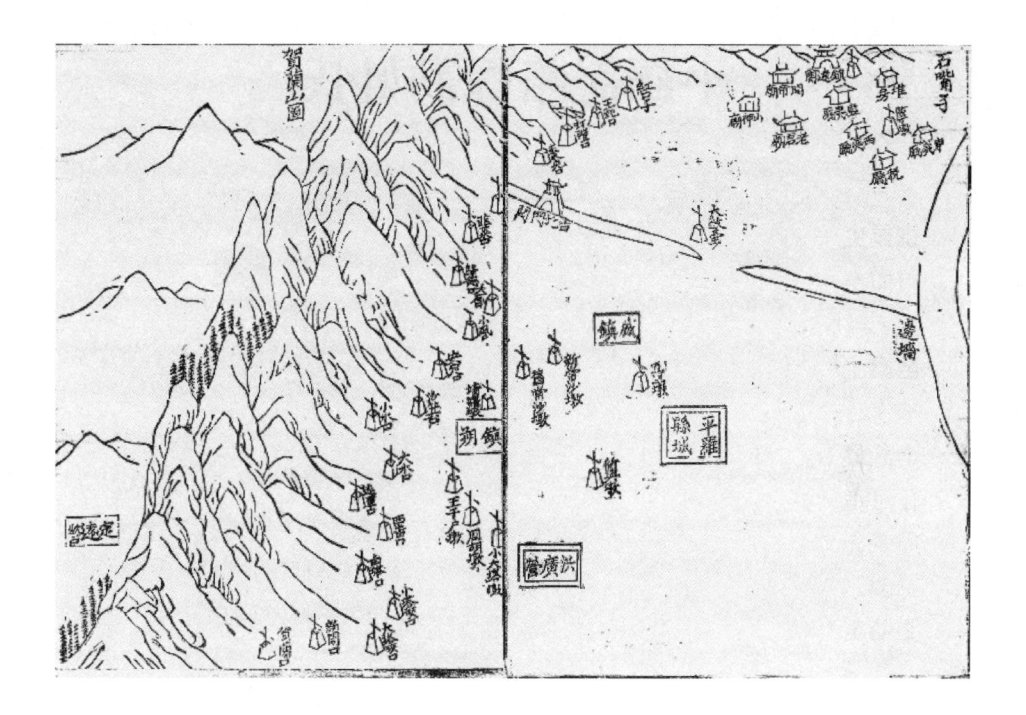

平羅記略採訪姓氏

拔貢生
田樹本

邑廩生
宋作哲
李芳穟
孔可進
周肇先
王蘭
張肇英

寧朔庠生
李芳田

禮書
朱聯升

平羅記略總目

卷一
　　象緯　輿地
卷二
　　古迹　建置
卷三
　　風俗　物產
卷四
　　水利

卷五
　　賦役　祠祭
卷六
　　職官　武衛　選舉
卷七
　　人物
卷八
　　藝文　志異

平羅記略卷一

歸安徐保字編輯

象緯　星野、躔次

星野

舊志：①據《大統曆》：井八度三十四分九十四秒。入鶉首之次，辰在未。[1]

赤道：井三十三度三十分，鬼二度二十分，尾十九度一十分，柳十三度三十分。

黄道：井三十一度一分，鬼二度十一分，尾十七度九十五分，柳十三度。

《春秋元命苞》：②東井、鬼宿爲秦。

《史記·天官書》：③東井、輿鬼，雍州之分。

前漢《地理志》：④自井十度至柳三度，爲鶉首之次，秦之分。

《春秋文耀鈎》：⑤雍州屬鬼星。

《廣雅》：⑥北斗樞爲雍州。

躔次

晋《天文志》：⑦上郡、北地，入尾十度。

唐《志》：⑧夏州，東井之分。

---

① 舊志：指《朔方新志》，其卷一《天文》載："寧夏屬雍州，天文井、鬼分野。以其地偏西，兼得尾、柳斗樞，其宿之度數，古法已疏，今按《大統曆》測定者載之。"

② 春秋元命苞：古天文書，《春秋》緯書之一，原書已佚。《藝文類聚》卷六《地部·雍州》引："東井、鬼星散爲雍州，分爲秦國。"

③ 參見《史記》卷二七《天官書》。

④ 參見《漢書》卷二八《地理志》。

⑤ 文耀鈎：古天文書，《春秋》緯書之一。《文獻通考》卷七八《郊社考·祀五帝》："春秋緯，文耀鈎也，運斗樞也。"

⑥ 廣雅：訓詁書，三國魏張揖撰，共三卷。《廣雅》卷九《釋天》載："北斗七星，一爲樞，二爲旋，三爲機，四爲權，五爲衡，六爲開陽，七爲摇光。樞爲雍州。"

⑦ 參見《晋書》卷十一《天文志》。

⑧ 參見《新唐書》卷三一《天文志》。

按：東井、輿鬼，鶉首也，自漢三輔及北地、上郡。平羅居北地之北，故星屬井、鬼。

輿地 沿革、方域、形勢、山川、邊隘

沿革

古雍州域。《明一統志》：①寧夏，《禹貢》雍州之域。

漢屬北地郡。《府志》：②平羅縣，漢北地郡北境。

永昌新堡。《太平寰宇記》：③新堡，在懷遠縣西北四十里，永昌元年置，堡內安置防禦軍二千五百人，粮五萬石。[2]舊名"千金堡"。按：寧夏縣，周建德三年置懷遠郡及縣，隋開皇三年郡罷而縣不改，唐亦曰"懷遠縣"。新堡去寧夏西北四十里，今李綱堡是，且平羅又謂"新堡"，本此。

唐定遠城。[3]《朔方志》：④在鎮北一百里，西至賀蘭山六十里。唐朔方城，宋威遠軍，夏改定州，俗呼"田州"。按《唐書·地理志》：⑤警州本定遠城，靈州東北二百里，先天二年郭元振置。《太平寰宇記》：廢定遠縣，州東北二百里，定遠鎮管蕃部四。⑥ 杜佑《通典》云在黃河外，俗呼"田州"。《府志》謂"廢定州在新渠縣界"，⑦又云"新、寶二縣古查漢托護地"，⑧即漢方渠、唐警州、宋定州。《明一統志》：⑨定州城，在衛城北六十里，本唐定遠城，趙元昊改爲定州。田州城在衛城北六十里。考方渠、漢北地郡即定州，然則警州、定州、田州一地，今有田州塔，"田州"蓋"定遠"之訛。見《甘肅通志》。⑩

明平虜所。《明史·地理志》：⑪衛北少東，嘉靖三十年以平虜城置。東北有老虎山，濱大河，北鎮遠關。《朔方志》：⑫明設五路七衛，靈州、興武、平虜三所。《府志》：⑬平羅所，洪武初置，屬寧夏衛。國朝亦爲平羅所。雍正三年，[4]改平羅

---

① 參見《明一統志》卷三七《寧夏衛·建制沿革》。
② 參見《寧夏府志》卷二《地里·沿革》。
③ 參見《太平寰宇記》卷三六《靈州》。
④ 參見《朔方新志》卷三《古迹》。
⑤ 參見《新唐書》卷三七《地理志》。
⑥ 參見《太平寰宇記》卷三六《關西道·靈州》《明一統志》卷三七《寧夏衛·建制沿革》。
⑦ 參見《寧夏府志》卷二《地里·沿革》。
⑧ 參見《寧夏府志》卷二《地里·沿革》。
⑨ 參見《明一統志》卷三七《寧夏衛·建制沿革》。
⑩ 參見《〔乾隆〕甘志》卷三《建制沿革》。
⑪ 參見《明史》卷四二《地理志》。
⑫ 參見《朔方新志·總鎮圖說》。
⑬ 參見《寧夏府志》卷二《地里·沿革》。

縣，四年，又取查漢托護地置縣，曰新渠、寶豐，皆屬寧夏。乾隆四年並廢，併入平羅。查漢托護、漢方渠、唐警州、宋定州地。按：寧夏，古雍州渠搜地。春秋時，羌戎居之。秦屬上郡，漢置朔方郡。晉亂，赫連夏建都於此。後魏始置夏州，西魏置弘化郡，後周改懷遠郡，隋爲朔方郡，唐置夏州，或爲朔方郡。唐末，拓跋思恭鎮夏州，遂世有其地。宋天禧間，其孫德明城懷遠鎮爲興州以居，後陞興慶府，又改中興府。元置寧夏路。明初設寧夏府，後府廢。洪武九年，改置寧夏衛。後又增前、中、左、右共五屯，隸陝西都司。此寧夏全郡沿革也。平羅爲寧夏極北邊陲，片壤在沙漠中，歷代方輿本無可考，其屬寧夏北境，則按圖瞭如矣。又舊志：永樂初置平虜城，嘉靖二十年，改設平虜守禦千戶所，明代有虜警，設兵禦寇，故曰"平虜"，殆靖虜、鎮虜意，今改"平羅"。

方域

《朔方志》：①平虜城，廣一百里，袤一百三十里。東至黃河一十五里，西至賀蘭山六十里，北至鎮遠關九十里，南至洪廣堡六十里，至寧夏一百二十里。洪廣堡，東至李綱堡界二十里，西至賀蘭山四十里，北至平羅界六十里，南至平羌堡六十里，至寧夏六十里。

《府志》：②縣治在府西北一百二十里，東至黃河岸三十里，西至賀蘭山邊界六十里，南至寧朔縣張亮堡界八十里，[5]北至石嘴口鎮遠關一百一十五里，東南至寧夏縣王澄堡界八十里，西南至寧朔縣豐登堡界九十里，東北至黃河七十里，西北至賀蘭山打磴口五十里。

《縣册》：③東至黃河爲界，離城三十里，過河迤東係蒙古鄂爾多斯所轄。西至賀蘭山汝箕口爲界，離城六十里，汝箕口以外係蒙古阿拉善厄魯特所轄。南至寧朔縣張亮堡爲界，八十里。北至石嘴子山鎮遠關爲界，一百一十五里，鎮遠關以外係蒙古鄂爾多斯所轄。東南至寧夏縣王澄堡爲界，八十里。西南至寧朔縣豐登堡爲界，九十里。西北至賀蘭山打磴口爲界，離城五十里，打磴口以外係蒙古阿拉善厄魯特所轄。東北至黃河爲界，離城七十里，過河迤東係蒙古鄂爾多斯所轄。東西輪九十里，南北廣一百九十五里。

《縣册》：平羅四面與額駙阿寶部落連界，中隔賀蘭山。今照康熙二十五年題定，以邊牆六十里爲界，賀蘭山陰六十里迤外係額駙阿寶部落游牧之所，六十里迤內係民人採樵之處。賀蘭山之尾陰，北自石嘴子，南至歸德口接連洪廣交界

---

① 參見《朔方新志》卷一《地里·疆域》。
② 參見《寧夏府志》卷二《地里·疆域》。
③ 縣册：蓋指道光年間平羅縣官府檔案文獻。

止。內歸德口自口門邊墻起至山陰撒汰六十里，打碾口自口門邊墻起至山陰野馬川之北山六十里爲界，鎮遠關自口門邊墻起至烏喇壑必免六十里爲界，石嘴子自老君廟起至牛七宮六十里爲界。賀蘭山內北自平羅營交界，紅口兒至獨樹口交界止，山口俱有闇門，應以闇門外六十里爲界。賀蘭山北自汝箕口至山外長流水，迤南自黃硤口至山外免魯蓋計六十里，迤東漢地，迤西蒙地。

按：石嘴山口外縣屬西北界至阿拉善地方沙金套海五百里止，沙金套海以外係達拉、烏盛兩旂蒙地。東北界至鄂爾多斯地方馬打水五百里止，馬打水以外係杭錦旂蒙地。均以黃河爲界，歸山西薩拉齊廳管轄。

形勢

《朔方志》：①平虜城東當河套，西拒賀蘭，北禦沙漠，三面受敵。

《九邊考》：②黃河流於東南，賀蘭峙於西北。當北面之衝，鎮遠關、黑山營、洪廣營，實爲外險。

《寶豐縣記》：地勢平曠，土脉蜿蜒，係賀蘭之盡幹，背山面河，瀠洄環抱。高關聳峙於西北，[6]昌潤繚繞於東南。[7]

山川

賀蘭山。《明一統志》：③丹崖翠峰，巍然峻大，盤踞數百里，寧夏倚以爲固。唐韋蟾詩：④"賀蘭山下果園成，塞北江南舊有名。"《府志》：⑤在縣西北六十里，番名"阿蘭鄯山"。《北邊備對》云：⑥山之草樹，遠望青碧如駁馬。北人謂馬之駁者曰"賀蘭"。自非盛暑，巔常戴雪。水泉甘冽，色白如乳。山口多寺，皆元昊宮殿遺墟。斷壁殘甃，所在多有。東抵河，其處又名乞伏山。

西瓜山。《明一統志》：⑦在衛城東北二百八十里，以形似名。《府志》：⑧在縣北二十八里。按："二十八里"本《甘肅通志》，⑨應作"一百八十里"。

石崖山。《府志》：⑩在縣東北。《水經注》：⑪"河水經石崖山西，去北地五百

---

① 參見《朔方新志》卷二《外威·邊防》。
② 九邊考：全名《皇明九邊考》，明魏焕撰。參見〔乾隆〕甘志》卷四《疆域·寧夏府·平羅縣》。
③ 參見《明一統志》卷三七《寧夏衛·山川》。
④ 參見韋蟾所作《送盧潘尚書之靈武》詩。
⑤ 參見《寧夏府志》卷三《地里·山川》。
⑥ 北邊備對：宋朝程大昌撰，一卷。參見《北邊備對·賀蘭山》。
⑦ 參見《明一統志》卷三七《寧夏衛·山川》。
⑧ 參見《寧夏府志》卷三《地里·山川》。
⑨ 參見〔乾隆〕甘志》卷六《山川·寧夏府·平羅縣》。
⑩ 參見《寧夏府志》卷三《地里·山川》〔乾隆〕甘志》卷六《山川·寧夏府·寧夏寧朔二縣》。
⑪ 參見《水經注》卷三《河水》。

里。崖上自然有文,若戰馬之狀,[8]燦然成著,[9]類圖焉,故亦謂之畫石山。"按《水經注》：①"河從薄骨律鎮城,又經典農城,又經廉縣,又經北枝津,又經渾懷漳,又歷石崖山,然後經朔方、臨戎、三封等縣,然後至沃野。"而《通志》載石崖山在今平羅縣,②詎《府志》所云,朔方一郡盡在河套地耶?③姑以俟考。

老虎山。《府志》：④在縣東北一百八十里,黃河岸。《九邊考》："自老虎山而西,爲長流水、蒲草泉等險,距寧夏衛可數百里,皆可收爲外險。"按：此皆在套地。

黑山。《府志》：⑤在縣北三百里,賀蘭之尾也。形似虎踞,飲河扼隘。

武當山。《縣册》：在西山下,有古刹。

不老山。《府志》：在縣北塞外。[10]

石嘴山。《明一統志》：⑥在衛城東北二百里,山石突出如嘴。《府志》：⑦在縣北九十里。

居中山。《府志》：⑧在縣東南。

省嵬山。《朔方志》：⑨城東北一百四十里,踰黃河。按《府志》云：⑩省嵬山在黃河東岸,今屬套地。又云省嵬城在省嵬山下,疑即寶豐廢縣地。今有上、下省嵬等堡。《甘肅通志》：⑪"在寶豐縣東四十里。"

筆架山。《縣册》：在打硙口,入山十里。

黃河。《府志》：⑫在縣東三十里。[11]河自中衛來,出青銅峽,爲寧朔縣地,唐、漢各渠口比列焉。又北經寧夏縣界,又東北入平羅縣界。舊志："河經中衛入峽口,灑爲唐、漢各渠,漑田數萬頃。又東北過新秦中,入龍門。由延綏南至華陰,而東至河南境,固有河套之地。"按《明史·地理志》：⑬黃河自寧夏東北流經榆林西、舊豐州西,折而東,經三受降城南,折而南,經舊東勝衛,又東入山西平虜衛地界,可二千里。大河三面環之,所謂河套也。明洪武中,爲内地。天順後,元

---

① 參見《水經注》卷三《河水》。
② 參見《〔乾隆〕甘志》卷六《山川·寧夏府·寧夏寧朔二縣》。
③ 參見《寧夏府志》卷三《地里·山川》。
④ 參見《寧夏府志》卷三《地里·山川》。
⑤ 參見《寧夏府志》卷三《地里·山川》。
⑥ 參見《明一統志》卷三七《建制沿革·山川》。
⑦ 參見《寧夏府志》卷三《地里·山川》。
⑧ 參見《寧夏府志》卷三《地里·山川》。
⑨ 參見《朔方新志》卷一《山川》。
⑩ 參見《寧夏府志》卷三《地里·山川》。
⑪ 參見《〔乾隆〕甘志》卷六《山川·寧夏府·寧夏寧朔二縣》。
⑫ 參見《寧夏府志》卷三《地里·山川》。
⑬ 參見《明史》卷四二《地理志》。

裔阿羅出、毛里孩、孛羅出相繼居之，遂棄邊外。

蒲草溝。《府志》：①在縣西北二百里。明總制王越分兵討賀蘭山後叛寇，[12]北哨擊賊於花果園，南哨至蒲草溝。賊從沙窩遁去，合兵追去大把都城，又追敗之柳溝兒，寇遂遁。

潤泉。《府志》：②在縣北三十五里。

九泉。《府志》：③在縣西北四十五里。

暖泉。《朔方志》：④鎮西北八十里。《縣册》：在縣西四十里。

烏龍江。《縣册》：在寶豐舊城西北。

蛟龍口。《縣册》：在西永固堡。

柳陌河。《縣册》：在惠威堡。謹按：《平定朔漠方略》曰"流穆河"。⑤

謝官湖。《縣册》：在縣東。

黑龍溝。《縣册》：在寶豐舊城西。

昊王古渠。《縣册》：在縣西。按：打硙口之西閹門離村十里，渠形尚在，人謂之"李王渠"。又《甘肅通志》載，⑥淤河在寶豐縣，今灘地。

邊隘

北門關。《甘肅通志》：⑦鎮北關在寶豐縣北四十二里，關外係阿寶夷地。

《朔方志》：⑧王圮口自河抵山築北門關，去平虜四十里。齊之鸞《北關門記略》見《藝文》。⑨《府志》：⑩在縣城北。

鎮遠關。《甘肅通志》：⑪在寶豐西南五十里，為寧夏極邊。自鎮遠關至火沙溝，皆有臺、堡，以斷夷路。《府志》：⑫在縣北一百一十三里。巡撫楊守禮《疏》：⑬鎮遠關在山河之交，最為要地。南五里有黑山營，西沿山四十里有打硙口，東西聯屬，烽火嚴明，賊難輕入。弘治前，餉缺卒逋，關營不守。打硙口山水俱從此出，竟致衝

---

① 參見《寧夏府志》卷三《地里‧山川》。
② 參見《寧夏府志》卷三《地里‧山川》。
③ 參見《寧夏府志》卷三《地里‧山川》。
④ 參見《朔方新志》卷一《山川‧寧夏》。
⑤ 《聖祖仁皇帝親征平定朔漠方略》卷四二"丙申"條載："上駐蹕流穆河西岸。"
⑥ 《〔乾隆〕甘志》卷六《山川‧寧夏府‧寶豐縣》載："淤河，在縣東十五里。"
⑦ 參見《〔乾隆〕甘志》卷十一《關梁‧寧夏府‧寶豐縣》。
⑧ 參見《朔方新志》卷二《外威‧關隘》。
⑨ 參見本志卷八載齊之鸞撰《北關門記》。
⑩ 參見《寧夏府志》卷二《地里‧邊界》。
⑪ 參見《〔乾隆〕甘志》卷十一《關梁》。
⑫ 參見《寧夏府志》卷二《地里‧邊界》。
⑬ 參見《〔嘉靖〕寧志》卷一《寧夏總鎮》載楊守禮會同寧夏總兵任傑上《議復邊鎮以固地方疏》;《朔方新志》卷二《外威‧邊防》載巡撫楊守禮《議復邊鎮疏》。

塌，迹尚可考。正德間，大賊奔入，或從旁乾溝、棗兒溝、桃坂等口入，或渡河而過。雖有平虜城，軍馬不足，實難戰守。故於平虜城北十里許，自山至沙湖，東西築城約五十里。盡西又設臨山堡，居人始敢樵牧。

　　北長城。《朔方志》：①北長城三十里，自西而東接黃河。《府志》：②在平羅縣西北五十里。[13]

　　黑山營。《明一統志》：③在衛城北二百四十里，永樂年建。按：《府志》謂④平羅黑山營如花馬池之舊城、橫城之舊邊，不可一日棄。古人設險之意，不益重哉！

【校勘記】

［1］辰：此字原脫，據《朔方新志》卷一《天文》補。
［2］石：此字原脫，據《太平寰宇記》卷三六《關西道・靈州》補。
［3］唐定遠城：《朔方新志》卷三《古迹》作"定遠鎮"。
［4］三年：《寧夏府志》卷二《地里・沿革》作"二年"。
［5］八十：《〔乾隆〕甘志》卷四《疆域》作"七十"。
［6］西北：《〔乾隆〕甘志》卷四《疆域・寧夏府・寶丰縣》作"河北"。
［7］東南：《〔乾隆〕甘志》卷四《疆域・寧夏府・寶丰縣》作"城南"。
［8］戰馬：《水經注》卷三《河水》作"虎馬"。
［9］燦：《水經注》卷三《河水》作"粲"。
［10］北：《〔乾隆〕甘志》卷六《山川》作"東北"。
［11］縣東三十里：《〔乾隆〕甘志》卷六《山川》作"在府東三十里"，《寧夏府志》卷三《地里・山川》作"縣東二十里"。
［12］王越：原作"王鉞"，據《明史》卷一七一《王越傳》《〔弘治〕寧志》卷二、《〔嘉靖〕寧志》卷二《寧夏總鎮・宦迹》改，下同。
［13］西北：《寧夏府志》卷二《地里・邊界》作"西南"。

---

① 參見《朔方新志》卷二《外戚・邊防》。
② 參見《寧夏府志》卷二《地里・邊界》。
③ 參見《明一統志》卷三七《寧夏・建制沿革・關梁》。
④ 參見《寧夏府志》卷二《地里・邊界》。

平羅記略卷二

歸安徐保字編輯

古迹 城障、州鎮、營寨、寺觀、名勝

城障

省嵬城。《明一統志》：①在黄河東。《朔方志》：②河東廢城。《府志》：③在省嵬山下。西南去府一百四十里，西夏所築。

塔塔裹城。《府志》：④今黑山北，去府二百餘里。唐郭元振以西城無援，豐安勢孤，[1]置定遠鎮，此蓋豐鎮也。元爲塔塔裹城千户所。

得補兒湖城。《府志》：⑤在忻都北。

察罕腦城。《朔方志》：⑥忻都東北。

皆廢城。

州鎮

〔廢夏州〕。《甘肅通志》：⑦廢夏州在古鹽州東北三百里，今河套哈剌兀速之南，華言"黑水"，廢城曰"忻都"。

廢定州。《明一統志》：在衛城北六十里，今定遠城。⑧《府志》：⑨在府東北，[2]舊新渠縣界，唐置。《元和志》：⑩靈州有定遠城，在州東北二百里。先天二年，郭元振以西城遠闊，豐安勢孤，故置此城，募兵鎮之。

---

① 參見《明一統志》卷三七《寧夏衛》。
② 參見《朔方新志》卷三《古迹》。
③ 參見《寧夏府志》卷四《地里·古迹》。
④ 參見《寧夏府志》卷四《地里·古迹》。
⑤ 參見《寧夏府志》卷四《地里·古迹》。
⑥ 參見《朔方新志》卷三《古迹》。
⑦ 參見〔乾隆〕甘志》卷二三《古迹·寧夏府·寶豐縣》。
⑧ 《明一統志》卷三七《寧夏衛》"定州"條載："在衛城北六十里。本唐定遠城，趙元昊改爲定州。"
⑨ 參見《寧夏府志》卷四《地里·古迹》。
⑩ 元和志：全名爲《元和郡縣圖志》，四十卷，唐朝李吉甫撰，是我國現存最早而又比較完整的全國性地理著作。參見《元和郡縣圖志》卷四《關内道·靈州》。

田州。《明一統志》：①在衛城北六十里。《縣册》：田州塔在姚福堡。

石堡鎮。《朔方志》：②本延州西鎮，夏號"龍州"。《府志》：③本延西鎮塞，宋至道中陷於元昊，號"龍川"。

營寨

古將臺。《朔方志》：④在縣西北，其地平曠，圍三十里，有將臺旗礅遺址，俗傳狄青操軍處。

大敵臺。《縣册》：在賀蘭山側。

韓信營。《縣册》：在縣南。

省嵬營。《縣册》：在省嵬城。

寺觀

天臺寺。《縣册》：在周澄堡。按：寺陰殘碣摹得"周堡於夏鎮八十餘里設有古寺曰'天臺'，嘉靖乙丑重修"等字迹，⑤則此寺乃明以前古刹矣。

東嶽廟。《府志》：⑥在東門外。

掩骨寺。《府志》：⑦在北門外。⑧《縣册》：乾隆四十二年，[3]知縣杜耕書重修。

三官廟。《府志》：⑨在城東北。嘉靖年建，乾隆五十九年，縣民馬之源、趙登泮、王信德重修。

牛王廟。《府志》：⑩在南門外。⑪《縣册》：廟内古鐘，順治年平羅副總兵孫應舉造。⑫

八蠟廟。《府志》：⑬在城外東北。《縣册》：康熙五十二年，縣民龔如松重修。

---

① 參見《明一統志》卷三七《寧夏衛》。
② 參見《朔方新志》卷三《古迹》。
③ 參見《寧夏府志》卷四《地里·古迹》。
④ 參見《朔方新志》卷三《古迹》。
⑤ 嘉靖乙丑：明嘉靖四十四年(1565)。
⑥ 參見《寧夏府志》卷四《地里·古迹》。
⑦ 參見《寧夏府志》卷四《地里·古迹》。
⑧ 北門：據本志《縣治圖》，指鎮遠門。
⑨ 參見《寧夏府志》卷四《地里·古迹》。
⑩ 參見《寧夏府志》卷四《地里·古迹》。
⑪ 南門：據本志《縣治圖》，指永安門。
⑫ 副總兵：孫應舉時任平羅參將，清朝未設副總兵。參見本志卷六《職官·平羅營參將》注釋。
⑬ 參見《寧夏府志》卷四《地里·古迹》。

忠節祠。《朔方志》：①在常信堡。萬曆二十年建，祀本堡士民壬辰被難忠節。② 今廢。

保安寺。《朔方志》：③在平虜城。今廢。

三皇廟。《縣冊》：在永安門外東南。乾隆七年，知縣朱佐湯建，嘉慶十三年重修。

三清壇。[4]《縣冊》：在永安門外東南。乾隆十六年，知縣宋惟孜重修。

龍王臺。《縣冊》：在鎮遠門外北。乾隆四年，知縣馬瑗重建，題曰"永鎮山河"。

火神廟。《縣冊》：在城內東，附雷祖、馬神二殿。雍正年建，嘉慶八年，賀官、江從龍、靳伸重修。

藥王廟。《縣冊》：在城內西北。嘉慶二年重修，有萬曆年鐘。

白衣庵。《縣冊》：在城內西北，創自前明。乾隆四十六年，知縣杜耕書建。正殿三楹，院有古榆樹。道光四年，縣民趙發榮重修。

長壽庵。《縣冊》：在城東南。乾隆五十三年，縣民趙懷堯重修。

水月庵。《縣冊》：在城內正南。[5]乾隆三年建，四十五年，縣民湯居敬、吳進舉、田永重修。

名勝

平羅八景

西園翰墨。今廢，故易"官橋柳色"。《縣冊》：在永安門外太平橋。亭榭高聳，樹木陰濃。

北寺清泉。今廢，易"佛寺風泉"。《縣冊》：北武當寺有泉三道，自地溢出，水清且冽。

傑閣層陰。《縣冊》：文昌閣臨唐來渠，攜榼憑軒，翛然意遠。

邊墻晚照。《縣冊》：縣北一帶頹垣，古邊墻迹。

馬營遠樹。《縣冊》：哨馬營在北山坡，樹木蔥鬱。

虎洞歸雲。《縣冊》：白虎洞在縣西，連亘賀蘭。

磴口春帆。《縣冊》：磴口渡在縣北三百里。

賀蘭古雪。《縣冊》：賀蘭山四時多雪。

按：平羅地處沙磧，人迹罕到。《朔方》等書並未載有風景，實賀蘭山而外無可紀者。然邑之中豈無一二勝地以壯登臨？傳與不傳耳！因事搜訪，列爲八景。

---

① 參見《朔方新志》卷三《壇祠》。
② 壬辰：明萬曆二十年(1592)。
③ 參見《朔方新志》卷三《寺觀》。

公暇憑眺，戎馬山河，邊愁浩浩，藉爲覽古蒼茫之一助。

建置　城池、公署、學校、堡屯、倉廩、橋梁、坊表、市集、郵傳

城池

　　平虜縣城。《朔方志》：①平虜城週迴四里五分，高三丈五尺，池深一丈，闊倍之。永樂初築，萬曆三年，巡撫羅鳳翱甃以磚石，參將祁棟董其成。門有二，南北皆曰"平虜"。《府志》：②乾隆三年，地震城圮。四年，重修。週圍長四里三分，高二丈四尺，址厚二丈四尺，頂厚一丈五尺。南北二門，南曰"永安"，北曰"鎮遠"。門樓二座，甕城樓二座，馬道二座，角樓四座，敵樓八座，東西堆房二座，南北堆房二座。城河一道，寬五丈，深八尺。鳳翔府鹽捕廳耿觀業、寧夏縣何世寵、[6]平羅縣馬瑗監修，費帑銀七萬兩有奇。《甘肅通志》：縣治李綱堡城週二里；威鎮堡城週一里。明嘉靖九年築。

　　新渠縣城。今姚福堡東址。《甘肅通志》：③雍正四年建。[7]門二，南"錫福"，北"納秀"。地震後廢。

　　寶豐縣城。《甘肅通志》：④城舊灘地，雍正四年建。門二，南"廣福"，北"貢寶"。地震後廢。乾隆中，隴西縣丞改駐寶豐，管理昌潤渠。

　　洪廣營城。《朔方志》：⑤洪廣營城周圍二里一百六步。萬曆三十三年，巡撫黃嘉善拓其東北，[8]共一百六十四丈。池深一丈，闊倍之。《府志》：⑥乾隆三年被震搖塌，四年修建，週迴二里六分，[9]高二丈四尺，址厚二丈四尺，頂厚一丈五尺。南門一座，角樓四座，敵樓三座。《縣冊》：乾隆五年城工完竣，督修把總二員段文秀、張連。需費工料銀兩俱隨修築平羅城工案內報銷在案。

公署

　　知縣署。《府志》：⑦在城北街。庫在堂左，額貯經費銀三百兩。《縣冊》：知縣署向係所官廨舍，屋基湫隘。乾隆四年，知縣馬瑗詳購民地拓造。

　　縣丞署。《府志》：⑧在寶豐縣城。

---

① 參見《朔方新志》卷一《城池》。
② 參見《寧夏府志》卷五《建置·城池》。
③ 參見《〔乾隆〕甘志》卷七《城池·寧夏府》。
④ 參見《〔乾隆〕甘志》卷七《城池·寧夏府》。
⑤ 參見《朔方新志》卷一《城池》。
⑥ 參見《寧夏府志》卷五《建置·城池》。
⑦ 參見《寧夏府志》卷五《建置·城池》。
⑧ 參見《寧夏府志》卷五《建置·城池》。

訓導署。《學冊》：在明倫堂後。

主簿署。《縣冊》：在石嘴山。按：嘉慶十二年，陝甘總督奏裁紅城，主簿移駐石嘴山，以重邊隘。

典史署。《府志》：①在城東北街。獄在典史署西北。按《甘肅通志》：②水利通判署在新渠縣，新渠縣署在新渠城。寶豐縣署在寶豐城，即上省嵬堡地界。震災後，新渠塌陷無存，遂廢。寶豐由縣改丞，今廨舍即其故址。又查《縣冊》，嘉慶十二年，奏辦吉蘭泰池鹽運阿拉善，懇請房屋改造官署。運判署在磴口，鹽大使署一在磴口，一在吉蘭泰。今俱裁。

平羅營參將署。《府志》：③在縣東街。按《朔方志》：④北路參將分守寧夏平虜城，統領陝西班軍五百名，修理邊關，保障地方。

平羅營守備署。《府志》：⑤在縣南街。

洪廣營游擊署。《府志》：⑥在堡內。按《朔方志》：⑦北路游擊駐劄本營，自平虜西閘門至鎮北十堡，邊段、墩、臺，與參將畫地分守。

洪廣營守備署。《府志》：⑧在堡內東北。

威鎮堡把總署。《府志》：⑨在堡內西北。

李綱堡把總署。《府志》：⑩在堡內正東。

鎮朔堡把總署。《縣冊》：在堡內。

石嘴子把總署。《縣冊》：在石嘴山。

養濟院。附。《府志》：⑪在縣城北，養濟孤貧二十名，每月支粮三斗。

學校

入學額數。《大清會典》：⑫平羅小學歲科試額進文生員八名，歲試額進武生員八名。

---

① 參見《寧夏府志》卷五《建置·城池》。
② 參見《〔乾隆〕甘志》卷七《城池·寧夏府》。
③ 參見《寧夏府志》卷五《建置·城池》。
④ 參見《朔方新志》卷二《公署·平羅縣》。
⑤ 參見《寧夏府志》卷五《建置·城池》。
⑥ 參見《寧夏府志》卷五《建置·城池》。
⑦ 參見《朔方新志》卷二《公署·平羅縣》。
⑧ 參見《寧夏府志》卷五《建置·城池》。
⑨ 參見《寧夏府志》卷五《建置·城池》。
⑩ 參見《寧夏府志》卷五《建置·城池》。
⑪ 參見《寧夏府志》卷五《建置·城池》。
⑫ 大清會典：是康熙、雍正、乾隆、嘉慶、光緒五個朝代所修會典的總稱。其詳細記述了清代從開國到清末的行政法規和各種事例，反映了封建行政體制的高度完備，是中國封建社會最完備的行政法典。

祭器。《學册》：①爵三，登一，鉶二，簠二，簋二，籩十，豆十，酒罇一。

書籍。《學册》：《御製日講四書》二部，共二十四本；《御纂周易折中》二部，共二十本；《聖諭廣訓》一本；《御纂朱子全書》二部，六十四本；《御批通鑑綱目》一部，四本；《御製詩初集》四套，二十四本；《御製詩二集》八套，四十六本；《御製文初集》一套，十六本；《御纂春秋直解》一部，八本；《御纂周易述義》一部，四本；《御纂詩義折中》一套，八本；《廿一史》一部，五十套，五百本；《十三經》一部，十二套，一百二十本；《科場條約》八本；《學政全書》一本；《樂章》一部。

又新書院。《縣册》：在縣署正西。按：平羅本無書院，自前縣宋君惟孜得官基一區，[10]將締造而罷官，此《府志》僅有《平羅書院記》之名目也。乾隆三十年間，李君鳴壎於縣西城隙構朗潤堂一椽，集諸生課之，捐助膏火，時尚無書院定制。嗣四十九年，知縣王君世治添葺房舍，名曰"興平書院"，捐塾修脯。後張君炳繼之，不數任而廢。迨嘉慶十四年，王君楚堂來蒞茲土，捐廉俸錢二千二百千文，又學租錢三百千文，交閤縣當商生息，每年息錢三百千文，營屋宇，置器具，規模一新，因改爲又新書院。十餘年來，士子肄業甚衆，苦於狹隘。道光五年，余詳請大公館改設書院。時縣紳俞君德淵官江南，書來，以三百金助，遂鳩工，不日落成，仍曰"又新"。書示生童"立志大、植品正、察理明、定見確、防己嚴、程功密、取法高、着力近"八則。中堂三楹，寧夏觀察瑞公慶顏曰"藻鑑堂"。講舍齋房煥然悉備，有文卷存案。王君楚堂《碑記》，見《藝文》。②

義學。《縣册》：一在又新書院東，一在白衣庵南，一在西河堡。經費存案。知縣徐保字捐立本城義學碑，《記》見《藝文》。③

社學。《府志》：④本城關帝廟一所，西河堡一所，李綱堡一所，洪廣堡一所，寶豐縣一所。按：五社學建始何年，文卷殘佚，無可稽考。僅檢得乾隆二十六年知縣方張登移卷內載：平邑設立五處社學，由來已久。塾師歲修共銀一百二十兩，由府署租銀案內請領銀六十兩，本縣捐銀六十兩。今俱廢。

堡屯

《府志》：⑤

洪廣堡，在縣西南六十里。《明一統志》：隸寧夏右屯衛。《朔方志》：先設把

---

① 學册：從引文看，可能是記載當地人文教化的檔案資料。
② 參見本志卷八《藝文·碑》載王楚堂撰《又新書院碑》。
③ 參見本志卷八《藝文·碑》載徐保字撰《義學碑》。
④ 參見《寧夏府志》卷六《建置·學校》。
⑤ 參見《寧夏府志》卷五《建置·堡寨》。

總操守,後改游擊,今仍駐游擊、守備。

鎮朔堡,在縣西南七十里。明駐操守,今設把總。

威鎮堡,在縣北十五里。《朔方志》:隸寧夏前衛。明駐操守,今設把總。

寶豐城,在縣北五十里。駐縣丞。

徐合堡,在縣西七十里。《朔方志》:徐鶴堡。

桂文堡,在縣西六十五里。《明一統志》:隸寧夏右屯衛。

虞祥堡,在縣西六十四里。[11]《朔方志》:隸寧夏中屯衛。

常信堡,在縣西四十五里。《明一統志》:隸寧夏右屯衛。

高榮堡,在縣西五十四里。《明一統志》:隸寧夏右屯衛。

李綱堡,[12]在縣南六十里。《朔方志》:隸寧夏前衛。明置操守,今設把總。

丁義堡,在縣西五十二里。《明一統志》:隸寧夏前衛。

姚福堡,[13]在縣南四十里。《明一統志》:隸寧夏右屯衛。謹按《平定朔漠方略》曰"堯甫堡"。

周澄堡,在縣南三十里。《明一統志》:隸寧夏前衛。

惠威堡,在縣北十五里。

以上堡皆舊戶。

《府志》:①

通義堡,在縣南六十里。

通澄堡,[14]在縣南三十五里。

通福堡,[15]在縣南四十里。

清水堡,在縣南五十五里。

六中堡,在縣南二十里。

內外五香堡,在縣南二十五里。

沿河堡,在縣南十五里。

渠中堡,在縣北四十里。

簡泉屯,在縣北十五里。

上寶閘堡,在縣北二十里。

下寶閘堡,在縣北十五里。

內外西河堡,在縣北三十里。

南長渠堡,在縣北二十五里。

北長渠堡,在縣北二十五里。

---

① 參見《寧夏府志》卷五《建置·堡寨》。

内外惠北堡,在縣北二十里。
西寶池堡,在縣北二十五里。
萬寶池堡,在縣北七十里。
萬寶屯,在縣北七十里。
通潤堡,在縣北三十五里。
通豐堡,在縣北四十五里。
東永固堡,在縣北六十里。
西永固堡,在縣北六十里。
西永固池堡,在縣北七十里。
寶馬屯,在縣北八十里。
聚寶屯,在縣北八十里。
市口堡,在縣北九十里。
內外尾閘堡,在縣北六十里。
上省嵬堡,在縣北六十里。
下省嵬堡,在縣北七十里。
沿堤堡,在縣北八十里。
永屏堡,在縣北八十里。
廟臺堡,在縣北六十里。
內紅崗堡,在縣北十五里。
外紅崗堡,在縣東二十五里。
東永惠堡,在縣東二十里。
西永惠堡,在縣東十五里。
六羊堡,[16]在縣東十五里。
東通平堡,在縣東十五里。
西通平堡,在縣東十里。
渠陽堡,在縣東四十里。
靈沙堡,在縣東三十五里。
東永潤堡,在縣東十五里。
西永潤堡,在縣東十五里。
通惠堡,在縣東二十里。
渠口堡,在縣東二十里。
交濟堡,在縣東二十里。
內外正閘堡,在縣東二十里。

内外雙渠堡，在縣東二十五里。[17]

以上皆新户，並未築堡。新渠、寶豐二縣廢，地入平羅者，曰"新户"。

《縣册》：

本城堡，在縣城。

潮湖堡，在縣西北五十里。

打磑口，在縣西北四十五里。

賀蘭口，在縣西九十里。

沖口堡，在縣西七十里。

按：明代平邑屬寧夏前衞、右屯衞。《朔方志·北路圖》袛載洪廣等十二堡。嗣經虜燹，村落凋燬。迨我朝渠鑿惠、昌，縣併新、寶，招徠安户，輻輳通商，百餘年休養生息，六十四堡環拱，一隅竟成巨縣矣。然各堡中如李綱、姚福、市口，其衝要也；鎮朔、洪廣、潮湖，其孤僻也。惟石嘴山境雜漢夷，稽查不易，民多悍野，彈壓匪輕，不尤在整飭之得人乎？又通寧、通朔、通貴、通昶、通吉五堡屬新渠縣，後縣廢，歸併寧夏縣。見《府志》。①

倉廩

《府志》：②一在縣城西，一在洪廣營，一在李綱堡，一在寶豐縣，一在府城東南。

義倉。附。《縣册》：在本城東，倉貯糧二千七百石有奇，道光五年，知縣徐保字立。

草場。附。《府志》：③在城內西北。

橋梁

《甘肅通志》：④

新渠縣：納秀橋，姚福橋，南、北通寧橋。

寶豐縣：威鎮橋，柔遠橋，市口柔遠橋。

《府志》：⑤

通義橋，去城東南六十里。

---

① 參見《寧夏府志》卷五《建置·公署》。
② 參見《寧夏府志》卷五《建置·公署》。
③ 參見《寧夏府志》卷五《建置·公署》。
④ 參見《〔乾隆〕甘志》卷十一《關梁·寧夏府》。
⑤ 參見《寧夏府志》卷五《建置·堡寨·橋梁》。

通福橋,[18]去城東南四十里。
通澄橋,[19]去城東南二十五里。
惠元閘,去城東南三十里。
沿河閘,去城東南十五里。
通平橋,去城東十五里。
單家橋,去城東北六里。
通惠閘,去城東北十里。
永普閘,去城東北二十五里。
通潤橋,去城東北三十五里。[20]俗稱"黄渠橋"。
通豐橋,去城北五十里。
尾閘,去城北七十五里。
以上橋皆在惠農渠上。
滿達喇橋,去城西南九十里。
站馬橋,去城西南六十里。
張明橋,去城西南四十五里。
閻桂橋,去城西南四十里。
張桂橋,去城西南三十五里。
太平橋,在城南門外。
龍鳳橋,去城東一里。
沙窩橋,去城北一里。
四道渠橋,去城東北一里。
以上橋皆在唐來渠上。
西河橋,去城東五里。
通惠橋,去城東北五里。
綠楊橋,[21]去城東十里。
柳陌橋,去城北二十里。
以上橋皆在西河上。
黃家橋,去城東南二十里。
魏家橋,去城東南四十里。
康家橋,去城東南三十五里。
征家橋,去城東南三十里。
分水閘,去城東南二十五里。[22]
木閘,去城東南二十里。

頭閘,去城東十五里。

永潤閘,[23]去城東三十里。

雙渠閘,去城東二十里。

二閘,去城東北三十里。

永伏閘,去城東北四十里。

廟臺閘,去城東北五十里。

三閘,去城東北六十里。

以上橋皆在昌潤渠上。

坊表①

抗逆孤忠坊。《府志》：②爲前明寧夏總兵蕭如薰立,在大街。《縣册》：道光八年,知縣徐保字重修。

精忠固圉坊。《府志》：③爲平羅參將孫應舉立,在米糧市。

旌表節孝坊。《府志》：④民人江孔漢妻王氏坊,在城内。民人王施恩妻閻氏坊,在城内。民人李攀桂妻錢氏坊,在城内。民人馬之駱妻葉氏坊,在高榮堡。民人程思茂妻侯氏坊,在城南。民人侯璧妻賀氏坊,在李綱堡。《縣册》：民人沙毓脉妻蘇氏坊,在城内。民人沈萬積妻張氏坊,在通伏堡。民人張炳妻解氏坊,在李綱堡。民人張福德妻王氏坊,在東通平。監生張鳳儀妻趙氏坊,在東通平。兵丁朱錦妻張氏坊,在城内。兵丁朱化鳳妻劉氏坊,在城内。

市集

《甘肅通志》：⑤

柔遠市口在縣北三十里,堡城八十五丈,每月與番人開市交易三次,威鎮堡營兵防守。

《府志》：⑥

本城市一,每逢初三、十二、[24]二十二日交易,有税。

寶豐市一,每逢二、五、八日交易,有税。

黄渠橋市一,每逢三、六、九日交易,無税。

---

① 參見《寧夏府志》卷六《建置·坊市》。
② 參見《寧夏府志》卷六《建置·坊市》。
③ 參見《寧夏府志》卷六《建置·坊市》。
④ 參見《寧夏府志》卷六《建置·坊市》。
⑤ 參見〔乾隆〕甘志》卷十一《關梁·寧夏府·寶豐縣》。
⑥ 參見《寧夏府志》卷六《建置·坊市》。

頭閘市一，每逢一、四、七日交易，無稅。

石嘴子市一，每逢初一、初十、二十日交易，有稅。

謹按《平定朔漠方略》，①貝勒宋喇卜奏准定邊、花馬池、平羅貿易始於康熙三十六年。又查舊卷，柳陌河之邊墻西閘門，昔夷漢交易處。陝甘總督劉《疏》稱該處四面開墾，田禾難免躁踏，應請夷場移在石嘴子山後，設立監夷廳楹，一鄂爾多斯梅林，一厄魯特梅林，一漢員參將。柳陌河，古柔遠堡。

郵傳

平羅驛。《縣册》：至寧夏府一百二十里。《賦役全書》：②額設馬四匹，夫二名，歲支工食銀十二兩，粮一十二石，料草銀一百五兩，外備銀一十三兩七錢九分九厘五毫二絲。

按舊卷：磴口設立鹽場，文移鋪遞起自距城三十里之黃渠橋，又三十五里之萬寶屯，又二十五里之石嘴子，每處安兵二名，鋪房二間。又三十里之石波克圖梁，又二十里之煞巴圖，又三十里之狙具溝，又二十里之綽嵯圖，又二十五里之察漢套海，又二十五里之塔巴格，又二十五里之磴口，又十五里之察漢庫歛，又二十里之多羅噶哈爾占，又十五里之察哈爾，又十里之鄂爾吉呼，又十五里之套來塔他爾，又十里之札哈拉克，又十五里之沙巴爾圖浩來，又十五里之俄卜圖，又十二里之樂邦圖，又十五里之白多郭圖，又十五里之莫委圖，又十五里之托喏圖，又十五里之薩布古爾，又十五里之吉蘭泰。口外汛兵往來各安設蒙古氈包以資棲止。今俱廢。

【校勘記】

［1］豐安：原作"安豐"，據《元和郡縣圖志》卷四《關内道四・靈州》《太平寰宇記》卷三六《關西道・靈州》改。下同。

［2］東北：原作"東南"，據《〔乾隆〕甘志》卷二三《古迹・新渠縣》《寧夏府志》卷四《地里・古迹》改。

［3］四十二：原作"四十一"，據《寧夏府志》卷四《地里・古迹》改。

［4］三清壇：本志《縣治圖》作"三清臺"。

［5］正南：本志《縣治圖》標識"水月庵"在城東南。

① 《聖祖仁皇帝親征平定朔漠方略》卷三九"乙亥"條載："架次橫城，鄂爾多斯貝勒宋喇卜請於定邊等處貿易，與民雜耕。許之。"

② 賦役全書：自明代萬曆年間普遍推行"一條鞭法"之後，賦役册籍多稱爲《賦役全書》。明末，《賦役全書》已經成爲全國通行的賦役册籍名稱。清承明制，《賦役全書》成爲徵收、解支地丁錢粮的法典。

[6]寧夏縣:《〔嘉慶〕平羅縣志》作"知平羅縣"。
[7]四年:《平羅縣志》作"叁年"。
[8]東北:《平羅縣志》作"西北"。
[9]二里六分:《平羅縣志》作"陸里陸分"。
[10]惟:原作"維",據實際人名改。
[11]六十四:《寧夏府志》卷五《建置·堡寨》作"四十六"。
[12]李綱堡:《寧夏府志》卷五《建置·堡寨》作"李剛堡",下同。
[13]姚福堡:《寧夏府志》卷五《建置·堡寨》作"姚伏堡"。
[14]通澄堡:《寧夏府志》卷五《建置·堡寨》作"通成堡"。
[15]通福堡:《寧夏府志》卷五《建置·堡寨》作"通伏堡"。
[16]六羊堡:本志《輿地全圖》作"綠陽堡"。
[17]二十五:《平羅縣志》作"叁拾伍"。
[18]通福橋:《寧夏府志》卷五《建置·堡寨·橋梁》作"通伏橋"。
[19]通澄橋:《寧夏府志》卷五《建置·堡寨·橋梁》作"通成橋"。
[20]三十五里:《寧夏府志》卷五《建置·堡寨·橋梁》作"二十五里"。
[21]綠楊橋:《寧夏府志》卷五《建置·堡寨·橋梁》作"六羊橋"。
[22]東南:《寧夏府志》卷五《建置·堡寨·橋梁》作"西南"。
[23]永潤閘:《寧夏府志》卷五《建置·堡寨·橋梁》作"永潤渠"。
[24]十二:《寧夏府志》卷六《建置·坊市》作"二十"。

平羅記略卷三

歸安徐保字編輯

風俗 習尚、制度、禮儀、時令、占驗

習尚

《隋書·地理志》：①地接邊荒，多尚武節。

《太平寰宇記》：②地廣人稀，兵馬爲務。

《宋史·夏國傳》：③篤信機鬼，[1]尚詛祝。

《金史》夏國贊：④强幹尚氣，[2]敢戰鬬。

《明一統志》：⑤土人性勇銳，尚釋重巫。

舊志：⑥重耕牧，閑禮義。

《衛志》：⑦人以技藝趨利，畜牧爲資。

《甘肅通志》：⑧昔也荆榛之地，今也樂利之鄉。

制度

《府志》：⑨

公署、官族覆瓦，民家板屋覆以土，猶秦風之遺。中堂供先祖，或懸佛像。

食主稻稷，間以麥。貧者飯粟。中人之家，恆以一釜並炊，稻奉尊老，稷食卑賤。

衣布褐，冬羊裘。近世中家以上，多襲紈綺矣。女服競鮮飾。

---

① 參見《隋書》卷二九《地理》。
② 參見《太平寰宇記》卷三七《關西道·夏州·風俗》。
③ 參見《宋史》卷四八五《夏國傳》。
④ 參見《金史》卷一三四《西夏傳》"贊曰"。
⑤ 參見《明一統志》卷三七《寧夏衛·風俗》。
⑥ 參見《〔弘治〕寧志》卷一、《〔嘉靖〕寧志》卷一《寧夏總鎮·風俗》。
⑦ 衛志：引文出處無考。
⑧ 參見《〔乾隆〕甘志》卷二〇《風俗》。
⑨ 參見《寧夏府志》卷四《地里·風俗》。

禮儀

《府志》：①

婚禮。媒妁既通，必取男女年庚對合，無忌尅乃定，世家多不拘。定禮用綵幣、鐲鑠之屬，貧者梭布、簪珥，女家以冠佩相答。婚期既定，男家必備禮盒、酒果，倩賓送期於女家，曰"通信"，蓋古"請期"之遺。既復，擇吉日，爲茶餅，具羊、酒，並衣物、首飾送女家，曰"下茶"，亦"納徵"之遺意也。先期一日，女家以粧奩送男家，曰"鋪床"。至日，男女又以大蒸餅並菓盤隨綵輿赴女家，[3]曰"催妝"。倩女賓爲新婦插花冠笄，曰"冠帶"。女家亦請女賓隨輿至男家，曰"送親"。娶多用綵轎鼓吹，貧者以車。世族之家間以有奠雁親迎者。新婦三日拜見舅姑，贄以針工。同室長幼各拜見，曰"分大小"。

冠禮。多不行。婚禮納徵時，女家以冠履、衣物相答，必有梳篦、鏡匣，曰"冠巾"，蓋亦存其意云。

喪禮。俗最重衰絰，冠履多依古製，三年服。雖既葬，蔴巾衰衣，必大祥後始易。期功以下，近亦多就簡便，不盡如古禮。七日行大殮禮，親戚多會弔。將葬，先期訃，親友前一日各以酒盒、奠儀往祭，喪家備酒食相酬。多者百餘人，每進食飲，孝子必出稽顙。至葬，男女送殯，多至數百人。相傳明季近邊各堡點虜常伺人葬，出劫衣物，故遣葬者皆請姻戚爲之備。今轉成弊俗矣。

祭禮。世族家有祠廟，會祭用羊。士民祭寢，用恒品，豐儉各適。春祭墓。夏無祭。秋七月望，亦有墓祭者。冬祭十月朔。冬至及歲暮祭，必備物，懸遺像，其禮尤重。

按《府志》：②寧夏風俗，五屬皆同。平羅地多曠土，邑有游民。士雖安分而登進則難，農雖力田而遇災輒困。婦不嫺紡績，工率多梏窳，皆由賦重徭繁，民貧地瘠，以至營生弗講，式化靡由。且土著少，山、陝人多。重貨盤剥，搆訟滋端，曲巷酣歌，作奸犯法，洵如舊志云"轉移之機，是在上者，其易凋敝而淳龎"也夫。③

時令

定州遺諺：立春前一日，有司迎春於東郊，竹馬、秧歌，觀者如堵。

元旦，燃香燭，祀真宰，各相拜賀。嘗預煮三日饌，曰"年飯"。

四日，熾炭或鐵投醋盆，覆之門，曰"打醋壇"，又曰"送五窮"。

---

① 參見《寧夏府志》卷四《地里·風俗》。
② 參見《寧夏府志》卷四《地里·風俗》。
③ 參見《朔方新志》卷一《地里·風俗》。

五日，拘忌，非至戚不相往來。

七日，食餅麵，擊銅器相叫，曰"招魂"。

元宵，居民立錢會，至期，中衢列燈坊、燈閣、燈亭、燈塔，糊以紗紙，書繪間雜，通宵鑼鼓溢巷。

十六夜，女伴行燈市，以麻掛燈，曰"游百病，散麻症"。

二月二日，民家炒鍋豆，曰"龍擡頭，捉臭蟲"。

上丁至清明，拜掃祖塋。

清明，各攜酒榼，郊外踏青，觀劇於掩骨寺，士女雜沓。

三月二十八日，東嶽廟會，前後六日，市陳百貨相貿易。

四月望，男婦乘騎燒香武當山，曰"朝山"。七月望、九月九皆然，蒙古人多。

端午，閨中小兒女綵絲、艾虎相餽遺。

七夕，兒女設瓜果、針工，做乞巧會。

孟秋朔至望，諏吉上秋墳。

中秋，陳瓜筵賞月，餉以月餅。

重陽，登高，飲菊酒。

十月朔，延羽士、巫婆出焚紙衣，曰"與亡者送寒衣"。

孟冬，農家甕畜菜，滲之以鹽，禦冬用。

冬至，祭祖先，親朋相拜賀，切肉雜腐羹，啜以醴，曰"頭腦酒"。

臘八日，煮粥和以豆棗，曰"臘八粥"。

二十三日夜，設酒餌，祀竈神，雞至除夕薦之，曰"接竈"。

除夕，貼春聯、桃符，鳴爆竹，設宴，守歲。分錢卑幼，曰"壓歲"。閨中以棗、柿、芝麻及雜果盈盞，盛茶葉奉翁姑及尊客，曰"稠茶"。

按《朔方志》：①夏俗馴雅，因徙吳楚戍人，故有江左風。迎春茹餅，元夜張燈，上巳則祓禊、採蘭，重午則貼符、插艾，造麯水夏六之令，蒸花糕重九之辰，蓋與《荊楚歲時記》脗合矣。平邑四時節候無異郡中，第十月秋成，誦經祭土。新年宴會，具柬邀賓。以及婦女燈棚默祝，曰"求兒女"。商賈沙磧焚香，曰"遥拜墓"。古稱"千里不同風，百里不同俗"，良有然也。《寰宇記》云"塞北江南"。②

占驗

《天官書》：③正月旦，旦至食時，爲麥；食至日昳，爲稷；昳至餔，爲黍；餔至下

---

① 參見《朔方新志》卷一《地里·風俗》。
② 《太平寰宇記》卷三六《關西道·靈州·風俗》載："本雜羌戎之俗。後周宣政二年破，秦將吳明撤遷其人於靈州，其江左之人崇禮好學，習俗相化，因謂之'塞北江南'"。
③ 參見《史記》卷二七《天官書》。

舖,爲菽;下舖至日入,爲麻。欲終日有雨,有雲,有風,有日。

《漢明帝記》:①冬無宿雪,春不燠沐。

《田家五行》:②日生耳,主晴。諺云:"南耳晴,北耳雨。日生雙耳,斷風截雨。"諺云:"雲行東,雨無蹤,車馬通。雲行西,馬踐泥,水没犁。雲行南,雨潺潺,水漲潭。雲行北,雨便足,好曬榖。"張大帝生日,請客風,送客雨。

《受祺堂集》:③風吹元夜月,雨灑清明節。

《荆楚歲時記》:④二十四番花信風,大寒、小寒、立春、雨水、驚蟄、春分、清明、榖雨,各三信。⑤

《歲華紀麗》:⑥仲夏東南風,至日黄雀風。

《朝野僉載》:諺云⑦:"春雨甲子,赤地千里。夏雨甲子,乘船入市。秋雨甲子,禾頭生耳。冬雨甲子,牛羊凍死。"

《古今詩話》:⑧北雁來則霜降,謂之"霜信"。

《月令廣義》:⑨雪不積謂"羞明",不消謂"等伴"。

《農桑輯要》:⑩東鷺晴,西鷺雨。

師曠《禽經》:⑪鷗翔則風,鷸舞則雨,鶴飛則霜,鷺噪則露。

按:天時,極南多暑,極北多寒。平邑居朔方之北,霜信早至,草木遲榮,地方嚴冷,無異塞外。惟渠處下游,農艱得水。若風多則地散離潮,耕鋤易舉。雪凍則膏融土脈。澆灌時行,至炎節方交,甘霖渥霈,尤可以助河流之潤,而暢苗秀之機。此春風、夏雨、冬雪之爲利溥也。

---

① 參見《後漢書》卷二《顯宗孝明帝記》。
② 田家五行:元末明初婁元禮撰,是一部較爲系統的農業氣象資料彙編。
③ 受祺堂集:全名爲《受祺堂詩集》,清李因篤撰,三十四卷。
④ 荆楚歲時記:南朝梁宗懍撰,隋杜公瞻注,一卷。記録荆楚之地一年之間的風俗、故事。
⑤ 二十四番花信風:每個節氣都有應該節氣開放的花,稱作"花信風",大寒、小寒等八個節氣各三信,共二十四種。
⑥ 歲華紀麗:唐韓鄂撰,四卷。是一部記載唐代歲時生活的民俗志。
⑦ 朝野僉載:唐張鷟撰,六卷。是一部筆記小説集,主要記載朝野軼聞。
⑧ 古今詩話:原書已佚。《宋史》卷二九〇《藝文志》有《古今詩話録》七十卷,李頎撰,一般認爲即此書。
⑨ 月令廣義:明馮應京撰,戴任續成,二十五卷。
⑩ 農桑輯要:元代官修綜合性農書。原作七卷,已散佚,《永樂大典》收存兩卷。
⑪ 禽經:記録各種鳥類及家禽的形貌和生活習性。舊題春秋時期人師曠所著,據後人考證爲南北朝時人假託師曠而作的僞書,一卷。

物産 穀屬、蔬屬、果屬、貨屬、藥屬、木屬、花屬、草屬、禽屬、獸屬、鱗屬、介屬、蟲屬

穀屬

胡麻。《筆談》：[1]胡麻即今油麻。《穀譜》謂"脂麻"，多油。

小麥。《本草》：一名"來"。《詩》："貽我來牟。"

大麥。《本草》：一名"牟"。《説文》：牟，大也。《孟子》：今夫麰麥。

稻。《爾雅》：稌，稻也。

粟。《説文》：稷之黏者也。

黄粱。蘇恭曰：粱雖粟類。[2]俗呼"糜子"，米爲黄粱。

豌豆。《廣雅》：豌豆，䜺豆也。

蕎麥。《後山談叢》：[4]蕎麥，得月而秀。

燕麥。《爾雅》：蘥雀麥。

黍。《古今注》：禾之黏者爲黍，亦謂之"穄"。

大豆。《本草》：黑者名"烏豆"，一名"菽"。《廣雅》：大豆，菽也。

赤小豆。《廣雅》名"荅"，俗呼"紅小豆"。

緑豆。《穀譜》：緑豆以色名。作"粱"，並有官緑、油緑、明緑、灰緑、摘緑、拔緑。

藊豆。《正字通》：一名"沿籬豆"，俗名"娥眉"。[5]

蠶豆。《學圃雜疏》：[6]蠶豆種自雲南來，絶大。

麻。《本草》：子可取油，其皮作布及履，其稭可爲燭心。一名"麻勃麻"。

青稞。《縣册》：形似小麥。

玉米。《縣册》：俗呼"包菓"。

羊眼豆。《縣册》：秋熟，生村徑間。

青豆。《縣册》：可磨爲腐。

蔬屬

芹。《爾雅》：芹，楚葵。

蘹荾。《博物志》：張騫西域得胡荽，俗曰"蘹荾"。

---

[1] 《本草綱目》卷二〇《穀部》"按：沈存中《筆談》云：胡麻即今油麻。"《夢溪筆談》卷二六《藥議》："胡麻直是今油麻。"

[2] 蘇恭：原名蘇敬，因避諱改。其所參與編修的《新修本草》（又稱《唐本草》），是《本草綱目》引據的主要醫家著作之一。引文出自《授特通考》卷二三《穀種》。

葱。崔實《月令》：夏葱小，冬葱大。《綱目》謂之"菜伯"。

韭。《禮記》：韭曰"豐本"。

蒜。《古今注》：卵蒜：小蒜。胡蒜：大蒜。

茄。《格物論》：茄色青、紫、白，一名"落蘇"。

白蘿蔔。《埤雅》：一名"萊菔"。

胡蘿蔔。《致富全書》：①元始，始自胡地來，宜潮沙地，生熟可啖。

白菜。《致富全書》：冬日家家醃藏，曰"藏菜"，一名"箭竿"。

刀豆。《致富全書》：刀豆味在莢。

菠菜。《嘉話錄》：出頗稜國，誤謂"菠薐"。②

豇豆。《致富全書》：其莢細長如裙帶，故名"裙帶豆"。

苣菜。《爾雅》：荼，苦菜。

黃瓜。《爾雅注》：鉤瓞，一名"王瓜"。

菜瓜。《致富全書》：又名"醬瓜"，圓者如甜瓜狀。

香瓜。《致富全書》：一名"生瓜"，蔓生，青、白二種。

南瓜。《致富全書》：南瓜一蔓十餘丈，實如甜瓜，稍扁。

冬瓜。《致富全書》：冬瓜三月生苗，經霜粉白。

絲瓜。《致富全書》：絲瓜，細長者良。

哈密瓜。《致富全書》：名"甜瓜"，有綠有黃，香而小者佳。

匏。《委齋百卉志》：匏瓜也，葉大盈尺，實青色，吳中謂之"葫蘆"。

芥。《本草》：③芥苴，一名"水蘇"。

蔓菁。《蔬譜》：[7]一名"蕪菁"。

地椒。《縣冊》：俗名"辣子"，遍生山谷。

莧。高濂《野蔌品》：④野莧比家莧更美。

果屬

西瓜。《致富全書》：出自西域特嘉。

李。《運斗樞》：玉衡星散為李。

---

① 致富全書：清石岩逸叟增定，四卷。書名又作《重訂增補陶朱公致富全書》，或《增補致富全書》。

② 嘉話錄：唐韋絢撰，一卷。又名《劉公嘉話錄》，或《劉賓客嘉話錄》。"劉公"和"劉賓客"指唐人劉禹錫。《格致鏡原》卷六二《蔬類》所引原文為"菠薐本自西域中來，韋絢曰：'豈非出頗稜國而語訛為菠薐耶？'"

③ 本草：據《格致鏡原》卷六二《蔬類》，此處引用的是"吳氏本草"。《本草綱目》卷一《序例·歷代諸家本草》載："吳氏本草，保昇曰：魏吳普，廣陵人，華佗弟子，凡一卷。時珍曰：其書分記神農、黃帝、岐伯、桐君、雷公、扁鵲、華佗、李氏所說，性味甚詳。今亦失傳。"

④ 參見《遵生八箋》卷十二《飲饌服食箋·野蔬類》。

杏。《本草》：二月開紅花，結實最早。甘而沙者爲沙杏。
桃。《管子》：五沃之土，其木宜桃。
梨。《南史》：張敷曰"梨是百果之宗"。
棗。《本草》：乾棗也，木赤心，有刺。《爾雅》：大曰"棗"，小曰"棘"，酸棗也。
葡萄。《本草》：圓者名"草龍珠"，長者名"馬乳葡萄"，白者名"水晶葡萄"，黑者名"紫葡萄"。
桑葚。[8]《詩》：①無食桑葚。
沙菓。《縣册》：俗呼"大果"。

貨屬

香油。《縣册》：即胡麻油，燃燈並食。
青鹽。[9]《縣册》：即大鹽，出磴口。
食鹽。《縣册》：俗呼"小鹽"，形似麩片，出城西。
煤炭。《縣册》：出北山打磴、王玘等口。
石炭。《縣册》：出北山石嘴、打磴兩口。
乾炭。《縣册》：出西山汝箕口。
藍炭。《縣册》：出石嘴子，石炭燒鍊，故名。
羶羊皮。《縣册》：出石嘴子山。
羯羊皮。《縣册》：春皮毛淺而薄，冬皮毛深而厚。
狐皮。《縣册》：出北口外。
柴狼皮。《縣册》：出北山。
青羊皮。《縣册》：出西山。去毛粉用。
駝毛。《縣册》：出石嘴子山。
駝絨。《縣册》：出石嘴子山。
羊絨。《縣册》：出石嘴子山。
黑茶。《縣册》：出石嘴子山。
駝毛褐。《縣册》：出口外。
羊毛褐。《縣册》：出石嘴子山。
羊毛氈。《縣册》：出石嘴子山。
綿麻。《縣册》：產寶豐。
菩芨帽。《縣册》：出頭閘。

---

① 出自《詩經·邶風·氓》。

廣草。《縣册》：產洪廣。

蔴菇。《縣册》：產西山。

藥屬

透骨草。《本草》：治風濕，[10]有透骨摻風之功，故名。

柴胡。《本草》：今以銀夏者爲佳，俗呼"銀柴胡"。

車前。[11]《本草》：草生道邊及牛馬足迹中，故《本經》名"車前"，又名"當道"。[12]《詩》"采采芣苢"即此。①

茵陳。《本草》：②莖幹經冬不死，至春更因舊莖而生新葉，故謂之"茵陳"。

肉蓯蓉。《本草》：皮如松，稍有鱗甲，形柔軟如肉。

草蓯蓉。《本草》：莖、花俱紫色，與蓯蓉相類，故名"草蓯蓉"。

甘草。《本草》：味甘甜，故名"甘草"。《別錄》名"蜜草"，又名"國老"。

地膚。《本草》：草名"地膚"。《本經》名"地葵"，《圖經》名"鴨舌草"，俗呼"千頭草"。《日華子》名"落帚"，《圖經》名"獨帚"。氣味苦，寒。

苦參。《本草》：青似槐葉，春生冬凋。

蒺藜。《本草》：有刺有菱，小人過之不敢履，故《本經》一名"屈人"，一名"止行"。

菟絲。[13]《本草》：夏生苗如細絲，六七月結實，細如蠶子。

茺蔚。《本草》：草及子皆充盛密蔚，故名"茺蔚"。功宜婦人，俗呼"益母草"。

馬鞭。《本草》：方莖，穗類鞭鞘，故名"馬鞭"。

葈耳。《本草》：詩人謂之"卷耳"。《爾雅》謂之"蒼耳"，幽州人呼爲"爵耳"。

黃芩。《本草》：苗長尺餘，葉青、花紫、黃根。

小薊。《本草》：二月生苗，四月高尺餘，多刺。人呼爲"千針草"。味甘，溫。

葶藶。《本草》：《月令》"靡草死"即此。能定肺喘而行水，故名。

蓖麻。《本草》：子似巴豆，有黃黑點，狀如牛蜱，故名。味甘，辛。

萹蓄。《本草》：苗似瞿麥，葉莖如釵股。《詩》"綠竹猗猗"、③《爾雅》"王芻"，即此。

續隨。《本草》：苗初生一莖，莖端生葉，葉中復出數莖相續隨，故名"續隨"。

---

① 參見《詩經·周南·芣苢》。

② 本草：據《格致鏡原》卷六八《草類》，指唐代陳藏器所著《本草拾遺》。該書分爲序例一卷、拾遺六卷、解紛三卷。李時珍稱其內容豐富，廣征博引，"自本草以來一人而已"。

③ 出自《詩經·衛風·淇奧》。

鎖陽。《本草》：《輟耕録》云：鎖陽生韃靼田地，或謂功力倍於蓯蓉。
懷香。《本草》：花如蛇床子，大如麥。北人呼爲"茴香"。
薄荷。《本草》：莖葉似荏而尖長，經冬根不死。治傷風、頭腦及小兒風痰爲要藥。
柏實。《本草》：柏有數種，入藥惟取藥蔦而側生者，俗呼"柏子仁"。
枸杞。《本草》：今以甘州者爲佳。根名"地骨皮"。《縣册》：生潮湖、打磑二堡，俗呼"紅果"。
黃柏。《本草》：即黃檗也。葉類茱萸，經冬不凋，味甘，寒。

木屬

松。《本草》：松有兩鬣、五鬣、七鬣，凌冬不凋。
柏。《致富全書》：柏有四種，扁柏、檜柏、瓔玲柏、際側柏。
榆。《春秋元命苞》：三月榆莢落。
槐。《周禮注》：槐，懷也。言懷來人也。
椿。《群芳譜》：①椿，一作"櫄"，曰"香椿"。樗，亦椿類，曰"臭椿"。
柳。《種樹書》：②順插爲柳，倒插爲楊。

花屬

薔薇。《三餘贅筆》：③張景修以薔薇爲野客。
鳳仙。《花史》：④宋光宗宮中呼爲"小女兒花"。
雞冠。《説楛》：⑤佛書謂之"波羅奢花"。
菊花。《爾雅》：菊治蘠，今之秋菊花。
金盞。《致富全書》：花如小盞，與單葉水仙同，故名"金盞"。
萱花。[14]《説文》：萱，忘憂草。
茉莉。《致富全書》：一名"狀元紅"，花紫葉繁，早開午收。
芙蓉。《格物叢話》：性耐寒，又名"拒霜"。
向日葵。《湘烟録》：温庭筠曰"黃葵是鍍金木槿"。
芍藥。《廣雅》：攣夷，芍藥。

---

① 群芳譜：明王象晉撰，三十卷。
② 《本草綱目》卷三五《木部》載："時珍曰'俞宗本種樹書'。"
③ 三餘贅筆：明都卬撰，二卷。筆記小説。《格致鏡原》卷七一《花類》引《三餘贅筆》："張景修《十二客圖》以薔薇爲野客。"
④ 《格致鏡原》卷七二《花類》引《花史》："宋光宗李后小字'鳳'，宮中諱之，呼爲'好女兒花'。"
⑤ 説楛：指明焦周所撰《焦氏説楛》，七卷。引文參見《格致鏡原》卷七二《花類三》。

玫瑰。《群芳譜》：一名"徘徊"。

草屬

菖蒲。《説文》：一名"昌歜"。[15]
蓬。《博物志》：歲欲流，流草先生，謂"蓬"也。
蒿。《爾雅》：蘩之醜，秋謂"蒿"。
龍舌。《縣册》：《本草》名"蘆薈"。
菩芨。《縣册》：蔓灘地中，織帽、織笆。
苜蓿。《縣册》：蔓生沙田，可佐牧養。
馬鈴。《縣册》：間粉白花。
葦。《詩》：八月萑葦。①

禽屬

鷄。《爾雅疏》：②鷄，知時畜，大者名"蜀"。
鵝。《格物總論》：按《爾雅》：一名"舒雁"，一名"鴚"。
鶩。《埤雅》：鶩，一名"鴨"。弘景云：③野鴨爲鳧，家鴨爲鶩。
雀。《説文》：雀，依人小鳥也。
燕。《本草》：小者越燕，聲大者胡燕。《説文》謂之"乙鳥"。
鷹。《埤雅》：鷹善立。一名"爽鳩"。
雉。《禽經》：雉，介鳥。漢吕后名"雉"，高祖改爲"野鷄"。其實鷄類。
鵲。《本草》：一名"乾鵲"，靈能報喜，故《禽經》曰"喜鵲"。
鴿。《埤雅》：鴿喜合。凡鳥雄乘雌，惟此鳥雌乘雄。
鶉。《埤雅》：鶉鴽屬。品中膳羞，内則雉兔、鶉鴽。
鳩。《田家雜占》：鳩呼婦主晴，逐婦主雨。④
鴉。《埤雅》：鳥，一名"鴉"，見異則噪。
山鷄。《縣册》：産西山。
鶻。《禽經》：骨曰"鶻"，瞭曰"鷂"。

---

① 出自《詩經·豳風·七月》。
② 《格致鏡原》卷八〇《鳥類》作"爾雅邢昺疏"。
③ 弘景：指南朝齊、梁時期的道教思想家、醫藥家、煉丹家、文學家陶弘景。其在整理古籍《神農本草經》的基礎上，吸收魏晉間藥物學的新成就，撰有《本草經集注》七卷，所載藥物凡七百三十種，對後世本草學之發展有很大影響。
④ 田家雜占：元婁元禮編，三卷。

獸屬

牛。《説文》：犢，牛子也。㸬，二歲牛也。犙，三歲牛也。牭，四歲牛也。《縣册》：産蒙古地。

馬。《本草》：牡馬，隲。牝馬，騇。去勢，騸。一歲馬，二歲駒，四歲駣。①《縣册》：産蒙古地。石嘴子有馬税。

羊。《廣雅》：牡，一歲㹣，二歲羝。牝，一歲㹆，二歲牂。《縣册》：産蒙古地。石嘴子有羊税。

豕。《方言》：北燕、朝鮮謂之"豭"。關東、西謂之"彘"，或謂之"豕"。南楚謂之"豨"。子謂之"豚"，或謂之"貕"。

驢。《山堂肆考》：性能旋磨，子名䮫。

駝。《山堂肆考》：駝有兩峰，曰駝峰。足有三節，凡負物屈足受之。《子虚賦》作"橐駝"。

騾。《古今注》：驢爲牡，馬爲牝，則生贏。

鹿。《家語》：四九三十六，六生律，律生産鹿，六月而生。②《縣册》：産西山。

狗。《爾雅》：狗，四尺爲獒，家獸也。

兔。《埤雅》：吐而生子，故曰"兔"。兔，吐也。《縣册》：産西北山。

貓。《酉陽雜俎》：貓，一名"蒙貴"。陸佃云：鼠害苗而貓捕之，故字從苗。③

狐。《白虎通》：狐有三德，其色中和，小前大後，死則首丘。《縣册》：産西山。

鼠。《紺珠》：鼠名"黠蟲"，以其善竊物。

猬。《本草》：一名"彙"，一名"猬鼠"。時珍曰："彙字篆文象形，頭足似鼠，故有鼠名。"

豺。《爾雅》：脚似狗。《説文》云：豺，狼屬，狗聲。貪殘之獸。

青羊。《縣册》：羯者有角，牡者無角。産西山。

黄羊。《縣册》：無二色，類似青羊。産西山。

麂。《爾雅疏》：麈麋也。《縣册》：似鹿而小。産西山。

貛。《詩疏》：牡名"貛"，牝名"狼"，子名"獥"，有力名"迅"。《縣册》：産北山。

---

① 《本草綱目》卷五〇《獸部》載："時珍曰：按許慎云，一歲曰犂，二歲曰駒，三歲曰駣，四歲曰駣。"
② 《孔子家語》作"六爲律，律生鹿，故鹿六月而生"。
③ 出自《埤雅》卷四《釋獸》。

鱗屬

鯉魚。《本草》：鯉三十六鱗，諸魚中此爲最佳。
青魚。《雨航雜録》：青鯼魚，美敵松鱸。《本草》古謂"五侯鯖"。
鯽魚。《埤雅》：鯽，魚以相即也。故名"鯽"，以相付也，一名"鮒"。
白魚。《避暑録》：太湖白魚，謂之"時裏白"。
綿魚。《縣册》：魚肥而鮮，近河最多。

介屬

鼈。《説文》：甲蟲也。[16]《本草》謂之"團魚"。《縣册》：産磴口。
蛤蜊。《本草》：兩片相合而生，故曰"蛤"，食之有利，故名"蜊"。

蟲屬

土䗓。《爾雅》：在地作房者爲土䗓，啖其子，即馬䗓。
蜻蜓。《本草會編》：蜻蜓乃水䖝所化。[17]
樗雞。《本草》：振羽索索有聲，俗呼"紅娘子"。
斑蝥。《山堂肆考》：斑貓，一蟲五變。
蠨蛸。《爾雅》：一名"蠨蛸"，一名"長踦"，俗呼"喜子"。
蠍。《本草》：葛洪曰：蠍前爲螫，後爲蠆。古語云："蜂蠆垂芒，其毒在尾。"
蠐螬。《造化權輿》：蛇豸腹竄，蠐螬背行。
蚱蟬。《本草》：蠐螬、腹蜟變而爲蟬。亦有蜣蜋轉丸化成者。
螻蛄。《本草》：穴地糞壤中生。梧鼠五技而窮，[18]爲此螻蛄也。
蝦蟇。《本草》：身小能跳，作呷呷聲，或作"蝦蟆"。蝦言聲，蟆言斑也。
黽。《本草》：似蝦蟇而背青，一名"石雞"，一名"田雞"，一名"長股"。
蛣蜣。《爾雅》：一名"蜣蜋"，取糞作丸。
蛄螋。[19]《爾雅》謂之"强蜚"，今米穀中小黑蠹蟲也。
蛅。《爾雅疏》：一名"毛蠹"，即蛓也。《説文》：一名"毛蟲"。[20]
蠛蠓。《爾雅疏》：小蟲以蚋，喜亂飛。一名"醯雞"，甕中蠛蠓是也。
蝗。《爾雅疏》：食苗心螟、食葉蟘、食節賊、食根蟊，此四種蟲皆蝗也。
蠜蟴。《爾雅疏》：似蚱蜢而細長，飛翅作聲。《詩》曰"喓喓草蟲，趯趯阜螽"者。[①]

---

① 參見《詩經·召南·草蟲》。

螺。《爾雅》：蚨屬也，一名"蛄蟹"。

蟠鼠。《爾雅疏》：一名"蟠"，一名"鼠"。負之或作"蝟"，一名"蚏蝛"，一名"委黍"也。

蚊。《金樓子》：白鳥，蚊也。《縣册》：李綱、清水等堡稻田最多。

蝶。《採蘭雜志》：一名"春駒"。

蟻。《方言》：蚍蜉，齊魯謂之"蚼蟓"，燕謂之"蛾蚨"。

蟫。《爾雅疏》：此衣書中蟲也。一名"蟫"，一名"白魚"，一名"蛃魚"。《本草》謂之"衣魚"。

蠅。《詩》："匪雞則鳴，蒼蠅之聲。"①

蠅虎。《中華古今注》：蠅虎，蠅狐也。善捕蠅。

伏翼。《本草》：一名"天鼠"，一名"仙鼠"，一名"飛鼠"，一名"夜燕"。《圖經》曰：蝙蝠也。

按《府志》：平羅地近邊、畜牧利廣。又舊志：賀蘭山出鉛。今已停採。就近日論，西山杏樹等溝產煤最盛，居民爭訟，封閉者多。

【校勘記】

[1] 機鬼：此同《四庫》本《宋史》卷四八六《夏國傳》《〔弘治〕寧志》卷三《靈州守禦千戶所·風俗》，中華本《宋史》卷四八六《夏國傳》《〔嘉靖〕寧志》卷六《拓跋夏考證》《寧夏府志》卷四《地里·風俗》作"機鬼"。

[2] 幹：《金史》卷一三四《西夏傳》作"梗"。

[3] 隨：原脫，據《寧夏府志》卷四《地里·風俗》補。

[4] 後山談叢：原誤作"後山叢談"，據實際書名改。宋陳師道撰史料筆記，四卷。

[5] 娥：《本草綱目》卷二四《穀之三》作"蛾"。

[6] 學圃雜疏：原誤作"學譜雜疏"，據實際書名改。元王世懋撰，三卷。

[7] 蔬譜：原作"蘇譜"，據《格物鏡原》卷六二《蔬類》改。

[8] 桑葚：《朔方新志》卷一《物產》作"桑椹"。

[9] 《朔方新志》卷一《物產》"青鹽"在"藥之屬"。

[10] 風濕：原作"風經"，據《本草綱目》卷十六《草部》改。

[11] 車前：《朔方道志》卷一《物產》作"車前子"。

[12] 當道：原作"常道"，《本草綱目》卷十六《草部》："時珍曰：陸璣《詩疏》云，此草好生道邊及車馬迹中，固有車前、當道之名。""常"乃與"當"形近而誤，今據改。

---

① 出自《詩經·齊風·雞鳴》。

［13］菟絲：《朔方新志》卷一《物産》作"菟絲子"。
［14］萱花：《朔方新志》卷一《物産》作"萱草"。
［15］歇：原作"數"，據《説文解字》改。
［16］甲蟲：《格致鏡原》卷九四《水族類》作"介蟲"。
［17］蜻蜓：《本草綱目》卷四〇《蟲部》作"蜻蛉"。
［18］技：原作"枝"。《本草綱目》卷四一《蟲部》載："頌曰：荀子所謂梧鼠五技而窮，蔡邕所謂碩鼠五不能成一技者，皆指此也。五技者：能飛不能過屋，能椽不能窮木，能游不能度谷，能穴不能掩身，能走不能免人。"今據改。
［19］蛄：原作"蚷"，據《爾雅》改。
［20］蠹：原作"蟲"，據《説文解字》改。

平羅記略卷四

歸安徐保字編輯

水利　河渠、閘壩、堤埂

河渠

唐來渠

《朔方志》：①唐渠，意亦漢故渠而復濬於唐者。寧夏於唐爲懷遠縣，隸靈州，故凡唐言靈州，即謂兹鎮。《唐書》：②李聽爲靈州大都督長史，境內有故光禄渠廢久，聽復開決以灌田。是李聽所開亦漢故渠也。《地里志》云：③靈州有特進渠，長慶四年詔開。此似開於唐者而無其人。又唐吐蕃寇靈州，郭子儀敗之七級渠。宋劉昌祚圍夏城，④夏人決黃河七級渠以灌營。《元和志》言：⑤千金陂在靈武縣北四十二里。又有胡渠、御史、百家等八渠。此亦唐時所有者。宋楊瓊，史稱其開渠灌田，今皆不知其處。

《朔方志》：⑥自硤口東鑿河引流，數里許有閘，以洩蓄水。漢延流繞鎮東，逶迤而北，延長二百五十里，支流陡口三百六十有九。唐來流繞鎮西，逶迤而北，延長四百里，支流陡口大小八百有八。

《縣册》：唐渠口開寧朔縣大壩堡青銅峽，經府城西，而北至平羅縣上寶閘堡，歸入西河，長三百二十里七分一十三丈，大小陡口共四百四十六。內除上段夏、朔二縣澆灌田畝不録外，按平羅縣屬唐渠交界，自滿達喇橋起至縣城北上寶閘稍堡歸入西河止，長一百一十三里，澆灌舊户田二千五百二十八頃，共建橋九道。順治十五年，巡撫黃圖安奏請重修。雍正九年，發帑重修，督修官侍郎通智、御史史在甲、寧夏道鄂昌、寧夏府知府顧爾昌、水利同知石禮圖。乾隆四年，發帑

---

① 參見《朔方新志》卷一《水利·寧夏》。
② 參見《新唐書》卷一五四《李聽傳》。
③ 參見《新唐書》卷三七《地理志》。
④ 參見《宋史》卷三四九《劉昌祚傳》。
⑤ 參見《元和郡縣圖志》卷四《關內道·靈州》。
⑥ 參見《朔方新志》卷一《水利·寧夏》。

重修，承修官寧夏道鈕廷彩。乾隆四十二年，發帑重修，承修官寧夏道王廷贊。乾隆五十一年，發帑重修，承修官寧夏道富〔尼漢〕。嘉慶十七年，發帑重修，承修官寧夏道蘇成額。

唐渠縣屬大支渠

《府志》：①滿達喇渠，長六十里；即里渠，長三十九里；白塔渠，長二十九里三分；新濟渠，長六十五里；大羅渠，長二十五里；小羅渠，長二十里；菓子渠，長二十三里五分；羅哥渠，長六十里；高榮渠，長二十里；和集渠，長十七里；柳新渠，長九里；黑沿渠，長十五里；亦的小辛渠，長十九里三分；[1]柳郎渠，長二十里半；曹李渠，長十里。小口五十九道。

《縣册》：千渠，長五里；火渠，長五里；雙渠，長七里，稍引惠農渠水，由西河建灌洞。邊渠，長三里；營前渠，長七里；營後渠，長七里，稍引惠農渠水，由西河建灌洞。虎尾渠，長五里；大化延渠，長四里；小化延渠，長三里；老唐渠，長四里。

惠農渠

《府志》：②惠農渠，口初開寧夏縣葉昇堡俞家嘴，並漢渠而北，至平羅縣西河堡，歸入西河，長二百里。乾隆五年經震災，奏請復修，自俞家嘴至通潤橋，增長一十里有奇。乾隆九年，寧夏府知府楊灝詳請，通潤橋以下接渠尾至市口堡，又增長三十里。乾隆十年，又改口於寧朔縣林皋堡朱家河。乾隆三十九年，因河流東注，又改口於漢壩堡剛家嘴，至平羅縣尾閘堡入黃河。共長二百六十二里，大小陡口一百三十六道。

《縣册》：縣東惠農渠始於康熙五十年，奉旨蒙古移駐河東，留存灘地曰查漢托護。雍正四年，欽差大臣通智、岳鍾琪、單疇書領帑開口，招户墾土，設立新渠縣，在於平羅之東南，相去黃河不遠，沿河一帶築有長堤以禦水患。乾隆三年震災後，裁汰新渠，歸併平羅。除上段寧夏縣澆灌田畝不錄外，按平羅縣屬惠渠交界，自通義橋起，至尾閘堡歸入黃河止，長一百四十五里，澆灌新户田四千二百餘頃，共建橋、閘十二道。乾隆五年重修，承修官寧夏道鈕廷彩。乾隆四十二年重修，承修官寧夏道王廷贊。乾隆五十一年重修，承修官寧夏道富〔尼漢〕。嘉慶十七年重修，承修官寧夏道蘇成額。道光三年重修德勝埧，承修官寧夏道瑞慶。道光四年重修，承修官寧夏道瑞慶。

---

① 參見《寧夏府志》卷八《水利》。
② 參見《寧夏府志》卷八《水利》。

惠渠縣屬大支渠

《府志》：[1]六墩渠，長十里；泮池渠，長十四里；交濟渠，長二十五里；仁義渠，長十五里；隆業渠，長十里；任吉渠，長十五里；惠威渠，長二十五里；新改渠，長五里；寶閘渠，長二十里；小三渠，長十九里；滾珠渠，長十八里六分；普潤渠，長十七里；萬濟渠，長十五里；官四渠，長五十里；元元渠，長十六里。小口三十七道。

《縣册》：李家渠，長六里；寶閘老渠，長五里；二號渠，長十五里；邊渠，長十五里；三渠，長十五里；上新渠，長六里；下新渠，長六里；大四渠，長五里；鐵四渠，長四里；四合渠，長六里；暗洞渠，長五里；萬倉渠，長七里；寶濟渠，長五里；聚興渠，長五里；聚則渠，長五里；朱家渠，長三里；邊渠，長三里；官渠，長三里。

昌潤渠

《府志》：[2]昌潤渠與惠農渠同開，原接引惠農之水，後因兩渠一口，不敷分灌。乾隆三十年，寧夏府知府張爲旂詳准，[2]受水戶民自備夫料，另由寧夏縣通吉堡溜山子開口，至永屏堡歸入黄河，長一百三十六里。大小陡口一百一十三道，澆灌平羅縣埂外田一千六百九十七分半。

《縣册》：昌潤渠在縣東，雍正四年，與惠農渠同開，地曰"查漢托護"，設立寶豐縣。昌潤渠者，古綠楊河也。逼近黄河，築有長埂以捍水患。乾隆三年，地震渠廢，經總督額〔彌達〕奏修。[3]旋河水漲溢，沖決長堤。仍由四堆子以上斜築橫埂，分埂內、埂外。埂內新渠縣地，招墾如故。埂外棄土，聽民自便。乾隆七年，戶民自備夫料，較舊長堤加疊高埂，名曰"遙堤"。嗣縣民于必進等請建河伯神廟，即今渠口堡龍王廟。乾隆八年，寧夏道楊灝復勘戶田，水涸，招無籍之戶認墾，田畝無項可動，其渠平坦無口可開，只就惠農渠旁仁義、交濟、六墩三口一稍歸入昌潤渠，挑挖澆灌。至乾隆三十年，因惠渠水不敷分灌，士民田登科等請自備人夫，由通吉堡溜山子開口，接引黄流，按昌潤渠舊制，名曰"復興昌潤渠"。自口至稍永屏堡歸入黄河，長一百八十里，共建橋、閘一十四座，大小口一百一十三道。乾隆四十二年重修，承修官寧夏道王廷贊。嘉慶十七年重修，承修官寧夏道蘇成額。嘉慶二十一年重修，承修官寧夏道宜清安。道光四年重修，承修官蘭州道楊翼武、寧夏道瑞慶。

---

[1] 參見《寧夏府志》卷八《水利》。
[2] 參見《寧夏府志》卷八《水利》。

昌渠支渠

《寶豐縣記》：①徐家渠，長七里；王家渠，長一十五里；暗洞渠，長一十五里；張家渠，長十里；邵家渠，長五里；党家渠，長十里；蔣家渠，長七里；陳家渠，長八里；秦家渠，長九里；趙家渠，長七里；宋家渠，長一十二里；永惠二渠，長一十五里；孟家渠，長十里；官三渠，長一十七里；穆家渠，長一十五里；毛家渠，長八里；楊家渠，長七里；貼五渠，長一十六里；張家渠，長九里；田家渠，長一十五里；西邊渠，長十里；西官渠，長十三里；白茨渠，長十里；天生渠，長十里；貼六渠，長一十二里；小六渠，長十里；倉灣渠，長九里；新五渠，長六里；五大支渠，長十里；西七渠，長一十三里。

滂渠

《縣册》：滂渠本屬昌潤支渠，在分水閘開口，西岔昌渠，東岔滂渠。道光五年，河崩渠廢，知縣徐保字詳請豁除災户錢粮，轉改渠口。自溫家橋起，至東永潤堡中閘子止，長三十里。復由中閘子分爲兩岔，東岔貼滂渠，西岔正滂渠，至渠陽堡合流入黃河，長三十里，共長六十里，澆灌渠口等堡田畝四百四十分。支渠八：金家渠、黃家渠、尹家渠、陳家渠、中閘子渠、何家渠、馬家渠、大五渠。

按：滂渠之東永惠、渠陽等堡，地處高阜，水澤維艱，民困之。道光四年，余下鄉履勘該處地畝，飭令縣民在黃河堰開永惠溝、上下河溝，澆灌該各堡田畝，每歲自備人夫挑修。

西河

《府志》：②自寧夏縣河西寨起，至平羅縣北，東入於河，長三百五十里。蓋四渠各陡口剩水多洩於湖，群湖之水則匯而洩於西河。上有橋十六道。

閘壩

《朔方志》③：唐、漢二壩皆元郭守敬、董文用舊制，向皆用木，歲久易朽，勞費不貲。明隆慶六年，僉事汪文輝始易以石，工巧備至，甫成漢閘，即擢尚寶卿去。萬曆元年，巡撫羅文翱檄僉事解學禮、周有光竟其事，六年始竣。

《府志》④：唐渠：正閘一座。六空。旁閘四，曰關邊，四空。曰安瀾，四空。曰

---

① 寶豐縣記：官府檔案文獻。雍正四年（1726）在寧夏境內設立新渠縣，六年（1728）新設寶豐縣。因寧夏地震，二縣又於乾隆四年（1739）年被裁汰，所轄寨堡分屬寧夏、平羅等縣。《平羅紀略》引《寶豐縣記》，説明當時還存有寶豐縣的類似方志的文獻，但該書今已不存，這也體現出了《平羅紀略》的存史價值。
② 參見《寧夏府志》卷八《水利·工程》。
③ 參見《朔方新志》卷一《水利·唐漢二壩》。
④ 參見《寧夏府志》卷八《水利·工程》。

匯暢,四空。曰安寧。四空。《朔方志》:①曰平頭,曰石頭,曰寧安,曰關邊。尾閘一道,滾水壩一道。

惠農渠:正閘一座。五空。旁閘四,曰滌閘,四空。曰建瓴,四空。曰平濤,四空。曰慶瀾。四空。尾閘一道。塘房二十四處,[4]今廢。

昌潤渠:正閘一座。五空。旁閘四,曰裕昌,五空。曰福昌,五空。曰靜潤,五空。曰平波。五空。分水閘一座。二空。

堤埂

《府志》:②惠農渠迫近河岸,恐河水泛漲渠被沖決,沿河築堤以護之。舊堤埂,原開惠農渠築,起寧夏縣王泰堡,至平羅縣石嘴口,長二百五十里。新堤埂,乾隆五年修復惠農築,起寧夏縣王泰堡,至平羅縣北賀蘭山坡,長三百二十里。

《寶豐縣記》:乾隆十一年,陝甘總督黃廷桂《疏》稱,昌渠自寧夏縣高崖子起,至平羅寶閘堡接四堆子月堤止,順河長堤一道,實為新、寶數十堡之屏障,應請歲修,以資捍蔽。又《疏》稱,馮家廟、四堆子添築遙堤二十里,而八堆子舊堤十里亦經培築,惟中間老埂綿延,參差不一。且該處黃河以東即係鄂爾多斯部落,黃河西岸設有防兵三十二塘,因無邊牆防守,老埂應請每歲農隙派夫修整,固護田廬,棲息兵汛,以為防邊之畛。奉旨准行。

按:渠工舊例,每田一分,出夫一名,挑濬一月。田半分者,挑十五日。又有零夫挑一二日者,皆計畝分挑,名曰"額夫"。又納草一分,計四十八束,每束重十六勵。又納柳椿十五根,每根長三尺。或須紅柳、白茨、茇苜,則令民完納,抵其應交之草,名曰"顏料"。其草曰"壩草",椿曰"沙椿"。渠內水沖處先築土草一墩,而外加柳茨護之,更釘以沙椿,名曰"馬頭"。每歲冬水既畢,河冰凍結,十一月時,用柴土堵塞河口,名曰"捲埽"。至清明日,派撥夫役赴工挑濬,各官分段督催,以一月為期,名曰"春工"。至立夏日,掣去所捲之水,放水入渠,名曰"開水"。開水後,先委官閉塞上流各陡口,以逼水至稍,名曰"封"。封之際,各陡口仍酌留水一二分,名曰"浹"。誠以古法自下而上,原不使稍末偏枯。然有封無浹,及稍田灌足而上流齊開,則中段立涸,勢必冒法偷水、賄役灌田。官法愈峻則水價愈昂,因而蠹役乘機,貧民滋困,此封水之積弊不可不察也。是必封浹兼行。上下共濟,乃可均其水澤,杜其紛爭。平羅居唐、惠之尾,水小則達稍不易,水大則沖坍為虞,小民困苦,尤甚他邑。至昌潤渠口屢修屢塞,望澤更艱。其間漢、回雜

---

① 參見《朔方新志》卷一《水利·寧夏》。
② 參見《寧夏府志》卷八《水利》。

處,霸渠爭灌,截壩斷流,黎氓赴訴,官吏奔馳。非水不生,職是之故。守土者苟不躬歷渠壩,雖雨澤方滋,河流彌暢,而於疏濬之經,封洑之方,心戚戚焉。是在上者,時蓄洩,備旱澇,固堤防,善利導,官勤而民自福矣。

【校勘記】

[1] 十九里三分:《寧夏府志》卷八《水利》作"二十里"。
[2] 斾:《寧夏府志》卷九《職官·歷代職官姓氏》作"栴"。
[3] 額:原作"鄂",據《清實錄·高宗乾隆皇帝實錄》改。
[4] 二十四:《寧夏府志》卷八《水利》作"二十七"。

平羅記略卷五

歸安徐保字編輯

賦役　民數、民田、地丁、廠租、學田、鹺法、解款、支款、雜賦、蠲免

民數

《縣册》：男大小口八萬五千一百三十九口，女大小口八萬三千九百一十七口。

民田

《賦役全書》：原額上地一千四頃八十五畝三分一厘，每畝科粮一斗二升，地銀一厘，草四分六厘三毫，共粮一萬二千五十八石二斗三升七合二勺，銀一百兩四錢八分五厘，草四萬六千五百二十四束六分九厘。

又上地一十一頃六十二畝八分七厘，每畝科粮一斗二升，地銀一厘，草三分三厘，共粮一百三十九石五斗四升四合四勺，銀一兩一錢六分二厘，草三百八十三束七分五厘。

又上地一百七十六頃二十六畝二分一厘，每畝科粮一斗二升，地銀一厘，共粮二千一百一十五石一斗四升六合三勺，[1]銀一十七兩六錢二分六厘。

原額中地五十一頃八十七畝三分九厘，每畝科粮六升，地銀一厘，共粮三百一十一石二斗四升三合八勺，[2]銀五兩一錢八分七厘。

又中地一千五十七頃三十四畝六分四厘，每畝科粮六升，共粮六千三百四十四石七升八合九勺。[3]

又中地一十六頃七十三畝三分三厘，每畝科粮七升，共粮一百一十七石一斗三升二合九勺。[4]

原額下地七百七十八頃二十八畝一分，每畝科粮折粮銀一分二厘五毫四絲，地畝銀一厘，共粮銀九百七十五兩九錢六分四厘，地銀七十七兩八錢二分三厘。[5]

又下地一千一百二十七頃四十九畝六分八厘，每畝科折粮銀六厘，共粮銀六

百七十六兩四錢九分八厘。

一、收潮礆地五十畝，每畝科銀一分九厘，共銀九錢五分八厘。[6]

以上原額節年開墾清丈，自首屯科及接收左衛三等舊熟地共四千二百二十四頃九十七畝五分三厘，每畝起科不等，共額徵粮二萬一千八十五石三斗八升三合五勺，[7]額徵銀一千八百五十五兩七錢三厘，額徵草四萬六千九百八束四分四厘。

一、收乾隆十八年報墾新户埂外東永惠等堡地三千六百八十五頃六十四畝，内減田一千九百四十三頃八十一畝，共粮一萬一千六百六十二石八斗六升；硝礆全田一千七百四十一頃八十三畝，共銀二千三百五十八兩四錢三分七厘。

一、收乾隆二十七年報墾硯窪地下寶閘等堡地二百五十一頃六十六畝，内減田四十一頃七十四畝，共粮二百五十石四斗四升；硝礆全田一百一十五頃九十畝，硝礆減田九十四頃二畝，共銀二百一十三兩三錢四分。

一、收乾隆三十三年報墾陞科地一百三十一頃九十二畝，共粮一百四十七石五斗八升，銀八十六兩一錢八分三厘。

一、收乾隆五十年報墾東永惠陞科地四十五頃八十六畝，共粮六十六石六斗六升，銀三十九兩七錢四分五厘。

一、收乾隆五十八年報墾潮湖等堡陞科地七十八頃一十八畝，共銀一百五兩八錢五分五厘。

一、收嘉慶二年潮湖等堡報墾陞科地八十七頃三十二畝，共銀五十二兩三錢九分二厘。

以上共收新墾地四千二百八十頃五十八畝，共粮一萬二千一百二十七石五斗四升，銀二千八百五十五兩九錢五分二厘。連前原額舊熟並新墾，共地八千五百頃五十五畝五分三厘，共額徵粮三萬三千二百一十二石九斗二升三合五勺，[8]額徵銀四千七百一十一兩六錢五分五厘，額徵草四萬六千九百八束四分四厘。

一、除乾隆三年地震荒廢地一百一十七頃，粮七百二石。

一、除乾隆四年建築城垣燒造磚瓦窰場佔用民田一頃四畝五分，粮一十二石五斗四升，銀一錢四厘，草四十八束三分八厘。

一、除乾隆三十年風吹上寶閘、下寶閘二堡沙壓地一百一頃六十二畝，粮二百二十三石三斗八升，銀六十七兩六錢二分五厘。

一、除乾隆三十二年新舊户、東永惠等二十七堡水沖、沙壓地一百二十八頃九十一畝一分，粮八百八十七石五斗二升六勺，銀二十九兩五錢九厘，草一千三百五十八束八分九厘。

一、除乾隆四十年[9]新户、渠口、正閘、東永惠、紅崗等堡河崩地一百二十五頃七十畝，糧六百五十八石八斗，銀二十四兩一錢四分六厘。

一、除乾隆四十六年新户、東永惠、東永潤、廟臺、永屏被水塌沒地九十八頃七十畝，糧四百一十四石六斗，銀四十兩七分八厘。

一、除乾隆四十八年新户、東永惠被水塌沒地五十五頃一十四畝五分，糧二百三十一石六斗三升，銀二十二兩三錢九分五厘。

一、除"沖壓地畝情形事案"內奉文停徵糧三百五十八石四斗六升四合，銀三兩六錢五分三厘，草一千二百八十束七分。

一、除乾隆五十七年靈沙等堡沙壓地畝緩徵糧三百三十二石二斗七升四合，銀五十九兩二錢四分七厘。

一、除道光三年新户通福等九堡河塌、沙壓地二百二十六頃六十七畝八分九厘，糧七百四石二斗八升，銀一百三十四兩五錢七分一厘。

一、除道光四年轉改昌、滂二渠佔用民田五頃八十八畝二分四厘，糧一十五石七斗三升九合，銀二兩六錢三分七厘。

一、除道光六年新户渠口堡河崩地一十九頃三十四畝一分，糧二十三石五斗一升五合，銀一十四兩六錢二分一厘。

以上豁除水沖、沙壓、河崩共地八百八十頃二畝三分三厘，[10]糧四千五百六十四石七斗四升二合六勺，銀三百九十八兩五錢九分一厘，[11]草二千六百八十七束九分七厘。

止該實徵地七千六百二十五頃五十三畝二分，[12]共額徵本色屯起運糧二萬八千六百四十八石一斗八升九勺，起運銀四千三百一十三兩六分四厘。連均載丁銀共四千四百五十六兩五錢八分三厘，本色屯起運草四萬四千二百二十束四分七厘。

地丁

《賦役全書》：原額編審人丁共五千七百五十四丁，內除老、亡丁八十二丁，新增頂田屯丁五千七百八十二丁，例不徵銀。實在丁一萬一千四百五十四丁。於雍正五年"以糧載丁之例"案內，每糧一石均載丁銀一分六厘一絲五忽，共應徵均載丁銀一百四十三兩五錢一分九厘二毫九絲七忽三微九纖八塵二漠。又節年編審出滋生人丁，欽遵康熙五十年丁册定額，永不加賦。

廠租

《馬廠圖》：馬廠界東至黃河，西至廢昌潤渠，南至寧夏縣通吉堡界，北至渠口堡界。經寧夏將軍會同陝甘總督奏留滿營馬廠地五百五十頃八十三畝八分，以資牧放，餘地户墾輸租。

《縣册》：乾隆四十一年，寧夏將軍三〔全〕、陝甘總督勒〔爾瑾〕奏准通義、清水、通福、通澄、五香、六中、渠陽之苦菜溝、圈灣子，沿堤之灰條溝、永屏、犁花尖、廟臺等堡户民原認墾馬廠地一百四十四頃八十八畝可耕之地，照寧夏縣新墾每畝租銀五分，共租銀七百二十四兩四錢。

又乾隆四十三年，通義、清水、通澄、通福、五香、六中等堡續墾馬廠地一十六頃二十六畝，每畝五分起租，共租銀八十一兩三錢。

又乾隆四十四年，廟臺、永屏、犁花尖、圈灣子、灰條溝、苦菜溝、靈沙、清水、通義、通福、通澄、五香、六中、東永潤等堡户民續墾沙鹼地八十四頃二十三畝四分，每畝五分起租，共租銀四百二十一兩一錢七分。

又認墾硝鹼地一百九頃五十七畝九分，每畝三分起租，共租銀三百二十八兩七錢三分七厘。

又乾隆五十一年，查明各户浮種馬廠地七十四頃六十畝三分，共租銀三百四十五兩八錢四分三厘。以上原墾、續墾並浮種馬廠共四百二十九頃五十五畝六分，連前共應徵廠租銀一千九百一兩四錢五分。

一、除乾隆五十一年陝甘總督委甘涼道滿查勘，豁除東永潤、永屏二堡河坍並靈沙、苦菜溝、圈灣子、灰條溝、犁花尖等五堡一田兩賦地共一百二頃八十三畝一分，租銀四百四十四兩七錢七分七厘。

一、除嘉慶二十四年"遵奉恩詔事"案内開除通澄等堡被河坍沒馬廠地一百六十八頃三十畝三分，共租銀七百五十一兩一錢四分一厘。

一、除道光四年開除轉改滂渠佔壓苦菜溝廠租地一十九畝，共租銀八錢六分二厘。

以上共開除馬廠地二百七十一頃三十二畝四分，共除租銀一千一百九十六兩七錢八分，止實存通義、通福、清水、六中、靈沙、苦菜溝、灰條溝、犁花尖、圈灣子、永屏、廟臺等一十一處廠租地，共一百五十八頃二十三畝二分。内：五分地一百一十四頃九十八畝七分，徵銀五百七十四兩九錢三分五厘；三分地四十三頃二十四畝五分，徵銀一百二十九兩七錢三分五厘；止該應徵廠租銀七百四兩六錢七分。

按：廠租銀兩，乾隆四十一年至四十六年批解府庫，支放滿營養贍鰥、寡、孤、獨、紅白事之需。自乾隆四十六年奉旨各省行伍賞恤兵丁紅白銀兩，以乾隆四十七年爲始，俱着正項支給。每年馬廠地租銀兩收解司庫。

學田

《縣冊》：新户濱河餘地，請於上憲，量收其租，向解府庫以佐銀川書院膏火。道光八年，知縣徐保字詳准學租歸入平羅書院。

鹺法

《條例》：

一、吉蘭泰鹽馱積磴口，每歲季春起運，季秋停運。運至河口鹽，定限三萬石，每石重七百觔，共計二千一百萬觔。

一、每引一道配鹽二百四十觔，共合引八萬七千五百道。

一、每引一道，正雜課銀七錢二分六厘七毫二絲五忽，共合課銀六萬三千五百八十八兩四錢三分八厘，入寧夏道庫收貯。寧夏道即加鹽法道，兼銜寧夏府經歷，加道庫大使銜，就近管理。

一、鹽商每名擎引一百二十道，共計七百二十九名零二十道引。每名課銀八十七兩二錢零七厘，共合課銀六萬三千五百七十三兩九錢零三毫，加餘引二十道該課銀一十四兩五錢三分四厘五毫，二項共合課銀六萬三千五百八十八兩四錢三分八厘。

一、每起自磴口起運該引六百七十四道，用船五十七隻，每船裝鹽四十石。

按：阿拉善呈懇代奏吉蘭泰鹽池歸充國賦，經欽使會同巡撫請於磴口添設運判鹽場，以專責成，旋於嘉慶十七年停止。姑採條例於次。

解款

《賦役全書》：應解原額地丁共銀四千四百七十三兩八錢四分二厘，每歲統計徵數，分上下忙，儘收儘解。

《縣冊》：應解原額廠租銀七百四兩六錢七分，每歲統計徵數，儘收儘解。應解營田租銀二兩五錢五分。應解驛站夫馬工料小建銀一二兩不等。應解倒馬皮臟銀四錢。

支款

《賦役全書》：

知縣一員，歲支俸銀四十五兩。門子二名，歲支工食銀一十二兩。庫子四名，歲支工食銀二十四兩。皂隸一十六名，歲支工食銀九十六兩。馬快八名，歲支工食銀一百三十四兩四錢。民壯二十八名，歲支工食銀一百六十八兩。禁卒八名,歲支工食銀四十八兩。轎扇傘夫七名,[13]歲支工食銀四十二兩。斗級四名,歲支工食銀二十四兩。

縣丞一員,歲支俸銀四十兩,門子一名,歲支工食銀六兩,皂隸四名,歲支工食銀二十四兩。馬夫一名,歲支工食銀六兩。

訓導一員,歲支俸銀四十兩。廩生二十名,歲支餼糧銀六十一兩九錢二分。齋夫三名,歲支工食銀三十六兩。膳夫二名,歲支工食銀一十三兩三錢三分三厘。門斗三名,歲支工食銀一十八兩。

主簿一員,歲支俸銀三十三兩一錢一分四厘。門子一名,歲支工食銀六兩。皂隸四名,歲支工食銀二十四兩。巡役二名,歲支工食銀一十二兩。馬夫一名,歲支工食銀六兩。

典史一員,歲支俸銀三十一兩五錢二分,門子一名,歲支工食銀六兩。皂隸四名,歲支工食銀二十四兩。馬夫一名,歲支工食銀六兩。

春秋祭祀歲支銀九十八兩二錢三分二厘。故兵半餉,歲支銀二百二十五兩六錢,向無定數。驛站夫馬工料歲支銀一百一十七兩一錢二分,向在地丁項下坐支。驛站外備歲支銀一十三兩七錢九分六厘。驛站倒馬歲支銀六兩四錢。監犯鹽、菜、燈油歲支銀五兩五錢九分五厘,監犯綿衣歲支銀四兩一錢六分,以上二條向無定數。

雜賦

《縣册》:磨,課銀四兩。煤,稅銀三兩二錢。牙,帖銀一兩一錢。四鄉畜稅,向無定數,儘收儘解。市口夷稅,向無定數,儘收儘解。田房契稅,向無定數,儘收儘解。

蠲免

《縣册》:

乾隆十四年,舊户一十四堡被旱,詔賑饑。

十五年,詔蠲免自元年至九年錢、糧。

十六年,詔蠲免自元年至十年錢、糧。

三十四年,本城堡被霜,詔蠲免錢、糧、草十分之四。

三十七年,北長渠等堡被水,詔蠲免錢、糧。

三十八年,西永固池等堡被水,詔蠲免錢糧。又奉免各堡過兵地方經徵銀糧草十分之三。

四十一年,尾閘等堡被霜,詔蠲緩銀、糧、草有差。

四十六年,李綱等堡被水,詔蠲緩銀、糧有差。

六十年,詔蠲免自五十五年至五十九年銀、糧、草束、廠租、渠工口糧。

嘉慶五年,詔蠲免乾隆六十年銀、糧、草束、廠租。

五年,李綱等堡被雹,詔緩徵。

七年,靈沙等堡被水,詔緩徵。

八年,通義等堡被水,詔緩徵。

九年,聚寶屯等堡被水,詔緩徵。

十年,西永固池等堡被水,詔緩徵。

十三年,詔賑饑。

十四年,詔蠲免自元年至十三年出借籽、口銀、糧。

十六年,詔蠲免各年民欠額徵錢、糧。

二十二年,通伏等堡被水,詔緩徵。

二十三年,渠陽等堡被雹,詔緩徵。又蠲免自元年至二十二年銀、糧、草束、廠租、渠工口糧。

二十四年,沿河等堡被水,詔緩徵。

二十五年,李綱等堡被水,詔蠲緩銀、糧、草有差。又奉恩詔賑災。

道光三年,內西河等堡被水,詔緩徵。

六年,徐合等堡被雹,詔緩徵。

七年,詔蠲正辦兵差錢、糧。又豁免嘉慶二十三年至道光五年銀、糧、草束、廠租。

按:平邑舊屬沙漠,前明立所隸衛,戶口漸增。本朝雍正中設新、寶、平三縣,後廢新、寶,歸於平。惟地居唐、惠渠之尾,沾溉難周,偏災時告,而徭賦不減,民常苦之。皇上軫念黔黎,屢予蠲賑,俾邊壤窮氓,咸歌樂利,蓋守土者與有同慶焉。

祠祭 崇祀、群祭、壇壝

崇祀

文廟。《縣册》:舊無,知縣馬瑗捐造。《府志》:①在縣治南。

大成殿五間,東西兩廡,戟門三間,省牲所三間,櫺星門三間,牌坊一座,泮池

---

① 參見《寧夏府志》卷六《建置·學校》。

在大門内。乾隆三年地震,六年重建。《永壽志》:①明初,釋奠祝文猶稱先師爲"文宣王",或稱"宣聖",以唐、宋、金、元國學俱立文宣王廟故也。《大清會典》:②暨各省、府、州、縣志書咸舉上一字,稱爲"文廟",蓋昉於宋元志乘,今從之。

崇聖祠。《學册》:在正殿東北。

關帝廟。《府志》:在城東南。[14]《縣册》:知縣沈上青捐修,嘉慶二十四年鳩工,道光四年工竣。廟藏古鐘,萬曆年鑄。《永壽志》:③俗稱關帝廟曰"武廟",誤于古武成王廟也。仍稱關帝廟,列崇祠之次。

文昌閣。《府志》:在城外東南。乾隆二十八年,生員龔弼等捐立。《縣册》:嘉慶六年奉旨崇祀。

群祭

名宦祠。《學册》:在學宫戟門内,祀明平虜參將蕭如薰。

鄉賢祠。《學册》:在學宫戟門内,祀明河南彰德府推官夏景華。

忠孝祠。《學册》:在學宫東。

節孝祠。《學册》:在學宫内。

城隍廟。《府志》:④在城東南。《縣册》:乾隆二十一年,知縣宋惟孜重修。

龍王廟。《府志》:⑤在永安門外。《縣册》:乾隆十八年,新渠縣水利通判劉文重修。按《朔方志》:⑥一在大水口,石崖有泉,一股從神座後往,[15]一股前流下山。一在拜寺口,廟前皆泉水,有塔二座,今廢。⑦

土地祠。《縣册》:在縣署大門内東。

馬神廟。《縣册》:在縣署大門内西。

壇壝⑧

風雲雷雨壇。《府志》:⑨在永安門外東。

---

① 參見《寧夏府志》卷六《建置·學校》。
② 參見《寧夏府志》卷六《建置·學校》。
③ 參見《寧夏府志》卷六《建置·學校》。
④ 參見《寧夏府志》卷六《建置·學校》。
⑤ 參見《寧夏府志》卷六《建置·學校》。
⑥ 參見《朔方新志》卷三《壇祠》。
⑦ 參見《朔方新志》卷三《壇祠》。
⑧ 參見《寧夏府志》卷六《廟壇·平羅縣》。
⑨ 參見《寧夏府志》卷六《廟壇·平羅縣》。

社稷山川壇。《府志》：①在永安門外東。
先農壇。《府志》：②在永安門外東北。
厲壇。《府志》：③在鎮遠門外北。

【校勘記】

［1］實際計算結果爲"二千一百一十五石一斗四升五合二勺"。
［2］實際計算結果爲"三百一十一石二斗四升三合四勺"。
［3］實際計算結果爲"六千三百四十四石七升八合四勺"。
［4］實際計算結果爲"一百一十七石一斗三升三合一勺"。
［5］實際計算結果爲"七十七兩八錢二分八厘"。
［6］實際計算結果爲"九錢五分"。
［7］實際計算結果爲"二萬一千七百八十五石三斗八升一合七勺"。
［8］實際計算結果爲"三萬三千二百一十二石九斗二升一合七勺"。
［9］四十年：《寧夏府志》卷七《田賦·賦額·平羅縣》作"三十九年"。
［10］實際計算結果爲"八百八十頃一畝三分三厘"。
［11］實際計算結果爲"三百九十八兩五錢八分六厘"。
［12］實際計算結果爲"七千六百二十五頃五十四畝二分"。
［13］轎扇傘夫：《平羅縣志》作"傘扇轎夫"。
［14］東南：《寧夏府志》卷六《建置·學校》作"正南"。
［15］"後"字原脱，據《朔方新志》卷三《壇祠》補。

---

① 參見《寧夏府志》卷六《廟壇·平羅縣》。
② 參見《寧夏府志》卷六《廟壇·平羅縣》。
③ 參見《寧夏府志》卷六《廟壇·平羅縣》。

平羅紀略卷六

歸安徐保字編輯

職官 知縣、縣丞、訓導、主簿、典史、參將、游擊、守備、千總、把總

知縣

《縣冊》：

馬瑗，乾隆三年任。

何世寵，富平縣人，乾隆四年、十三年任。

朱佐湯，臨汾縣人，乾隆六年任。

劉鶴鳴，定州人，乾隆七年任。

李于益，德州人，乾隆八年任。

羅緒，閬中縣人，乾隆八年任。

德敏，滿州人，乾隆九年任。

董淑英，文安縣人，乾隆十年任。

魯克寬，豐潤縣人，乾隆十五年任。

宋惟孜，漢軍人，乾隆十六年任。[1]

高拱辰，丹徒縣人，乾隆二十二年任。

郭昌泰，榆次縣人，乾隆二十二年任。

方張登，桐城縣人，乾隆二十四年任。

凌天佑，吳縣人，乾隆二十八年任。

蔣全迪，歙縣人，乾隆二十八年任。

楊瀛仙，石屏州人，乾隆三十二年任。

李鳴壎，睢州人，乾隆三十三年任。

程棟，湯陰人，乾隆三十五年任。

楊士模，吳縣人，乾隆四十一年任。

杜耕書，靜海縣人，乾隆四十一年任。[2]

邢士端，任邱縣人，乾隆四十六年任。

曾力行,固始縣人,乾隆四十七年任。
黃恩彝,源縣人,乾隆四十八年任。
陳熺,新興縣人,乾隆四十八年任。
王世治,仁壽縣人,乾隆四十九年任。
王錦,山陰縣人,乾隆五十五年任。
達楷,滿州人,乾隆五十六年任。
朱錦昌,海寧州人,乾隆五十七年任。
成順,滿州人,乾隆五十七年任。
汪鳴,江寧縣人,乾隆五十八年任。
李培榮,平定州人,乾隆五十八年任。
張炳,汲縣人,乾隆六十年任。
李棠蔭,蔚州人,嘉慶元年任。
趙質彬,新建縣人,嘉慶三年任。
鄧炳綱,無錫人,嘉慶六年任。
王楚堂,仁和縣人,嘉慶十年任。
國興,滿州人,嘉慶十四年任。
霍樹清,朝邑縣人,嘉慶十六年任。
許寧,臨桂縣人,嘉慶十七年任。
郭廷光,富順縣人,嘉慶十七年任。
黃廷紱,崇仁縣人,嘉慶十九年任。
沈上青,廣德州人,嘉慶二十年任。
張培,洪洞縣人,嘉慶二十五年任。
周慶雲,南豐縣人,道光三年任。
劉詩,鍾祥縣人,道光三年、七年任。
徐保字,歸安縣人,道光四年、八年任。
李于沆,海豐縣人,道光六年任。

縣丞

《縣册》:
冷嵩齡,上高縣人,乾隆十一年任。
熊承統,石城縣人,乾隆十六年任。
陳紱,上元縣人,乾隆二十五年任。
溫有容,石城縣人,乾隆二十九年任。

錢汝隨,嘉興縣人,乾隆三十四年任。
胡遂寧,上元縣人,乾隆三十九年任。
黃廷柱,震澤縣人,乾隆四十年任。
張力勤,湘潭縣人,乾隆四十一年任。
魏翼,柏鄉縣人,乾隆四十二年任。
馮士新,山陰縣人,乾隆四十五年任。
吳國治,錢塘縣人,乾隆四十六年任。
李崇,金鄉縣人,乾隆四十六年任。
許長炘,歙縣人,乾隆四十九年任。
徐銑,仁和縣人,乾隆五十二年任。
張國楠,萍鄉縣人,乾隆五十三年任。
鄭祖德,歸安縣人,乾隆五十七年任。
蔣錦,元和縣人,乾隆五十八年任。
長齡,漢軍人,乾隆五十九年任。
戴漋,元和縣人,嘉慶二年任。
張鰲,安仁縣人,嘉慶四年任。
顧達,如皋縣人,嘉慶六年任。
周佑,錢塘縣人,嘉慶六年任。
楊鼎,宛平縣人,嘉慶九年任。
諶懷忠,開州人,嘉慶九年任。
高鵬飛,長子縣人,嘉慶十三年任。
馮埔,絳州人,嘉慶十五年任。
沈爲芬,如皋縣人,嘉慶十五年任。
張興治,咸寧縣人,嘉慶十九年任。
王本奎,舒城縣人,嘉慶二十年任。
劉廷誥,南豐縣人,嘉慶二十一年任。
蕭國本,大興縣人,嘉慶二十四年任。
穆建增,長安縣人,嘉慶二十五年任。
茹仁祚,山陰縣人,嘉慶二十五年任。
何維新,江夏縣人,道光元年任。
楊淳,咸寧縣人,道光二年任。
何紹衣,仁和縣人,道光四年任。
王世琳,襃城縣人,道光四年任。

胡士模，順德縣人，道光五年任。
蕭映洪，貴溪縣人，道光七年任。
鄭湘，蕭山縣人，道光八年任。

訓導

《縣冊》：
南徽烈，乾隆五年任。
薛宏毅，乾隆六年任。
賈克昌，乾隆七年任。
焦象竑，會寧縣人，乾隆七年任。
馬天應，清水縣人，乾隆十四年任。
武成周，平利縣人，乾隆二十一年任。
馬重連，隴州人，乾隆二十八年任。
田維梅，綏德州人，乾隆三十一年任。
連進本，鎮安縣人，乾隆三十七任。
張科，鎮原縣人，乾隆四十三年任。
楊延慶，大荔縣人，乾隆四十四年任。
劉聯輝，城固縣人，乾隆五十七年任。
鄢玉山，城固縣人，嘉慶十二年任。
鄭尚德，莊浪縣人，嘉慶十二年任。
李邦華，澄城縣人，嘉慶十五年任。
劉鎮，高臺縣人，嘉慶十七年任。
藺元澤，敦煌縣人，嘉慶二十四年任。
楊懷斗，蒲城縣人，嘉慶二十四年任。
劉英鋒，清水縣人，道光四年任。
張鳶飛，葭州人，道光四年任。
盧嘉賓，漳縣人，道光五年任。

主簿

《縣冊》：
陳學浩，天長縣人，嘉慶十三年任。
張溥，江夏縣人，嘉慶十三年任。
韓元吉，郟縣人，嘉慶十六年任。

謝重恩,平遠縣人,嘉慶十九年任。
李步蟾,龍門縣人,嘉慶十九年任。
沈爲芬,如皋縣人,嘉慶十九年任。
謝錫書,臨桂縣人,嘉慶二十二年任。
石應祿,富平縣人,道光元年任。
周系芬,湘潭縣人,道光六年任。
李士淳,蔚州人,道光七年任。
李光連,閩縣人,道光八年任。

典史

《縣册》:
傅如舟,乾隆四年任。
唐植,武城縣人,乾隆十年任。
裘大綱,大興縣人,乾隆三十年任。
張函,安鄉縣人,乾隆三十五年任。
王鶴鳴,陽湖縣人,乾隆三十七年任。
朱鉞,宛平縣人,乾隆四十年任。
陳玉章,山陰縣人,乾隆四十七年任。
戴漌,元和縣人,乾隆五十年任。
劉傳經,興國州人,嘉慶九年任。
趙泰,山陰縣人,嘉慶十年任。
易藻,通州人,嘉慶十年任。
諸鳳丹,山陰縣人,嘉慶十一年任。
張照堂,濱州人,嘉慶十三年任。
吳楚喬,宜章縣人,嘉慶十四年、道光八年任。
白中俊,簡州人,嘉慶十九年任。
王仲潮,大興縣人,嘉慶十九年任。
汪力田,仙居縣人,道光七年任。

平羅營參將

明

《朔方志》:①

---

① 參見《朔方新志》卷二《北路平虜城》。

郤思忠，鎮人，嘉靖三十年任。題改"參將"始此。

周憲，碾伯人。

金輅，河州人。

何其昌，鎮人。

牛秉忠，延綏人。

崔廷威，肅州人。

魏棟，延綏人。

裴尚質，鎮番人。

祁棟，鞏昌人。

劉濟，鎮人。

陳琦，鎮人，萬曆九年任。

時爾直，山西人，十二年任。

梁文，大同人，十五年任。

錢禄，大同人，十八年任。

蕭如薰，延安人，[3]漢之孫，十九年任。首抗哱〔拜〕、劉〔東暘〕，克保孤城。惟其義在致身，是以目中無虜。在廷閣部臺省論剿逆功，標平虜爲第一。太史翼軒李公有《平虜傳》。

郭淮，榆林人，二十一年任。

麻承詔，大同人，二十二年任。被降虜召奈刺害。

吳顯，定邊人，二十二年任。

劉繼爵，後衛人，二十三年任。

鄧鳳，榆林人，二十四年任。

李經，榆林人，二十八年任。

武威，榆林人，三十年任。

王大璽，榆林人，三十三年任。

聶自新，大同人，三十七年任。

潘國振，涼州人，三十九年任。

馬允登，鎮人，四十一年任。

陳愚直，綏德人，四十五年任。

本朝

《中樞備覽》：①

---

① 中樞備覽：清朝各地官員檔案資料。

孫應舉，順治二年任。[4]
馮源淮，順治九年任。
蔡應科，順治十五年任。
龔澍，康熙九年任。
大必兔，康熙十三年任。
熊虎，康熙十四年任。
趙彝鼎，康熙十五年任。
金卿，[5]康熙十五年任。
王弼，康熙二十一年任。
崔耀，康熙二十三年任。
趙文實，康熙二十八年任。
陳焰，康熙三十四年任。
楊應鷥，康熙四十一年任。
王登朝，康熙四十五年任。
周廣，康熙四十九年任。
劉業溥，康熙五十年任。
董玉祥，康熙五十三年任。
金民安，康熙六十一年任。
張嘉翰，雍正四年任。
高雄，雍正六年任。
劉順，乾隆三年任。
朱濂，乾隆三年任。
李佐善，乾隆九年任。
馬乾，乾隆十三年任。
福昌，乾隆二十二年任。
左秀，乾隆二十四年任。
福連，乾隆二十五年任。
阿林達，乾隆三十二年任。
姚元奮，乾隆三十五年任。
四十九，乾隆三十八年任。
珠隆阿，乾隆四十一年任。
忠祿，乾隆五十一年任。
九十，乾隆五十九年任。

和保,嘉慶十年任。

札坤珠,嘉慶二十二年任。

張國相,道光二年任。

金和,道光七年任。

張作友,道光八年任。

守備

明

《朔方志》:①

楊英,正德五年任。

史經,鎮人,由武舉。

劉恩。

羅賢。②

孫吉,嘉靖九年任,總制尚書王瓊奏革之。

呂仲良,鎮人,十四年巡撫都御史張文魁奏復。

楊時。③

韓欽。④

蕭漢,延安人。

孫賢,鎮人。

鄭獻,江東人。[6]

吉人,岷州人。

張德,鎮人。

本朝

《中樞備覽》:

董璽,乾隆三年任。

張建元,乾隆五年任。

孫大臣,乾隆十三年任。

李成玉,乾隆十六年任。

蔣成,乾隆二十九年任。

---

① 參見《朔方新志》卷二《北路平虜城》。
② 《〔嘉靖〕寧志》卷一《寧夏總鎮·北路平虜城·宦迹》載,羅賢爲寧夏前衛指揮。
③ 《〔嘉靖〕寧志》卷一《寧夏總鎮·北路平虜城·宦迹》載,楊時爲寧夏左屯衛指揮。
④ 《〔嘉靖〕寧志》卷一《寧夏總鎮·北路平虜城·宦迹》載,韓欽爲寧夏衛指揮。

張煥,乾隆三十四年任。
常禄,乾隆四十一年任。
富珠隆,乾隆五十年任。
馬俊,乾隆五十九年任。
劉國琳,嘉慶十年任。
福敏布,嘉慶十四年任。
蔣士榮,道光四年任。

千總

本朝

《中樞備覽》：

李源銘、馬天仁、韓鵬飛、葉佩、李良國、牛文魁、王忠、音大鵬、王玉汝。

把總

本朝

《中樞備覽》：

王大鵬、蘇子元、馬國梁、馬龍、楊文魁、賀官、謝林、蔣國正。以上平羅城。
劉隆、夏國傑、侯德勝、劉世智、周鏈、張烈。以上威鎮堡。
李含芬、王偉、趙世臣、周興、朱果、張世雄。以上李綱堡。
張烈、趙正。以上石嘴子。

洪廣營游擊

明

《朔方志》：①

劉芳聲,綏德人,萬曆三十三年任。巡撫黃嘉善題設"游擊"始此。
文應奎,榆林人。
楊愈懋,潼關人。
辛志德,大同人,四十一年任。

本朝

《中樞備覽》：

佟養松,順治二年任。

---

① 參見《朔方新志》卷二《北路洪廣營游擊》。

沈世芳,順治四年任。
馬烜,順治六年任。
石仲玉,[7]順治十年任。
王民豫,順治十四年任。
羅景芳,順治十八年任。
潘成,康熙七年任。
盧奇昌,康熙十二年任。
彭乾,康熙十六年任。
鈕維政,康熙十九年任。
吳爾躬,康熙二十二年任。
莊超,康熙三十年任。
鄧茂公,康熙三十五年任。
鄭明,康熙四十二年任。
蕭國英,康熙四十五年任。
馬維品,康熙四十九年任。
馬良才,康熙五十三年任。
丁廣,康熙五十六年任。
江文湛,雍正六年任。
張明聰,雍正十年任。
吳泰岳,雍正十年任。
賀景,乾隆九年任。
石鳳友,乾隆十六年任。[8]
阿三泰,乾隆十九年任。
觀榮,乾隆二十八年任。
張雯,乾隆三十四年任。
王世照,[9]乾隆四十年任。[10]
七十四,乾隆四十三年任。[11]
朱爾素,乾隆四十七年任。
樊琠,乾隆五十七年任。
朱廷舉,嘉慶十年任。
劉發恒,嘉慶十九年任。
王元。
高聯陞。

守備

本朝

《中樞備覽》：

黃輔時，乾隆七年任。

王玉先，乾隆十七年任。

常玉賓，乾隆十九年任。

馬明，乾隆二十一年任。

觀音保，乾隆三十二年任。

朱洪德，乾隆四十一年任。

薛良輔，乾隆四十四年任。

蘇士懌，乾隆四十五年任。

李芳，乾隆五十三年任。

朱得祥，乾隆六十年任。

朱增泰，嘉慶十年任。

德寧，嘉慶十六年任。

臺禄，嘉慶十七年任。

色楞額，道光元年任。

何椿，道光八年任。

把總

本朝

《中樞備覽》：

王其祥、王致和、朱培、馬廷傑、韓學、劉廷棟、楊棟、惠英、王耿、鄭萬金。以上左哨。

高瑞、怡如俊、黃朝相、章希珍、田得、童星武、岳玉良、王興科。以上右哨。

劉秉忠、苗林、張瑾章、劉若椿、田伏龍、徐經、王建瑞、胡國安。以上鎮朔堡。

按：秦、漢置縣令，副以丞、尉。晋有主簿、録事史。唐、宋縣曰令、長，前明直稱知縣，尉曰典史，國朝因之。平邑回、漢雜處，三渠水利民命係焉，此不獨令、長之貴得人也。而地當邊隅，則營員尤重。查新、寶、平三縣並設，兼駐通判。地震册籍盡埋，舊官姓名失考，今就乾隆三年以後者悉登之，其前皆闕疑，鹽運等官亦奉裁不録。

武衛 營俸、兵制、糧餉、馬政、軍器、圍場、塘汛、邊功、恤典

營俸

《府志》：

平羅營參將一員，月支俸薪、紙、燭銀二十兩二錢七分八厘三毫三絲三忽，養廉糧二十分，馬十，步十。坐馬八匹。守備一員，月支俸薪、紙、燭銀七兩五錢五分八厘八毫三絲三忽，養廉糧十分，馬四，步六。坐馬四匹。千總一員，月支俸薪、紙、燭銀四兩，養廉糧五分，馬二，步三。坐馬二匹。把總三員，每員月支俸薪銀三兩，養廉糧四分，馬二，步二。坐馬二匹。外委三員，每員除本身馬糧外，養廉步糧一分。

洪廣營游擊一員，月支俸薪、紙、燭銀一十九兩二錢七分八厘三毫三絲三忽，養廉糧十五分，馬九，步六。坐馬六匹。守備一員，月支俸薪、紙、燭銀七兩五錢五分八厘八毫三絲三忽，養廉糧十分，馬四，步六。坐馬四匹。把總四員，每員月支俸薪銀三兩，養廉糧四分，馬二，步二。坐馬二匹。外委四員，每員除本身馬糧外、養廉步糧一分。

兵制

《營册》：[①]

平羅營原額馬、步、守兵七百六名。乾隆三十四年起至四十九年止，撥添兵三十三名，共馬、步、守兵七百三十九名。乾隆二十一年起至今止，裁撥兵二百六十三名，實存營馬、步、守兵四百七十六名，內馬戰兵一百三十九名，步戰兵六十九名，守兵一百一十八名，內派威鎮堡守兵八十名，李綱堡守兵七十名。

洪廣營原額馬、步、守兵七百八名。乾隆三十四年起至道光三年止，撥添兵五十名，共馬、步、守兵七百五十八名。乾隆三十四年起至道光三年止，裁撥馬、步、守兵二百五十六名，實存營馬、步、守兵五百二名，內馬戰兵一百二十二名，步戰兵三十八名，守兵三百四十二名，內派鎮朔堡守兵九十七名、鎮北堡守兵九十三名。

石嘴子營於嘉慶十五年各營裁撥馬、步兵五十名，內馬戰兵九名，步戰兵四十一名。

[①] 營册：平羅縣軍事檔案資料。

粮餉

《營册》：

平羅營馬戰兵一百三十九名，歲餉銀二千二百二十四兩，粮一千一百一十二石；步戰兵六十九名，歲餉銀八百二十八兩，粮四百一十四石；守兵一百一十八名，歲餉銀九百四十四兩，粮四百七十二石。威鎮堡守兵八十名，歲餉銀六百四十兩，粮三百二十石。李綱堡守兵七十名，歲餉銀五百六十兩，粮二百八十石。以上共兵餉五千一百九十六兩，兵粮二千五百九十八石。

洪廣營馬戰兵一百二十二名，歲餉銀一千九百五十二兩，粮九百七十六石。步戰兵三十八名，歲餉銀四百五十六兩，粮二百二十八石。守兵一百五十二名，歲餉銀一千二百一十六兩，粮六百八石。鎮朔堡守兵九十七名，歲餉銀七百七十六兩，粮三百八十八石。鎮北堡守兵九十三名，歲餉銀七百四十四兩，粮三百七十二石。以上共兵餉五千一百四十四兩，兵粮二千五百七十二石。

石嘴子營馬戰兵九名，歲餉銀一百四十四兩，粮七十二石。步戰兵四十一名，歲餉銀四百九十二兩，粮二百四十六石。以上共兵餉六百三十六兩，兵粮三百一十八石。

馬政

《營册》：

平羅營馬一百三十九匹，歲支馬乾銀四百一十七兩，料七百五十石六斗，小草二萬一千束。

洪廣營馬一百二十二匹，歲支馬乾銀三百六十六兩，料四百八十二石四斗，小草二萬束。

石嘴子營馬九匹，歲支馬乾銀二十七兩，料四十八石六斗，小草一千二百束。

軍器

《府志》：[1]

平羅營軍器局在守備署内，火藥局在縣城東北。

洪廣營軍器局在守備署内，火藥局在堡西北。

威鎮堡火藥局在堡内。

李綱堡火藥局在堡内。

---

[1] 參見《寧夏府志》卷五《建置·公署》。

《營册》：

平羅營原額威遠炮六位，每位重七十二觔，長一尺七寸；子母炮二位，每位重四十五觔，長四尺二寸；劈山炮五位，每位重四十二觔，長四尺五寸；鳥鎗三百杆，弓二百五十張，長矛五十三杆，腰刀五百一十把，藤牌八面，牌刀八把。城門設列木牌一面，木棍二根，長靶刀二把，蘇靶杆二根，鐵鐃鈎二杆。

洪廣營原額威遠炮六位，每位觔重不等，長二尺有奇；子母炮三位，每位觔重不等，長四尺九寸；子炮十五個，每個重五觔，長七寸五分。鳥鎗手二百九十一名，弓箭手一百六十名，長矛手四十九名。城門設列虎頭牌一面，大小鐃鈎各一對，四楞棍一對，片刀一對，尖矛一對，巡環旗二面。

圍場

平羅營教場

《府志》：①在城南。

按《營册》：平羅營原額東教場，南北長一百四丈五尺，東西長八十七丈。今設在城南，南北長一百五十丈，東西長八十丈，演武廳三間，退廳三間，厢房六間，厨房二間，旗臺一座，照墙一座。

洪廣營教場

《府志》：②在堡西南。

按《營册》：洪廣營原設教場，東西長一百二十五丈，南北寬八十五丈，坐落西南。道光元年，建修演武廳一座，計房二十一間，旂臺一座，照墙一座。

威鎮堡教場

《府志》：③在堡西南。

李綱堡教場

《府志》：④在堡西南。

塘汛

平羅營汛九處。《府志》：⑤石嘴子口、鎮遠關口、紅口子、王玘口、打磴口、棗兒口、鎮北關、韭菜口、歸德口。

---

① 參見《寧夏府志》卷五《建置·公署》。
② 參見《寧夏府志》卷五《建置·公署》。
③ 參見《寧夏府志》卷五《建置·公署》。
④ 參見《寧夏府志》卷五《建置·公署》。
⑤ 參見《寧夏府志》卷十一《職官·營汛·賀蘭山口邊汛》。

洪廣營汛十九處。《府志》：①大風口、小風口、安定口、汝箕口、小水口、大水口、逃軍口、西番口、白塔口、新開口、賀蘭口、宿嵬口、拜寺口、鎮北口、水吉口、黄峽口、大塔峽口、小塔峽口、大滚鐘口。

平羅營墩十五處。《府志》：②虎尾渠墩、雙渠墩、定遠墩、王奉閘墩、白沙岡墩、田州塔墩、界牌墩、卞家岡墩、振武墩、烏谷墩、四十里店墩、小新渠墩、瓦子岡墩、保安墩、德勝墩。

洪廣營墩十九處。《府志》：③黑埂墩、寧遠墩、羅歌墩、尖塔墩、雷家岡墩、中埂墩、新興墩、周胡疃莊墩、王千户橋墩、靖羅墩、舊常沙窩墩、新常沙窩墩、高家閘墩、甜水井墩、平湖堡墩、夏古墩、馬鞍橋墩、鹽池灣墩、北沙城墩。

邊功

《明史·杜同傳》：杜同，[12]字來儀，昆山人，鎮寧夏。著力兔、宰僧入犯，逆戰水塘溝，俘斬百二十，寇益糾諸部連犯平虜，桐督諸將馬孔英、鄧鳳、蕭如薰等連破之。

《明史·麻貴傳》：④麻貴，大同人。寧夏哱拜反，廷議貴健將知兵，起戍中爲總兵討賊。五月，哱拜以套寇五百騎圍平虜堡，貴選精兵三百間道馳却之，率游兵主策應。哱拜自北門出戰，將往勾套部。貴逐之入城，別遣將馬孔英、麻承詔等擊套寇援兵，俘斬二百人。[13]

《明史·李如柏傳》：⑤如柏字子貞，成梁第二子。萬曆年出爲貴州總兵官，後改鎮寧夏。著力兔犯平虜，如柏邀之大獲，斬首二百七十有奇。進右都督。

《明史·王效傳》：⑥王效，延綏人，充總兵官，代周尚文鎮寧夏。吉囊犯鎮遠關，效與梁震敗之柳門，追北蜂窩山，蹙溺之河，斬首百四十有奇。尋以清水營功進右都督。寇犯寧夏，效伏打磴口，横擊之，而防河卒復以戰艘邀斬奔渡者。捷聞，進左都督。卒，謚"武襄"。

《朔方志》：⑦

弘治十一年，總制王越率兵出賀蘭山後，至蒲草溝虜巢，斬首四十餘級，獲牛、馬、羊、器仗甚衆。

---

① 參見《寧夏府志》卷十一《職官·營汛·賀蘭山口邊汛》。
② 參見《寧夏府志》卷十一《職官·營汛·內地塘汛》。
③ 參見《寧夏府志》卷十一《職官·營汛·內地塘汛》。
④ 參見《明史》卷二三八《麻貴傳》。
⑤ 參見《明史》卷二三一《李如柏傳》。
⑥ 參見《明史》卷二一一《王效傳》。
⑦ 參見《朔方新志》卷二《俘捷》。

嘉靖十八年，虜據打磴口爲巢，數犯平虜城，妨人耕牧。總兵任傑率兵擊之，斬首四十餘級，大獲牛、馬、夷器以歸，平虜境遂寧。

四十年，總兵趙應破套虜於省嵬口，抗敵對戰，斬首四十三級。

隆慶二年，北虜聚衆犯鎮，總督王崇古檄總兵雷龍大破於歸德口，斬首三十三。[14]

萬曆二十年，哱黨土文秀巡北路，參將蕭如薰得士心，誓死守。妻楊氏簪珥饗士，士益感奮。賊環攻三往，皆大挫衄。

二十三年正月，北虜入犯平虜，總兵解一清督參將吳顯至平湖墩，斬首一百一十。

四十年，巡撫崔景榮檄平虜參將潘國振偵報虜住邊外，[15]先事戒嚴。總兵姚國忠同副總兵王宣馳至平虜，虜果竊入，國忠等統兵出剿，至沙山老灣，斬首一百七十七。

崇禎十四年正月，套虜哈兒札糾連山丹包六等酋入犯平虜地方，總兵官撫民預謀已定，提兵臨陣，斬獲名酋哈兒札、井臺吉、恰强，首級八十一，名王授首，虜衆畏徙，不敢譁。

恤典

平羅營

《營册》：

征金川，乾隆十三年續次陣亡兵丁恤典六名：楊永春、馮熙師、樊自玉、楊永、劉成、張連。

征庫車、葉爾羌，自乾隆二十二年起，至二十八年止，續次陣亡以及病故兵丁恤典五十八名：朱占其、許偉、姚天保、姚開功、莫其龍、王恪、李谷章、孫國保、周智、李位、高尚道、寧翠、曹大發、康玉達、陸士榮、敖海、王希孟、閻禮、方奉、鄭宜、殷愛、余榜、孟登魁、方恒、楊明、何章煥、談天奎、李瑾、王尚德、李應龍、王文華、徐文、宋國保、彭九學、李致遠、祁玉、張九思、高尚爵、劉漢、王翹、朱色正、張文魁、姚天才、張得、張元、劉信、胡升、王國謨、吳存德、吳奎、黃得、張士瑾、楊佩、王之漢、張伏、靳成德、孫進有、張洪謨。

征葉爾羌功列超等，自乾隆二十二年起，至二十八年止，續次恤賞兵丁十七名：賀大興、劉志學、曹秉鈞、鄭朝柱、曹師孟、李國保、李位、閻圮、賈賢、王文華、馬連、宋國保、龔希孔、艾人芝、閻崇基、沙要、包天禄。

征金川，自乾隆三十七年起，至四十一年止，續次陣亡以及病故兵丁恤典四十名：任煥、潘貴、王良必、師占敖、王榮、李占奎、張沛、范鉞、孫光前、王愷、趙谷彥、裴進忠、許仲奎、李友唐、席尚志、李光前、莫其林、洪殿元、王進才、柴昇、方學成、閻文鳳、閻騰鳳、任聰、陳進忠、李懷、戴文才、姚得、胡宗、劉士傑、李義、殷舉、高尚賢、王仲舉、胡守元、孫柱、張占奎、王元、周奉、劉浩。

征金川,自乾隆三十七年起,至四十一年止,續次功列超等恤賞兵丁十七名:劉成、宋之宗、張廷棟、劉貴、李發祥、趙積善、張書任、王佃元、宋得成、沙亮、馬定魁、賈元德、夏守忠、宋相連、張積寬、任寬、方大貴。征撒拉附。

征川楚,自嘉慶元年起,至九年止,續次陣亡以及病故兵丁恤典九十八名:楊得、方成業、郭昇、曹喜、張廷得、王金文、劉印、高履忠、姚得、郭永泰、趙如靈、強美德、王守業、蕭伏奎、張忠、賈玉文、趙良玉、任福、成齊明、閻進蘭、許邦玉、杜金奉、閻貴、田生蘭、劉本玉、楊安國、李天爵、朱法德、徐開緒、趙登瀛、許爾齡、馮大信、閻天位、蘇學禮、李志、許秉第、李文庫、李玉、李得、周奉靈、王貴、李佳榕、馬伏國、江魁元、賈贊滕、李禄、李美、田登科、許玠、何一德、卜萬庫、江生椿、李志、王登雲、許集賢、王自得、曹進奎、閻三得、楊芝、楊定國、郭永安、王珍、宋元輔、李兆洪、宋元德、江從岱、陳震威、石榮、王澤禄、楊治國、冒三位、郭昇、王元、張義、王發、夏發奎、許殿元、張澍、閻愛周、龔庫、閻喜、賈贊雲、龔希貴、賈玉、趙殿元、張克諧、孫貴、沙斌、閻亨、龔龍、沈明、徐秉策、李文魁、彭士考、閻玉、郝喜、楊德、楊芳枝。

洪廣營

《營冊》:

征金川,乾隆十三年續次陣亡兵丁恤典五名:王紹先、黃信、殷自新、江文舉、黃受。

征庫車、葉爾羌,自乾隆二十二年起,至二十八年止,續次陣亡以及病故兵丁恤典四十三名:王元勳、朱谷佑、姚自立、吳進功、吳登賢、徐瑾、李樞、王得、趙月、王連、楊文煥、馬平國、劉沛、趙文元、常學宜、楊訓、陳有德、鳳佃奎、朱谷才、劉景文、鄒河、馬禮、黃宗瀚、郭維泰、歐登元、唐仁、陳頂越、黃如、張瑞、邵有玉、鄒起孟、盛治、陳見、陸佩、張宗、郭美、席自珠、盛大順、芮仁、李茂、李文善、鄭九詩、祁玉。

征金川,自乾隆三十七年起,至四十一年止,續次陣亡以及病故兵丁恤典三十名:蕭宗河、張吉勝、張芝、李柱、周吉斌、楊茂、李大定、邵鐸、李檀、錢玉、李源、王惠、葉葵、馬廷保、王建極、周推、靳寬、邱自能、王國政、郭大志、張述懷、秦鐸、王朝棟、黃天保、年大禄、周雄、朱元庸、周英、李巍、李卓。

征金川,功列超等恤賞兵丁四名:石翠生、張禄、楊文榮、殷舉。

征川楚,自嘉慶元年起,至九年止,續次陣亡以及病故兵丁恤典八十二名:賈聯壁、魏朝興、包振國、楊沛、孫悅、李忠、楊順、邵欽、蒲士英、王安、甘城、劉得、崔友、邢萬庫、毛復玉、毛自得、苗芸、任得勝、王國平、田成有、苗維珍、周復興、汪伏祥、王全、李廷秀、洪茂、童蘭秀、蔡著、顧成、孫紹元、盛仲祥、周朝殿、梁存伏、張談、汪梅、楊翰、馬成學、鄧銀、喬成思、王殿元、陳殿魁、李國有、冒德、徐恩祿、吳偉、王大國、苗永泰、胡紹傑、楊清、王成、李卓、何連、周克簡、汪登奎、王錫功、蔣大科、李伏、趙岐奉、陳貴、王金、朱希貴、史保、李登奎、張寬、劉發科、馬占敖、張德、朱倫、燕柱、張鉞、劉得、李伏保、閆貴、楊如柏、楊相、毛自順、陳自立、郭印、常泰、季登、劉萬金、楊桂。

按：前明《朔方志》：①平、洪二營堡兵三千一百有奇，[16]馬一千七百餘匹。② 末季，虜寇犯邊，荷戈之士不得解甲。國朝撫輯藩夷，與民休息，營兵各數百而已。因綴《兵制》《粮馬》《營地》《器械》各條爲《武衛紀略》，而以《恤典》終之，振邊聲而作士氣所關，夫豈鮮哉！

選舉　進士、舉人、貢生、武進士、武舉人、吏員、行伍、蔭階

進士

明

《縣冊》：

楊經，嘉靖丙戌科，③官直隸大名府推官。

本朝

《縣冊》：

楊魁甲，康熙辛丑科，④翰林院庶吉士，官山西吉州知州。[17]

俞德淵，嘉慶丁丑科，⑤翰林院庶吉士，官江蘇知府。

舉人

明

《縣冊》：

夏景芳，成化戊子科。⑥

---

① 指羅鳳翱萬曆七年(1579)編撰的《朔方志》。
② 《朔方新志》卷二《内治·兵馬》載："平虜營八百六十八：軍者四百五十二、家丁馬四百一十六。威鎮堡：馬六十七。李綱堡：馬一百二十九。金貴鎮：馬一百有二。洪廣營八百六十八：軍者一百七十七，家丁馬二百五十九。鎮朔堡：馬百有九。鎮北堡：馬七十九"以上合計一千七百二十三。
③ 丙戌：明嘉靖五年(1526)。
④ 辛丑：清康熙六十年(1721)。
⑤ 丁丑：清嘉慶二十二年(1817)。
⑥ 戊子：成化四年(1468)。

夏景華,成化甲午科,[1]官河南彰德府推官。
本朝
《縣册》:
楊先甲,順治庚子科。[18]
俞登瀛,乾隆丁酉科,[2]官神木縣教諭。
呂雲慶,乾隆庚子科,[3]官碾伯縣訓導。

貢生

本朝
《縣册》:
恩貢:顧琬、王法舜、楊楷、秦禹海、張世英、高舉、孫爾發、朱訓、王士彥、王勳、張琪、張篁、樊淇。以上俱未仕。
拔貢:張朝相、田樹本。以上均未仕。
副榜:侯占魁,官鎮遠縣訓導;呂雲鵬;武元輔。以上俱未仕。
歲貢:張楷,官洋縣教諭。李維新,官邠州訓導。柴璉。未仕。劉三畏,官寧遠縣訓導。史繼經,官洵陽縣訓導。朱汲滄,官河州訓導。汪文煥,官華陰縣訓導。姜繡、張創業。以上俱未仕。
王元功,官延川縣訓導。許涵略、朱占元。[19]以上俱未仕。
潘宗元,官慶陽府訓導。趙良臣、朱衣、王道行、王廷瑞、楊謨、朱占鰲、聞述、韓廷玉、徐鶴鵬、王言倫、司廷秀。以上俱未仕。
朱適炁,官清澗縣訓導。呂雲錦,官耀州訓導。呂雲鶴、王昇、馬配、[20]孫緞、高維嶽、李養適、徐飛雲。以上俱未仕。
唐方伸,官孝義訓導。宋希庠、吳起鳳、樊漢、張法瑤、岳鍾仙、王業、曹鳴盛、呂中孚、張儒。以上俱未仕。
廩貢:王振英、宋希玉、陳玉前、田琮、王瀚、吳起鶴、龔若蘭。以上俱未仕。

武進士

《縣册》:
夏琳,康熙丁丑科,[4]官武昌府參將。

---

① 甲午:成化十年(1474)。
② 丁酉:乾隆四十二年(1777)。
③ 庚子:乾隆四十五年(1780)。
④ 丁丑:康熙三十六年(1697)。

白良壁,雍正甲辰科,①官洛陽參將。

許忠朝,乾隆丙辰科,②官侍衛。

武舉人

《縣册》:

夏景雲,康熙己卯科,③官涿州參將。李連榜,康熙己酉科。④ 李仙芝,康熙戊子科。⑤ 劉儼,康熙戊子科。王希伏,康熙癸巳科。⑥ 以上俱未仕。賈崇爵,雍正丙午科,⑦官漢中千總。江繩宗,雍正乙酉科,官永州游擊。鄭量,雍正壬子科。⑧ 葉潤生,雍正壬子科。閆威鳳,[21]雍正乙卯科。⑨ 王恕,雍正乙卯科。周國柱,雍正乙卯科。許天香,[22]乾隆丙辰科。⑩ 楊夢龍,乾隆丙辰科。蔣魁龍,乾隆戊午科。⑪ 許緯武,[23]乾隆辛酉科。⑫ 陸炳,乾隆辛酉科。夏國傑,[24]乾隆甲子科。⑬ 夏雲慶,乾隆甲子科。吕兆元,乾隆丁卯科。田登科,乾隆丁卯科。燕聖寵,乾隆庚午科。⑮ 李懷宗,乾隆庚午科。胡宗器,[25]乾隆己卯科。⑯ 江從元,乾隆己卯科。陳王佐,[26]乾隆壬午科。⑰ 張烈,乾隆己亥科。⑱ 胡宗玉,乾隆辛丑科。⑲ 馬配前,乾隆甲辰科。⑳ 田珍,乾隆戊申科。㉑ 田甲乙,[27]乾隆己酉科。㉒

---

① 甲辰:清雍正二年(1724)。
② 丙辰:乾隆元年(1736)。
③ 己卯:康熙三十八年(1699)。
④ 己酉:康熙八年(1669)。
⑤ 戊子:康熙四十七年(1708)。
⑥ 癸巳:康熙五十二年(1713)。
⑦ 丙午:雍正四年(1726)。
⑧ 壬子:雍正十年(1732)。
⑨ 乙卯:雍正十三年(1735)。
⑩ 丙辰:乾隆元年(1736)。
⑪ 戊午:乾隆三年(1738)。
⑫ 辛酉:乾隆六年(1741)。
⑬ 甲子:乾隆九年(1744)。
⑭ 丁卯:乾隆十二年(1747)。
⑮ 庚午:乾隆十五年(1750)。
⑯ 己卯:乾隆二十四年(1759)。
⑰ 壬午:乾隆二十七年(1762)。
⑱ 己亥:乾隆四十四年(1779)。
⑲ 辛丑:乾隆四十五年(1781)。
⑳ 甲辰:乾隆四十九年(1784)。
㉑ 戊申:乾隆五十三年(1788)。
㉒ 己酉:乾隆五十四年(1789)。

吴殿魁,乾隆壬子科。① 李發先,[28]乾隆甲寅科。② 呼萬年,嘉慶丁卯科。③ 洪景命,嘉慶丁卯科。吴雲封,嘉慶戊辰科。④ 以上俱未仕。

馬兆熊,嘉慶戊辰科,官玉泉營把總。

王興科,嘉慶戊辰科,官洪廣營把總。

張廷弼,嘉慶癸酉科。⑤ 魏式連,嘉慶己卯科。⑥ 石國璽,道光辛巳科。⑦ 以上俱未仕。

吏員

《縣册》:

王明倫,議叙未入流。塔爾巴哈臺換防。未仕。

張積重,議叙未入流。未仕。

畢玉,官浙江巡檢。

閻綏周,官雲南典史。

姚恒足,官廣東巡檢。

來燕祥,官江蘇照磨。

吕炳,官山東典史。

白應龍,官陝西典史。以上俱烏什換防。

黄印,官福建巡檢。由伊犁議叙。

羅洪基,官山東司獄。

蔣槐,官河南典史。

張揚武,官湖北司獄。

樊玉田,官廣東巡檢。以上俱阿克蘇換防。

行伍

《營册》:

楊龍,官陝西參將。

白大仲,官湖南參將。

---

① 壬子:乾隆五十七年(1792)。
② 甲寅:乾隆五十九年(1794)。
③ 丁卯:嘉慶十二年(1807)。
④ 戊辰:嘉慶十三年(1808)。
⑤ 癸酉:嘉慶十八年(1813)。
⑥ 己卯:嘉慶二十四年(1819)。
⑦ 辛巳:清道光元年(1821)。

彭受康，官固原守備。
夏國傑，官寧夏千總。
張廷棟，官甘州千總。
江大宗，官靈州千總。
賀官，官寧夏千總。
柴有貴，官紅寺把總。
成從周，官興武把總。
王傑，官寧夏把總。
高履和，官寧陝把總。
徐肇緒，官大壩把總。
王建瑞，官鎮朔把總。
張烈，官涼州把總。
白坤，官寧夏把總。

張積粹、趙永寧、宋相連、張積修、宋元成、曹秀、周成德、吳振聲、高槃、張玉蘭、張克宗、朱桐、周美、孟德、趙光華、馬奉君、鄭朝柱、江從美、張克基、成述周、王瀚、郭儀、劉浩、賈永昌、田肇德、徐邦貴、張毓俊、王興第、白葵、李仁、佘攀柱、陸安邦、黃林、張世登、王良貴、白大忠、鄒夢華、魏學孔、岳漢卿、王懿、麻昌、李霏、高攀桂、楊征、楊文瀚、李霈、魏學曾、毛自得、魏述連、蒲士英、魏承連、韓仲奎、魏大俊。以上俱官外委。

蔭階

《縣册》：

鄒思聰，以祖夢華金川陣亡，承襲恩騎尉。
劉喜，以祖彩金川陣亡，承襲恩騎尉。
劉仲元，以祖世禧金川陣亡，承襲恩騎尉。
吳學樞，以父殿魁川楚病故，承蔭監生。
趙蘭，以父永寧川楚病故，承蔭監生。
田喜寶，以父得川楚病故，承蔭監生。
胡良佐，以父英川楚陣亡，承襲雲騎尉。
張志儒，以祖積功金川陣亡，承襲恩騎尉。

按：平邑古朔方用兵之地，以文學登科目者甚鮮，而武科較盛，今並著於首。吏員始前明，即漢法試吏遺意，寸組斗粟亦登進之一門也。行伍爲武職正途，蔭襲以效力得官，皆選舉之充類，故悉錄於編。

【校勘記】

［1］十六年：《寧夏府志》卷九《職官·姓氏·平羅縣知縣》作"十五年"。

［2］四十一年：《寧夏府志》卷九《職官·姓氏·平羅縣知縣》作"四十二年"。

［3］延安：原作"延綏"，據《朔方新志》卷二《北路平虜城》《明史》卷二三九《蕭如薰傳》改。

［4］《清世祖實錄》卷十七載："順治二年(1645)六月壬子，將才孫應舉爲游擊，管寧夏平羅副將事。"

［5］金卿：《寧夏府志》卷十《皇清武職歷任姓氏·平羅營參將》作"金鄉"，《〔乾隆〕甘志》卷二九《皇清武職官制》作"全卿"。

［6］江東：《朔方新志》卷二《北路平虜城》作"東江"。

［7］石仲玉：《〔康熙〕陝志》卷十七《職官》作"石中玉"。

［8］十六：《寧夏府志》卷十《洪廣營游擊》作"十五"。

［9］世：《寧夏府志》卷十《洪廣營游擊》作"士"。

［10］四十：《寧夏府志》卷十《洪廣營游擊》作"四十一"。

［11］四十三：《寧夏府志》卷十《洪廣營游擊》作"四十二"。

［12］桐：原作"同"，據《明史》卷二三九《杜桐傳》改。

［13］二百：《寧夏府志》卷十二《宦迹·明》作"一百二十"。

［14］三十三：《朔方新志》卷二《俘捷》作"三十六"。

［15］檄：本作"系"，據《朔方新志》卷二《俘捷》改。

［16］三千一百有奇：《朔方新志》卷二《内治·兵馬》載："北路平虜營：旗軍六百四十二，家丁五百一十三，備御軍二百三十二。威鎮堡：軍丁一百五十七。李綱堡：軍丁二百八十四。金貴堡：軍丁二百有九。洪廣營：旗軍三百，家丁五百二十，備二百二十。鎮朔堡：軍丁二百有七。鎮北堡：軍丁一百六十一。"以上合計三千五百零八。

［17］山西吉州：《平羅縣志》作"陝西直隸吉州"。

［18］庚子：清順治十七年(1660)。原作"順治庚午"。順治年間無庚午干支，據乾隆《寧夏府志》卷十四《人物·科貢·舉人》改。

［19］朱占元：《寧夏府志》卷十四《人物·科貢·貢生》作"朱占光"。

［20］馬配：《平羅縣志》作"馬佩"。

［21］據《寧夏府志》卷十四《人物·科貢》，閆威鳳及其下王恕、周國柱爲中衛人，此爲抄誤。

［22］許天香：《寧夏府志》卷十四《人物·科貢》作"徐天香"。

［23］許緯武：《寧夏府志》卷十四《人物·科貢》作"許繩武"。

［24］據《寧夏府志》卷十四《人物·科貢》，夏國傑爲中衛人。

［25］胡宗器：《寧夏府志》卷十四《人物·科貢》作"胡重器"。

［26］陳王佐：《寧夏府志》卷十四《人物·科貢》作"陳王前"。

［27］田甲乙：《平羅縣志》作"田甲一"。

［28］李發先：《平羅縣志》作"李法先"。

平羅記略卷七

歸安徐保字編輯

人物 名宦、鄉達、儒林、忠烈、孝友、義行、耆德、隱逸、仙釋、列女

名宦 凡澤被茲邑者並載。

《唐書·郭震傳》：①郭震，字元振，魏州人。突厥寇涼州，拜元振爲都督，制束要路，拓境千里，州無虜憂。先天元年，爲朔方軍大總管，築豐安、定遠城。

《元史·董文用傳》：②董文用，字彥材，俊之第三子也。至元改元，召爲西夏中興等行省郎中。自渾都海之亂，民竄山谷，文用鎮之以靜，民乃安。開唐來等渠，墾水田，頒農具，更造舟置黃河中。裕宗數爲臺臣言董文用勳舊忠良。

《元史·張文謙傳》：③張文謙，字仲謙，邢州人。至元元年，詔以中書佐丞行省西夏中興等路。羌俗素鄙野，文謙得蜀士，使習吏事，子弟讀書，俗爲一變。濬唐來等渠，溉田十數萬頃。

《元史·郭守敬傳》：④郭守敬，字若思，邢臺人。習水利，巧思絕人。從張文謙行省西夏。古渠一名唐來，長四百里，兵亂以來，廢壞淤淺。守敬更立牐堰，皆復其舊。二年，授都水少監。

《明史·蕭如薰傳》：⑤蕭如薰，字季馨，延安人。官寧夏參將，守平虜城。哱拜、劉東暘據寧夏鎮城反，賊黨土文秀徇平虜，如薰堅守不下。妻楊氏，故尚書兆女也，贊夫死守，日具牛酒犒士。拜養子雲最驍勇，引河套著力兔急攻，如薰伏兵南關，佯敗誘賊，射雲死，衆潰。又襲著力兔營，獲人畜甚衆，城獲全。帝聞如薰孤城抗賊，推寧夏總兵官，入名宦祠，妻亦被旌。

《府志》：⑥張文魁，字元甫，蘭陽人。巡撫寧夏，添置平虜迤北黃河戰船，用

---

① 參見《新唐書》卷一二二《郭元振傳》。
② 參見《元史》卷一四八《董文用傳》。
③ 參見《元史》卷一五七《張文謙傳》。
④ 參見《元史》卷一六四《郭守敬傳》。
⑤ 參見《明史》卷二三九《蕭如薰傳》。
⑥ 參見《寧夏府志》卷十二《職官·宦迹》。

扼敵人潛渡劫掠之患。既去，人懷思之。

《府志》：①杜希伏，字德五。歷任平羅參將。到任後，即平套虜、吉能等部。[1] 時賀蘭山後酋長刀兒計、王脫兔等屢犯邊，希伏統兵進剿，斬王脫兔。於是刀兒計畏服納款，地方以寧。士民德之，建生祠。崇禎十二年，遷右協副總兵，敗黃臺吉色令等，追至韋州，斬名酋怡強等六十四人。十四年，復破套虜，斬哈兒臺吉等首級七十一顆。於是寧夏寇擾頓減。以功陞〔湖廣安陸〕總兵，[2] 卒於軍，追贈柱國光祿大夫。

《府志》：②通智，滿洲人，兵部侍郎。雍正年，開惠農、昌潤二渠，有善政。又修唐來等渠，親身督率，備極勞瘁。濬渠取土，改用背斗，公遺制也。

《府志》：③單疇書，高密人。任寧夏道，有善政，陞戶部侍郎。偕通智來寧，開濬惠農、昌潤等渠，以疾卒於寧夏。[3]

《府志》：④范時捷，滿洲人。官寧夏總兵，多所建白。時黃河內平羅治有查漢托護灘地，鄂爾多斯藉牧馬，絕居人樵採，毳幙漸移腹裏。時捷陛見，面陳利害，請以大河為界。群議有齟齬者，力爭之，卒從其議，復地二百餘里。後部臣通智等即其地開惠農、昌潤二渠，溉田數萬頃，軍民至今頌之。

《府志》：⑤孫應舉，平羅參將，知勇兼備。順治初年，套賊圍平，應舉殺賊退竄，民賴以安，欽賜"精忠固圉"匾。康熙十七年，大水淹城，又移城外高阜避患。孫率眾起夫，築東南高堤，至今永無水害。

《府志》：⑥郝，失名。平羅千總。開渠城東鄉，接引唐來灌溉荒蕪。由是，東南咸開墾焉。

按：乾隆間，郡守隆公興，嚴正清介，吏治肅然。每值封冰，單騎臨渠，親勘澆灌，興利除害，弊絕風清，平羅稍田沾惠澤焉，洵古遺愛也。

鄉達

《府志》：⑦夏景華，成化十年鄉試，任河南彰德府推官。正直尊嚴，人莫敢干以私，即上臺亦嚴憚之，相戒毋瀆夏推官也。入鄉賢祠。

《楊氏家譜》：

---

① 參見《寧夏府志》卷十二《職官·宦迹》。
② 參見《寧夏府志》卷十二《職官·宦迹》。
③ 參見《寧夏府志》卷十二《職官·宦迹》。
④ 參見《寧夏府志》卷十二《職官·宦迹》。
⑤ 參見《寧夏府志》卷十二《職官·宦迹》。
⑥ 參見《寧夏府志》卷十二《職官·宦迹》。
⑦ 參見《寧夏府志》卷十二《職官·宦迹》。

楊經，操行純潔，歷官清勤。嘉靖間，夏郡多故，奉母遷固原，旋卜居長安，以負郭田散給綸、緒二弟，有范文正風，後疾卒澬縣。

楊魁甲，由翰林牧山西吉州。循廉卓著，立義學，革筏稅，建普濟堂，州人感其德。嗣被議謫，居蜀之眉州，著書自娛。

《府志》：①朱武英，平羅人。由把總隨大將軍岳鍾琪征椊子山，屢穫奇功，軍民感德。戴孔雀翎，陞西鳳協副將。

《縣册》：

張楷，司鐸會寧。樂善不倦，士林式化，遷洋縣教諭。

俞德淵，翰林改官江南荆溪、長洲等縣。化民以誠，一變風俗。時吳郡淫潦，籌賑救饑，活全不少。嗣疏濬三江水利，並總辦海運事宜，卓有惠績，現任江蘇常州府。

儒林

《縣册》：

張啓緒，邑貢生。講經設教，有濂洛風襟。後殁，門人無不泣下。

王士彥，邑貢生。學問淹貫，阿拉善延聘三年，瀕行，贈之金不受，品重藩國。

史繼經，解組歸田，耽嗜經史，里中後學願瞻光霽。

岳鍾仙，邑貢生。負狷性，不肯徇俗，風雨一椽，窮年兀兀。詩賦見《藝文》。②

忠烈 凡官民被害者並載。

《朔方志》：③

韓嘉爵，平虜中軍指揮。有勇略，臨陣直前，手刃數十人，爲賊支解。

陳緒，管常信堡。殺賊黨，逆賊執至鎮，凌遲死。[4]

施威，[5]守李綱堡。偵賊動定，報平虜將官，仍約弟男內外同謀除賊，賊執至，箠殺之。

《府志》：④

張伏三，常信堡人。堡官陳緒恨賊黨張保等逼取民間牛車、芻薪、豬羊鵝鴨爲害，殺保。賊誘緒出城，縛去。伏三與堡民張大經、胡希禹、李現、潘奉、〔謝邦

---

① 參見《寧夏府志》卷十三《人物·鄉獻》。
② 岳鍾仙詩賦參見本志卷八《藝文》。
③ 參見《朔方新志》卷三《忠》。
④ 參見《寧夏府志》卷十六《人物·忠》。

林追救，[6]賊伏兵突起，執伏三等六人，同縋支解。

杜祥，為吏職，[7]因賊掠諸堡，具稟平虜將官防備。賊覺，加剿刵刑，饗其肉以飼犬。

按：明代哱〔拜〕、劉〔東暘〕之亂，由寧夏蔓延各砦，賊索堡糧、畜，屠戮最慘。平邑褊小，效忠不少，張齦顏舌，復見於茲。

孝友

《縣册》：

俞世隆，邑東鄉人，讀書聰穎而隱於賈。以父早背，事後母至孝。家貧，每從市歸，攜蔬釀博堂上歡。母終，朝夕依墓側，寒暑靡輟。子德淵，恪敦孝友，昆弟無間，言蓋秉庭訓云。

張運顯，本城堡民。父病，衣不解帶。弟三人食同席，臥同衾，以孝友聞。

田生桂，父患痢，桂嘗藥以進。繼母色厲，跪勸之，怒批頰，笑而受。里稱孝子。

李紹遠，邑廩生，親喪，廬墓三年，斷葷酒，哀毀骨立，儒學贈"孝徵廬墓"匾額。

靳正德，善承親志。父歿，敬事嫡母，孺慕勿衰，鄉黨贈"孝行可風"匾額。

義行

《王氏家譜》：王印哲，州判，本城人。崇禎間，河淹平邑南門，赴訴撫道，築堤阻水，城獲全。後濬唐渠，除隱占，草包攬，邑人賴之。

《府志》：①王智，丁義堡人。康熙間，軍需歲歉，民飢思散，智出粟數百石以濟，眾乃安鄉井。後智年八十終，常以積德訓後嗣。長子貢生振英，遵遺教，檢其鄉里積欠銀、穀券約千餘金，悉焚之。今智元配宋氏，年九十，猶強健。子振英，孫瀚，曾孫德榮，玄孫佩蘭，五世一堂，人以為厚積之徵。

《縣册》：

楊任甲，武舉人，家虞祥。任俠好義，督修滿達喇渠。排難解紛，不避嫌怨，民沾其利。

田會藍，西永惠堡人。雍正間，隨通侍郎開墾灘田，決堤灌水，民各有秋。並築昌潤渠迎水埧、退水閘，今頌其德勿衰。

---

① 參見《寧夏府志》卷十六《人物·義》。

耆德

《縣册》：

安雄，下寶閘民。性篤厚，安分務農，樂施好善，精神矍鑠，年八十有三。

董基成，邑庠生。品醇學粹，勤耕讀，訓子孫，足不履城市。嘉慶二十三年、道光元年兩邀恩典。現年九十四歲，四世同堂。

王九齡，本城堡民。貌古性樸，家貧，躬自操作，强飯健步，現年九十三歲。

隱逸

《楊氏家譜》：楊文孟，虞祥堡人。閉户讀書，夙負奇志。弱冠後，澹於仕進，遂隱居邑城之北樓。卒，稱"靖懿先生"。

《府志》：①趙飛熊，字渭占，邑諸生，居李綱堡。性豪逸，詩酒徜徉。負郭田百畝，率子耕耘，不求聞達。屋後闢小圃可數畝，號"西園"，手植花木，朝夕吟詠其中，即以所出供客蔬酌。又築三層樓，顔曰"曠逸"。詩好晚唐，暮年益工，著有《西園草》。

仙釋

《府志》：②

唐詹道人，採藥賀蘭山陰，遇神人授學，久之，徹悟。後坐化，見道人南去，莫知所終。

明賀蘭二老。洪武二十七年，張秋童入賀蘭山伐木，[8]見二老坐石上。問曰："秋童何爲？"對曰："伐木。"二老乃呼秋童，與錢盈掬。童歸，尋往視之，則二老莫知所之。其錢猶存。

烈女　凡壬辰殉節者並載。

《朔方志》：③

梅氏，百户陳繻妻。繻殺逆丁張保，賊縛繻殺之。氏痛夫又懼賊污，自縊死。

謝氏，平虜家丁孫時順妻。同夫俱被賊掠去，[9]氏懼污，暗抽賊刀自刎死。[10]

---

① 參見《寧夏府志》卷十六《人物·隱逸》。
② 參見《寧夏府志》卷十六《人物·仙釋》。
③ 參見《朔方新志》卷三《節》。

《甘肅通志》:①

李氏、王氏,常信堡女,執至,被賊支解,二婦至死罵不絕口。

又韓氏、陸氏等三十七婦,不詳夫姓名,賊屠堡,一時盡殺。

張良吉妻宋氏,平羅人。夫故,守節四十七年,雍正十年旌表。

張文聲妻李氏,平羅人。夫亡,撫遺腹子棟成立,守節三十餘年。

《縣册》:

夏禹妻許氏、馬現成妻張氏、張受妻章氏、郗賢繼妻杜氏。按:以上四節婦,乾隆三年,前知縣馬瑷請旌,因震燬原卷,事迹失考。

《縣册》:

王氏,縣民江孔漢妻。年三十夫卒,遺一歲孤,撫養成立,以壽終。

閻氏,縣民王施恩妻。年二十七守節,家貧傭礎,孝事舅姑,撫三歲子成立,六十五歲旌其閭。

錢氏,縣民李攀桂妻。年二十九夫亡,遺子五齡,績麻紡布,拾菜易糠,矢志清操,罔渝終始。

葉氏,縣民馬之駱妻。年二十五夫卒,孀姑不禄,喪葬如儀。撫孤義成立。

侯氏,縣民程思茂妻,年二十七夫亡。寒門寥落,井臼弗輟,守節六十七歲,育子飴孫,家道漸裕。

賀氏,縣民侯璧妻。年二十七夫卒,翁病瘋,姑盲,家素貧苦,鬻釵裙,進甘旨,迨歿,喪葬盡禮,撫子占元、占魁成立,後占魁中副榜。

蘇氏,縣民沙毓脉妻。年二十二夫亡,家貧,織紝餬口,姑憐其苦,欲令改嫁,氏幾諫明志,誓矢柏舟,後姑歿,變家產買棺,恪全婦孝。

張氏,縣民沈萬積妻。年二十五夫卒,家貧,親族無倚,有奪其志者,氏以死誓,教三子孝、禮、忠俱成立。

解氏,縣民張炳妻。年二十七夫亡,事孀姑以孝,寒温其肌,病嘗其糞,守節四十餘年,歷盡艱苦,撫子朝元,援例成均。

王氏,縣民張福德妻,監生張儀鳳母也。年二十四守節,壽至八十一歲。媳趙氏,即儀鳳妻,年二十五夫卒,孝事孀姑,含荼茹蘗。一門雙節,嘉慶二年詔旌其門。

張氏,營兵朱錦妻。乾隆二十三,朱錦出征陣歿。氏青年矢志撫子化鳳。入營充食兵粮,時限年例未報,化鳳又於四十四年駐防烏什病亡。媳劉氏繼姑之德,艱貞自勵,訓子讀書。厥姑厥婦俱守節三十餘年,風化之盛,萃於一門。嘉慶

① 參見《〔乾隆〕甘志》卷四三《烈女·寧夏府》。

十九年，奉旨旌表。

以上已旌。

《府志》：①

趙氏，貢生柴璉妻。年二十七夫亡。撫二子大鏞、廷鏞，心力俱瘁。文宗楊贈額曰"節追陶孟"。

段氏，游擊張明聰妻。年十九夫卒，遺腹子洌，氏歷盡艱苦，百折不回，教子成立。

《縣册》：

李氏，名彩鳳，庠生李蕙女，年十二，許字陳朝。後朝出征，杳無歸耗。有勸其父另配者，氏以死誓。父故，撫育諸弟文節、文恬、文静皆成立。文静補縣學生。氏共甘苦不悔，文宗嵇廉贈"貞操冰雪"匾。

朱氏，本城堡民趙登瀛妻。夫殁於軍，氏年二十二。撫子璉成立，守節三十一年。詳准會題。

劉氏，丁義堡民姜燮妻。夫亡，氏年二十八，孝事翁姑，及殁，盡哀盡禮。遺子大治，教育成立入成均，後媳卒，兼撫孫焉。守節三十三年，詳請旌表。

陳氏，本城堡民劉崇儒妻。二十六歲夫卒，守子八齡，忍飢寒，寡言笑。有勸改節者，泣曰："婦人從一而已，惟有守死。"年六十七以無疾終。

盧氏，營兵張廷德妻。德殁於軍，氏年二十六。嗣侄榮，卒，媳亦繼亡，撫二孫懷志、懷琳，俱成立。

黃氏，營兵沙彬妻。彬殁於軍，氏年二十一，奉翁姑，撫弱息，家貧守節，清操無玷。

龔氏，西永惠堡童生田琇妻。琇亡，氏年二十四，遺子樹穀，縫紝佐讀。後樹穀食廩餼，旋殁，媳張氏繼之，復遺幼孫濟年十五、溥九歲，氏課孫成立，勤勞罔懈。今七十有二。

李氏，打磑口民雷大誥妻。夫殁，氏年二十七，撫三歲子佐慶成立，守節四十年。

張氏，周澄堡民童詩妻。生子集賢，家貧，夫賣腐為業，氏夜推磨，晝縫紝。子七歲，夫亡，氏年二十九，芸田補綴，以奉翁姑，教子成立。

趙氏，本城堡民張鵬鶱妻。夫亡，氏年二十九，子三，長積粟，次積功，三積新，俱幼。祖遺薄田，不給糊口，氏傭縫紝以佐衣食。比三子長，俱入伍，官外委，鄉里贈"松筠勁節"匾額。次子積功征金川陣亡，妻冒氏年二十八，堅志守節，嗣

① 參見《寧夏府志》卷十七《人物·烈女》。

侄克讓，旋卒，又嗣侄孫志儒爲孫。人稱"一門雙節"。

李氏，本城堡民姚有仁妻。夫亡，氏年二十九，家遺薄田，躬親鋤種，姑歿，事鰥翁至孝。嗣侄杏娃。

陳氏，營兵張克諧妻。諧歿於軍，氏年十九。時有子一歲，氏泣曰："天何不佑張氏若是哉？夫盡忠，我不可不盡節。"遂以死誓，教子志本成立入伍。

王氏，武生陳震威妻。威歿於軍，氏年二十六，翁姑在堂，無子。泣曰："親年老喪子，媳即子也，得朝夕依膝下足矣。"以侄興業爲嗣，年六十而終。

許氏，本城堡民艾國元妻。夫亡，氏年二十六，天性貞靜，或以言動之，正色曰："人生世上，如白駒過隙，所不壞者，惟節耳，爾言何爲？"年至八十而終。

許氏，營兵張忠勇妻。忠勇金川陣亡，氏年二十一，子建元曰："兒父死，凍餒無所懼，可懼者惟子不成人耳。"後建元恪遵母訓，鄉黨以"醇謹"稱。

閆氏，營兵高尚賢妻。尚賢金川陣亡，氏年二十一，撫子成立，生二孫，旋卒。氏泣曰："吾撫兒不易，今夭殂，吾何望也。"教育二孫，苦甚乳哺，年七十終。

徐氏，營兵許爾齡妻。齡歿於軍，氏年二十一，孝事孀姑，姑曰："爾夫死，我不以爾爲媳，以爾爲女，可乎？"氏曰："然。恐媳有異志耶？媳聞之：'餓死小，失節大。'"母心乃慰。後嗣侄集和成立，守節四十年。

史氏，營兵龔庫妻。庫歿於軍，氏年二十。聞夫歿不即死者，以二子在，及長，謂子曰："我生人世者，爲汝兩人耳。"年五十五而終。

姚氏，本城堡民閆理妻。理亡，氏年二十八，教子嚴。子亡，又撫孫，始終如一。鄉里稱爲"寒霜冰節"，今年六十四歲。

馮氏，營兵張積厚妻。積厚金川陣亡，氏年二十五，撫二子成立，年五十九而終。

李氏，本城堡民任道遠妻。夫亡，氏年二十八，撫子福。晝賣餅街頭，夜推磨屋內，窮苦萬狀。後福入伍，歿於軍。得邀恤賞，忠節兩全。

張氏，營兵王守業妻。守業川楚陣亡，氏年二十一，矢志守節，奉翁姑，育稚子，操持經營，家道漸裕，守節三十一年。

張氏，本城堡民梁國輔妻。夫亡，氏年二十五，奉姑育子，針黹度日。及姑終，子成立，年七十矣。

湯氏，營兵田登科妻。科歿於軍。氏年二十，遺孀姑，無子，生一女尚幼。姑範嚴，氏曲意承歡。姑歿，喪葬盡禮。嗣侄發盛。今年五十五歲。

呼氏，本城堡民閆鏡德妻。德殂，孀姑在堂，氏年二十五，遺子大潤三歲，女一歲，且遺腹一子，名大立。或憐其窮，而以改節勸，氏誓以死守。食苦菜，衣敗絮，撫子成立入伍，守節三十八年。

劉氏，本城堡民李志文妻。夫亡，氏年二十歲，遺二雛俱幼，氏忍飢寒，守苦節，撫育成立，現年七十有九。

賈氏，本城堡民賈廷相妻。夫亡，氏年二十九，敬奉孀姑始終罔懈，人稱節孝雙全。

閆氏，營兵張克儉妻。夫歿於軍，氏年二十三，奉孀姑，育幼子。或勸改適，厲聲曰："人生天地間，賴正氣不墜耳！"守節至七十三歲而終。

李氏，周澄堡民馬騰蛟妻。入門，姑翁早逝，事夫、叔、父母極盡其孝，夫亡，二十七，撫子文錦成立。詳請旌表。

吳氏，東通平堡民趙斌妻。于歸二載，夫亡，氏年一十九歲，撫襁褓子栓娃，殤。立侄孫貴爲嗣，艱苦萬狀，育之成立。卒年七十有六。

張氏，交濟堡民王崒妻。夫歿，氏年二十二，遺子朝佐甫三歲，撫育成立入泮。職修婦道，訓守義方，不憚提甕出汲之勞，無失截髮留賓之敬。今年七十有七。

嚴氏，渠口堡民張士教妻。夫歿，氏年一十有八，遺子書雲甫六歲，撫育成人，入成均，旋卒，又撫孫光德成立。守身貞靜，治家儉勤，執巾櫛克，嫻其職歷，冰霜罔渝其操。今年七十有四。

張氏，交濟堡民龔若璧妻。夫歿，氏年二十有四，無子侄，以安承嗣。事姑嫜，和妯娌，矢志艱苦不易，持家勤儉爲先。今年五十有八。

馬氏，交濟堡民龔若雨妻。夫歿，氏年二十有八，遺子以普撫之成立，上和下睦，內儉外勤。勵冰霜之操，增閨閣之光。今年五十有五。

以上未旌。

按：邑之惠北鄉袁氏，廩生張建勳妻。夫赴試陝闈，歿於邸，氏年二十九，上事孀姑，下撫弱子仁。後仁繼亡，媳年二十一，遺孫德娃，姑媳同志育孤，形影相弔，冰雪勿渝。今氏姑年九旬，德娃奉養。三世節婦，此其尤苦者。邑生張忞言之。雖媳年例未符，不可不綴之簡末，以勵貞風而煒彤史云。

劉金氏，邑東鄉人，金天祿妻。年二十三歲夫亡守志，撫孤仲魁。族人利其產，百計侵陵，卒不能奪。仲魁年二十病歿，又撫其孤孫貢。時媳柴氏年甫十九，亦矢死靡他。姑媳相依，形影相弔，內患外侮，艱苦備嘗，克撫孤孫至於成立。柴氏年四十九歲，守節三十年，先劉氏亡。劉氏老而彌健，復爲其曾孫汝礪聘同邑人俞太史女婚娶數年，年登八十九歲始卒，計守節六十六年。今汝礪有子三人，皆歧嶷秀出，他日必有光大門閭者，以爲兩世皆節之報云。

【校勘記】

[1] 套虜：原作"虜套"，據《寧夏府志》卷十二《職官·宦迹》改。

〔2〕湖廣安陸：據《寧夏府志》卷十二《職官·宦迹》補。
〔3〕卒：《寧夏府志》卷十二《職官·宦迹》作"殁"。
〔4〕凌遲：《寧夏府志》卷十六《人物·忠》作"支解"，本志下文"張伏三"條亦有"同繒支解"。
〔5〕施威：《寧夏府志》卷十六《人物·忠》作"施戚"。
〔6〕"謝邦"二字原脱，據《朔方新志》卷三《忠》《寧夏府志》卷十六《人物·忠》補。
〔7〕職：原作"識"，據《朔方道志》卷十九《人物志·忠義·明》改。
〔8〕《寧夏府志》卷十六《人物·仙釋》"張秋童"前有"中衛人"三字。
〔9〕同夫俱被賊掠去：《〔康熙〕陝志》卷二二《烈女》作"夫被賊掠去"。
〔10〕暗：據《朔方新志》卷三《節》及《寧夏府志》卷十七《人物·烈女》補。

平羅記略卷八

歸安徐保字編輯

藝文 疏、書、碑、記、銘、詩、賦

疏

鄂昌　請移營大敵臺疏

寧夏前遭地震，新渠、寶豐二縣地處窪下，俱被水淹，城堡房屋亦俱倒塌無存。經侍郎臣班第等奏請，將新、寶二縣裁汰，並請將寶豐營官兵仍移平羅，嗣准。部覆准其移駐平羅，其從前移駐平羅之官兵應否仍歸寶豐之處，令臣確查具題。

今查寶豐地震之後已成澤國，不可修築，官兵難以移駐。查平羅縣迤北九十餘里地名大敵臺，東連黃河，接壤夷地，逼近石嘴子，負山面水，最為險要。請於大敵臺迤南十里內外建城築堡，即將平羅營都司一員、千總一員、兵二百五十名移駐防守。再查柔遠一堡，原議駐劄千總一名，兵五十名。今柔遠堡已被水淹，請將柔遠堡移駐石嘴子，即今大敵臺千總帶兵五十名前往駐劄。其自大敵臺至平羅一帶文報之事墩鋪，在所必需，應請設立。至平羅參將原議移駐寶豐，平羅營改設都司一員，千總一員，兵丁二百五十名。內抽撥鎮標兵丁一百名駐劄平羅，查前項兵尚未抽撥，今既請平羅營移駐大敵臺，則前議抽撥鎮標兵丁亦應一併移駐。但查鎮標四營實止馬、步兵二千九百八十九名，內除公費親丁、塘撥及駐防口外兵丁之外，存營無幾。請將前項抽撥兵一百名於鎮屬未汰新兵內照馬六步四抽撥，以符二百五十名之數。庶要隘嚴密而營制聯絡，除應建城堡、衙署、兵房，大敵臺距平羅一帶應設墩鋪、塘房等項，統俟部覆俞允之日，飭令地方官確估建造，另行分晰咨題。謹疏。

班第　請裁新、寶二縣疏

寧夏府屬新渠、寶豐二縣地震水溢，戶民被災，緣由前經奏聞在案。

臣等於正月初二日自寧起身，由新渠、平羅以及寶豐逐一查看，查得新渠、寶豐原係查漢托護地方，逼近黃河，嗣於雍正四年定議招戶開墾。另於葉昇堡開建

惠農一渠，延袤三百餘里。又於其東開昌潤小渠，建築四十餘堡，新、寶二縣此固因地利以富邊氓之至意也。但黃河遷徙無常，比年以來，河身西注，逼近渠口，而昌潤渠開濬之時，斷舊堤以建渠閘，今河流既近，勢難堵禦，每至冲決，戶民田地多被水淹。臣等俱經奏明，正在查議修築間。乃至十一月二十四日，地忽震裂，河水上泛，灌注兩邑。而地中湧泉直立丈餘者，不計其數。四散溢水深七八尺以至丈餘不等。而地土低陷數尺，城堡、房屋倒塌，戶民被壓溺而死者甚多。臣等逐處查閱，現在新渠縣城南門陷下數尺，北城門洞僅如月牙，而縣屬商賈民房及倉廠亦俱陷入地中，粮石俱在水沙之內，令人刨挖，米粮熱如湯泡，味若酸酒，已不堪食用。四面各成土堆，惠農、昌潤兩渠俱已坍塌，渠底高於渠堦。自新渠而起二三十里以外，越寶豐而至石嘴子，東連黃河，西達賀蘭山，周迴一二百里竟成一片水海。寶豐縣城郭、倉廠亦半入地中，戶民無栖息之所，大半仍回原籍，尚有依棲高阜、聊圖苟活者。臣等相度形勢：自寧夏府城至新渠六十里，新渠至平羅四十里，平羅至寶豐五十里，於九十里之中設立三縣，本屬無益。且平羅地方尚覺高燥，而新渠、寶豐二縣地土窪下，原非沃壤，今遭此殘毀之餘，縱使冰融水退，可耕之地無多。若欲仍設兩縣，濬渠築堡勢所不能，徒費帑金，與民無補。且現在寄居高阜之戶，若至春暖冰融，無路可行，尤難救濟。從前創設之初所招戶口，俱係寧夏、寧朔、靈州、中衛、固原等處附近民人，更有止報戶、各民認田墾種而家口並未搬移者，伊等原籍仍有生業可依。今臣等將現在戶口俱各回原籍，倘有情願留住傭工者，令其在於工所僱覓工做，即工代賑。俟春融水退之後，查明可耕之地共有若干，酌量需水，將漢渠尾稍就近展長，以資澆灌。仍令原先認種之人及留工之人搭蓋莊房，居住耕種，照例完數。附近寧朔者，即隸寧朔管轄。附近平羅者，即隸平羅管轄。其渠道統令寧夏水利同知管理。其新、寶二縣似可無庸建設，所有現在之通判、知縣、教諭、典史等各員，應請留甘，另行補用。至寶豐所存粮石倉廠，既已塌陷，粮石亦多傷耗，然尚有在冰沙之上，較新渠倉粮猶有大半可用，若一俟春融，勢必顆粒無存。臣等懇請挑派駝隻，並查明附近百姓有車輛願僱者，儘數僱覓，及時起運。其喂駝草料、車輛運價，事竣照例報銷。其平羅一縣係向日參將駐劄之營，為臨邊要隘，雖現在城垣、衙舍亦係倒塌，而較之新、寶二縣地勢尚屬高堅，仍應修築完固，以嚴汛守。謹疏。

黃廷桂　　堤外開墾事宜疏

寶豐一縣，遠在寧郡西北。乾隆三年陡遭地震，四年被黃河冲決，戶民星散，地畝廢棄，隨將縣治裁汰。嗣於七年黃河東注，田土日涸，附近居民漸次開墾。數年以來，官為經理，共已墾復地二千九百五十餘分，再查舊屬寶豐撥歸平羅輸賦地一千一十九分，此外可墾之地尚多。以平羅繁劇之區而復益以一縣之土地、人民，實有鞭長莫及之虞。是以臣奏請復設縣治，分駐官兵，管理民事，彈壓邊塞。原爲因地、因時起見。既奏，部議不准，自應遵奉。將埂外户民一切編排保甲，稽查約束之處，暫令平羅縣管轄。其已經報墾地畝雖係昔年舊地，第自地震水决之後，現在田畝有高阜低窪之不齊，得水有難易多寡之不一，且招徠户民牛具、房屋尚未齊全，墾荒伊始，民無餘粟，春耕更多乏種，必得悉心籌畫，從長計較，逐漸安置，方始妥協。至於認墾户内，恐有鄉曲愚民，希計貪得，乃係一户而分報兩户者，本係一分而虚佔分半者，欲定科則必須徹底清查。先將實在已經開墾畝數與有無虚佔分報情由一一核實，試種一二年後，則地畝肥磽可耕，科則上下可程，然後照水田之例，六年爲期，陞科輸納。庶科則不致混淆，而賦額亦得均平。

惟是土地人民既經議歸平羅縣管轄，而一切疏濬渠道與添建閘、壩等事，寧郡地逼黃河，渠岸繁多，府屬水利同知一員斷難兼顧。查此唐、漢、大清、惠農及新復昌潤今古各渠，蜿蜒迢遥，共綿長九百餘里。每歲清明春濬，立夏放水，三旬之内，工程緊迫。迨至秋禾登場，又應秋濬，稍不妥協，渠身淤塞。當四季放水之時，各閘起閉限有時刻，村堡受水各有分寸，若不添員分理，必致顧此失彼。所關匪細，應於通省縣丞内酌調一員分駐平城。查甘省縣丞止有五員，内平番、張掖、皋蘭、高臺各縣丞均有分管地方，經理屯田事務，難以改調。惟查鞏昌府屬之隴西縣丞與縣令同駐府城，僅有佐理之責，並無別項專管事務。應將隴西縣丞移駐平羅縣城內，將一切興舉事宜令該員悉心料理，併將惠農渠自寧夏縣王澄以下及昌潤渠自口至稍專責該員分司其事，仍屬水利同知管轄。庶分繁佐劇，經理有人，不致貽誤。但該員新經移駐，諸凡事務，俱屬創始，往來奔走，在在多費，不比隴西，原額養廉，實不敷用，應請照依皋蘭縣、寬溝縣丞之例，每年加給養廉銀二百兩，以資養膳。此外，官役、俸工仍照縣丞原缺支給。所有原奏移駐弁兵，原爲添設縣治。今縣治既不准設，平羅現有參將一員，石嘴子每月三市，即令該參將親往彈壓。平日仍令撥派偹弁輪流帶管，不時前往巡防，無庸再議分駐。

惟是平羅處郡西北，接壤夷境，山川扼要，缺隸繁難。且於寶豐廢地相去遥遠，今日現在之人民地土，雖酌議暫歸該縣管轄，誠恐將來招徠日衆，開闢日廣，該縣一員實有竭蹶不遑之勢。應請俟陞科之時，察查實在情形，再爲酌議。謹疏。

英和　　磴口鹽法疏

前在甘省，因阿拉善呈請，將吉蘭泰鹽池歸公辦理，業經奏明在案。

是潞鹽、口鹽二事相爲表裏，自應一併招商承辦，設官經理。伏查乾隆四十三年，欽奉特旨以河東鹽政與山西巡撫如有專責，意存畛域，鹽務每多掣肘，舉報更換疲商一事，屢經部駁，意見始能畫一，因命照兩廣等省之例，令陝西巡撫兼管鹽政，俾事權歸一，呼應更靈，於商民均屬有益。以目下情形而論，雖與當年稍有不同，但思山西鹽池穫利未豐，而吉蘭泰鹽池產鹽較旺，酌劑行銷，方可以彼之有餘補此之不足。將來甘省招商，原不必皆在本省，山西殷戶多於甘省，若准其兼辦口鹽，報充自必踴躍，使殷戶等不以充商為累，則招商流弊不禁自除。既准山西民人充當甘商，亦可仍令山西巡撫管理鹽政。若添設鹽政一缺，不特衙署、廉俸、吏役、工食需用繁多，並恐供應浮費，胥役需索，日久易滋弊竇。況鹽政係欽派統轄之員，非若運使由巡撫考察者可比。臣英、臣初悉心籌議，似可無庸添設鹽政，照舊令山西巡撫兼轄辦理。惟吉蘭泰鹽池遠在寧夏口外，督查轉運應有專員，請照長蘆鹽政兼管山東運司之例，添設寧夏鹽運一員，在於起運之磴口地方添設運判一員，統歸山西管轄，以專責成。茲就近先與臣方商酌，意見相同。臣英、臣初亦即札知倭，俟等有復札，即在太原一同會議具奏。其應設鹽場大使、鹽庫大使、經歷、知事等官，或應移改，或應添設，駐劄何處以及衙署、廉俸等事，均交陝甘總督、山西巡撫督同兩省辦理。所有行鹽地界，三省如何分別畫定之處，容臣英、臣初到太原時，與同熟商，再與陝甘督、撫會奏請旨。

至陝西向食蒙古鹽池地方，臣方查神木、府谷及葭州東北二鄉於乾隆元年經前撫臣碩色題明，准其買食鄂爾多斯蒙古鹽觔。榆林、懷遠縣及葭州西南二鄉，因永樂倉鹽池被水衝鍋，出鹽甚少，鍋戶賠交缺課，於乾隆五十六年經前撫臣秦奏明，亦准買食蒙古鹽觔。令販鹽鋪戶領帖行銷，攤徵鹽鍋缺課。五十八年，鹽課歸地丁案內。除葭州向無鹽課外，將神木四縣鹽鍋課稅題明，一併攤歸地方完納。查神木、榆林、懷遠距邊甚近，府谷、葭州北境亦以邊墻為界，邊外即係河套鄂爾多斯地方，該州縣民人所食俱係鄂爾多斯鹽觔，並非由阿拉善運來。是以吉蘭泰鹽池雖未撈挖，該處民人無虞淡食。

再馬君選從前為阿拉善辦鹽，每年給與阿拉善王利息多則二萬，少則萬餘。此係臣英、臣初在甘省查訪實情，其馬君選歲穫利息若干，已札知倭確查。另行具奏所有臣等會商籌辦緣由。謹奏。

蔡廷衡　　請設石嘴子主簿疏

吉蘭泰鹽池現歸內地辦理。查寧夏府屬平羅縣之石嘴子地方，逼近黃河，為內地至磴口水陸要路。該處民蒙交涉事件繁多，人夫、工匠絡繹不絕，不時逃亡，奸宄易於混迹，且恐偷木植、糧石、鹽觔等項，必須設立文武，專司稽查彈壓，方為周密為遽。請另行添設俸餉、一切諸多繁費。茲查有平番縣屬之紅城地方，舊設主簿一員，經理渠道，定為衝繁要缺。今該處渠道堤壩已有成規，政務甚簡，該縣可以兼顧。且紅城究係腹地，較之石嘴子實有緩急之分。臣與臬司劉、蘭州道隆面禀督臣全,飭令酌量辦理。茲臣奉委代辦,復會同悉心籌議,應請將紅城主簿移駐石嘴地方,歸平羅縣統屬,定爲繁難邊缺,在外揀選陞調。其官役、俸工仍循舊制。衙署由紅城舊署估變移建,不敷之數借廉添補,毋庸另行估辦。

又平羅營汛與該縣同城,距石嘴較遠,亦難稽查。該營現有千總一員,把總三員,應請將把總一員移駐石嘴,撥兵五十名,設立專汛,以資彈壓。其所撥兵數即於就近之寧夏鎮標四營並城守平羅、洪廣、花馬池、靈州、興武等十營,按馬二步八各派兵五名,統計五十名交把總管理,歸平羅營參將兼轄。所需俸廉、兵餉即在各營撥缺數內由石嘴營請領。本色粮料、草束照平羅營舊制在於平羅倉供支。兵房、衙舍另行估修,在於建曠內,動用造銷。如此一爲轉移,於經費既無增加,而稽查益力,彈壓地方更照慎重,實於邊陲重地有裨。

書

韓雄略　　上開新渠書

爲詳陳渠弊,仰祈洞鑒,以益民利事。

竊照寧夏地設極邊,天道久旱。黔黎子姓老守茲土,男子無力貿易,婦女不通紡織,而所恃以生活者,惟有澆灌以資農業爲本,故唐、漢兩渠乃寧民養命之源也。曾見前任汪道憲造遺民隱錄一書,其內利弊昭然。再閱唐渠之弊病與始造渠之來歷,大有霄壤之殊。今蒙牌行令,有興革利弊、條列速詳等因,搜剔利弊,聊陳其五:

一、唐渠春修,歷年減落夫役,工大夫少,因而壅滯不通,其弊一也。今應多加夫役,廉員督濬,敢有苟且,以揭參爲例,渠道自然疏通,其利一也。

一、前任張屯田係大壩之土人,因伊田地居高,水不能上,將唐渠退水閘起高五六尺許,以致石子工淤塞高揚,河水不能入渠,其弊二也。若將退水閘仍落五六尺許,復照舊制,而石子工不用多夫,令水日扯日通,河水自然易入渠口矣,其利二也。

一、唐渠口高,因河水不上,專司反加迎水堋,殊不知迎水堋即"頂水馬頭"之別名也,一加迎水堋反將河水逼赴東岸,大河之水屢逼屢去,河歸東流,西崖自然高阜,其弊三也。須將東崖加一石馬頭對衝唐渠口,大水逼侵西岸,不用迎水堋而水自入唐渠矣,其利三也。

不特是也。唐渠上寬下窄,水大則不能容,以致崩崖損堋。水小則不能至稍,久沍之弊在所不免焉,其弊四也。上要深挖渠道,下宜寬修長堋,多加夫役,堅修馬頭,水自疏通,其利四也。

再查唐渠之勢,自口至稍曲流彎折四百餘里。渠長稍遠,十水九不一至,雖例自下而上，但上段之民用水之際，誰肯樂受亢煬袖手讓水而下耶？萬難免偷水之弊，若自上而下，何時澆足而方克下流也。且專司不得封洑之法，不惟必致上段之不足，尤且難免下段之久亢，其弊五也。卑職曾差橫城，路過李祥堡，見黃河西岸李祥堡埂外之東灘有董家岔河，溝水一道流入姚福堡東小河，復入平羅城東小西河，由邊外仍歸黃河而去。細心察看，真爲有用之水，可惜置於無用之地矣。至平與士庶言及此水，衆雲上年曾禀明上憲疏通此水，已得受利一次，向因工程浩大，民窮力薄不能成功等語。今蒙行查，若得添設此渠，自方淳墩引入二流沙渠，歸入唐渠，則姚福、周澄、平羅、威鎮、高榮此五堡之水可用之不竭矣，其利五也。

卑職附呈臆見，斟酌可否，是所望於憲臺。

又　　上設法封洑書

爲民困已極，欲通水利之源，當立封洑之法事。

竊照唐、漢兩渠，寧民之命脉係焉。一有疏虞，荒旱隨之。司牧者詎忍憚於舉行，聽其故習乎？粵稽當日湧流至稍，曷嘗有此豐彼歉之殊？雖曰渠深埧固，然亦封洑得法，而今非其時也。夫役既經占免，渠道又復淤塞，即使力爲封洑，而猶恐有泛濫崩潰之患，又何可當此怠緩疏忽若是耶？今歲未獲時雨，民皆失望，而所恃以保殘喘者，惟此冬水而已。若於此而不條陳封洑，則流離苦楚之狀不問可知也。各憲留心民瘼，曷嘗不至？設營官而協同，有司蓋謂多多益善者也。殊不知營官不諳渠務，而營兵儘是粗心，於民命毫不關情，以渠道爲游觀之地，一經上渠，諸病百出，索食物之賄者有之，通往來之情者有之，則勢豪得水而貧民失望。而且於有司交相封洑，漫無責成，有封洑之名而不能盡封洑之實，則多用一員實增一累，民何樂乎有此營官也？卑職茌任六載，過蒙委用渠工，識雖偏淺，然而無弊不悉，向雖有心而恒避嫌疑，是以杜口裹足，莫肯向前耳。茲逢憲臺臨寧，留心渠務，此千載一時也。卑職因是竭矢忠誠，謹呈管見，敬爲憲臺陳之。

雖挑濬之法另有設處，而爲今之計則冬水在所急也。封洑唐、漢兩渠，不用營官一員，而唯衛所三屯七人而已，切勿病其少也。蓋官雖少而責成有賴，法若得而封洑何難？漢渠之水易於灌田，委用二員可享安流。惟唐渠之水曲折四百餘里，須分爲五段，委用五員。每段封洑各八十里爲期，而八十里之考成盡在該段之員，須嚴飭該員。各段但有疏虞，即行指名揭參，此雖辦事而恐不瞻，奚暇玩忽哉！然八十里之渠而陡口料有若許，則往來奔趨分身難理，又須飭行臨渠受水各堡，每堡舉報廉能渠長一名，每陡口必用看丁一人，令各守各口，晝夜伺查，造入冊內，齊赴應點。日則不時防守，夜則執火巡邏，稍離汛地，嚴責渠長。如某日水至某處漲滿洋溢，而即洑開一口泄其洪流，則水自落而埧無沖決。如水到某處,洴流不堪,即於此口具稟水小,挨口遞送,轉至大壩而都司湑水入渠,則水自長而渠無斷流。晝夜不停挨口轉報,來歷即知速於置郵,則大壩都司可坐而理矣。而且職等責成渠長,渠長稽查看丁,一免自己之刑楚,一顧分內之考成,交相勸免,以一當千。如此之封淶,如此之設行,而謂民不得水,水不至稍,塀有衝決、渠無湧流,斷斷乎無此理也。卑職民瘼爲念,誠恐不肖有司因循苟安,惡其害己而不樂於若爲。所望憲臺主持,嚴飭所屬,即令各堡渠長、看丁造冊投案,訂於八月十六日赴渠封淶。以文冊之遲速考吏胥之勤惰,定各官之優劣。拯災黎而通水利者,端在此矣。

又　利弊三端書

爲均粮草以便催徵發,休員以免虧空,增夫役以通水利,官民兩便事。

竊照寧夏之弊於斯爲極,官民之累日甚一日。設外倉之輸納而本官之考成有礙;追原任之虧空而現任之處罰益多;勞小民之血力而比户之飢寒不少,此果何以至此哉？蓋緣始法不善,積弊流傳,無釐剔之舉,有因仍之患。無惑乎官無廉能,民不堪命,水利難通,虧空無補,此非甘於若是也,驅之使然耳。若非有革故鼎新之治,何由臻時雍風動之休。使於此而不亟爲條陳,嗣後官民同累,將有不可問者矣。伏查積弊由來,實難枚舉。以今之最不便於政治者而言之,有三不利焉:一不利於催徵,二不利於官府,三不利於渠道。目擊心傷,情所不能已也。附呈管見,敢求聞達,謹陳其事如左:

寧夏全屬粮料一十四萬有奇,四衛三所分列九倉。若均地分粮,等數派催,則各徵各粮,各納各倉。民雖窮困而輸納有限,亦何難於催徵？奈何竟有外倉之設,本官催比而赴外倉輸納,則煩擾糾纏甚爲不便。如寧夏衛一倉原派粮料三萬七千九百餘石,內本倉止上粮料二萬六千一百若石,外餘粮一萬一千八百之數盡催赴左右二衛、平羅、李綱、洪廣、鎮朔、玉泉、大壩、平羌、廣武、靈州等倉上納,而各衛等所類皆如是。義蓋謂倚近就近,便於輸納,而不知礙難催比者不可勝言。旗甲相去之遠,少則一二百里,多則數日程途。雖在近地,猶費催科,而況若是之遠乎。差役催提十旬弗返,復差又去,竟月沉擱。且無論抗頑不前者,故爲遲延,即使輸,將恐後之人們往來奔趨,亦不能趕十日之限。因而藉口支吾,頑習成風,屢年拖欠,十有八九。頑户之赴納不前,本官之考成難免,輕責罰俸,重則革職,此不利於催徵者,其弊一也。夫倚近就近便於輸納,而何如倚近就近便於徵比者之爲愈也。計粮草之多寡,分民堡之遠近,如某堡近臨某衛,而即計粮草若干派入某衛徵收;某堡近臨某所,而計粮草若干派入某所徵收,如此則淳良益樂輸將,而刁頑者亦便儆責。即間有抗劣花户,則指名提比,亦可免隔屬之嫌。且原差無月旬之擾,而旗甲免奔馳之勞。按限徵比,敷數上納。官民均便,上下咸宜,永無彼此纏擾之弊，庶少徵催不力。揭啓斯民自新之路者，在此舉矣。至於虧空國帑，勢必追補。若於去任之時，即令回籍變產，至今多年，未必無補於萬一，何竟容居任所，令現任者承追。不思彼既離任，落魄已極，覓居民房，室廬若掃，既無田產之收穫，又乏牛羊之孳生，奈何留縈子待斃之休員而置之於毫無設措之地也？且拘之不能，刑之不得，承追者日受參罰，虧空者安居無恙，獨何故歟？雖各任之虧空實難僕數，而卑所之虧空可以類推。則陳、王二弁且勿論焉，即如郝千總止虧空脚價銀一百五十兩，而卑職受承追不力之罰者，已過七十餘金矣。總將來罰至七百，問有稍補於虧空之數否？又況誰無婦子，俸銀既經罰去，餬口將來何托？勢必暫挪國帑，聊濟眉急，誠恐前官之虧空有限，而後官之虧空無窮也。相繼承追，循環無已，此不利於官府者，其弊二也。夫虧空之官何任無之，而衛所俱受承追之累。於其離任追賠，何如盡發本籍照例變產，令本郡州縣追賠之為便也。試觀各省州縣豈無一二虧空之員，從未聞不令回籍，累及承追以至終身者乎。總之，回籍變產兩得其便，即或無產可變，然而非親即友，醵金亦可補還。如此則庫帑不至久懸，處罰得以日輕，而且陸續給賠，終有補填之日。無故之累既遠，虧空之弊終絕。勵衛所廉能之行者，在此舉矣。

再如寧夏之地與各處州縣不同，各處賴雨澤為天，寧夏需河水為命，則渠道又小民身家性命攸關之務也。稽其設立之始，按田派夫，其法曷嘗不善，沿弊至今而不可問也。文武、縉紳、舉貢，生員盡行優免，渠夫竟成不易之例。不思均賴渠水，貴賤何殊。既經優免於紳衿，何堪偏累於黎庶？況科歲兩場，新進不下十餘人，則渠夫既免數十餘名。且新獲一員，即免一丁。兼之渠道之淤塞日甚，即使加夫挑濬而猶恐其或疏，詎敢屢減若是乎！渠工之夫役有限，占免之鯨吞無窮。將見渠夫日少而優免日多，總費盡刑楚而欲水利疏通，此必不可得之數也。慘慘窮黎其何以堪！此不利於渠道者其弊三也。夫優免之例，天下皆然，亦何嘗盡向渠工而優免之也。尋股覓項者，法不一設，何若亦照各省州縣之例而優免之為良也。不論紳衿士庶按田派夫上渠，通力合作雲興子來，則用力少而成功多，水利之疏通可指日而待也。若此，則比戶豐登到處收穫，小民得免偏累之苦，渠道永無淤塞之妨。而且正供易於輸納，禮讓生於富厚，登斯民而衽席之者，在此舉矣。卑職識淺才疏，謹抒所見，伏祈憲臺採而行之，則地方幸甚，民生幸甚，各衛所無不幸甚。

又　　上保甲田畝書

竊照保甲不立，閭閻易於藏奸；田畝不清，小民苦於賠累。則立保甲、清田畝誠為政之先務也。是以憲臺痛念民瘼、留心地方而有此一舉，蓋不忍豐歉異數、賢奸雜處也。然此法廢弛由來已久，使於此而不釐剔之，割晰之，誠恐更正於目前而不能流行於後世也。寧夏積弊因仍，實難僕數，卑職叨任平羅，惟就平羅之弊，敬爲憲臺陳之。

一、查寧左、右、平羅輸納民堡交相雜處不等，衛民輸納所倉，所民輸納衛倉，原爲倚近就近而設，然雖便於輸納而礙難行乎催比。既云倚近就近，何若就將倚近之民歸於倚近之屬，則凡催比亦不致煩擾糾纏。如漢渠一帶各堡，原屬寧衛，而其間亦有左、右、平羅之民，請俱撥入寧衛。如唐渠上段玉泉一帶各堡，原屬左衛，其間亦有寧右、平羅之民，請俱撥入左衛。如唐渠下段渠西洪廣營一帶各堡，原屬右衛，而其間亦有寧左、平羅之民，請俱撥入右衛。至於唐渠大稍一帶原屬平羅所，而其間亦有寧左、右之民，請俱撥入平羅所。以上民粮相易，倉口仍然，此不加少，彼不加多，以便催徵，庶兩得也。

一、查寧民上納銀粮股項名色甚煩，此項未完，彼項又催，紛紛擾民，實爲不便。而且輕重不等，如潮礆地畝，原係隨粮上納之項，雖有加派之煩，然而有限，百姓易於輸納。但麥饌一項係民輪流輸納，每名交納正項銀一兩五錢，其間總旗科派隨項火耗，須用二兩有餘，然止免渠草一分而已。查壩草一分不過五錢有奇，而渠工一分出自身力，則派納麥饌，偏累孰甚焉。再如公用一項，每名納正項銀二兩六錢，據花户完納須用四兩有餘，且無田可種。其係百姓包納，雖有輪流之名，而何嘗公行輪流也。蓋均係民餘，有終身未當此差者，有三五年輪當一次者，甚至有公用方畢而麥饌隨之者，此其故蓋緣書役、總旗之輩詭弊作俑，擇人而食，稍不如願即行派當，此種積弊深爲髮指。

一、外民身差平羅所，每年解銀一兩六錢。查外民八名上納此項，其間種田多寡不等，而無田者亦有之，則輕重亦屬不均。

一、查"樣田"之設，稽其所以，原爲渠夫染病醫藥之費，名曰"藥餌養田"。嗣後久遠，訛名"樣田"。每分種田有十四五畝者，有八九畝者。及查實種之田竟四五十畝不等，而每分止納銀九錢四分，此外毫無差擾，無乃過少。況平羅所納户却在寧夏等衛領串完項，則糾纏亦爲不便。

一、查養廉田一分應納粮一石五斗，上銀三錢六分三厘五毫，係平羅營參府養廉之田。但止知種田而不知上納銀粮，總旗節年包賠，百姓難免科派，合將此項錢粮灑入閤所田粮之内，永作無粮之田，庶總旗不至包賠，而百姓免受科派。

卷查卑所應納潮礆銀三十一兩一錢八分八毫六絲一忽八微；地畝銀二十五兩八錢九分八毫八絲；軍需麥饌二十六分，納銀三十九兩；公用十分，納銀二十五兩九錢五分四厘五毫；外民身差八名，納銀一兩六錢；樣田十分，納銀九兩四錢；養廉銀三錢六分三厘五毫。以上總該納銀一百三十三兩三錢八分九厘七毫四絲一忽八微，合將此項銀兩俱統歸入平羅所二千七百四十二石七斗五升九合之内，每田一畝攤銀四厘五毫九絲。或在憲案不便没此股項，而在卑所盡行裁去名色，俾百姓止知完納正項而永無各色煩擾。令平羅所自徵自解，限定四月完半，九月全完，庶政不煩而民不擾也。但外民身差以及樣田既將此項銀兩派入糧内，而所種之田亦應辦納糧草。

一、查百姓渠草有上壩草者，有上硝場者，有上預備北窑者，但其間不惟苦樂難均，而且徵催不便。預備北窑向係寧夏屯千總徵收，合將寧夏衛民令上預備北窑，餘者仍令輸納壩草。硝場草向係左衛屯千總徵收，合將左衛百姓令上硝場，餘者亦令輸納壩草，至右衛、平羅所俱令輸納壩草。如此則民便於輸納，而官府亦便於徵比。

一、渠夫原因田而設，苦樂自應相均，竊查渠夫，竟屬不然。有種百畝而止完渠草一分者，有種田三二十畝而亦完渠草一分者，甚至有無田而有渠草者，而亦有有田而無渠草者，苦樂實爲不均，各衛等所類皆如是。請令衛所各造渠册一扇，每九十畝均爲一分，四十五畝均爲半分，每田三畝濬渠一日。渠草照分上納，庶强梁不至隱諱，而窮黎免受偏累。

一、唐、漢兩渠陡口、枝渠向係官夫挑濬，則大渠未免分力，無惑乎渠道淤塞也。蓋惟患大渠不通，大渠若通而枝渠何患焉？蓋亦枝渠受水之民望水心切，自應努力挑濬。合將枝渠官夫派入大渠，令枝渠受水之民自行挑濬。

一、唐、漢兩渠各橋梁有免渠一分者，有免渠二三分者，甚至有免渠並免草者，原爲造橋而設。今查修橋之人俱係臨近之民，而占免之人永不與焉。則無故占免，大屬痛恨。合將橋夫派入渠工，令臨近者修補，則渠夫加多而渠道自應疏通。

凡此數條，積怨於民。一經洗滌，百姓同感。竊恐奸宄側目，惑衆亂法，是望憲臺裁定可否，斟酌力行，則恩垂不朽矣。

按：韓君雄略，晋人，係康熙間平羅所官。條陳利弊，卓有經濟。其幕友廉子璋刊爲一卷，今於市肆亂帙中得之，録其四。

碑

通智　唐來渠碑

我皇上御極以來，宵衣旰食，軫恤民隱。以萬民衣食之源在於水利，特命侍郎臣通智與原任侍郎臣單疇書在寧夏查漢托護地方，開惠農、昌潤二渠，築新渠、寶豐二縣，招户墾種，[1]大工將竣。雍正八年，荷蒙聖恩，復念唐來、漢延等渠，灌溉地畝，寧郡民食攸關，其閘道埧岸，廢弛損壞，若不補修，將來難以經理。以臣通智在寧開濬渠道，自然明悉，著會同臣史在甲，即行查議。臣等詳勘確估，三渠工程難以並舉，奏請先修唐渠。奉旨："依議，欽此欽遵。"

伏查唐渠，始莫可考。觀其形勢，自青銅峽百八塔寺下，分河流爲近水口。[2]由大壩繞寧城，踰平羅，入於西河，綿亘三百零八里。沿賀蘭山一帶田地，均資灌溉。遍稽志乘，名曰"唐來渠"。元時，行省郎中董文用、河渠提舉郭守敬曾加疏導，而閘座猶係木植。至明隆慶間，督儲河西道汪文輝始易木爲石。後一百六十餘年，雖例設歲修，而司其事者，多因循苟且，遂至閘座傾壞，渠身淤澄。臣等遵旨濬修，爰於雍正九年二月二十日，率領效力文武官弁等四十員，並協辦寧夏道、府、廳、縣，分布興工。起自進水口，其迎水壩甚低，且多沖壞。般運峽口石塊，雜以麥草，直分河流，幫砌石壩，兼內外馬頭，共長三里零十丈。倒流河決口寬百餘丈，每年用草滾埽，一遇大水，仍行沖決，水勢既下，難以挽之使上。且安瀾閘底高水背，又被沖刷傾壞，仍循舊跡，自上流另開渠身一百八十餘丈，順引而下，扼頂沖處，造滾水石壩三十丈。水小則束之入渠，水大則從壩出，以殺急湍。又將安瀾閘移下，迎溜展造四墩五空石閘一座，以退餘水。其大小雙閘，底高空窄，出水不暢，乃稍移而南，合造三墩四空石閘一座，易名"匯暢"。寧安閘底既高，而南馬頭又突，乃落底展修三墩四空石閘一座。關邊閘雖出水甚利，並正閘、貼渠、底塘、梭墩、石牆俱多損壞，皆添石重修。並展造橋房十三間，以及碑亭、廊房數楹。正閘之北爲龍王廟，因舊制而恢廣之。

凡退水尾俱短，水出即折激湍之勢，淘坑沖刷，以致閘座不堅。因勢疏濬，順引歸河。且退水歸入倒流河，反與大流河漾水會射刷壩，不但大壩日險薄，而田地時遭淹泡。因於來水口厚加修築，使水順流而下。壩岸既堅，旁地俱可耕種。自進水口抵正閘前，計九里三分零八丈，皆沙石淤塞，分爲一工。自正閘後抵月牙湖腦三十二里八分，抵玉泉橋又二十二里一分，抵寧化橋又二十三里二分零十一丈，抵大渡口又二十一里七分零一十七丈，抵和碩墩又二十一里八分零二丈，渠西浮沙彌漫，渠內淤澄甚厚，壩岸低薄，分爲五工。自和碩墩抵三渠灣二十四里三分，抵保安橋又二十一里七分，抵滿達喇橋又二十三里一分零一十一丈，抵站馬橋又二十五里六分。雖有壩岸，而偏坡轉嘴甚多，分爲四工。自站馬橋抵張明橋二十六里一分零八丈，抵張貴橋又二十四里一分，抵李市橋又三十八里七分。渠身太窄，淤嘴亦多，分爲三工。渠尾淤塞，餘水即洩入諸素湖，一遇水大則漾漫田畝，因循舊跡，越廢邊十二里九分，分爲一工。俱派撥文武員弁，督夫濬修，不但淤者去之使平，薄者加之使厚，低者培之使高，窄者展之使寬，即渠內大坡，約下三四尺以至丈許，且將尾稍引入西河，水有攸歸，地亦可墾。凡渠內水緩沙壅則多淤澄，因對偏坡轉嘴，相度斜射沖刷之勢，布設馬頭，使沙不停留，則水自無阻滯。又一切受水險坝,加幫柴柳土堡,梳背長坝馬頭背土培厚。內外相兼,可免沖決。橋座一十有七,皆添木補修。新開渠尾架橋二座,以通往來。又於正閘梭墩尾及西門橋柱刻劃分數形勢,兼察淤澄。渠底布埋準底石十二塊,使後來疏濬知所則效。於四月十四日,工竣放水。

是役也,皆仰體皇上愛養斯民之至意,而竭蹶從事,不遺餘力。即在工文武員弁,協辦寧夏道、府、廳、縣,亦莫不歡忻鼓舞,不遑寧處。計共添運物料,僱覓夫匠,總需一萬八千餘金。自興工以至放水,爲時五十三日。民不覺勞,而大工以濟。落成之後,規模一新,渠流充暢,高下地畝,優渥沾足。萬姓歡騰,群歌帝德。惟願後之司其事者,毋怠忽以從事,勿肥己以病民,則渠水無匱乏之虞,而億萬斯年,寧民得享盈寧之慶矣。[3]是爲記。

又　惠農渠碑

黃河發於崑崙,歷積石,經銀川,由石嘴而北繞鄂爾多斯六部,落入黃甫川。逾潼關,會泗沂,合淮歸海,源遠流長。而朔方一帶,導引灌溉,厚享其利焉。獨查漢托護地方,沃野膏壤,因漢、唐二渠餘波所不及,遂曠爲牧野。我皇上軫念寧夏爲邊陲重鎮,建新城,設將軍,領兵駐防。特命侍郎臣通智,會同督臣岳鍾琪詳細踏勘。嗣命臣通智偕侍郎臣單疇書專董是役。復揀選在部、道、府、州、縣十五員,命赴工所分司其事。又奏請調取官弁武舉等十有二人,共勸厥工。

乃相土宜,度形勢,以陶家嘴南花家灣爲進水口,近在葉昇堡之東南也。黃流自青銅峽口而下支派分流,至此而滔滔汩汩,順流遠引,足溉數萬頃之田。其渠口石子層累,底岸維堅。由此而東北,遍歷大灘。擇地脉崇阜處,開大渠三百里,口寬十三丈,至尾收爲四五丈,底深丈一二以至五六尺不等。高者窪之,卑者培之。引入西河尾,並歸黃河。建進水正閘一,曰惠農閘。建退水閘三,曰永護,曰恒通,曰萬全。節宣吐納,進退無虞。設永泓、永固暗洞二,以通上下之交流。設彙歸暗洞一,以洩漢渠之餘水。[4]正口加幫石囤,[5]頭閘堅造石橋,則渠源不患沖決。時建尾閘以蓄洩之,外累石節,以鞏固之,則渠稍可以永賴。大渠口以東,俱引灌大渠水,其田勢高處,刳木鑿石爲槽,以飛渡漢枝渠之水而東之,仍不失其已然之迹。西阪渠尾以南,直抵渠口。其西岸不能歸暗洞之小退水,特留獾洞,放之大渠一帶出之,亦絕無漲漫之患。任春、葉昇二堡,爲往來孔道,於正閘覆造橋房,旁列數楹,可爲守者居,兼爲行者憩。建龍王廟,立碑亭,以記工程,並壯觀瞻。沿渠之橋二十有二,西河之橋十六,行走往來,[6]賴以普濟。

其枝渠四達,長七八里以至三四十里者百餘道,均作陡口飛槽,而戶口人民又沿渠各制小徒口,[7]小獾洞千餘道,以相引灌。自此溝塍繡錯,二萬餘頃良田無不霑足。於渠之東,循大河涯築長堤三百二十餘里,以障黃流泛溢。於渠之西，疏通西河舊淤三百五十餘里，[8]以瀉漢唐兩渠、諸湖鹼水。各閘旁建水手房四十二所，以司啓閉。遍置塘房三十七處，稽查邊汛。而大渠長堤以至西河，兼恃防護渠堤，兩岸俱夾植垂楊十萬餘本，其盤根可以固垞，[9]其取材亦可以供歲修。

至於東北隅一帶，其地尤廣，其土尤沃，改六羊河爲渠一百一十餘里，以佐大渠所不及。奏請建縣城二：其一在田州塔南，爲新渠縣；其一在省嵬城西，爲寶豐縣。立縣令以膺民社，設通判以司水利，建學校以育人材，置營弁以備防汛。移市口於石嘴，漢夷皆便；建城堡於山後，守禦相資。

茲役也，蒙皇上特頒帑銀十六萬兩，以爲工匠車船、一切物料之用，纖微不累於民。肇始於丙午之孟秋，①工竣於己酉之仲夏。② 向之曠土，今爲樂郊。復蒙天恩廣被，[10]又頒帑銀十五萬兩，以爲招來户口恒產耕種之資。由是億兆歡呼，爭先趨附。闢田園，葺廬舍，犁雲遍野，麥浪盈疇。勤耕鑿者歌帝力，安隴畝者頌高深。奏之九重，錫以嘉名，曰"惠農渠"。遐陬赤子，盡戴光天；邊塞黎民，欣逢化日。誠國家萬年之基，而民生世享之業也。爰立石而爲之記。

又　　昌潤渠碑

雍正四年，歲次丙午，皇帝命侍郎通智、[11]單疇書，會督臣岳鍾琪，經營查漢托護地方。開大渠以資灌溉，築長堤以障狂瀾，易畜牧爲桑麻者，三百餘里。但大渠之東南隅，[12]灘形廣闊，水難遍及。有黃河之支流名六羊河者，口形如列指，泝游數里，復合爲一，迤邐而北，經大小方墩，越葫蘆細，歷省嵬城，而仍歸於大河。沃野腴壤，綿亘百餘里。因迤黑龍溝而西，故水勢順下，漫無停蓄，不能引之灘中，河之下流遂淤。率諸執事，循其已然之迹，順其勢而利導之。凡垞、岸之傾圮者，培之使平；河流之淤塞者，濬之使通。爰於渠口建正閘一，曰昌潤閘。外設退水閘，曰清安，使水有所瀉，以備歲修堵口也。內設退水閘，曰清暢，使水有所分，以殺湍流漲溢也。相地制宜，分列支渠二十餘道。中多高壤，不能盡達，復設逼水閘三，曰永惠、永潤、永屛，束之使其勢昂而盈科而進。仍由故道以入於河。諸閘既建，俱跨橋以通耕牧往來。正閘之上，覆以橋房，其旁則立有龍王廟、碑記亭。渠兩旁俱插柳秧、資其根力以固垞岸。自此啓閉以時，蓄洩有方，而大渠以東遂無不溉之田矣。欽定名曰昌潤渠，以昭示來茲，垂之永久。是役也，用以仰副我皇上仁育萬物無遠弗屆之至意。渠之兩旁，良田萬頃，比戶千家。白叟黃童，均沾惠澤；[13]青山綠水，悉載鴻慈。[14]誠盛世之遠謨，[15]而萬年之樂利云。

---

① 丙午：雍正四年(1726)。

② 己酉：雍正七年(1729)。

黄廷桂　　重修昌潤渠碑

《書》載：①"禹別九州，隨山濬川，任土作貢。"《詩》亦云：②"信彼南山，維禹甸之。畇畇原隰，曾孫田之。"是體國經野，莫重於導川澤、濬畎澮、別疆埸、正貢賦也。我國家重熙累洽，聖聖相承，以恬以養，訖日出日入之鄉，罔弗登於衽席，而宵旰憂勤，尤惓惓於溝洫稼穡間。南北水利，皆以時次第修舉，有禹功之所不到者。甘肅地多沙磧，[16]半屬不毛，有水泉可引，亦不遺疏鑿。安西之導蘇賴河等水，鎮番之屯柳林湖，其地俱鄰外部。漢、唐來有郡縣之名，而無開闢之實，今一望盡膏腴矣。更著者，寧夏惠農、昌潤二渠，暨查漢托護地數百里，立二縣新渠、寶豐，闢田萬頃，安戶萬餘家，費金錢數十萬計，聖朝之愛民深而水利溥，有如是夫。

皇上御極之六年，余奉命撫甘。敕以設法疏通水利資灌溉爲先。既披圖籍，寧夏之昌潤渠已廢。蓋乾隆三年，坤維弗靜，新渠、寶豐城俱陷，奉裁，渠亦以坍堙。四五年間，修復惠農渠，就濱河長堤內，加築新堤以障之。無何，水決四堆子，彌漫無能爲力。姑於四堆上橫築堤，而西屬賀蘭山之阪，於是惠農渠止引灌堤以內。堤以外原隸寶豐二十四堡，田皆棄爲汙萊，無復言及昌潤渠者矣。歲時咨度，訪求議者，率築室道旁，莫得其要領。

八年，寧夏太守楊灝至任，力言堤外田必不可棄，昌潤渠必可修，往復竟其說，畫沙觀火，原委較如。其大指曰："寶豐田視新渠肥美，棄於橫堤外無敢議復者，怵於河決爲患也。夫河不當與爭，向築堤去河甚近，故一決不可復支。自築橫堤後，孑遺黎民愛其土，任耕弗忍去，於四堆子決處草草築月堤自衛，究亦近河難恃。今度歷年遷徙之形，遠爲之堤，使水得漾洄而下，其新舊堤之間斷而弗屬，殘缺而易陵者，各相險夷以補苴之。總之無與河爭，河漲旁岸而止，不激之使橫流泛濫，而乃可以議濬渠。昌潤渠本因黃河之支流六羊河舊口，迫近河，直其衝，易潰壞難復。其下游尚間有故道可循。今察地利，揆土宜，借六墩廢渠口，鑿惠農渠東岸，建分水閘，引注昌潤渠故道，溉橫堤外田甚便。而惠農渠兩岸，卑薄者倍高厚之，使能多容水無潰，更於其上游建滾水壩以暢水勢，水當無不敷，而乃可以議開墾。大都始開墾患無力，既墾患賦重，田無餘，令來墾之民力能自給者，聽察其務其本自勤。貧而無籍，爲之計居室、牛耕、農器，量給以口食，使得安心耕作，寬其成賦之年，則從中下，並爲留廬舍場圃地，無尺寸以繩之。願出其野者必益衆云。"余壯其說，爰躬親按視，知其必可，起而行，與阿方伯今山右中丞謀，以

---

① 參見《尚書・禹貢》。
② 參見《詩經・小雅・信南山》。

二千金爲權輿，條其概上聞，奉硃批："開渠闢墾，皆務農之本，實慰朕懷，欽此。"檄楊灝如議舉行。

　　未幾，而堤功告竣矣。新渠堤凡長二十五里，高厚而堅。在四堆子民堤內，距河一十五里許。且因民堤引長之，與橫堤之脊相屬，計七里。由四堆子北至石嘴子，沿河長堤七十餘里。由四堆子南至通澄堡，沿河長堤五十餘里。各補其殘缺，以防患於未然。未幾，而渠工告竣矣。自六墩廢渠口，鑿惠農渠東岸，建分水閘，甃以石，引注昌潤渠故道，至尾閘凡長一百六里。修惠農渠岸，自楊和堡河西寨歷五香、六中、渠口各堡，各易沙以土，實土以薪，無慮百有餘里。惠農渠之上游，水旁洩於俞家河，伐石建滾水壩六十丈，以蓄洩之。且榜曰：[17]昌潤渠之下，疏仁義、官四、交濟等渠，各分引惠農渠水，以益昌潤渠之勢。又於橫渠外，展修惠農渠尾四十餘里，多開支渠，以助昌潤渠所不及，高下田無在不得水。未幾，而墾田有成數矣。後先招徠凡三千五百餘戶，墾熟田凡三千一百六十七頃。內貧無籍者七百餘戶，皆居之食之。畀之牛種農具，俱無失所，與力能自給者同。徂隰徂畛，歌盈寧矣。

　　余聞之喜而不寐，乃往觀厥成。渠流活活，數年前之斷溝堙瀆也；重堤翼翼，數年前之決瓠浮桑也；周原膴膴，數年前之苞杞叢榛也；室家溱溱，數年前之敗垣頹壁也。聖天子勞心邊塞，弗忍一夫一婦不被其澤，而今乃可稍寬宵旰於萬一也。因臚列入告，特敕部臣以中下定則，六年後入籍。

　　余旋節制兩江去。十六年，復遷視陝甘。再閱即成賦之期，寓書甘中丞楊公，察其渠之疏滯、堤之圮修、田之蕪治、戶之耗庶，以仰體天子藏富於民至意。[18]得復視舊安阜有加，所謂"民留有餘，弗尺寸繩之者"，咸有同心歟？[19]先是，臺臣中有復修昌潤渠之議，咸以爲徒勞民傷財，功難成。是故視其見之定與弗定，心之堅與弗堅耳。抑嘗讀史，賢牧守所至，率以導水泉，制田里爲亟亟。如漢之虞詡、郭璜，唐宋之李聽、楊璟，功尤多見於朔方。皆遭逢聖主，得從容展布以有成。今我皇上爲民計衣食之源，惓惓於溝洫稼疆，如是，雲從龍，風從虎，大小臣工各承宣而導川澤，濬畎澮，別疆埸，正貢賦，俾蒸黎共慶有年，熙熙於出作入息，蓋有莫知其然者。[20]修復昌潤渠，其端一也。[21]敢謹志之，以告後來。

　　俞德淵　　重修文昌閣碑

　　吾邑城外東南隅，舊有文昌閣，係乾隆二十四年庠武生龔弼倡衆建修，歷數歲始成。每春、秋二仲之月，邑紳、士筮日告虔，相與飲餕於其中，蓋隱寓厚風俗、勵學校之至意焉。

　　自今皇上御極之六年，敕天下州、縣專祀文昌帝君。由是，闔邑文武官僚省牲致祭皆於是乎，在斯閣也，抑亦典禮之攸關云。顧舊制，閣左右，鐘鼓樓各一，後爲寢殿，前爲兩廡，再前有過庭三楹。觀者謂規模雖具，尚宜爲踵事之增。越嘉慶七年，有士人張德緒、龔毓秀、王士彥、吳起鳳等，營運籌措，於閣前拓地數丈，增築臺基，甃以磚石。議立山門、迴廊以壯觀瞻，緣經費不充，爲之中止。甲戌春，有劉俊、張毓秀、吳起鵬等，念前功之未竟，相與計畫，發願重修。於是鳩工庀材，刻期興工。前立山門，門之內樹以屏。建南北軒各三楹，窗櫺皆外向，以便觀眺。其過庭之旁，悉爲轉道游廊，亦各有牖，曠如而奧如也。其餘缺者補之，圮者修之，丹漆剝落者，采繪而黝堊之。既飭既備，嚴嚴翼翼。又於門前豎旗二杆，高可三丈餘。自閣至門，各處懸以匾聯，金碧晃耀。登斯閣者，煥然爲之改觀矣。是役也，經始於甲戌四月，至乙亥五月告成。董其事者，趙登泮、孔可進、吳雲封；襄厥成者，吳雲嶺、閆大業、閆登甲、王蘭、劉立和、閆鴻業。計費四百餘金，皆出諸君併力區處，多方籌化所得。應將各施主姓氏及所捐數目另爲匾額書之，以示不沒人善之意。顧議者謂閣前有流水一道，宜砌池如園橋狀，於上建立碑坊，方足以收勝概而成美觀。斯則有志未建，姑俟諸後之樂善者云。

王楚堂　　又新書院碑

竊以平邑設立又新書院歷有年所，因經費不充，以致旋興旋廢。余於丙寅七月蒞任茲土，有志重修，亦緣膏火等項一時無款可籌。迨十三年秋間，始於書院添建房屋，置備器具，粗立章程，本年延師開講。甫經一載，茲余奉檄量移。念書院並無恒產出息每年可爲師生脩膳膏火之需，誠恐事難經久，余節三年之廉俸，得錢二千二百串文，全數捐入書院，又有學租餘錢三百串文，一併交闔縣當商生息，每年得息錢三百串文，以爲書院經費。當商領據一紙，移交後任收存。至於如何酌議俾書院得垂久遠，並籌款擴充經費諸事，切有望於後之君子。是爲記。

徐保字　　義學碑

義學之設，古者家塾鄉學遺意也。平羅社學久廢，貧寒子弟無力讀書，遂甘暴棄，余惜焉。因構屋於城之西南隅，捐修延師，不數月而來學者以百計。茲赴玉關，慮事之不卒也，爰分廉俸三百串文，發當商生息，作每歲修脯。行諸久遠，踵而增之，有望來者。是爲記。

又　　義倉碑

夫善政莫重救荒，民命莫大積貯。義倉之立，計至深遠。然其中弊病百出，在司其事者，爲之何如耳？道光五年秋，大府檄飭各州、縣勸捐義糧。時有按田畝者，有均差徭者，有勤追呼而樂比較者，余謂此非所以爲勸也。平邑地瘠民貧，一切寒薄之家，概置勿問。傳各堡二三殷戶到署，親自曉諭，隨其捐數，書之於簿。旬日間，得倉斗粮二千七百石有奇。內正閘堡俞德涵捐粮二百石，爲闔邑冠。無一粒勒索百姓，無一毫假手吏胥。惟收市斗一石，而報倉斗一石五斗。不無因地變通，然爲積穀翁化慳吝之風，用意亦良苦爾。

樊淇　　武當山配殿落成碑

蓋聞五時禪會，參象教於仙峰，四面金身湧蓮華於法海。粵平邑有武當山者，連亘賀蘭，因祝玄武之像而名之也。香烟之盛，歷年已久。至乾隆四十年間，山中石壁忽現佛像三尊，前禪師省仁因於玄武殿後鑿石拓土，募建大殿五楹，供像于其中。疾苦災危，有求必應。功名嗣裔，無感不通。惟是規模草創，美奐未彰。其徒有廓能、宗綱者，心空三昧，道識六如，立願增華，虔心起造。遠近景附，檀越雲集。爰就兩廡之間大配十方之院。翬飛煥彩，粉堊凝霞。不獨郡邑民人無斷白蘋之薦，即如東西部落亦來絳節之朝。梵唄香花，于斯爲盛。紺宮琳宇，自古爲昭。嘗讀大唐多寶佛塔碑文云："發行者因，因圓則福廣；起因者相，相遣則慧深。"其即此物、此志也。茲緣告厥成功，社中善信欲表作述之由，俾夫後之人有所觀感而奮興也。是爲記。

記

齊之鸞　　北關門記[22]

自河東黃沙之長城百里，烽臺十八，廢不能守。於是河西三關遂棄，而虜得取徑賀蘭，以侵軼莊浪、西海。朝下其議于總督王公瓊，瓊謂副使牛天麟與之鸞："河東西之障烽，遺墟故在也，何名爲復？第未有必守之策耳。[23]如可復也，亦可失也。"因上議請於唐朔方軍故址北數里，爲深溝高壘，連屬河山。徙堡之無屯種者近之，以助守望，則虜自不能入，可漸恢復。有詔鎮巡官舉行，時之鸞實董其役。由沙湖西至棗兒溝，[24]凡三十五里，[25]皆內牆外塹。爲關門二：東曰平虜，中曰鎮北。爲二堡，圍里百二十步。徙故威鎮、鎮北軍實之，又徙內堡軍之無屯種者於西隈，爲臨山堡。爲敵臺四，燧臺八。沙湖東至河五里，漲則澤，竭則壖，虜可竊出，皆爲牆，以旁室其間道。於是河山如故，而險塞一新矣。

孫汝匯　　漢唐二壩記

黃河由崑崙、積石入峽口，繞寧夏東西，直流而北。東作渠引流曰"漢渠"，漢之西曰"唐來"，自董文用、郭守敬開導授民，其利遠矣。迄今渠久浸淤，[26]歲發千夫濬之，木植勞費，不啻萬計。昔謂黃河獨利於夏，茲困也孰甚？

隆慶壬申，①憲大夫汪公〔文輝〕恫念民隱，登覽流渠，[27]憮然嘆曰："是閘也木也，洪濤衝溢，非木可支，盍易石爲砥柱乎？"乃議於中丞抑庵張公〔蕙〕、總督晉庵戴公〔才〕，奏請改築，報曰"可"。公沾沾喜，謂可以殫厥謀也。爰畫方略，審勢

---

① 壬申：隆慶六年（1572）。

繪圖，每壩設閘六，閘用石若幾，授工人試之。無何，公擢尚寶，督撫公各遷去，工將興而未就，衆議紛然，事幾寢。萬曆癸酉，①中丞念山羅公〔鳳翱〕撫夏，先憂首詢厥役，亟聞之督撫毅庵石公〔茂華〕矣。[28] 會甲戌憲大夫解公〔學禮〕至，②檄總其事。解公曰："汪之加志於民若此，前功弗舉，其責在我。"乃以協同劉君濟、沈君吉、都司楊恩、守備朱三省統理，通判王銳、薛侃司計會，經理李耀、[29]千戶劉楫司公務。役出於軍夫，石取諸金積山。甃砌惟堅，二閘屹然。[30]經始，公諭役者，是用爲式，可次第舉之。諸執事任勞益淬，民亦欣欣相遇，[31]孰不爭先而趨赴也。丙子秋，③唐壩落成。迨丁丑四月，④漢壩亦相繼告竣。壩之傍置減閘凡十。中塘、底塘及東西厢、南北厢，各覆以石。上跨以橋，橋之上穿廊軒宇，豁然聳瞻，臨流而溯源，誠塞北奇觀矣。

夏人興禹功河洛之思，謀勒碣以紀數公之永永。劉君等請於越東孫子，孫子曰："事每相待而有成，爲民事者，始終相乘，[32]乃克有濟。故蕭曹丙魏，自古稱之，以其畫一而同乃心也。是役也，汪公創之，其施未竟，天將啓其機以有待乎？使後相齟齬於其間，一道傍之室耳。今共懷永圖，一殫力而萬姓捐勞，百千年攸賴，豈云厥功甚鉅？蓋君子苟有利於生民，不必謀自己始，功自己出。彼數公者，心同而量弘，度越古今萬萬矣。其天爲夏民，俾相待而共濟之若是耶？休風協美，用詔將來。若籌略壯猷，數公更僕未易舉，茲特述其水利云。"

通智　　石嘴山土神祠記

侍郎臣通智、大理寺卿臣史在甲，奉命董興是役。方大功未舉，計用石、鐵、煤炭爲數甚多，遠用恒艱，爰於石嘴相度採取。托皇上天福，山川獻瑞，應手而得。取石十萬餘丈，鐵五十萬餘觔，煤炭不下十萬車，閘座、城堡不勞而成。且向之荒灘，今成沃壤。耕鑿遍野，鐵、石、煤炭取之不盡。更出乾泥燒造磁窑，以資民用，萬戶歡呼。因上奏九重，欽奉硃批："此皆上天仁愛蒼生之大德，朕以手加額覽焉，欽此。"臣等仰體國家崇德報功之典，於山之陽擇地建祠，俾山土神祇有所憑依，人民商賈得抒誠敬。於是乎記。

宋惟孜　　平羅書院記

平羅文廟之重修也，余既合衆志以成之，計其餘資，尚可構屋數十椽。因念平邑士多樸茂，而文風不振，非盡不堪造就也，由造之者之無其具也。上之教不先，則下之趨不力，以故因循苟且，卒成鹵莽之業，欲求一瑰瑋磊落、超拔流俗者，

---

① 申酉：萬曆元年(1573)。
② 甲戌：萬曆二年(1574)。
③ 丙子：萬曆四年(1576)。
④ 丁丑：萬曆五年(1577)。

渺不可得。寧父母斯民，而可視作養爲度外事耶？爰議立書院爲肄業之所。卜其地於城西南隅，乃得官基一區，可畝許。相度經營，指畫規式，亦囑史子繼經、鄭子量董其事。未幾，講堂建，齋房成。所餘繚垣未築，門户未設，以及庖湢之所未備，因可計日而觀厥成也。而余以丁丑夏罷官，①其事遂寢。然所以具先生之修脯、供生徒之膏火者，則有聖廟外市房二十五間，歲可收租錢二十餘千；靈沙堡田八頃、清水堡田二頃，歲可收租糧四五十石。書院之立計，未始不周且詳也。顧繼事者因比年軍需絡繹，日不暇給，故工卒未竟。今余將歸矣，不爲之記，恐劃爲中廢者，有負平之後進，並負史、鄭二子數載締造之苦心也。筆其事以告同志，倘因是而成之，其有造於平之人士何如哉？則又非余一人之私幸矣。

徐學彩　　吉蘭泰鹽湖記

　　吉蘭泰，蒙古名"擠拉臺"，在定遠城之東北，相距二百餘里。西傍黑山，東鄰瀚海，草木不生，人迹罕到。乾隆丁未，②西寧回民馬君選，赤貧無籍，謀食蒙古，始以此地產鹽白藩王，而開鑿焉，鹽湖之名以此起。鹽運積磴口，亦蒙古地，在湖東北約三百里，逼跨黄河西岸。從此買舟順流而下，貨之五廳、大、朔間。嗣經晉省陳請，復得浮槎太原，以此富致巨萬，而藩王亦藉以充裕，蓋數十年於兹矣。嘉慶乙丑，③余復來甘，需次，適馬君選得罪，鹽湖封閉。七月間，余奉檄赴磴口稽查齷務，維時馬氏肆中虛無人矣。訪詢鹽湖之形勢，思履其地以廣見聞，而遥隔瀚海，渺渺風沙中，非裹餱粮，具鍋帳不能達。丙寅夏杪，蒙古襲爵之瑪哈巴拉以國恩高厚，圖報無門，星使西來，懇請代陳悃款，以鹽湖入貢。仰蒙俞允，飭下募商。余又經奏，委督夫開湖，時已九月下旬矣。跨駝西行，過陸海，躋沙嶺，遥見霜華滿地，瀰望如雲，銀河接天，星芒焕彩，譯使指曰："此湖上鹽花也。"氈幔初張，即褰裳而諦視之，則龜文錯落，歷歷成區，圍圓大小，參差陸離，如數蓮房而擘榴實者然。俄而健兒至，將開一區，袒裼，赤足，着羊皮褲。持鐵具，形如錐，長二尺許，棱棱然，圍可盈把，擇木之有瘦瘤而堅實者竅之而冠，其首大如杵。兩三人力舉而築之，則鹽花紛飛，裂如層冰。譯使曰："此所謂鹽皮也。"皮開，則泥水湧出。用曲項鐵鑱，橫長尺餘，寬半之，翹其邊如覆瓦形，長竿爲柄。入水中，滌蕩而頓挫之，遂爬羅而出，則鹽顆森森然盈鑱中矣。或同時連開二三區，區傍土格端然壁立，厚止容足，可通往來。雖夫役互相震蕩，而土區各藉水力以自衛，無彼此沖損波累之虞，是以不聞囂争。

　　湖徑圍百四十餘里，蓋數千萬區而未已也。獨怪鹽湖之開已數十年，年出鹽

---

① 丁丑：乾隆二十二年(1757)。
② 丁未：乾隆五十二年(1787)。
③ 乙丑：嘉慶十年(1805)。

數千萬觔，積之如山岳矣。而所開不過數里，其區不過數百，如九牛之拔一毛焉。抑又何也？譯使曰："每開一區，鹽出而水澄。月餘後，水皮即結，形如春水。漸結漸厚，四圍委土亦漸就平夷，以相繞護。二三年後，再開之，則鹽顆之充牣如故。"噫嘻！是蓋不竭之府，無盡之藏也。夫天不愛道，地不愛寶。磅礴鬱積之氣，萃爲精華。彼造物者，固將以供聖明之採擇，而普億兆之樂利。此豈區區藩服之所敢私，而瑣瑣商販之所得而擅其利者哉！《易》曰："乾始能以美利利天下，不言所利。"於此可以觀盛朝之大也。塞外苦寒，深秋縮縮。今已近冬，會奉命試辦，而風月暄妍，群情鼓舞，未浹旬而鹽出者數百萬觔。衆以爲湖神效順，當不誣也，遂炷香湖畔而虔禮之。異日者上達聖聰，仰邀封典，則黑山之阿其血食不絕可也。

徐保宇　　改修新濟渠記

新濟渠者，鎮朔堡民田四十二頃養命之源也。先是，鎮朔、洪廣皆受水於唐來之大羅渠，以沙壓不得水，開新濟渠灌之，被其澤者四十年矣。無何渠之側舊有沙窩，始而渠東，忽轉而渠南。渠十餘里橫亘沙磧，由是斷源絕流。夫鎮朔孤懸賀蘭之尾，村墟寥落，灘地荒遠。當封涘，有常信以截上游，有洪廣以堵中段。歲修甫竣，即深通一律，尚難達水到稍，況以沙山限之，勢更不能。然或冬水不得則得夏水，夏水不得則得冬水，未有災黎受旱、困苦流離如今日者也。嘉慶年間，議者移渠西北，因歲歉，事遂寢。茲據鎮民王殿元等呈請改修，意欲避沙窩而佔用洪廣之田。於是洪廣人民紛紛疊控，或謂斷命脉，或謂害民生，或謂澆荒田，或謂霸水路，百計阻撓，爭訟不息。余怫然曰："鎮之民望澤久矣。今有田莫之灌溉，譬有病莫之救援，立而視其死，仁人所不爲也。"遂命駕於洪廣之原，相乃小民，各持一銚一鍤以開挖。其間越三日，工成。其佔改黃姓田畝，斷價四十千，歲納夏秋糧一石三斗六升。所斬楊、沙二渠，令搭蓋飛槽，以通水澤。建橋三座，以通行旅。維時兩造允服，渠開流暢，永享其利。乃援筆而爲之記。

銘

董國華　　俞盛初先生墓志銘

盛初先生卒後越十有七年，次君德淵佐郡蘇州，以母憂解職。將於旋里之日，營窀穸事，而請國華爲納幽之文。蓋先生卒時，德淵方應禮部試，留滯京師。其家以踰月舉葬，故穸石未備。國華與德淵爲鄉試同年生，先後成進士，入詞館，又出宰吾郡，久有惠政。每見以志行相期勖，風誼肫然，不敢辭也。

俞氏世爲江左無爲州望族，明季始隸籍陝之寧夏，數傳至先生。祖考諱天申，篤行好善，多陰德。天申生灝，經術淹通，潛志未顯，是爲百川公，先生考也。

百川公生先生，晚家甚貧，先生雖敏慧，而早歲棄讀，服賈於平羅。平羅，寧夏屬縣，去郡治百里，先生既賈於是，而後母杜春秋高，闕定省，因徙居邑東鄉，遂著籍焉。居賈平易不欺，尤能擇交游，重然諾，介介取予之間。自以早孤露，孝事後母，其卒也，昕夕省墓，大暑寒無間。教諸子有法度，童稚時命習揖讓之禮，就外傅於下塾時，考其勤怠，嗣以食。指衆俱讀，則廢治。生有課諸耕者，而德淵乃壹志嚮學，登嘉慶丁卯鄉薦。① 後十年，以翰林改官南來，所至有聲，而先生不及見矣。竊維先生爲人宅心寬，處事愼，操貨殖之業而躬儒者之範。厥享之昌，有繇來也。抑國華聞諸德淵，微特先生遺澤長也，亦兼有母教焉。始，先生娶於唐，早卒。再娶於赫，德淵兄弟五人所自生也。逮事後姑，成先生之孝，撫前室女有恩，督諸子能不爲姑息。愛恒，深夜縫紝佐讀。偶歲歉，率諸子藿食，而將先熟之麥炊以飯夫。德淵既貴，仍蔬布，且不就養，而歲遣他子至治所察吏狀。嘗曰："愛民本廉儉，吾不忍以甘旨累，且克供爾職，在遠猶朝夕也。"德淵子身在官，清而勤，秉慈誠云。初，德淵以違侍久，有歸省志。而吾郡自三年癸未，淫潦爲災，賑恤方亟，並督濬三江水利。事甫竣，復有檄辦海運之役。"王事靡盬，不遑將母"，遂至屬纊之辰，未親含玉，爲可悲也。而德淵以明達之才，匪躬盡瘁，負當世重望，雖星奔抱痛，而以令名顯揚其親，斯亦孝事之大者矣。先生諱世隆，乾隆九年正月初七生，嘉慶十五年十月三十日卒，年六十有七歲。以德淵官贈儒林郎，晋贈奉政大夫。妻唐，贈安人，晋贈宜人，以先生居寧夏時卒，故即葬寧夏縣鎮河堡百川公塋次。繼配赫，封太安人，晋封太宜人，以乾隆二十一年十一月初六日生，道光五年十月二十四日卒，年七十有一歲。子五人：德涵；德淵，嘉慶丁丑進士，②翰林院庶吉士，荆溪、長洲知縣，蘇州府督糧同知；德源、德洵，寧夏縣庠生；德清。女二人，莊傑、張忞其婿也。孫七人。墓在平羅縣東鄉正閘堡昌潤渠之陽，其中穴葬杜太宜人。先生以嘉慶十五年十二月某日葬昭位，今德淵兄弟將以道光六年某月某日祔赫太宜人於其右。國華爲書，大略如此。銘曰：

　　躬修儒行，隱於市廛，厥德未宣。既孝既慈，克承其先，用昌於後。昆儷有名，淑貴而能貧。敷化之原，貞石書懿，以垂勿諼，以薦於吉阡。

詩

慶靖王　　賀蘭大雪歌
北風吹沙天際吼，雪花紛紛大如手。

---

① 丁卯：嘉慶十二年（1807）。
② 丁丑：嘉慶二十二年（1817）。

青山頃刻頭盡白,平地須臾盈尺厚。
胡馬迎風向北嘶,越客對此情淒淒。
寒凝氈帳貂裘薄,一色皚皚四望迷。
少年從軍不爲苦,[33]長戟短刀氣如虎。
丈夫志在立功名,青海西頭擒贊普。①
君不見,牧羝持節漢中郎,嚙氈和雪爲朝粮。[34]
節毛落盡志不改,男兒當途須自强。

王崇古　　田父嘆

驅車歷夏郊,秋陽正皜皜。
遵彼漢唐渠,流澤何浩渺。
高卑相原隰,溝澮互環繞。
閘壩時啓閉,壅泄助施巧。
河決堤埒傾,禁弛滋貪狡。
乘春戒修防,灌溉及秋杪。
時和霜落遲,九月熟晚稻。
方忻歲事豐,悠悠感穹昊。
日暮濟河梁,夾河泣父老。
指顧沿河屯,一望漲行潦。
河西田埂没,青苗變水藻。
河東墾沙田,夏旱黍半槁。
二麥幸登場,秋淫聞傷澇。
隔壟異豐歉,比鄰共憂悄。
公家急芻餉,輸積戒不早。
有子三四人,諸孫咸少小。
長男戍薊門,二子守邊堡。
胡虜時憑陵,生死安自保。
幼男方長成,屯田共兄嫂。
老夫輓糧車,諸婦刈秋草。
不願衣食饒,唯願免苦栲。
俗忌多生男,男多生煩惱。
堂下千里隔,民瘼難具道。

---

① 贊普:指吐蕃首領。

予志在安攘,聽之傷懷抱。
豐歲已百艱,凶年轉餓殍。
撫邊無良策,仁民古所寶。
草奏乞皇仁,寬徭勤恤犒。
坐令獫狁裹,列鎮謝征討。
再頌濁河清,窮邊歌熙皞。

楊守禮　　入打磑口
打磑古塞黃塵合,匹馬登臨亦壯哉。
雲逗旌旗春草淡,風清鼓吹野烟開。
山川設險何年廢,文武提兵今日來。
收拾邊疆歸一統,慚無韓范濟時才。①

又　　入平虜城[35]
黃風吹遠塞,暝色下荒城。[36]
門掩鐘初度,人喧雞亂鳴。
胡笳如在耳,軍餉倍關情。
惆悵渾無寐,隔簾山月明。

蕭如薰　　秋征
新秋呈霽色,塞草正丰茸。
杞樹珊瑚果,蘭山翡翠峰。
出郊分虎旅,乘障息狼烽。
坐乏紆籌策,天威下九重。

又　　登南門樓
再過艱危地,風塵二十年。
閭閻曾不改,斥堠至今傳。
對雪嵐光近,瞻雲樹影連。
主恩何以報,登眺意茫然。

通智　　昌潤渠工竣恭紀七律
黃河別派六羊通,石閘巍然跨彩虹。
激起眾流增浪力,引開曲水灌田功。
川輝原潤千村聚,野綠禾青一望同。

---

① 韓范:宋代名臣韓琦與范仲淹並稱。《宋史》卷三一二《韓琦傳》載:"琦與范仲淹在兵間久,名重一時,人心歸之,朝廷倚以爲重,故天下稱爲'韓范'。"

從此遐荒歡鼓腹，群歌大有慰宸衷。
法海　　前題
長堤一帶柳毿毿，永字題橋閘有三。
若說良田無限好，[37]風光誰亞小江南？
程光輔　　前題
淙淙一水發迢遥，疏引渠成架閘橋。
激石長傾星宿派，分濤宛聽浙江潮。
薰風解愠營南畝，潤雨如酥借北條。
功勒賀蘭山嶽峻，六羊汪濊聖恩饒。
費楷　　前題[38]
聖朝川瀆孕靈暉，支引河流石啟扉。
三峽連穿驚浪吼，雙龍起控怒濤飛。
町畦繡錯烟雲潤，原野膏深草木肥。
一道六羊綿澤遠，賀蘭環匝有光輝。
單疇書　　前題
闢土逶迤三百里，建閘開渠跨諸美。
告成先竣六羊工，導流吸引黃河水。
黃河之水遠且長，溉田灌畝法爲良。
奔流直下疾如駛，蟠龍一束十尺昂。
晝夜波濤聲浩浩，勢激閘門濺飛瀑。
旁通支派悉分流，膏腴萬頃徹西曘。
繡壤如雲稼更多，萬家霑足澤滂沱。
即今荒服易康衢，聖治應比唐虞過。
牟允斌　　前題
方今治道隆陶唐，天子宵旰勤廟堂。
庶政惟和民事康，復爾體恤無或忘。
首重厚生惟農桑，慮有惠政遺遐荒。
咨訪中外諄且詳，務使一夫無徬徨。
幅員式廓雄朔方，大半膏壤賴水漿。
孰則宜因孰則創，後先布置胥相當。
兹當夏五渠六羊，告厥成功波湯湯。
蓄洩有方制度臧，綿亘百里歸河黃。
東西支渠百餘強，盈溝通洫注汪洋。

民無病涉通橋梁，碑亭棟宇形輝煌。
夾岸千株樹緑楊，烟雲掩映何蒼蒼。
青苗遍野遥相望，邊氓歡呼皆欲狂。
嘉禾行見即登場，野有露積家倉箱。
含哺鼓腹恣徜徉，華祝衢歌頌羲皇。
小臣拜舞還稱揚，元首明哉股肱良。
新渠工竣更難量，萬民樂利永無疆。

吴敦僖　　前題

聖治同天肇顯謨，恩威遠播流穹廬。
簡任臣工興水利，分疆畫井綿皇圖。
西陲沃壤塊無垠，宜徵地利隸新秦。
闢土授田南亘北，次第宣猷河之濱。
六羊平野百餘里，久作蒿萊没水裏。
舊有河形梗不流，決入旁支誰復理。
一加導引洩百川，因河爲渠實蜿蜒。
大渠支流天工巧，築閘修橋人事兼。
黎庶聞風若雲集，先争樂土寧家室。
一水均沾粒萬民，遠軼漢唐功愈赫。
時維仲夏告厥成，河流湯湯溝澮盈。
自是旱潦無憂業，但見歌聲溢兩城。
幸際盛時開化域，絶塞猶將同畿服。
導河不羨古人勳，億萬斯年慶華祝。

徐學彩　　磴口紀事

捧檄來塞外，時當七月暮。
秋色别有色，蒼茫難盡訴。
風勁似强弩，所過憂傾仆。
黄沙窮馬力，欲馳輒窘步。
行行忽迷途，四望空烟霧。
遥見駝背兒，呼之去不顧。
幸逢賢令尹，譯使導先路。
推挽出磧沙，躑躅生恐怖。
倏聞雞犬聲，喜見燈火露。
村落名何許，烏拉木都處。

裝裹聚族同，牝牡難驟悟。
偶然交一語，掉頭如相怒。
桑麻業全無，芻牧是所務。
幼女能刲羊，稚兒解搏兔。
氈幔逐水草，誰能定去住。
大哉天地德，生生何蕃庶。
覆載總無遺，饑寒廑聖慮。
遣官稽齹政，即此寓補助。
黄河滚滚流，扁舟一葉渡。
我來宣德意，相逢莫猜妒。
剔遏商吏侵，代籌盈絀數。
惠爾邊外氓，從此樂含哺。

又　　題小紀後七律
權將駝背作輕舟，瀚海揚帆九月秋。
也有蘆花飛兩岸，卻無雁影在中流。
暮尋水草安行幔，曉怯風霜擁敝裘。
西望鹽湖何處是，白雲遥鎖黑山頭。

徐保字　　沿河閘
萬綠翳無際，沿堤客跨鞍。
平沙千頃闊，野水一渠寬。
老樹攔危杓，孤禽没遠灘。
畔氓方待澤，何以撫躬安。

又　　由靈沙村至廟臺堡
茲鄉頻苦旱，極目斷炊烟。
核户多逃藪，開荒半訟田。
河聲千丈落，樹色一溪連。
更指前村路，靈旗古廟偏。

又　　昌潤渠稍晚行
戍鼓已沉沉，沙堤向晚臨。
溪聲流暗洞，燈影出遥林。
詎有均田法，難忘濟物心。
獨行風露裏，不覺此宵深。

又　　通潤橋散步

公暇攬幽勝，渠流跨土梁。
水田飛白鳥，野廟蠹青楊。
小市人聲散，空街夜色凉。
蕭然塵外意，一曲在滄浪。

又　　夜宿枯蒿梁

一片賀蘭雪，照人凍裂膚。
邊雲寒欲落，塞月澹疑無。
曲突薪稀焰，荒村酒罷沽。
山窗不成寐，時有夜禽呼。

又　　初冬石嘴子山作

西山殘照馬蹄風，客子天涯類轉蓬。
十月苦寒邊地早，一樽清話故人同。
鱗灘霜落晴沙白，煤洞雲開野火紅。
報最自維慚撫字，樂偕田叟祝年豐。

又　　李綱晚歸

匹騎歸心急，村墟暮雨飄。
蘆灘明夜火，鱗地上春潮。
市近愁更促，鞭長怯路遙。
何如茅舍裏，濁酒醉深宵。

又　　新堡懷古[①]

百尺城樓四面寬，隨藍風裏獨憑欄。
雪花未斷駒騄厩，沙草空迷苦菱灘。
那許蕃酋迎翠蹕，誰從鬼理認緋冠。
藩籬正喜逢清宴，不見烽烟起賀蘭。

河山戰伐朔方碑，亘古難攘寇患危。
夏將譖原由白姥，姚家悔不用黃兒。
邊庭詔已輕茶馬，軍國書空約棗龜。
南望茫茫興慶府，秋風畫角至今悲。

---

① 《新堡懷古》詩共四首。

黑山營外莽雲烟，斥澤鹺灘勢盡連。
河劃東西求割壤，厢分左右重防邊。
紅橋影跨長渠水，綠笠人耕廢堡田。
聞說石崖橫塞外，山頭明月照誰憐。

健兒草竊詎雄驍，抗賊南關將姓蕭。
簪珥犒軍妻自烈，金繒啗虜敵空驕。
何愁北套巢難搗，早見東暘膽已消。
猶幸表忠坊尚在，旌閭戰績話前朝。

蔣延禄　　平羅八景
西園翰墨
高人吟嘯在山樊，隱約書樓見古原。
好趁一渠春水暖，鳥啼花落過西園。
北寺清泉
風迴磧澗響泠泠，閑倚僧寮洗耳聽。
不見飛來峰落翠，置身恍在冷泉亭。
傑閣層陰
和烟和雨柳陰間，高閣凌霄任往還。
向晚開軒憑一眺，蒼茫粉本落西山。
邊墻晚照
一帶頹垣柳陌河，長城飲馬此中過。
揮鞭小住斜陽裏，貪看邊山紅葉多。
馬營遠樹
深林掩映北山崖，一面河流一面沙。
絶好荊關圖卷在，綠雲天外白雲家。
虎洞歸雲
天然邃洞此中開，雲錦誰家幅幅裁。
我已無心空出岫，何年彭澤賦歸來。①
磴口春帆
葉葉風帆塞上行，黃河渡口認歸程。
分明春水江南思，天際吚啞一櫓聲。

---

① 彭澤賦歸來：出自宋代宋庠《有邑子夜宿話余先疇蕉廢》，參見《元憲集》卷二《五言古詩》。

賀蘭古雪

天外一峰劃遠痕，雪山亘古照邊屯。
不知誰把鹽池化，撒向空中補閶門。

岳鍾仙　　登文昌閣

邊城畫閣最稱雄，渠向西流客向東。
乍掃松花開酒甕，還翻麥浪索詩筒。
簷牙鳥度雙聲曲，殿角鈴敲四面風。
乘興歸來情不盡，一鞍斜趁夕陽紅。

賦

岳鍾仙　　河津雁字賦

維黃河之浩蕩，壯紫塞之雄風，當銀疆而一曲，泛蘭葉兮千蓬。高源飛於鳥外，巨浪排於空中。繞地維以並列，與天漢而相通。灌萬姓良田，群歌歲稔；培千秋德水，共樂年豐。記來賓以候雁，羨出渚而飛鴻。原夫隨陽出塞，漸陸衝雲；鳴秋結偶，戲水連群。別去三春，遍歷關河而署字；歸來九月，高揮烟霧以爲文。彼嶺面兮留形，認羊祜山邊碣畫；維波心兮印影，疑曹娥江上碑紋。引足九霄，不啻懸針於曉霧；銜蘆兩岸，如同倒薤於斜曛。未識九丘八索，恍描五典三墳。驚科斗於皇初，蟲書莫辨；訝鳳鸞於太古，鳥迹難分。有時月下歸來，看整斜之錯落；風前過處，盼真草之繽紛。仿佛臨池於太傅，依稀學字於右軍。

爾乃渡洪波，飛大地，凝雙眸，鼓兩翅。如書蒙福之歌，似寫凌波之記；若繪洋洋之詩，儼題括括之字。或過丹楓而勾挑，或翻黃葉而弄戲；或學鳳舞於天池，或摹鷺飛於佛寺。若行若楷，追王彬瀟灑之踪；爲淡爲濃，見張旭風流之致。揮烟墨而疾書，拂雲箋而得意，個個飛騰，行行縱恣。爰爲之歌曰："疏疏幾筆兮印晴川，作勢憑空兮分外仙。格局布成兮文自古，江山題遍兮墨猶鮮。"又歌曰："黃河古渡兮氣象萬千，一波三折兮驚雁摩天。遮莫兒輩兮塗鴉涓涓，勿投鵝人兮聊畫雲烟。"

又　　春耕賦

懿夫祥移斗柄，熙洽春臺。藹烟光於三月，布淑氣於九垓。地沃野豐，兆閶闔之殷阜；勾萌甲坼，徵土壤之滋培。關心北陌之功，惰農是戒；屈指南阡之作，布穀頻催。惟時天子方秉耒以躬耕，百官亦隨班而侍立，司農則導以耰鋤，田畯則荷夫蓑笠。一易再易，元辰之耙初興；三推五推，小卯之功甚急。所以重土物而心藏，示率先之勤習。至若萬姓丁寧，三農辛苦。鎡基已備，人接踵而駢肩；鄰里相將，室望衡而對宇。向芳效而驅犢，雙屐暮烟；瞻紅樹以開田，一犁春雨。利推利發,鐵耕似劃乎麪塵;時止時行,耦合乍翻夫膏土。蓋連萬井以興畂,豈只一年之成聚。於是農分山澤,田判私公,彼哉問雨,此也占風。播萬種於青疇,厥田上下;散千家於綠野,其畝南東。得時器以逢年,豈云下土耗斁;召土均而平政,居然上執宮功。宜乎豳詩紀候,①春扈頒司。② 屏憶唐宗,繪茆檐之作息;書尋伏勝,譜繡野之佘畬。夫惟勤乃業也,故能富而教之。方且榑華胥而同俗,豈惟記大有於清時。

按:岳明經詩賦摹倣唐格,而典贍未足。邊地無藏書家,罕可一瓻借者。姑錄之,以見斯邑文風云。

志異

《府志》:③
唐調露元年,鳴啜飛入塞,相繼蔽野。至二年正月,還復北飛。至靈夏北,悉墮地死,視之皆無首。吏人有識者曰:"此名突厥雀,虜必至。"明年,裴行儉爲定州行軍大總管,率師與虜戰黑山,破之,其下斬泥熟匐以降。

洪武間,指揮徐呆厮出兵河套,地名梧桐樹。一日午間有大星墜於河中,火發延及岸上,營中軍有被傷者。後徐氏父子以事被誅,家業遂破。此天象也,果獨應於徐氏也,抑別有所應而不知耶。

《朔方志》:④
明萬曆二十五年二月初三日,平虜所烈風大作。頃之,參將廳脊、城門樓脊瓦、獸吻內生火,經時方息。

萬曆四十三年六月二十五日,地震從西北往東南,有聲。洪廣營搖倒城西面月城十三丈,尖塔墩北面月城七丈。

《府志》:⑤天啓七年,寧夏各衛自正月己巳至己亥凡百餘日,地震大如雷,小如鼓,城垣房屋悉圮。

《府志》:⑥我朝乾隆三年十一月二十四日酉時,寧夏地震,從西北至東南,平

---

① 豳詩:指《詩·豳風·七月》。《周禮·春官·籥章》:"中春,晝擊土鼓,歙《豳詩》,以逆暑。"鄭玄注:"《豳詩》,《豳風·七月》也。吹之者,以籥爲之聲,《七月》言寒暑之事,迎氣,歌其類也,此'風'也而言'詩','詩'總名也。"

② 春扈:相傳爲古代金天氏的春季農官。

③ 參見《寧夏府志》卷二二《雜記·祥異》。

④ 參見《朔方新志》卷三《祥異》。

⑤ 參見《寧夏府志》卷二二《雜記·祥異》。

⑥ 參見《寧夏府志》卷二二《雜記·祥異》。

羅及郡城尤甚，東南村堡漸減。地如奮躍，土皆墳起。平羅北新渠、寶豐二縣，地多斥裂，寬數尺，或數丈，[39]水湧溢，其氣皆熱，淹沒村堡。三縣地城垣、堤壩、屋舍盡倒，壓死官民男婦五萬餘人。

【校勘記】

[1] 招户墾種：《寧夏府志》卷二〇《藝文·唐徠渠碑記》作"招徠户口安插墾種"。
[2] 近：《寧夏府志》卷二〇《藝文·唐徠渠碑記》作"進"。
[3] 寧民：此二字原脱，據《寧夏府志》卷二〇《藝文·記·唐來渠碑記》補。
[4] 洩：《〔乾隆〕甘志》卷四七《藝文·惠農渠碑記》作"接"。
[5] 正：原作"三"，據《寧夏府志》卷二〇《藝文·記·唐徠渠碑記》改。
[6] 行走：《寧夏府志》卷二〇《藝文·記·唐徠渠碑記》作"行旅"。
[7] 徒口：原作"旅口"，據《寧夏府志》卷二〇《藝文·記·唐徠渠碑記》改。
[8] 三百：《〔乾隆〕甘志》卷四七《藝文·惠農渠碑記》作"二百"。
[9] 埒：《〔乾隆〕甘志》卷四七《藝文·惠農渠碑記》作"湃岸"。
[10] 天恩：《寧夏府志》卷二〇《藝文·記·唐徠渠碑記》作"皇恩"。
[11] 原句本無"歲次丙午皇帝命侍郎"九字，據《寧夏府志》卷二〇《藝文·記》補。
[12] 東南：《〔乾隆〕甘志》卷四七《藝文·昌潤渠碑》作"東北"。
[13] 惠澤：《寧夏府志》卷二〇《藝文·記·昌潤渠碑記》作"聖德"。
[14] 鴻慈：《寧夏府志》卷二〇《藝文·記·昌潤渠碑記》作"皇仁"。
[15] 遠謨：《寧夏府志》卷二〇《藝文·記·昌潤渠碑記》作"宏謨"。
[16] 沙磧：《寧夏府志》卷二〇《藝文·記·昌潤渠碑記》作"砂磧"。
[17] 榜：原作"旁"，據《〔宣統〕甘志》卷十《輿地志·水利·重修昌潤渠碑記》改。
[18] 天子：《寧夏府志》卷二〇《藝文·記·昌潤渠碑記》作"皇仁"。
[19] 咸有：《寧夏府志》卷二〇《藝文·記·昌潤渠碑記》作"感有"。
[20] 其然者：《寧夏府志》卷二〇《藝文·記·昌潤渠碑記》作"其然而然者"。
[21] 端一：《寧夏府志》卷二〇《藝文·記·昌潤渠碑記》作"一端"。
[22] 北關門記：參見本志第1頁《平羅記略序》腳注②。本文爲節錄。
[23] 第：《入夏錄》卷下《朔方天塹北關門記》作"但"。
[24] 棗兒溝：《寧夏府志》卷十九《平虜北門關記略》誤作"棗溝兒"。
[25] 三十五：原作"二十五"，據《入夏錄》卷下《朔方天塹北關門記》改。
[26] 浸淤：原作"侵淤"，據《朔方新志》卷四《詞瀚》及《寧夏新志》卷二〇《藝文·記》改。
[27] 流渠：《寧夏府志》卷二〇《藝文·記》作"渠流"。
[28] 督撫：《朔方新志》卷四《詞瀚》作"督府"。
[29] 經理：《朔方新志》卷四《詞瀚》《寧夏府志》卷十九《藝文·記》作"經歷"。

［30］屹：《朔方新志》卷四《詞瀚》《寧夏府志》卷十九《藝文·記》作"矻"。
［31］遇：《朔方新志》卷四《詞瀚》《寧夏府志》卷十九《藝文·記》作"慰"。
［32］始終：《朔方新志》卷四《詞瀚·漢唐二壩記》作"終始"。
［33］少年：《〔弘治〕寧志》卷八《雜詠類·賀蘭大雪》《〔嘉靖〕寧志》卷七《文苑·詩詞·賀蘭大雪》作"年少"。
［34］朝糧：本作"朝郎"，據《〔嘉靖〕寧志》卷七《文苑·詩詞·賀蘭大雪》改。
［35］入平虜城：《寧夏新志》卷一《寧夏總鎮·北路平虜城》作《晚入平虜城》。
［36］下荒城：《〔乾隆〕甘志》卷四九《藝文·詩》作"入荒城"。
［37］無限好：《寧夏府志》卷二一《藝文·詩》作"更無限"。
［38］前題：《寧夏府志》卷二一《藝文·詩》作"昌潤渠工竣恭紀"。
［39］數丈：《寧夏府志》卷二二《雜記·祥異》作"盈丈"。

〔徐保宇　　平羅記略跋〕

　　按：是書爲卷八，爲門十四，爲條目九十有九，天文、地理、政治、文章厘然悉舉。查是邑曩遭地震，闔境生靈凋敝殆盡。百餘年來，休息涵濡，民氣漸復。余承乏茲土，報最自慚，惟冀與民偕樂，消災沴而召祥和。因綴舊聞，附載簡末以自警，更願與後之君子共勉焉。

〔項廷綬　　平羅記略跋〕

　　平羅舊爲"平虜"，雍正中始置縣。志、乘缺略，於古無稽。阮鄰先生宰是邑三年，實心實政，凡學校、水利、農田、保甲罔不畢舉。暇乃網羅散佚，創爲縣志。其書以《朔方志》爲經，而以史傳緯之。次搜案牘，旁及碑識。簡而有法，繁而不侈。洵足備一方之故實，而有補於方來。書成，厘爲八卷，不曰《志》而曰《記略》，謙也。

　　錢塘項廷綬謹跋。

〔邵煜　　平羅記略跋〕

　　平羅無志，得阮鄰先生《記略》，於是乎有志矣。顧由前言之，往者固已得其詳；由後言之，來者未免有所略。蓋以山川、風土、將覘源遠而流長；人物、官僚，方且日新而月盈。必有以繼於後，乃無負開厥先也。

　　阮鄰先生因平邑材乏麻沙，工虧剞劂，爰是寄稿會垣，克成厥是。除先捐給外，因短工價兩百緡，志板未之攜歸，自戊子迄今已六載矣。① 丹庭吴少府慨捐清俸，倡率邑紳以請于予，予足而成之，今秋原板始歸於邑。第歲經六易，人事階增，事有所增，簡因或缺。前將原刻先拓百本，散之四境，他日再圖續貂之役。纂阮鄰而集裘腋，深願邑之君子匡予所不逮焉。

　　道光癸巳九秋，②州銜知縣事會稽邵煜跋。

---

①　戊子：道光八年(1828)。
②　癸巳：道光十三年(1833)。

〔道光〕續增平羅記略

(清)張梯 纂　　徐遠超 校注

前　言

一、整理與研究現狀

《隴右方志録》《中國地方志聯合目録》《寧夏地方文獻聯合目録》《甘肅省圖書館藏地方志目録》《中國地方志總目提要》等方志書目對該志有著録或提要。高樹榆《寧夏方志録》《寧夏回族自治區地方志述評》等文對《續增記略》有提要式介紹。王耀倫《〈平羅紀略〉和〈續增平羅紀略〉》、李洪圖《略談〈平羅紀略〉》、王亞勇《評〈平羅記略〉之得失》等文均專題探討兩部志書研究價值。胡迅雷《徐保字與平羅》利用《續增記略》中的資料，介紹徐保字生平。《平羅春秋》刊載劉天榮《張梯與〈續增平羅紀略〉》、高尚榮《清代平羅的四部地方志》，所談内容涉及《續增記略》。

《續增記略》有道光二十四年（1844）刻本傳世。《甘肅目録》著録館藏有民國間傳抄本，抄成時間不詳。甘肅省圖書館 1965 年油印該志傳世。1988 年，天津古籍出版社據抄本影印，編入《寧夏歷代方志萃編》。1990 年，蘭州古籍書店據刻本影印，編入《中國西北文獻叢書》之《西北稀見方志文獻》第 51 卷，該本爲張維所藏。2003 年，寧夏人民出版社、寧夏教育出版社出版王亞勇校注本，以甘肅省博物館藏道光二十四年（1844）刻本爲底本。

二、張梯生平

張梯（1778—1853）字雲階，號頤園，[①]河南鹿邑王皮溜集（今河南鹿邑縣）人。國家圖書館藏清光緒二十二年（1896）於滄瀾、馬家彦、蔣師轍等修《鹿邑縣志》卷十二下《科貢表》載，張梯爲道光元年（1821）辛巳恩科舉人。同書卷十四《張梯傳》載，張梯七歲喪母，弱冠喪父，道光元年（1821）中舉，十五年（1835）任甘

---

① 有學者認爲，張梯字瀕園，實誤。《〔光緒〕鹿邑縣志》本傳記張梯號頤園，張梯《〈續增平羅記略〉序》落款後鈐蓋有"頤園"陰文方印，郭鴻熙《〈續增平羅記略〉序》中提及張梯時亦曰頤園先生，故張梯號"頤園"，非"瀕園"，"瀕園"更非張梯之字。

肅秦安(今甘肅秦安縣)知縣。《續增記略》卷三《職官》載,道光二十一年至二十四年(1841—1844)任平羅知縣。凡有害於民者,革除不遺餘力。《鹿邑縣志·張梯傳》載:"復以餘力續纂縣志,徵文考獻,多補前人所未備。在官三年,舉無廢事,事無違時,聲績卓越,爲諸城最。以老乞休,士民泣留不得,相率爲立生祠而屍祝之,歸里後仍以教育後進爲樂。咸豐三年卒,年七十有五。"曾監修或纂修寧夏志書者的傳記資料中,很少提及編修志書事,張梯本傳資料能夠提及,顯得彌足珍貴。

三、志書纂修及刊行

道光十年(1830),徐保字離任平羅知縣一職,但他對續修《平羅記略》一直有所惦念。二十四年(1844),安徽全椒人郭鴻熙接替張梯任平羅知縣,他於同年七月朔撰寫的《〈續增平羅記略〉序》載:"余於辛丑歲晤徐阮鄰先生於蘭垣,屬題《邊柳重攀圖》。既愜吟懷,遂溯往迹,謂:'曩修《平羅縣志》,煞費苦心,歷年已多,又需修葺,所望於踵而行之者。'語次,輒爲神往。……今讀頤園先生《記略》,並取阮鄰舊志參閱之,而歎其互相發明也。先生以中州名孝廉出宰兹邑,在位三年,從容措理。政成後,與二三同人廣爲考訂,以成斯編,垂諸久遠。仕學兼優,於斯見矣。他日阮鄰西來,得覩是書,其欣慰又當何如也!"①郭鴻熙於道光二十一年(1841)會晤賦閑在家的徐保字,徐保字流露出了強烈的希望有人能夠補修平羅縣志的願望。就是同一年,張梯就任平羅知縣,很快就組織人員,在《平羅記略》的基本上,編修出了新的平羅縣志,郭鴻熙認爲,該志可以讓徐保字無憾了。

張梯於道光二十四年(1844)春三月撰寫的《〈續增平羅記略〉序》對自己續修平羅縣志有詳細的説明,曰:"邑志自徐阮鄰刺史纂輯後,越十餘年矣,其間事實與時俱積。余下車之三年,遍延紳耆,商續舊志。惟《建置》亦關巨典者,如萬壽宮、文昌行宮、龍神行宮、火神祠,前所未有,俱創建之。已有者如文昌閣、朱衣神祠、九列君祠、社稷壇、先農壇、風雲雷雨壇、昭忠祠、節孝祠、又新書院、養濟院,或移置焉,或改作焉,或增拓焉。或傾圮者修葺之,或剥落者塗塈之。而於《歷任官職》《選舉》科目,節烈人等,俱一一搜入。《藝文》及休徵事,亦略爲記載。既飭既備,守土之責庶稍盡矣。至如《風土》《古迹》《物產》《賦役》,舊志詳説,無庸復贅。所願後之君子,隨時采輯,遞增勿替。雖西秦邊隅,亦可見《車鄰》《駟驖》之遺風焉。"

---

① 《前言》引《〔道光〕續增平羅記略》,除特别説明外,均直接引自道光二十四年(1844)刻本《續增平羅記略》,恕不一一注明。

据《〈续增平罗记略〉姓氏》载,有 8 人参与到志书的续增活动当中。8 人各有分工,其中捐修、承修者为知县张梯,参阅者为平罗县训导王以晋,校对者为平罗县廪生樊玉鼎,校刊者为平罗县廪生张应辰,采访者有 3 人,为平罗县贡生李方穄①,增生吴云锦、王致祥,校录者为平罗县附生党作直。文稿誊清者失载。据《续增记略》卷三《职官》载,王以晋,陕西咸宁(今陕西西安市)人,道光二十一年(1841)任平罗县训导。其他人事迹不详。

从内容来看,《续增记略》不仅录道光二十四年(1844)任平罗知县者郭鸿熙的序,卷三《职官·知县》名录中郭鸿熙也是最后一位,故可以推知,《续增记略》由张梯捐修、承修,正式刊行当在郭鸿熙任上。《续增记略》正文、目录的刊刻体例基本仿《平罗记略》,四周双边,无鱼尾,每半页 9 行,行 22 字。序和目录的刊刻与《平罗记略》略有不同。四周双边,单、黑鱼尾。张梯《〈续增平罗记略〉序》用隶书刊刻,每半页 8 行,行 10 至 13 字;郭鸿熙《〈续增平罗记略〉序》用行书刊刻,每半页 5 行,行 11 字。《续增记略》没有将各卷的二级类目再独立列出,这一点也未仿《平罗记略》。

为方便后人补辑资料,《续增记略》仿《〔乾隆〕宁夏府志》版刻方式,不惜工费,每一个二级类目都独立制版,其后留置的空白不接续下一个类目。如卷三《职官》,"知县"共刻有 1 页即一块版,版面左半版刻有 5 行内容,其后 4 行全空。接下来是"训导",另刻一版,实际内容只有右半版的 5 行,其后 4 行及整个左半版全空。第三类目"县丞"的资料也单刻一版,实际内容只占了右半版 7 行,其后的 2 行及整个左半版全空。第四类目"主簿"也是单独一版,实际内容为 5 行,故本版右半版后 3 行及左半版全空。以此类推。采取这种方法进行刊刻,最大限度地为后人补修留下了足够的空间,保证了新修志书可以在刊刻风格上与旧志基本一致,使新刻志书版面整洁,也节省了大量的成本。所以,《续增记略》的这一做法是值得称道的。

四、志书内容

《续增记略》全书共 5 卷,主要记载平罗县道光六年至二十四年(1826—1844)间史事,内容共 43 页,有一级类目 6 类,二级类目 29 类。其中张梯、郭鸿熙《〈续增平罗记略〉序》各 2 页,张梯序落款后钤盖有"张梯之印"阳文方印、"颐园"阴文方印,郭鸿熙序落款后钤盖有"郭鸿熙印"阳文方印、"小园"阴文方印;

---

① 《〈平罗记略〉采访姓氏》载有贡生"李芳穄",此作"李方穄",疑为同一人,不知孰是。

《〈續增平羅記略〉目錄》1頁，此目也同《平羅記略》，只列出一級類目。

卷一5頁，爲《建置》專卷，包含《宮》《壇》《廟》《祠》《書院》《義學》等6個二級類目內容。卷二4頁，爲《賦役》專卷，包含《民田》《蠲免》《廠租》等3個二級類目內容。卷三17頁，包括《職官》《選舉》等兩個一級類目內容。《職官》包含《知縣》《縣丞》《訓導》《主簿》《典史》《參將》《游擊》《守備》《千總》《把總》等10個二級類目內容。《選舉》包含《文舉人》《貢生》《武舉》《雜職》《行伍》等5個二級類目內容。卷四3頁，爲《人物》專卷，包含《耆德》《義行》《恤典》等3個二級類目內容。卷五8頁，爲《藝文》專卷，附《志瑞》。《藝文》包含《碑》《詩》等2個二級類目內容。《碑》錄2篇，《詩》錄26首。這從一個側面反映了平羅文藝不興的事實。《志瑞》僅記本縣道光二十年(1840)"一產三男"1則事。最末一頁爲《〈續增平羅記略〉姓氏》，記8位參與纂修《續增記略》者的分工、身份及姓名。

從各卷內容來看，與人物有關的資料最爲豐富，卷三《職官》、卷四《人物》兩卷共占總內容的46.5%，將近一半。其次爲《藝文》，占總內容的18.6%。其他兩卷內容相對都比較少。

從整書編輯來看，張梯續增《平羅記略》的意圖非常明顯，內容基本都上接道光八年(1828)以後事，而且多載張梯就任平羅知縣期間即道光二十一至二十四年(1841—1844)期間的政績。如卷一《建置》載宮、壇、廟、祠共12處建築，有10處都與張梯有關，萬壽宮、文昌行宮、龍神祠、火神行祠等建築都是張梯倡議新修建的。平羅書院、義學、養濟院等也有張梯修築的記載。卷五《藝文》錄《碑》2篇，均爲張梯所撰，《詩》錄26首，張梯詩有8首，幾近三分之一。自徐保字之後，至張梯，共有9任平羅知縣，而《續增記略》中很少有其他8位知縣的政績記錄，這不能不說是本志書的一大缺憾。

五、文獻價值

張維《隴右方志錄》對《續增記略》評價曰："志取道光九年後故實，依類補輯，蓋續志正軌也。每見各縣改修志乘，往往變亂割裂，高自衒鬻，實則朝四暮三，徒滋紛紜，終無當於志法，轉不如因仍舊例，續補勿斷，存一方掌故，以待有識者之論列，猶爲省事而傳信也。"[1]筆者認爲，這樣的評價是比較恰當的。

---

[1] 張維：《隴右方志錄》，《中國西北文獻叢書》據北平大北印刷局1934年版影印，蘭州古籍書店1990年版，第77冊第702頁。《續增平羅記略》卷三《職官》載有道光八年(1828)任典史者吳楚鬻，任平羅營守備者李國秀。卷四《人物·恤典》錄有道光六年(1826)在都齊特台陣亡的8位兵丁姓名。故張氏所言《續增平羅記略》補"道光九年後故實"不確。

從體例創新的角度看,《續增記略》的確無任何建樹。張梯完全根據當時他所能搜集到的資料來續修平羅縣志,體例上基本沿襲徐保字的做法,所有資料均一一注明其出處,主要從《〔乾隆〕寧夏府志》《縣册》《學册》《營册》《賦役全書》《中樞備覽》等文獻檔案中取材,張梯就任知縣期間的政績補充記載於相應的類目之下。在没有較多内容需要補充的情况下,基本沿襲前人志書的體例,將需要補充的資料隨類增入,而不對前人志書體例進行大的變革,這種做法是值得肯定的。正如張維所言,如果每修一次志書,就要對前人志書的體例内容作一次變革,可能就會導致"變亂割裂""徒滋紛紜"的不利後果,所以張梯《續增記略》體例上不做創新應該是有客觀原因的,這樣做無可厚非。

從内容來看,《續增記略》還是有價值的。張梯所增補的道光六年(1826)以後諸事,相對於《平羅記略》是很好的補充,兩志内容接續在一起,可以相對完整地勾勒出清朝平羅縣轄境内地理、水利、經濟、人文等諸多方面的概貌,爲深入了解和研究平羅縣歷史提供相對較爲完整、系統的資料。特别是徵引了多種現已不存的當時官府檔案文獻,不僅增加了志書資料的可信度,同時也爲研究這些檔案文獻提供了難得的一手材料。所以,《平羅記略》《續增記略》在研究平羅縣乃至今天寧夏北部石嘴山市轄境内政治、歷史、經濟、人文等情况時,都具有無可替代的文獻價值。

由於志書修纂者的疏漏,《續增記略》部分文字有誤,在利用該志時一定要注意。如《〔乾隆〕寧夏府志》卷五《建置·公署》"平羅縣"條有"養濟院在縣城北門外,養濟孤貧二十名,每名月支糧三斗"句[①],《續增記略》改寫作"在縣城鎮遠城門外北。額定孤貧三十名,按名每月額支倉斗糧三斗",其後補充張梯任内對養濟院進一步修繕並擴大救濟面事,有"合舊額共三十名"句。卷五《藝文》録張梯《重修養濟院碑記》載:"添建房屋一十五間,於額設孤貧二十名外,捐廉增額十名。"很顯然,《續增記略》"額定孤貧三十名"句"三十名"當作"二十名"。

---

① (清)張金城等修纂:《乾隆寧夏府志》,胡玉冰、韓超校注,中國社會科學出版社 2015 年版,第 114 頁。

整理説明

一、本書主要以標點、校勘、注釋等方式對平羅舊志進行整理，以1990年蘭州古籍書店影印道光二十四年（1844）刻本《續增平羅記略》爲底本，以臺北成文出版社、天津古籍出版社、鳳凰出版社等出版之影印本及《〔乾隆〕甘肅通志》《〔萬曆〕朔方新志》《〔乾隆〕寧夏府志》等爲參校本，部分標點成果借鑒了寧夏教育出版社2003年版王亞勇點校本。

二、整理成果以繁體橫排形式出版。注釋條目以當頁脚注形式注明，用圈碼①②③之類排序，校勘以［1］［2］［3］之類排序，放在卷末。正文中凡以"〔　〕"字樣括注的文字，均係整理者增加。

三、以校文字異文爲主，酌校內容異同。因用字習慣不同而出現人名、地名、族名等同名異寫現象，均出校説明。底本或對校本中存在明顯的誤、脱、衍、倒等現象，於正文中校改後出校説明。雖有異文但意可兩通者，不改正文，僅在校記中説明。除特殊需要外，校本有誤，一般不出校。

四、《續增平羅記略》刊刻或引用他書文獻時，因避當朝名諱而改前朝文字者，如"宏治""萬歷"之類，均據原字或原書回改爲"弘治""萬曆"等，僅於首見處出校説明，餘皆徑改，不再一一出校。

五、底本中的異體字、俗體字、通假字、古今字等，如"砦寨""疋匹"之類，一律不出校。某些不規範的異體字、俗體字、古今字等，或前後用字不一者，均按出版要求適當統改成規範、統一的字體，不出校記。《續增平羅記略》轉引他書文字內容，引文若與該書通行版本文字不同，除引文確實有誤，如誤録人名、地名、時間等需要出校説明外，凡不影響文意理解者一般不改動引文。

六、當頁脚注徑出注釋條目。注釋內容主要包括：原文易致惑者（如文獻簡稱或省稱、干支紀年等）、原文提及的詩文或史料出處、原文體例中資料互見者、整理者對輯補史料的出處説明和整理者的補充文字等。

七、脚注中，凡言"本志"者，均指《續增平羅記略》。凡言"本志書例"者，均指《續增平羅記略》編修體例。

八、脚注中，凡引古代文獻，均只注明書名、卷次、篇名等，其作者、版本等詳見《參攷文獻·古代文獻》。凡引現當代文獻,均只注明作者、書名或論文篇名、頁碼等,其出版社、刊物名、發表時間等詳見《參攷文獻·現當代文獻》。若被引用古代文獻已有整理成果,一般直接吸收其合理意見,不再重複叙述校注理由,注明"參見××"字樣。注明引文出處、他校資料或他人校勘、攷證成果,亦注明"參見××"字樣。

九、《參攷文獻》分《古代文獻》和《現當代文獻》分别著録。其中,《古代文獻》分陝甘寧舊志、經部、史部、子部、集部等五類著録,《現當代文獻》分著作、論文兩類著録。

〔張梯　　續增平羅記略序〕

邑志自徐阮鄰①刺史纂輯後，越十餘年矣，其間事實與時俱積。余下車之三年，遍延紳耆，商續舊志。惟《建置》亦關鉅典者，如萬壽宮、文昌行宮、龍神行宮、火神祠，前所未有，俱創建之。已有者如文昌閣、朱衣神祠、九列君祠、社稷壇、先農壇、風雲雷雨壇、昭忠祠、節孝祠、又新書院、養濟院，或移置焉，或改作焉，或增拓焉。或傾圮者修葺之，或剝落者塗墍之。而於《歷任官職》《選舉》《科目》，節烈人等，俱一一搜入。《藝文》及休徵事，亦略爲記載。既飭既備，守土之責庶稍盡矣。至如《風土》《古迹》《物産》《賦役》，舊志詳説，無庸復贅。所願後之君子，隨時採輯，遞增勿替。雖西秦邊隅，亦可見《車鄰》《馴銕》[1]之遺風焉。

道光二十四年歲次甲辰春三月，知平羅縣事鹿邑張梯謹識。

【校勘記】

[1] 馴銕：當作"馴驖"。《車鄰》與《馴驖》均爲《詩經·秦風》中的篇目。

---

① 阮鄰：指《平羅紀略》的作者徐保字，阮鄰是其字。

〔郭鴻熙　　續增平羅記略序〕

　　余於辛丑歲晤徐阮鄰先生於蘭垣,①屬題《邊柳重攀圖》。既愜吟懷,遂溯往迹,謂:"曩修《平羅縣志》,煞費苦心,歷年已多,又需修葺,所望於踵而行之者。"語次,輒爲神往。今春三月,余莅茲土。下車後即赴渠分水,辛苦備嘗。迨渠水暢流,仍判公牘,於阮鄰所修之書未暇細閱也。今讀頤園先生《記略》,②並取阮鄰舊志參閱之,而歎其互相發明也。先生以中州名孝廉出宰茲邑,在位三年,從容措理。政成後,與二三同人廣爲考訂,以成斯編,垂諸久遠。仕學兼優,於斯見矣。他日阮鄰西來,得睹是書,其欣慰又當何如也!
　　道光甲辰七月朔,③皖省郭鴻熙序。

---

① 辛丑:道光二十一年(1841)。
② 頤園先生:指《續增平羅紀略》的作者張梯。
③ 甲辰:道光二十四年(1844)。

續增平羅記略姓氏

捐承修
平羅縣知縣：張梯

參閱
平羅縣訓導：王以晋

校對
邑廩生：樊玉鼎

校刊
邑廩生：張應辰

採訪
邑貢生：李方穠
邑增生：吴雲錦
邑增生：王致祥

校錄
邑附生：黨作直

禮書[1]

---

① 具體禮書者原文失載。

續增平羅記略卷一

鹿邑張梯續編輯

建置 宮、壇、廟、祠、書院、義學

萬壽宮。《縣册》：舊無。道光二十三年，知縣張梯創建，城內西偏。捐資建立正殿三間，牌坊、大門俱各三楹，西置更衣廳，前立照壁。

社稷神祇壇。《府志》：在永安門外，今廢。道光二十三年，知縣張梯於鎮遠門外西北，捐貲購民田一畝半，築北向壇。

風雲雷雨壇。《府志》：在永安門外，今廢。道光二十三年，知縣張梯於鎮遠門外西北，捐貲購民田一畝半，築南向壇。

先農壇。《府志》：在永安門外，今廢。道光二十三年，知縣張梯於東嶽廟西偏，捐資購民田二畝，半爲藉田，半爲廟宇。

文廟。《縣册》：舊在城內，傾頽殆盡。邑令邵煜同紳民姚逢春、吳雲慶、畢訓、江起鶯、任裕泰等捐貲重修。

文昌舊宮。《府志》：在城外東南。乾隆二十八年創建，道光二十三年，知縣張梯視規模偪仄，不能成禮，因重修壇址，改易甬道，拜跪升降，較寬裕焉。

啓聖宮旁重葺朱衣神祠、九烈君祠，內各立神牌，歲致禮焉。

文昌行宮。舊無。道光二十三年，知縣張梯改舊公館，建房三楹，以便朔望行禮。

火神行祠。舊無。道光二十三年，知縣張梯建於文昌行祠後。

龍神祠。《府志》：在永安門外南。道光二十三年，知縣張梯創建行祠於城內，書院西偏。

昭忠祠。《學册》：在學宮東，今廢。

節孝祠。《學册》：在學宮內，今廢。道光二十三年，知縣張梯移建城隍廟內兩廡，東曰"昭忠"，西曰"節孝"。召各後裔分置牌位，春秋致祭，以慰貞魂。

書院。《縣册》：在縣城內西，道光二十三年，知縣張梯視屋宇太狹，房舍、墻垣又多傾頽，不足以設講席，諸生因與紳民捐貲重修，並置棹櫈數十件。二碑記見《藝文》。①

義學，五。

《縣册》：城內漢民義學舊在書院東。道光二十三年，知縣張梯移建書院西偏。前令徐君保字捐廉俸三百千，發鬮屬當商，月利一分生息，歲獲利錢三十六千，爲延師脩金，當商公具圖記、領狀，附卷存案。

城內回民義學一所，在白衣庵前寺院，訥君恩登額捐公項錢二百千，發鬮屬當商，月利一分生息，歲獲利錢二十四千，作延師脩脯，當商公具圖記、領狀，附卷存案。

頭閘、黃渠橋、石嘴山三處，徐君保字捐公項錢六百八十千文於該處，各設義學一所。頭閘元慶、元和二當商領本錢二百千，歲獲利錢二十四千。黃渠橋大有、德蔚二當商領本錢二百五十千，歲獲利錢三十千。石嘴山三會、邵發魁等具領本錢二百三十千，歲獲利錢二十七千六百。均係月利一分生息，每歲所得利錢經各該處士民按季向當商、鋪户經收，資延師脩脯之需。當商、鋪户原具圖記、領狀、士民保借約，併附卷存案。

虞祥堡設義學一所，徐君保字捐公項錢二百千文，交武生蔣騰鳳發商生息，爲延師脩金。後因該堡紳民疊次興訟，道光十七年經前任邵訊斷結案，蔣騰鳳將原本繳案，學廢。仍發鬮屬商，月利一分生息，歲獲利錢二十四千，歸入又新書院，當商公具圖記、領狀，附卷存案。

養濟院。《府志》：在縣城鎮遠城門外北。額定孤貧二十名，[1]按名每月額支倉斗粮三斗。久廢無存。道光二十三年，知縣張梯仍於鎮遠門外，搆官地創建房屋十五間，添設孤貧粮十分，合舊額共三十名，男婦分居，月給養贍。其餘空地，商民建房一百三十一間，每間歲收租錢六十文，每年共收租錢七千八百六十文，以資添增孤貧十名月粮之費。

太平橋。《縣册》：舊無。前倉場總督王宰斯邑時，有志未逮。道光壬寅歲，②姚逢春等勸捐，建亭橋上。

【校勘記】

[1] 二十：原作"三十"，據《寧夏府志》卷五《建置·公署》及本志卷五《藝文》所録張梯《重修養濟院碑記》改。

① 參見本志卷五《藝文》載張梯撰《重修又新書院碑記》《重修養濟院碑記》。
② 壬寅：道光二十二年(1842)。

續增平羅記略卷二

鹿邑張梯續編輯

賦役 民田、蠲免、廠租[1]

民田

《賦役全書》：

自道光六年修志止，實在舊額熟地銀、糧、畝數前志詳備，無庸重刊。

道光十一年，開除虞祥堡被沙壓地七頃八十一畝五分，糧八十三石四斗八升二合八勺，銀一兩一錢三分四厘，草三百一束一分三厘。

十六年，開除通福等堡轉改惠農渠身佔民田三頃三十八畝二分五厘，糧九石九斗一升四合四勺，銀二兩二錢三分八厘。

十七年，開除通福等堡轉改惠、昌二渠佔用民田四頃二十九畝七分七厘，糧一十七石九斗一升六合六勺，銀二兩一錢二分三厘。

共開除沙壓、改渠地一十五頃四十九畝五分二厘，[2]糧一百一十一石三斗一升三合八勺，銀五兩四錢九分五厘，小草三百一束一分三厘。開除外，實存舊額徵地七千六百一十頃三畝七分，額徵本色屯起運糧二萬八千五百三十六石八斗六升七合一勺，起運糧四千三百七兩五錢六分九厘，連均載丁銀四千四百五十一兩八分八厘，本色屯起運草四萬三千九百一十九束三分四厘。

蠲免

道光十五年，詔蠲免自六年至十年雜賦錢糧。

道光十二年，渠陽等堡被雹，詔緩徵。

道光十三年，本城等堡被雹，詔緩徵。

道光十四年，北長渠等堡被水，詔緩徵。

道光十五年，本城等堡被雹，詔緩徵。

道光十七年，上省嵬等堡被水、雹，詔緩徵。

道光十八年，萬寶屯等堡被水，詔緩徵。

道光十九年，萬寶屯等堡被水，詔緩徵。

道光二十年，沿堤等堡被旱，詔緩徵。

道光二十三年，通義、靈沙等堡被水、雹，詔緩徵。

廠租

《縣册》：

道光六年，實存通義等堡一十一處廠租地一百五十八頃二十三畝二分，共應徵廠租銀七百四兩六錢七分。内於報明事案内，奉文以道光十六年爲始，豁除六中堡轉改沖斷昌潤渠身佔用五分廠租地七畝，銀三錢五分。至二十三年止，實存通義、通福、六中、靈沙、苦菜溝、灰條溝、梨花尖、圈灣子、永屏、廟臺等堡一十一處廠租地一百五十八頃一十六畝二分。内五分地一百一十四頃九十一畝七分，徵銀五百七十四兩五錢八分五厘；三分地四十三頃二十四畝五分，徵銀一百二十九兩七錢三分五厘。二共止該應徵廠租銀七百四兩三錢二分。

【校勘記】

[1] 蠲免廠租：原作"廠租蠲免"，整理者據正文順序改。

[2] 一十五頃四十九畝五分二厘：道光十一年、十六年、十七年加和的實際結果爲"一十五頃五十三畝一分二厘"。

續增平羅記略卷三

鹿邑張梯續編輯

職官　知縣、縣丞、訓導、主簿、典史、參將、游擊、守備、千總、把總

知縣

《縣册》：

訥恩登額，廂白旗人，道光十年任。
田元春，山東德州人，道光十一年任。
蕭國本，直隸大興縣人，道光十二年任。
邵煜，浙江會稽縣人，道光十三年任。
馬壯圖，山東菏澤縣人，道光十五年任。
劉灼，江西德化縣人，道光十六年任。
張士衡，山東高苑縣人，道光十八年任。
劉沂水，河南上蔡縣人，道光十九年任。
張梯，河南鹿邑縣人，道光二十一年任。
郭鴻熙，安徽全椒縣人，道光二十四年任。

訓導

《縣册》：

劉榮基，秦州人，道光十七年任。
李價，陝西華陰縣人，道光十八年任。
張紘，會寧縣人，道光二十年任。
王以晋，陝西咸寧縣人，道光二十一年任。

縣丞

《縣册》：

彭照遠，江西龍泉縣人，道光九年任。

李光連,福建閩縣人,道光十年任。
范學恒,直隸東明縣人,道光十二年任。
張溥,浙江仁和縣人,道光十三年任。
王志楓,浙江歸安人,道光二十一年任。
程嘉惠,直隸宛平縣人,道光二十一年任。

主簿

《縣册》:
裴鯤萬,直隸大興縣人,道光九年任。
李昌景,安徽含山縣人,道光十年任。
王文藻,廣東樂會縣人,道光十一年任。
賈良材,陝西富平縣人,道光十三年任。

典史

《縣册》:
吳楚燾,湖南宜章縣人,道光八年任。
呂鎰,直隸大興縣人,道光十三年任。
范元照,直隸大興縣人,道光十四年任。

平羅營參將

《中樞備覽》:
金和,正黃旗人,道光九年任。
劉紫玉,雲南貴州人,道光十年任。
雙禄,正藍旗人,道光十一年任。
蔣世榮,甘肅河州人,道光十二年任。
高俊,甘肅西寧縣人,道光十三年任。
西拉通阿,正白旗人,道光十四年任。
霍順武,正白旗人,道光十七年任。
海洪阿,廂黃旗人,道光十九年任。
汪大成,甘肅皋蘭縣人,道光二十一年任。
黃泰,陝西榆林縣人,道光二十一年任。癸卯南征殉難。[①]

---

① 癸卯:道光二十三年(1843)。

札拉杭阿，廂黃旗人，道光二十二年任。
特克什布，正藍旗人，道光二十四年任。

守備

《中樞備覽》：
李國秀，皋蘭縣人，道光八年任。
蔣世榮，河州人，道光九年任。
李殿元，寧夏人，道光十二年任。
邵蕙，寧朔縣人，道光十三年任。
劉玉得，張掖縣人，道光十四年任。
馬俊，皋蘭縣人，道光十六年任。
張錫彪，寧夏縣人，道光二十一年任。
王佩，寧夏縣人，道光二十四年任。

千總

《中樞備覽》：趙安、張錫彪。

把總

《中樞備覽》：
蔣國正、馬玉、張世雄。分防李綱。
趙正、鄭得時、王仲。二名分防石嘴山。
童廷瑞、龍海、方印、范勇。以上分防威鎮。

洪廣營游擊

《中樞備覽》：
秦安學，道光十一年任。
王集賢，道光十二年任。
李萬餘，道光十四年任。
徐福，道光十五年任。
豆光保，道光十八年任。
馬朝龍，道光二十一年任。

守備

《中樞備覽》：
樊登鰲，道光十四年任。

趙良資，道光十六年任。
趙俊，道光十八年任。
劉兆林，道光十九年任。
孔承恩，道光二十年任。
朱連泰，道光二十一年任。
袁學泗，道光二十二年任。

把總

《中樞備覽》：
趙貴、藺呈瑩。左哨。
張珮、常建勳。右哨。
李澄。分鎮朔。
麥連元、李恒。以上鎮北。
魏式連、鄒思聰、劉青雲、白坤、馬丙吉。

選舉： 舉人、貢生、武舉、雜職、行伍

文舉人

《縣册》：
黃元吉，道光乙未科。①
宋作哲，道光丁酉科。②
王協一，道光己亥科。③
張爲章，道光癸卯科。④

貢生

《縣册》：
優貢：王德榮，任藍田縣教諭。
拔貢：宋作哲，王興相。
歲貢：樊漢，任同州訓導；田樹稼；孔可進；艾滋畬；宋廷桂；張忞，試用訓導；

---

① 乙未：道光十五年(1835)。
② 丁酉：道光十七年(1837)。
③ 己亥：道光十九年(1839)。
④ 癸卯：道光二十三年(1843)。

王化南；李方穠；陳鴻圖；王化行；董學淵。

捐貢：李之穠、董三鳳、吳雲嶸、馬讓、畢訓、吳履泰。

武舉

《縣册》：

王進疆，道光辛卯科。[①]

楊殿元，道光辛卯科。

李來鳳，道光癸卯科。

雜職

《縣册》：

龔海，官安徽盧縣典史。烏什換防。

卜吉，官福建寧化縣巡檢。阿克蘇換防。

張懷瓚，官廣西永寧州巡檢。葉爾羌換防。

靳懷瑛，官山東平原縣典史。阿克蘇換防。

張世禄，官直隸淶水縣典史。阿克蘇換防。

姚景華，官四川洪雅縣典史。阿克蘇換防。

行伍

《營册》：

王精一，官寧夏鎮標千總。

靳懷璘，官寧夏鎮標把總。

趙登第，官寧夏鎮標把總。

張克立，官寧夏鎮標經制。

---

① 辛卯：道光十一年(1831)。

續增平羅記略卷四

鹿邑張梯續編輯

人物 耆德、義行、恤典

耆德

《縣册》：

唐方伸，歲貢生，原任孝義廳訓導，解組後，安貧樂道，現年九十三歲。邑令張公慕其賢，常厚帶恤之。

張樞，事母至孝，就養左右，敬而能勤。晚年負筐執鈎撿拾字紙，寒暑無間。處事接物，一本於誠。現年八十有五，士民咸欽敬焉。

恤典

平羅營

《營册》：

道光六年，由烏什防所奉派進征喀什噶爾逆回張格爾，在都齊特臺打仗陣亡兵丁：王鳳舞、龍朗、張建學、柴俊、彭智、張得、賀世禄、朱文章。

道光十年，由喀什噶爾防所奉派進征逆回，打仗陣亡兵丁：宋成德、張毓奇、王惠、任向禮、周昇、楊俊、王良貴、郭萬金、李成名、王兆熊、廖廷貴、李成元、王大有、陳自德、張振福、王植桐、郝興、郝得、閻得、代嶽、方欽、閆守德、王淑、閆義、李士許。

洪廣營

《營册》：

道光六年，由烏什防所奉派進征喀什噶爾逆回張格爾，在都齊特臺打仗陣亡兵丁：蔡秀、苗永福、賀成、楊兆連、宋月、王萬倉、孫天禄、賀福平、翁維城。

道光十年，由喀什噶爾防所奉派進征逆回張格爾，打仗陣亡把總麥連元，兵丁：張士魁、魏玉連、賀光勤、李殿魁、王庫、鄭月、孫秀、彭珍、葉銀、張騰蛟、汪進保、楊廷桂、王興業、王學文、閆秀、武孝、胡三禄、張全、武忠、馬榮、靳喜、賈維俊、張元、曹自功。

續增平羅記略卷五

鹿邑張梯續編輯

藝文 碑、詩

碑

張梯　　重修又新書院碑記

又新書院者，平羅書院之名也。孰名之？前令王君楚堂名之也。何名乎"又新"？平羅書院，宋君維孜始擬締造而未果，李君鳴壎構堂開課而未定厥制，王君世治添葺房舍，始名興平院，不數年而遂廢。嘉慶十四年，王君楚堂捐廉俸，置學租，營房宇，具几橙，規模一新，因改爲"又新"。蓋欲諸生功期勤學，期敏日新不已，以精其業也。道光五年，徐君保字以地狹隘，改大公館爲書院，名仍因焉。

二十一年，余捧檄來平。度地址建修萬壽宮，因見書院地基狹隘，且墻垣有傾欹者，屋宇有破漏者，欲議補葺而未能也。明年夏，大霽雨，其地卑濕，水潦浸漬，傾者頹，完者剥，乃慨然議重修焉。捐俸二百金，勸紳民輸貲鳩工。自上房、講堂、齋舍、門垣以次修理，雖基仍其舊，而工皆維新。計基趾視舊增高三尺，上房五間，講堂三間，齋房二十四間，二門一間，大門、照墻高敞宏整，完固周密。經始於癸卯之三月，閱四月而工竣，仍名之曰又新。落成之日，進諸生而勸之曰："夫基期弗棄業，貴克勤。屋不增葺則完者頹矣，學不加進則精者荒矣。今書院既成，吾願肄業其中，勿安卑陋之習，如基趾之增高也。勿守拘墟之見，如棟宇之增敞也。規矩務嚴，步趨務正，如堂階之整齊也。防閑毋疏，功修毋怠，如門垣之周固也。"諸生皆應曰："唯。"

是役也，以勸勉捐輸者，姚公逢春、張公偉、吳公肇泰；監督工役者，吳公雲錦、王公致祥、張公應辰、徐公嘉惠云。

張梯　　重修養濟院碑記

竊爲政之道，莫重於養。而鰥、寡、孤、獨，尤聖王施仁所先。蓋窮民無告，尤宜矜恤。養濟院之設，所由至重也。

邑北門外西偏，舊有養濟院一處。附近街衢户民無業者，私侵地基，搭房佔住,以致孤貧嗷嗷無處棲身,歷有年矣。道光八年,前任徐公訪查得實,計户民私蓋房屋七十餘間,令每間每年輪租錢六十文,以資養濟院公用。嗣徐公去任,户民匿租不輸,工書隱地不報,至今又十有五年。余下車來,每逢朔望,發孤貧粮米。念若等棲止無所,每惻惻於心。與邑人籌畫,養濟孤貧,須有定所,擬捐廉購地建立。乃繞城查訪,始得城外舊基,不禁忻然大快。遂率領書役親詣勘丈,南北寬三丈,東西長七丈八尺,計地三分九厘。添建房屋一十五間,於額設孤貧二十名外,捐廉增額十名。設榻支爐,足給棲止。其餘户民二十五家私搭房屋一百六十六間,仍照舊定章程,房一間每年出租錢六十文,一年其得租錢九千九百六十文,按四季徵收,徵時發給小票存照。徵錢若干,存庫備月粮支用。自是後,房屋如有添設,即行添租。租課如有拖欠,即行提究。書差等或有侵蝕,准該户據實稟揭,以憑懲治。庶有其舉之莫或廢乎?獨念是院也。修建何年,廢置何日,修矣如何,不使即於廢。廢矣如何,即議所以修。不得不重有望於後之守土君子也。是爲記。

詩

張梯　　平羅八景

官橋烟柳　　"西園瀚墨"今廢,故易此。
跨岸虹通砥道平,綠楊苒苒水盈盈。
輪蹄來往南北路,都在山城畫裏行。
橋上軒楹帶畫欄,林陰迷離嫩於烟。
余情也愛淵明柳,不在門邊在水邊。
佛寺香泉　　"北寺清泉"易此。
爽氣西騰佛座前,慈雲寶月近諸天。
暗彈楊柳枝頭露,滴作山僧煮茗泉。
井滿山城不可嘗,此中清洌有餘香。
挈瓶余欲連朝取,調水符應問梵王。
傑閣層陰
天府文光百丈開,培風特起最高臺。
春秋灌獻人無數,不是書生不上來。
紫閣雕甍聳幾層,窗開四面曉霞蒸。
上頭原近青雲路,原與諸生努力登。
邊墻晚照
焚書到處有坑灰,秦火宜招楚火災。

萬里已非嬴氏土,猶疑烽焰自天來。
竭盡民膏萬里蟠,塞垣一帶障樓蘭。
而今西夏無邊患,只對斜陽作景看。
馬營遠樹
春蒐秋獮出邊城,較獵先開柳外營。
旗擁轅門鐃鼓動,連天草木盡如兵。
參府英聲舊數黃,黃參府泰,陝西人,性嚴令肅,南征殉難。番戎不敢越邊牆。
而今部伍人無事,牧馬長林看夕陽。
虎洞歸雲
一片行雲別楚臺,又經西塞入山隈。
詰朝如沛桑田雨,會看從龍出洞來。
山川一帶放新晴,潤物功能頃刻成。
愧我不同雲出岫,遍施霖雨慰蒼生。
磴口春帆
華夷兩地共長川,來往遙通賈客船。
河水悠悠流不盡,未知辛苦到何年。
塞門波浪湧蒼烟,遠送征帆近灌田。
流到豫州休泛濫,萬家今已歎滔天。壬寅、①癸卯、②河決南口,余鄉平壤竟爲澤國。
賀蘭夏雪
玉龍終歲臥雲端,冬日山光夏日看。
白帝西方原作主,令嚴六月也生寒。
一唱西山白雪歌,年年九夏暮寒多。
我今欲仿梁園賦,梁園在余郡城外。到此須將凍筆呵。

王以晉　　平羅八景
官橋烟柳
橋檻檜楹照水新,兩行楊柳畫中春。
鶯鳴玉琯蛙鳴鼓,早晚迎人又送人。
佛寺香泉
近山便有白雲迎,入寺凝神聽磬聲。
妙有甘泉供客飲,塵心滌盡道心清。

---

① 壬寅：道光二十二年(1842)。
② 癸卯：道光二十三年(1843)。

傑閣層陰
丹梯上到最高層，帝座當頭問欲應。
趁爾諸生腰腳健，青雲有路早宜登。
邊墻晚照
秦勞民力竭民財，萬里空留赤土堆。
一帶斜陽回照處，翻疑紫氣自西來。
馬營遠樹
難辨唐家與宋家，舊時壁壘委黃沙。
不知多少英雄血，散向長林化晚霞。
虎洞歸雲
玉詔曾頒白帝宮，爲霖敕奏雨師功。
功成又召噓風虎，吹送殘雲入洞中。
磴口春帆
曾聞青冢在津頭，過客揚帆觸舊愁。
魂逐桃花三月浪，朝東猶望漢宮流。
賀蘭夏雪
白帝威生萬壑間，炎天不改暮冬顏。
翻疑五月江城笛，吹散梅花落滿山。
王德榮　　河帶晴光
一曲河如帶，晴光淡連天。
長虹占霽色，曉日散輕烟。
古塞風雲净，春山草樹鮮。
郊原浮潤氣，極望更蒼然。
又　山屏晚翠
爽氣浮沙磧，山屏晚色深。
青涵千樹影，翠抱一城陰。
返照烟嵐重，歸雲石壁沉。
高樓圍繡幛，相對幾長吟。
郭鴻熙　　平羅八景
官橋烟柳
勞勞車馬日紛忙，地接通衢道路長。
試向柳陰深處坐，繁華境裏有清凉。

佛寺香泉
古寺三間老樹陰,蕭然風趣在山林。
我來先掬清泉飲,爲證冰壺一片心。
傑閣層陰
檻外滿渠新水暖,窗前幾片白雲來。
爲登傑閣一憑眺,頓覺平生眼界開。
邊墻晚照
鋒鏑銷鎔戰壘空,斷磚零落野花紅。
村農倦倚苔垣坐,閑話桑麻夕照中。
馬營遠樹
北山坡下樹輪囷,寂寞空山幾度春。
不似玉門關外柳,但添離緒送行人。
虎洞歸雲
虎迹已隨荒草没,嶺頭猶見白雲飛。
山靈着意留雲住,未許雲行竟不歸。
磴口春帆
春生磴口緑波多,爲掛輕帆一葉過。
回憶赭湖風景好啊,赭湖爲余鄉八景之一。水雲鄉裏聽漁歌。
賀蘭夏雪
去年走馬雪山邊,片片瓊瑶照眼鮮。癸卯歲,①余署肅州,篆行雪山諸隘口,編查保甲,設立壕溝,以防生番。
今日賀蘭尋古迹,雪泥瓜卽亦前緣。

志瑞

《縣册》：一産三男。

縣民王進禄之妻黄氏,年二十四歲,於道光二十年十月二十六日午時,一産三男。詳請咨報,題:"准應照例賞給米五石、布十疋交該本家祗領等因。於道光二十一年十二月初六日題。"本月初八日奉旨:"知道了。欽此欽遵。"

---

① 癸卯：道光二十三年(1843)。

參 考 文 獻[①]

一、古代文獻

(一) 陝甘寧舊志

《陝西通志》：(清) 賈漢復、李楷等纂，中國國家圖書館藏清康熙六年(1667)至七年(1668)刻本。簡稱《康熙陝志》。

《甘肅通志》：(清) 許容等修撰，中國國家圖書館藏乾隆元年(1736)刻本；影印文淵閣《四庫全書》本，臺灣商務印書館1986年版。簡稱《〔乾隆〕甘志》。

《〔弘治〕寧夏新志》：(明) 胡汝礪撰，《天一閣藏明代方志選刊續編》影印明朝弘治刻本，上海書店1990年版；中國社會科學出版社2015年版胡玉冰、曹陽校注本。簡稱《〔弘治〕寧志》。

《〔嘉靖〕寧夏新志》：(明) 管律等修，《天一閣藏明代方志選刊》影印明嘉靖刻本，上海古籍書店1961年版；中國社會科學出版社2015年版邵敏校注本。簡稱《〔嘉靖〕寧志》。

《〔萬曆〕朔方新志》：(明) 楊壽等編，《故宮珍本叢刊》影印明萬曆刻本，海南出版社2001年版；中國社會科學出版社2015年版胡玉冰校注本。簡稱《朔方新志》。

《銀川小志》：(清) 汪繹辰纂，南京圖書館藏乾隆二十年(1755)稿本；中國社會科學出版社2015年版柳玉宏校注本。

《寧夏府志》：中國國家圖書館藏乾隆四十五年(1780)刻本；中國社會科學出版社2015年版胡玉冰、韓超校注本。

《〔嘉慶〕平羅縣志》：中國國家圖書館藏民國二十一年(1932)抄本。

《平羅記略》：北京大學圖書館藏道光九年(1829)新堡官舍刻本；蘭州古籍書店1990年版《中國西北文獻叢書》第一輯《西北稀見方志文獻》影印本；天津古籍出版社1988年版《寧夏歷代方志萃編》影印本；寧夏人民出版社、寧夏教育出

---

① 本《參考文獻》係《〔嘉慶〕平羅縣志》、《〔道光〕平羅記略》、《〔道光〕續增平羅記略》三志合刊。

版社 2003 年版王亞勇整理本。

《續增平羅記略》：蘭州古籍書店 1990 年版《中國西北文獻叢書》第一輯《西北稀見方志文獻》影印本；天津古籍出版社 1988 年版《寧夏歷代方志萃編》影印本；寧夏人民出版社、寧夏教育出版社 2003 年版王亞勇整理本。

（二）經部

《周易正義》：（晋）王弼等注，（唐）孔穎達等正義，北京大學出版社 2000 年版。

《尚書正義》：（漢）孔安國傳，（唐）孔穎達等正義，北京大學出版社 2000 年版。

《毛詩正義》：（漢）鄭玄箋，（唐）孔穎達等正義，北京大學出版社 2000 年版。

《周禮注疏》：（漢）鄭玄注，（唐）賈公彦疏，北京大學出版社 2000 年版。

《儀禮注疏》：（漢）鄭玄注，（唐）賈公彦疏，北京大學出版社 2000 年版。

《孟子注疏》：（漢）趙岐注，（唐）孔穎達等正義，北京大學出版社 2000 年版。

《爾雅注疏》：（晋）郭璞注，（宋）邢昺疏，上海古籍出版社 2010 年版。

《廣雅疏證》：（清）王念孫著，中華書局 2004 年版。

《説文解字》：（漢）許慎撰，（宋）徐鉉校定，中華書局 1963 年版。

《方言校箋》：周祖謨著，中華書局 1993 年版。

《埤雅》：（宋）陸佃撰，浙江大學出版社 2008 年版。

（三）史部

《史記》：（漢）司馬遷撰，中華書局 2013 年版。

《漢書》：（漢）班固撰，中華書局 1962 年版。

《後漢書》：（南朝宋）范曄撰，中華書局 1965 年版。

《晋書》：（唐）房玄齡等撰，中華書局 1974 年版。

《南史》：（唐）李延壽撰，中華書局 2013 年版。

《隋書》：（唐）魏徵等撰，中華書局 1973 年版。

《新唐書》：（宋）歐陽修、宋祁撰，中華書局 1975 年版。

《宋史》：（元）脱脱等撰，中華書局 1977 年版。

《金史》：（元）脱脱等撰，中華書局 1975 年版。

《元史》：（明）宋濂等撰，中華書局 1976 年版。

《明史》：（清）張廷玉等撰，中華書局 1974 年版。

《親征平定朔漠方略》：（清）温達等撰，影印文淵閣《四庫全書》本，臺灣商務印書館 1986 年版。簡稱《平定朔漠方略》。

《明實錄》：臺灣"中央研究院"歷史語言研究所校印，1962 年版。

《清實錄》：中華書局 1985 年版。

《大清會典》：影印文淵閣《四庫全書》本，臺灣商務印書館 1986 年版。

《元和郡縣圖志》：（唐）李吉甫撰，賀次君點校，中華書局 1983 年版。

《太平寰宇記》：（宋）樂史撰，王文楚等點校，中華書局 2007 年版。

《大明一統志》：（明）李賢等撰，影印明天順監刻本，三秦出版社 1990 年版。

《皇明九邊考》：（明）魏焕撰，《四庫全書存目叢書》影印明嘉靖間刊本，齊魯書社 1996 年版。

《水經注校證》：（北魏）酈道元注，陳橋驛校證，中華書局 2007 年版。

《北邊備對》：（宋）程大昌撰，《續修四庫全書》影印明刻《歷代小史》本，上海古籍出版社 2002 年版。

《荆楚歲時記》：（南朝梁）宗懔撰，影印文淵閣《四庫全書》本，臺灣商務印書館 1986 年版。

《歲華紀麗》：舊本題（唐）韓鄂撰，影印文淵閣《四庫全書》本，臺灣商務印書館 1986 年版。

《通典》：（唐）杜佑撰，王文錦等點校，中華書局 1988 年版。

《四庫全書總目》：（清）永瑢等撰，中華書局 1965 年版。

(四) 子部

《夢溪筆談》：（宋）沈括撰，金良年整理，上海書店出版社 2003 年版。

《酉陽雜俎》：（唐）段成式撰，影印文淵閣《四庫全書》本，臺灣商務印書館 1986 年版。

《南村輟耕錄》：（元）陶宗儀撰，中華書局 1980 年版。

《朝野僉載》：（唐）張鷟撰，影印文淵閣《四庫全書》本，臺灣商務印書館 1986 年版。

《農桑輯要》：（元）孟祺等撰，影印文淵閣《四庫全書》本，臺灣商務印書館 1986 年版。

《禽經》：舊本題（春秋）師曠著，影印文淵閣《四庫全書》本，臺灣商務印書館 1986 年版。

《後山談叢》：（宋）陳師道撰，影印文淵閣《四庫全書》本，臺灣商務印書館

1986 年版。

《古今注》：（晋）崔豹撰，影印文淵閣《四庫全書》本，臺灣商務印書館 1986 年版。

《博物志》：（晋）張華撰，影印文淵閣《四庫全書》本，臺灣商務印書館 1986 年版。

《劉賓客嘉話錄》：（唐）韋絢撰，影印文淵閣《四庫全書》本，臺灣商務印書館 1986 年版。

《格致鏡原》：（清）陳元龍撰，影印文淵閣《四庫全書》本，臺灣商務印書館 1986 年版。

《管子》：（春秋）管仲撰，廣陵書社 2009 年版。

《山堂肆考》：（明）彭大翼撰，影印文淵閣《四庫全書》本，臺灣商務印書館 1986 年版。

《白虎通義》：（漢）班固撰，影印文淵閣《四庫全書》本，臺灣商務印書館 1986 年版。

《雨航雜錄》：（明）馮時可撰，影印文淵閣《四庫全書》本，臺灣商務印書館 1986 年版。

《金樓子》：（南朝梁）蕭繹撰，影印文淵閣《四庫全書》本，臺灣商務印書館 1986 年版。

《中華古今注》：（五代唐）馬縞撰，影印文淵閣《四庫全書》本，臺灣商務印書館 1986 年版。

（五）集部

《入夏錄》：（明）齊之鸞撰，影印《四庫全書存目叢書》本，齊魯書社 1997 年版。

《元憲集》：（宋）宋庠撰，影印文淵閣《四庫全書》本，臺灣商務印書館 1986 年版。

二、現當代文獻

（一）著作

《隴右方志錄》：張維編，《中國西北文獻叢書》據北平大北印刷局 1934 年版影印，蘭州古籍書店 1990 年版。

《寧夏歷史地理考》：魯人勇等編著，寧夏人民出版社 1993 年版。

《寧夏歷史地理變遷》：吳忠禮、魯人勇、吳曉紅著，寧夏人民出版社 2008 年版。

《寧夏方志述略》：高樹榆等編著，吉林省圖書館學會 1985 年內部發行。

《中國地方志聯合目錄》：中國科學院北京天文臺編，中華書局 1985 年版。

《清代官員履歷檔案全編》：秦國經主編，華東師範大學出版社 1997 年版。

《寧夏地方志研究》：胡玉冰著，中國社會科學出版社 2012 年版。

《平羅春秋》：何子江、萬青山編，寧夏人民出版社 2005 年版。

《中國古今地名大辭典》：商務印書館香港分館 1931 年版。

（二）論文

《〈平羅記略〉和〈續增平羅記略〉》：王耀倫撰，載高樹榆等編《寧夏方志述略》，吉林圖書館學會 1985 年內部發行。

《略談〈平羅記略〉》：李洪圖撰，《寧夏史志研究》1986 年第 3 期。

《評〈平羅記略〉之得失》：王亞勇撰，《寧夏社會科學》1997 年第 2 期。

《日本收藏中國農業古籍概況》：王華夫撰，《農業考古》1998 年第 3 期。

《中國明清時期農書總目》：王達撰，《中國農史》2001 年第 1 期。

《〈本草綱目·引據古今醫家書目〉辯證》：楊東方、劉平撰，《北京中醫藥大學學報》2010 年第 10 期。

〔光緒〕寧靈廳志草

(清)佚名 纂　　胡玉冰　張煜坤　校注

前　　言

　　寧靈廳舊屬靈州（今寧夏吴忠市古城鄉附近），廳治在今寧夏吴忠市金積鎮，清同治十一年（1872）設。《寧靈廳志草·建置第三》對其地理沿革記載甚詳，曰："寧靈，古羌戎居之，爲《禹貢》雍州之域。春秋、戰國屬秦，始皇時屬北地郡，漢惠帝四年，地又屬靈洲，後魏屬薄骨律鎮，西魏又爲鹽州地，後周屬迴樂縣，隋屬靈武郡，唐爲靈州地，開元中屬朔方節度，五代爲朔方軍，宋入西夏，元復爲靈州地，明屬守禦所，後改爲寧夏後衛。國朝因之。雍正二年，改爲靈州。至同治初，馬逆化潾以新教倡亂，據金積堡以叛，築城濬池，負固十年之久。前陝甘總督左文襄公於同治九年檄師盪平，復因故堡舊址，葺殘補缺，招前民之流離者安集之，名曰'保生寨'。但以地當衝要，羌回雜居，州治遠隔，有鞭長莫及之慮，特於同治十一年奏請分靈州西南之半壁，改寧夏水利同知爲寧靈廳撫民同知以莅之。"[1]在有關寧靈廳的專題文獻中，《寧靈廳志草》（下文簡稱《志草》）是寧靈廳建置後第一部也是唯一一部全面反映其歷史、地理、經濟等情況的志書，現藏日本東洋文庫。另有《〔宣統〕寧靈廳地理調查表》（撫民同知饒守謙編），現藏甘肅省圖書館。1990年7月，《志草》複印本入藏寧夏回族自治區圖書館（下文簡稱寧圖），因《志草》是與寧夏有關的歷史文獻，且海外藏本屬孤本，故寧夏學者最早關注並研究《志草》。

　　較早披露東洋文庫存藏《志草》信息的是1935年版《東洋文庫地方志目録》一書。《日本主要圖書館研究所所藏中國地方志總合目録》著録曰："寧靈廳志草不分卷，闕名撰，（清末）修，鈔本。（東洋）1册，記載至光緒末年。V—7。"[2]《中國地方志聯合目録》載："〔光緒〕寧靈廳志草，不分卷，（清）佚名纂，清光緒三十三年（1907）修，抄本。注：在日本東洋文庫。"[3]《寧夏地方文獻聯合目録》載寧圖

---

[1]《前言》引《寧靈廳志草》，若無特別説明，皆直接引自日本東洋文庫藏《寧靈廳志草》稿本，恕不一一注明。
[2] 日本國立國會圖書館參考書志部編：《日本主要圖書館研究所所藏中國地方志總合目録》，東京：國立國會圖書館1969年版，第315頁。
[3] 中國科學院北京天文臺主編：《中國地方志聯合目録》，中華書局1985年版，第229頁。按：據張京生等先生的研究成果，《志草》當修成於清光緒三十四年（1908）。

館藏情況曰："〔光緒〕寧靈廳志草,不分卷,(清)佚名纂,清光緒三十四年(1908)抄本,1冊,存影本。"①綜合諸家目録及學者研究成果,我們得到與《志草》有關的基本信息是：《志草》不分卷,1冊,手抄傳世,未見刊印本。原書未署編纂者姓名,光緒三十一年(1905)任寧靈廳同知的成謙最有可能是本書的編纂者,成書時間最早可能在光緒三十四年(1908)。原本存世者僅1部,藏於東洋文庫,寧圖藏有複印本。該書編纂受《〔乾隆〕甘肅通志》《〔嘉慶〕靈州志迹》兩書的影響最大。類目設置上全同《甘肅通志》,撰寫方法及輯録内容則多同《靈州志迹》。

一、整理與研究現狀

《志草》的發現與研究曾引起了寧夏部分媒體的關注。《寧夏日報》載《寧夏孤本方志〈寧靈廳志草〉驚現日本》(2003年8月4日版,劉宏安撰)、《〈寧靈廳志草〉現世真相》(2003年9月1日版,賀玉蓮、謝梅英撰)等文,指出寧圖是國内最早館藏有《志草》複製本的單位,時間是1990年7月,該館張京生最早撰文研究《志草》。截至2012年5月,筆者所知公開發表的《志草》研究論文有5篇,包括張京生的《〈寧靈廳志草〉考述》《歷史的見證——日本藏清稿本〈寧靈廳志草〉的學術價值探析》,巴兆祥的《日本藏孤本寧夏〈寧靈廳志草〉考述》,筆者的《日本東洋文庫藏寧夏〈寧靈廳志草〉整理與研究成果述評》《日本東洋文庫藏寧夏〈寧靈廳志草〉考略》。正式出版的整理本有2部,包括胡建東校注《光緒寧靈廳志》、張京生校注《光緒寧靈廳志草》。

(一) 張京生、高樹榆等先生研究成果

學者研究《志草》,始於20世紀90年代初。張京生最早撰文研究《志草》,其《〈寧靈廳志草〉考述》就寧靈廳的設置情況以及《志草》的版本、著者、體例、成書年代等問題進行深入考證,認爲東洋文庫藏本當爲"清稿本",清光緒三十一年(1905)任寧靈廳同知的成謙與《志草》的編纂關係最密切,並認爲《志草》成書時間當爲光緒三十四年(1908)。作者對《志草》編纂者及編纂時間的考證結論是可信的。2008年,張先生發表《歷史的見證——日本藏清稿本〈寧靈廳志草〉的學術價值探析》一文,進一步探討《志草》的學術價值,認爲主要表現在三個方面：第一,《志草》所記内容是清政府鎮壓回民起義的歷史見證;第二,《志草》是研究中國回族史的重要歷史資料;第三,《志草》是研究寧夏地方史的重要的歷史

---

① 寧夏圖書館協作委員會編：《寧夏地方文獻聯合目録》,寧夏人民出版社1992年版,第98頁。

資料。

2010年,陽光出版社出版張京生校注《光緒寧靈廳志草》。校注本以寧圖藏複印本爲底本,整理方式以注釋爲主,對部分字詞、典故、典章制度、人物等給予注音、釋義,對於正確理解原文有一定的借鑒意義。但校注本某些整理成果尚需要進一步修正。如標點上,《星野志第二》"春秋元命苞"、《公署第七》首二字"周禮"均爲書名,當按整理本書例標注書名號,整理本卻用專名號。《藝文第三十五》在石茂華《青銅禹迹》詩後録楊芳燦詩一首,詩題較長,有"初夏放舟青銅峽口因登百塔寺用松陵集中楞伽精舍倡和韻"25字,校注本把最後3字"倡和韻"當作詩題,其餘22字附於石茂華詩後,且標點作"初夏,放舟青銅峽口,因登百塔寺用松陵,集中楞伽精舍","百塔寺""用松陵"均加標專用名符號。蓋校注者不明《松陵集》爲書名,[①]故出現了標點錯誤。《揭告回逆狀》作者爲靈州貢生道以德,作者名出現在文章中,整理本整理目録時未能據此標注出作者名。整理本校勘成果較少,原書中多處錯誤未糾正,如《山川第五》"大螺山"條"明府慶長史劉方以其峰如蠡因名之"句,"方"當作"昉",《學校第八》"寧靈於同治十年新設"句,"十"下脱"一"字。這些錯誤整理本都未校出。注釋方面也有值得商榷之處。如《增採新章十條》之《厘税第七》注釋[三]"觔:同'筋',借用爲'斤'。"[②]據《漢語大字典》(1992年版),"觔"與"筋""斤"爲異體字關係,在表示動物"筋骨"的義項上"觔"同"筋",表示重量單位時"觔"同"斤"。《志草》"百觔"之"觔"顯然表示重量,故當注釋爲:"觔:同'斤'。"校注本印刷上還出現了脱文現象。如《名宦第二十五》開篇脱"寧靈新設卅餘年百度之興前者創之後者繼"18字。

1996年版《中國地方志總目提要》中録有高樹榆執筆的《志草》詞條,概述了《志草》的基本内容及收藏、著録等情況,高先生指出,《志草》記述止於光緒三十四年(1908),是記述寧靈廳歷史沿革、行政建置、經濟物産、風土人情等方面的重要資料,也是研究馬化龍起義的重要史料。

(二) 巴兆祥先生研究成果

巴兆祥利用在日本訪學的機會,目驗了東洋文庫藏《志草》原件,撰寫《日本藏孤本寧夏〈寧靈廳志草〉考述》一文(下文簡稱巴文)。由於依據文本原件進行研究,所以有許多發現是已往學者所未知的,對他人的研究很有啓發意義,筆者亦獲益匪淺。巴文對《志草》纂修人、纂修時間的考證結論與張京生同,並進一步

---

① 《四庫全書總目》卷一八六《集部·總集》載,《松陵集》10卷,唐皮日休、陸龜蒙等唱和之詩。考卷端日休之序,則編而成集者龜蒙,題集名者日休也。

② 張京生校注:《光緒寧靈廳志草》,陽光出版社2010年版,第224頁。

認定《志草》當爲成謙編纂。巴文對《志草》流散於日本等問題的考證多言之有據。但筆者勘驗該書,有些與巴先生不同的新發現。巴文對《志草》版本、內容等方面的介紹有疏漏。筆者認爲,其版本當爲"稿本"而非"抄本",原稿本正文內容當爲67頁而非64頁。該書編纂受《甘肅通志》《靈州志迹》兩書的影響最大。類目設置上全同《甘肅通志》而非參考了《靈州志迹》,撰寫方法及輯錄內容則多同《靈州志迹》。

具體來說:

1. 版本方面。巴文首次對東洋文庫藏《志草》版本作詳細介紹曰:"《寧靈廳志草》是寧靈廳建置以來編纂的首部志書,封面題'寧靈廳志草',一冊,抄本。版23.4×26.7(厘米),白口,無欄、無邊、無魚尾、無序跋、凡例,未標卷次、頁碼。紙張粗糙,大小不一。第三頁蓋有東洋文庫藏書印二枚。半頁九行,每行字數不一,或二十七,或三十二,或三十……有多處圈點斷句。"①筆者目驗《志草》發現,更確切地說,《志草》當爲稿本而非抄本。

所謂稿本是指:"作者親筆書寫的自己著作的底本。分手稿本、清稿本和修改稿本。"②抄本是指:"以某一傳本爲底本,抄寫而成的書本。習慣上對元及元以後抄寫的書本稱爲抄本。"③若從"習慣上"看,將《志草》看作"抄本"也無不可,但從《志草》的實際情況看,將其視爲"稿本"更恰當些。從前引稿本和抄本的定義來看,稿本主要是指尚未正式公開傳抄或印行的文本。從傳世的《志草》來看,顯然非最終的定稿。從其書寫字體看,全書非一人寫就,文本有多處的增刪乙正,即巴文所謂"有多處圈點斷句",修訂者與原稿書寫者字迹明顯不同。所謂抄本是要有明確可據的某一著作的傳本作爲抄錄底本,很顯然,正如前引巴文所言,《志草》是"寧靈廳建置以來編纂的首部志書",④此前尚未有現成的寧靈廳專志可供編纂者直接抄錄,也就是說,傳世本《志草》是編纂者親筆所寫的手稿,他並沒有"以某一傳本爲底本"抄寫而成,完全是自己根據多種文獻材料獨立進行編纂的。因此,筆者認爲,東洋文庫所藏《志草》當爲"稿本"而非"抄本",更符合實際。

另外,《志草》原稿裝幀未加裁剪,極似毛裝本。入藏東洋文庫後被重新進行了裝幀,在原本上另加了半頁大小的軟紙書衣、扉頁、封底各1張,改爲四眼綫裝。《志草》原稿書寫用紙非正規抄本用紙,紙張較爲粗糙,無邊欄、界行,內容徑

---

① 巴兆祥:《日本藏孤本寧夏〈寧靈廳志草〉考述》,《寧夏社會科學》2002年第5期,第83頁。
② 中華人民共和國文化部:《中華人民共和國文化行業標準(WH/T20—2006)古籍定級標準》,北京,2006年8月5日發佈,同年10月1日實施,第1頁。
③ 同上。
④ 巴兆祥:《日本藏孤本寧夏〈寧靈廳志草〉考述》,《寧夏社會科學》2002年第5期,第83頁。

前言 205

直書寫於紙上，談不上有什麼版式特點。由於紙張本身質量較差，加上年代較遠等原因，《志草》原稿紙張有絮化趨勢，有的紙張纖維蓬鬆，所以粗看會有"紙張粗糙，大小不一"的感覺。① 實際上，原來紙張的大小還是相同的，每張 26.9×23.5（厘米），②近似正方形。《志草》編纂者把有關資料按每半頁 9 行直接抄錄在紙上，除"增採新章十條"每行 32 字外，其他內容行字數多少不一，有 27 字、28 字、29 字，等等。《志草》原稿在書衣左上題"寧靈廳志草"5 字，書衣之後無護葉（亦稱扉頁）、封面，直接爲志草的正文。所以巴文所言題書名於"封面"上嚴格來説是不准確的，一般古籍的封面當位於護葉之後、所有書葉之前，而《志草》原稿是没有封面的。《志草》原稿有正文內容的紙張共 67 張，1 張爲 1 頁，共 67 頁。如果把上、下兩張半葉大小的書衣合算爲一葉，則《志草》原稿總共用整葉紙 68 張。③

2. 內容方面。巴文對於《志草》內容的介紹有疏漏之處，對於有些內容的理解也有偏差。如巴文認爲："《寧靈廳志草》的篇目明顯參考了嘉慶《靈州志》。"④其實不然。實際上，《志草》編目除了開篇之《寧靈廳歷代沿革表》仿《靈州志迹》置於最前外，其他則完全沿襲〔乾隆〕《甘肅通志》。將《甘肅通志》卷帙目錄與《志草》類目相比較就會發現，《志草》不僅類目名稱與《甘肅通志》相同，其類目編次也與《甘肅通志》完全一致。

《志草·城池第六》原稿修改之處頗多，從字裏行間透露出《志草》編纂者對於新建寧靈廳廳治一事是非常關注的，但由於條件所限，寧靈廳新城始終未能最後完工。巴文曰"'城池'保生寨同治初累土爲城，光緒建新城"⑤云云，實不確。通讀原文可知，寧靈廳廳治是同治九年（1870）馬化龍起義被清廷鎮壓後在原保生寨遺址上"累土爲城"的，由於原城非常簡陋，光緒九年（1883），前陝甘總督奏請修建新城，因"款絀中止"。光緒二十六年（1900），寧靈廳同知洪翼等集資對舊城進行修繕，因集資有限，修繕後的舊城仍"千瘡萬孔"。光緒戊申（三十四年，1908）秋，同知成謙首倡捐資興修寧靈廳城，此次修繕進行了 3 個月，由於資金限制，"然亦擇其要者修之築之，以云整理完善，則猶未也"。《志草·職官第二十四》，原文提及的寧靈廳官員共 57 名，均錄其職名、姓氏、籍貫及任職時間，"照磨"王捷三之籍貫、任職時間闕如。巴文提及同知 12 人、照磨 15 人、守備 9 人、

---

① 巴兆祥：《日本藏孤本寧夏〈寧靈廳志草〉考述》，《寧夏社會科學》2002 年第 5 期，第 83 頁。
② 胡建東以"16 開""8 開"等術語談古籍版本版式大小。
③ 張京生統計頁碼數爲 69，巴兆祥統計頁碼數爲 64。胡建東統計頁碼數爲 136，是把古籍一紙一頁誤照現代出版物之一紙兩頁來統計。
④ 巴兆祥：《日本藏孤本寧夏〈寧靈廳志草〉考述》，《寧夏社會科學》2002 年第 5 期，第 85 頁。
⑤ 同上文，第 84 頁。

千總 3 人等共 39 人，尚有安天篤、謝善述等"教授"8 名，湯彥和、劉德貴等"靈武參將"10 名是巴文未提及的。

3. 引文方面。巴文引文多處出現了錯誤，有些引文可能是印刷錯誤，有些可能是抄錄錯誤，若不加以糾正，他人引用可能會以訛傳訛。這裏將其引文中存在的錯誤經與日本藏《志草》文本校對糾正如下，利用者慎擇焉。

《志草·疆域第四》"西北至寧朔縣界三十里"句，巴文脫"縣"字。《城池第六》"將東西門甕城月城修築"句，巴文脫"月城"二字；"千瘡萬孔"，巴文誤作"千瘡百孔"；原稿"戊申"本不誤，巴文識讀爲"戍甲"，於"甲"字後加括注。《關梁第九》"廖家橋"，巴文誤作"廖永橋"。《祠祀第十》"龍神廟"巴文誤作"龍神壇"；"劉忠壯公祠"，巴文脫"壯"字；"三光廟"，巴文誤作"王光廟"。《貢賦第十一》"上則全田""中則全田""中全田"，巴文"全"皆誤作"金"；"上民田"，巴文誤作"二民田"。《水利第十三》"馬蘭渠"，巴文誤作"馬男渠"。《驛遞第十四》，巴文曰"'驛遞'記在城驛，及驛的馬夫、驛夫、工食銀"，意思不明，且《志草》未提及有"馬夫"事；"由中衛縣入廳南大草溝"句，巴文"縣"下衍"進"。《蠲恤第十五》，巴文曰："'蠲恤'僅 2 行，無實質內容。"巴文統計各類目內容行數時均不包括類目名稱所占之一行，故所曰"2 行"當作"1 行"。《鹽法第十六》，巴文曰："'鹽法'僅 4 行，記居民食鹽的產地。"準確地說，《志草》記"鹽法"事，除去類目名稱所占一行外，當是 5 行內容。《風俗第十九》"食主稻、稷，間以麥。貧者飯粟，中人之家恒以一釜並炊稻、稷。稻奉尊老，稷食貧賤"句，巴文脫"一"字，未識讀出"奉"字，以"□"代之；"前列社火周游城中"句，巴文脫"前"字。《古迹第二十》"一百八塔"，巴文誤作"百合塔"；"滾泉"，巴文誤作"流泉"。《祥異第二十一》，巴文曰祥異內容"僅 4 行"，恐爲筆誤。此部分內容還是比較豐富的，共 21 行。《陵墓第二十二》"朱㰘"，巴文誤作"朱旆"。《選舉第二十六》《人物第二十七》，巴文曰："'選舉''人物'，雖分別占有 9 行和 4 行的篇幅，但也沒有具體內容。"查原稿，兩類目分別只有 3 行內容。《孝義第二十九》"姚衡、侯倫"，巴文誤作"姚衛、侯綸"。《藝文第三十五》錄慶靖王朱㰘"神河浩浩來天際"詩，巴文錄其詩題作"漢渠春韻（潤）"，蓋詩題最後一字巴文取捨不定，實際當作"漲"。《寧夏志》卷下錄有凝真（朱㰘之號）《西夏八景圖詩》序和詩，八景圖詩題之中有《漢渠春漲》。《劉忠壯公祠堂碑文》作者名"周壽昌"，巴文誤作"周濤昌"；道以德文章名《揭告回逆狀》之"回逆"，巴文誤作"回迹"。

巴文在對《志草》前 35 類目內容進行介紹和引用時，除上述問題外，在"志草內容"部分沒有提及《封爵第二十三》《忠節第二十八》《隱逸第三十》《流寓第三十一》《仙釋第三十二》《方伎第三十三》等 6 類目虛設之目，而是在"價值與不足"部分提及，顯然與其文體例不符。

"增採新章十條"之《厘稅第七》，巴文曰本類目內容"對我們研究清末新政很有價值"，其後引文曰"光緒三十三年'無論貨物粗細，每百斤抽收稅銀三分'"。考原稿，寧靈廳厘稅"自光緒三十三年正月改辦統捐，即並歸靈州吳忠堡分局委員兼理查收，數零徵，並無比較定額。至寧靈商畜稅課於同治十三年正月初八日設局開辦，其章程，無論貨物粗細，每百觔抽收稅銀三分"。故知，巴文"光緒三十三年"當作"同治十三年"。《實業第八》"以開通水利、考察土宜爲入手義務"句，巴文引文不完整，脫"入手"後"義務"二字。《巡警第九》載曰："寧靈巡警於光緒三十二年十二月由知廳事成謙開辦。""三十二年"，巴文誤作"三十三年"，且脫"月"字。《學堂第十》載曰："高等小學堂繫於光緒三十二年三月初一日由知廳事成謙將廳城內舊有之鐘靈書院奉文改設。""三十二年"，巴文誤作"三十三年"。

（三）胡建東先生整理與研究成果

2008 年 3 月，胡建東依寧圖藏複印本對《志草》的校注成果由寧夏人民出版社出版，書名曰《光緒寧靈廳志》（下文簡稱胡校本）。胡校本附吳忠禮先生《序》稱，通過對《志草》所作的初步研究，他認爲該書當是成謙編纂完成於光緒三十四年（1908）。吳先生還提及，他曾對《志草》進行過整理，但由於經費問題，成果未能出版。吳先生所言可能是指他主持的 2005 年度寧夏社會科學院立項課題——《寧靈廳箋注及研究》。①

胡校本正文前依次附《寧靈廳星宿圖》《寧靈廳城池圖》《清末民國金積堡（保生寨）略圖》《金積堡方位示意圖》《寧靈廳在甘肅寧夏府方位圖》等 5 圖，正文後依次附《宣統寧靈廳地理調查表》（饒守謙）、《宣統靈州地理調查表》（曾麟綏）、《〈寧靈廳志草〉部分原稿影印件》《〈寧靈廳志草〉驚現日本》（劉宏安）、《〈寧靈廳志草〉現世真相專題調查》（賀玉蓮、謝梅英）、《〈寧靈廳志草〉考述》（張京生）、《孤本方志，彌足珍貴——讀〈寧靈廳志草〉劄記》（胡建東）等民國時期調查材料、新聞媒體報導材料及今人考證材料，這些對於更深入地研究寧靈廳及《志草》顯然很有價值。從胡建東研究劄記看，他認爲《志草》當成於衆人之手，不當歸之於成謙個人所爲，編纂者定爲成謙是不能成立的，並對《志草》抄錄筆迹、編修體例、寧靈廳建置、户口等問題發表己見，同時認爲《志草》原書"增採新章十條"似爲宣統或民國初年補寫，並據種種資料糾正《靈武市志》《寧夏百科全書》的錯誤。這些研究成果對於進一步研究《志草》有一定參考價值。胡校本對原稿存在的部分文

---

① 寧夏社會科學院網站公佈資訊及《志草》載吳忠禮《序》中，"箋注"均作"簽注"，疑有筆誤。

字訛誤進行校勘,對於文中出現的人名、地名等給以注釋,這些亦有利於對《志草》的研究。

同時我們也看到,胡校本在整理體例、整理方式等方面尚存缺憾。主要表現在以下方面：

第一,重擬書名,有乖古書體例。《志草》書名原題於書衣上,曰《寧靈廳志草》。本志屬草創,雖編纂欲務求詳而有體,但由於寧靈廳設置時間不長,加上文獻資料缺乏,編纂體例、内容尚需要進一步充實、完善,故本志只能名之曰"志草"。也就是説,傳世的寧靈廳志書非最後定稿,是志書的草稿,故名《寧靈廳志草》。胡校本"依通例,定書名爲《光緒寧靈廳志》",①删去"草"字,不知所曰"通例"是指什麽。

第二,對原書内容進行任意剪接,變亂原書體例。胡校本曰:"原稿影本未能裝訂成册,頁碼散亂,遺失難免,如開卷就以'星野志第二'始。因原稿藏於日本東洋文庫,真迹不明,疑失的第一卷當爲'圖記'。……原稿目録爲 35 卷,但有 8 卷無具體内容。經整理,依次編爲 27 卷。原卷下各目均無序號區别,爲便於檢索,校後分别增加序號,並爲部分内容增補題目。"②前文已述及,《志草》不分卷,原稿也未編目録,正文分 35 目,另有"增採新章十條"。故不當將原書内容割裂成 27 卷,應該按原書原有的順序排列其内容。實際上,《志草》原稿第 2 頁《寧靈廳歷代沿革表》當爲《志草》第一類目,蓋脱編次"第一"二字,《靈州志迹》卷一開篇即爲"歷代沿革表第一"可證。胡校本以爲《志草》第一類目已佚失,可能爲"圖記",因《志草》"建置第三"有"並附歷代沿革表"一句,所以將其剪裁至《建置第三》之後,殊爲不當。據《志草》編纂體例可知,這是修訂者用内容互見的辦法來介紹寧靈廳的沿革變化,通過比較就會發現,《志草·寧靈廳歷代沿革表》完全仿《靈州志迹》卷一《歷代沿革表志第一》所附《〈一統志〉靈州沿革表》的編寫體例,故不應把《沿革表》剪裁至"建置第三"處,而應該還原其内容原有的排序。原稿仿《靈州志迹》在"水利第十三"附李培榮《南北滎河記》,且作説明:"前人有《南北滎河記》附録於後。"而胡校卻將這篇文章移至"藝文第三十五"。《志草·藝文第三十五》原稿輯録詩文的順序依次是：録文 3 篇,録詩 14 首,録碑傳、序記共 9 篇。胡校本整理時,打亂原有順序,將文、碑傳、序記合在一起,增補題目曰"記狀碑文",將所有詩合在一起,補題曰"詩歌"。這無疑是對原書結構的隨意拆分。而且,由於對原書體例不清,胡校本將"明成化十年"撰寫的《重修米穀寺碑記》和

---

① （清）佚名纂,胡建東點校：《光緒寧靈廳志·點校説明》,寧夏人民出版社 2008 年版,第 1 頁。
② （清）佚名纂,胡建東點校：《光緒寧靈廳志·點校説明》,寧夏人民出版社 2008 年版,第 1—2 頁。

"明隆慶元年"撰寫的《重修米穀寺碑記》的撰寫時間都移至碑記最末。

第三,原稿中的多處錯誤胡校本未能校出。如《志草·學校第八》載:"寧靈於同治十年新設,向無書院,嗣經署同知趙興雋就城内東南隅叛産房屋創設鍾靈書院一所,據膏夥田二百四十畝,進漢、回子弟之聰穎者而教育之,寧靈學界自此萌芽。"此條史料對於研究寧夏民族教育史有重要價值。需要辨明的是,寧靈廳創設於同治十一年(1872),故《志草》"十年"之"十"下脱"一"字。另據《靈州志迹》卷四録周人傑《鍾靈書院碑記》載,靈州"鍾靈書院"之設,當始於乾隆三十八年(1773),《志草》所記當爲重建之時而非創建之時。《志草》原稿因係草稿,故部分文字内容尚需要進一步修訂,《志草》原稿多處的增删乙正即其明證。胡校本因不明此例,某些地方《志草》實際上已經進行了修訂,但胡校本仍然沿襲舊誤,而《志草》未及糾正的錯誤,胡校本自然繼續承襲了。如《志草·風俗第十九》"彊梗尚氣"之"彊",此爲"强"之異體字,原稿原同《靈州志迹》,誤作"疆",修訂者將此字改作正字"彊",而胡校本沿襲舊誤,仍作"疆"。《山川第五》"大螺山"條"明府慶長史劉方以其峰如蠡因名之"句,據《寧夏志》,"方"當作"昉"。胡校本亦襲原稿之誤,未能校訂過來。《志草》因係草稿,行文中某些地方原留有空白,以便資料確切時再做補寫,這些在整理時可以用注釋的方法説明其原有留空,排版時可以加方框表示,以示原文即如此。如《志草·寧靈廳歷代沿革表》"同治□年改設今治"句和《城池第六》"光緒九年前陝甘總督譚□□奏陳新設廳治,一切未盡事宜,經□部議准"句,"治"後留置空白,顯然是要填寫具體年數,"譚"後留置空白,是要填寫人名(當爲"鍾麟"),"部"前留置空白,是要填寫清朝吏、户、禮、兵、刑、工等六部中某一部的名稱,胡校本均未留置出原有的空白。

第四,《志草》因係手抄,某些字迹辨認不清,胡校本用方框表示,並加以注釋,這樣的做法是可取的。但需要提出的是,第一,某些字迹如果仔細辨識,還是可以辨認的,如《志草·星野志第二》開篇天頭處原粘一條窄幅紙箋,有"其爲□多不然"句,"爲"後之字當爲"義"。第二,某些字的辨認上胡校本出現了不應該出現的錯誤,如《志草·星野志第二》"容齋洪氏",①胡校本誤作"究察洪氏"。《建置志第三》"屬觀者如列眉焉"句之"焉",胡校本誤作"面"。《名宦志第二十五》"寧靈新設""卅餘年""有功斯土"三句之"靈""卅""土",胡校本分别誤作"夏""三十""士"。

另外,胡校本附録劉宏安撰文原刊發於《寧夏日報》,胡校本卻注其出處爲《新消息報》。胡校本書名爲《光緒寧靈廳志》,但其書版權頁卻將書名印成了《光

―――――――――

① 即宋人洪邁,號容齋,有《容齋隨筆》傳世。

緒寧靈廳志編修》。

在傳世文獻中，有關寧靈廳的歷史資料比較少。因其曾隸屬於寧夏靈州，故其研究資料散見於《靈州志迹》《〔宣統〕靈州地理調查表》及《〔乾隆〕寧夏府志》等文獻中。《志草》作爲第一部也是唯一一部寧靈廳志書，其研究價值不言而喻。我們想要强調的是，評價《志草》的研究價值時一定要注意這樣一個基本事實，即傳世的《志草》僅是草稿而已，其文本中尚存在有諸多不足，故評價其研究價值時，不應該回避它自身的局限性，不要無限誇大它的學術價值，實事求是地進行評價才是最可取的態度。

二、内容及其史源

寧靈廳舊屬靈州，原稿多處提及"靈州舊志"，即清朝嘉慶三年（1798）楊芳燦、郭楷所修《靈州志迹》。從内容取材和編纂方法上看，《靈州志迹》是《志草》編修時最主要的參考文獻。

《志草》原稿無序跋，亦未編目録，因其行文中有類目名稱加編次，如"星野志第二""建置第三"之類，故我們對《志草》原稿内容可以依其編次及類目名稱來推究。概括來説，《志草》原稿内容實由兩部分組成，第一部分包括：《星宿圖》《寧靈廳歷代沿革表》《星野志第二》《建置第三》《疆域第四》《山川第五》《城池第六》《公署第七》《學校第八》《關梁第九》《祠祀第十》《貢賦第十一》《兵防第十二》《水利第十三》《驛遞第十四》《蠲恤第十五》《鹽法第十六》《茶馬第十七》《物產第十八》《風俗第十九》《古迹第二十》《祥異第二十一》《陵墓第二十二》《封爵第二十三》《職官第二十四》《名宦第二十五》《選舉第二十六》《人物第二十七》《忠節第二十八》《孝義第二十九》《隱逸第三十》《流寓第三十一》《仙釋第三十二》《方伎第三十三》《列女第三十四》《藝文第三十五》等。此 35 類目當爲原稿的主體内容。第二部分統稱作"增採新章十條"，①包括《方言第一》《户口第二》《倉儲第三》《度支第四》《鄉鎮第五》《金石第六》《釐税第七》《實業第八》《巡警第九》《學堂第十》等 10 類目，志末附兩份名單。前後兩大部分各類目内容詳略不一。

《志草》原稿有正文内容的紙張共 67 張，每張書葉對折後，一張整頁被平分成了左、右兩個半頁，我們對《志草》原稿内容的介紹即以半頁爲最小單位。爲行文方便，稱右半頁爲 a，左半頁爲 b，如 5a 即指第 5 頁右半頁，5b 即指第 5 頁左半

---

① 《〔民國〕敦煌縣鄉土志》卷二有"增採十條"，包括《方言》《户口》《鄉鎮》《釐税》《實業》《商務》《礦務》《巡警》《學堂》《碑記》等 10 類目。

頁,依此類推。下文介紹《志草》原稿内容始自1a,迄於67b。下文引號中的文字若無特別説明,皆引自《志草》,筆者不再一一注明。

第1頁爲《星野圖》,1a爲"井宿""鬼宿",1b爲"尾宿""柳宿"。四星宿圖全同《靈州志迹》卷一《星野志第二》附《星野圖》,惟《靈州志迹》附圖於《星野志第二》内容之後,《志草》則置圖於全志書最前。

第2頁只剩下右半頁,左半頁缺。2a爲《寧靈廳歷代沿革表》,此表依表格樣式填寫内容,但未勾畫出表格的綫條。最右邊竪題表格之題"寧靈廳歷代沿革表"等8字,題左沿革表分爲兩大列,自上而下分爲14行,每行有上下兩個字的寬度。在内容排序上,《志草》仿《靈州志迹》卷一《歷代沿革表志第一》所附《〈一統志〉靈州沿革表》,清朝被尊稱爲"國朝",列於沿革表最上一行,載寧靈廳在清朝沿革曰:"初屬寧夏後衛,雍正三年屬靈州。同治□年改設今治。"其下依次爲"春秋""戰國""秦""漢""後魏""西魏""後周""隋""唐""五代""宋""元""明"等。不同時代寧靈廳的隸屬情況依次填寫在左列對應的各行内。原稿"同治"2字之後空一格未填具體年數,顯然是想把年數考證清楚之後再填寫,這也從一個側面反映了《志草》原稿只是草稿而已。2a左上角有一橫橢圓形墨印,其上印文爲"財團法人東洋文庫""111650""昭和十四年九月廿五日"。此印文説明,《志草》當於日本昭和十四年即1939年9月25日正式入藏東洋文庫,其入庫編號爲111650。

第3頁、第4頁爲《星野志第二》。3a首行題《星野志第二》,由此類目推知,2a《寧靈廳歷代沿革表》當爲《志草》第一類目,類目蓋脱編次"第一"2字,《靈州志迹》卷一開篇即爲《歷代沿革表第一》可證。3a《志草·星野志第二》開篇曰:"查靈州舊志云'靈州秦雍之分、星野略與秦雍同'等語,寧靈既向隸靈州,東北距州城僅七十里,其星野即與靈州同可知,今照録靈州舊志之采輯紀載可見者列於左。"開篇天頭處粘一條窄幅紙箋,上書6行141字。紙箋上的文字顯然是對原稿小序的修訂和補充,相比較而言,内容更具體,表述也更準確。

第5頁爲《建置第三》。原稿有"特於同治□□年奏改寧夏水利同知爲寧靈廳撫民同知以莅之。蓋分靈州西南之半壁焉。謹書其略,以備采擇"等兩行42字,修訂者於5b天頭處寫"坿入沿革表"等5字,並作其他改動。首先,"同治"2字後添加"十一"2字,原稿留空,以待查實,修訂者補寫了。"奏"字下右旁修訂者另加"請分靈州西南之半壁"等9字,但修訂者"壁"誤寫作"壁"。原稿"蓋分靈州西南之半壁焉"等10字、"以備采擇"等4字均被墨筆用"⌐""⌐"符號括住,在"以備采擇"4字右旁另寫14字,以示此4字當改爲"並附歷代沿革表庶觀者如列眉焉"等14字。這樣,原稿兩行42字就被修改成了"特於同治十一年奏請分靈州西南之半壁，改寧夏水利同知爲寧靈廳撫民同知以莅之。謹書其略，並附歷代沿革表，庶觀者如列眉焉"等兩行53字。由前引《寧靈廳歷代沿革表》"國朝"欄內容可知，修訂者是要用內容互見的辦法來介紹寧靈廳的沿革變化。除了在內容上進行刪補外，修訂者還對原稿誤字進行更正。如"隨屬靈武郡"句之"隨"顯係誤字，《志草》修訂者以墨筆圈住"隨"字，在它旁邊寫出正字"隋"。

5b至6b爲《疆域第四》。本類目修改痕迹明顯。原稿"謹將四境之廣狹邨堡之遠近詳志之"句，修訂者改"將"爲"志"，將"詳志之"3字改爲"庶亦留心政治家之一助焉"。立意顯然要高於原稿。

6b至7b爲《山川第五》。原稿開篇曰："《禹貢》九州皆以山川定疆理，蓋郡國有時改移，而山川千古不易。寧靈雖地處偏僻，而層巒之形勝，支流之淵源，亦有可詳考以備採錄者，謹志之。"修訂者將"而"字下23字改寫爲"清水河貫於南境，山水河循其東界，螺山東障，牛首西峙，大河外環，漢渠內溉，亦形勝之區也。觀是編者，一覽在目焉。"改寫後內容要具體、生動得多，不像前者那樣內容過於空洞。《靈州志迹》卷一《地里山川志第三》小序曰："《禹貢》九州皆以山川定疆理，蓋郡國有時改移，而山川千古不易也。靈邑地接邊境，舊時爲戎馬出入之場，今雖承平日久，然道里之遠近，岡巒之阨塞，水草之聚衍，爲治者置焉不講，可乎？況夫黃河爲帶，金積如礪，峽口遙峙西南，馬鞍環抱東北，實北陲形勝之區也。觀是編者，一覽在目矣。"兩相比對，《志草》修訂之語言顯然模仿自《靈州志迹》。

7b至8b爲《城池第六》。本類目於原稿修改之處頗多，所記爲研究寧靈廳廳治修築情況提供了珍貴材料。本類目有"前陝甘總督譚□□奏陳新設廳治，一切未盡事宜，經□部議准，建修新城一座"句，《志草》編纂者對於光緒九年議修城池一事，奏陳者譚氏之名，①議准者六部之名都未填寫，"譚"下全空格另起一行，"經"字下空一格，這是《志草》爲稿本之又一證。

8b至9b爲《公署第七》。類目後開篇首句原"寧靈自改設廳治後經"等9字被修訂者改寫爲"《周禮》建都置邑，有懸象之所，殆公署所自昉焉。寧靈新設"等22字。《靈州志迹》卷一《公署學校志第五》開篇曰："《周禮》建邦置邑，有懸象之所，有興賢之地，公署學校自此昉與。"故知，《志草》小序的修訂，顯然是襲自《靈州志迹》。因《志草》仿《甘肅通志》將"公署"與"學校"分爲兩部分內容介紹，故參考《靈州志迹》開篇撰寫《志草》開篇時就將原"公署學校自此昉與"句之"學校"2字省去。

9b至10a爲《學校第八》。本類目所載對於研究寧夏民族教育史有重要

———————

① 《[宣統]甘志》卷五二《職官志》載，湖南茶陵人譚鍾麟於光緒七年(1881)任甘肅總督。

10a 至 10b 爲《關梁第九》。《靈州志迹》卷一《壇廟坊市橋梁津渡名勝第六》載位於秦渠之上的橋梁有哈達橋、興梁橋、韓家橋、黑渠橋等 4 座,《志草》於本類目未提及這幾座橋梁,所記橋梁有 7 座,橋梁所在當爲實地踏勘的結果,可與《靈州志迹》互補。

10b 至 12a 爲《祠祀第十》。本類目共記崇聖祠等 24 處祠、廟、壇等祠祀之地。

12a 至 14b 爲《貢賦第十一》。本類目記寧靈廳需要徵收之丁稅賦額,既有分項數據,亦有合計數據,非常詳實。

14b 至 15b 爲《兵防第十二》。歷代之兵防,因《靈州舊志》載之甚詳,故本類目不再贅述,"謹將綠營兵額之增減,及營汛、塘墩之處所詳悉志之,以備籌邊者之采擇"。

15b 至 18a 爲《水利第十三》。本類目述及漢渠之利獨爲寧靈廳所得之歷史,並對康熙四十五年(1706)開始漢渠興修史加以簡要介紹。有關漢渠興修史,《靈州志迹》卷二《水利源流志第十》只提及康熙四十五年(1706)、五十二年(1713)這兩次興修史實,《志草》則增補了乾隆三十八年(1773)、三十九年(1774)迄同治十一年(1872)寧靈廳設治之後興修史實。有關漢渠支渠,《靈州志迹》籠統地提到"大支渠九道",《志草》則將 9 道支渠渠名——舊黑渠、新黑渠、舊閻家渠、新閻家渠、馬蘭渠、波羅渠、爪連渠、沙渠、朱渠等全都補寫出來。這些內容可以與《靈州志迹》所記互補。自 16b 至 18a 附清乙未(乾隆四十年,1775)進士李培榮作《南北涝河記》。

18a 至 18b 爲《驛遞第十四》。本類目載,寧靈廳驛站只有一座,且規模很小,配驛馬四匹,每匹日支草料銀七分,驛夫二名,每名日支工食銀三分。後附錄寧靈廳電政、郵政。

18b 爲《蠲恤第十五》。本類目無具體內容,只書"《靈州舊志》未詳,無從查考"1 行 10 字。

18b 至 19a 爲《鹽法第十六》。本類目除記寧靈廳食鹽產地外,以更多的筆墨,引《靈州志迹》所載考證了寧靈廳食鹽無"額引""徵課"的原因。

19a 爲《茶馬第十七》。載"寧靈向無官馬,即茶引亦無明額"。

19a 至 20b 爲《物產第十八》。本類目子目及內容均襲自《靈州志迹》卷一《風俗物產第七》之"物產",分穀之屬等 11 項子目介紹寧靈廳物產情況,分目比《靈州志迹》多一類"蟲之屬"。各屬物產據寧靈廳實際所產略有刪補。

20b 至 24b 爲《風俗第十九》。本類目內容均抄錄自《靈州志迹》卷一《風俗物産第七》之"風俗",記當地人飲食習慣、"四時儀節"、婚喪習俗等。

24b 至 25b 爲《古迹第二十》。本類目提及禹王廟、一百八塔等古迹。

25b 至 26b 爲《祥異第二十一》。本類目内容均抄録自《靈州志迹》卷四《歷代祥異第十八》。《靈州志迹》"皇清康熙九年"句,《志草》抄脱"皇清"2 字。

26b 至 27a 爲《陵墓第二十二》。載寧靈廳附近有兩處墓地均被傳是明慶靖王朱㮵陵墓。一處是位於廳南 20 里的"墓墩",另一處位於廳東南 180 里之大螺山,由於兩處均無碑志可考,故不知哪一處才是真的慶王陵。據考古發掘,大螺山當有朱㮵之墓。

27a 爲《封爵第二十三》。本類目後無具體内容,只書一"闕"字。

27a 至 31a 爲《職官第二十四》。本類目提及的寧靈廳官員共 57 名,均録其職名、姓氏、籍貫及任職時間,"照磨"王捷三之籍貫、任職時間闕如。除巴文提及的同知 12 人、照磨 15 人、守備 9 人、千總 3 人外,尚有安天篤、謝善述等"教授"8 名,湯彦和、劉德貴等"靈武參將"10 名。《志草》記同治十一年至光緒三十四年 (1872 至 1908)間寧靈廳職官之設,可補《靈州志迹》卷二《職官姓氏》所記之缺。

31a 至 32a 爲《名宦第二十五》。志書録職官名,"名宦"類目多録曾任職於當地現已去任者,此類目書趙興雋、喻光容、洪翼、方仰歐等 4 位曾任寧靈廳同知者的事迹。

32a 至 32b 爲《選舉第二十六》。《志草》載文慨歎當地人才匱乏的現狀。32b 爲《人物第二十七》。本類目之後亦無具體内容,編纂者作如下解釋:"寧靈設治以後,士民中之言行犖犖可傳者固無其選,即一節之善、一技之長亦不數覯,寧闕勿濫焉。至歷代之人物,靈州舊志載之甚詳,略而不録,省煩複也。"《志草》編纂者對寧靈廳傑出人物匱乏流露出的不滿情緒與慨歎寧靈廳人才匱乏的情緒是一致的。32b 爲《忠節第二十八》。本類目後無具體内容,只書一"闕"字。

33a 至 34b 爲《孝義第二十九》。録張琮等被《志草》編纂者贊許爲"捐軀殉難者",另爲當地回族丁自明父子立傳,以爲"其疏財仗義,公而忘私,尤有足多者。回而有此,亦可以風當世矣"。需要强調的是,我們今天不能與《志草》編纂者持相同的立場來評價這 8 位"孝義"之士。

34b 至 35a 爲《隱逸第三十》《流寓第三十一》《仙釋第三十二》《方伎第三十三》。4 類目後均無具體内容,故皆於類目名後書一"闕"字。

35a 至 36b 爲《列女第三十四》。録有王珍之妻陳氏、珍弟王璉之妻景氏、璉子王廣春之妻韓氏等 9 位"列女"事迹。

36b 至 59a 爲《藝文第三十五》。《志草》内容中占篇幅最多的就是"藝文"部分,本類目開篇曰:"寧靈舊屬靈州,歷代之藝文,州志存者不下百餘篇。今摘取其事屬寧靈者錄之,而附以近今採訪之碑傳、序記,庶修文者得資采擇焉。"錄文 3 篇,錄詩 14 首,錄碑傳、序記共 9 篇。《藝文》所錄最有價值者當屬"近今採訪之碑傳、序記",這部分內容只見載於《志草》。《藝文》最後所錄靈州貢生道以德《揭告回逆狀》,告狀對於清末寧夏金積鎮回民馬化龍起義始末介紹甚詳,是研究馬化龍起義不可多得的重要文獻。

59b 至 65a 爲《增採新章十條》。59b 爲《方言第一》。此段材料在語言學研究領域當值得重視。過去有學者認爲民國十五年(1926)王之臣編修的《朔方道志》是"記載寧夏方言資料的第一部地方志",其卷三《輿地志·風俗》附錄的寧夏方言材料爲研究寧夏方言提供了一手的語料。① 實際上,寧夏舊方志中記載寧夏方言資料最詳者當屬《朔方道志》,而最早記載寧夏方言情況的方志當爲《志草》和與《志草》同年編纂成書的《海城縣志》。《志草》記載有 3 處值得注意。其一,從音質方面談了靈武漢族、回族方言的不同特點。其二,收錄並比較了漢族、回族方言中的親屬稱謂詞。其三,指出了當地方言"龐雜"的事實。通過分析我們發現,《志草》編纂者對於回族方言詞彙的記述還是比較準確的,對於研究靈武方言特別是當地回族方言是難得的一手材料。

59b 至 60a 爲《户口第二》。60a 爲《倉儲第三》。據類目知,寧靈廳倉儲未固定在一處,各是散在各堡。

60a 至 63a 爲《度支第四》。此類目由三部分內容組成。第一部分爲文廟、武廟、文昌廟等三廟在春、秋兩季及其他時間的祭祀"額領"銀兩數。第二部分爲劉忠壯公祠、簡勇節公祠、皖蜀昭忠祠等祠收入來源及收支數目,特別強調,各祠純收入中,除一年需要的祭祀、香火、住持口食、修葺房屋等費用外,劉忠壯公祠"其餘現擬撥充高等小學堂經費",簡勇節公祠"其餘撥充高等小學堂經費錢一百五十串零",皖、蜀昭忠祠"其餘酌撥高等小學堂經費錢一百五十串零"。第三部分爲寧靈廳同知、照磨、教授、參將、守備、千總、把總等官員的俸祿數額,寧靈廳駐經制、步兵、守兵人數及其費用支出,參將、守備等官員例馬數量及支出。

63a 爲《鄉鎮第五》《金石第六》。"鄉鎮"載文曰,寧靈廳西北 10 里之秦壩堡屬西北咽喉之要路。"金石"類資料因《藝文第三十五》已錄有關碑傳,故不再重複錄文。

63a 至 63b《厘稅第七》。本類目記寧靈廳徵稅辦法及數額。原稿類目編次原誤爲"第八",據其內容順序當爲"第七"。

————————
① 參見李樹儼:《〈朔方道志〉在寧夏方言研究方面的學術價值》,《寧夏大學學報》1985 年第 4 期,第 74—79 頁。

63b 至 64a 爲《實業第八》。本類目載,寧靈廳無礦産,現在商務活動亦不如往昔。"現正擬設立農會,以開通水利、考察土宜爲入手義務。"以振興當地農業。工業方面也無大的作爲,唯有光緒三十三年(1907)十月初一所設"罪犯習藝所",招雇工匠教罪犯學習織毛袋、編蘆席、搓麻繩,"迄今半載,製成品物,頗有進步"。

64a 至 64b 爲《巡警第九》。本類目記載寧靈廳巡警設置經過、人員組成、職權範圍、經費來源等事。

65a 爲《學堂第十》。本類目介紹寧靈廳學校數量、設立時間、學校經費來源、學校教員構成、學生分班及人數等情況。65b 爲空白頁。

66a 至 67a 爲寧靈廳學恩貢生、歲貢生、原額廩生、原額增生、歲科取進充附生、廳學武進士、廳學武舉、每科取進武生人數及名單,但所統計的每類學生人數與其後所列名單人數不相符。"歲貢生八名",但所列名單共有 10 名。"原額增生六名",所列名單只有 5 人。"歲科取進充附生八名",所列名單卻有 40 名。"每科取進武生四名",但所列名單卻有 20 名。67b 爲空白頁。

三、編修體例

日本藏《志草》文本上有兩種筆迹,一種爲原稿編纂者所寫,另一種則爲修訂者所寫。《志草》自開篇《歷代沿革表》至《祠祀第十》等 10 類目有修訂者修訂痕迹,此後間有文字增删係原稿編纂者所留。《志草》文本完整的内容即由這兩種筆迹的内容共同構成,故本節在探討《志草》編修體例時將這兩種筆迹的内容視爲一個整體。《志草》因未最後定稿,志書亦没有提供志書編纂"凡例",我們只能通過文本上現有的内容來加以推究。寧靈廳舊隸靈州,靈州有《靈州志迹》等傳世,故《志草》纂修多仿《靈州志迹》。

第一,本志屬草創,雖編纂欲務求詳而有體,但由於寧靈廳設置時間不長,加上文獻資料缺乏,編纂體例、内容尚需要進一步充實、完善,故本志只能名之曰"志草"。

第二,在門類設置上,如前文所提及的,巴文認爲:"《寧靈廳志草》的篇目明顯參考了嘉慶《靈州志》。"[1]實際上,《志草》編目除了開篇之《寧靈廳歷代沿革表》仿《靈州志迹》置於最前外,其他則完全襲用《甘肅通志》。《志草》不僅類目名稱與《甘肅通志》相同,編次也與《甘肅通志》完全一致。

《志草》比《靈州志迹》晚 110 年成書,故有時代特點之類目爲《靈州志迹》所

---

[1] 巴兆祥:《日本藏孤本寧夏〈寧靈廳志草〉考述》,《寧夏社會科學》2002 年第 5 期,第 85 頁。

無。巴文曰："光緒三十四年，甘肅省頒發新志條規，要各地增添新政門類，順應了時代發展對方志編纂的要求。……而本志的《增採新章十條》設有：方言、户口、倉儲、度支、鄉鎮、金石、厘税、實業、巡警、學堂等10目，則完整地再現了甘肅省要求各地增添的新政門類，它一方面使得我們能清楚地瞭解清末甘肅省的修志發展，另一方面也説明《寧靈廳志草》在門類設置上有所創新。"[1]所以，《志草》完全是按照甘肅省修志模式與要求來設置門類和編次的。光緒年間所修《敦煌縣鄉土志》卷二亦有"增採十條"，包括：方言、户口、鄉鎮、厘税、實業、商務、礦務、巡警、學堂、碑記等。[2]

第三，《志草》基本內容仿《靈州志迹》類目體之體例來編纂。《靈州志迹》每類先冠以小序，以明此類目設置之源流。《志草》原稿小序很簡單，有的甚至没有，修訂者將其充實。如"疆域第四"原稿開篇即書寧靈廳設置之事，修訂者於本類目首句前另補寫"古者大司徒以天下土地之圖，周知九州地域廣輪之數者，蓋必考疆域之廣狹而知地利，然後教養之政可興也。小而州縣，何獨不然"等句，修訂者"必"字下原寫"據圖"2字，可能在潤色時覺得這2字多餘，故又以墨圈圈住，表示此2字應删。新增內容是對志書設置"疆域"之目進行溯源，顯然使原稿內容更充實，也更符合古代修志之體例。

第四，編纂《志草》時距寧靈廳建置僅36年，廳的歷史文化積淀顯然很不深厚，故《志草》編纂時往往將寧靈廳歷史都上溯至靈州時期，因無新的史料可采輯，部分類目內容完全取材自《靈州志迹》。這種情况下，對於《靈州志迹》材料有3種處理方法。一是全文抄録，説明材料出處爲《靈州舊志》即《靈州志迹》。如《志草·星野志第二》開篇曰："查《靈州舊志》云'靈州秦雍之分星野略與秦雍同'等語，寧靈既向屬靈州，東北距州城僅七十里，其星野即與靈州同可知，今照録《靈州舊志》之采輯紀載可見者列於左。"其後全部內容均抄録自《靈州志迹》卷一《星野志第二》。《志草·風俗第十九》開篇曰："寧靈風俗與靈州同，今録《靈州舊志》采輯之節序、禮俗如左。"其下內容均抄録自《靈州志迹》卷一《風俗物產第七》。二是將《靈州志迹》內容融入所纂修內容之中，但對材料出處未加説明。如《志草·水利第十三》述及漢渠之源及其興修歷史，自"自青銅峽秦渠上流開口"句至"祝兆鼎重修東岸"句，全部抄録自《靈州志迹》卷二《水利源流志第十》，但其行文中未提及出處。三是只説明相關材料見《靈州舊志》，《志草》不再把材料抄録出來。《志草·兵防第十二》載："謹將綠營兵額之增減，及營汛、塘墩之處所詳

---

[1]　巴兆祥：《日本藏孤本寧夏〈寧靈廳志草〉考述》，《寧夏社會科學》2002年第5期，第86頁。
[2]　參見巴兆祥：《方志學新論》第三章《方志發展史專題》，學林出版社2004年版，第157頁。

悉志之，以備籌邊者之采擇。至歷代之兵防，《靈州舊志》載之甚詳，毋庸贅録焉。"《靈州志迹》卷四《歷代邊防事迹志第十七》記靈州自漢迄明發生的邊患之事，《志草》編纂者認爲無須再做贅述，故省。

作爲寧靈廳"實録"的《志草》，内容上顯然不能全襲《靈州志迹》，這類《靈州志迹》所無的史料才是《志草》最具研究價值的部分。如《志草·貢賦第十一》所列寧靈廳丁税、賦額及田畝等項詳細的數據，"增採新章"之《度支第四》所列官員俸禄構成及數額，這些資料當采輯自官府的公文、檔案，均爲第一手材料，價值不言而喻。部分史料源於編纂者自己的采輯，如《志草·藝文第三十五》所録"近今採訪之碑傳、序記"，在原碑已不存的情況下，這些僅見於《志草》的石刻材料就更顯得珍貴了。

第五，《志草》除了部分内容取材自《靈州志迹》外，在遣詞造句、結構安排等方面也明顯受《靈州志迹》影響。遣詞造句上仿《靈州志迹》的例子前文介紹《志草·公署第七》内容時已經舉過，兹不再舉。結構安排方面，如《靈州志迹》卷二《水利源流志第十》後附李培榮《南北潦河記》，《志草·水利第十三》亦附録。

第六，《志草》某些類目内容有交叉、重疊現象，爲避免行文重複，《志草》於相關類目處加以説明，以示讀者參互考訂，以便省覽。如《職官第二十四》載："至歲俸之多寡，詳後《度支》條。"此提示讀者，關於職官俸禄問題，參見其後"度支"類目。在"增採新章"第四條《度支》類目中，詳細記載寧靈廳官員俸禄情況，故《志草·職官》不作贅言。"增採新章"之《金石第六》曰："古昔碑碣，匯載前文藝類。"因《志草·藝文第三十五》已録有關碑傳資料，故此處亦不再重複。

第七，因寧靈廳地處偏僻，文獻資料匱乏，往事闕不可考，故《志草》中有虚設類目現象，以待以後補寫。如《志草》之《蠲恤第十五》《封爵第二十三》《忠節第二十八》《隱逸第三十》《流寓第三十一》《仙釋第三十二》《方伎第三十三》等 7 類目後均無具體内容，《蠲恤第十五》類目只書："《靈州舊志》未詳，無從查考。"其他 6 類目内容只書一"闕"字。這説明，《志草》先將志書框架搭建起來，然後再分門別類進行内容采輯。無文獻可徵者暫時闕如，待日後補充、完善。

四、編修質量及其文獻價值

（一）編修質量

《志草》編纂存在諸多不足，主要表現在以下四個方面：

第一，在體例上有需要改進的地方。如《藝文第三十五》在注明作者信息時没有統一之規。"文"的部分，《河源記》注明"元潘昂霄"，此爲作者朝代、姓名，

《重修邊牆記》注明"巡撫趙時春",《峽口吟》注明"僉事齊之鸞",此爲作者職官名、姓名,《峽口禹廟碑》則僅有文題,未注明作者。"詩"的部分,《峽口山》注明"張舜民"、《青銅禹迹》注明"石茂華"等,這都只是作者的姓名,《倡和韻》注明"金匱楊芳燦蓉裳",這包括作者籍貫、姓名及號。"碑記"部分,第一篇《重修米穀寺碑記》注明"明成化十年",此當爲碑文形成時間,第二篇《重修米穀寺碑記》注明"明慶王府左長史胡光,川南人,明隆慶元年",包括了職官名、姓名、籍貫、碑文撰寫時間。《濟勝泉記》注明"統帶中路蜀軍陝西陝安道黃鼎蜀川人",包括職官名、著者籍貫及姓名。

第二,內容上有需要調整、充實的地方。本志《忠節第二十八》原無具體內容,只書一"闕"字。而其後《孝義第二十九》所錄張琮等人事迹,均見載於〔宣統〕《甘肅新通志》卷七二《人物志·忠節》,據本志書例,當將張琮等人歸入"忠節"類,於"孝義"類正文書一"闕"字。而像《封爵第二十三》《隱逸第三十》《流寓第三十一》《仙釋第三十二》《方伎第三十三》等均爲虛設類目,相關內容則闕略無徵。

第三,部分文字內容尚需要進一步修訂。《志草》原稿中還存在著部分誤字,如《藝文第三十五》"皖軍照忠祠記"之"照",據《志草》前文可知當作"昭"。

第四,《志草》前35類目與最後"增採新章十條"未能融合在一起,這就影響到了志書內容的完整性和統一性。

我們想要強調的是,評價《志草》的編纂質量時一定要注意這樣一個基本事實,即傳世的《志草》僅是草稿而已,如果其爲定稿,則上述某些編纂質量問題或許可以被解決。所以,《志草》文本存在諸多不足是可以理解的,我們不能苛求其編纂者按照規範的志書編纂要求去編纂,如果苛求的話,對於《志草》編修者是不公平的。畢竟,《志草》對於我們還是有重要研究價值的。

(二) 文獻價值

《志草》是傳世漢籍中唯一一部寧靈廳專志,傳本爲稿本,現流失海外,目前所知僅存1部。作爲海內外孤本文獻,其本來面目至21世紀初才被中國學者所知,其自身價值尚待學者進一步去挖掘。《志草》所記地域面積窄小,《志草·疆域第四》載:"寧靈四境面積約共二千四百九十方里。"所記地域歷史也很短暫,自同治十一年設置寧靈廳至光緒三十四年《志草》成書,共36年(1872—1908)的歷史。但這些都不影響《志草》一書的價值。從歷史價值方面看,《志草》彙集了寧靈廳設置以後至光緒三十四年間政治、經濟、文化、地理等多方面的一手材料。《志草》多次提及清末寧夏金積鎮回民馬化龍起義之事,其"藝文"部分所錄《揭告回逆狀》等文獻由於是當事人所述,史料可信度非常高。《志草》編纂的這些史料對於研究清末馬化龍起義無疑有重要價值。志書中稱義軍起事爲"馬逆化潾以新教倡亂""花門亂作""回難"等,稱起義組織者爲"回首""賊首","馬化龍"之名一律作"馬化潾"。這些顯然是站在統治階級的立場上來對事件和人物進行評判的,對於這樣的立場和評價標準,自然應當批判。《志草》記寧靈廳回族人口、學校教育、語言等資料顯然是研究回族史的重要資料,《增採新章十條》所記對研究清末新政亦有積極意義。這些前文都已述及,此不再贅述。另外值得重視的是,《志草》抄錄自《靈州志迹》的材料,《藝文》所錄詩文,都爲整理相關文獻提供了難得的他校材料。

整理説明

一、本書主要以標點、校勘、注釋等方式對《〔光緒〕寧靈廳志草》進行整理，以日本東洋文庫藏清稿本爲底本，部分整理成果參考了寧夏人民出版社2008年版胡建東整理本、陽光出版社2010年版張京生整理本。

二、整理成果以繁體橫排形式出版。注釋條目均以當頁脚注形式注明，用圈碼①②③之類排序，校勘以[1][2][3]之類排序，放在卷末。正文或脚注中凡以"〔 〕"字樣括注的文字，均係整理者增加。

三、《寧靈廳志草》是寧靈廳唯一一部專志，《〔宣統〕甘志》《朔方道志》還散見有豐富的清代寧靈廳及民國金積縣史料，整理者將其輯録出來，以"【 】"符號標明出處，附排在《寧靈廳志草》相應類目之後，以豐富寧靈廳研究史料。

四、校勘以校文字異文爲主，酌校内容異同。因用字習慣不同而出現人名、地名、族名等同名異寫現象，均出校説明。底本或對校本中存在明顯的誤、脱、衍、倒等現象，於正文中校改後出校説明。雖有異文但意可兩通者，不改正文，僅在校記中説明。

五、《寧靈廳志草》明顯的誤抄之字，如"壁"誤作"璧"，"戌""戍"誤作"戌"，"曰""日"互混等，校勘時徑改，不一一出校説明。刊刻或引用他書文獻時，因避當朝名諱而改前朝文字者，如"大統歷""律歷"之類，均據原字或原書回改爲"大統曆""律曆"等，僅於首見處出校説明，餘皆徑改，不再一一出校。本志正文"寧"字原均作"甯"字，係避清宣宗旻寧名諱而改，今統改爲"寧"；"志"原均用"志"，今統改爲"志"。舊志編者站在封建階級立場上，污蔑同治年間回民起義，稱義軍起事爲"馬逆化滌以新教倡亂""花門亂作""回難"等，稱起義組織者爲"回首""賊首"，"馬化龍"一律作"馬化滌"或"馬逆化滌"，等等，以此表達其敵視、仇視的情緒，并對鎮壓起義者給予褒揚，凡此均當辨明且予以批判。爲保持文獻原貌，整理時對這類記述文字一仍其舊。

六、底本中的異體字、俗體字、通假字、古今字等，如"靈"與"灵"、"關"與"関"之類，一律不出校。某些不規範的異體字、俗體字、古今字等，或前後用字不一者，均按出版要求適當統改成規範、統一的字體，不出校記。《寧靈廳志草》轉引他書文字内容,引文若與該書通行版本文字不同,除引文確實有誤,如誤録人名、地名、時間等需要出校説明外,凡不影響文意理解者一般不改動引文。

七、當頁脚注徑出注釋條目。注釋内容主要包括:原文易致惑者(如文獻簡稱或省稱、干支紀年等)、原文提及的詩文或史料出處、原文體例中資料互見者、整理者對輯補史料的出處説明和整理者的補充文字等。

八、脚注中,凡言"本志"者,均指《〔光緒〕寧靈廳志草》。凡言"本志書例"者,均指《寧靈廳志草》編修體例。凡言"本志編者",均指《寧靈廳志草》編纂者。"徵引文獻之版本,凡"中華書局點校本"簡稱"中華本","文淵閣《四庫全書》本"簡稱"《四庫》本"。書名較長者沿用習慣簡稱,具體簡稱參見《參考文獻》。

九、脚注中,凡引古代文獻,均只注明書名、卷次、篇名等,其作者、版本等詳見《參考文獻·古代文獻》。凡引現當代文獻,均只注明作者、書名或論文篇名、頁碼等,其出版社、刊物名、發表時間等詳見《參考文獻·現當代文獻》。若被引用古代文獻已有整理成果,一般直接吸收其合理意見,不再重複叙述校注理由,注明"參見××"字樣。注明引文出處、他校資料或他人校勘、考證成果,亦注明"參見××"字樣。

十、《參考文獻》分《古代文獻》和《現當代文獻》分别著録。爲便於檢索,《古代文獻》分陝甘寧舊志、經、史、子、集等五類著録,《現當代文獻》分著作、論文兩類著録。

寧靈廳歷代沿革表〔第一〕①

國朝初屬寧夏後衛,雍正三年屬靈州,同治十一年改設今治。[1]

春秋屬秦。

戰國屬秦。

秦屬北地郡。

漢惠帝四年屬靈州。

後魏屬薄骨律鎮。

西魏屬鹽州地。

後周屬迴樂縣。

隋屬靈武郡。

唐屬靈州地。

五代屬朔方軍。

宋入西夏。

元屬靈州。

明屬守衛所,後改爲寧夏後衛。

星野志第二

考宋《天文志》王奕按:[2]星本無次,黃帝因日月所會而爲之名,②星野之分自此始。容齋洪氏訾之謂,③十二國分野,上屬二十八宿,乃出於李淳風之手,其爲義多不然。雖然,近今測算之學日益昌明,言輿地家莫不考求天文度數之分秒

---

① 本志原編者有將《歷代沿革表》附入《建置第三》的設想,試圖用文字與圖表相結合的方式全面叙述寧靈廳的歷史沿革。整理者據本志書例及《靈州志迹》書例,將《歷代沿革表》列爲第一。
② 參見《文獻通考》卷二八〇《象緯考三》。
③ 參見《容齋隨筆・三筆》卷三《十二分野》。

相證佐，[3]惜乎其未之問津也。寧靈向隸靈州，東北距州城僅七十里，其星野與靈州同可知，今錄靈州舊志之采輯紀載可見者列於左。

舊志據《大統曆》：[4]井八度三十四分九十四秒，入鶉首之次，辰在未。[5]赤道：井三十三度三十分，鬼二度二十分，尾十九度一十分，柳十三度三十分。黃道：井三十一度一分，鬼二度十一分，尾十七度九十五分，柳十三度。

《春秋元命苞》曰：①東井、鬼宿爲秦。

《史記·天官書》：②東井、輿鬼，雍州之分。

前漢《地里志》曰：③自井十度至柳三度，爲鶉首之次，秦之分。

後漢《律曆志》曰：④井十二度至鬼五度，爲秦分。

《唐·志》云：⑤東井、輿鬼，鶉首也。自漢三輔及北地、上郡、安定，西自隴坻至河右，[6]西南盡巴蜀、漢中之地，及西南夷犍爲、越巂、[7]益州郡，極南河之表；東至牂牁，[8]古秦、梁、豳、芮、豐、畢、駘杠、有扈、密須、庸、蜀、羌、髳之國。[9]

《晉·志》：⑥北地、上郡、[10]天水、隴西、酒泉、張掖、金城、武威、燉煌諸郡，各指其所入之星爲尾、[11]爲室、爲壁、[12]詳紀度數。⑦

《唐·志》又稱：東井居兩河之陰，[13]自山河上流，當地絡之西北。[14]輿鬼居兩河之陽，自漢中東盡華陽，與鶉火相接，當地絡之東南。鶉火之外，[15]雲漢潛流而未達，故狼星在江河上源之西，[16]弧矢、犬、雞皆徼外之備也。[17]西羌、吐蕃、[18]吐谷渾及西南徼外夷人，[19]皆占狼星。[20]

躔次

《晉·天文志》：上郡、北地入尾十度。[21]

《唐·志》：⑧夏州，東井之分。

五星

鶉火實沉，以負西海，至於華山太白位焉。[22]

北方水位，自河曲黃甫川西經榆林，[23]至寧夏，又西經蘭州，踰河至嘉峪關四千餘里，得水位之半。

---

① 《春秋元命苞》原書已佚，《藝文類聚》卷六《地部·雍州》引曰："東井、鬼星散爲雍州，分爲秦國。"

② 參見《史記》卷二七《天官書》。

③ 參見《漢書》卷二八下《地理志》。

④ 本段引文見載於〔乾隆〕甘志卷二《星野》，《後漢書·律曆志》不載，〔乾隆〕甘志不知何據。

⑤ 唐志：即《新唐書·天文志》。下同。參見《新唐書》卷三一《天文志》。

⑥ 晉志：指《晉書·天文志》。參見《晉書》卷十一《天文志》。

⑦ 《晉書》卷十一《天文志·州郡躔次》載，上郡、北地入尾十度，天水入營室八度，隴西入營室四度，酒泉入營室十一度，張掖入營室十二度，金城入東壁四度，武威入東壁六度，敦煌入東壁八度。

⑧ 參見《新唐書》卷三一《天文志》。

〔光緒〕寧靈廳志草 225

步天歌

井宿

八星橫列河中浮,[24]一星名鉞井邊安。兩河各三南北正,天罇三星井上頭。[25]罇上橫列五諸侯,[26]侯上北河西積水。[27]欲覓積新東畔是,[28]鉞下四星名水府。水位東邊四星序,[29]四瀆橫列南河裏。南河下頭是軍市,軍市團圓十三星。[30]中有一個野雞精。孫子丈人市下列,[31]各立兩星從東説。闕邱二個南河東,[32]邱下一狼光蓬茸。[33]左畔九個彎弧弓,一矢擬射頑狼胸。有個老人南極中,春秋出來壽無窮。[34]

鬼宿

四星册方似木櫃,中央白者積尸氣。鬼上四星是爟位,[35]天狗七星鬼下是。外厨六間柳星次,天社六箇弧東倚,社東一星是天紀。

【《〔宣統〕甘志》卷一《天文志》①】

甘肅太陽高度表②

〔寧夏府屬〕寧靈廳,日影離地平五十二度五分〇秒。

夏至太陽高度表

〔寧夏府屬〕寧靈廳,日影離地平七十五度三十二分〇秒。

冬至太陽高度表

〔寧夏府屬〕寧靈廳,日影離地平二十八度三十八分〇秒。

〔甘肅〕經度分秒表

〔寧夏府屬〕寧靈廳,分綫在西經十度四十五分〇秒。

〔甘肅〕緯度分秒表

〔寧夏府屬〕寧靈廳,北極三十七度五十五分〇秒,低大興縣北極二度〇分〇秒。

〔甘肅〕列宿躔次表

〔寧夏府屬〕寧靈廳,地平經度在井宿二十九度十一分四秒。

建置第三

寧靈,古羌戎居之,爲《禹貢》雍州之域。春秋、戰國屬秦,始皇時屬北地郡,漢惠帝四年,地又屬靈洲。[36]後魏屬薄骨律鎮,西魏又爲鹽州地,後周屬迴樂縣,

---

① 參見《陝甘地方志中寧夏史料輯校》上册第 302—304 頁。
② 原《甘肅太陽高度表》《甘肅經緯度分秒表》《甘肅列宿躔次表》均用圖表形式表示,本次整理,均轉爲文字叙述。又,"太陽高度"即太陽高度角,指太陽光綫與地平面的交角。

隋屬靈武郡，唐爲靈州地，開元中屬朔方節度，五代爲朔方軍，宋入西夏，元復爲靈州地，明屬守禦所，後改爲寧夏後衛。國朝因之。

雍正二年，[37]改爲靈州。至同治初，馬逆化漋以新教倡亂，[38]據金積堡以叛，築城浚池，負固十年之久。前陝甘總督左文襄公於同治九年檄師盪平，復因故堡舊址，葺殘補缺，招前民之流離者安集之，名曰"保生寨"。但以地當衝要，羌回雜居，州治遠隔，有鞭長莫及之慮，特於同治十一年奏請分靈州西南之半壁，[39]改寧夏水利同知爲寧靈廳撫民同知以莅之。謹書其略，并坿《歷代沿革表》，庶觀者如列眉焉。[40]

【《〔宣統〕甘志》卷四《輿地志・沿革表》》①】

附總督左宗棠《籌辦金積善後事宜請改寧夏水利同知爲寧靈廳撫民同知移駐金積堡疏》："奏籌辦金積善後事宜，請改寧夏府水利同知寧靈廳撫民同知，移駐金積堡，並添設靈武營參將一員同駐，以資鎮撫。恭摺馳陳，仰祈聖鑒事。竊查金積盪平，拔出被裹陝西漢回難民以數萬計，除籍隸陝西回民解赴化平川大岔溝一帶擇地安插外，其籍隸甘肅及寧靈土著漢回人民，均經臣飭寧夏道陶斯詠、署寧夏府知府李藻、代理靈州知州王翔在寧靈一帶分別擇地安插。其曾爲賊據各堡寨均屬要區，未便仍令從前恃強霸佔各回民安居故土、致肇釁端，而貽異日之患。其安插漢回民人等，均已一律俵發賑粮、撥給地畝、牛隻、籽種，令其及時耕墾，並編審戶口，散給門牌。回民并發給良民門牌，百家長、十家長各牌，以便稽查。更於金積堡設立善後局，委候選知縣沈甲湘董其事，隨時與該處地方官妥商辦理。惟寧靈一帶迭遭兵燹，地曠人稀，亟宜廣爲招徠，以期漸臻富庶。查管帶董字三營花翎都司董福祥所部勇丁，原係陝北降衆，經前提督劉松山撫定後，挑選精壯加以訓練，編成三營帶赴前敵，克立戰功，漸皆馴順。其老幼眷口留居北山瓦窰堡一帶者，因夫男外出無人照料，耕饁不能相隨，殊非久遠之計。臣飭道員劉錦棠令董福祥等將所部三營眷口移來靈州各處，撥給地畝，令其墾種。其部衆皆久歷行陣，可備將來綠營制兵之選，於事誠爲兩便。嗣據提督蕭章開稟稱，董福祥已派都司李雙良將所部眷口人等搬取到靈，共千三百餘名口，均照撫定各起漢回難民一律安插。臣維寧靈一帶古稱沃壤，秦、漢兩渠因時灌溉，兩渠又釃爲各渠，分流引水，水土適均，所以有'天下黃河富寧夏'之諺也。亂後，渠工失修，半多淤塞，臣飭將馬化漋繳贓餘資，飭地方官各按所屬逐段挑濬修築，現據報稱，一律工竣。所慮大難初平，間有不法之徒逃匿荒谷，伺隙搶掠。新復地方難堪再擾，飭蕭章開將所部各營分紮金積堡一帶，管帶老湘中軍四旗。記名提督

---

① 參見《陝甘地方志中寧夏史料輯校》上册第322頁。

譚拔萃率所部駐紮靈州,檄陝安道黃鼎分飭所部三營駐紮中衛、大壩。並檄副將馮南斌帶所部正營駐五百户,知州黃立鼇帶所部定營駐四百户,以資鎮壓。現在地方久定,一切均已就緒,亟應熟籌布置,以規久遠。查金積堡即舊志積金山,地屬靈州。東達花馬池,南達固原迤北,毗連中衛,襟帶黃河,雄踞邊要,實形勝之區。舊設靈州,治所在其東北,後移州治於今城,相距百餘里,鞭長莫及,地方官政令不行,其權遂移於回首。於是回民畏其所管頭目甚於畏官,此亂之所由生也。臣擬將寧夏水利同知一員改寧靈撫民同知,駐紮金積堡,添設靈武營參將一員附駐,彈壓所有漢回民人。命盜重案及一切户婚、田產、詞訟均歸寧靈撫民同知管理,由寧夏府核轉申詳,以專責成而一統紀,回目不准與聞。及時講求政教,舉行兵屯,振修武備,庶幾潛移默化,異志全消。如蒙俞允添設寧靈廳撫民同知、靈武營參將,則廳屬各員、營屬弁兵均應一並添設,容當妥議再行。奏明辦理其寧夏水利一節,原地方官應辦之事即歸府縣經理。新設靈武營應歸寧夏鎮總兵統轄,所有籌辦金積善後事宜,並請添移文武各官緣由,理合恭摺具呈,伏乞皇太后、皇上聖鑒,訓示施行。謹奏。"

《〔民國〕朔方道志》卷之二《輿地志上·沿革·金積縣沿革》】

秦	
漢	靈洲,屬北地郡
後漢	屬靈洲
晉	
南北朝	後魏屬薄骨律鎮,又爲鹽池地,後周屬迴樂縣
隋	靈武郡
唐	靈州地[41]
五代	朔方軍
宋	入西夏
元	靈州地
明	屬守禦所,後改寧夏後衛
清	靈州地。雍正三年,仍改靈州屬地。寧靈廳,同治十二年,移寧夏水利同知改置
民國	金積縣。民國二年,以寧靈廳改置

疆域第四

古者大司徒以天下土地之圖周知九州地域廣輪之數者，蓋必考疆域之廣狹而知地利，[42]然後教養之政可興也。小而州縣，何獨不然？寧靈新設，劃分靈州西南之半壁爲轄境。其地勢南北斜長，中段細若蜂腰。膏腴之區，廣袤不過數十里。其餘則村列亂山之中，人依鴻溝之側。水利莫溥，荒土居多，[43]謹志四境之廣狹，邨堡之遠近，庶亦留心政治家之一助焉。[44]

寧靈四境面積約共二千四百九十方里。廳治在寧夏府東南一百二十里。

東至靈州界十五里。

西至中衛縣界四十里。

南至平遠縣界二百八十里。

北至靈州界十里。

東北至靈州界二十里。

東南至平遠縣界二百六十里。

西南至海城縣界二百八十里。

西北至寧朔縣界三十里。

金積堡即廳治。

忠營堡，在廳南十五里。

秦垻堡，在廳西北十里。

漢衛堡，在廳東南八里。

漢王堡，在廳東十五里。

紅寺堡，在廳南一百五十里。[45]

【《〔宣統〕甘志》卷三《輿地志·圖考·寧夏府寧靈廳圖》①】

【《〔宣統〕甘志》卷五《輿地志·疆域》②】

〔固原直隸州州治〕北至寧夏府寧靈廳界一百七十里。

〔平遠縣〕北至寧夏府寧靈廳界六十二里……西北至寧靈廳界六十二里。

〔海城縣〕北至寧夏府寧靈廳界七十里。

〔寧夏府中衛縣〕東至寧靈廳界一百一十五里……東南至寧靈廳界一百五里。

【《〔宣統〕甘志》卷九《輿地志·關梁·寧夏府·寧靈廳》③】

忠營堡，在廳南十五里。

紅寺堡，在廳南一百五十里，城周一里，明嘉靖間築。

秦壩堡，在廳西北十里，瀕臨黃河，往來船隻輻輳於此，廳境西北之咽喉也。

漢衛堡，在廳東南八里。

又，漢王堡在廳東十五里。

---

① 參見《陝甘地方志中寧夏史料輯校》上冊第 299 頁。
② 參見《陝甘地方志中寧夏史料輯校》上冊第 329—330 頁。
③ 參見《陝甘地方志中寧夏史料輯校》上冊第 401 頁。

[〔光緒〕寧靈廳志草

【《〔民國〕朔方道志》卷之二《輿地志上‧金積縣疆域分圖》】

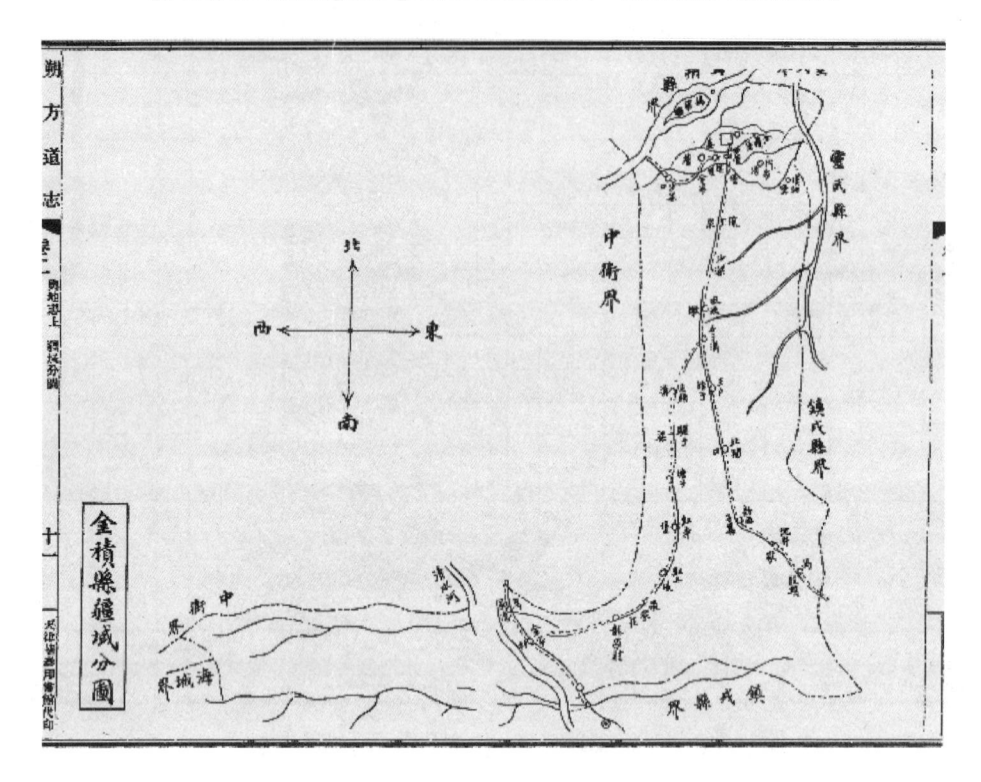

金積縣,治在郡城之東南。東至靈武縣界十五里,西至中衛縣界四十里,南至鎮戎縣界二百八十里,北至靈武縣界十里,東南至鎮戎縣界二百六十里,西南至隴東道屬海源縣界二百八十里,東北至靈武縣界二十里,西北至寧朔縣界三十里。

距朔方道治一百二十里。

【《〔民國〕朔方道志》卷之五《建置志下‧堡寨‧金積縣》】

漢伯堡,在城東十五里。

漢衛堡,在城東北八里。

忠營堡,在城南十五里。

紅寺堡,在城南一百五十里,城周二里,明嘉靖間築。

秦壩堡即秦壩關,在城西北十里。瀕河往來船隻輻輳於此,縣境西北之咽喉也。

按:金積縣原名"寧靈廳",清同治十一年設,即金積堡也,各堡均由舊靈州劃分,其同心城韋州堡,光緒四年又由寧靈劃歸平遠,即今鎮戎縣。

山川第五

《禹貢》：九州皆以山川定疆理。蓋郡國有時改移，而山川千古不易。寧靈雖地處偏僻，而清水河貫於南境，[46]山水河循其東界；螺山東障，牛首西峙；大河外環，漢渠内溉，亦形勝之區也。觀是編者，一覽在目焉。

牛首山，舊名"紫金山"，在廳東南五十里。[47]形勢雄壯，峰巒直立。高約三十餘丈，徑過五里。山東北屬寧靈管轄，西南屬中衛縣界。上有礦窟數處，相傳明時開採，遺迹尚存。

金積山，在廳北三十里，產有五色紋石，土色如金，因名之。其北崖石板下水滴如雨，歲旱，祈禱有應。

大螺山，舊名"大蠡山"，在廳東南一百八十里。四旁平衍，民環居之。初無名，明慶府長史劉昉以其峰如蠡，[48]因名之。或曰：傍山有泉，自下上流，環抱如螺，故曰螺山。每值天陰，雲樹映帶，巒峰流翠，前人因有"螺雲疊翠"之句。上產奇花異木，藥材甚富。有地宮遺趾，相傳爲明慶王避暑所建，而諸王陵墓亦在是山焉。又山北有桐，雨暘愆期，禱之有應。

小螺山，舊名"小蠡山"，在大蠡山之南二十里。南界平遠縣，東界靈州。昔套虜入寇，常駐牧於此。

平山，在廳南三十里，高約數丈，山頂平衍，居民耕之。

吳不得山，在廳南三百六十里。

峽口山，在廳南五十里，東北岸爲中衛界。餘詳《古迹》類"青銅峽"注。①

黄河，西由中衛縣入青銅峽，爲廳西南之境。寧夏水利多源於此。出峽經廳西折而北，流三十餘里，入靈州境。

馬家河，在廳南三百里，發源於平遠縣之山水河，由平遠向北入廳境，馬家河流約百里，折向西北，流十里許，入中衛縣界。

【《〔宣統〕甘志》卷七《輿地志·山川下·寧夏府·寧靈廳》②】

紫金山，在廳東北五十里，俗名牛首山。峰巒聳峙，巖壑蒼秀，最著者文華、武英二峰。上有梵宮，有池號金牛池，山西南屬中衛界。

金積山，在廳北三十里，產五色紋石，土色如金，因名。其北石崖水滴如雨，歲旱，祈禱有應。

---

① 參見本志《古迹第二十》"青銅峽"條。
② 參見《陝甘地方志中寧夏史料輯校》上册第354頁。

小蠡山，在大蠡山之南二十里，其脉相聯，南界平遠縣，東界靈州。昔套虜入寇，常駐牧於此。

平山，在廳南三十里，山頂平衍，居民耕之。

峽口山，在廳南五十里，岸左列古塔一百有八，不知所始。東北岸爲中衛縣界。

黃河，由廳西南青銅峽入境，經廳西折而北，流三十餘里，入靈州境。

馬家河，在廳南，源出平遠縣之山水河，由平遠北流入境，約百餘里折而西北流十里許，入中衛縣界。

滾泉，在金積山東，水自地湧出，高丈許，其沸如湯。

滴水，在滾泉南，水自石巖懸滴如雨。

富泉，在大蠡山之南，引以灌田。

【《〔民國〕朔方道志》卷之二《輿地志上·形勝·金積縣》】

大河西環，牛首南峙，依峽口之險阻，實靈武之左臂。《新採訪》。

按：金積，俗傳古金沙灘，爲宋與西夏鏖戰處，其事雖不見於史，而黃水縈洄，層巒怒聳，亦可守可戰地也。故清同治初年，馬化漋叛據於此，竭天下之財力、兵力始得克，此亦可見天時不如地利之一端矣。

【《〔民國〕朔方道志》卷之二《輿地志上·山川·金積縣》】

牛首山，又名紫金山，在縣東北四十里，峰巒聳峙。又有文華、武英二峰，上有梵宮，有池名金牛池，山西南屬中衛界。

金積山，在縣三十里，產五色紋石。土色如金，因名。其北石崖水滴如雨，歲旱祈禱有應。

平山，在縣南三十里，山頂平衍，居民耕之。

峽口山，在縣南五十里，岸左列古塔一百零八，不知所始。東北岸爲中衛縣界。

按《新通志》：金積所載大蠡山、小蠡山已歸鎮戎，今不再入。

黃河，由縣西南青銅峽入境，經縣西折而北流三十餘里入靈武境。

馬家河，在縣南，源出平遠縣之山水河，由平遠北流入境，約百餘里折而西北，流十里許入中衛縣界。

滾泉，在金積山東，水自湧出，高丈許，其沸如湯。

滴水，在滾泉南，水自石巖懸滴如雨。

按《新通志》：金積所載富泉亦歸鎮戎，今不再入。

城池第六

郡縣之有城池，[49]猶人身之有冠服，所以資保衛而壯觀瞻也。寧靈初設，因

〔光緒〕寧靈廳志草　233

保生寨遺址，[50]累土爲城。開東西門以通出入，向未用磚甃甕。兩門之上，以木橫架，鋪蓋沙土。如甕城、月城、城樓、角樓缺然未備，蓋一時草創然也。[51]光緒九年，前陝甘總督譚鍾麟奏陳新設廳治，[52]一切未盡事宜，經□部議准，建修新城一座，規模如例，迄以款絀中止。[53]光緒二十六年，署同知洪翼、[54]參將侯明俊稟請，由紳商岳廷獻、毛大昌等捐集千餘金，將東西門、甕城、月城修築。然籌款無幾，城樓、角樓仍闕如也。迄今女牆水溝，半多圮裂。而週圍傾塌之處，千瘡萬孔，指不勝屈。

戊申秋，[55]同知成謙倡捐集款，遴委靈武城守營千總顏榮耀、貢生岳廷獻監工修葺。並新建兵房於東西門馬道上，越三月蕆事。然亦擇其要者修之、築之，以云整理完善，則猶未也。環城壕池一道，[56]引水暢流，居然雄塹。東西建官橋各一，以通往來。至山水各堡，即最著之忠營、秦壩，聚居或數十户，[57]亦家自爲堡，[58]初無結大團體以保障焉。

【《〔宣統〕甘志》卷十四《建置志·城池》①】

〔寧夏府寧靈廳〕城在金積堡。同治初回逆馬化漋據之，九年戡定。後總督左宗棠飭即蕩平保生寨遺址，築復土城，周一千一百三十丈，高二丈二尺八寸，女牆高五尺，垛口一千二百一十一，東西址寬一丈五尺，[59]頂寬七尺，南北址寬一丈，頂寬三四尺不等，[60]東西二門。光緒九年，總督譚鍾麟奏建新城，以款絀未果。二十六年，紳商捐修東西門、[61]甕城、月城，周圍傾圮者猶如故。環城壕寬二丈五尺，深五尺或二三尺，引水暢流，東西各建官橋一。

公署第七

《周禮》建都置邑，[62]有懸象之所，殆公署所自昉焉。寧靈新設，前陝甘總督左文襄公奏請建修文武各公署之在城內者七，[63]在鄉堡者一，倉廠、庫局附之。惟事屬創始，當時財力、兵力、民力均有未逮。故同知、[64]參將兩署締造略具規模，[65]餘則寄居祠宇，[66]或公所之閒院，迄今尚次第建置焉。[67]

同知署，在城東街。

照磨署，在城南。於光緒三十三年，因劉忠壯公祠西側之破壞閒房，由同知成謙捐廉修葺，[68]並置監獄一所。

儒學署，在城東，係寄寓文廟北側公房。

---

① 參見《陝甘地方志中寧夏史料輯校》上冊第363頁。

倉厫,在廳署西側,餘詳後《倉儲》條。①

草厫,在廳署內右。

參將署,在城西南。軍器局、火藥局均,在署內。校場,在城東北。

守備署,在城南,係寄寓劉公祠所轄之公房。

千總署,在城南,係寄寓劉公祠所轄之公房。

把總署,一在城南,一在城西北,均係賃居民房。

紅寺堡把總署,在廳南一百五十里之紅寺堡,係賃居民房。火藥局,在堡內。校場,在堡外。

【《〔宣統〕甘志》卷十五《建置志·官廨》②】

〔寧夏府〕寧靈廳署,在金積堡城內東街,同治十一年割寧夏、[69]靈州諸堡,分設廳治,始建。

【《〔民國〕朔方道志》卷之四《建置志上》】

金積縣城池圖

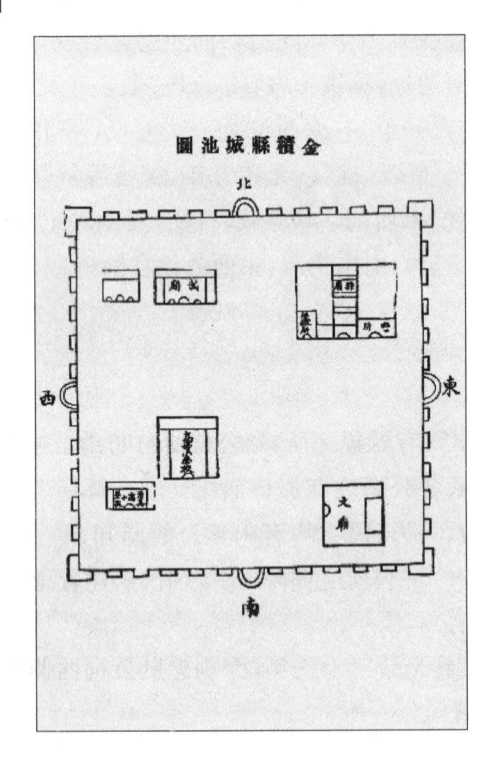

───────────

① 參見本志《增採新章十條·倉儲第三》。
② 參見《陝甘地方志中寧夏史料輯校》上冊第370頁。

舊金積堡址。清同治初，馬化漋叛據於此。九年，戡定，後就遺址築土城，周圍一千一百三十丈，高二丈二尺八寸，女牆高五尺，垛口一千二百一十一道。東西址寬一丈五尺，頂寬七尺。南北址寬一丈，頂寬四尺三寸。東西二門。光緒九年，總督譚鍾麟奏建新城，款絀未果。二十六年，紳商捐修。東西甕城、月城，環城壕溝一道，寬二丈五尺，深五尺，引水暢流。東西城外各建官橋一。清設寧靈廳，駐同知、參將，均裁，今改縣治。

金積縣公署

金積縣署，在城東街偏北，舊為靈州地。同治九年，馬化漋亂平，分設寧靈同知。民國二年，改為金積縣。中為縣署，左為警察所，右為管獄所。署之曰"金積縣行政公署"。

管獄員署，在縣署右，民國二年設。

警察所，在縣署左，民國二年設。

附縣屬取銷公署

以下公署均於民國二年取銷，歸入公產。

照磨署，在城內。

教授、訓導署，俱寄寓學宮北側官房。

參將署，在城西南。

守備署，在城內，軍器、火藥局均在署內。

學校第八

寧靈於同治十一年新設，[70]向無書院。嗣經署同知趙興雋就城內東南隅叛產房屋創設鍾靈書院一所，撥膏伙田二百四十畝，進漢回子弟之聰穎者而教育之。寧靈學界自此萌芽。迄光緒三十二年，同知成謙奉文改書院為高等小學堂，葺房舍，益經費，完課程，則又維新學之綿蕞也。餘詳後條。①

【《〔宣統〕甘志》卷三五《學校志·學額》②】

〔寧夏府〕寧靈廳學額，廩生二十缺，增生二十缺，二年一貢，歲考取文武生各八名，科考取文生八名。

【《〔宣統〕甘志》卷三五《學校志·書院》③】

〔寧夏府〕寧靈廳鍾靈書院，在廳治東南隅，同治十年同知趙興儁就叛產創建。

---

① 參見本志《增採新章十條·學堂第十》。
② 參見《陝甘地方志中寧夏史料輯校》上冊第375頁。
③ 參見《陝甘地方志中寧夏史料輯校》上冊第380頁。

【《〔宣統〕甘志》卷三六《學校志·義學》①】

〔寧夏府〕寧靈廳義學，在文廟西。

【《〔宣統〕甘志》卷三八《學校志·學堂》②】

〔寧夏府〕寧靈廳高等小學堂，在城內，舊爲鍾靈書院，光緒三十二年撫民同知成謙開辦。教習一員，學生正額十名，副額十名。

【《〔民國〕朔方道志》卷之十《學校志》】

書院

金積縣鍾靈書院，在城東南隅，係同治十二年同知趙興雋建，初爲寧靈廳。光緒年，同知洪翼重修。今改爲金積縣本城高級小學校。

學額

寧靈廳學額：即今金積縣。廩生二十缺；增生二十缺。二年一貢，歲考取文武生各八名，科考取文生八名。

社學、義學

寧靈廳，即今金積縣。義學一處，在文廟西。

學校·金積縣學校

本城高級小學校，在城東南隅舊鍾靈書院。清光緒三十一年，改爲學堂。民國初，改爲高級小學校，課程、圖書、設備同前。附設初級小學校。教員一員，學生二十二名。學款就地籌備。

本城清真高級小學校，在城内。民國七年，護軍使馬福祥創辦，課程、圖書、設備同前。附設初級小學校。教員一名，學生二十餘名。學款：馬護軍使捐錢六百串，餘就地籌備。

縣屬初級小學校六：本城，國初立；金積堡，國初立；忠營堡，國初立；秦壩堡，國初立；漢伯堡，國初立；紅寺堡，國初立。學校各一所，教員各一員。學款均就地籌備。

縣屬清真初級小學校八：本城，七年立；金積堡，七年立；秦壩堡，七年立；漢伯堡，七年立；忠營堡，七年立；漢王堡，七年立；大紅溝，八年立；馬家河，十年立。學校各一所，教員各一員。學款均就地籌備。

關梁第九

關以重險要，梁以通往來，兵家、政治家，皆所當留意者也。寧靈關塞闕

---

① 參見《陝甘地方志中寧夏史料輯校》上册第380頁。
② 參見《陝甘地方志中寧夏史料輯校》上册第382頁。

如,[71]橋梁尚夥,謹以津渡附之,而爲之志。

　　梨花橋,在廳東南二里。

　　澇河橋,在廳東十五里。

　　廖家橋,在廳東二十里。光緒二十六七年曾駐防軍於此,後移駐廳城。

　　周家橋,在廳東南二十里。

　　尹家橋,在廳東南十七里。

　　大麥橋,在廳西北六里。

　　俞家橋,在廳西南二十里。

　　峽口津渡,在廳西南三十里。

　　　　【《〔民國〕朔方道志》卷之五《建置志下·關梁·金積縣》】

　　橋十:澇河橋在城東十五里,廖家橋在城東二十里,梨花橋在城東南二里,尹家橋在城東南十七里,周家橋在城東南二十里,俞家橋在城西南二十里,大麥橋在城西北六里。以上七橋皆在漢渠上。秦橋在秦壩關,板橋,蔡家橋。以上三橋皆在秦渠上。

　　渡口一:峽口津渡在城西三十里青銅峽口。

祠祀第十

　　寧靈新設,前陝甘總督左文襄公奏建各壇廟及死事諸將校之專祠,[72]所以崇報享、彰忠烈而繫民心也。惟當時兵燹之後,工鉅費絀,迄未建置齊全,以符規制。謹實錄之,并附志民立之祠宇及鄉邨之寺觀焉。餘詳後《度支》條內。①

　　崇聖祠,在廳城內東南隅。[73]

　　文廟,在廳城內東南隅。

　　關帝廟,在廳城內北面。

　　文昌廟,在廳城內西面,頹圮多年,現移祀書院。

　　先農壇,原未建置,即於廳城外西面隙地祀之。

　　風雲雷雨壇,原未建置,即於關帝廟祀之。

　　龍神廟,在廳城內西面。②

　　劉猛將軍廟,在廳城內西面。

---

　　① 參見本志《增採新章十條·度支第四》。
　　② 《〔宣統〕甘志》卷二九《祠祀志·祠宇下》載,寧靈廳有兩處龍王廟,一在廳西,一在廳西南三十里峽口。

劉忠壯公祠，在廳城內南面，有碑記，詳《藝文》。①
簡勇節公祠，在廳城內東南面，有碑記，詳《藝文》。②
皖蜀昭忠祠，在廳城內西南面，有碑記，詳《藝文》。③
地藏廟，在廳城內西北面。
三光廟，在廳城內西北面。
藥王廟，在廳城內北面。
老君廟，在廳城內北面。
桓侯廟，在廳城內東北面。
娘娘廟，在廳城內西南面。
東牛首山寺，在廳西南三十里。
米谷寺，在廳西南八里，有碑記，詳《藝文》。④
甘露寺，在廳西南十五里。
峽口龍王廟，在廳西南三十里。
倒山嘴山神廟，在廳西南四十里。
峽口禹王廟，在廳西南三十里，有碑文，詳《藝文》。⑤
螺山興雲寺，在廳東南一百八十里。

【《〔宣統〕甘志》卷三〇《祠祀志·寺觀·寧夏府·寧靈廳》⑥】

百塔寺，在廳治青銅峽口。⑦

【《〔民國〕朔方道志》卷之五《建置志下·壇廟·金積縣》】

社稷壇，尚未建置，現於關帝廟祀之。
風雲雷雨壇，尚未建置，現於關帝廟祀之。
先農壇，尚未建置，現於城外西面隙地祀之。
文廟，在城東南隅。
關帝廟，在城北。
文昌閣，在城西，頹圮多年，現移祀書院。
龍王廟，一在城西，一在城西南三十里青銅峽口。
禹王廟，在城西南三十里青銅峽口。

---

① 參見本志《藝文第三十五》載周壽昌撰《劉忠壯公祠堂碑文》。
② 參見本志《藝文第三十五》載洪翼撰《簡勇節公祠碑記》。
③ 參見本志《藝文第三十五》載金運昌撰《皖軍昭忠祠碑記》。
④ 參見本志《藝文第三十五》載佚名撰《重修米谷寺碑記》、胡光撰《重修米谷寺碑記》。
⑤ 參見本志《藝文第三十五》載佚名撰《峽口禹廟碑》。《芙蓉山館全集》《靈州志迹》亦錄本碑文。
⑥ 參見《陝甘地方志中寧夏史料輯校》上冊第 430 頁。
⑦ "百塔寺"條後原附周爲漢撰《登百塔寺》詩，參見本志《藝文第三十五》，兹不重錄。

地藏廟，在城西北。

劉猛將軍廟，在城西。

桓侯廟，[74]在城東北。

三光廟，在城西北。

藥王廟，在城北。

老君廟，在城北。

娘娘廟，在城西南。

名宦祠，在學宮內。

鄉賢祠，在學宮內。

劉忠壯公祠，在城南，祀諡"忠壯"湘軍統領劉松山，字壽卿。

簡勇節公祠，在城東南，祀諡"勇節"統領楚軍提督簡敬臨，字紹雍。

昭忠祠，在城西南，蜀軍統領雷正綰、黃鼎，皖軍統領金運昌，奉旨合建，以祀蜀皖官弁死於馬化漋之亂者。

牛首寺，在城西三十里牛首山。

米谷寺，在城西南八里。

百塔寺，在城西南三十里青銅峽口，共一百八塔，相傳創始於宋，今尚煥然一新，亦古迹也。

貢賦第十一

寧靈迺劃分靈州東南之半壁以爲治。山堡沙漠居多，雖有土田，水利莫及，膏腴之地，不過附廳各水堡數十里而已。謹錄丁稅賦額於左。

原額由靈州撥歸屯地一千三百三十三頃八十三畝五分五厘，內除現荒未墾地四百三十九頃四十二畝七分三厘，又除歷年勘報河水冲崩，永成廢地二十八頃九十七畝九分一厘外，實墾成熟地八百六十五頃四十二畝九分一厘。又收光緒二十六年潤，復被災冲刷並續墾升科地五十七頃二十七畝八分二厘二，共現墾成熟地玖百二十二頃七十畝零七分三厘。內：

上則全田九十三頃一十二畝零，每畝徵粮一斗二升，草四分六厘三毛，銀八厘八絲五忽。

中則全田六十四頃五十畝零，每畝徵粮一斗二升，草四分六厘三毛，銀三厘一毛八絲。

中全田一百六頃二十八畝零，每畝徵粮一斗二升，草四分六厘三毛，銀一厘八毛一絲七忽。

上民田九十五頃五十六畝零，每畝徵粮八升，草三分三厘，銀八厘八絲五忽。

中民田五十三頃五十畝零，每畝徵粮八升。草三分，銀三厘一毛八絲。

糜谷上田三十五頃五十三畝零，每畝徵粮一斗一升，銀二厘一毛八絲。

糜谷中田五十六頃四十畝零，每畝徵粮七升五合，銀二厘一毛八絲。

糜谷下田七十頃一十畝零，每畝徵粮五升五合，銀二厘一毛八絲。

一則咸田三十六頃四十畝零，[75]每畝徵粮八升，銀二厘一毛八絲。

沙薄田七十三頃四十四畝零，每畝徵粮三升，草一分三厘四毛四絲八塵九渺八模。

一則沙田三十頃六畝零，每畝徵粮三升，銀二厘一毛八絲。

二則沙田四頃三十八畝零，每畝徵粮三升，銀七厘八絲五忽。

上兵田一十畝零，每畝徵粮八升，草三分三厘，銀三厘一毛八絲。

口粮田一十九頃六十三畝零，每畝徵粮七升五合，銀三厘一毛八絲。

二則山田七十一畝零，每畝徵粮三升三合，銀一分八厘一絲一忽六纖八塵七渺。

次二則山田三十五頃三十六畝零，每畝徵粮三升三合，草九分八厘五絲七忽。

三則山田三十五頃零，每畝徵粮七合，銀七毛六絲八忽七微六纖七塵七渺一模。

次三則山田一十頃八十八畝零，每畝徵粮七合，草九分八厘五絲七忽。

銀田三十七頃八十七畝零，每畝徵銀三分三厘一毛。

硝民田一十二頃四十五畝零，每畝徵銀一分二厘五毛四絲。

硝獭田二十五頃一十七畝零，每畝徵銀一分二厘五毛四絲。

硝全田一頃五十六畝零，每畝徵銀一分五厘七毛二絲。

半硝田二十四頃六十一畝零，每畝徵銀六厘二毛七絲五忽四微三纖八渺八模。

以上共實地九百二十二頃七十畝零，共應徵夏秋粮六千四百七十三石一斗三升三合九勺。內：小麥七百貳十一石七斗四升八合八勺，莞豆二千二石六斗六升七合二勺，粟米一千九百二十一石二斗二升七合六勺，青豆一千八百二十七石四斗九升三勺。

共應徵草二萬一千四百三十四束四分七厘三毛。[76]

共應徵地畝銀三百九十五兩六錢一分三厘。

原額身差人丁，雍正五年在於請做以粮代丁，案內奉旨通省以粮載丁，按照實徵地畝銀兩均載丁銀，每粮一石均載丁銀一分六毛一絲五忽，共徵丁銀六十八兩七錢一分三厘。

以上共徵銀四百六十四兩三錢二分六厘。

【《〔宣統〕甘志》卷十七《建置志·貢賦下》①】

〔寧夏府〕寧靈廳原由靈州撥歸屯地一千三百三十三頃八十三畝五分五厘，內除現荒未墾地四百一十一頃一十二畝八分二厘外，實熟屯地九百二十二頃七十畝七分三厘。額徵地丁連閏銀六百九十七兩六錢九分四厘，內除荒蕪無徵銀二百三十三兩三錢六分八厘外，實徵地丁銀四百六十四兩三錢二分六厘，實徵耗羨銀六十九兩六錢四分九厘。額徵糧八千六百四十三石一斗一升七合五勺，內除現荒無徵糧二千一百六十九石九斗八升三合六勺外，實徵糧六千四百七十三石一斗三升三合九勺，實徵耗羨糧九百七十石九斗七升一勺。額徵草二萬八千四百六十一束四分三厘，內除現荒無徵草七千二十六束九分五厘三毫外，實徵草二萬一千四百三十四束四分七厘七毫。額外雜賦共應徵銀一百五十兩四錢六分一厘。

【《〔宣統〕甘志》卷十八《建置志·倉儲》②】

〔寧夏府〕寧靈廳常平等倉共儲各項京斗粮五千一百四十七石八斗一升五合三勺。

【《〔宣統〕甘志》卷二三《建置志·厘稅》③】

〔寧夏府〕寧靈廳徵收當稅銀一百兩，無額商稅銀二十五兩六錢一分，畜稅銀一十七兩九分六厘，契稅銀五兩三錢五分五厘。

【《〔民國〕朔方道志》卷之八《貢賦志上·額徵·金積縣》】

原由靈州分撥屯地一千三百三十三頃八十三畝五分五厘，內除歷年荒蕪未墾地四百一十一頃一十二畝八分二厘，實額地九百二十二頃七十畝七分三厘。

應徵正粮八千六百四十三石一斗一升七合五勺，耗羨粮一千二百九十六石四升六升七合八勺。

應徵地丁正銀六百九十七兩六錢九分四厘，耗羨銀一百四兩六錢五分四厘一毫。

應徵七斤小草二萬八千四百六十一束四分三厘。

自清同治十一年分撥至民國十一年止，除歷年荒蕪無徵粮二千七百八十三石七斗二升二合八勺，除歷年荒蕪無徵地丁銀二百五十兩三錢三分九厘七毫，除歷年荒蕪無徵草七千六百三十二束六分八厘七毫。

---

① 參見《陝甘地方志中寧夏史料輯校》上冊第439頁。
② 參見《陝甘地方志中寧夏史料輯校》上冊第443頁。
③ 參見《陝甘地方志中寧夏史料輯校》上冊第443頁。

今實徵正粮，夏稅小麥、莞豆，秋稅青豆、粟米，五千八百五十九石二斗九升四合七勺，耗羨粮八百七十八石八斗九升四合二勺。

今實徵地丁正銀四百四十七兩三錢五分四厘三毫，耗羨銀六十七兩一錢三厘一毫。

今實徵七斤小草二萬八千四百六十一束四分三厘。

【《〔民國〕朔方道志》卷之九《貢賦志下·雜稅·金積縣》】

金積縣徵收印花稅洋五百元，比較一千四百四十元收未足額，民國三年，增設印花，發商粘貼。契稅銀五兩三錢五分五厘，當稅洋二百一十六元，燒鍋稅洋二十四元，斗行牙稅洋一十二元，騾馬牙帖稅洋一十二元，油磨行稅洋八十四元。

兵防第十二

寧靈向隸靈州，地險而壤沃。自古西寇犯邊，若西夏、河套之患，與宋、明相終始，即其地也。

同治初，花門肇亂，馬逆化漋據金積為巢穴，屢敗官軍。蓋金積面臨黃河，襟帶秦、漢、馬蘭諸渠，可耕、可戰、可守，故得以負固十年之久者，亦形勢之據也。逮湘軍劉公錦棠、蜀軍雷公正綰、黃公鼎、皖軍金公運昌等奉檄會剿，議分水、陸並進，而馬逆遂平。

同治壬申，①經陝甘總督左文襄公奏請，以寧夏水利同知改為寧靈撫民同知分莅之，并設參將以下諸將校，阨要分防。嗣復添調防軍，分駐于茲，以資鎮攝。謹將綠營兵額之增減及營汛、塘墩之處所，詳悉志之，以備籌邊者之採擇。至歷代之兵防，靈州舊志載之甚詳，②毋庸贅錄焉。

靈武營原額馬兵九十四名。光緒十二年，奉文調挑練軍步隊馬兵二十二名，練軍馬隊馬兵四十三名。又，光緒二十三年，奉文裁減馬兵六名，現存馬兵二十三名。內尚有額外外委三名，悉駐本城。

原額步兵十二名。光緒十二年，因調挑練軍馬隊馬兵四十三名，隨奉文添設步兵四十三名。光緒二十三年，復奉文裁減四名。現存步兵五十一名，悉駐本城。

原額守兵五十名。光緒二十三年，奉文裁減十四名，現存守兵三十六名。內分防平遠縣之韋州堡守兵十九名，分防紅寺堡之守兵十一名，餘駐本城。

---

① 同治壬申：同治十一年（1872）。
② 參見《靈州志迹》卷二《兵額營汛驛遞志第十二》。

【《〔宣統〕甘志》卷四一《兵防志·兵制·甘肅陸軍兵制》①】

〔寧夏鎮標〕巡防右旗，步隊駐紮寧靈廳。

【《〔宣統〕甘志》卷四三《兵防志·巡警》②】

〔寧夏府〕寧靈廳總局一所，總辦一員，巡兵八名。

【《〔民國〕朔方道志》卷之十一《兵防志·營盤》】

白塔水營盤一座，在金積、靈武之東，各距百里，爲金、靈通陝大道。山密溝深，易於藏匪。築垣爲卡，駐紮騎兵，以便各防互通聲息。

陳麻子井營盤一座，在金積東南百餘里，接壤海原、鎮戎，通隴東環縣。地多山溝，潛匪甚易。築垣修卡，駐紮騎兵。平時稽查盜賊，有警可與白塔、金積各防互相聲援。

水利第十三

《西羌傳》云：③虞詡奏復朔方、西河、[77]上郡，使謁者郭璜激河浚渠爲屯田。此漢渠之所由昉也。

漢渠之利，向屬靈州。自寧靈新設，經前陝甘總督左文襄公審正經界，奏請劃分金積、漢伯、忠營、秦壩，上四水堡之屬漢渠者歸廳轄，而漢渠遂爲寧靈獨得之水利。查渠源向自青銅峽秦渠上流開口，至靈州屬之胡家堡洩入澇河，延長一百里。正閘二空曰"漢閘"，其後河勢偏西，常苦無水。康熙四十五年，經中路同知祖良楨改深閘底，又增長迎水垻，水乃足用。康熙五十二年，中路同知祝兆鼎重修東岸，以洩其流，而山水沖決之害始免。乾隆三十八年，[78]復經靈州知州黎珠請帑銀四千兩，捐粮六百石，令庠生顏俸督工料理，於原口上十里之楊柳泉地方，改創迎水新口，隨流累石築爲長垻，利賴又垂百餘年矣。由今論之，自楊柳泉至龍王廟地方之迎水垻，工小而易。而由龍王廟至渠口之堤垻，每歲春秋兩工，照章派料、派費、派夫，竭民脂膏，勞民筋力，始得收一時灌溉之利，心竊憫之。

查龍王廟西，有馬逆化濚已修未成之渠迹，徑至漢渠口，長約二里許。詢之邨老，僉稱"是渠成則河堤垻工程得省過半。惜乎！當日以中有石坎三道，艱於鑿通，中止"云云。漢渠支渠九：曰舊黑渠，曰新黑渠，曰舊閻家渠，曰新閻家渠，曰馬蘭渠，曰波羅渠，曰爪連渠，曰沙渠，曰朱渠，計灌田約千頃。

若靈州秦渠，發源青銅峽，自渠口至板橋三十里，廳民亦與沾利澤焉。至環

---

① 參見《陝甘地方志中寧夏史料輯校》上册第452頁。
② 參見《陝甘地方志中寧夏史料輯校》上册第455頁。
③ 參見《後漢書》卷一一七《西羌傳》。

廳湖道，厥名甚多。前人有《南北潦河記》附錄於後。

南北潦河記　　乙未進士[①]　平定州人李培榮

朔方水利舊矣。蓋觀其經緯布置之宜，而歎古之君子其利民也溥，其慮患也周。[79]嘉慶己未春，[②]余署篆靈州。故有秦、漢二渠，下車伊始，值民修濬，余親往相度，維時吳忠數堡之民，環聚馬首，投牒互控，大約以漲水侵疆、殃及鄰界爲辭。細詢其故，則渠水入田，其尾瀦而爲湖。北湖自金積堡下至吳忠堡之東南，共十二處，汪洋清澈，幾數千頃。南湖自忠營堡至漢伯堡，雖勢不甚廣，而渠之所經，偶破衝口，窪處輒鍾聚。夏秋之交，洪水盛溢，渠流張王，游波入湖，湖不能受，則漫衍田畝，浸壞屋廬，亦其勢然也。及詢其所以經理之宜，則言人人殊，不復可辨。余無可如何，姑令徐退。既而思之，古之君子利民溥、慮患周，所以圖始善終者宜無不備，豈獨無道以處此耶？抑其迹久而或湮耶？適有客來謁，謂："公初至，地情未諳。此間舊有南北二潦河，吳忠之稍爲清潦河，漢伯之稍爲渾潦河。緣歲久淤塞，民憚其勞，惟以壅鄰興訟。濬此二處，則湖患息矣。"余曰："若然，是湖非爲民患，民自貽患也。"乃率士民，躬爲指畫。南潦河計長二十餘里，分三段修濬。由三岔口抵潦河橋，工屬忠營堡；潦河橋抵小蘆洞，工屬漢伯堡；蘆洞至稍，工屬吳忠堡。寬六尺，深六尺，俱安底石爲證。北潦河計長四五里，挖深三四尺。兩河總匯關尾閘，由山水溝而北抵大河。蓋論其害則北湖爲巨，計其功則南湖較艱，其形便不同如此。既酌著爲成式，以圖經久。北湖之田，涸出幾半。明春修濬北河，宜按湖田出夫。水利，堡長主之，毋得攤累通堡。南河按段分濬，蘆洞以下尤爲緊要，稍有偸減，通身復淤。如吳堡之人不盡力，則忠、漢兩堡合力通濬，而吳忠堡人不得復藉稍水以灌田，違者官治其罪。其種稻之處，上下堡亦輪年更換，以輕水患。凡此數端，民皆謂便。積年之患，一朝頓除。

向之訟者僉曰："公之賜也，民之福也。"於是羅拜車前，以謝余惠。而豈知前人之圖始善終，不留餘隙，有如此耶！然則古今廢興成毀之故，類此者多矣。作者未始不欲其永久，而其後往往輒墮也。貪咫尺之得，忘尋丈之失；憚一日之勞，遺數年之患，余甚懼焉。因爲錄次其事，以附《州志》，[③]庶使後之君子知前人之深心不可沒，而留心水利者亦有所藉以考焉。

【《〔民國〕朔方道志》卷之六《水利志上·渠道建置》】

秦渠

在河東靈武縣，現溉田七百餘頃。秦渠一曰秦家渠，相傳創始於秦。自靈州

---

① 乙未：乾隆四十年(1775)。
② 嘉慶己未：嘉慶四年(1799)。
③ 州志：即《靈州志迹》。本文見載於《靈州志迹》卷二《水利源流志第十》。

屬青銅峽開口，今屬金積，至州北門外洩入漭河渠口。上下閘二座，上口一墩二空，下口二墩三空，沿長一百五十里。《新採訪》：長一百二十里。支渠十二道，溉田一十一萬七百畝零。《新採訪》：溉田七百餘頃。渠口原係土底，歲費修築。清康熙年，參將李山重修，甃以石底，歲省夫料無算。後又續開支渠十三道，口大一尺二三寸至七八寸不等，俱木口。光緒三十年決口，知州廖葆泰籌修，費銀八萬有奇。三十二年，知州陳必淮重修，費三萬餘金。三十三年復決，知州陳必淮大加修理，共費銀四萬有奇。又《新通志》載，靈武有薄骨律渠，又有光禄、七級、特進等渠，舊《府志》不載，今並廢。續開支渠以下續增成案。

按《新採訪》：靈武秦渠，一曰秦家渠，開口於金積縣屬青銅峽口，舊爲靈州地。秦、漢二渠原均屬靈州之渠，因清同治十一年馬化漋亂後，總督左宗棠以金積堡漢回雜處，靈州鞭長莫及，添設寧靈廳，以資控制，而漢渠遂爲寧靈所有。民國二年，改廳爲縣，易金積峽口，遂爲金積縣地，同時靈州亦改名靈武縣。其渠口與金積、漢伯渠口並列，有上下二口。上口一墩二空，下口二墩三空。每空高八尺，寬六尺，屬土口，歲需修築。康熙時，參將李山易甃以石，口乃堅固，獨惜渠身自渠口至秦壩關沿河二十餘里，外瀕黃流，內傍高岸，不能移易，遂爲秦渠之一大消耗品。靈州舊在河渚中，自明洪武甲子至天啓癸亥，①城凡三徙。河東道張公九德蒞任，城又議徙，張公曰："河能徙城，人獨不能徙河乎？"旋於渠口下築長坪數百丈，逼水中流。長坪下數里許，有一豬嘴碼頭，斜插河中，尤爲吃緊，惜不詳修築姓氏。今觀《張公堤記》，②聚石投之，一日盡八百艘，三日基始定，纍石四十餘丈，其即爲張公所修無疑。道光二十九年，碼頭冲没。又值馬化漋亂，碼頭無復過問，自是險工迭出。至光緒以後，水勢益東沿河崩坪，而漕河、江家灣、蔡家嘴、棗園居民又紛紛議遷議徙。三十三年，陳公三三洲復蒞靈州，相度形勢，決議非復碼頭，必難獲效，爰於三十四年清明興工日，投石亦以數百艘計，上覆以土，逾月始成。寬十八丈，長八十餘丈，斜亘河中，水始循其故道。退水閘二座，一在秦壩關，二墩三空；一在秦壩關之上三里許，寬數尺。暗洞三道：曰清水洞，在吳東鄉，以洩金積巴浪湖之退水；曰永寧洞，在胡家堡山水溝，以洩由慶陽、固原流入靈境之山水；曰黑眼洞，在東路頭牌，以洩東山發源之山水。支渠二十六道，《舊志》：支渠十二道，續增十四道。支渠名詳後。陡口二百二十八道，靈人稱小渠口無陡口名。橋一十七道。橋名詳《關梁》。尾閘一道，曰黑渠閘，自渠口起沿河二十里，至秦壩關始入內地，歷棗園、吳忠、胡家等堡，至縣北門外稍水歸入漭

---

① 洪武甲子至天啓癸亥：洪武十七年（1384）至天啓三年（1623）。
② 參見《朔方新志》卷四《詞翰》載明朝張九德撰《新築靈州河隄碑記》，《寧夏府志》卷十九題作《靈州河堤記》。

河,共長一百二十里,現溉田七百餘頃,《舊志》:原額田一十一萬零七百畝零。而金積縣之金四里、秦四里同受水焉,溉金秦四里田四千餘畝。歲攤夫料,每歲修濬每田一頃出夫一名,共出夫七百餘名,料草開水湵封一如唐、漢、清、惠各渠例。是爲秦渠。

漢渠

在河東金積縣,現溉田千餘頃。漢渠,一曰漢伯渠,相傳創始於漢,在金積縣渠口。在青銅峽之麓與靈武秦渠口相並,至靈武胡家堡洩入滂河,延長一百里。建正閘一座,一墩二空,曰漢閘。其後河勢偏西,常苦無水。清康熙四十五年,中路同知祖良貞改深閘,底又增長迎水埧,水乃足用。康熙五十二年,同知祝兆鼎重修東岸,以洩山水沖決之害。先是,漢渠苦無洩水,田成巨浸。明河東道張九德創開蘆洞,即今清水溝洞,長三十丈五尺,高廣各三尺五寸。自秦渠北岸抵窰橋,疏溝三十餘里,洩水入河,復故田數百頃。其秦渠東岸一帶二十餘里每被山水濴没田房,康熙五十二年,同知祝兆鼎重修東岸,以洩其流。乾隆三十八年,靈州知州黎珠創修迎水新口,隨流壘石,築爲長埧,利賴至今。大支渠九道,灌溉田一十二萬五千八百畝零。《新採訪》:現溉田一千餘頃。每歲修濬,俱係民間自備夫料。兼採《新通志》。

按《新採訪》:漢渠一曰漢伯渠,舊屬靈州。自清同治初年,馬化漋叛據金積堡,勞師費餉,至九年始得克復。十一年,總督左文襄奏請添設寧靈廳,以金積、漢伯、忠營、秦壩上四水堡之屬漢渠者歸廳管轄,而漢渠遂爲寧靈獨得之水。查渠源,向自青銅峽秦渠上開口,行百里至靈州屬之胡家堡洩入滂河,其後渠勢偏西,常苦無水。康熙四十五年,經中路同知祖良貞改深閘底,又增長迎水埧,水乃足用。乾隆三十八年,靈州知州黎珠又於原口上十里之楊柳泉地方改創迎水新口,隨流累石,築爲長埧,利賴更得擴充。惟楊柳泉至龍王廟地方之迎水埧其工尚小,而由龍王廟至渠口之埧春秋兩工竭盡民力,漢渠要工全在乎此。或謂廟西二里許有馬化漋創修未成之渠跡,若成此渠,則事半功倍,不知此處渠高河低,且其中有石坎三道,難於攻鑿,化漋中止,殆以是歟?漢渠在秦渠之上,苦水無洩。時明河東道張公九德因創開蘆洞洩水入河,奈歲久淤塞。康熙五十二年,中路同知祝兆鼎重修東岸。嘉慶己未,[80]靈州知州李培榮又重修南北澇河,而水不瀦蓄,始免漫淹之患。渠口建石正閘一座,計二空,曰漢閘。退水閘二座,支渠九道,支渠名詳後。渠沿長一百里,現溉田一千餘頃。《舊志》:原額田一十二萬五千八百畝零。自渠口至板橋,三十里則分受靈武秦渠之水焉。金四里,秦四里,共田四千餘畝,分受秦渠之水,歲攤夫料。每歲修濬,民間自備夫料,開放湵封,均如各渠例。是爲漢渠。

驛遞第十四

　　寧靈地處偏隅，僅在城一驛。額設馬四匹，夫二名而已。請以電政、郵政附之，而爲之志。
　　在城驛北五十里至靈州驛，夫二名，每名日支工食銀三分；驛馬四匹，每匹日支草料銀七分。
　　電政
　　固原直達寧夏府城之支綫，由中衛縣入廳南大草溝，至大紅溝入中衛縣境，計經過廳境長六十里。
　　郵政
　　寧靈尚未建設分局，暫由商户代辦。
　　　　　【《〔宣統〕甘志》卷十九《建置志·驛遞》①】
　　甘肅驛遞新章銀糧總數
　　〔寧夏府屬〕寧靈廳所管各驛共安馬四匹、夫二名，統計連閏一歲共支工料、外備、站價等銀一百四十八兩六錢。
　　甘肅代辦郵局
　　〔寧靈廳〕設代辦分局一，均由各處鋪户包辦。

蠲恤第十五

　　靈州舊志未詳，無從查考。

鹽法第十六

　　寧靈無産鹽之地，居民購食不外蒙鹽，及靈州屬花馬池、惠安堡數處之鹽，向無額引，亦無徵課。惟考靈州舊志内載：②吴忠等堡一十九堡，原額引二千三百八十六張，額徵課銀五百一十四兩一錢八分三厘。
　　寧靈向隸靈州，舊志所稱十九堡，合今廳境各堡而言也。分設廳治以後，殆以鹽課徵於産地，故未劃分額引歟。

---

①　參見《陝甘地方志中寧夏史料輯校》上册第480頁。
②　參見《靈州志迹》卷二《丁税賦額志第九》。

茶馬第十七

　　寧靈向無官馬，即茶引亦無明額。查靈州茶引，於順治九年招商承辦，額引一百道。嗣因食茶人少，消售維艱。康熙時，商繳引三十道。寧靈原爲靈州轄境，今廳民所食，殆即靈州茶引七十道內之數歟？

物產第十八

　　寧靈水堡五，山堡二。水堡地狹而饒，山堡地廣而瘠。五谷、草木、果蓏之屬，惟水堡產之，山堡則畜牧而已。謹分類志之。
　　穀之屬：稻、糜、大麥、小麥、稷、豌豆、綠豆、黑豆、黃豆、青豆、紅豆、扁豆、蠶豆、胡麻、青稞、秫、蕎麥。
　　菜之屬：芥、芹、葱、韭、胡蘿蔔、白蘿蔔、芫荽、白花菜、沙葱、白菜、沙芥、西瓜、甜瓜、絲瓜、黃瓜、冬瓜、南瓜、菜瓜、番瓜、茄蓮、地椒、葫蘆、刀豆、豇豆、茶豆、茄、蒜、瓠、菠菜。
　　花之屬：牡丹、芍藥、雞冠、玉簪、罌粟、葵、菊、荷寶象。
　　果之屬：杏、桃、李、梨、洋芋、葡萄、櫻桃、秋子、胡桃、棗、沙棗、桑椹、酸棗、茨菰。
　　木之屬：槐、椿、榆、柳、白楊。
　　藥之屬：蓯蓉、枸杞、甘草、黃耆、知母、茴香、柴胡、貝母、茵陳、車前子、薄荷、菖蒲、青鹽、艾葉、麻黃。
　　禽之屬：鵰、鷹、鵲、雞、鴨、鵝、鷂、鴿、山雞、天鵝、雁、鸕鶿、白鴿、鳧、臘嘴、喜鵲、烏鴉、雀、鵓鴣。
　　獸之屬：馬、駝、牛、羊、騾、驢、豕、虎、狼、麝、土豹、野馬、羱羊、青羊、黃羊、野豕、夜猴兒、獾、狐、沙狐、野貍、豺、黑鼠、黃鼠、犬、貓、兔。
　　鱗之屬：鯉、鯽、鮎、鱣、沙魚、石魚、鰍。
　　介之屬：鱉、螺、蚌。
　　虫之屬：蠅、蚊、蟻、蚱蜢、蜘蛛、蜂、蜻蜓、蝴蝶。

【《〔民國〕朔方道志》卷之三《輿地志下·物產·貨類》】
　　酒，玫瑰露酒爲寧夏特出，白柑燒酒多出中衛，近寧夏、金積均出。

風俗第十九

寧靈風俗與靈州同。今録靈州舊志采輯之節序、禮俗於左。①

彊梗尚氣,[81]重然諾,敢戰鬥。《金史》夏國贊。②

雜五方,尚詩書,攻詞翰。[82]朔方舊志。③

重耕牧,閑禮義。朔方舊志。

靈州尚耕牧,工騎射,信機鬼。[83]舊志。④

富強日倍,禮義日新。新志。⑤

後衛務耕牧,習射獵。舊志。

宮室惟公署、宦族覆瓦,民家皆板屋,覆以土,猶秦風之遺。中堂供先祖或懸佛像。

食主稻稷,間以麥。貧者飯粟。中人之家,恒以一釜並炊稻稷。稻奉尊老,稷食卑賤。

衣布褐,冬羊裘。近世中家以上多襲紈綺矣,女服尤競鮮飾。

四時儀節

元旦燃香燭,祀真宰,拜先祖。長幼畢拜賀,出賀姻友。嘗預爲三日炊,曰"年飯"。

四日,乃更炊生米。四日三鼓,炙炭或鐵投醋盆,[84]繞屋行,道吉語,除不祥,及大門外覆之,曰"打醋壇",[85]又曰"送五窮"。

五日拘忌,非至戚不相往來。

新歲必擇吉,持紙燭,就郊外喜神方迎拜,然後遠行,作百事皆無禁忌。

七日食餅、麵,擊銅器相叫呼,爲招魂。

上元食團子,[86]前後三夜,街市皆燃燈。祀天神,祝國釐。[87]坊各立會積錢,至期,延門樹木架,對懸紗燈。中衢列燈坊,近又有燈閣、燈亭,製皆如真。糊以紗,書繪間錯,中燃燭,通衢數里,照如白晝。皆以柏燭,燭自南來,斤值錢數百文。計一宵之費數百貫,信邊城巨觀,亦土人一癖好云。

十六夜,民户婦女相携行坊衢間,曰"游百病",亦曰"走橋",經官禁,近稍減。

二月上丁後至清明,擇吉日,具牲酒,載紙標,爲墓祭,各修治先冢。

---

① 參見《靈州志迹》卷一《風俗物產志第七》。
② 金史夏國贊:即《金史》卷一三四《西夏傳》之"贊曰"。
③ 參見《〔正統〕寧志》卷上《風俗》《〔弘治〕寧志》卷一《寧夏總鎮·風俗》。
④ 舊志:具體書名不詳。
⑤ 新志:具體書名不詳。

清明日,挈榼提壺,相邀野田或梵刹間,共游飲,曰"踏青"。插柳枝户上,婦女並戴於首。

三月二十八日,焚香東嶽廟,前後三日。並於東門外陳百貨相貿易。老幼攜持,游觀填溢。

孟夏八日,西門外土塔寺爲洗潑會,亦如之。

端午貼符,户插菖蒲、艾葉,飲雄黄酒,啖角黍。閨中並以綵絲作符,剪艾虎,相餽送。

五月十三日,競演劇,祀關聖。先日,備儀仗迎神,前列社火,周游城中。望日,祀城隍,並於廟陳百貨爲貿易。

七夕,閨人亦有以針工、茗菓作乞巧會者。

孟秋朔至望,亦擇吉祭墓,曰"上秋墳"。墳遠者於望日設祭於家。

中秋祀月,作月餅,陳瓜菓,比屋皆然。餅筵瓜市,嘗遍衢巷。

重陽食糕,飲菊酒,亦有爲登高會者。

孟冬之朔,祀先祖,薦湯餅。

仲冬長至日,祀先祖,家人姻友相拜賀,切肉雜粉腐爲羹,和酒啜之,曰"頭腦酒"。以"冬至一陽生",取"作事有頭腦"意。

臘月八日,煮粥雜以豆、肉,曰"臘八粥"。是月初旬,取水釀酒,曰"臘酒"。

廿三日,以雞、酒、餅、飴之屬祀竈神,曰"送竈"。雞陳而不殺,至除夕始薦熟,曰"接竈"。

歲暮,貼春聯、桃符,爲餅餌酒食,相餽送。

除夕,祀先祖,拜尊長,燃香燈,鳴爆竹,飲酒守歲,分錢與卑幼,曰"押歲"。閨中以棗、柿、芝麻及雜果堆滿盞,著茶葉奉翁姑及尊客,曰"稠茶"。女筵以爲特敬。新婦拜見舅姑,針工外,尤重此,多者至百餘盞。計其費,一盞數十錢。相傳始於明王府,至今不能變云。

〔禮俗〕

婚禮。媒妁既通,必取男女年庚對合,無忌尅乃定。世家多不拘。定禮用綵幣、鐲鏢之屬,貧者梭布、簪珥。女家以冠佩相答。婚期既定,男家必備禮盒、酒果,請賓送期於女家,曰"通信",蓋古"請期"之遺。既復,擇吉日,爲茶菓,[88]具羊酒,並衣物、首飾送女家,曰"下聘",[89]亦"納徵"之遺意也。先期一日,女家以粧盒送男家,曰"鋪床"。至日,男家又以大蒸餅並菓盤,隨綵輿赴女家,曰"催粧"。請女賓爲新婦插花冠笄,曰"冠帶"。女家亦請女賓隨綵輿至男家,[90]曰"送親"。娶多用綵轎鼓吹,貧者以車。世族之家,間亦有奠雁親迎者。新婦三日拜見舅姑,贄以針工。同室長幼各拜見,曰"分大小"。

冠禮多不行。婚禮納徵時，女家以冠履衣物相答，必有梳篦鏡匣，曰"冠巾"。蓋亦存其意云。

喪禮。俗最重衰絰冠履，多依古制三年服。[91]雖既葬，蔴巾、衰衣必大祥後始易。期功以下，近亦多就簡便，不如古禮。[92]七日，行大殮禮，親戚多會吊。將葬，先期訃親友。前一日，各以酒盒奠儀往祭，喪家備酒食相酧。多者至數百人，賻奠之儀，恒不足爲餚核費。每進食飲，孝子必出稽顙，謝禮尤繁瑣，羸弱者至憊不能支。[93]中衛、靈州俗尤尚送葬，男女或數十百人，喪家爲備酒食、車乘，力不能辦者，或至留殯數十年不能舉。[94]相傳明季近邊各堡，點虜常伺人葬，出劫衣物，故送葬者皆請姻戚爲之備。[95]今太平已百餘年，習而不改，轉成弊俗矣。

祭禮。世族之家有宗祠、家廟，會祭多用羊。士民多祭於寢，用恒品隨豐儉，無定數。春祭墓，夏無祭，秋以七月望亦有墓祭者，冬祭以十月朔、冬至及歲暮，祭必備物，懸遺像，其禮尤重。[96]

古迹第二十

寧靈新設，考古之迹，文獻無徵。即間採訪所得，而言人人殊，亦未敢盡信。姑摘其傳聞有據者，臚志之以備考。

青銅峽，在廳西南五十里，兩山對峙，懸崖絕壁下，則黄流激湍，羊腸一綫，泂天塹也。相傳爲禹王治水開鑿，爲寧郡水利之源。

金包塔。牛首山之巔古刹中有塔，高丈餘，頂土色黄，名曰"金包塔"。相傳下埋佛骨，每值空晴遥望，有紅霞飛出其中，繚繞天際，景色燦然。

禹王廟，在廳西南青銅峽内，重洞石室，法象森嚴。中有古碑文，附錄於後。①

一百八塔，在青銅峽内，傍河西岸。山上有白塔一百零八，羅列有序，形勢有定，相傳爲古天門陣。界在寧夏縣。

靈武台。唐肅宗即位於靈武，楊炎有《靈武受命宫頌》，又有《靈武臺記》《靈武秋風》詩，記載詳《州志》。②今廳西荒草淪没中有台址，疑即近是。

龍泉。牛首山北崖石板下有泉曰"龍泉"，其水清冷可掬，滚滚如玉，禱旱有應，居民賴之。按《州志》曰"龍泉噴玉"。③

---

① 參見本志《藝文第三十五》載佚名撰《峽口禹廟碑》。
② 《靈州志迹》卷三《藝文志第十六上》載楊炎撰《靈武受命宫頌》，卷四《藝文志第十六下》載《靈武秋風》詩，作者未詳，另載侯士驤《靈武臺》詩。無題目爲《靈武臺記》者。
③ 參見《靈州志迹》卷一《壇廟坊市橋梁津渡名勝志第六》。

滾泉。牛首山東南數十里有泉曰"滾泉",其水突出,高約丈許,灌溉畜牧,居民稱便。

地宮,在廳南百餘里大螺山上,鑿地作室,重門洞達,宮殿院落,依然今存。相傳明慶王辟暑所建。

墓墩,詳後《陵墓》。①

滴水。牛首山之東北有山崖陡撲,有水自上下滴如雨,冬夏不竭。相傳傍有梧桐,每秋彫零樹葉,水聲淙淙映響,故《州志》曰"滴水秋梧"。②

【《〔宣統〕甘志》卷十三《輿地志·古迹·寧夏府·寧靈廳》③】

青銅禹迹,在廳西南五十里,兩山對峙,懸崖絕壁,河經其中,相傳神禹治水時開鑿,以導河流,即《水經注》之"上河峽",一名"青銅峽",又名"峽口山"。……④

金包塔,[97]在廳東南五十里,牛首山之嶺古刹中,[98]建置時代無考。塔高頂黄,因名。每有紅霞繚繞,景色燦然。

百八塔,在廳西南青銅峽内河西,山上有古白搭一百八座,羅列有序,相傳爲古天門陣。

祥異第二十一

寧靈向隸靈州,歷代之祥異,舍靈州舊志,無從徵已。謹照録之,以備采擇。

貞觀二十年九月辛亥,靈州地震,有聲如雷。二十三年四月,靈州河清。

長慶元年九月,[99]靈州奏黄河清。[100]

大中三年十月辛巳,上都及靈武、鹽、夏等州地震,壞廬舍,壓死數十人。[101]

咸通十四年,靈州陰晦。

乾符六年秋,[102]夏州雲霧晦冥,[103]旦及禺中乃解。

調露元年,鳴鵎群飛入塞,相繼蔽野,至二年正月,還復北飛,至靈、夏北,悉墮地而死,[104]視之皆無首。

太平興國三年,靈州獻官馬駒,足有二距。[105]

雍熙二年,靈州芝草生,知州侯贇刻木爲其狀來獻。

至道二年十月,靈、夏等州地震,城郭廬舍多壞。占曰"兵、饑"。是時,西夏

---

① 參見本志《陵墓第二十二》。
② 參見《靈州志迹》卷一《壇廟坊市橋梁津渡名勝志第六》。
③ 參見《陝甘地方志中寧夏史料輯校》上册第510頁。
④ "峽口山"三字後附詩《青銅禹迹》《峽口吟》,參見本志《藝文第三十五》,本處略而不録。

寇靈州。

成化十年十月丁酉，靈州大沙井驛地震，有聲如雷。自後，晝夜累震，至十一月甲寅，一日十一震，城堞房屋多圮。十八年，靈州李景芳家白鼠晝游。次年，其子中鄉試。

康熙九年，寧夏河溢，淹靈州南關居民。十八年，惠安堡生員張辟家，[106]豬生八子，皆有肉角。四目、三目、[107]五足者，旋死。三十三年，靈州民王邦彥妻，一產四男子。四十七年，靈州井中見龍。

雍正十一年又十月，霜花雪縚四十餘日。

陵墓第二十二

考明洪武之二十四年，太祖封第十六子㮵於寧夏爲慶王，[①]至今廳南二十里，傍山有土阜高出，曰"墓墩"。週圍皆古墓，用磚爲之，宛然院落。相傳明慶王營墓於此。[②]每日暮，薄霧籠罩，望之如有人家然。又，廳東南百八十里之大螺山山北有桐，雨暘愆期，禱之有應。亦傳云明慶王諸陵墓皆在焉，然均無碑碣可考，亦好古者之恨也。

封爵第二十三

闕。

職官第二十四

金積既平，奏設今治。同知而外，添設儒學、照磨，分襄厥事。并設參將以下各武職，以資鎮攝。今考其歷任姓名，列於志，俾觀者得稽其時勢，以辦其能否焉。至歲俸之多寡，詳後《度支》條。[③]

寧靈撫民同知一員

趙興雋，湖南長沙府湘鄉縣人，同治十一年任。

---

① 关于朱㮵排行問題，學界看法不一，有主張爲第十五子者，有主張爲第十六子者。參見胡玉冰《寧夏地方志研究》第二章第一节《〈正統〉〈寧夏志〉》，鍾侃《明代文物和長城》之《寧夏文物述略》，牛達生《寧夏同心縣出土明慶王壙志》《〈慶王壙志〉與朱棣"靖難之變"》，許成、吳峰雲《明代王陵區出土三盒墓志疏證》，任昉《明太祖皇子朱㮵的名次問題》。

② 1968 年，在今寧夏同心縣大羅山下韋州鄉周新莊村境內出土了《慶王壙志》，足證慶王墓就在此地。原碑現藏於寧夏博物館。

③ 參見本志《增採新章十條·度支第四》。

喻光容，湖南長沙府寧鄉縣人，光緒三年任。
蔣益和，湖南長沙府湘鄉縣人，光緒七年任。
洪翼，湖南長沙府寧鄉縣人，光緒八年任。
吳福鍾，廣東廣州府番禺人，光緒九年任。
郭昌猷，湖南長沙府湘陰縣人，光緒十一年任。
易華琛，湖南長沙府寧鄉縣人，光緒十二年任。
方仰歐，廣東潮州府普寧縣人，光緒二十年任。
蕭承恩，湖北安陸府鍾祥縣人，光緒二十七年任。
程敏達，安徽人，光緒二十七年任。
王福鴻，陝西西安府三原縣人，光緒三十年任。
成謙，鑲紅旗蒙古人，光緒三十一年任。

照磨一員

鄒玉麟，湖南岳州府平江縣人，光緒元年任。
趙長齡，陝西西安府長安縣人，光緒五年任。
宋傳傑，四川酉陽直隸州黔江縣人，光緒五年任。
程漢，直隸延慶州人，光緒七年任。
羅時望，湖南衡州府衡山人，光緒九年任。
趙惟榮，江西建昌府南豐縣人，光緒九年任。
馬肇，湖北漢陽府漢川縣人，光緒十一年任。
王捷三。
周全德，湖南長沙府益陽縣人，光緒十四年任。
張麟寀，廣東嘉應直隸州人，光緒十五年任。
詹恒春，湖南鳳凰直隸廳人，光緒十九年任。
邱櫰，湖南長沙府寧鄉縣人，光緒十九年任。
冒樹楫，順天府宛平縣人，祖籍江蘇如皋縣，光緒二十五年任。
黃鴻彬，四川成都府新都縣人，光緒三十二年任。
湯永昌，湖南長沙府寧鄉縣人，光緒三十三年任。

教授一員

安天篤，甘肅鞏昌府安定縣人，光緒元年任。
賀世，甘肅蘭州府狄道州人，光緒二年任。
劉滋，甘肅甘州府張掖縣人，光緒四年任。
楊天培，甘肅秦州直隸州秦安縣人，光緒四年任。
慕璋，甘肅涇州直隸州鎮番縣人，光緒十一年任。

王儀乾，甘肅蘭州府皋蘭縣人，光緒二十七年任。
徐志，甘肅涼州府武威縣人，光緒二十八年任。
謝善述，甘肅西寧府碾伯縣人，光緒三十三年任。

靈武參將一員

湯彥和，湖南長沙府寧鄉縣人，同治十二年任。
張光春，湖南長沙府長沙縣人，光緒元年任。
周高照，湖南長沙府湘鄉縣人，光緒三年任。
溫宗秀，湖南長沙府寧鄉縣人，光緒七年任。
侯明俊，湖南長沙府長沙縣人，光緒二十年任。
周紫高，湖南長沙府湘潭縣人，光緒二十七年任。
周貴祥，湖南長沙府湘鄉縣人，光緒二十八年任。
許耀文，湖南長沙府寧鄉縣人，光緒三十年任。
楊芳成，湖南長沙府寧鄉縣人，光緒三十一年任。
劉德貴，[①]湖北鄖陽府竹谿縣人，光緒三十二年任。

守備一員

師德，甘肅寧夏府寧夏人，同治十二年任。
梁來鳳，甘肅寧夏府中衛人，光緒四年任。
王敏，甘肅寧夏府寧夏縣人，光緒八年任。
陸景運，甘肅寧夏府中衛縣人，光緒十年任。
魏生榮，甘肅甘州府張掖縣人，光緒十三年任。
柴殿魁，甘肅蘭州府皋蘭縣人，光緒十九年任。
郭明揚，廣東廣州府番禺縣人，光緒二十年任。
段士杰，甘肅蘭州府皋蘭縣人，光緒三十年任。
陳登科，[②]甘肅鞏昌府寧遠縣人，光緒三十二年任。

千總一員

韓世傑，甘肅寧夏府靈州人，同治十二年任。
江來，甘肅寧夏府寧夏縣人，光緒十三年任。
顏榮耀，甘肅蘭州府皋蘭縣人，光緒二十一年任。

---

① 《〔宣統〕甘志》卷五三《職官志》"劉德貴"條後又載靈武參將二員："唐文治，湖南瀘溪人，光緒三十四年署。謝春生，湖南寧鄉人，宣統元年署。"

② 《〔宣統〕甘志》卷五三《職官志》"陳登科"條後又載守備一員："楊承恩，陝西安康人，光緒三十四年任。"

【《〔宣統〕甘志》卷四八《職官志·歷代官制·國朝文職官制·寧夏府》[①]】

寧靈撫民同知一員，舊爲水利同知，駐府城。同治十一年，劃撥靈州地爲設，移駐金積堡。

寧靈同知教授一員。

寧靈同知照磨一員。

【《〔民國〕朔方道志》卷之十二《職官志一》】

清代官制

寧靈廳撫民同知一員，同治十一年由靈州撥地，以水利同知改設，歲俸銀八十兩，養廉銀八百兩。今改金積縣。

民國官制

知事八員，寧夏、寧朔、中衛、平羅、靈武、金積六縣列二等缺，鹽池、鎮戎二縣列三等缺。

靈武、金積、鹽池、鎮戎四縣事務較簡，分設兩科，每科科長一人、科員二人、技士一人，嗣減去科長、技士，通設兩科二等缺科員三人，三等缺科員二人。第一科掌關於內務事件兼管司法事件。司法係獨立性質，此不過暫時權宜辦法，一俟地方審判成立，此項兼管自然取銷。第二科掌關於財政事件、教育事件、實業事件，繕寫文件，辦理庶務，得酌設僱員，其員數由各縣酌擬報告之。又地方審判尚未成立，事務繁者得設幫審二員，事務簡者得設幫審一員，專辦審判事宜，由各知事呈請本省司法籌備處處長委任之。

三等缺原定每知事月支俸洋二百四十元，科員二員，每員月支俸洋五十元，公費月支洋二百一十元，月共支俸費洋五百五十元，年計共支洋六千六百元。民國三年，護理甘肅民政長張炳華規定官俸案內核減俸洋三成，公費洋五成，每知事月支俸洋一百六十八元，科員，每員月支俸洋三十五元，公費月支洋一百零五元。民國九年一月，又核減洋十元。所減之數如何支配，由各該長官酌辦。前項核減洋十元歸知事薪俸項下，計月支俸洋一百五十八元。其公費、科員薪俸悉仍舊。民國十年十一月，甘肅財政支絀，財政會議議決行政費再核減一成，科員薪俸、公費仍舊計，三等知事每知事月支俸洋一百四十八元，科員二員，月仍共支俸洋七十元公費，月仍支洋一百零五元，共月支俸費洋三百二十三元，年計實共支洋三千八百七十六元。按季由財政廳核發。

管獄員八員，寧夏、寧朔、中衛、平羅、靈武、金積、鹽池、鎮戎八縣各一員，每員月支薪貲二十四元，年共支二百八十八元，管理民刑羈押被告人犯及刑事已決

---

① 參見《陝甘地方志中寧夏史料輯校》下冊第 577 頁。

各犯等事。

　　勸學員八員，寧夏、寧朔、中衛、平羅、靈武、金積、鹽池、鎮戎八縣各一員，薪貲由本縣學款項下動支，管理勸學會計、庶務等事。

　　警察官八員，寧夏、寧朔、中衛、平羅、靈武、金積、鹽池、鎮戎八縣各一員，現因款項支絀，由各縣知事兼充，不另支薪。其警佐等員，就地籌款，管理巡查稽察、維持秩序等事。

　　縣議長各一員，議會爲立法機關，法用投票選舉，以得票多者爲議長，次者爲議員，爲一縣人民之代表，朔方各屬，自民國三年解散，尚未組織。

　　商務總會長一員。民國二年五月，奉令組織成立，法用投票選舉，以得票多者爲會長，次者爲副會長。寧郡爲朔方工商業總匯之區，得設總商會，並設會董、辦事等員，管理工商事務，維持市面秩序等事，其餘各屬市集，多者或設一二員不等。

【《〔民國〕朔方道志》卷之十三《職官志二》】

歷代職官表·清

寧靈廳同知，計八人。今改金積縣。

趙興雋，湖南湘鄉人，同治十一年任。

喻光容，湖南寧鄉人，光緒四年任。

方仰歐，廣東普寧人，光緒二十三年任。

洪翼，湖南寧鄉人，光緒年署。

成謙，滿洲人，光緒三十一年任。

封啓雲，雲南普洱人，宣統元年署。

饒守謙，湖北咸豐人，宣統二年署。

黃英，四川嘉定人，宣統三年署。

以上自同治十一年新設，至宣統三年改金積縣，檔卷遺失，未能盡考。

民國職官表·金積縣知事

計十人。民國建元，改寧靈廳爲金積縣。

楊昌頤，民國元年任。

秦學堅，字文卿，江蘇人，民國元年任。

吳通權，陝西人，民國二年任。

馬俊，民國三年任。

馬象乾，字子健，陝西人，民國四年任。

仁永，字子壽，正紅旗人，民國七年任。

李志高，字仰之，湖南人，民國九年任。

馬良,導河人,民國十年任。

仁永,見前,民國十二年任。

李震乙,甘肅人,民國十四年任。

名宦第二十五

寧靈新設卅餘年,百度之興,前者創之,後者繼之,善教、善政之留貽,未忍聽其湮沒。今採之輿論,略舉有功斯土、尽人知之者,輯而錄之,以志《甘棠》遺愛之思云。①

趙興雋,字鳳岡,湖南湘鄉人。同治末,金積甫平。前陝甘總督左文襄公奏設今治,雋奉檄攝篆三年于兹,毅然以草創爲己任,理煩劇,弭盜患,恩威並濟,漢回相安,遺愛在民,稱其"惠媲東里"云。

喻光容,字仙喬,[108]湖南寧鄉人。寧廳以漢渠爲命脈,每歲春濬,民間自備夫料。舊例派石工夫千名,以修沿河之迎水堋,沙工夫千名,以去俞家營之淤積,民甚苦之。光緒四年,光容攝廳事,躬履勘驗,審地形,分水勢,濬源暢流。自是俞家營無淤滯之患。遂罷沙工夫千名,民感其德,至今不忘。

洪翼,字翰騫,湖南寧鄉人。光緒庚子,②重攝廳篆,慨文廟之未建置,寄祀書院者,垂二十餘年,非以崇祀典也。於是請之大府,商之紳耆,籌集鉅款,鳩工庀材,度地於城之東南隅,經營締構,規模如例,越一載而告成。先是,金積甫平,創設今治。城垣即因土堡,規制簡陋,如甕城、月城、城樓、角樓,缺然未備。庚子冬,適有秦、晉難民逃集於此,翼遂禀請,由紳商岳廷獻、毛大昌等捐集千餘金,爲以工代賑,一舉兩善之計,而東西兩門之甕城、月城自是修築完備,至今賴之。吁!建廟以啓文明,修城以資保障。翼固能持政体之大功有足多者焉。

方仰歐,字紹修,廣東普寧人。光緒丁酉,③奉檄知廳事,慨然以清吏弊、蘇民困爲念。向例民間輸粮,零粮不得湊斛,納草無論大小,非加增數束不能入廠。種種積弊,民甚苦之。仰歐察知其情,責草倉斗級韓清美等,以示之警。復明定規則,零粮湊斛,草有定勑。泐諸碑以垂久遠。黄霸曰:"凡治道去其泰甚者。"④此之謂也。

【《〔民國〕朔方道志》卷之十五《職官四》】

宦迹下·清

勒豐額,滿洲人。同治二年,由鎮海協副將調署寧夏鎮總兵。時馬化漋勾引

---

① 甘棠:即《詩經·國風·召南·甘棠》。
② 光緒庚子:光緒二十六年(1900)。
③ 光緒丁酉:光緒二十三年(1897)。
④ 參見《漢書》卷八九《循吏傳》。

陝回倡亂金積堡，全郡騷動。寧夏官紳練團保守將軍慶昀誤聽奸回"漢逼回反"之言，勒令漢民散團繳械。十月二十四日夜，賊乘城無備，陰嗾城回千總馬謙內應，由振武門登城。公聞殺聲，倉皇率戈什登署東定遠樓瞭望，以待兵集。娶時城內火光燭天，賊勢益甚，知不可爲，遂下樓端服坐堂自刎。事聞，優恤如例。

訥穆棟額，正藍旗人，以喀什噶爾印房章京擢知州。咸豐年，補岷州，旋調靈州。同治元年九月，甫解任，回匪馬兆沅率衆奄至，公與新任張瑞珍協力守禦，戒嚴者四十日。經寧隊來援，並由瑞珍飛令子侄由省募丁壯，奮勇衝擊，圍始解。二年二月，奉檄復任。金積堡回馬化漋又率衆來犯，公以兵單未能持久，累書請援不至，憤恚成疾辭職。十月，賊復攻城。城回內應，遂陷之。公率民巷戰，血濺征衣，授命於亂鋒之下，眷屬家丁同與之殉。事聞，優卹如例。

鍾蘭，字薇泉，雲南昆明人，由舉人，以知縣發甘補用。同治七年，接署靈州事。時回氛正熾，因留前牧尹泗幫辦城防。八年八月，金積匪首馬化漋嗾使城回內亂，事起倉卒，公與尹泗率民趨禦，力刃數賊，知城陷罔救，即回署端服坐堂，服毒同盡。其長子爾規、戚趙登瀛及家屬等同死之。事聞，優卹如例，並准建祠，與尹泗同祀，額曰"雙忠"。光緒六年，知州孫承弼以訥穆棟額死節皆同，詳請附祀，易名"三忠祠"。

劉松山，字壽卿，湖南湘鄉人，以剿髮捻功授廣東陸路提督。時馬化漋負嵎金積，官兵多爲所敗。公奉命率師，由陝北進，遇董福祥。公知福祥本地人，回情熟悉，用爲鄉導。越花馬池，直抵靈州，連破寨堡數百，復靈州，而馬化漋猶未知公之能兵也，夷不爲意。公又進駐吳忠堡，鏟賊五十餘寨，賊勢始挫。何家巷之役，馬化漋率衆數萬親自督戰，見公兵少，意謂不難滅此朝食。衝突數次，公不爲動。度賊倦時，號一舉，兩翼伏兵齊出，賊自踏踐，尸聚如山。化漋嘆曰："此真將軍也。"即欲投降，而馬五等不服。同治九年正月，攻馬五寨，焚其寨門。公方指揮督戰，忽飛子中公左乳，諸將請暫退，公呼曰："毋以我棄，垂成功也。"軍隊猛進，立俘馬五。數日公卒，諸將磔馬五以祭。事聞，朝廷震悼，贈太子少保，謚忠壯，立功省分，准建專祠。

簡敬臨，字紹雍，湖南長沙人，累功保提督，授浙江衢州鎮總兵。同治八年，率兵自韋州進規金積，偪漢渠而壘，以扼金積堡之東南。劉松山軍在金積堡之北，相距約數十里，而中隔波浪湖，廢堡林立，賊時踞之，聲氣不能聯絡。十一月初九日，回與湘軍相持，公聞北路砲聲甚緊，率部由東而進。賊馬步齊撲，公結方陣待之，賊頗受創，公即擬衝過波浪湖與劉軍合，忽南風大作，塵沙翳天，咫尺莫辨賊之匿於廢堡者。然槍密注，子洞公左臂，方裹創復進，又飛子中公額，殞於陣。事聞，照提督陣亡例議卹，敕建專祠。

雷正綰,字緯堂,四川人。同治二年,西陲不靖,隨將軍多隆阿進兵陝西,無戰不勝。後進攻金積堡,糈燻不繼,軍屢譁潰,公多方撫馭,始得轉危爲安。金積之平人,咸謂公功不在湘軍下也。後授固原提督,晋太子少保,卒年七十餘。

金運昌,安徽人。同治八年,率皖軍進攻金積堡,屢破賊寨。公驍勇善戰,與川軍雷正綰、黃鼎並駕齊驅,嗣與湘軍合圍金積,公與鼎獨任東南,賊匪不敢踰雷池一步。後授提督,以勞傷過甚辭職家居。成功者退,公其有焉。

黃鼎,字彝封,四川崇慶人。同治八年,以道員率師平董志原賊巢阱,斬賊目于彦禄,大小數十戰。旋進規金積,克百塔峽,濟河背水而陣。會湘軍議掘濠合圍,公與金運昌任東南方面。九年冬,金積平,公移駐中衛之勝金關,以防餘匪。十三年,陝撫調防北山,爲部弁湯秉勛所刺。事聞,特旨優卹。

黃萬友,湖南湘鄉人,積功保提督。同治八年,隨湘軍度隴。公率步隊五營分駐寧條、安定、花馬池以護運道。九月,公同克靈州。後劉松山由吳忠堡進攻金積老巢,公即駐靈州,以防後路。旋因傷發,卒於營。事聞,優卹如例。

劉錦棠,字毅齋,松山之猶子也。同治八年,隨松山入甘,總理營務。松山亡後,欽差大臣左宗棠以大將新亡,令其堅守,公曰:"不戰則示以弱,靈州且不保。況此軍乎?"遂祕其書,一鼓進戰,連破賊數十栅,軍威復振,詔加三品卿銜,接統湘軍。旋克金積堡,馬化漋父子皆授首焉,以功晋布政使。後以肅清河湟及關内外授新疆巡撫,晋太子少保,封二等男爵,旋解任,卒於家。事聞,晋太保,封一等男爵,謚襄勤,敕建專祠。

易德麟,湖南湘鄉人,積功保提督。同治八年八月,進攻吳忠堡賊壘,屢戰皆捷。十二、十八等日,逼近賊壘,賊抵死抗拒,公方踰塹,賊彈如雨,中左乳,昇歸,越日卒。事聞,敕建專祠,謚壯節。

王秀棣,湖南衡山人,帶湘軍左旗轉戰關隴,積功保提督。同治八年,攻吳忠堡賊壘,左脅中槍入骨,際湘軍統領令退護運道,公曰:"去險就安,帥憐我也。雖然,敢以病自廢乎?"旋卒於軍。事聞,優卹如例。

周國勝,湖南湘鄉人。初,從湘軍削平捻匪,繼勦陝北土匪,所向皆捷,積功保提督。時管帶湘軍五旗,同治八年,進圍金積賊巢。公正銳攻,忽飛砲折左骸,昇歸,旋没。事聞,優卹如例。

朱蘭亭,四川人,爲統領蜀軍黃鼎所識拔,積功保參將。同治八年九月,進圍金積堡,公以軍扼其要害,連日鏖戰,忽飛子中公右臂,血殷重袪。左右請少息,公曰:"此戰勝則賊即易平也。"裹創進,賊敗走。公受傷重,返營即仆於地,扶坐牀褥,猶喃喃以殺賊爲言,逾月而卒。事聞,優卹如例。

選舉第二十六

寧靈原定學額,科試、歲試各中二名,補廩生一名,武學科試取中亦如文額數。然自設廳治,迄今亦三十餘年,曾無攀一桂、析一杏,足爲此邦光寵者。偏僻之地,兵燹之後,文風之不競,亦可想見焉。

【《〔民國〕朔方道志》卷之十八《人物三》】

貢生·清

宣統己酉:①景耀先,金積人,拔貢。

武舉·清

己卯:②張殿元,金積人。

民國選舉

省議員

張世傑,金積人,民國七年第一屆選舉。

衆議院議員

董温,金積人,民國十年第二屆選舉。

人物第二十七

寧靈設治以後,士民中之言行犖犖可傳者,固無其選。即一節之善、一技之長,亦不數覯,寧闕毋濫焉。至歷代之人物,靈州舊志載之甚詳。③ 略而不錄,省煩複也。

忠節第二十八[109]

昔人有言:死或重於泰山,或輕於鴻毛。貴而卿相,賤而匹夫,無以異也。寧靈同治初元,花門亂作,忠義之士,憤激一時,捐軀殉難者,尚有其人。即於事無濟,然其抱義不屈之志,亦未可聽其湮沒也。若夫孝思不匱,[110]偉然完人,則難言矣。寧闕勿濫焉。

張琮,廳忠營堡人也。性豪邁,負衆望。同治初,花門亂作,即與同里廩生撒

---

① 宣統己酉:宣統元年(1909)。
② 己卯:光緒五年(1879)。
③ 參見《靈州志迹》卷三《人物乡獻志第十四》。

錫川起謀團練，禦賊於中衛縣之廣武，斬首甚衆，誓欲恢復故土。後引衆至鐵銅堡，遇戰，敗，墮馬而死，時年五十有四。

歲貢生韓科，質直好義，醫藥濟人。舊與回首有隙，同治初，亂即作，知不免，即具衣冠，端坐中堂以待。賊至，欲羅致之幕府，科厲罵不絕，遂遇害，時年七十有一。

廩生岳廷選，博學能文，多材智。花門亂起，賊酋惜其才，欲留用之，強之不屈。即具衣冠，自焚而斃，年三十有五。

王剛、姚衡，皆廳之勇士也。性豪爽，好拳棒，人爭學之。剛、衡舊與回衆失睦，亂既作，二人各率其徒以戰。衡被圍於白蠟廟，賊衆數百，自朝至於日中，傷賊甚衆，中礮而亡。剛被圍於花馬池之聶家梁，賊集數重，日中至暮，身中數傷，裹創再戰，力窮自刎。

侯倫，廳忠營堡人也。鄉居樂善，一生未嘗入城市。[111]與回為鄰，知亂將作，即散財於子孫及族鄰等，預避他鄉，無及於難。亂既作，具衣冠，登屋罵賊，自焚斃。至今子孫蕃昌，爲廳望族。

趙天增，初避回難於中衛，同治七年，隨團堵賊，戰敗而亡，時年四十五歲。同時歿於王事者有秦立業、侯誥、張生標、梁生枝等，皆廳民也。

附生丁自明，廳之回籍也。世居秦垻關，遵守舊教，當馬化漋以新教倡亂之際，遠近回衆顯與忤觸，獨自明父子兄弟等陽奉陰違，藉圖自固，且出資粮，聚練鄉勇，無論漢回皆得入團，當時漢民藉以全活者無算。同治九年，湘軍被圍於吳忠堡，自明父子運粮草以濟其困，蒙前少保劉公賞給六品軍功。厥後金積蕩平，回衆或誅或遷，而自明父子獨以功得全。不數年，自明與其兄自仲同列邑庠，其子文蔚復入泮，蔚然爲廳回望族。若夫獨修退水閘以興水利，賑貸漢回而不直償，其疏財仗義，公而忘私，尤有足多者。回而有此，亦可以風當世矣。

孝義第二十九[①]

闕。

隱逸第三十

闕。

---

① 參見本志校勘記[108]。

流寓第三十一

　　闕。

仙釋第三十二

　　闕。

方伎第三十三

　　闕。

列女第三十四

　　《後漢書》列女一傳，[①]原搜次才行尤高秀者，非專同一操也，然以董祀妻與劉長卿妻桓㷮、陰瑜妻荀采同列，有識者仍訾之，則女節尚矣，才次之。寧靈僻壤，女學未興。其間黃鵠早寡、白首完貞者，尚不乏人，而率以未得旌表、湮沒不彰爲憾。今採輯之，庶亦足以闡潛德而厲薄俗焉。

　　王珍之妻陳氏，年二十五歲而寡，居貧守節，撫子成名，終年七十有八。[112]珍弟王璉之妻景氏，年二十三歲守節撫孤，家貧，織席自給。花門亂作，恐志被奪，即囑子媳逃避他鄉，具巾自縊，時年五十有九。璉子王賡春之妻韓氏，年二十六夫死無子，立志守節。其夫兄王賡華貪利，欲奪其志。私約異姓，乘韓氏歸寧，中道要之，強逼再醮。韓氏衣不解帶，食不沾唇，厲罵七日夜不絕，勢將就死。異姓失措，央衆苦勸，鼓吹送歸。繼子爲嗣，晚節彌堅，壽終七十有一。今廳漢王堡石碑方立有"王氏三節祠"焉。

　　廩生董雲岐妻者，[113]賈氏之女也。光緒二年，[114]雲岐病故，遺孤二，長甫三齡，次在襁褓。時賈氏年二十二，撫子成立，備嘗辛苦。不幸二子相繼云亡，賈氏自嗟命薄，與媳喬氏矢節益堅。今年五十有四，人莫不哀且敬之。

　　附生馬利貞妻者，陳氏之女也。年二十一而利貞卒，陳氏性孝，謹事翁姑以禮，勗子以學，組織家事，艱苦備嘗。後長子馬康得入學，人稱爲節孝之報焉。

────────

① 參見《後漢書》卷一一四《列女傳》。

岳鍊妻者，保氏之女也。年二十八失所夫，矢志靡他，撫子成立，壽八十而終。光緒五年，學政吳爲題立"節顯流離"四字，以表其閭焉。
　　王希春妻者，吳氏之女也。年二十六守節撫孤，教養成名，壽終七十有七。光緒二十二年，學政劉輶軒過訪，爲題"松柏標清"四字懸於堂。
　　趙瑞妻者，秦氏之女也。年二十八，瑞卒，無子。撫侄趙連城爲嗣，居貧守節，恒以女紅自給。後連城列明經，爲廳名士，皆秦氏之教也。壽九秩。光緒十六年學政胡㽦題"傾筒芳徽"匾額。
　　安凌雲妻，韓氏之女也。年二十八夫故守節，迄今十有九年。
　　【《〔民國〕朔方道志》卷之二十一《人物六·節烈下·金積縣》】
　　陳氏，清王珍妻金積人。年二十五夫亡，撫孤成立，守節五十四年卒。
　　景氏，清王連妻，金積人，珍之弟也。氏年二十三夫亡，家貧，織席自給。同治回亂，景以不能行，令子偕婿逃，閉戶自縊，時年五十九。
　　韓氏，清王賡春妻，金積人，連之子也。氏年二十六夫亡，無出，誓不再嫁。夫兄賡華以爲奇貨可居，乘韓氏歸寧，使人中途逼之再醮，氏且罵且號，釋之。氏後以夫侄爲嗣，苦守四十五年卒。鄉里爲之立祠，額曰"王氏三節祠"。
　　陳氏，清生員馬利貞妻，金積人。年二十一夫亡，孝事翁姑，撫孤成立，[115]守節數十年。後長子康入庠食餼，人以爲節孝之報云。
　　保氏，清岳鍊妻，金積人。年二十八夫亡，因亂避難，辛苦備嘗，撫孤成立，守節五十三年卒。學政許應騤贈"節顯流離"匾額。
　　秦氏，清趙瑞妻，金積人。年二十八，夫亡無子，撫侄連城爲嗣，守節六十年卒。後連城貢成均，學政胡景桂贈"傾筒芳徽"匾額。
　　吳氏，清王希春妻，金積人。年二十六夫亡，撫孤成立，守節五十二年卒。學政劉世安贈"松柏標清"匾額。
　　賈氏，清廩生黃雲岐妻，金積人。年二十二夫亡，遺孤二，撫育成立。後二子相繼亡，與媳喬氏矢志益堅，姑媳均守節三十餘年。

藝文第三十五

　　寧靈舊屬靈州，歷代之藝文，《州志》存者不下百餘篇。[116]今摘取其事屬寧靈者錄之，而附以近今採訪之碑、傳、序、記，庶修文者得資採擇焉。

河源記[①]　　元　潘昂霄

河源在吐蕃朵甘思西鄙，[117]有泉百餘泓，[118]或泉或潦，[119]水沮汝渙散，[120]方可七八十里，且泥淖弱，[121]不勝人迹。近觀弗克，[122]傍立高山下視，[123]燦若列星，以故名"火墩腦兒"，[124]譯言"星宿海"也。[125]群流奔湍，[126]近五七里，匯二巨澤，名"阿剌腦兒"。[127]自西徂東，連屬吞噬。[128]廣輪馬行一日程，[129]迤邐東鶩成川，[130]號"赤賓河"。二三日程，水西南來，名"亦里出"，合赤賓。三四日程，水南來，名"忽闌"。[131]又東南來，名"也里尤"。[132]合流入赤賓，其流浸大，[133]始名"黃河"，然水清人可涉。又一二日，歧裂八九股，名"也孫斡論"，[134]譯言"九渡"。通廣六七里，[135]馬亦可渡。又四五日程，水渾濁，土人抱革囊，騎過之。[136]民聚部落，糾集木幹象舟，傅毛革以濟，僅容兩人。繼是兩山峽束，[137]廣可一里、二里或半里，深莫測矣。朵甘思東北鄙有大雪山，名"亦耳麻不莫剌"。[138]其山最高，譯言"騰乞里塔"，即"崑崙"也。山腹至頂皆雪，冬夏不消。土人言，遠年成冰時，[139]六月見之。自八九股水至崑崙，行二十日程。[140]

河行崑崙南半日程，[141]既又四五日程，至地名"闊即"及"闊提"，二地相屬。又三日程，[142]地名"哈剌別里赤兒"，四達之衢也。多寇盜，有官兵鎮防。崑崙以西，[143]人簡少，多處山南。山皆不穿峻，[144]水亦散漫，獸有氂牛、[145]野馬、狼、狍、[146]羱羊之類。其東，山益高，地亦漸下，岸狹隘，有狐可一躍而越之處。[147]行五六日程，有水西南來，名"納隣哈剌"，譯言"細黃河"也。又兩日程，水南來，名"乞兒馬出"，二水合流入河。

河北行轉西，至崑崙北。二日程，地水過之。北流少東，又北流入河。約行半月程，[148]至貴德州，地名"必赤里"，始有州治官府。州隸吐蕃等處宣慰司，司治河州。[149]又四五日程，至積石州，[150]即《禹貢》積石云。

重修邊牆記　　巡撫　趙時春

國家威制四夷，巖岨封守，而陝西屯四鎮強兵，以控遏北虜，花馬池尤為襟喉。減其北而益之墉，[151]樓櫓、臺燎、鋪墩、守哨之具，星列綦布，式無不備。[152]成化以來，其制漸渝。點酉乘利，稍益破壞，以便侵盜。而大將率綺紈纓弁子，莫或耆禦，朝議益少之。始務遴梟剽以功，[153]首級差相統制，[154]而巡撫、都御史

[①]《〔康熙〕陝志》卷三二、《〔乾隆〕甘志》卷四七《藝文・記》均題作《窮河源記》。疑或作"河源志"，參見雪子《元潘昂霄〈河源志〉名稱考實》。

居中畫其計,督監司主饋餉。更請置總制陝西三邊軍務,以上卿居之。士衆知爵賞可力致則颺起,而諸將奏功相繼,虜頗慴伏北引矣。

嘉靖十年,總制兵部尚書兼右都御史王公瓊始興復之。虜倘屯結,[155]恫喝未克。即叙時用,唐公龍來代,博采群獻,惟良是是,凡厥邊保,悉恢故制。寧夏夾河西,邐亘數百里,頹垣墊洫,於崇於濬。嘉靖十四年秋,工乃告竣。請給官費僅二萬兩,役不逾數千人,無敢勞怨。行者如居,掠駴用息。是役也,相其謀者則巡撫寧夏都御史楊公志學、張公文魁,[156]繩其任者則巡按御史毛君鳳韶、[157]周君鉄,督其事者則按察司僉事劉君恩、[158]譚君闇。至於擁衛士衆,遏絶軼突,則總兵官都督王効。[159]咸協共王役,[160]贊襄洪猷。是用勒銘,[161]以永後範。銘曰:

蔓高墉兮繚坤維,踞薜收兮環彪螭。鎮貊貉兮伏獯狳,揚威稜兮世永熙。[162]

峽口禹廟碑

原夫統系承於五帝,敷土之烈獨隆,隨刊徧于九州,鬟河之功最大。蓋溯陽紆之巨派,探板桐之遥源;枝流之并千渠,懸水之高萬仞。嘘吸則轉旋星宿,蓄洩則鼓蕩風雷。而龍門未開,吕梁尚阻,元氣淫濯,百派沸騰。異聚灰之可埋,豈捧土之能塞。使非神寄特起,聖睿挺生,何以奠坏圔之黄輿,拯沈蒥之赤子乎?溯自石紐,降精玉斗表,覘幹父之蠱,分帝之憂。靈龜呈括象之圖,神龍獻導川之畫。丈人之稱九潦,將軍之號百蠱。五百宣力,八神受命。咸禀指麾而助順,並宣勞勚以奏功。遂使藿蒲之地,悉返耕桑;巢窟之氓,尽登衽席。非天下之至神,其孰能興于此?

峽口者,黄流之險阨,紫塞之巨防也。舊稱"銅口",亦曰"青山"。岩嶢對峙,似重樓之百常;突兀相望,伴圓闕之雙起。奔湍爲之縛束,[163]碕石爲之整落。下通伊闕,旁帶流沙。宵崖闢鳥獸之門,駭水集蛟鼉之窟。上有禹廟,由來已久。飛簷虛構,浮柱相承,像設崇嚴,儀衛森列,[164]所以資呵護、妥神靈也。或者謂神功廣運,靈迹遐宣,是以東造絶迹,西延積石,南逾赤岸,北達寒門,降雲華于清都,鑱支祈於惡浪。夷岳封青泥之檢,洮水受黑玉之書。共知九野之平成,何待一方之尸祝。祀典得無近褻,明神方且弗歆。殊不知其用力深者,其感人也遠。覩洪瀾之湍悍,識底定之艱難。疏鑿居四瀆之先,勤勞分九載之半。胼手胝足,續用最多。馭氣乘風,魂魄猶眷。曩日北河之享,[165]歸成功于上穹;今兹朔塞之祠,垂明禋于萬禩。亦民之不忘舊德也,而何疑哉?惟是丹青歲久,霜露年侵,棟幹庸庲,宎廇哆剥,徒襲卑宫之舊,未抒崇德之忱。

制府福嘉勇公因巡閱之餘,行朝謁之禮,憫摧殘之落構,察隱鱗之餘基,鳩工庀材,凝土度木,測景經始,尅日蔵功。金爵承雲,璇題納月。千尋桂柱,峙鼇背以巍峨;百尺梅梁,[166]化龍鱗而飛動。冕旒肅穆,[167]寶光騰宛委之珪;椒茝氤氳,香氣覆昆吾之鼎。將鑴樂石,遠命鯫生知聖德之莫名,如天容之難繪。探秘文于岳瀆,敢摹岣嶁之碑;囿淺見于方隅,僅紀崑崙之派云爾。

峽口山　〔宋〕　張舜民

青銅峽裏韋州路,[168]十去從軍九不回。
白骨似沙沙似雪,[169]憑君莫上望鄉臺。[170]

漢渠春漲　〔明〕　慶靖王

神河浩浩來天際,別絡分流號漢渠。
萬頃腴田憑灌漑,千家禾黍足耕鋤。
三春雪水桃花泛,二月和風柳眼舒。
追憶前人疏鑿後,于今利澤福吾居。

月湖夕照

萬頃清波映夕陽,晚風時驟漾晴光。
暝烟低接漁村近,遠水高連碧漢長。
兩兩忘機鷗戲浴,雙雙照水鷺游翔。
北來南客添鄉思,彷彿江南水國鄉。

峽口吟　僉事　齊之鸞

生犀飲河欲北渡,海月忽來首東顧。
馮夷舉手揮神鞭,鐵角半催河上路。
至今夜行水泣聲,罔象欹歔鬼姦露。
土人作渠灌稻田,元靈委順不敢怒。

青銅禹迹　石茂華[171]

銅峽中間兩壁蹲,何年禹廟建山根。[172]
隨刊八載標新迹,疏鑿千秋有舊痕。
憑溯源流推遠德,採風作述識高門。
黃河永著安瀾頌,留取豐功萬古存。

初夏放舟青銅峽口，因登百塔寺，用《松陵集》中楞伽精舍倡和韻
金匱　楊芳燦　蓉裳

靈源出青銅，分流潤郊郭。
疏為龍骨渠，萬頃膏腴廓。
夏始裳綠長，和氣銷疹瘼。
雙峰青刺天，晝日光澹泊。
拗怒喧波濤，呀開門崖崿。
堅逾玉璧城，險過石匱閣。
沿堤行水來，露冕賽車箔。
不辭跋履勞，暫得登臨樂。
嵐光破空碧，霞氣紛華堊。
俯瞰九曲流，貫注長不涸。
却登檥頭船，輕身冒險惡。
捩柁捷有神，可喜亦可愕。
龍門投箭筈，瞿塘斷竹笮。
蛟虬怒欲立，夔蛩紛可摸。
潭渦翻雪車，石稜避霜鍔。
轉丸下峻坂，駃馬脫羈絡。
掠耳震砰訇，奪眸眩煇爚。
亂流萬人呼，出險千丈落。
迅若乘颷輪，翩如躡雲屩。
吏道苦拘檢，塵機多礙着。
偶然得一快，似亦天所酢。
尋幽入梵宮，憑高望六幕。
巑岏百浮圖，阿誰所鐫鑿。
浮柱倚危岑，層構臨巨壑。
疑是阿育王，來此翦鼇薄。
門鼠緣垂藤，怖鴿觸懸鐸。
同游得辯才，談空相應諾。
雖逐野牛行，已免睡蛇蠚。
天香聞杳靄，貝典翫深博。
徘徊日移晷，微吟招隱作。

静境足留連,非衹爲禪縛。
伊余眈白業,藜藿甘寂寞。
試作物外觀,心口自營度。
七寳座莊嚴,八關齋儼恪。
平生默自懺,豈止一重錯。
何時逐微尚,林泉好棲託。
行隨拾橡猿,坐對巢松鶴。

同作　　無錫　侯士驤　凌衢

雙峰束洪流,屹立儼銅郭。
長河溢星宿,泛濫實廣廓。
大哉神禹力,疏鑿祛民瘼。
一方資灌溉,萬類得棲泊。
懸崖扦駃湍,奔濤突巉崿。
艱疑上瞿塘,險踰登棧閣。
首夏事清眺,巾車揭疏箔。
偶於風沙窟,快覓山水樂。
日輪沉碎光,澂灩翻赭堊。
劇愁地肺搖,恐致天池涸。
探奇歷幽夐,嗜僻窮怪惡。
躡峻足屢躩,瞰虚心卒愕。
乘興招野航,放溜解輕筰。
雲嵐生倒影,黛色紛可摸。
掜柁箭離弦,廻摳鳥脱落。
風門沙喧雷,水齶石淬鍔。
入峽天忽低,有月頓成曛。
平生負跳盪,到此驚膽落。
踏浪學飛鳧,破空下烟鳸。
徑渡千仞淵,始知身所着。
奇險雖暫經,夙願得交酢。
野迥綠成海,林深雲聚幕。
孤嶂孤寺蹲,百塔百靈鑿。
鉗殿枕層岡,丹甍架危壑。

人稀市聲遠,境静塵慮薄。
雜花布妙香,清籟戞疏鐸。
得道須慧業,兹言心已諾。
倘墮野狐窟,何以祛毒蠚。
空空談辟支,瑣瑣務施博。
直以貪生故,妄希釋梵作。
佞佛竟無成,終身被禪縛。
羌余蠟游屐,偶來證寂寞。
霽景愜遐慕,貝典窮隱度。
選勝造幽微,齋心自清恪。
始悔當濃春,縮屋真大錯。
嘯咏得微悟,烟霞有深託。
赤壁逐坡仙,横江夢歸鶴。

同作[①]　　浦江　周爲漢[173]　蟠東

轍紲苦風塵,岔埗厭城郭。
夏始溯長河,一葉泛寥廓。
窮薄險能輕,烟霞癖成瘼。
中流浪簸掀,勢放不迎泊。[174]
迎面排亂山,吞帆辟雙崿。
窈窱隱堂隍,巍峨峙樓閣。
倒影疑堆烟,捲霧忽開箔。[175]
浩渺流波平,曠蕩客心樂。
盤渦鬱洄漩,頽壁雜丹垩。
槳急堤欲行,沙露川恐涸。
峽勢漸逼窄,波形陡深惡。
魚沫腥或聞,怪氣黑可愕。
怒發千鈞弩,驟斷轆轤索。
絕岸幸許登,裂石不敢摸。
呀谺鏟雲根,[176]嶄屴磨蓮鍔。
群山亂犇突,一徑細連絡。

---

① 《[宣統]甘志》卷三〇《祠祀志·寺觀·寧夏府·寧靈廳》題作"登百塔寺"。

盪日波有光,[177]奪睛目恐矐。
俯白駭雲生,捫碧愁天落。
攀蘿捨疲笻,印苔躡棕屩。
路轉境乍開,地寂心無着。
山僧啓禪扃,揖客歡酬酢。
登塔禮金仙,入龕揭珠幕。
巖竁神丁開,崖丁鬼斧鑿。[178]
向背拱千巒,晦明變衆壑。
蛟囚樹屈盤,雷聚水噴薄。
濛濛散空香,泠泠聞清鐸。
嗟余事遠游,[179]山林負宿諾。
道緣苦未深,俗慮迫相蠚。
敗車驅簿笨,褐衣曳寬博。
自憐世網羈,空吟招隱作。
逅邂愜林泉,[180]倐忽擺纏縛。
盪胷吸流影,瞠目望大漠。
長嘯何激昂,奇句偶裁度。
暫得任疏頑,誰能守勤恪。
吁嗟慕榮利,趨向良乖錯。
何當謝塵氛,幽棲遂遠托。
駐景逐飛㐹,雲中控孤鶴。

邊牆　　楊芳燦

野日荒荒外,邊牆入望遙。
風高原散馬,雲迥塞盤雕。
蒸土頹垣在,沉沙折戟銷。
登臨無限感,戰壘認前朝。

前題　　郭楷　雪莊

一帶繚垣峙,雄邊制四隣。
黃沙今夜月,白骨古時人。
飲馬窟猶在,鳴刁迹已陳。
時清烽戍減,耕牧樂斯民。

前題　　松江　俞訥

斥堠烽烟静，沿壕長緑莎。
高臺蹲健鶻，荒磧卧明駝。
地利宜耕牧，邊氓息鎧戈。
驅車經廢堞，懷古漫悲歌。

前題　　侯士驤

古堞儼周遭，黃雲補斷壕。
客心沉戍角，邊日澹征袍。
野闊牛羊小，天空鷹隼高。
康時本無外，設險笑徒勞。

前題　　秦崙源

野霧冷冥冥，[181]斜陽下古亭。
客愁侵夜柝，戍火亂秋星。[182]
土銼眠難穩，村醪醉易醒。
他年談舊事，曾向塞垣經。

前題　　楊承憲

縱目長城外，黃雲幾萬層。
霜高秋試馬，風勁客呼鷹。
自有四夷守，休誇一障乘。
數聲邊角動，平楚暮烟凝。

重修米谷寺碑記　　明成化十年

佛教之設，其來尚矣。粵自周昭王之世，佛生刹利用王家，而佛法肇興。漢明帝佛法入中國，而佛教遂盛，且謂"佛者，覺也"，將以覺悟群生，使之向善避惡，同歸於仁壽之鄉。故其爲教以殘殺戕害爲戒，以救濟生養爲本，以方丈菩提爲居室，以衣鉢心印爲營生。無非化人爲善，而爲指迷引惑之津梁焉。

洪惟聖朝，酌古準今，定爲常制。内立僧録司以總釋典之弘規，外立僧綱等司以闡像教之秘旨。于以廣覺聖慈悲之教，示幽明報應之理，而爲人天皈依之福地也。寧夏漢伯渠米谷寺一所，乃古名刹也。幾經兵燹，累立歲年，頹垣寂寞，遺像蕭疏。乃宣德春,敬奉慶靖王殿下令旨,遣官旗人等,同番僧喇嘛羅耳利重加修葺。鳩工選材,棟桷摧折者易治之,瓦甓彫落者更新之。垣墉壯麗,殿宇森嚴,可以爲棲神之所矣。至正統年間,僧耳利又創建觀音閣一座,僧耳的復加繪塑,規模塽塏,金碧翬飛,焕然可觀。歲成化三年,僧耳居大發慨心,持疏募緣,十方官士,各施貲財,共成勝事,又建天王殿、羅漢殿。經之、營之,以次而成。其寺東距塔灣,西連石峽,南至金塔寺,北近黑渠口,頗有龍蟠虎踞之形,鳳翥鳥飛之狀,誠邊境中之勝概也。

　　落成之日,僧耳居求予爲記,用垂不朽。予惟靈山正脉,流通於天上人間;鷲嶺真形,播剔於龍宮海藏。妙有不有,真空不空。積累世之陰功,修無量之福地。非托文以紀金石,將何以警悟後覺,開示方來,以爲人天敬神之地哉!尚冀諸天雲集,衆善日臻。皇圖鞏固,垂統緒於萬年;佛日增輝,法輪轉於三界。一方無烽塵之擾,三時絶旱潦之災。以及幽明隱晦,存没升沉,悉仗福利。則是者之成立,與山河同其悠久,而諸僧之芳名永流傳而不替矣。

　　予以學術荒昧,不揣固陋,勉抒俚語,用紀歲月云。

重修米谷寺碑記　　明隆慶元年　明慶王府左長史　胡光　川南人

　　洪武紀元始,三才奠位,萬象含靈。淳和之源,澄之淵深;渾噩之風,普于寰宇。三綱正而彝倫攸叙,九法理而物類咸若,世未有大千而界無分於三也。迨夫源之既溷而沉于欲流,風之始漓而沮于情塵。由是宅生者廢,而存軀者多感矣。惟時能仁,應期而出,而三道興焉。睠顧中土,迦衛衆生,超存亡於耳目之外,視生滅於心行之表。斂静于磨蝎,真入於不二。謝四流,弘六度,妙忘有無,而德成神聖矣。於是秘啓關鑰,虛受感通。憑五衍之軾以拯川流,開八正之門以蔭世道。慈離於衆相,捨行於不施,明及於無照。是故群有感洽,萬物兼濟,而涅槃之能事畢矣,功用溥矣。按自如來一世,迦葉以傳三十二世,凡有道者宗之。漢立精舍,以處攝磨騰竺,嗣是盛行,以尊崇之,至于今不廢也。

　　寧夏漢伯渠有寺曰"米谷",東距塔灣,西連石峽,南望金塔,北通黑渠。賀蘭遠峙,層峰削成,日月迥薄,雲霞沃生,蓋西夏之勝地也。寺創於國初,二百餘年,一新於宣德,再新於正統、成化間,規制備矣,法象宏矣。自嘉靖迄今,屢值兵火地震之災,因之毁廢。適内承輔孟君諱表,奉慶王之命管理漢渠,過其故墟,慨然太息,遂發心以修飾爲任。乃相度地宜,稍遠舊址,具啓上之。而我國主,視政藩維,樹風西夏,即喜而允之。加以贍田若干畝,君于是不謀於衆,不丐於人,自輸俸金百兩,禄米百石,自之所司,鳩工揆日,經之營之,築台數仞,架木於上,義風一倡,民以説來,工以心競,不數月而工告成。繼自今層台隆麗,飛閣逶迤,金若輝煌,曇花四照。慈雲法雨,仙靈止於是焉;息心了義,衆妙集於是焉。此有永之善緣,無窮之因果也,可以不寓書於篆刻耶。其詞曰:

陝有西夏,惟此名區。佛法重地,仰止文殊。傳道語心,功濟冥愚。鏡台菩提,禪之玄機。如來功化,懸明於世。名山正脉,廣開靈宇。媚兹藩輔,任丘人氏。奉命官此,賢德獨異。善心廣捨,德意是將。興復惟新,法流延長。台殿翬飛,朝雯夜光。青蓮白毫,神足洋洋。勝幡一振,山蕭清澄。紀此功德,垂之堅珉。

濟勝泉記　　統帶中路蜀軍　陝西陝安道　黃鼎　蜀川人

馬化漋踞金積,蹂躪秦隴十餘稔不能平,豈戰未善歟? 蓋金積面臨黃河,襟帶秦、漢、馬蘭諸渠,傍渠數百里,皆有瀚海。軍自東入,花馬池以西悉下游,賊決渠灌之,將士困於澤國者。自西南入,石溝滾泉,沙礫彌望,水草闕如。賊憑渠守,渴莫支,不戰將自潰。形勢之據,未可力爭也。庚午秋,[①]予率師西征。審度地勢,惟奪峽口以扼賊吭,俾諸軍順流直下,爲利且便。峽口連牛首,山峻水駛,羊腸一綫,不利進攻。予令他軍出滾泉作疑軍,以所部出牛首,折取峽口,繼進者汲瓶濟之。營於山巔,壘既定,軍士憩焉。坐側叢草獨青,茂茂秀發,異之,掘其下,清泉湧溢,淵淵然足供千人飲,師以是濟而馬逆遂平。

嗟乎! 此人力歟? 天也! 夫君臣父子,天下之大綱,千古之彝倫。華夷所莫,外人亂之,天必惡。天既惡,人豈能廢? 不可廢也。必强廢焉,是取誅於天而無所逃罪矣。昔貳師將軍佩刀出泉,耿恭拜井,得飲此,皆天濟所窮而使禍患之息也。予豈能假此而爲功哉。然則形勝之難恃,亂臣賊子之必戮,夫亦足鑑矣。因名其泉,并記其事以還。

劉忠壯公祠堂碑文[②]　　內閣學士兼禮部侍郎銜　　署户部左侍郎　周壽昌　湖南長沙縣人

咸豐朝,粵寇、捻寇,庚續造亂,海內無枚宇。時回匪熻于秦,[183]未熾也。逮同治初元後,[184]兩寇平而回患遷肆。湘鄉劉忠壯公初以廣東陸路提督統湘軍剿捻入關,清陝北,而陝、甘兩地回尚陷靈州。[185]公乃由定遠率兵入援寧夏,大蕆花馬池,踣下橋,大摶靈州。[186]州城復,公更蹙賊於金積堡,進蹀吳忠堡,以規老巢。[187]

---

① 庚午:同治九年(1870)。

② 本志錄文全同出土於今寧夏吳忠市金積鎮之《劉忠壯公祠堂碑文》。周壽昌撰《思益堂集·思益堂古文》卷二收入《甘肅寧靈廳劉忠壯公祠堂碑》與二文異文較多。

金積堡者，隸靈州，地險而壤沃。自古西寇犯邊，若西夏、河套之患，與宋明相終始，即此地。公旬日屢劇堅壘，[188]賊決黃河，從上流灌營，幾浸没。公隨法堵禦，督攻馬五寨，夷其隘，忽飛炮中左脅，諸將士歸，[189]相向哭。公斥曰："丈夫死得報國，何哭爲？君等第努力滅賊，後輿尸歸，即死不憾矣。"[190]言訖而薨，[191]實同治九年正月之望也。[192]事聞，天子震悼。[193]贈太子少保，予諡忠壯。特命公從子，今少司馬錦堂接統其軍，血戰至年終，[194]卒擒馬逆父子，[195]劇其心以告公靈，而回亂悉平。[196]

前年，[197]相國左恪靖侯入都，與蒙述及公，[198]必往復悲歎，謂公忠毅敦實，喜推功讓能，[199]而沈識遠度，慮超物表，尤能銷患未萌。先是，[200]同治七年，環慶、平涼間爲回逆所陷，[201]北山董福祥、張俊、李雙梁者，皆材武忠傑，無能自達。懼陷賊，乃糾旅自固，[202]陽附陰距。[203]公乘其間招出之，[204]並降其衆十七萬餘人。[205]而董福祥今爲名將，以戰功顯。方公之殉難金積堡也，[206]堡中時聞戈馬聲如潮水怒沸，月常數次，賊不敢解衣卧。而是年十一月十六日夜半，[207]平涼城外大聲震山谷，予時徘徊帳中，亦覺有異，[208]旋報，是日首逆馬化漋就擒矣。[209]

毅齋少司馬，少從公習軍事，[210]嫻智略，[211]好學禮士，誠懇無飾。而武勇健捷，尤出意量外。西域之天山，[212]積雪彌漫，平日鳥飛半墮，葉落不墜，自古未有能上者。[213]少司馬與番人戰，[214]必身先士卒，躡其巔，以氈裹身，雕擊而上，轂輾而下。番人目瞪心悸，驚爲神，不敢戰而伏，蓋天生異材也。靈州，故巖疆，予奏以寧夏水利同知分涖之，改名曰"寧靈廳"。①時奉有死事，地方建專祠之旨，因即其地建祠祀公，[215]兩廡祀殉難諸將校，割荒絶地二百畝充祀産，詳記州檔，[216]至今不廢。[217]蒙因是思公之生，[218]而治兵其地也，可以靖一時之亂，公之殁，而血食其土也，可以靖萬世之亂，非但以雲車風馬，盪摩悚惕也。其平日篤棐誠摯，淪浹既深。其勳名之赫赫，[219]又昭澈於聽覩，而靡所炫襲。[220]故瞻其廟而效節赴義之意，油然而自生。入其庭而震動，恪恭懍乎，戢其慝志而罔敢渝隕。《詩》曰："馥假無言，時靡有争。"又曰："來假來饗，降福無疆。"②其赫聲濯靈，以保我後生者，獨一時然乎哉！[221]蒙與毅齋雅故，素通問，故爲文其碑，[222]而聲之以詩。詩曰：

北倚賀蘭，東亘黃河。天設兹險，巘峻峩峩。公之珍戎，歸神於此。公之崇祠，有秩其祀。爰朱其桷，爰丹其楹。俎豆告虔，暨於百靈。黍稷翼翼，迄降康

---

① 據《清穆宗毅皇帝實録》卷三三五"同治十一年六月丁巳"條、《清史稿》卷六四《地理志》及本志《建置三》記載，寧靈廳當爲左宗棠於同治十一年(1872)奏設，非周壽昌奏設。

② 參見《詩經·商頌·烈祖》。

年。河流渾渾，沛澤窮邊。生不私己，殁不恤身。祠宇千禩，用福我民。綏此萌隸，娛爾童叟。祭社祀先，視此敢後。公功無儔，公業有繼。載敍歌詩，以永勿替。

蜀軍昭忠祠記　　統帶中路蜀軍　陝西陝安道　黃鼎　蜀川人

蜀地偏處西隅，習俗素多文弱。國朝定鼎以來，武功鮮著。嘉慶初，教匪之變，忠武楊公以武科立功三省，洊位封圻。繼平關外，進爵通侯，持節秦隴，懋著威烈，海內始以蜀軍聞。忠武殁，聲遂寢。

咸豐間，滇禍蔓延，蜀中震動，悉賴楚師廓清。於時南北諸省戡亂，勁旅非淮即楚即皖，蜀仍未有軍也。松番之役，駱文忠節相督蜀，募民爲兵。予偕今觀察張君玉文，以一旅從事，而蜀軍始立。同治二年，關中捻、回交鬨，滇逆接踵。劉霞仙中丞由蜀撫秦，檄令隨征。甫入秦，會諸軍克漢南。適滇逆曹燦章衆數萬踞南山，予與張君提蜀軍千人平之，燦章伏誅。滇逆蔡昌榮合髮逆梁成富，由湘樊率衆西犯，陷階州，復以所部克之，蜀軍於是稍振。五年，捻逆入關，會剿華陰，賊大至，圍數十重，若長城然。予偕張君以蜀軍力獨潰賊出，捻竄灞上，復合諸軍擊諸滻橋北，戰方酣，風雪漫天，咫尺莫辨，賊衆且銳，諸軍悉覆。予率千人結環陣當之，轉戰向夜，冒雪破賊，圍莫敢逼。[223] 蜀軍之名遂漸著。六年夏，皇上西顧懷憂，命恪靖伯左公督師回事，適劇檄予西向。時張君已由蜀入黔，[224] 鄉人之將兵隴上者，惟固原提督雷君正綰耳，然恒分道擊賊。予獨提蜀軍由鳳邠而涇、長，而靈、麟，而汧、隴，而慶、寧、平、固、靜、會、隆、靖，隨賊所之，晝夜搏戰。隴右既靖，陝局遂安。[225] 蜀軍之堅忍耐戰，親上死長，秦雍間罔不知，而諸將士之以死勤事者綦多矣。

九年春，馬化漋負固金積，忠壯劉公戰殁於事，予與雷提軍節中路諸軍進剿。金積居靈郡之西，重濠層城，周羅小堡如星，繞以秦、漢、馬蘭諸渠，牛首、峽口在其門戶，險隘不利進攻。化漋據而有之，創新教，設僞官，甘回既歸，陝回即藉，爲逋逃藪，以耕以戰，以守以亂，十餘年莫誰何也。予受命悚惶，博採群策，激勵諸將士，期以死戰。秋八月，克峽口。九月，平小堡百，合諸軍抵其巢而圍之。雷提軍正綰軍其西南，[226] 徐提軍文秀軍其西北，金提軍運昌軍其北，劉京卿錦棠軍其東南，予軍其西。先後數百戰，斬級數千，賊窮不得遁，降其衆數萬，歸農者悉聽之。十二月，馬化漋父子授首，金積平，蜀軍之死義者衆。事聞，朝廷憫其忠，命與難諸軍建祠戰所，妥侑亡魂。雷提軍與予謀合，爲祠以祀。祠成，諸將士請志顛末。余自念入關討賊，閱十寒暑，才智遠不逮他將領，得秦隴間稍建微績者，[227] 諸將士敢死之力也。今幸仗天子威福，大帥運籌，蕩平金積，綏靖邊陲。

蜀軍之老兵宿將,貴顯固多,埋骨沙塲、招魂不返者,亦難悉數。雖襃忠錫類,泉壤敷榮,而時事艱虞,鼓鼙時聽,每不勝同澤之思、今昔之感,且張捧檄重來,健如囊日。余乃儌倖苟存,衰老且病,無以宏大功業,上報國家,視諸忠武,彌滋愧矣。矧鄉雲難望,碧血徒從,[228]其能默然已哉!

祭劉忠壯公文　　喻光容　仙橋　湖南人

寇戎之削平,賴湘人之崛起。發難適首當其衝,勤王亦獨倡其始,首望則忠烈桓桓,漣江則羅王二李。當太傅之孤征,藉馳驅於數子。公從壯武,投袂家山。初居戲下,漸拔行間。值大軍宵潰,洶洶有聲,賊勢鴟張,驟如風雨。公獨植旗道左,止諸奔者,曰:"我第四旗劉某也!"是時公蓋區區百夫長,而屹然不動,儼如宿將,故從此威名震聳,爲諸將軍之所折服,而太傅亦深識其雄武,安閒,潴越夷吳,無功不最,洊歷微垣,旋居統帥。接物以和,綏人以愛。口不言勳,恂恂謙退。所至如時雨,而壺漿簞食,不取一物於民間。所擊如摧枯,而旗幟順昌,酋虜先爲之膽碎。而其赫赫照人耳目者,尤在輕裝奮迅,赴直隸,解京師之嚴,佐今太保,以成桓文之勳,而大邀蒙夫帝眷。江南初定,捻寇逾河,九門晝閉,群言數譏;天子宵衣,卿士枕戈;金牌羽檄,絡繹明駝。惟公整師直渡滹沱,悍水齧骨,層冰峨峨,人棄輜重,馬抉盤沱,墮指荷戟,寒不得呵,旦夕兼程,霆電經過,以遏凶醜。豈恤奔波,及之桑乾,殺賊如麻。捷書夜達,甘泉笑譁。賊遂以殲,壯士凱歌。就昏河南,將稍息矣。河西騷動,邊庭急矣。何以家爲,心滋戚矣。取道汾晉,貴神疾矣。吹篴清潤,遽收董昌,得十七萬,以爲先行。一鼓而收花馬,再戰而奠朔方。花門劙面,以詣行轅,唯厥角之恐後。蓋不意將軍從天而下,游魂早寄於鑊湯。

嗚呼哀哉!胡天不憖遺,以翼我邦國。不爲汾陽之壽者,乃等文淵之馬革。歲月如昨,河流有聲,盱衡當世,慨想生平。自宣宗末年以迄於茲,縱橫兵革二十餘載,惟湘軍獨稱勁旅,是爲壯武,能善其始。而公克守其成,十餘年來,落落諸公,各乘箕尾。而今所倚,以繫安危之重,惟太保及公家元石。而湖湘偉毅之士,遂以冷落如晨星。毅魄昂藏,陰爲野土,載爲時惜。公則千古光容,鄉邦後進,夙昔依因,下車伊始,展謁芳塵。拭目河山,皆公舊迹。載瞻瘡痏,盡屬遺民。昔人有言:"有表墓之儀,豈孤此地於千載之後!"想見其人,而況身接音徽,彷彿猶聞聲欬聲,曾叨噓植兼以桑梓情親也哉!想公神靈游於帝側,不忘此土,時復來息,風馬雲車,飂馳電掣,尚其勿吐,鑒此一滴。

咸、同間,容以草茅從事戎幕,數見公於東南。迄公進剿朔方,容適權平涼府篆,助籌餉饋。英姿浩氣,舉目猶新。箕尾歸真,倏經十載。魏武有言:"契闊談讌,心念舊懸。"豈不然乎?分府寧靈,每月吉謁公祠宇,恨愴不能去。欲撰文以續賈生弔屈之遺響,忽忽無少暇。因手錄前作,撫動上棗木,版嵌祠東壁。嗚呼!其室則邇,其人甚遠,穆然徒見,山高而水長。戊寅秋日,①喻光容謹志。

皖軍昭忠祠碑記　　統帶卓勝軍　記名提督　金運昌

古今豈有不朽之人哉?無有也。人無不朽,當思有以不朽,何以能不朽?成功而名立,身死而名不滅,斯之謂不朽。

己巳年冬,②運昌奉天子命,率師入甘。會湘蜀各軍圍攻金積堡,彼時陝甘回衆動以數萬計,每戰炮子如密雨,又多用騎賊,擾我糧路。庚午春,③官軍糧盡,士卒爭食驟馬皮肉,而戰愈力。堡外堅卡巨壘,比櫛如林。我軍每攻一卡,破一壘,損傷精銳輒數十人或百餘不等。秋九月合圍,十一月,馬化漋授首而事平。共計傷亡官員勇丁九百名。嗚呼痛哉!天何折吾手足之多耶?假令諸君不死,將以掃除餘寇,底定西陲,拜爵封侯,何可限量?而今已矣!抑又思之,死有重於泰山,有輕於鴻毛,當死而死,雖死猶生。假令諸君不死,賊必不平,賊不平,朝廷不能無西顧憂。旰食宵衣,何時已也!今幸賴諸君生前斬將搴旗,力破犬羊之衆,死後忠魂義魄,疑爲草木皆兵。爵帥每一奏聞,天子爲之廢食而嘆。朝廷悼之,庶民感之,當時榮之,後世慕之,諸君不朽矣,與日月争光可也。

辛未三月,④復奉朝旨,駐師纏金,[229]以資防剿。整飭戎裝,行有日矣。回憶諸君百戰艱難,捐軀此地,櫬雖返於江南,魂恐羈於異域。異數之加,[230]雖沾雨露,他鄉之思,誰奉酒漿?予蓋低徊留之而不忍去。因與蜀帥彝峰黄觀察議,以馬酋僞西府改建蜀、皖昭忠祠。蜀祠於右,皖祠於左。禀請爵帥奏撥逆產二百畝,歲出租稅若干,作春秋兩祭雞豚香楮之費,以垂永久。正祠三間,輝煌無比,兩廊十四間,精緻非常。用以妥英靈而棲忠義之士,洵稱美舉。至祠中一切章程,皆蒙爵帥轉行寧靈文武衙門,有案可稽。如有犯者,治以罪。庶乎諸君不朽,而祠亦與之俱不朽云。是爲記。

簡勇節公祠碑記　　洪翼　翰寫

韓昌黎云:能垂休光照後世者,莫爲之後,雖盛不傳。⑤余登簡勇節公祠,不

---

① 戊寅:光緒四年(1878)。
② 己巳年:同治八年(1869)。
③ 庚午:同治九年(1870)。
④ 辛未:同治十年(1871)。
⑤ 《韓昌黎文集校注》卷三《與于襄陽書》載:"士之能享大名、顯當世者,莫不有先達之士負天下之望者爲之前焉。士之能垂休光照後世者,亦莫不有後進之士負天下之望者爲之後焉。莫爲之前,雖美而不彰。莫爲之後,雖盛而不傳。"

能無太息焉。[231]公甫紹雍,長沙人。弱冠隸行間,以忠勇受知於湘陰相國。[232]相國督師皖、豫、浙、閩間,戰必隨,隨必克,以軍功洊保提督。其衝鋒陷陣,掃寇擒渠,見諸奏牘者綦詳。歲丙寅,①左相奉命討陝回,公新婚甫踰月,即執殳前驅。收復全陝,進規化平、高平、固原等處,厥功極偉。庚午,②以分統剿金積老巢,志決氣奮,深入重地,遂以身殉。朝廷哀卹,[233]謚"勇節",命建祠于城東南隅,與劉忠壯及皖、蜀昭忠祠鼎立。

壬午,③余奉檄署寧靈廳,謁各祠,讀碑記,惟公祠闕如。考公生平事,寔殄寇捐軀,復數省疆土,蘇數省殘黎,大義精忠,爭光日月,其功業鮮不謂盛矣! 而無一字表彰,其何以傳來許而顯忠良哉! 不揣固陋,謹述梗概,以勒諸石。並因祠內祀田原納中則粮,歲入不敷祀費,酌改下則,每歲減倉斗粮十七石有奇,以備香火、歲修之用。附紀於後,以垂久遠,俾後世讀斯碑者,咸知公殉國之忠、死事之烈,而益切護持。庶廟貌得以常新,而盛美藉以永傳云。是爲記。

揭告回逆狀　　靈州貢生　道以德

具告: 貢生道以德,年六十八歲,系甘肅寧夏府靈州人。爲回逆作亂,殃及全省,懇恩代奏,乞兵剿辦,以安地方,以救民生事。

竊維陝西回逆倡亂,延及甘肅各處,回匪聞風麕聚,四方煽動,靈州馬化漋起而應之。馬化漋者,係河州蘇阿訇餘黨。蘇以乾隆年間造反伏誅,餘黨馬姓,逃匿靈州之金積堡,混入民籍。後嗣玉滿喇,又以妖言惑衆,嘉慶年間事發充軍。其孫馬化漋由武生加捐千總,馬化漋之弟馬化鳳及侄馬建邦,均中式武舉,伊子馬彥邦報捐游擊職銜,平日恃符橫行,違禁漁利,富甲一州。又復招亡納叛,謀爲不軌,於距城數十里之牛首山鴿堂溝打造軍器。其種種僭越妄爲之舉,不一而足。道光年間,被武生劉景龍訴告有案。其結交匪徒,則有寧夏縣武生納清泰、朔縣武舉黑文選、河州游擊馬世勳、西寧馬承清,結爲死黨,爪牙相助;與陝省西、同兩府逆回串通股合,聲氣相通。咸豐十年,因與秦圳堡丁五素有讐恨,馬彥邦嗾令匪徒馬大神仙等,暨馬家灘回匪數百人,明火持刀,直入丁姓家內,焚燒劫掠,慘殺多命,倖逃法網。

去年,陝西回匪作亂,飛遞傳帖,馬化漋遂決意造反。與僞軍師周文燦、保文彪、黑成彪、談生章、談生成等,左右翼馬大神仙、馬二神仙、黑龍、納龍等晝夜潛謀,鳩集叛黨。於閏八月內密約預望城把總馬兆元、王家團莊王阿訇、同心城周

---

① 丙寅: 同治五年(1866)。
② 庚午: 同治九年(1870)。
③ 壬午: 光緒八年(1882)。

發、周連登等，來攻靈州。九月初二日，馬兆元將至靈州，伊即於初三日乘隙起手，到處焚燒殺掠，所過村莊，盡成焦土。初五日，靈州被圍，城外老幼婦女被其殘殺奸淫，無所不至。甚且欺神毁像，剖棺戮屍。雖以前任故州主和賽布父子靈柩，亦被暴露，剥去朝服衣冠，釘遺骸於柩所柱上。窮凶極惡，慘不可言。其所豎旗有"興回滅漢不留旗，敬天敬地不敬神"之語。初七日，寧夏將軍派駐防旗兵三百餘人，赴靈救援，與賊接仗於北門外魚湖墩，我兵傷亡大半，軍械火器全行丢失。初八日，群賊圍逼城垣，城中奸回謀爲内應，城外雲梯、地道，百計齊施。幸賴州主張瑞珍偕幫辦軍務訥穆棟額督衆防守，晝夜不輟。遂使外寇氣阻，内應寢謀。卒能易危爲安，保全孤城。自是防範彌嚴，人心惶恐，日望救兵。兼之糧石缺乏，爨火無資，城内諸民與城外逃入難民凍、餓死者，屍骸相望於道。十月初十日，道憲侯登雲、提督定安，帶兵來援，城圍立解，官兵跟踪進剿。十七日，行至距城二十里之胡家堡葦子湖邊，賊伏突起，我兵敗績，折傷五百餘人。十九日，侯道憲聞郡城警報，分兵往援。二十日，定提督追入城中。越數日，使都司鐵秉忠赴省請兵。自是一月有餘，偃卧帳中，不復追剿，致令賊氛愈熾。離城三里外塔灣一帶，悉遭荼毒；山水十餘堡，廬舍村莊，焚燒殆盡。十一月内，鐵秉忠回營，引來馬化漋戚黨馬承清、馬世勛等，聲稱馬化漋在固原於楊臬憲行轅業已投誠。是鐵秉忠顯係與回逆通氣，恐馬化漋事敗，株連及己，以故導之投誠，預爲將來自己脱網地步。該逆雖假意輸誠，仍復大肆殺掠。又兼夏縣納清泰、朔縣黑文選等與馬化漋同惡相濟，勢愈猖獗。以致平羅所屬之寶豐縣、石嘴山等處，相繼失陷。河東、河西百十餘堡，悉成灰燼。

　　竊謂馬化漋串通逆黨，拒敵官兵，實爲賊中渠魁，罪不容誅。若竟許其投誠，天討不加，則養癰成患，勢必滋蔓難圖。不惟靈州億萬生靈盡遭毒手，即甘肅全省亦不免兵連禍結，其害有不堪言者。貢生情深桑梓，痛切仇讐，目擊心傷，不忍坐視。爲此，籲懇電鑒輿情，據呈入奏，代乞天恩，迅賜大兵，以靖凶頑，以彰國法，則感戴無既矣。

《〔民國〕朔方道志》卷之二十四《藝文志一·公牘》

劉松山進攻金積陣亡請卹疏　　陝甘總督　左宗棠

　　竊劉松山一軍，上年十一月十五夜至十二月二十五日進剿逆回，攻破寨壘，疊獲勝仗情形，經臣於正月二十二日馳報。其上年十二月二十九日剿賊新揭堡獲勝，[234]及正月初八日攻破金積堡附近地方陝回新修賊壘各公牘尚未接到。正月二十五日接劉松山十四日來牘，據稱：初十夜四鼓，吴忠各營飛報，有馬步賊千數百名由東南胡家堡竄至秦渠南，踞石家莊一帶空堡及馬五、馬八條、馬七三寨。劉松山以石家莊距吴忠堡東南四五里，該各寨扼秦渠之要，與下橋、永寧洞水口緊接,地勢在所必爭,立督步隊四營及親軍馬隊馳往吳忠堡,天明抵石家莊,見賊已於西南廢堡修成三壘矣。劉松山飭譚拔萃、周國勝、李占椿、易致中、曾松明、朱德開、趙彩照等三路齊進,[235]各指一壘,奮力齊攻,一鼓克之,其東西兩壘之賊逸出者投入馬五寨。劉松山即令易致中、朱德開分駐三新壘,[236]計斃陝回、甘回一千數百名,頭目馬福喜亦經焚斃,生擒七十二名,正法軍前。弁丁陣亡者三十七名,受傷者一百零七名。收隊後,劉松山周覽正南馬五寨,正東馬八條、馬七兩寨,牆厚濠深,殊不易攻,留之則終爲後患,遂令各營逼寨築壘,以便圍攻。十二、十三兩日壘成。十四日,飭各營齊隊往攻,未下。午後,忽有援賊馬步約二千餘自東南馳至,排列營前二三里。以時日考之,當即臨洮謝四及靖遠馬聾子也。[237]劉松山懼其入各壘助守,以抗官軍,適是夜,金運昌已將馬殿魁一寨攻克,擒斬甚多,十五日,商令金運昌先剿援賊,[238]黎明各路齊出。步賊陣於各破堡之前,馬賊左右排列,布陣甚整。劉松山令先剿騎賊,飭李占椿、趙彩照分左右抄擊,火器迸發,刀矛繼進。騎賊先奔,步賊仍屹立不動。劉松山麾各軍奮威衝殺,賊殊死鬥,屢却屢前。騎賊仍縱馬回撲,官軍銳氣百倍,縱橫盪决,[239]斃悍賊甚多。賊始向東南胡家堡一帶竄遁,沿途冰凌凝滑,馳走不前。官軍追殺五里乃收隊,計共斃馬步悍賊近千名,奪獲善馬百餘匹,槍械無算。劉松山傳令乘勝攻馬五寨。寨大而堅,悍賊踞寨東一卡,誓以死抗。劉松山飭譚拔萃、周國勝、李占椿、曾松明携攻具攻寨,飭易致中、朱德開、趙彩照帶所部截馬七、馬八條寨來援之賊,令金運昌率兩營列隊該寨東北,防馬五寨逸出之賊。布置既定,譚拔萃等揮所部由寨邊繞出,徑薄外卡,一鼓齊登,克之,外卡悍賊百數十名無一脱者。劉松山急督各弁丁舉薪焚寨門,策馬由寨下督攻益急,忽爲寨中飛子洞中左乳墜馬,弁丁負入破屋中。譚拔萃等聞統領受傷,[240]齊來看視。劉松山叱令速督所部猛攻,毋因顧我亂行列。譚拔萃、周國勝、曾松明、李占椿見統領受傷,含淚而出,手執火礮,四面梯登,督各弁丁猱附繼上,縱火延燒,見賊即斫。寨賊焚死、溺死、墜牆、墜井者無數,生擒賊目馬五,收隊繳令。劉松山諭以"受傷已重,不得復活,爾等殺賊報國,我死不恨",言畢氣絶。是時攻馬七寨、馬八條寨之隊仍未撤也。據總理湘軍營務、布政使銜即選道、法福凌阿巴圖魯劉錦棠,記名提督、瑚松額巴圖魯黃萬友,分統左軍、記名提督、江蘇蘇松鎮總兵、法福凌阿巴圖魯章合才,分統右軍、記名提督、綳武巴圖魯蕭章開會禀前來,臣接閲之餘,悲悼不已。

竊維劉松山由湘鄉勇丁從征,積功洊擢廣東陸路提督,轉戰湖南、湖北、江西、廣東、福建、江南、河南、陝西、山西、直隸、山東、甘肅各省,剿辦長髮、捻回各巨寇,無役不從,無戰不克,疊蒙大恩,頒賞小刀、火鐮,[241]大荷包、小荷包,賞換達桑阿巴圖魯勇號,賞穿黃馬褂,賞給三等輕車都尉世職。劉松山感荷殊恩,力圖報稱。自入靈州以來，蕩平堡寨五十，賊巢九十餘，皆策馬前行，躬冒鋒鏑，回逆之曾犯顏行者無不聞名膽落。上年七月初，師由花馬池前進時，馬化漋潛調西寧馬尕三嗾撒回助逆，[242] 馬尕三以千五百騎應之。未及一月，經劉松山剿敗，喪其大半遁歸。自此西寧逆回不敢復至。西寧鎮總兵黃五賢前來營時，爲臣具道其詳。彼時劉松山不辨其爲西寧回番與各堡甘回，未形諸公牘也。河州逆回馬占鼇前在寧夏，大言以股衆助陝回，及劉松山屢捷，目覩軍威，不敢復逞。故此次馬化漋求援於臨洮謝四及靖遠馬聾子，[243] 而河回未與之俱，其威震西陲如此。臣方冀靈州蕆役，奏請駐師寧夏，以取猛虎在山之勢，爲西陲規久遠，不料事未了而忽有此變也。其治軍嚴，不尚苛察。其臨財廉，不肯苟取。[244] 其布陣，方圓平銳疊用，得古人靜爲山、動爲水之義。其居心仁厚，而條理秩如。語及時局艱危輒義形於色，不復知有身家性命。從征伐者十有八載，僅因募勇歸籍一次，家居十餘日耳。年已三十有七，聘婦未娶者二十餘年。臣由直隸西旋時，知其婦家送女至南陽兩年餘矣。囑其行抵洛陽，於募勇未到之暇尅期完婚。適甘肅土匪二十萬蔓及延、榆、綏一帶，臣飭其派隊由山西渡河入秦。劉松山奉檄即行，屆婚期甫半月耳。觀人於微，雖古良將何以過之？合無仰懇天恩，飭部將劉松山照提督陣亡例，從優議給卹典，加恩予諡，飭祀京師昭忠祠，並准陝甘各省建立專祠，而以所部陣亡各員弁附祀。其劉松山各處戰績，並乞宣付史館立傳表彰，以慰忠魂。其遺櫬以俟道路疏通，臣當派員護送歸籍。仰副我皇上軫念忠勤至意。

馬化漋投誠辦理情形疏　　左宗棠

竊北路、中路諸軍會攻馬家河灘所餘兩堡，晝夜更番猛撲。[245] 及撫定，回目軍功劉秉信救出難回數百名口、回目馬壽清挈眷投誠各情形已於十一月十一日馳報。馬家河灘之賊經各軍更番痛剿，死傷山積。劉錦棠等復增築礮臺逼之，賊於堡內穴地而出，夜襲礮臺，又經提督蕭章開、何作霖、徐占彪等殲之臺下。堡賊窘急乞降，然令其繳械毀堡，則仍疑懼不決。閏十月二十二日，據劉秉信引出之賊供稱，陝回急困日甚，群思冒險竄逃，見官軍方聚攻馬家河灘，金積東北濠牆之守必虛，圖於夜間猛撲突圍而出。劉錦棠、黃鼎、雷正綰、金運昌、徐文秀等會商，初更抽隊潛伏牆內，靜以待之。夜半月上，賊二三千由堡根潛趨東北，直抵濠邊，見城上更鼓稀疏，人語靜悄，乃越濠攀堞而上。官軍槍礮齊施，開壁縱擊，斃賊無數。賊敗歸巢，黃鼎、雷正綰、徐文秀等復截之半途，共計斬賊近千，各生擒二十餘名。訊稱陝回馬大司已陣斃，馬化漋之死黨譚生成受槍子傷甚重。劉錦棠旋於金積東門外搶紮兩壘，併築礮臺，俯瞰賊巢。黃鼎復擬抽隊逼紮西門，賊益洶懼，不知所爲。嗣是堡內堡外老弱婦女日詣劉秉信所駐濠外號呼救命，慘不忍聞。詢知賊中惟馬化漋親屬及其死黨尚有存粮，[246] 陝回之能戰及堡賊之守垛者日給粮一斤，近亦漸減。此外皆以黍虋草根雜牛皮、死屍爲食。首逆陳林情急，因劉秉信求降於官軍，劉錦棠、黃鼎、雷正綰、徐文秀姑漫應之。十一月初十日，陳林、閻興春、于兆林、馬振江、金明堂、馬化鳳、黑清全等挈老弱婦女八千餘赴黃鼎、雷正綰營外長濠，跪求收撫，自言易子析骸、逃生無處之慘，聲淚俱下，且言官軍如准收撫餘衆，該頭目等死亦心甘。劉錦棠、黃鼎、雷正綰、徐文秀等數其罪孽，令悉數呈繳馬械，聽候轉稟，撥其男丁分起安置各營，婦女則安置外濠之外，[247]給以賑粮，聽候安插。馬化漋見官軍已撫陳林等，遂求陳林轉稟，願撥馬家河灘粮三百石給濠外婦女，求撤馬家河灘之圍。劉錦棠等許之，責令速繳馬械，即日自平堡牆聽令。比因收繳馬械，入堡檢視，見堡內之馬悉數轟斃，殘賊穴地而居，以死馬雜衣被、氈絮、器物填塞轟坍各口，遮抵槍礮。堡賊四五千，存者不過千餘，精壯者不過數百，然皆身無完膚也。仍令暫居故處。

十五日，馬化漋復求陳林轉稟，請平王洪堡。堡目王洪前已伏誅，回民馬三仲、王朋等自毀其堡，以堡衆降。劉錦棠收其馬械，亦令仍居故處。馬化漋料就撫之可冀，[248]無他也，十六日，親身赴劉錦棠營濠外，伏地叩頭，令隨行一人踰橋遞呈，具言"罪民所犯情罪，自知不赦，叩懇施恩，如蒙念族衆無辜者多，轉稟曲宥，僅以罪民一人抵罪，死無所憾。"劉錦棠令開壁納之，一面馳告雷正綰、黃鼎、金運昌、徐文秀、王衍慶等會商所以處之者，諸將士怒其久抗顏行，群思縛而磔之，以報私仇而雪公憤。雷正綰、黃鼎慰諭再三，定議飛稟請示。劉錦棠即置馬化漋於幕旁，派弁監護之，一面飭馬化漋速繳槍礮、畜械，壯丁不許持寸鐵，自平堡寨牆垣，開造戶口名册，候示遵辦。

二十四日，[249]臣接來牘，再四籌維。西陲之不靖，於今九年，關隴諸回率視金積爲向背，其狡謀凶焰實異尋常。馬化漋非窮蹙至極，必不輕冒鋒鏑以求生。今既隻身來投，並非誘致，則操縱在我，因而誅之，不可謂武。且馬化漋乞撫之詞，顯欲一身塞咎，市德諸回，[250]爲要結人心之計，因而誅之，亦且墮其術中。比即於來牘批示，令馬化漋本堡馬械繳盡、牆垣毀盡後，接辦河西王家疃、通昌、通貴各堡撫局，再辦河州、西寧撫局，如皆盡繳馬械，盡平堡寨，撫局有成，再當具奏請旨。陝回陳林就撫，後前竄河西余彥祿一股聞風而至，[251]盡繳馬械乞撫。劉錦棠等點驗人數約有千餘，亦令造册，聽候安插。余彥祿前此帶傷未死，驗視兩頰洞穿，舌爛音澀，亦垂斃矣。統計陝回男婦大小共一萬一千有奇，老弱婦女近九千名。除馬長順一股數十名因其眷口爲宋軍俘獲，現尚留昌、貴二堡尋覓眷口外，餘均分三起解赴平涼，聽候安插。自此寧靈一帶無陝回蹤迹矣。

臣前於平涼縣大垈溝，[252]邢家溝北原安插陝回戶口數千，[253]給以賑種。其餘荒絶地畝雖多，然不成片段。又平涼係入甘肅大道，居關隴之中，北達寧夏，南通秦鳳，東連涇、原、邠、寧，西趨金城、湟中，形勢最要，不宜多居異種之人。[254]勘得平凉、華亭交界之化平川，寬六七里，長三十餘里，窰洞三百餘里，兼有破屋，土沃水甘，人迹斷絶，可安插萬餘丁口。近挑已撫回民稍壯者百名，裹糧前往，稍加修葺，俟各起回民解到，卽量地居之，給以賑糧、種籽、牛、驢、[255]農器，督其耕墾。所有建置、經界、規制、禁令，容臣就近察辦，隨時陳奏。其金積堡繳到馬械，尚未據劉錦棠等册報前來，堡樓垛口均已平毁，惟聞堡身堅厚異常，兼値冰凝土凍，程功未能迅速，其散遣、安插、遷徙、善後各事宜，雖皆預定規模，而先後緩急之間，審幾致决，未可稍涉疎略。

　　臣軍總理營務、布政使銜已革、山西按察使陳湜，膽智夙優，兼有閱歷，一切機要，臣與密商，均能體會。臣已委其前赴金積堡，會同劉錦棠、黄鼎等妥爲籌策，以冀萬全。所有此次在事統將、員弁、兵勇，血戰頻年，艱險備嘗，忠勇彌著，卒能掃穴擒渠，銷除異患，勞烈未可掩抑，應俟大局底定，再由臣秉公據實隨摺馳陳，籲懇天恩，破格奬叙，以昭激勸。惟陳湜處分尚未開復，玆派赴金積，會同籌辦機要諸務，責任匪輕。該員到營以後，已著戰功，應請旨先開復原品翎頂，以肅觀瞻。

　　再，關隴安危機括全在金積，金積克，全局已在掌中。現在首逆就擒，勒其繳械平堡，而官軍鎖圍如故。臣且時時申儆，嚴禁擾掠，嚴防鬆懈者，慮其因勝而驕、功敗垂成也。馬化漋稔惡三世，謀逆已久，蓄機甚深。縱有後效，不蔽前罪，[256]暫若從寬，必滋後患。臣早知爲國家必討之賊，而此時議暫緩其誅者，王家疃堡牆高厚，存糧極多，非猛攻所可驟得。金積旣克，其勢已孤，以馬化漋徇之，宜可速下。若先誅馬化漋，回酋或懷疑懼，必滯戎機。王家疃一下，通昌、通貴自更無難料理。至河州賊首馬占鼇，早有就撫之意。西寧賊首馬尕三，自援金積敗歸後，已略識兵威，無能爲患，尚非所急耳。大約金積堡城平毁後，宜先圖王家疃，王家疃撫平後，馬化漋及其父子兄弟親屬夥黨，重者誅夷，輕者遷徙，乃收全功。至馬化漋所以公爲戎首者，以新教惑衆歛錢，以貿易經營致富，又據金積堡膏腴之地，侵占漢民產業，富甲一方，故蘊利生孽也。臣現飭諸統領俟平毁堡城後，凡馬化漋父子兄弟親屬財產，均勒令悉數充公，以之頒賞將士，賑撫地方，庶幾天理得，人心順，而國法亦伸矣。又聞該逆於北省各口開設店鋪，分布夥友，領本營運藉，以探聽衙門消息，交結回民、洋商，尤爲可駭。臣自燕齊返旆而西，張曜自豫入晉，各省回商皆馳報陝回金積堡，此其明徵。臣擬俟諸務就緒後，次第奏明辦理。惟事機秘密，未可輕露端倪，而局外不悉此間情形，若不預爲陳明，必且憑空揣摩，徒滋議論。此任事之難也。

籌辦金積善後事宜疏　　左宗棠

爲籌辦金積善後事宜，請改寧夏府水利同知爲寧靈廳撫民同知，移駐金積堡，並添設靈武營參將一員同駐，以資鎭撫。恭摺馳陳，仰祈聖鑒事。

竊查金積盪平，拔出被裹陝西漢回難民以數萬計，除籍隸陝西回民解赴化平川大岔溝一帶擇地安插外，其籍隸甘肅及寧靈土著漢回人民，均經臣飭寧夏道陶斯詠、署寧夏府知府李藻、代理靈州知州王翔在寧靈一帶分別擇地安插。其曾爲賊據各堡寨均屬要區，未便，仍令從前恃强霸佔各回民安居故土，致肇釁端，而貽異日之患。其安插漢回民人等，均已一律俵發賑粮，撥給地畝、牛隻、籽種，令其及時耕墾。並編審户口，散給門牌，回民幷發給良民門牌，百家長、十家長各牌，以便稽查。更於金積堡設立善後局，委候選知縣沈甲湘董其事，[257]隨時與該處地方官妥商辦理。惟寧靈一帶迭遭兵燹，地曠人稀，亟宜廣爲招徠，以期漸臻富庶。查管帶董字三營花翎都司董福祥所部勇丁原係陝北降衆，經前提督劉松山撫定後，挑選精壯加以訓練，編成三營，帶赴前敵，克立戰功，漸皆馴順。其老幼眷口留居北山瓦窰堡一帶者，因夫男外出無人照料，耕饁不能相隨，殊非久遠之計。臣飭道員劉錦棠令董福祥等將所部三營眷口移來靈州各處，撥給地畝，令其墾種。其部衆皆久歷行陣，可備將來綠營制兵之選。於是誠爲兩便。嗣據提督蕭章開禀稱，董福祥已派都司李雙良將所部眷口人等搬取到靈，共二千三百餘名口，均照撫定各起漢回難民一律安插。

臣維寧靈一帶，古稱沃壤，秦、漢兩渠，因時灌溉。兩渠又釃爲各渠，分流引水，水土適均，所以有"天下黃河富寧夏"之謠也。亂後，渠工失修，半多淤塞。臣飭將馬化漋繳贐餘資，飭地方官各按所屬逐段挑濬修築。現據報稱，一律工竣。所慮大難初平，間有不法之徒逃匿荒谷，伺隙搶掠，新復地方難堪再擾，飭蕭章開將所部各營分紮金積堡一帶，管帶老湘中軍四旗。記名提督譚拔萃率所部駐紮靈州，檄陝安道黃鼎分飭所部三營駐紮中衛大壩，並檄副將馮南斌帶所部正營駐紮五百户，知州黃立黿帶所部定營駐紮四百户，以資鎮壓。現在地方久定，一切均已就緒，亟應熟籌布置，以規久遠。查"金積堡"即《舊志》"積金山"，地屬靈州。東達花馬池，南達固原，迤北毘連中衛，襟帶黃河，雄踞邊要，實形勝之區。舊設靈州，治所在其東北，後移州治於今城，相距百餘里，鞭長莫及。地方官政令不行，其權遂移於回首，於是回民畏其所管頭目甚於畏官，此亂之所由生也。臣擬將寧夏水利同知一員改爲寧靈撫民同知，駐紮金積堡，添設靈武營參將一員，附駐彈壓。所有漢回民人命盜重案及一切户婚田產詞訟均歸寧靈撫民同知管理，由寧夏府核轉申詳，以專責成而一統紀，回目不准與聞。及時講求政教，舉行兵屯，振修武備，庶幾潛移默化，異志全消。如蒙俞允添設寧靈廳撫民同知、靈武營參將,則廳屬各員營屬弁兵均應一並添設,容當妥議,再行奏明辦理。其寧夏水利一節,原地方官應辦之事即歸府縣經理,新設靈武營應歸寧夏鎮總兵管轄。所有籌辦金積善後事宜,並請添移文武各官緣由,理合恭摺具呈,伏乞聖鑒訓示。

【《〔民國〕朔方道志》卷之二十七《藝文志四·記序下》】

重修三忠祠碑記　　清　靈州知州　孫承弼

靈武,古之鹽州,地屬朔方承平,著稱巨邑,士庶蕃富,甲於一郡,土饒物厚,水利興焉。同治元年,陝回作亂,竄入境内,煽惑本地土回馬化漋等倡首爲患。二年十月,州城不守。納公木毅阿力戰身亡,全家同遭殘戮。五年,收撫尹公泗莅任。八年,鍾公蘭奉委接署,時值回逆復叛,尹公卸篆,以忠君報國爲懷,與後任之鍾公相交守護,誓死同心。不期民力單薄,失陷州城。尹、鍾二公立時被害,全家男婦大小同時均以身殉。嗚呼!三公忠勇,闔家死亡,允宜俎豆千秋,以彰忠藎。十一年間,蒙左相國蕩平,王公鶴卿來守州篆,查明尹、鍾二公殉難緣由,具詳請奏,仰沐皇仁,獲邀曠典,爲之建祠,設立尹、鍾二公牌位,以便按時致祭。余於光緒五年重莅斯邑,惟念尹、鍾二公祠宇將傾,忠魂猶在,特爲捐廉並撥公款錢六十緡備修。祠宇俾壯觀瞻,且以祠宇必須撥田作爲香火祭祀之費,方足以慰忠靈。查養濟院經予禀請,按名給粮,同沐聖朝雨露。其原撥之田計七十畝,是以改撥尹、鍾二公祠内給種收租,由書院齋長等輪流經管,以杜侵吞。再查納公係同治二年死於回叛,[258]曾經尹公具詳請奏,允邀盛典。王公鶴卿時因兵燹無案可稽,今予詳請鈔發原案,忠義昭彰,應與尹、鍾二公並列同祀。予爲補書納公牌位供奉入祠,合之尹、鍾二公,因名曰"三忠祠"。從此享祀千載馨香,雖然冥路難憑,同是忠魂允在。因以爲序,永垂不朽。

【《〔民國〕朔方道志》卷之三十一《志餘下·歷史·清》】

〔穆宗同治〕四年五月,曹克忠進援勝金關。時提督梁生嶽駐守勝金關,金積堡回分股竄擾,圍攻勝金,曹克忠乃進駐寧安堡以爲聲援。時雷正綰攻克預望城、下馬關,相約合搗金積巢穴,由下馬進駐滾泉,克忠亦由寧安進駐強家沙窩。

六月,雷正綰等進攻金積堡,敗績。正綰與克忠由強家沙窩會剿,連獲大捷,惟苦無粮,黃渠水又鹹苦,飢軍飲之立瀉。賊殲相望,賊知官軍乏食多病,率衆猛攻,又以萬衆截其運道。克忠等激厲士卒相持半月,計惟得破賊巢,或可就食。每破賊卡,粮仍無多,士氣益餒。初七日昧爽,正綰率總兵劉玉昌等力撲賊巢,賊隊全出,并以馬隊二萬包抄陣後,腹背受敵,潰圍而走,陣亡弁勇四千餘名。是日,克忠攻克強家沙窩及高章二堡,忽塵埃蔽天,雷軍敗潰來奔,乃急收軍。賊追乘之,亦傷弁勇數百名。是役,兩軍除傷弁勇,并陣亡營官易定發、周有貴、秦久勝、朱有文等、董逢春、保朋等數人乃退舍二十里。事聞,雷正綰、曹克忠均以戰功素著,免議責後效。時將軍都興阿由花馬池進剿亦失利,張鵬飛中矛死,李新明、戴得勝、張連陞等皆陣亡。都興阿退屯花馬池,克忠退屯鹽茶廳,正縮退屯固原。

九月,賊破勝金關,提督梁生嶽死之。雷軍敗後,賊益猖獗,復攻勝金關,提督梁生嶽守禦力竭,被其攻破,生嶽陣亡,關亦焚燬,圍兵千餘人無一存者。

八年三月,賊擾河東,蒙古七旗阿拉善王派佐領多爾擊退之。董志原賊經雷正縮、劉倬雲等會剿,竄河東蒙古七旗,殺掠甚慘,遂由鄂爾多斯七旗擾掠烏特,又擾阿拉善。阿拉善王貢桑珠爾默特派佐領多爾率蒙兵擊退,賊復掠磴口,竄至沙金托海。

四月,賊攻阿拉善定遠營,長史疊立閣爾大賴禦之,陣亡。賊攻定遠營,疊立閣爾大賴戰死,蒙甚惶亂。會張曜兵至,與烏爾圖那遜合軍往援,賊西遁。

七月,欽差大臣左宗棠檄劉松山、簡敬臨、黃鼎會剿金積堡賊。馬化漋虎踞金積堡,收留各處叛回,陽順陰逆,奸狡百出。左宗棠深悉其詐,自六月進駐瓦雲驛,一意主剿,遂檄令劉松山統湘軍由花馬池進,簡敬臨統楚軍、黃鼎率蜀軍由固原北進,此為大軍進剿金積之始。

將軍金順率軍抵中灘。金順由纏金率各營抵中灘,即赴沙金托海與張曜會議進兵機宜。

八月,提督劉松山破陝回於靈州郭家橋。松山由花馬抵磁窰,聞陝回踞靈州與甘回互相為應,即分軍魚貫而進,至甜水河擊之敗走。陝回悉竄,惟土回未動。是夜,靈州撫回周斌至營謂,陝回强踞各莊,情出無奈。松山即傳諭官軍祇剿陝回。明日,陝回悉衆據郭家橋,松山揮軍齊進。賊隊大亂,遂平郭家橋賊巢二十餘處,斬首二千餘級,餘賊竄吳忠堡。

劉松山進軍吳忠堡。松山軍抵下馬橋,馬化漋令賊馬愛等邀擊之,敗走。明日,賊先騎,後步夾老弱刈麥於其中,官軍設伏誘之。伏發敗走,陷水田死者無數,獲刈麥老弱三百餘人,遂進駐吳忠堡,餘賊悉竄金積堡。

劉松山擊賊於板橋,克其三寨。時陝回崔偉、李經舉積衆於金積堡之板橋,官軍進攻擊敗之。白彥虎據顧家寨,至是膽寒,欲徙寨後,而以崔偉等衆移顧、馬兩寨當其鋒。松山知之,分軍三路襲破之,又破南小顧家寨,殺賊一千二百,生擒四百,獲騾馬八百餘,器械無算。

九月,大軍進逼金積堡。時將軍金順、提督張曜並抵寧夏,分路進攻。劉松山剿辦河之南,金順、張曜剿辦河之北。馬化漋恐固原各軍躡其後,遣馬萬春合陝甘各回扼南路之師,使白彥虎、李正榮等赴預望城以拒固原之兵,與雷正縮、周蘭亭等大戰於預望,破之,遂連破黑城子、鹽茶廳、打拉池各賊巢。提都簡敬臨復韋州，道員黃鼎復同心城，提督徐占彪復預望城，節節進逼金積堡。

雷正綰等攻克張恩堡，進軍強家沙窩。正綰與周蘭亭由四百户直抵鳴沙洲張恩堡，是堡爲馬化漋先鋒袁希孟所踞，破之。希孟乞降，遂由張恩堡進駐滾泉。簡敬臨、張福齊兩軍亦自韋州至，遂合軍進強家沙窩，分駐漢渠内外，距金積堡十餘里。

劉松山攻克敬家莊兩堡，擒賊首馬阿忻、馬光發誅之。先是，馬化漋遣人爲陝回求撫，松山許之，令繳馬械。化漋請移軍吴忠堡界外暫緩進剿，所繳皆敗械瘦馬，松山不許，至是又遣附賊。游擊胡如東、巡檢李廷光至松山營，稱陝回又繳械存化漋處，俟軍退至横城方可呈繳。嗣如東又來，松山知爲化漋奸細，乃親帶馬隊赴余家湖查察虚實，縱營夫四出刈草。賊誤以營夫爲官軍意圖鈔截，松山急調各軍，賊正傍敬家莊鏖戰，官軍大隊馳至，賊驚潰走。松山乘勝縱火焚堡門，連克兩堡，擒賊目馬阿忻、馬光發誅之，賊死無算。

賊復陷靈州，知州鍾蘭及前任知州尹泗皆死之。先是，劉松山進兵靈州，攻克陝回，而土回馬艾、周斌、王洪詐稱靈回並未叛逆，松山信之，留兵二十名駐州城會館以顧運道。自進兵吴忠堡，馬化漋慮其進逼，嗾州回叛截其運道，前後夾攻。遂於是月初五先攻會館，駐兵均被賊戮。旋圍州署，知州鍾蘭與卸任知州尹泗均自盡，兩家眷屬無一存者。事聞，優卹如例，並准建祠，顔曰"雙忠"。光緒六年，知州孫承弼以二年訥穆棟額死事一律呈請合祀，名曰"三忠祠"。靈州自此次復陷，漢民死亡殆盡，至今元氣尚未復十之三四云。

劉松山攻克王家高樓、張家灘各回堡。時松山軍糧均自河西採買，因賊決渠水倒退余家湖，運道須繞西北行，而王家高樓、張家灘各回堡適當其衝。松山率營連破二堡，化漋仍肆狡謀，代陝回求撫，并自居勸導之名，一若未嘗預逆謀者，旋又解米十萬斛遣山西客民來營，保化漋永無反覆，而馬械仍不全繳，乃遣軍進攻朱家寨、于家寨、楊家寨及馬家兩寨，丁、李、何、金四塞皆克之。

劉松山克復靈州，擒賊目馬元生等誅之。賊據靈州，並引陝回入城，城南遍設卡壘，旗幟林立。松山聞之大怒，分軍堅守老營，自帶余虎恩、蕭章開、雙壽、董福祥、劉錦棠等直搗靈城，大戰克之，殺賊六百餘名，生擒馬元生等誅之，並平諸卡，餘衆奔潰。松山入城察看倉廒、廟宇、官廨、民廬，半成灰燼，瓦礫塞道，令黄萬友、李樹棠移營駐之，將節次拔出漢民安插城中，並設法撫輯招徠，自率各軍仍回老營。

十月，黄鼎攻賊於新堡子，敗之。鼎自打拉池擊敗陝回禹得彦等，偵知馬正和、陳林各股伙據新堡子，乘勝進攻。賊奔潰，適雷正綰由半箇城向長流水截剿，又敗之，陳林、馬正和乃乞降。

劉松山進軍何家莊。馬化漋又爲陝回乞降,邀總兵胡會昌保無反覆,而陰築寨壘使陝回麕集其中。松山遂分軍三路,由板橋進駐何家莊,馬化漋自率兵數萬來撲,連衝數次,堅不可入。延至下午,松山見軍賊軍移動,號旗一舉,兩翼齊出,賊自相踐踏,死者過半。是夜,又遣會昌至營再乞撫,松山不許。時雷正綰、周蘭亭、簡敬臨、張福齊等亦各率所部距金積堡七八里逼渠築壘。
　　十一月,劉松山分軍攻金積堡外各賊壘。時陝回馬正和等請降,松山令移居空堡,賊目陳林率衆邀阻。時金運昌一軍亦由花馬池至,約同進攻,連平賊卡二十餘處,賊就浪波湖堰築長牆橫約三里以拒官軍,未能即拔。遂令分軍繞卡後夾攻,賊不能支,竄堡南禮拜寺,官軍復破之。是夜,賊趨堡東,又砌磚牆長四里餘,自金積堡外濠迤東而南,至波浪湖汊以拒官軍。自此松山與金運昌兩軍與賊相持。
　　提督簡敬臨與賊戰於波浪湖,死之。敬臨自韋州進規金積堡,偪漢渠而壘,扼金積堡之東南,劉松山軍在金積堡之北,相距約十餘里,而中隔波浪湖,廢堡林立,賊時踞之,聲氣不能相通。十一月初九日,敬臨聞北路炮聲甚緊,知賊與湘軍接戰,即率所部由東面進至波浪湖,遇賊馬步萬人向前猛撲。敬臨結方陣待之,賊敗走。敬臨擬乘勝衝過波浪湖,忽狂風大起,塵沙翳天,賊之匿於廢堡者。然槍密注,子洞左臂,敬臨裹創繼進,又飛子中其額,殞於陣。賊知敬臨死,回戈追逐,兵弁死者十之六七。事聞,照提督陣亡議卹,敕建專祠。
　　十二月,河州賊陷半箇城,[259]副將劉甫田死之。河州賊竄半箇城,其爛泥溝、段家溝各堡撫回復叛。副將劉甫田與戰,死之。提督周紹濂率所部令毛正明、陳高華分軍三路進攻克之,賊遁。
　　九年正月,雷正綰築峽口壘以逼金積堡。時正綰進逼金積,劉松山以峽口地居上游,恐爲賊據,屢以築壘爲言。正綰因令各軍築十壘,甫成,即有賊自河西至,陷三壘,力戰不克。左宗棠聞警,急檄黃鼎、周紹濂、丁賢發等護粮分援,而金積堡賊二十餘萬卡寨徧地,諸軍不能前進。周蘭亭、張福齊以無粮退回,正綰一軍忍飢堅守,連日接戰,傷亡甚衆。
　　劉松山督攻馬五寨,被傷,殞於軍。時松山與金運昌兩軍進逼金積堡,戰無虛日。陝回列踞堡濠內外,而胡家堡悍賊竄據石家莊,與馬五、馬七、馬八條三寨相犄角。正月十一日,松山以石家莊爲地勢所必爭,乃麾所部先爲攻擊,克之。十四日,進攻各寨,適臨洮謝四及靖遠馬聾子等率衆來援,松山分軍助金運昌擊敗之,遂乘勝進攻馬五寨,以易致中等率所部截馬七、馬八條兩寨援賊,令金運昌列隊東北防賊逸出,自督軍徑薄外卡,一鼓克之,即令速舉薪焚其寨門,躬立濠邊指揮。垂克,忽飛子中松山左乳,[260]墜馬。譚拔萃等請暫退,弗許,大呼:"速前，勿以我故，失垂成功。"諸將憤激，蟻附環登，生擒馬五。收隊回營，松山創甚，諭諸將曰："若等能繼我殺賊報國，我死無憾。"言畢氣絕。松山既沒，諸將痛憤，礫馬五以祭其靈，攻馬七、馬八條之寨愈急。事聞，上震悼，贈太子少保，予謚忠壯，生平功績宣付史館立傳立功，省分建立專祠，並以所部陣亡各員弁附祀。

　　黃鼎進援雷正綰，敗績，部將韋占雄死之。鼎護糧運至寧安堡，聞賊攻雷營，急馳赴援。賊伏其精銳，以羸師迎敵。鼎麾軍接戰，賊佯敗，正追間，伏賊四起，鼎率占雄等下馬力戰，占雄死之。金積堡賊蜂擁繼至，鼎見賊益集，結方陣徐退。正綰乘賊與鼎相持，率衆突圍出峽口，各壘盡爲賊踞，進攻之路失矣。

　　二月，劉錦棠與賊戰於板橋，破之。金積、漢伯二堡之賊麕集板橋，圍攻董福祥營，福祥屢擊敗之。時棗園堡賊憑秦渠築壘，金運昌、蕭章開、何作霖、易致中三路進攻金積堡，賊來援，錦棠派軍邀擊，賊敗退。次日，騎賊數千至板橋，步賊一出正北決隄，一撲金運昌營，錦棠麾軍進戰，而隄已決，鳧水猛進。黃萬友等越渠橫出賊前，開礮迭轟，賊皆敗竄。

　　賊攻蔡家橋壘，金運昌伏兵殲之。蔡家橋距金積堡僅數里，運昌築壘駐軍以逼之，知賊必來爭，遂擇要伏兵，以待其至。旋賊衆來撲，運昌出隊接戰，伏兵四起，盡殲其衆。

　　劉錦棠進剿山水溝賊壘，克之。先是，胡家堡、王洪堡賊決秦渠水以截河西運道，錦棠連夜修塀，引入黃河，金積堡賊復運磚石築卡於城北，環以長堤，欲引馬連渠水以困官軍。錦棠遣兵平其卡，令傍壘築長隄，北抵秦渠，南接金積堡里許，復濬溝堵洩。賊計窮，因於山水溝設卡築壩堵水。錦棠以有妨運道，遂率軍進攻。時賊已築三壘矣，野濠縱橫，各軍鳧水進擊，連破三壘。次日，賊復赴山水溝修其廢壘，錦棠復督軍進擊，會金運昌率軍由北路鈔出，前後夾攻，賊衆奔潰。

　　劉錦棠剿平王銀柵賊壘。馬化漋以官軍進逼，日以決水絕其運道，擾其後路爲策。至是又嗾回於靈州西南五里王銀柵立二壘，覬覦州城。錦棠聞之，急馳至城，會防軍襲平其壘。化漋自此計窮，率子耀邦至軍乞撫退軍，錦棠不許。

　　黃鼎破賊於下馬關。馬正和黨竄擾預望城等處，周紹濂軍擊敗之。又圍李旺堡，守將李光賓擊退。賊趨下馬關，鼎與李良穆軍聞警追剿，斬獲甚衆，餘皆奔潰。

　　三月，劉錦棠迎剿金積堡各寨賊，大敗之。金積堡附近各寨賊零星散布，乘夜修濠，意在決引馬蓮渠之水以阻官軍進攻西南之路。錦棠令平其濠，潛修如故，遂整隊進擊，賊衆傾巢排列濠外，憑濠拒敵。乃令蕭章開、喻執益、曹得勝前驅，馬隊繼之，雙壽花良阿、余虎恩躍馬陷陣，蕭章開乘勢越濠，以擊步賊，斃賊無數，餘向金積東門逸去。越二日，賊又大出，仍分三路迎擊，填濠而進，賊屍枕籍，生擒賊目馬二虎、陳金子等百餘名，訊明正法。

四月，黃萬友擊賊於大壩三關分水嶺。馬化漋偵知官軍廣武中衛山後糧運將至，遣賊偷渡黃河，伏大壩山關分水嶺地方，攔路邀截。黃萬友聞知，由葉昇堡渡河分兵赴三關搜剿，自率李占椿、喻執益駐大壩，獲賊諜，訊知爲馬正和黨，遂設伏待之。少頃，馬隊絡繹而至，伏起擊之，賊驚奔潰，官軍分途蹕殺净盡。

金運昌遣軍巡後路運道，擒賊目馬繼元誅之。運昌因東道梗塞，令提督王鳳鳴率馬步回顧花馬池、定邊、安邊，梭巡後路運道，遇賊百餘，殲之。詗賊攻東南民堡，馬殿英、何全忠襲之，擒賊首馬繼元誅之。

賊目陳林襲攻花馬池，提督隋君廷擊敗之。金積堡被圍乏食，陝回饑斃者多。賊目陳林率衆掠花馬池、定邊一帶，乘風雨潛襲花馬池，梯垣而登。隋君廷登城堵擊，盡殲登者，餘賊敗去。陳林掠糧將回，劉錦棠知之，伏兵截殺。賊棄糧竄奔合水之固城川，甘大有截之。敗奔寧州之襄樂鎮、蘇家川，寧州知州楊大年派譚新盛率防勇襲之。賊復由正寧出邠長靈臺之邵寨，魏光燾率所部馳至，賊奔崇信。副將彭清和往剿，此股賊遂即逃散。馬化漋見其勢日蹙，復率其子耀邦至大營乞撫並繳馬械，錦棠仍未許。

五月，劉錦棠擒賊首王洪誅之，並會金運昌攻克馬七、馬八條兩寨。馬化漋與穆生花以乞撫不得，乃求暫居板橋吳忠堡一帶耕作，錦棠漫應之。賊首王洪義請修秦渠各隄，放水溉田，亦暫許之。數日後，果有回民百餘試修，官軍相戒勿動。錦棠夜率隊分三支，一伏永寧洞，一伏下橋，一伏渠北。次日，賊來修隄，伏兵起，生擒王洪及回衆二百餘人，殄之，遂乘勝與金運昌攻馬七、馬八條二寨，悉克之。

六月，劉錦棠攻郭家、王洪兩寨，克之，連日乘賊割麥遂攻克之。

丁賢發捕韋州堡賊目蘇兆明等誅之。韋州堡賊目蘇兆明自授撫後，仍持兩端，容匿竄賊。左宗棠令丁賢發率兵捕之，及抵韋州，竄賊已遁。賢發佯與約期議事，至期，兆明率各賊目咸集，賢發數其通賊罪斬之，降賊憬然。自此金積堡東路漸平，宗棠乃令正綰、黃鼎統中路諸軍進攻峽口。

劉錦棠督攻蔡家橋水口、金積堡附近各寨，大破之。錦棠督軍進薄蔡家橋，奪據水口，攻破小何家寨，自東南環攻，近金積堡各寨俱破之，陣斬二千餘級，餘賊竄入金積堡。錦棠乘機攻剿李花橋迤西賊寨，金積堡賊出援，又敗之。總兵趙彩照力攻陣亡。

七月，雷正綰、黃鼎連克張恩堡及古靈州城。雷、黃兩軍奉檄，由中衛四百户進克張恩堡，遂逼攻峽口，破其五壘，據秦、漢、馬連三渠，金積堡賊萬餘屯古靈州城以護秦、漢兩渠，官軍乘勝一鼓克之。

八月，黃鼎攻克丁家堡，誅賊目丁一剛。金積堡賊出援附近各卡寨，官軍擊敗之，又敗於乾溝，進破其卡，遂攻丁家堡。鼎令各營繞漢渠築壘，斷金積援賊，連日急攻，馬耀邦敗走洪樂堡，遂克丁家堡，誅賊目丁一剛。

大軍攻克秦壩關各賊壘。先是，雷正綰、黃鼎率軍分路進剿，破賊堡寨二十餘處，進逼洪樂堡，遂會商先奪秦壩關，以斷馬家灘接濟金積堡之路。與賊大戰，賊敗遁，錦棠遂築壘於金積城東，徐文秀會北路各營進攻，甫抵賊壘，金積賊傾巢出援，文秀等併力奮擊，乘勝奪壘，賊均奔入金積堡。

劉錦棠襲破金積東關二十三寨。錦棠令軍士銜枚夜襲金積堡東關賊寨，伏兵西南護築礮臺。金積堡賊紛至，伏兵奮勇截擊，相持至五鼓，賊始敗退，而礮臺已成。次日，攻克東關，賊衆紛竄，遂將東關二十三寨悉攻克之。

大軍會攻老馬家堡克之。雷、黃進攻洪樂堡，化濚以其先塋所在，哀詞乞撫，黃鼎不許。會商正綰，必先破老馬家各堡，而後可圖洪樂。於是各軍圍攻老馬家堡，以巨礮裂其堡牆，乘勢猛撲，平其外濠。洪樂堡賊來援，鼎分軍堵截，賊仍回堡。金積堡賊出援，鼎等亦分隊擊退之，遂拔其堡，賊無一脫。乘勝進平石屹塔賊壘三座，徐文秀移師駐之。自是中路、北路營壘以通。

黃鼎進軍田家橋，連克附近賊壘。鼎督各軍進攻田家橋，金積、洪樂賊衆來援，鼎等分軍迎敵，援賊大潰。正綰麾軍入田家橋，鼎麾軍撲附近各壘，力攻克之。鼎亦駐軍田家橋，馬化濚復遣其弟玉濚，陝回西彌頭目普洱等赴鼎軍哀詞求撫，乞暫退軍峽口，鼎不許。金積堡衆潛向滾泉羅山各處竄逃。

徐占彪攻克洪樂堡外兩小寨。洪樂堡賊築兩小寨與洪樂相犄角，占彪力攻克之。賊知官軍已逼，罪無可逭，守禦益嚴。官軍官弁何玉超、李洪超、陳春萬、李全貴等均負重傷，陣亡兵丁甚衆。

九月，湘皖兩軍圍攻金積西門外卡平之，並克漢伯堡。劉錦棠既克金積東關，令掘濠築牆，鎖圍以困之，賊屢拚死填濠，均被擊退。時陝回集守西門外卡，金運昌督軍攻之，陝回譁潰，而城內甘回縋垣出援。金運昌中礮墜馬，張懷玉、高得勝率軍橫截，賊始敗退。越二日，金積堡賊傾巢出，直撲中路各營，運昌裹創戰，劉錦棠、雷正綰、黃鼎、徐文秀督軍夾擊，賊敗入西關不出。遂連日修壘築濠，四面進逼，陝回之逃竄者均被各營擊退。金積雖已成圍，而漢伯與王洪、楊明、棗園四堡皆在長濠外，堅守不下。錦棠令軍夜伏漢伯堡旁，賊潛出者均被擒斬，各軍會攻，適西風大起，縱火焚之，賊衆亂逃。運昌截殺殲焉。

十月，賊撲洪樂堡軍，參將朱蘭亭、張友德、王宗譜死之。雷正綰、徐占彪等移駐洪樂堡。次日，賊萬餘來撲，官軍迎擊，追至金積堡濠邊，城上槍彈如雨，朱蘭亭、張友德、王宗譜皆中彈陣亡。賊見三將墜馬，復出戰。黃鼎分軍截擊，錦棠、運昌從後衝殺,賊始敗退。

雷正綰攻拔金積堡西南各賊寨。正綰令閻定邦等三路攻克丁家三堡,乘勝進攻譚家、馬家等堡,均克之,殺賊無算。於是金積西南各寨依次削平。

大軍與賊戰於金積西門,賊敗入堡。時大軍四面進逼,賊知官軍必致之死,率衆萬餘由西門出,直撲官軍,各軍拚死奮擊,賊敗入堡。

陝回襲官軍新壘,敗之,遂克下寨。陝回乘夜潛撲新壘,苦戰却之,追至米姑寺河。賊爭渡,官軍掩擊之,斃賊一千餘名,遂攻下寨,一鼓克之。

陝回賊目余彥禄率衆竄漢伯堡,負創而歸,餘賊分竄半箇城等處。賊知大勢瓦解,陝西回目余彥禄因率衆向漢伯堡奔竄,錦棠督軍截剿,鎗傷其頰而歸,餘黨竄半箇城、李旺堡一帶。周紹濂等剿襲之,餘竄黑城子,盡爲魏光燾所殲,惟騎賊有逸去者。

大軍攻克楊明堡。是時,劉錦棠以漢伯諸堡雖拔,而王洪、楊明二堡未下,實爲隱患,乃督軍進攻楊明堡、王洪堡,賊來援,分軍力擊,賊始敗退。是夜,令軍士分伏濠邊,夜半,賊焚巢而遁,伏兵齊起,殺賊千餘,遂平其寨。

十一月,金積堡回酋馬化漋投誠。錦棠攻克各堡寨,旋於金積東門外搶築兩壘,并築砲臺,俯瞰城中。黃鼎復抽隊逼紮西門,賊益洶懼。十一月初十日,陝回陳林、閻興春、于兆林、馬振江、金明堂、黑清全等挈老弱婦女八千餘赴營求撫,劉錦棠令呈繳馬械,分起安置。馬化漋見陳林受撫,遂懇陳林轉求,願繳馬械,自平堡牆,錦棠許之。十五日,馬化漋求陳林轉請平王洪堡。堡目王洪前已伏誅,堡回馬三仲、王朋等自毀其堡以降。錦棠亦收其馬械,均令仍居故處。化漋料就撫後必可無他,十六日,親赴錦棠營濠外涕泣請罪。錦棠開壁納之,羈之幕中,請示辦理。

十年正月,金積堡回酋馬化漋伏誅。金積堡既平,劉錦棠、雷正綰等將陝回悉數起解,遷王洪堡回安插靈州附近,遷馬家灘回安插張家川,遷馬化漋親屬於濠外各廢堡。遂將馬化漋父子兄弟并逆黨統領、參領、佐領等官八十餘名悉行誅戮,其被脅之甘回三千餘名解赴平凉安插,金積堡老幼婦女萬二千餘解固原附近安插,降回陳林等設化平廳治安插。

金順等剿平王家疃賊。先是,化漋乞撫,并函諭通昌、通貴兩堡,令其早降,獨王家疃賊據險抗拒。金順、張曜怒,攻破其堡,屠之,毀其堡。於是陝甘之回勢大挫,而崔偉、禹得彥、馬生彥、馬占鼇、馬朶大等皆紛紛請撫矣。

金順、張曜圍攻納家閘賊巢,克之。金順等圍攻納家閘,賊衆抗不就撫。曜等連日攻擊,破之。自納家閘攻克,河西遂無大股賊踪矣。

二月,以蕭章開權統湘軍,分駐金積、寧靈以資鎮攝,寧夏平。是時,劉錦棠請假,扶松山靈襯歸葬,併全軍爲十一營,以蕭章開統之,分鎮金積、寧靈各處,而寧夏之全境遂自此平矣。

十一年，設寧靈廳同知並靈武營參將。時金積既平，總督左宗棠以金積漢回雜處，靈州鞭長莫及，議設寧靈廳，裁寧夏水利同知改爲寧靈撫民同知，並設靈武營參將、守備等官以資控馭。

增採新章十條

方言第一

寧靈漢回雜處，漢民口音重質，遲鈍寡言；回民口音輕捷，易言辯結。其土音稱謂，如曾祖父、母曰"太爺""太奶"，祖父、母曰"爺爺""奶奶"，父、母曰"爹""媽"，伯曰"太爹"，叔曰"小老"，兄曰"阿哥"，弟曰"兄弟"，男謂妻父曰"外父"、妻母曰"外母"，女謂翁曰"翁翁"、姑曰"婆婆"之類是也。他有隨軍流寓而操南音者，有董營寄籍而操固原音者。蓋兵燹後，地曠人稀，五方之人多隸籍於此，語言龐雜，殊難枚舉焉。

戶口第二

漢民共三千一百四十戶，男共九千五百一十丁，女共七千三百二十四口。回民共二千零八十一戶，男共五千七百五十四丁，女共四千九百五十七口。

【《〔民國〕朔方道志》卷之九《貢賦志下·戶口·金積縣》】

金積縣六千三百七十八戶，男女共三萬六千五百四十七丁口。按：金積舊爲寧靈廳，專享漢渠之利，土地饒沃。清同治末年，董字營安插於此，又未受宣統三年土匪之亂，戶口日蕃，有自來矣。

倉儲第三

寧靈於光緒九年，由山水各堡民捐社穀倉斗小麥一百九十七石二斗九升六合六勺。原在所屬之金積、忠營、秦壩、漢伯以及馬家河等堡存儲，各就本地紳耆、社正、社副經理，向未建置倉廠。

【《〔民國〕朔方道志》卷之五《建置志下·倉庫·金積縣》】

金積縣倉一，在本城。庫在堂左。按：金積舊名"寧靈廳"，清同治年由靈州分設。民國初易名"金積縣"。倉庫皆係新建，庫無存儲。

度支第四

文廟春秋二祭，額領銀四十五兩。

武廟春秋二祭，並五月十三日祭祀，額領銀二十一兩八錢八分。

文昌廟春秋二祭，並二月初三日祭祀，額領銀二十一兩八錢八分。

各壇廟春秋二祭，共額領銀一十四兩五錢九分二厘。

劉忠壯公祠祀田，高田二百一十七畝四分，湖田二十九畝五分，除完納銀糧外，歲實入租糧四十九石零。本城東街鋪面二所，歲入租錢八十八串。花園三所，歲入典錢二十串零三百文，除一歲祭祀香火、住持口食、修葺房屋等費外，其餘現擬撥充高等小學堂經費。

簡勇節公祠祀田二百五十畝，除完納銀糧外，歲實入租糧三十八石。本城正街鋪面二所，歲入租錢五十三串二百文，除一歲祭祀香火、住持口食、修葺房屋外，其餘撥充高等小學堂經費錢一百五十串零。

皖蜀昭忠祠祀田，高田二百一畝五分，湖田二十六畝，除完納銀糧外，歲實入租糧四十五石零。城鄉各處房屋歲入租錢六十串文；園租歲入錢七十六串文。除一歲祭祀香火、住持口食、修葺房屋等費外，其餘酌撥高等小學堂經費，錢一百五十串零。

同知一員，歲領俸銀八十兩，養廉銀八百兩。額設各役六十四名，每名歲支工食銀六兩。

照磨一員，歲領俸銀三十一兩五錢二分，養廉銀六十兩。額設各役四名，每名歲支工食銀陸兩。

教授一員，歲領俸銀四十五兩。

門斗三名，每名歲支工食銀六兩。

向額設齋夫三名、膳夫二名，光緒三十二年，奉文裁撤。

廩生陸名，每名歲支餼糧銀陸錢玖分伍厘，光緒卅二年，奉文裁撤。

參將一員，歲支俸銀三十九兩三錢三分三厘。養廉銀五百兩，薪銀一百二十兩，蔬燭銀四十八兩，紙紅銀三十六兩。

守備一員，歲支俸銀一十八兩七錢九厘。養廉銀二百兩，薪銀四十八兩，蔬燭銀一十二兩，紙紅銀一十二兩。

千總一員，歲支俸銀一十四兩九錢七分六厘，養廉銀一百二十兩，薪銀三十三兩二分四厘。

把總四員，內本營二員，分防紅寺堡一員，分防平遠縣之韋州堡一員，每員歲支俸銀一十二兩四錢六分八厘，養廉銀九十兩，薪銀二十三兩五錢三分二厘。

經制外委六名，本營五名，分防一名，每名歲支養廉銀一十八兩，兵餉銀一十二兩，倉斗糧八石。

步兵五十一名，每名歲支餉銀一十二兩，倉斗糧六石。

守兵三十六名,内本營六名,紅寺堡一十一名,平遠縣之韋州一十九名,每名歲支餉銀一十二兩,倉斗粮四石。

參將一員,例馬八匹;守備一員,例馬四匹;千總一員,例馬二匹;把總四員,每員例馬二匹,共例馬二十二匹。經制騎操馬六匹,兵丁騎操馬二十三匹,共馬五十一匹。每匹夏、秋二季應支馬干銀三兩,春冬二季應支倉斗料五石四斗,草三百六十束。

鄉鎮第五

廳西北十里之秦壩堡,瀕臨黃河,有街道長半里許,凡上下往來船隻,常輻輳於此。雖非繁富之區,然亦廳屬西北咽喉之要路也。

【《〔民國〕朔方道志》卷之五《建置志下·市集·金積縣》】
市集四處。
本城列肆數十處,逐日交易,商賈雲集。
秦壩堡,一名"秦壩關",列肆十餘處,逐日交易。
忠營堡列肆十餘處,逐日交易。
漢伯堡列肆十餘處,逐日交易。

金石第六

古昔碑碣,彙載前文藝類。①

厘稅第七[261]

寧靈厘金分卡,向由寧夏大局派委司事辦理。其創設年月,額收若干,均無案卷可查。自光緒三十三年正月,改辦統捐,即併歸靈州吳忠堡分局委負兼理,查收數零徵,並無比較定額。至寧靈商畜稅課,於同治十三年正月初八日設局開辦,其章程無論貨物粗細,每百觔抽收稅銀三分。查歷年徵收數目,至旺每歲約在一百三十兩上下。

實業第八

寧靈屬境,向無礦產。商務,昔稱繁阜,自近年土葯消路奇滯,銀錢短絀,市面遂因之減色。農業,水堡恃渠利,山堡恃天雨,種植各法,蹈故襲常,由來舊矣。即屢經撮農業之家名言,傳諭試驗,群翕然詫為異教,鮮有知竭人力以補天時之

---

① 參見本志《藝文第三十五》。

慾,闢地利之蘊者,蓋亦僻處偏隅、風氣難開之故也。

現正擬設立農會,以開通水利,考察土宜,爲入手義務,至工藝,則因款絀,尚未設立局廠。惟於光緒三十三年十月初一日,捐廉創設罪犯習藝所一處,招僱工匠。凡在配無業之軍流徒遣各犯,儘數收所,飭暫學習織毛袋、編蘆蓆、搓麻繩各藝,迄今半載,製成品物,頗有進步。

巡警第九

寧靈巡警於光緒三十二年十二月,由知廳事成謙開辦,就廳城中街向有之申明亭改設局所,比因事屬創始,的款無着,援照省城挑用營兵章程,咨商靈武營挑選制兵十二名,充當巡丁,酌給口食,以資津貼。嗣因營兵疲敝太深,難資得力。

於三十三年八月內,遂禀請改募精壯巡丁九名,而於中擇其粗通文字者一名爲巡長,凡督率巡查、經管燈油之事屬之。外設委員一員,係照磨兼充,凡收支經費、糾察巡丁、稽查戶口及審理有犯警章細故案件之任屬之。書識一名,凡編列門牌、繕造冊籍、辦理文牘之事屬之。所需經費,由各商戶捐集,按月共得錢三十餘串之譜,雖未充裕,亦可敷衍。

查廳城祇有自西徂東直街一道,擇其阨要,分爲四段,每段派兵一名,懸燈一盞。晝則巡兵稽查,互相聯絡,俾奸宄無隙容身;夜則路燈然徹,光照行人,使盜賊無所隱避。其巡兵八名,飭由巡長派分兩班,輪流站街,以均勞逸,而示體恤。開辦至今,街市謐安,頗着成效。至四鄉,尚待籌款設立,以期擴充。查舊日保甲辦法,則專以編門牌、清戶口爲主,而較今日之巡警,其疏密固有間焉。

【《〔民國〕朔方道志》卷之五《建置志下·警察·金積縣》】
金積縣本城總局一所,警官一員,巡兵八十名。

學堂第十

寧靈,高等小學堂一所,中路初等私小學堂三所,東路初等私小學堂四所。高等小學堂係於光緒三十二年三月初一日,由知廳事成謙將廳城內舊有之鍾靈書院,奉文改設。其經費原撥書院,舊有常年的款二百串文,酌提本城劉公、簡公、昭忠三祠羨餘,每年共錢四百串文;又提學田租錢每年一百串文。監督一員,監堂一員,支發一員,教習一員,体操領班一員。學生分甲、乙兩班,每班十名。至各路初等私小學堂,均於光緒三十三年十一月內先後開辦。各堂教習各一員,學生二三十名不等。查境內向無試院,合併陳明。

寧靈廳學恩貢生三名:曹繡麟、安思敬、侯覲宸。

歲貢生八名：①趙連城、曹維清、王壽鼎、岳廷獻、劉三友、張全禮、王者香、王志道、梁永慶、岳鎮衡。

原額廩生六名：侯棠、汪長清、艾秉政、趙掄英、景耀先、韓萬禎。

原額增生六名：②鄭建文、王興德、商鴻祥、馮希天、岳長清。

歲科取進充附生八名：③尹聘三、馮希賢、徐克貴、張世愷、岳生雲、馬炳文、朱掄元、馮南英、丁文蔚、梁福祥、劉逌章、魏登榜、盛於唐、侯煥、劉福懋、安宅仁、張世傑、王步雲、翟光耀、賈長新、朱煥斗、蔣學詩、熊兆祥、馮煥章、魏九錫、王者瑞、汪作霖、陳連科、任元信、吳連登、鄭永吉、王大定、何正倫、梅金榜、曹毓麟、張鵬翼、賈耀先、呂則古、王法賢、侯興邦。

廳學武進士：張全信。④

廳學武舉：張殿元。⑤

每科取進武生四名：⑥趙掄元、楊登榜、王廣美、崔愷、汪煥、楊開甲、王鴻儒、仇建寶、黨文俊、徐登榜、梁早、葉占元、石建國、吳庫、龐俊選、金題名、吳兆興、何耀斌、蔡登科、俞入河。

【《〔宣統〕甘志》卷四〇《學校志·選舉下》⑦】

〔孝廉方正〕張世傑，附生，寧靈廳人。⑧

〔貢生〕景耀先，宣統己酉拔貢，⑨寧靈廳人。

【校勘記】

［1］十一：此二字原爲空格，據本志《建置第三》及寧靈廳實際設置時間補。

［2］"考宋《天文志》王奕按"至下文"今録灵州舊志之采輯紀載可見者列於左"句：本段文字原作："查靈州舊志云'靈州，秦雍之分，星野略與秦雍同'等語，寧靈既向隸靈州，東北距州城僅七十里，其星野即與靈州同可知，今照録靈州舊志之采輯紀載可見者列於左。"本志原編者删改。又，"宋天文志"指宋朝《中興天文志》。

［3］杪：原作"杪"，據《靈州志迹》卷一《星野志第二》改。下同。

---

① 八名：其后羅列人數爲 10 名。
② 六名：其后羅列人數爲 5 名。
③ 八名：其后羅列人數爲 40 名。
④ 《〔宣統〕甘志》卷四〇《學校志·選舉下》載，張全信爲清朝同治十二年（癸酉科，1873）武舉人，光緒三年（丁丑科，1877）武進士。
⑤ 《〔宣統〕甘志》卷四〇《學校志·選舉下》載，張殿元爲清朝光緒五年（己卯科，1879）武舉人。
⑥ 四名：其后羅列人數爲 20 名。
⑦ 參見《陝甘地方志中寧夏史料輯校》下册第 696 頁、第 703 頁。
⑧ 《〔宣統〕甘志》卷四〇《學校志·選舉下》載，張世傑爲宣統制科。
⑨ 宣統己酉：宣統元年（1909）。

［4］大統曆：原作"大統歷",據書名用字改。下同。參見《朔方新志》卷一《天文》。

［5］辰：此字原脫,據《元史》卷五四《曆志》補。

［6］西自隴坻至河右："隴坻"原作"隴抵",據《舊唐書》卷三六《天文志》《新唐書》卷三一《天文志》《寧夏府志》卷二《地理·星野》改。"河右",《舊唐書》卷三六《天文志》作"河西"。

［7］越巂：原作"越裳",據《舊唐書》卷三六《天文志》《新唐書》卷三一《天文志》改。

［8］牂牁：此同《寧夏府志》卷二《地里·星野》,《舊唐書》卷三六《天文志》作"牂柯",《新唐書》卷三一《天文志》作"牂柯"。

［9］觺：原作"觿",據《新唐書》卷三一《天文志》《寧夏府志》卷二《地里·星野》改。

［10］上郡：原作"王郡",據《晋書》卷十一《天文志》改。

［11］星：原作"里",據《寧夏府志》卷二《地里·星野》改。

［12］壁：原作"璧",據《晋書》卷十一《天文志》改。

［13］兩河："兩"字原脫,據《新唐書》卷三一《天文志》補。

［14］地絡：原作"路紀",據《新唐書》卷三一《天文志》《寧夏府志》卷二《地里·星野》改。

［15］鶉火：此同《寧夏府志》卷二《地里·星野》,《新唐書》卷三一《天文志》作"鶉首"。

［16］上源：原作"上流",據《新唐書》卷三一《天文志》《寧夏府志》卷二《地里·星野》改。

［17］犬雞：原作"雞犬",據《新唐書》卷三一《天文志》改。

［18］吐蕃：二字原脫,據《新唐書》卷三一《天文志》補。

［19］西南："西"字原脫,據《新唐書》卷三一《天文志》補。

［20］占：此字原脫,據《新唐書》卷三一《天文志》補。

［21］北地入尾十度："地"字原脫,"入"原作"人",均據《晋書》卷十一《天文志·州郡躔次》《寧夏府志》卷二《地里·星野》改。

［22］至：原作"主",據《寧夏府志》卷二《地里·星野》改。

［23］河曲黃甫川：原作"河西皇甫川",據〔康熙〕陝志》卷一、《〔乾隆〕甘志》卷二改。

［24］八星橫列河中浮："橫",原作"行",據《通志》卷三八《天文略》《玉海》卷三《天文書》《中國恒星觀測史》五章一節《校訂〈步天歌〉》、嘉慶抄本《步天歌》改。"浮",《玉海》卷三《天文書》作"靜"。

［25］鐏：《玉海》卷三《天文書》作"樽",敦煌本《全天星圖》作"尊",《寧夏府志》卷二《地里·星野》作"鐏"。

［26］鐏：《玉海》卷三《天文書》作"樽"。

［27］西：原作"南",據《通志》卷三八《天文略》《玉海》卷三《天文書》、嘉慶抄本《步天歌》《中國恒星觀測史》五章一節《校訂〈步天歌〉》改。另據敦煌本《全天星圖》,積水星在北河星的西側。

［28］新：《玉海》卷三《天文書》《寧夏府志》卷二《地里·星野》作"薪"。

［29］邊：原作"畔",據《通志》卷三八《天文略》《玉海》卷三《天文書》《中國恒星觀測史》五章一節《校訂〈步天歌〉》、嘉慶抄本《步天歌》改。

［30］軍市："市"字原脫,據《通志》卷三八《天文略》等補。

〔31〕列：原作"立"，據《通志》卷三八《天文略》《玉海》卷三《天文書》《中國恒星觀測史》五章一節《校訂〈步天歌〉》、嘉慶抄本《步天歌》改。

〔32〕闕邱二個南河東："邱"，此同《玉海》卷三《天文書》，《中國恒星觀測史》五章一節《校訂〈步天歌〉》、敦煌本《全天星圖》均作"丘"，清避孔子名諱改。"二"，《玉海》卷三《天文書》作"三"，據敦煌本《全天星圖》，"闕丘"東側的"南河"確爲三星。"南河"，原作"河南"，據《通志》卷三八《天文略》《玉海》卷三《天文書》《中國恒星觀測史》五章一節《校訂〈步天歌〉》、敦煌本《全天星圖》、嘉慶抄本《步天歌》改。

〔33〕蓬茸：此同《玉海》卷三《天文書》，《通志》卷三八《天文略》、嘉慶抄本《步天歌》均作"蒙茸"。《中國恒星觀測史》五章一節《校訂〈步天歌〉》又言"一本作'丘下一狼光熊熊'"。

〔34〕來：此同《玉海》卷三《天文書》，《通志》卷三八《天文略》《中國恒星觀測史》五章一節《校訂〈步天歌〉》均作"入"，嘉慶抄本《步天歌》作"没"。

〔35〕鬼：原作"册"，據《通志》卷三八《天文略》《玉海》卷三《天文書》《中國恒星觀測史》第五章一節《校訂〈步天歌〉》、嘉慶抄本《步天歌》改。

〔36〕靈洲：原作"靈州"，據影印清乾隆四年（1739）武英殿本《漢書》卷二八下《地理志》《靈州志迹》卷一《星野志第二》改。參見白述禮《靈州，初曰"靈洲"——建議中華書局修改〈漢書〉一字之誤》。

〔37〕二年：原作"三年"，《清世宗實錄》卷二五載，靈州改州在雍正二年（1724），金積堡地屬焉，據改。

〔38〕馬化潆：封建統治者對回族起義領袖的蔑稱。原當作"馬化龍"。下同。

〔39〕壁：原作"璧"，據文意及下文改。

〔40〕謹書其略并附歷代沿革表庶觀者如列眉焉：原作"蓋分靈州西南之半壁焉謹書其略以備采擇"，本志原編者删改。

〔41〕靈州：原作"靈川"，據《寧夏府志》卷二《地里・沿革》改。

〔42〕必考：原作"必據圖考"，本志原編者删改。

〔43〕居多：原作"居多焉"，本志原編者删改。

〔44〕庶亦留心政治家之一助焉：原作"詳志之"，本志原編者删改。

〔45〕本志"紅寺堡"條下原有"馬家河在廳南三百里"九字，馬家河非堡寨，係河流，本志下文《山川第五》有"馬家河"專條，據本志書例删。

〔46〕"而清水河貫於南境"句至下文"一覽在目焉"句：原作"而層巒之形勝支流之淵源亦有可詳考以備採録者謹志之"，本志原編者删改。

〔47〕東南：《〔宣統〕甘志》卷七《輿地志・山川》作"東北"。

〔48〕劉昉：原作"劉方"，據《〔正統〕寧志》卷上《山川》《〔宣統〕甘志》卷七《輿地志・山川》改。

〔49〕"郡縣之有城池"句至下文"開東西門以通出入"句：原作"寧靈原係土堡，同治初，馬逆化潆據此以叛。自同治九年戡定，後經前陝甘總督左文襄公奏改寧夏水利同知爲寧靈撫民同知，并新設靈武營參將，同駐於此，即蕩平保生寨遺址，飭勇築復土城一座，週圍一千一百三十丈，高二丈二尺八寸，女墻高五尺，垛口一千二百一十一箇。其城身東南兩

面址寬一丈五尺,頂寬七尺,而南北兩面址寬一丈六尺,頂寬則僅三四尺不等,薄不堪言。城内僅開東西兩門以通出入",本志原編者删改。按:"遺址"原作"遺趾",據文意及《〔宣統〕甘志》卷十四《建置志·城池·寧夏府·寧靈廳》改。

[50] 遺址:此二字下原有"設本廳"三字,本志原編者删。

[51] 然也:原作"固無足以壯觀瞻而資保障也",本志原編者删改。

[52] 譚鍾麟:"鍾麟"二字原爲空格,據《〔宣統〕甘志》卷十四《建置志》補。

[53] 款絀中止:原作"經費難籌未及興築",本志原編者删改。

[54] 署同知:原作"經署本廳",本志原編者删改。

[55] "戊申秋"句至下文"則猶未也"句:原作"蓋當日工期甚迫浮土壘城其不堅固屬性其然欲竟文襄之功完善□□策方輒以款絀中止能無慨然",本志原編者删改。"戊申",即清德宗載湉光緒三十四年(1908)。

[56] 環城壕池一道:本句下原有"寬一丈五尺深五尺間有深二三尺不等之處"等十八字,本志原編者删。

[57] 聚居:此二字前原有"兩處"二字,本志原編者删。

[58] 亦家:此二字前原有"然"字,本志原編者删。

[59] 東西:本志《城池第六》作"東南"。

[60] 不等:此二字原脱,據本志《城池第六》補。

[61] 門:此字原脱,據本志《城池第六》補。

[62] "周禮建都置邑"句至下文"寧靈新設"句:原作"寧靈自改設廳治後經",本志原編者删改。參見《周禮·冬官》。

[63] 奏請:此二字前原有"原"字,本志原編者删。

[64] 故:原作"除",本志原編者删改。

[65] 兩署:原作"兩所署",本志原編者删改。

[66] 餘:原作"其餘",本志原編者删改。

[67] 尚次弟:原作"尚待次弟",本志原編者删改。

[68] 同知:原作"知廳事",本志原編者删改。

[69] 十一年:原作"九年",據《清穆宗實録》卷三三五改。參見魯人勇等《寧夏歷史地理考》卷十五《清朝》"寧靈廳"條。

[70] 十一:原同《〔宣統〕甘志》卷三五《學校志·書院·寧夏府》作"十",據本志《建置第三》及寧靈廳實際設置時間改。

[71] 寧靈:此二字前原有"查"字,本志原編者删。

[72] 前:此字前原有"經"字,本志原編者删。

[73] 崇聖祠在廳城内東南隅:"崇聖"原作"崇經","東南"原作"北面",本志原編者删改。

[74] 侯:原作"候",據文意改。

[75] 咸田:原作"減田",據《靈州志迹》卷二《丁税賦額志》改。

[76] 三毛:《〔宣統〕甘志》卷十六《建置志·貢賦》作"七毫"。

［77］西河：原作"河西"，據《後漢書》卷一一七《西羌傳》改。
［78］三十八：原作"三十八九"，據《〔宣統〕甘志》卷四八《輿地志·水利》改。
［79］慮：原作"盧"，本志原編者删改。
［80］己未：原作"乙未"，據《靈州志迹》卷二《水利源流志第十》載李培榮撰《南北溔河記》改。嘉慶己未，嘉慶四年(1799)。
［81］疆：原作"彊"，本志原編者改。
［82］攻詞翰："攻"字原脱，據《〔弘治〕寧志》卷一、《〔嘉靖〕寧志》卷一《寧夏總鎮·風俗》補。
［83］襪鬼：此同《四庫》本《宋史》卷四八六《夏國傳》《〔弘治〕寧志》卷三《靈州守禦千户所·風俗》《朔方新志》卷一《地里·風俗》，中華本《宋史》卷四八六《夏國傳》《〔嘉靖〕寧志》卷六《拓跋夏考證》《寧夏府志》卷四《地里·風俗》《靈州志迹》卷一《風俗物產志第七》均作"襪鬼"。
［84］炙：《寧夏府志》卷四《地里·風俗》作"熾"。
［85］打醋壇："打"字原脱，據《〔宣統〕甘志》卷十一《輿地志·風俗》補。
［86］團子：《寧夏府志》卷四《地里·風俗》作"元宵"。
［87］"國厘"二字至下文"亦土人一癖好云"：本段八十七字原脱，據《寧夏府志》卷四《地里·風俗》補。
［88］菓：《寧夏府志》卷四《地里·風俗》作"餅"。
［89］下聘：《寧夏府志》卷四《地里·風俗》作"下茶"。
［90］綵：《寧夏府志》卷四《地里·風俗》無此字。
［91］制：《寧夏府志》卷四《地里·風俗》作"製"。
［92］不如：《寧夏府志》卷四《地里·風俗》作"不盡如"。
［93］贏：原作"羸"，據《寧夏府志》卷四《地里·風俗》改。
［94］能：《寧夏府志》卷四《地里·風俗》作"敢"。
［95］送：《寧夏府志》卷四《地里·風俗》作"遣"。
［96］其禮尤重：此四字下原有如下内容："余輯靈州《風俗志》，至於喪葬一條，不禁掩卷太息也，曰：俗之弊也久矣！古者喪禮，自大夫、士以下，或三月而葬，或踰月而葬，皆有常期。近世靈州士族，每有停柩數年者。問之其人，或曰：年命不利。或曰：親死而遽委之野，心不忍也。夫以不忍之心，而言行道之人，皆弗忍也。先王制禮，顧獨忍乎哉！誠以人死則体魄屬陰，陰之性喜静，故死者以即土爲安。且古禮親死，則人子倚廬苦塊，不敢預外事。今士大夫停柩於家，果能倚廬苦塊，一如古禮乎？抑猶未免飲食出入如恒人也。夫對親之柩而飲食出入如恒人，此真孝子所不忍也。忍於對親之柩，飲食出入如恒人，而顧不忍葬其親，其不忍抑何悖也！又況雞犬之震驚，室宇之焚塌，凡人世不可意料之事，孝子之心其惕息危懼，更有不忍言者乎！若夫星命不利之説，真野夫俗子之談，爲大雅所不道，而欲藉親喪以求吉者，尤孝子之所不忍也。"本段抄自《靈州志迹》卷一《風俗物產志第七》，本志原編者删。
［97］金包塔："包"字原脱，據本志《古迹第二十》補。

［98］牛首山：原作"牛頭山"，據本志《古迹第二十》改。

［99］長慶元年：原作"七年"。據本志書例，指唐宣宗大中七年(853)。《唐會要》卷二九《祥瑞下》《文獻通考》卷二九七《物異考三》載，長慶元年"九月，靈州奏黃河清，從硤口至定遠界二百五十里見底"。《〔嘉靖〕陝志》卷四〇《政事》《〔康熙〕陝志》卷三〇《祥異》《〔乾隆〕甘志》卷二四《祥異》《寧夏府志》卷二二《雜記·祥異》《靈州志迹》卷四《歷代祥異志第十八》《〔宣統〕甘志》卷二《附祥異》等均載，唐穆宗長慶七年"九月，靈州奏黃河清"。查長慶年號共四年，兩志載"七年"顯誤，本志沿襲了各志之誤。據改。

［100］長慶元年九月靈州奏黃河清：原作"七年九月靈州奏黃河清"，位於下文"壓死數十人"五字下，據史料發生時間改，并據本志書例移至此。參見上條注釋。

［101］數十人：原同《靈州志迹》卷四《歷代祥異志第十八》，均作"數千人"，據《新唐書》卷三五《五行志》《文獻通考》卷三〇一《物異考》改。

［102］乾符：此二字原無，據《新唐書》卷三六《地理志》補。六年，即唐僖宗李儇乾符六年(879)。

［103］夏州：《新唐書》卷三六《五行志》《文獻通考》卷三〇六《物異考十二》均載："咸通十四年七月，靈州陰晦。乾符六年秋，多雲霧晦冥，自旦及禺中乃解。"據書例，蓋指靈州多雲霧晦冥，非謂"夏州"。本志疑誤。

［104］悉：原作"西"，據《新唐書》卷三四、《舊唐書》卷三七《五行志》《靈州志迹》卷四《歷代祥異志第十八》改。

［105］二距：原作"三距"，據《宋史》卷六二《五行志》《文獻通考》卷三一一《物異考》《靈州志迹》卷四《歷代祥異志第十八》改。

［106］張辟：此同《〔宣統〕甘志》卷二《附祥異》《靈州志迹》卷四《歷代祥異志第十八》，《〔乾隆〕甘志》卷二四《祥異》作"張璧"。

［107］三目：原作"三足"，據《〔乾隆〕甘志》卷二四《祥異》《〔宣統〕甘志》卷二《附祥異》改。

［108］仙喬：原作"仙橋"，據《〔民國〕寧鄉縣志·故事編》之《先民傳四五·喻光容傳》改。下同。

［109］本志《忠節第二十八》原無具體內容，只書一"闕"字。而其後《孝義第二十九》所錄張琮等人事迹，均見載於《〔宣統〕甘志》卷七二《人物志·忠節》，故據書例，將張琮等人歸入"忠節"類，於"孝義"類正文書一"闕"字。

［110］孝思：原作"孝子"，本志原編者改。

［111］一生：此二字原在"人"字與"城市"二字間，本志原編者改。

［112］終年七十有八：《〔宣統〕甘志》卷八一《人物志·列女》作"守節五十四年"。

［113］董雲岐：《〔宣統〕甘志》卷八一《人物志·列女》作"黃雲岐"。

［114］二年：原作"八年"。《〔宣統〕甘志》卷八一《人物志·列女》載，黃雲岐妻賈氏年22歲時夫亡，至宣統元年(1909)，賈氏守節33年，可推知黃雲岐當卒於光緒二年(1876)而非光緒八年(1882)，據改。

［115］孤：原作"姑"，據本志書例及文意改。

［116］不下百餘篇：《靈州志迹·藝文志》共錄疏奏、賦、頌、碑銘等14篇，錄"記"14篇，錄詩45首。總數73篇，不足百篇。本志原編者統計有誤。

［117］吐蕃：此同《寧夏府志》卷十九《藝文·記·河源記》，《元史》卷六三《地理志》《南村輟耕錄》卷二二《黃河源》作"土蕃"。

［118］泓：原作"眼"，據《元史》卷六三《地理志》《南村輟耕錄》卷二二《黃河源》改。

［119］或泉：此二字原脱，據《南村輟耕錄》卷二二《黃河源》補。

［120］水沮汝渙散：《元史》卷六三《地理志》作"沮洳散焕弗可逼視"，《南村輟耕錄》卷二二《黃河源》作"水沮洳散渙"。

［121］泥淖："淖"字原脱，據《南村輟耕錄》卷二二《黃河源》補。

［122］近觀：《南村輟耕錄》卷二二《黃河源》作"逼觀"。

［123］傍立高山下視：《元史》卷六三《地理志》作"履高山下瞰"，《南村輟耕錄》卷二二《黃河源》作"旁履高山下視"。

［124］火墩腦兒：此同《寧夏府志》卷十九《藝文·記·河源記》，《元史》卷六三《地理志》作"火敦腦兒"，《南村輟耕錄》卷二二《黃河源》作"火敦惱兒"。

［125］譯言星宿海也：此同《寧夏府志》卷十九《藝文·記·河源記》，《元史》卷六三《地理志》《南村輟耕錄》卷二二《黃河源》作"火敦譯言星宿也"。

［126］奔湍：此同《寧夏府志》卷十九《藝文·記·河源記》，《元史》卷六三《地理志》作"奔軼"，《南村輟耕錄》卷二二《黃河源》作"奔湊"。

［127］腦：此同《元史》卷六三《地理志》《寧夏府志》卷十九《藝文·記·河源記》，《南村輟耕錄》卷二二《黃河源》作"惱"。

［128］連屬：原作"連厲"，據《元史》卷六三《地理志》《南村輟耕錄》卷二二《黃河源》《寧夏府志》卷十九《藝文·記·河源記》改。

［129］日程：此同《南村輟耕錄》卷二二《黃河源》《寧夏府志》卷十九《藝文·記·河源記》，《元史》卷六三《地理志》作"日"。下同。

［130］迤邐：原作"迤遷"，據《元史》卷六三《地理志》《南村輟耕錄》卷二二《黃河源》《寧夏府志》卷十九《藝文·記·河源記》改。

［131］忽蘭：此同《元史》卷六三《地理志》《寧夏府志》卷十九《藝文·記·河源記》，《南村輟耕錄》卷二二《黃河源》作"忽蘭"。

［132］尤：原作"术"，據《元史》卷六三《地理志·河源附錄》改。

［133］浸：此同《元史》卷六三《地理志》，《寧夏府志》卷十九《藝文·記·河源記》作"湣"，《南村輟耕錄》卷二二《黃河源》作"寖"。

［134］斡：原作"幹"，據《元史》卷六三《地理志》《南村輟耕錄》卷二二《黃河源》改。

［135］六七里：此同《南村輟耕錄》卷二二《黃河源》《寧夏府志》卷十九《藝文·記·河源記》，《元史》卷六三《地理志》作"五七里"。

［136］騎：原作"爲"，據《元史》卷六三《地理志》《南村輟耕錄》卷二二《黃河源》改。

［137］峽東："峽"原作"岐"，據《元史》卷六三《地理志》《南村輟耕錄》卷二二《黃河源》改。

"束",此同《南村輟耕録》卷二二《黄河源》,《元史》卷六三《地理志》《〔乾隆〕甘志》卷四七《艺文》《寧夏府志》卷十九《藝文·記·河源記》皆作"朿"。

[138] 耳:原作"而",據《元史》卷六三《地理志·河源附録》改。
[139] 遠年成冰時:原作"遼年成冰",據《元史》卷六三《地理志》《南村輟耕録》卷二二《黄河源》改補。
[140] 二十:原作"二十六",據《元史》卷六三《地理志》《南村輟耕録》卷二二《黄河源》改。
[141] 半日:原作"半月",據《元史》卷六三《地理志》《南村輟耕録》卷二二《黄河源》改。
[142] 又三日程:原同《元史》卷六三《地理志》作"又三日",據《南村輟耕録》卷二二《黄河源》補。
[143] 以:原作"迤",據《元史》卷六三《地理志》《南村輟耕録》卷二二《黄河源》改。
[144] 穹峻:原作"窮峻",據《元史》卷六三《地理志》《南村輟耕録》卷二二《黄河源》改。
[145] 氂牛:原作"犁牛",據《元史》卷六三《地理志》《南村輟耕録》卷二二《黄河源》改。
[146] 狗:此同《元史》卷六三《地理志》《南村輟耕録》卷二二《黄河源》《寧夏府志》卷十九《藝文·記·河源記》,《〔康熙〕陝志》卷三二《藝文·記·窮河源記》作"豹"。
[147] 而越之處:此同《元史》卷六三《地理志》,《南村輟耕録》卷二二《黄河源》作"越之者"。
[148] 約行:此二字原脱,據《元史》卷六三《地理志》《南村輟耕録》卷二二《黄河源》補。
[149] 州隸吐蕃等處宣慰司治河州:原作"州隸河州置司吐蕃等處宣慰所轄",據《元史》卷六三《地理志》《南村輟耕録》卷二二《黄河源》改。
[150] 積石:原作"磧石",據《元史》卷六三《地理志》《南村輟耕録》卷二二《黄河源》改。下句"即《禹貢》積石"之"積石"同改。
[151] 其北:此同《朔方新志》卷四《詞翰·重修邊牆記》,《趙時春文集校箋》卷二《重修花馬池邊牆記》作"其下"。
[152] 無:原作"罔",據《趙時春文集校箋》卷二《重修花馬池邊墙記》改。
[153] 剿:原作"將",據《趙時春文集校箋》卷二《重修花馬池邊牆記》之校①改。
[154] 相:原作"於",據《趙時春文集校箋》卷二《重修花馬池邊牆記》改。
[155] 倘:此同《朔方新志》卷四《詞翰·重修邊牆記》,《趙時春文集校箋》卷二《重修花馬池邊牆記》作"尚"。
[156] 楊公志學張公文魁:此同《朔方新志》卷四《詞翰·重修邊牆記》,《趙時春文集校箋》卷二《重修花馬池邊牆記》"志學""文魁"均作"某"。
[157] 巡按:此同《朔方新志》卷四《詞翰·重修邊牆記》,《趙時春文集校箋》卷二《重修花馬池邊牆記》作"巡撫按監察"。
[158] 按察司:此同《朔方新志》卷四《詞翰·重修邊牆記》,《趙時春文集校箋》卷二《重修花馬池邊牆記》無"司"字。
[159] 至於擁衛士衆遏絶軼突則總兵官都督王劾:此同《朔方新志》卷四《詞翰·重修邊牆記》,《趙時春文集校箋》卷二《重修花馬池邊牆記》無此十八字。
[160] 咸:此同《朔方新志》卷四《詞翰·重修邊牆記》,《趙時春文集校箋》卷二《重修花馬池邊

牆記》無此字。
[161] 銘：原作"名"，據《趙時春文集校箋》卷二《重修花馬池邊墻記》改。
[162] 世永熙：《朔方新志》卷四《詞翰·重修邊牆記》《趙時春文集校箋》卷二《重修花馬池邊牆記》均作"永庚夷"。
[163] 縛束：《〔宣統〕甘志》卷二九《祠祀志·祠宇下》作"束縛"。
[164] 儀衛：《〔宣統〕甘志》卷二九《祠祀志·祠宇下》作"輿衛"。
[165] 北河：《〔宣統〕甘志》卷二九《祠祀志·祠宇下》作"北阿"。
[166] 梅梁：《〔宣統〕甘志》卷二九《祠祀志·祠宇下》作"柏梁"。
[167] 冕旒：《〔宣統〕甘志》卷二九《祠祀志·祠宇下》作"冕冠"。
[168] 青銅峽：《仇池筆記》卷下、《東原録》作"青岡峽"。
[169] 沙沙：《仇池筆記》卷下、《類説》卷十作"山山"。
[170] 憑君莫上望鄉臺："憑君"，《四庫》本《東坡志林》卷四、《仇池筆記》卷下、《畫墁集》卷四等均作"將軍"。"莫上"，《東原録》《畫墁集》卷四均作"休上"。
[171] 石茂華：《寧夏府志》卷二一《藝文志》《〔宣統〕甘志》卷十三《輿地志·古迹》均作"栗爾璋"。
[172] 禹廟：《中衛縣志》卷十《藝文·詩》作"禹祠"。
[173] 周爲漢：《〔宣統〕甘志》卷三〇《祠祀志·寺觀·寧夏府·寧靈廳》作"周維漢"。
[174] 迎：本志原編者於本字右旁寫一小字"容"。
[175] 霧：原作"務"，據文意及《〔宣統〕甘志》卷三〇《祠祀志·寺觀·寧夏府·寧靈廳》改。
[176] 鏟：《〔宣統〕甘志》卷三〇《祠祀志·寺觀·寧夏府·寧靈廳》作"撞"。
[177] 日：本字原脱，據《靈州志迹》卷四《藝文志第十六下》補。
[178] 崖丁：《〔宣統〕甘志》卷三〇《祠祀志·寺觀·寧夏府·寧靈廳》作"崖厂"。
[179] 余：《〔宣統〕甘志》卷三〇《祠祀志·寺觀·寧夏府·寧靈廳》作"予"。
[180] 逅邂：《〔宣統〕甘志》卷三〇《祠祀志·寺觀·寧夏府·寧靈廳》作"邂逅"。
[181] 霧：原作"屋"，本志原編者删改。
[182] 星：原作"心"，本志原編者删改。
[183] 熸：《思益堂集·思益堂古文》卷二作"起"。
[184] 初元：《思益堂集·思益堂古文》卷二無此二字。
[185] 回：《思益堂集·思益堂古文》卷二作"逆回"。
[186] 搏：《思益堂集·思益堂古文》卷二作"搏"。
[187] 進蹀吴忠堡以規老巢：《思益堂集·思益堂古文》卷二無"進蹀吴忠堡以規"七字。
[188] 旬日：《思益堂集·思益堂古文》卷二無此二字。
[189] 歸：《思益堂集·思益堂古文》卷二作"昇歸"。
[190] 憾：《思益堂集·思益堂古文》卷二作"恨"。
[191] 薨：《思益堂集·思益堂古文》卷二作"瞑"。
[192] 實同治九年正月之望也：《思益堂集·思益堂古文》卷二無"實"字，"之望也"作"十五

日也"。

[193] 震悼：《思益堂集·思益堂古文》卷二作"軫悼"。
[194] 年終：《思益堂集·思益堂古文》卷二作"期年"。
[195] 馬逆：《思益堂集·思益堂古文》卷二作"馬化漋"。
[196] 悉平：《思益堂集·思益堂古文》卷二作"次第就夷"。
[197] 前年：《思益堂集·思益堂古文》卷二無此二字。
[198] 蒙：《思益堂集·思益堂古文》卷二作"余"。
[199] 推：《思益堂集·思益堂古文》卷二作"公"。
[200] 先是：《思益堂集·思益堂古文》卷二無此二字。
[201] 回逆：《思益堂集·思益堂古文》卷二作"回"。
[202] 懼陷賊乃糾旅自固：《思益堂集·思益堂古文》卷二無"懼陷賊乃"四字。
[203] 陽附陰距：《思益堂集·思益堂古文》卷二無此四字。
[204] 其：《思益堂集·思益堂古文》卷二無此字。
[205] 並：《思益堂集·思益堂古文》卷二無此字。
[206] 以戰功顯方公之殉難金積堡也：《思益堂集·思益堂古文》卷二無"以戰功顯方"五字。
[207] 日夜：原作"夜夜"，據《思益堂集·思益堂古文》卷二改。
[208] 亦：《思益堂集·思益堂古文》卷二無此字。
[209] 首逆馬化漋："首逆"，《思益堂集·思益堂古文》卷二無此二字。"漋"，《劉忠壯公祠堂碑文》作"龍"。
[210] 毅齋少司馬少從公習軍事："毅齋少司馬少"，《思益堂集·思益堂古文》卷二作"錦棠"。
[211] 嫻智略：《思益堂集·思益堂古文》卷二無此三字。
[212] 西域之：《思益堂集·思益堂古文》卷二無此三字。
[213] 自古未有能上者：《思益堂集·思益堂古文》卷二無此七字。
[214] 少司馬：《思益堂集·思益堂古文》卷二作"錦棠"。
[215] 時奉有死事地方建專祠之旨因即其地建祠祀公：《思益堂集·思益堂古文》卷二無"時奉有死事地方建專祠之旨因"十三字。
[216] 詳記州檔：《思益堂集·思益堂古文》卷二無此四字。
[217] 至今：《思益堂集·思益堂古文》卷二作"永以"。
[218] 蒙因是思公之生："蒙"，《思益堂集·思益堂古文》卷二作"壽昌"，無"是"字。
[219] 其：《思益堂集·思益堂古文》卷二無此字。
[220] 而靡所炫襲：《思益堂集·思益堂古文》卷二無此五字。
[221] 獨一時然乎哉：此六字後原又重出"獨一時然乎哉"六字，據《思益堂集·思益堂古文》卷二删。
[222] 蒙與毅齋雅故素通問故爲文其碑："蒙與毅齋雅故素通問故"，《思益堂集·思益堂古文》卷二作"祠成左公及錦棠屬壽昌"。
[223] 冒雪破賊圍莫敢逼：《〔宣統〕甘志》卷二九《祠宇下》作"冒雪破圍賊莫敢逼"。

[224] 時：《〔宣統〕甘志》卷二九《祠祀志·祠宇下》作"適"。
[225] 陝局：《〔宣統〕甘志》卷二九《祠祀志·祠宇下》作"陝右"。
[226] 提軍：《〔宣統〕甘志》卷二九《祠祀志·祠宇下》作"提帥"。
[227] 建：《〔宣統〕甘志》卷二九《祠祀志·祠宇下》作"著"。
[228] 徒從：《〔宣統〕甘志》卷二九《祠祀志·祠宇下》作"徒傷"。
[229] 纏金：《〔宣統〕甘志》卷二九《祠祀志·祠宇下》作"關右"。
[230] 加：《〔宣統〕甘志》卷二九《祠祀志·祠宇下》作"恩"。
[231] 太息：《〔宣統〕甘志》卷二九《祠祀志·祠宇下》作"歎息"。
[232] 相國：《〔宣統〕甘志》卷二九《祠祀志·祠宇下》無此二字。
[233] 哀卹：《〔宣統〕甘志》卷二九《祠祀志·祠宇下》作"褒恤"。
[234] 上年十二月：《左宗棠全集·奏稿》第1237篇《劉松山剿賊大勝中炮陣亡現籌辦理情形折》（同治九年正月二十七日上）作"上臘"。
[235] 趙彩照：《左宗棠全集·奏稿》第1237篇《劉松山剿賊大勝中炮陣亡現籌辦理情形折》此三字前有"副將"二字。
[236] 李占椿：此三字原脫，據《左宗棠全集·奏稿》第1237篇《劉松山剿賊大勝中炮陣亡現籌辦理情形折》補。
[237] 當即臨洮謝四及靖遠馬聾子也："即"原作"時"，"馬"字前原衍"謝"字，均據《左宗棠全集·奏稿》第1237篇《劉松山剿賊大勝中炮陣亡現籌辦理情形折》及下文改。
[238] 金運昌已將馬殿魁一寨攻克擒斬甚多十五日商令金運昌先剿援賊：原作"金運昌先剿援賊"，據《左宗棠全集·奏稿》第1237篇《劉松山剿賊大勝中炮陣亡現籌辦理情形折》補。
[239] 決：原作"抉"，據《左宗棠全集·奏稿》第1237篇《劉松山剿賊大勝中炮陣亡現籌辦理情形折》改。
[240] 等聞：原作"見"，據《左宗棠全集·奏稿》第1237篇《劉松山剿賊大勝中炮陣亡現籌辦理情形折》改。
[241] 火鐮：原作"大鐮"，據《左宗棠全集·奏稿》第1237篇《劉松山剿賊大勝中炮陣亡現籌辦理情形折》改。
[242] 馬尕三喀："尕"原作"孕"，"喀"原作"喉"，均據《左宗棠全集·奏稿》第1237篇《劉松山剿賊大勝中炮陣亡現籌辦理情形折》改。下文"馬尕三"之"尕"同改。
[243] 求：原作"來"，據《左宗棠全集·奏稿》第1237篇《劉松山剿賊大勝中炮陣亡現籌辦理情形折》改。
[244] 其臨財廉不肯苟取："廉""肯"二字原脫，據《左宗棠全集·奏稿》第1237篇《劉松山剿賊大勝中炮陣亡現籌辦理情形折》補。
[245] 更番：此二字原脫，據《左宗棠全集·奏稿》第1344篇《平毀馬家灘王洪各堡陝回就撫馬化漋就擒折》（同治九年十二月十一日上）補。
[246] 惟：原作"爲"，據《左宗棠全集·奏稿》第1344篇《平毀馬家灘王洪各堡陝回就撫馬化

滽就擒折》改。

[247] 婦女則安置：原作"婦安則女置"，據《左宗棠全集·奏稿》第 1344 篇《平毀馬家灘王洪各堡陝回就撫馬化滽就擒折》改。

[248] 可冀：原作"必可"，據《左宗棠全集·奏稿》第 1344 篇《平毀馬家灘王洪各堡陝回就撫馬化滽就擒折》改。

[249] 四：原作"一"，據《左宗棠全集·奏稿》第 1344 篇《平毀馬家灘王洪各堡陝回就撫馬化滽就擒折》改。

[250] 市：原作"布"，據《左宗棠全集·奏稿》第 1344 篇《平毀馬家灘王洪各堡陝回就撫馬化滽就擒折》改。

[251] 陝回陳林就撫後前竄河西余彥禄一股聞風而至："後前"原作"前後"，據《左宗棠全集·奏稿》第 1344 篇《平毀馬家灘王洪各堡陝回就撫馬化滽就擒折》改。

[252] 大岔溝：原作"大岔溝"，據《左宗棠全集·奏稿》第 1344 篇《平毀馬家灘王洪各堡陝回就撫馬化滽就擒折》改。

[253] 邢家溝：原作"那家溝"，據《左宗棠全集·奏稿》第 1344 篇《平毀馬家灘王洪各堡陝回就撫馬化滽就擒折》改。

[254] 異種之人：《左宗棠全集·奏稿》第 1344 篇《平毀馬家灘王洪各堡陝回就撫馬化滽就擒折》作"種人"。

[255] 驢：原作"騾"，據《左宗棠全集·奏稿》第 1344 篇《平毀馬家灘王洪各堡陝回就撫馬化滽就擒折》改。

[256] 罪：原作"辜"，據《左宗棠全集·奏稿》第 1345 篇《密陳馬化滽暫緩伏誅片》(同治九年十二月十一日上)改。

[257] 沈甲湘：《左宗棠全集·奏稿》第 1504 篇《籌辦金積堡善後事宜疏》(同治十一年二月上)作"沈曰湘"。

[258] 納：原作"訥"，據前文改。

[259] 半箇城：原作"半角城"，據《清史列傳》卷七八《馬寧傳》改。下同。

[260] 左乳：《劉忠壯公祠堂碑記》作"左脅"。

[261] 七：原作"八"，據《增採新章十條》內容排序改。

附　　　錄

一、宣統寧靈廳地理調查表　　撫民同知　饒守謙

序號	區別 城市村鎮名目	方向位置	離城里數	戶口	人口	附記	承辦紳董姓名
1	城內			627	4 389	城內文武衙署五所,官吏高等小學堂一所,初等小學堂三所,文廟一所,武廟一所,老君廟一所,藥王廟一所,城隍廟一所,昭忠、簡公、劉公三祠,井三十七口,巡警郵政局各一所,勸學所一處	貢生岳廷獻
2	附城	即金積堡,在廳城東北	2	538	3 675	堡內有方廟一所,井八口,波浪渠道	
3	岳家莊	在廳城東,金積堡南	1	23	294	莊內有方廟一所,井九口,莊四周土圍	
4	漢伯堡	在廳城東南,岳家莊東南	15	376	3 870	堡內有方廟三所,回教禮拜三處,漢渠稍一道,井四十八口,私立初等小學堂一所	
5	廖家橋	在廳城東南,漢伯堡東	35	67	394	莊內有方廟一所,井二十八口	
6	周家橋	在廳城東南,漢伯堡南	25	79	581	莊內有方廟一所,井九口	
7	郭家寨	在廳城東南,周家橋西	24	53	412	寨四周有土圍,業已敗,方廟一所,井四口,寨外漢渠一道	

續 表

序號	區別 城市村鎮名目	方向位置	離城里數	戶口	人口	附記	承辦紳董姓名
8	薛家寨	在廳城東南，郭家寨東北	29	44	377	寨四周土圍。業已傾圮，有本方廟一所，井六口，寨南依漢渠	附生 尹聘三
9	閆家灣	在廳城東南，薛家寨西北	18	32	194	有本方廟一所，井十一口	
10	忠營堡	在廳城南，漢伯堡西	13	340	2 654	堡內有娘娘廟一所，關帝廟一所，井一十七口，堡南靠漢渠一道，初等私小學堂一處	
11	張家橋	在廳城南，忠營堡東南	15	24	394	有本方廟宇一所，井七口	
12	侯家灣	在廳城南，張家橋西南	17	35	487	有本方廟宇一所，井八口	
13	譚家寨	在廳城南，侯家灣北	10	46	314	寨四周土圍，有方廟一所，井九口，南依漢渠，石橋一道	
14	譚家橋	在廳城南，譚家寨南	16	34	315	有本方廟宇一所，井十一口，初等私小學堂一所	
15	俞家橋	在廳城南，譚家橋西	15	57	678	有方廟一所，木橋一道，井六口，石橋一座	
16	秦壩堡	在廳城西北，俞家橋北	10	361	3 458	堡內關帝廟一所，回教禮拜寺一所，龍王廟一處，石碑兩座	貢生 王志道
17	秦壩關	在廳城西北，秦壩堡北	7	421	2 857	關內關帝廟一所，無量廟一所，娘娘廟一所，龍王廟一所，回教禮拜寺一座，木場三處，石橋一道，石碑一道，井二十七口	
18	馬家灘	在廳城西北，秦壩堡西	11	378	3 796	灘內有寨一座，已敗圮，方廟一所，井九口	
19	何家	在廳城北，馬家灘東北	13	121	983	有回教禮拜寺一所，井五口，莊北依黃河	

〔光緒〕寧靈廳志草

續　表

序號	區別 城市村鎮名目	方向位置	離城里數	戶口	人口	附　記	承辦紳董姓名
20	溫家灣	在廳城北,何家東南	9	65	493	有方廟一所,井六口	貢生 王志道
21	董營方	在廳城西,秦壩關南	5	847	5 763	方內關帝廟一所,董家寨二座,姚家寨一座,杜家寨一座,薛家寨一座,賈家寨一座,南依馬蘭渠,井十四口	
22	馬家嘴	在廳城西,董營方西	13	122	1 487	莊內有回教禮拜寺一所,北靠黃河,南依秦渠,井十三口	貢生 丁文蔚
23	王家嘴	在廳城西南,馬家嘴莊南	14	96	831	有蔡家小渠一道,北依黃河,井九口	
24	滾泉莊	在廳城南,譚家橋南	60	25	384	莊內有住店一所,井三口	
25	紅寺堡	在廳城南,滾泉南	110	112	875	堡內方廟一所,井四口	
26	新莊子集	在廳城南,紅寺堡東南	160	56	416	有土井一口	
27	王戶坮	在廳城南,新莊子集東北	135	78	564	有土井一口	
28	水頭莊	在廳城東南,王戶東北	120	14	112	有土井一口,住店兩處	
29	通溝門	在廳城東南,王戶坮東	135	16	125	莊內有土井一口,住店一處	貢生 岳鎮衡
30	熊家堝	在廳城南,新莊子集東南	165	9	53	莊內有土井一口	
31	馬叚頭	在廳城南,熊家堝南	175	15	95	莊內有土井一口	
32	黃牛房	在廳城南,馬叚頭西南	185	15	130	莊內有土井一口	
33	許泉莊	在廳城南,黃牛房西南	200	18	55	莊內有土井一口	

續 表

序號	區別 城市村鎮名目	方向位置	離城里數	戶口	人口①	附 記	承辦紳董姓名
34	磨其子	在廳城南,許泉莊西北	175	6	41	莊內有土井一口	貢生 岳鎮衡
35	東嶺莊	在廳城西南,磨其子莊北	140	7	34	莊內有土井一口	
36	馬家河	在廳城西南,磨其子西	210	55	159	莊內有住店兩處,回教禮拜寺一所,土井兩口	貢生 侯觀宸
37	大紅溝	在廳城西南,馬家河西南	225	6	32	莊內有住店兩處,禮拜寺一所,土井兩口	
38	韓家水	在廳城西南,大紅溝西	227	4	21	莊內有住店一所,土井一口	
39	上長流水	在廳城西南,大紅溝西	230	36	128	莊內有回教禮拜寺一所,住店兩所,井三口	
40	下長流水	在廳城西南,上長流水東南	239	14	79	莊內有土井一口	
41	胭脂川	在廳城西南,下流水東	223	7	51	莊內有土井一口	

二、〔宣統〕靈州地理調查表　　靈州知州　曾麟綏

序號	區別 城市村鎮名目	方向位置	離城里數	戶口	人口	附 記	承辦紳董姓名
1	城內			520	3 632	城內萬壽宮一所,文武衙署五所,高等小學堂一所,初等小學堂一所,巡警局一所,文武各廟庵觀寺、祠共十六所,倉廠一所,水關一道,陽溝兩道,鼓樓兩座,水井十二口	貢生 孫鐸

---

① 共計有5 279戶、42 050人。

續　表

序號	區別 城市村鎮名目	方向位置	離城里數	户口	人口	附　記	承辦紳董姓名
2	附城			465	3 062	烟户各就田畔散居。南關土圍已敗圮，西南城角水湖一處，東嶽八蠟廟各一所，塔一座，東門外演武廳一所，已敗圮；教場一處，接連東郊襟姓墳冢；方廟四所，北門外茶坊廟一所，晏户墩一座，西門外龍王廟一所，葦湖三處，潦河一道，接灌田畝；又自中路北界達入南門外，南界秦渠一道，繞越東北門，澆灌民田	貢生 孫鐸
3	中路	在州城南	15	605	3 324	烟户各就田畔散居。界中有土寨一所，内立街市，設初等小學堂一所，靈官、龍王廟各一所，寨外方廟一所，東界秦渠一道，由胡家堡北界接入中路，北達南門外出界，澆灌民田；西界潦河，接退支渠水澤	職員 李少雄
4	東路	在州城南	10	1 123	6 252	烟户各就田畔散居。回民稠密，地分五牌，設有初等小學堂一所，西界秦渠，由胡家堡北界接入東路，北達南門外出界，澆灌民田；東界沙漠山邊	貢生 宋儒
5	西路	在州城西南	15	265	882	烟户各就田畔散居。韓家墩寺宇一所，東界潦河，接引中路各支渠退水，澆灌民田，西南界有山水溝一道	職員 趙官
6	胡家堡	在州城南	20	985	5 621	烟户各就田畔散居。中有澆灌民田秦渠一道，由吳忠堡東界接入堡中，東北達中東路出界，渠南回民名曰胡回，渠北漢民名曰胡漢，堡中立有街市，形甚蕭條，設有自立小學堂一所，方廟四所；又中有南北山水溝一道	貢生 潘綺

續　表

序號	區別 城市村鎮名目	方向位置	離城里數	戶口	人口	附　記	承辦紳董姓名
7	吳忠堡	在州城西南	30	2 122	10 221	烟戶各就田畔散居。中有澆灌民田秦渠一道，自早元堡東界接入堡中，東達胡家堡出界，渠南回民，渠北漢民，堡中立有街市，現無土圍，形甚繁華，設有初等小學堂一所，巡警局一所，庵觀寺廟共十所，塔兩座，堡南有巴浪湖一處，東有清水溝一道，西北隅界抵黃河	貢生呂振聲、職員馬玉書
8	早元堡	在州城西南	40	482	1 824	烟戶各就田畔散居。南有澆灌民田秦渠一道，西自寧靈廳屬之秦壩界接入堡中，東達吳忠堡出界，渠南寧靈廳屬，渠北州屬，早元堡中有塔一座，寺廟三所，方廟四所，設有初等小學堂一所，西界抵黃河	職員桂三級
9	新接堡	在州城西南	25	286	1 236	烟戶各就田畔散居。由胡家堡界內開挖支渠，引灌秦渠水澤，澆灌民田，東有山溝，西有清水溝各一道，堡中寺廟五所，自立小學堂一所，西界抵黃河	附生朱鳳藻
10	石溝堡	在州城東南	60	126	622	沙漠崎嶇，地方遼闊，烟戶蕭條，散居牧牲，堡中通衢處立有街市汛防把總署一所，廟宇四所；街之正南，其土可陶；街之正北。地產礁炭，鑿井取之有水，為患不能經久；街之正東，土城一座，四圍敗圮，內無人居，不知創有何代；街之西北，開有石場，鑿造石物；街之正西。有石溝一道，堡名因之，泄退山水，街民取食此水；堡西有一鎮，店名白土崗，其地土色甚白，名因之；堡之西南界，有山水溝一道，南自鹽池堡接入堡內，北達寧靈廳屬之漢伯堡南界沙漠	附生閻安仁

續　表

序號	區別 城市村鎮名目	方向位置	離城里數	戶口	人口	附　記	承辦紳董姓名
11	鹽池堡	在州城東南	100	106	312	沙漠崎嶇，間有沃壤，烟戶散居，耕牧相兼。堡中有一土城，四圍敗圮，廟一所，水井一口；堡之東有鹼池，地能產鹽；堡之西界，有山水溝一道，南自平遠縣屬之葦州堡接入堡內，北達石溝堡西南界	廩生 李應時
12	惠安堡	在州城東南	110	246	1 233	築有磚城，鹽捕、通判、汛防把總署各一所，初等小學堂一所，寺廟十二所，商住南關生涯；城之東北五里，有水井一口，名曰羊坊井，城關人民均吸此水；城之正西有鹽池一道，人民扒鹽爲生	貢生 劉炳
13	隰寧堡	在州城東南	120	82	382	沙漠崎嶇，間有沃壤，烟戶散居，耕牧相兼。堡中有廟一所，水井一口	廩生 丁學賢
14	大水坑	在州城東南	130	125	482	山地沃壤，烟戶散居，耕牧相兼。通衢處立有街市，形甚蕭條；廟宇一所，相傳昔年關帝廟有一水坑，終年水勢洋溢不涸，地名因之，今則廟毀坑無；東南界有一樺子山，形巍峻，並與三山相連，山南環縣屬焉	貢生 馮俊
15	萌城堡	在州城東南	160	105	425	山大溝深，烟戶散居，鑿窑住栖，耕種山坡，並賴牧牲。通衢處築有土寨，僅有旅店，商民稀少；堡南有一鳥道深溝，南行四十里出溝，至黃草掌，地屬州境，四圍均屬環縣，地形似手掌，溝形似臂膊，地名因之	貢生 石燕玉
16	北山堡	在州城北稍東	20	42	185	沙漠崎嶇，溝壑襟列，烟戶散居，唯賴打獵牧牲。城民往采樵薪，唯甜水河水地可耕，樹木叢森，形最盛焉	附生 湯毓秀

續 表

序號	區別 城市村鎮名目	方向位置	離城里數	戶口	人口	附　記	承辦紳董姓名
17	夏家堡	在州城正北	15	8	22	地通河西大道，開有旅店。路東山地，柴薪可樵；路西河灘，水溝可漁	廩生李芳錦
18	臨河堡	在州城正北	30	36	166	築有土城，汛防把總署一所，廟宇兩所，東山西河居民賴使渡船並牧牲為業	監生崔國璽
19	橫城堡	在州城正北	40	72	266	築有磚城，汛防都司署一所，初等小學堂一所，驛遞一所，西附黃河，北附邊牆，開有暗門，安設夷場，蒙漢交易	貢生楊生芝
20	紅山堡	在州城北稍東	30	62	245	築有土城，汛防把總署一所，驛遞一所，北附邊牆，偏僻沙漠，民賴牧牲為業，堡西有馬鞍山一座，形似馬鞍	附生李玉鼎
21	清水營	在州城東北	40	32	124	築有磚城，汛防把總署一所，驛遞一所，北附邊牆，偏僻沙漠，民賴牧牲為業	監生許成
22	興武營	在州城東北	140			築有磚城，都司署一所，州安驛遞一所，花馬池分州所屬地理戶口由該州同查報	
23	安定堡	在州東北	200			築有磚城，守備衙署一所，州安驛遞一所，花馬池分州所屬地理戶口由該州同查報	
24	東山堡	在州城南東	40	184	662	沙漠崎嶇，間有沃壤，地方遼闊，煙戶散居，耕牧相兼，樵獵營生。堡內有暖泉一道，水性常溫，冬不凍冰；大泉水勢甚大，兩處水草暢茂，牧畜最宜，又井溝海子井兩處，地能產鹽，雨水應期則有，雨水過期則無	附生李維新

續　表

序號	區別 城市村鎮名目	方向位置	離城里數	户口①	人口	附　記	承辦紳董姓名
25	磁窑堡	在州城正東	40	82	456	昔築土寨，今已敗圮，廟宇四所，其土可陶，産出磑炭，鑿井取之有水，爲患不能經久；東有鴛鴦湖一道，水勢夏冬不涸；西有石塘，鑿造石條，鄉民散居，耕牧相兼	附生孫克昌

---

①　共計有 8 161 户、41 636 人。

參考文獻

一、古代文獻

(一) 陝甘寧舊志

《陝西通志》：(清) 賈漢復、李楷等纂，中國國家圖書館藏清康熙六年至七年(1667 至 1668)刻本。簡稱《〔康熙〕陝志》。

《甘肅通志》：(清) 許容等修撰，中國國家圖書館藏乾隆元年(1736)刻本。簡稱《〔乾隆〕甘志》。

《甘肅新通志》：(清) 升允、長庚修，安維峻等纂，中國國家圖書館藏清宣統元年(1909)刻本。簡稱《〔宣統〕甘志》。

《〔正統〕寧夏志》：(明) 朱栴撰，日本國立國會圖書館藏明萬曆二十九年(1601)重刻本；中國社會科學出版社 2015 年版胡玉冰、孫瑜校注本。簡稱《〔正統〕寧志》。

《〔萬曆〕朔方新志》：(明) 楊壽等編，《故宮珍本叢刊》影印明萬曆刻本，海南出版社 2001 年版；中國社會科學出版社 2015 年版胡玉冰校注本。簡稱《朔方新志》。

《〔乾隆〕寧夏府志》：中國國家圖書館藏乾隆四十五年(1780)刻本；中國社會科學出版社 2015 年版胡玉冰、韓超校注本。

《〔嘉慶〕靈州志迹》：(清) 郭楷編，鳳凰出版社等 2008 年影印清嘉慶三年(1798)刻本；中國社會科學出版社 2015 年版蔡淑梅校注本。

《寧靈廳志草》：(清) 成謙編，日本東洋文庫藏清稿本；寧夏人民出版社 2008 年版胡建東整理本；陽光出版社 2010 年版張京生整理本。

《敦煌縣鄉土志》：中國國家圖書館藏民國間(1912 至 1949)抄本。

(二) 經部

《尚書正義》：(漢) 孔安國傳，(唐) 孔穎達等正義，北京大學出版社 2000 年版。

《毛詩正義》：（漢）鄭玄箋，（唐）孔穎達等正義，北京大學出版社 2000 年版。

《周禮注疏》：（漢）鄭玄注，（唐）賈公彥疏，北京大學出版社 2000 年版。

（三）史部

《史記》：（漢）司馬遷撰，中華書局 2013 年版。

《漢書》：（漢）班固撰，中華書局 1962 年版。

《後漢書》：（南朝宋）范曄撰，中華書局 1965 年版。

《晉書》：（唐）房玄齡等撰，中華書局 1974 年版。

《舊唐書》：（後晉）劉昫等撰，中華書局 1975 年版。

《新唐書》：（宋）歐陽修、宋祁撰，中華書局 1975 年版。

《宋史》：（元）脫脫等撰，中華書局 1977 年版；影印文淵閣《四庫全書》本，（臺北）商務印書館 1986 年版。

《金史》：（元）脫脫等撰，中華書局 1975 年版。

《元史》：（明）宋濂等撰，中華書局 1976 年版。

《清史稿》：趙爾巽等撰，中華書局 1977 年版。

《清實錄》：中華書局 1985 年版。

《慶王壙志》：寧夏博物館藏。

《寧鄉縣志》：周震麟編，中國國家圖書館藏民國三十年（1941）活字本。

《通志二十略》：（宋）鄭樵撰，王樹民點校，中華書局 1995 年版。

《通志》：（宋）鄭樵撰，浙江古籍出版社 2000 年版。

《文獻通考》：（元）馬端臨撰，中華書局 1986 年版。

《四庫全書總目》：（清）紀昀等撰，中華書局 1965 年版。

（四）子部

《容齋隨筆》：（宋）洪邁撰，孔凡禮點校，中華書局 2005 年版。

《東原錄》：（宋）龔鼎臣撰，《叢書集成初編》據《藝海珠塵》本排印，中華書局 1985 年版。

《畫墁集》：（宋）張舜民撰，《叢書集成初編》據《知不足齋叢書》本排印，中華書局 1985 年版。

《東坡志林》：（宋）蘇軾撰，影印文淵閣《四庫全書》本，臺灣商務印書館 1986 年版。

《東坡志林·仇池筆記》：（宋）蘇軾撰，華東師範大學古籍所點校，華東師範大學出版社1983年版。

《類說》：（宋）曾慥輯，《北京圖書館古籍珍本叢刊》據明天啓六年（1626）岳鍾秀刻本影印，書目文獻出版社1988年版。

《玉海》：（宋）王應麟撰，江蘇古籍出版社、上海書店1987年版。

《南村輟耕錄》：（元）陶宗儀撰，中華書局1980年版。

（五）集部

《韓昌黎文集校注》：（唐）韓愈撰，馬其昶校注，馬茂元整理，上海古籍出版社1986年版。

《蓉川集》：（明）齊之鸞撰，《四庫全書存目叢書》影印清康熙二十年（1681）悠然亭刻本，集部第67冊，齊魯書社1990年版。

《趙時春文集校箋》：（明）趙時春撰，杜志强整理，天津古籍出版社2012年版。

《芙蓉山館全集》：（清）楊芳燦撰，日本京都大學京都人文研究所藏。

《左宗棠全集·奏稿》：（清）左宗棠撰，嶽麓書社2009年版。

《思益堂集》：（清）周壽昌撰，《續修四庫全書》影印清光緒十四年（1888）王先謙等刻本，上海古籍出版社2002年版。

二、現當代文獻

（一）著作

《日本主要圖書館研究所所藏中國地方志總合目錄》：日本國立國會圖書館參考書志部編，（東京）國立國會圖書館1969年版。

《寧夏方志述略》：高樹榆等編著，吉林省圖書館學會1985年内部發行。

《中國地方志聯合目錄》：中國科學院北京天文臺編，中華書局1985年版。

《中國地方志總目提要》：金恩暉、胡述兆編，臺灣漢美圖書有限公司1996年版。

《甘肅省圖書館藏地方志目錄》：甘肅省圖書館編，蘭州大學出版社1996年版。

《明代文物和長城》：鍾侃撰，寧夏人民出版社1980年版。

《中國恒星觀測史》：潘鼐著，學林出版社1989年版。

《寧夏歷史地理考》：魯人勇等編著，寧夏人民出版社1993年版。

《敦煌天文曆法文獻輯校》：鄧文寬編，江蘇古籍出版社1996年版。

《方志學新論》：巴兆祥著，學林出版社 2004 年版。

《寧夏歷代碑刻集》：銀川美術館編，寧夏人民出版社 2007 年版。

《寧夏歷史地理變遷》：吳忠禮、魯人勇、吳曉紅著，寧夏人民出版社 2008 年版。

《中國地方志流播日本研究》：巴兆祥著，上海人民出版社 2008 年版。

《寧夏地方志研究》：胡玉冰著，中國社會科學出版社 2012 年版。

《陝甘地方志中寧夏史料輯校》：胡玉冰、韓超、邵敏、劉鴻雁輯校，上海古籍出版社 2015 年版。

《中華人民共和國文化行業標準（WH/T20—2006）古籍定級標準》：中華人民共和國文化部，2006 年 8 月 5 日發佈，同年 10 月 1 日實施。

（二）論文

《寧夏同心縣出土明慶王壙志》：牛達生撰，《考古與文物》1981 年第 4 期。

《〈慶王壙志〉與朱棣"靖難之變"》：牛達生撰，《人文雜志》1981 年第 6 期。

《〈朔方道志〉在寧夏方言研究方面的學術價值》：李樹儼撰，《寧夏大學學報》1985 年第 4 期。

《明太祖皇子朱㮵的名次問題》：任昉撰，《中原文物》1986 年第 4 期。

《明代王陵區出土三盒墓志疏證》：許成、吳峰雲撰，《寧夏文史》1987 年第 4 期。

《〈寧靈廳志草〉考述》：張京生撰，《圖書館理論與實踐》1992 年第 1 期。

《日本藏孤本寧夏〈寧靈廳志草〉考述》：巴兆祥撰，《寧夏社會科學》2002 年第 5 期。

《歷史的見證——日本藏清稿本〈寧靈廳志草〉的學術價值探析》：張京生撰，《圖書館理論與實踐》2008 年第 6 期。

《孤本方志，彌足珍貴——讀〈寧靈廳志草〉劄記》：胡建東撰，載胡建東校注《光緒寧靈廳志》，寧夏人民出版社 2008 年版。

《日本東洋文庫藏寧夏〈寧靈廳志草〉整理與研究成果述評》：胡玉冰撰，《圖書館理論與實踐》2009 年第 6 期。

《日本東洋文庫藏寧夏〈寧靈廳志草〉考略》：胡玉冰撰，《寧夏社會科學》2009 年第 4 期。

《靈州，初曰"靈洲"——建議中華書局修改〈漢書〉一字之誤》：白述禮，《寧夏史地》2011 年第 3 期。

〔光緒〕平遠縣志

(清)陳日新 纂修　　胡玉冰 校注

前　言

　　平遠縣（今寧夏同心縣）設置於清同治十三年（1874）。明爲平虜守禦千户所管轄之下馬關堡。清初因之，後改屬鹽茶廳。同治十三年，於平遠所下馬關置平遠縣，屬甘肅省固原直隸州。①《清實録·穆宗同治皇帝實録》卷三七二載：十三年十月己丑，"定新設……平遠縣知縣爲'繁、難'中缺；……平遠、海城二縣訓導、典史、同心城巡檢均爲簡缺。從總督左宗棠請也"。②民國時期廢除府州之名，在省縣之間設道。平遠縣於民國三年（1914）易名鎮戎縣，由固原直隸州改隸朔方道。十七年（1928）鎮戎縣又易名豫旺縣，二十七年（1938）豫旺縣治由下馬關遷至同心城，易名同心縣。

　　同心縣舊志傳世者爲《〔光緒〕平遠縣志》10卷，陳日新修纂，光緒五年（1879）刊刻。此外，甘肅省圖書館藏宣統二年（1910）二月平遠縣知縣秦瑞珍署名呈報的《甘肅固原直隸州平遠縣地理調查表》也是一份珍貴的民國時期平遠縣縣情調查資料。該表對平遠縣所轄212處村鎮的名目、方向位置、離城里數、户數、人數、主要建築（寺廟道觀、學校）及水井等都有較爲詳細的調查材料，並將資料調查者姓名亦記載在表中。《〔宣統〕新修固原直隸州志》《〔民國〕朔方道志》中亦散見有今同心縣的文史資料。傳世的民國十四年（1925）朱恩昭修纂6卷本《豫旺縣志》是一部撮抄僞作，從序至内容均直接截取自《平遠縣志》《〔民國〕朔方道志》等志書。③

一、整理與研究現狀

　　《隴右方志録》《中國地方志聯合目録》《寧夏地方文獻聯合目録》《甘肅省圖書館藏地方志目録》《中國地方志總目提要》等方志書目對《平遠縣志》都有著録或提要。

---

① 魯人勇等著：《寧夏歷史地理考》，寧夏人民出版社1993年版，第319頁。
② 吴忠禮、楊新才主編：《〈清實録〉寧夏資料輯録》，寧夏人民出版社1986年版，下册1141頁。
③ 詳見胡玉冰《寧夏〈民國〉〈豫旺縣志〉辨僞》，《北方民族大學學報》2013年第2期。

高樹榆撰《寧夏方志錄》《寧夏方志評述》《寧夏回族自治區地方志述評》等論文對《平遠縣志》都有著錄或提要式的介紹。陳明猷《平遠縣的創建及〈平遠縣志〉》一文專題研究《平遠縣志》，緊密結合該志内容，對其進行詳細的分析與評價。論文還對與平遠縣有關的其他 3 種文獻[《〔宣統〕新修固原直隸州志》《〔宣統〕平遠縣地理調查表》《〔民國〕朔方道志》]也作了簡單介紹。

　　《平遠縣志》傳世本爲光緒五年（1879）刻本。據《中國地方志聯合目錄》載，中國國家圖書館、北京大學圖書館、南京地理所等單位還藏有該志抄本，抄成年代不詳。1965 年，甘肅省圖書館油印傳世。① 寧夏圖書館亦油印傳世。1968 年臺灣成文出版社出版《中國方志叢書》，1988 年天津古籍出版社出版《寧夏歷代方志萃編》、寧夏人民出版社出版《寧夏地方志叢刊》，2008 年鳳凰出版社等出版《中國地方志集成・寧夏府縣志輯》，都據光緒五年（1879）刻本影印出版《平遠縣志》。1990 年蘭州市古籍書店出版《中國西北文獻叢書》第一輯《西北稀見方志文獻》，第 52 卷爲影印甘肅學者張維藏本《平遠縣志》。此本鈐蓋有"鴻汀""臨洮張氏""還讀我書樓藏書印"等印文印章。

　　1993 年寧夏人民出版社出版王克林、陳志旺等《標點注釋平遠縣志》，本次整理以甘肅圖書館藏光緒五年（1879）刻本爲底本。爲增强本書的資料價值，整理者一併整理了甘圖所藏《〔宣統〕甘肅固原直隸州平遠縣地理調查表》，並把《〔民國〕朔方道志》中散見的鎮戎縣（即今同心縣）資料都輯錄出來，按《朔方道志》體例分門別類。整理本還附有甘肅省檔案館藏《甘肅省各縣地圖集》之《固原州平遠縣圖》（清末繪製）、《鎮戎縣（豫旺縣）地圖》（1929 年 10 月繪製）等兩幅地圖和陳明猷的研究論文。這樣，大大增加了本書的利用價值，極大地方便了閱讀與研究。

二、陳日新生平

　　陳日新，字焕齋，湖北蘄水（今湖北浠水縣）人，生卒年不詳。《〔民國〕朔方道志》卷十五《職官志・宦迹》有傳。中國國家圖書館藏清朝光緒六年（1880）多祺編《蘄水縣志》卷七《選舉志》載，陳日新中咸豐元年（1851）辛亥恩科鄉試，授甘肅海城縣知縣，升用直隸州，賞戴花翎。《平遠縣志》卷八《官師》載，陳日新於同治十三年（1874）任平遠縣第一任知縣。《〔光緒〕海城縣志》卷八《職官志》載，光

---

① 《甘肅目錄》未著錄此本，《聯合目錄》《寧夏目錄》均著錄有此油印本。

緒六年(1880)任海原縣知縣。①

陳日新在平遠縣做了很多有益於百姓的事,《〔民國〕朔方道志》卷十五載:"六年去任,士民依依不捨,群呼之爲'賢父母'云。"在概括陳日新有關教育的政績時特意強調其編修志書一事,曰:"又以邊區新創,暗淡無文,籌設學校,請定學額,並詳考是地沿革、文物、山川、道里,纂輯成書,以資考核。平涼道制序謂'用心苦而盡職勤,真《實錄》也。'"

三、志書編修方法、主要內容及編修質量

(一) 編修方法

《平遠縣志》各卷卷端均署該志由魏光燾鑒定、陳日新纂修,從文獻資料看,該志完全由知縣陳日新本人獨立編輯。因志書在正式刊刻前,陳日新曾將稿本交由魏光燾審讀,故刻本中亦署魏光燾之名,但這不表明魏光燾也實質性地參與了志書的纂修。志書中的署名,只是表示陳日新對上級的恭敬態度而已。

陳日新光緒五年(1879)九月撰《〈平遠縣志〉序》載:"同治十三年秋,廷議新設平遠縣,定余捧檄,首宰斯土。今瓜代有期矣,使將四百里之地、之事而忘之,將何以告新令尹?唯是採輯既建治之後四百里今日之事也,追溯未建縣治之前四百里疇昔之事也。第兵燹後文獻無徵,必欲將歷代政治之因革、市井廢興、人事代謝、風化轉移,四百里地今日之事、疇昔之事,歷歷如畫,蓋亦難矣。總之,平遠幅員,割之鹽、固、靈州地,第取鹽、固、靈州志,擇其幅員之在平遠者而筆削之。其軼乃蒐羅於他説,將有以持之告新令尹者。然則平遠一縣四百地,今日之事、疇昔之事,宛在目前,開卷了然,雖欲志之,焉得而忘之。縣之不可無志也如是。"②由此序可知,作爲平遠縣首任知縣,陳日新在即將離任前從鹽州、固原、靈州等地志書中將與平遠有關的內容輯録出來,匯爲一編,一方面是對地方歷史文化、制度沿革的一次全面梳理,另外也爲即將到任的新知縣了解縣情提供了資料。

魏光燾《創修〈平遠縣志〉序》載:"己卯秋,攝平遠縣事陳明府焕齋以手撰縣

---

① 海城縣儒學訓導陳廷珍於光緒三十四年(1908)所撰《新修縣志序》稱,陳日新於光緒八年(1882)到任。〔光緒〕《海城縣志》卷八《職官志》載,陳日新於光緒六年(1880)任海原知縣,高蔚霞於七年(1881)任,英麟於八年(1882)任。陳日新光緒五年(1879)撰《〈平遠縣志〉序》稱,"今瓜代有期",即他馬上要離任知縣一職,〔光緒〕《海城縣志》記載他於光緒六年(1880)出任海原知縣一職應該是可信的,故陳廷珍所記疑誤。

② 《前言》轉引《平遠縣志》,若無特別說明,均直接引自中國國家圖書館藏清光緒五年(1879)刻本《平遠縣志》,恕不一一注明。

志稿本封賫,乞予筆削并序,瓜代有期,梓以遺後任。……予展視,爲卷十,綱也;爲條若干,綴於卷下,目也。朝廷設官分職,上下相維,事期共濟。剏志所關甚鉅,予弗從而商榷,酌加删潤,可乎?纂修者善否,增損者合否,予皆不得而知。至於量地制邑,天時地利人事,靡不瞭如指掌。其間有不及詳備者,時方創始也。……陳君攝縣事,招徠開墾,創舉諸務。又越六載,始有此規模,見諸是志,陳君之用心良苦矣,陳君之盡職可知矣。善始必期善繼。陳君將舉今昔事,持以告新令尹,而後之接踵至者,使皆本此以深惕厲,遞展嘉猷,蒸蒸日上,續是志以爲國家光,是亦予之厚企也。"魏光燾序文說明了這樣幾個重要的問題:第一,光緒五年(己卯年,1879)秋,陳日新即將離任平遠知縣前完成了《平遠縣志》的編寫工作,然後拿稿本去請魏光燾審讀,並請他作序;第二,《平遠縣志》共10卷内容,魏光燾因對平遠縣縣情不了解,故未對原稿加以删改潤色;第三,陳日新作爲首任知縣,對平遠縣治理有功,其政績在志書中多有記載;第四,陳日新編修志書用意深遠,表面看是爲新任知縣了解縣情提供資料便利,實際上是要樹立一種政績的榜樣,讓後繼者效仿。

《平遠縣志·凡例》載:"一,志尚體裁。平遠以邊徼地,創縣治於亂後,人烟寥落,既不能延名流爲總纂、分纂,又無紳士召集以備採訪,皆予一人蒐求,一手編輯,難期體裁允當。一,省志宜簡,府、州、縣志宜詳。予才學疏淺,既虞脱漏,又難免病俗傷繁。一,志内援引古事,僻壤無載籍,蒐羅以資考證,其中不無錯誤。……一,是志非敢言志,他日人民日衆,土地日闢,風教日開,俾續修者得有所援而已。"在寧夏舊志中,以知縣一己之力完成地方志書的編纂工作實屬罕見。從《凡例》看,陳日新對於自己編修志書一事態度很謙虛,對於志書可能會存在的問題有充分的預見,希望該志能對後續者修志起到一定的參考作用。

(二) 主要内容

《平遠縣志》10卷,分設28目。其中卷一《圖考》,附《平遠縣疆域圖》《平遠縣城池圖》;卷二《歲時》,包括《氣候》《風雨雪霜冰雹》2目;卷三《建置》,包括《沿革》《疆域》《形勝》《城池》《公署》《倉庫》《里甲》《驛站》《鋪司》《撛插》《社倉》11目;卷四《山川》,包括《山》《川》2目;卷五《古迹》;卷六《田賦》,包括《賦始》《原畝額徵》《鹽課》《户口》《物産》5目,卷七《學校》,包括《學額》①《選舉》2目;卷八《官師》,附《新設文員》《新設武員(附兵)》2目②;卷九《人物》;卷十《藝文》,附《忠義》

---

① 《平遠縣志·目錄》及正文均作"學額",正文標目卻作"學校",與本卷卷目名稱重複,疑誤。
② 《平遠縣志·目錄》作"新設武員",正文標目作"舊設武員"。

《工役》2目。

　　從《凡例》可知，《平遠縣志》在内容編輯上有詳有略。詳者如疆域、城池，儘管在卷一的兩幅地圖中繪製有多種信息，但在卷四的《建置》中還是詳述其狀，不厭其煩。再如，當地武官名單在《官師》中已有羅列，但在各汛中又不避重複，備述其職守，主要是爲了强調地方軍事防備的重要性。略者如封爵墓已散見於《建置》《古迹》各卷内，故不再贅述。

　　在地方縣情資料的輯録上，已舉之事如修建文武廟及各祠祀等皆記之，庫款支絀等事因未建設，故未載入。地方志書中，"風俗""祥異"二目一般是必設類目，但《平遠縣志》卻未設，《凡例》這樣解釋，平遠縣"民丁多自五方遷徙，習尚各殊，尚待善政齊之，故《風俗》在今不能立卷。又《祥異》一類，無從稽考，亦未列載"。

　　因爲平遠縣建置時間不長，故而有多項縣情資料有缺或不詳，陳日新非常謹慎，各類資料均據實情輯録。如與學校、職官有關的資料都是從平遠縣建縣之年即同治十三年(1874)開始記起，此前的資料不再追溯，《選舉》資料是從同治十二年(1873)開始統計的。由於學宫、學田、書院、義學、社學、賓興等項内容平遠縣正式設縣之前未有建設，故《學校》中此類資料均未記載。入《人物》者"經予考覈者志之，其他不敢附會"。

　　《凡例》還對《田賦》類内容組成也作出説明："鹽課……礙難别立一卷。又户口乃辟土之人，物産爲土宜所出，故與鹽課皆歸入《田賦》卷，以免瑣屑。"

　　《平遠縣志・藝文》録詩共56首，其中48首自《〔萬曆〕固原州志》輯録，陳日新自己有8首輯入。文和人物傳記共15篇，皆陳日新所作。《凡例》曰："予修理城署等記，並詩若干首，因其言有關時事，附載《藝文》卷尾，工拙不記也。"

　　從《平遠縣志》正文内容看，卷四、卷五注明了部分史料的出處，證明陳日新於序中所言自鹽、固、靈州志書中輯録資料非虚言，這是本志的一大特色和值得肯定的地方。卷四《山川》"大蠱山"條注明"出《靈州志》"，"青沙峴"條注明"出《固原州志》"，"青龍山"條注明"出斷碣"，"哆唛河""大黑水"條注明"出《通鑑》"，"清水河""苦水河"條注明"出《一統志》"。卷五《古迹》"平遠所"條注明"出《固原州志》""出《二臣傳》"，"細腰葫蘆峽城"條注明"出《通鑑》及《固原志》"，"韋州堡"條注明"出《二臣傳》""出《東華録》"，"同心城"條注明"出《靈州志》"，"白馬城"條注明"出《固原州志》"。勘驗徵引内容可知，引文分别出自《〔嘉慶〕靈州志迹》《〔萬曆〕固原州志》《資治通鑑後編》《大清一統志》《二臣傳》《東華録》等文獻。

　　從引文情况看，陳日新對於舊志資料在徵引時不是原文照録，而是對内容有改寫，有時還據自己所知進行補充。如"大蠱山"條，《〔嘉慶〕靈州志迹》卷一《地理山川志》有記載,《平遠縣志》將其内容基本都輯録出來,但又有補充,兩志還有部分異文。新補充的内容是:"宋時有避秋者悟道於此,俗傳二虎隨身後仙去。"《靈州志迹》載:"上多奇木、異卉、良藥。山北有祠,雨暘輒禱之。明慶王諸陵墓皆在焉,舊尚有宫殿,今皆毁。"①《平遠縣志》載:"上多奇花異卉、良藥珍禽。賀蘭對峙於前,黄河奔放其下,爲平遠第一名勝。山東有祠,爲雲青寺,雨暘輒禱之。慶藩諸墓,皆在其下。舊有宫殿,今毁。"兩相比較,後者内容上顯然比前者要豐富。後者補充説明了平遠縣還産珍禽和它所處地理位置的特點,還補充説明了祠名及慶藩陵墓所處的位置。另外,《靈州志迹》"奇木""山北有祠",《平遠縣志》作"奇花""山東有祠"。

值得一提的是,《平遠縣志》還利用碑石材料對某些古迹進行考辨。如卷四載,青龍山"有楊將軍廟,斷碣稱,宋時楊將軍業遇契丹戰死處。其子都尉楊廷玉陪祀。愚按史載,楊業與契丹戰死陳家谷,其子廷玉殉之,在朔州地。今立廟於此,豈前明邊將哀其忠勇,建廟以勵將士歟? 蓋未可知也。然山下亦有陳家谷云,姑録之"。楊業戰死於陳家谷事,在《續資治通鑑長編》卷二七太宗雍熙三年(986)八月條及《隆平集》卷十七、《東都事略》卷三四、《宋史》卷二七二楊業本傳中均有記載,陳日新對於斷碣所記楊業之事略作考辨,指出其疑,爲後人進一步研究提供了寶貴的綫索。

(三) 編修質量

《平遠縣志》將平遠縣資料匯於一編,極大地方便了後人對其資料的利用,但志書部分内容還存在一些問題,故利用時要注意辨明。

卷一《圖考》所附《平遠縣疆域圖》《平遠縣城池圖》二圖可以和卷三、卷四、卷五相參看,但有些内容出現記載不一的現象。如《疆域圖》中標示有"大螺山""青羊山""預望城",卷四《山川》分别作"大蠡山""青羊泉山""預旺城"。據寧夏各志書可知,"大螺山"當爲"大蠡山"之異名。據《〔萬曆〕固原州志》等文獻可知,"青羊山"脱"泉"字,"望"當作"旺",地圖標示之名有誤。另外,卷四載"青龍山在縣東北四十里",《疆域圖》卻將"青龍山"繪標於縣城東南方向。

《平遠縣志》引文中有文字錯誤。如卷四《山川》"哆唛河"條"哆唛遂以萬人來踞藍河側"句,《宋史》卷四八六《夏國傳》《御批歷代通鑑輯覽》卷八〇、《資治通鑑後編》卷九八都作"遂以萬人來迎",無"踞藍河側"4字,《平遠縣志》"踞藍河

---

① 蔡淑梅校注:《嘉慶靈州志迹》,(清) 楊芳燦監修、郭楷纂修,中國社會科學出版社 2015 年版,第 26 頁。

側"4字顯系衍文。"大黑水"條"紹聖四年夏王乾順奉其母率衆五十萬人入寇"句,據《宋史》卷四八六《夏國傳》《宋史紀事本末》卷九《西夏用兵》等文獻,"四年"當作"三年"。

四、版本流傳

《平遠縣志》光緒五年(1879)刻本流傳較廣,中國國家圖書館、甘肅省圖書館等多處有藏。甘肅省圖書館藏本書衣上鈐蓋有"鎮戎縣知事印"陽文方朱印。據平遠縣沿革考,平遠縣於民國三年(1914)易名鎮戎縣,十七年(1928)鎮戎縣又易名豫旺縣,故甘圖藏本當原爲1914年至1928年鎮戎縣縣衙所藏。刻本四周雙邊,單、黑魚尾。書名頁共分3行,中間爲"平遠縣志"4篆體字,右側爲"光緒五年季夏開雕"8字,左側有"板存縣署"4字。內容共有65頁,依次爲:陳日新序2頁,每半頁7行,行13至16字,落款後印有"煥齋""陳氏日新"兩方陽文墨印;魏光燾序2頁,每半頁6行,行20至21字;[①]《凡例》2頁,每半頁8行,行21至22字;《目錄》2頁,爲二級目錄;正文共57頁,每半頁8行,行21至22字,其中卷一、卷八同爲3頁,卷二、卷七同爲1頁,卷三、五爲6頁,卷四、卷六同爲5頁,卷九2頁,卷十最多,爲25頁。《平遠縣志》版心頁碼與一般古籍有別,各卷頁碼不是各爲起迄,而是自《凡例》第一頁開始連續編至卷十最後一頁,編序至第61頁。

五、文獻價值

陳明猷先生在《平遠縣的創建及〈平遠縣志〉》一文中,從該志所載"縣名和縣治""地域""自然地理和歷史地理""人口和民族""經濟狀況""有關詩文"等6方面的內容對志書文獻價值給予了較爲全面、系統的評價,指出志書內容記載務實,文字精煉,在一般舊志中罕見,也很可貴。我們還想強調以下兩點價值:

第一,《平遠縣志》是今寧夏同心縣傳世的第一部縣志,對於研究同心縣歷史沿革、自然地理、人文特點等自有其特殊的資料價值。如卷三《建置·擢插》記載平遠縣城人口變化及構成情況曰:"予甫莅任,稽合縣丁口,不及千户。數年間,招徠漸殷,在邑在野,今近三千户。惟毛居士井、紅城水皆漢民,縣城、預旺城漢回雜處,田、馬家井皆升營、宣威營裁撤弁勇,安插而爲民者,其餘村堡悉回部。"這條材料不僅説明平遠縣人口變化情況,又對當地民族構成情況也有説明,這對

---

① 國家圖書館藏本、《中國西北文獻叢書》影印甘肅學者張維藏本,魏光燾序位於陳日新序之前。

於研究當地民族特別是回族的分佈情況無疑具有研究價值。

　　第二,《平遠縣志·藝文》錄陳日新所作文和人物傳記共15篇,所作《創修平遠縣署記》《重修平遠縣城記》《預旺城城隍廟記》《社倉記》《重修蠡山廟記》等5篇文獻是研究平遠縣建置沿革的珍貴資料,所作《甘肅東路叛回紀略》《戡定平遠記》《劉甫田傳》《潘錫齡傳》《黃仲馨傳》《王雲鵬傳》《田守備傳》《丁提督賢發死事紀略》《義回合傳》《義民傳》等10篇紀傳文獻中,陳日新對於清末回民起義所持的反動政治立場我們持批判態度,但從資料角度而言,對於深入研究起義則是非常難得的一手文獻。

整理說明

一、本書主要以標點、校勘、注釋等方式對《〔光緒〕平遠縣志》進行整理，以中國國家圖書館藏清光緒五年（1879）刻本爲底本，以臺灣成文出版社1968年版《中國方志叢書》、天津古籍出版社1988年版《寧夏歷代方志萃編》、鳳凰出版社等2008年版《中國地方志集成》等叢書影印本爲參校本，部分整理成果參考了寧夏人民出版社1993年版王克林、陳志旺等《標點注釋平遠縣志》。

二、整理成果以繁體橫排形式出版。注釋條目以當頁腳注形式注釋，用圈碼①②③之類排序，校勘以[1][2][3]之類排序，放在卷末。正文或腳注中凡以"〔〕"字樣括注的文字，均係整理者增加。

三、《平遠縣志》是今寧夏同心縣唯一一部舊志，《〔宣統〕甘肅新通志》《甘肅固原直隸州平遠縣地理調查表》所載平遠縣資料均可上續《平遠縣志》所載，《〔民國〕朔方道志》散見有豐富的民國時期鎮戎縣（即今同心縣）的史料，兹將其附錄於《平遠縣志》之後，以助研究。

四、校勘以校文字異文爲主，酌校内容異同。底本或對校本中存在明顯的誤、脱、衍、倒等現象，於正文中校改後出校説明。雖有異文但意可兩通者，不改正文，僅在校記中説明。《平遠縣志》明顯的誤刻之字，校勘時徑改，不一一出校説明。避諱字於首見處出校説明，餘皆徑改，不再一一出校。底本中的異體字、俗體字、通假字、古今字等，一律不出校。某些不規範的異體字、俗體字、古今字等，或前後用字不一者，均按出版要求適當統改成規範、統一的字體，不出校記。

五、舊地方志書中稱西北回民起義軍起事爲"回亂""回叛"等，稱起義者爲"逆回""叛回"等，將鎮壓起義者事迹入"忠節""忠義"之中等，均當辨明且予以批判。爲保留此類文獻原貌，整理時一仍其舊。

六、當頁腳注徑出注釋條目。注釋内容主要包括：原文易致惑者（如文獻簡稱或省稱、干支紀年等）、原文提及的詩文或史料出處、原文體例中資料互見者、整理者對輯補史料的出處説明和整理者的補充文字等。

七、腳注中，凡言"本志"者，均指《〔光緒〕平遠縣志》。凡言"本志書例"者，均指《平遠縣志》編修體例。凡言"本志編者"，均指《平遠縣志》編纂者。"徵引文獻之版本，凡"中華書局點校本"簡稱"中華本"，"文淵閣《四庫全書》本"簡稱"《四庫》本"。書名較長者沿用習慣簡稱，具體簡稱參見《參考文獻》。

八、脚注中，凡引古代文獻，均只注明書名、卷次、篇名等，其作者、版本等詳見《參考文獻·古代文獻》。凡引現當代文獻，均只注明作者、書名或論文篇名、頁碼等，其出版社、刊物名、發表時間等詳見《參考文獻·現當代文獻》。若被引用古代文獻已有整理成果，一般直接吸收其合理意見，不再重複叙述校注理由，注明"參見××"字樣。注明引文出處、他校資料或他人校勘、考證成果，亦注明"參見××"字樣。

九、《參考文獻》分《古代文獻》和《現當代文獻》分別著錄。爲便於檢索，《古代文獻》分陝甘寧舊志、經、史、子、集等五類著錄，《現當代文獻》分著作、論文兩類著錄。

〔魏光燾〕創修平遠縣志序

己卯秋，①攝平遠縣事陳明府煥齋以手撰縣志稿本封賷，乞予筆削并序，瓜代有期，梓以遺後任。予燕淺，政務旁午，又會經始隴東渠工，心無暇，來使待覆於門。少間，予展視，爲卷十，綱也；爲條若干，綴於卷下，目也。朝廷設官分職，上下相維，事期共濟。矧志所關甚鉅，予弗從而商榷，酌加删潤，可乎？纂修者善否，增損者合否，予皆不得而知。至於量地制邑，天時地利人事，靡不瞭如指掌。其間有不及詳備者，時方創始也。憶自隴上定，制府左侯相慮深控禦，請升固原爲直隸州。予及廖直刺、曉東陳君殫精區畫，又幾經崇方伯峻峰、楊廉訪慶伯因時議制，侯相裁奪入告，始成斯邑。陳君攝縣事，招徠開墾，創舉諸務。又越六載，始有此規模，見諸是志，陳君之用心良苦矣，陳君之盡職可知矣。善始必期善繼。陳君將舉今昔事，持以告新令尹，而後之接踵至者，使皆本此以深惕厲，遞展嘉猷，蒸蒸日上，續是志以爲國家光，是亦予之厚企也。

皇清光緒五年己卯八月，平慶涇固化道邵陽魏光燾序。

---

① 己卯：清德宗載湉光緒五年(1879)。

〔陳日新　　平遠縣志序〕

　　周制四百里爲縣。縣者，懸也，四百里民命所懸繫者也。四百里之地、之事筆之於書，謂之縣志。志者，記也，示不忘也。知縣者，知一縣之事也。而知縣爲四百里民命懸繫之人，凡四百里之地、之事，又烏可忘。同治十三年秋，廷議新設平遠縣，定余捧檄，首宰斯土。今瓜代有期矣，使將四百里之地、之事而忘之，將何以告新令尹？唯是採輯既建治之後四百里今日之事也，追溯未建縣治之前四百里疇昔之事也。第兵燹後文獻無徵，必欲將歷代政治之因革、市井廢興、人事代謝、風化轉移，四百里地今日之事、疇昔之事，歷歷如畫，蓋亦難矣。總之，平遠幅員，割之鹽、固、靈州地，第取鹽、固、靈州志，擇其幅員之在平遠者而筆削之。其軼乃蒐羅於他説，將有以持之告新令尹者。然則平遠一縣四百地，今日之事、疇昔之事，宛在目前，開卷了然，雖欲志之，焉得而忘之。縣之不可無志也如是。

　　光緒五年己卯九月日，直隸州知州、用署平遠縣知縣、海澄縣知縣、湖北蘄水陳日新撰於署。

平遠縣志凡例

一、志尚體裁。平遠以邊徼地，創縣治於亂後，人烟寥落，既不能延名流爲總纂、[1]分纂，又無紳士召集以備採訪，皆予一人蒐求，一手編輯，難期體裁允當。

一、省志宜簡，府、州、縣志宜詳。予才學疏淺，既虞脱漏，又難免病俗傷繁。

一、志内援引古事，僻壤無載籍，蒐羅以資考證，其中不無錯誤。

一、《疆域》《城池》既有圖矣，仍載入《建置》卷内，爲志其詳細。又武員既列《官師》，仍載入各汛，以昭防守，非重複也。

一、志内《學校》《官師》等卷，均以建邑之年爲始，以前概從略。又封爵、墓已散見於《建置》《古迹》各卷，無庸復贅。

一、是志第就今日已舉之事志之，如文武廟及各祠祀等類，庫款支絀，尚未建設，故未載入。又民丁多自五方遷徙，習尚各殊，尚待善政齊之，故《風俗》在今不能立卷。又《祥異》一類，無從稽考，亦未列載。

一、志内有綱目而不能備舉者，如《學校》一卷，凡學宫、學田、書院、義學、社學、賓興等項，目前未設，故不能附載。又如《人物》一卷，凡歷代忠節、孝義、儒林、循吏、隱逸、烈女等項，皆未由稽考，故第就經予考覈者志之，其他不敢附會。

一、《選舉》宜獨立一卷，惟歷代徵辟、保薦、明經、進士、諸貢等類，無從蒐索，故但從同治癸酉科舉人載起，①附於《學校》。

一、鹽課向歸鹽商完納，兵燹後無商，議由地丁攤派，雖未定制，礙難別立一卷。又户口乃辟土之人，物産爲土宜所出，故與鹽課皆歸入《田賦》卷，以免瑣屑。

一、予修理城署等記，並詩若干首，因其言有關時事，附載《藝文》卷尾，工拙不記也。

一、是志非敢言志，他日人民日衆，土地日辟，風教日開，俾續修者得有所援而已。

【校勘記】

[1] 纂：原作"篡"，據文意改。本志下文及卷一至卷十卷端次行同改。

① 同治癸酉：清穆宗載淳同治十二年(1873)。

平遠縣志目錄

卷一
  圖考 平遠縣疆域圖 平遠縣城池圖
卷二
  歲時 氣候 風雨雪霜冰雹
卷三
  建置 沿革 疆域 形勝 城池 公署 倉庫[1] 里甲 驛站 鋪司 擺插 社倉
卷四
  山川 山　川[2] 八景 地宜[3]
卷五
  古迹
卷六
  田賦 賦始 原畝額徵 清丈額徵[4] 鹽課 户口 物產
卷七
  學校 學額 選舉
卷八
  官師 新設文員 新設武員 附兵
卷九
  人物
卷十
  藝文 忠義 工役附

【校勘記】

[1] 倉庫：本類目原無，據本志卷三《建置》正文補。
[2] 川：本志卷四《山川》正文作"水"。
[3] 八景地宜：此二類目原無，據本志卷四《山川》正文補。
[4] 清丈額徵：本類目原無，據本志卷六《田賦》正文補。

平遠縣志卷一

平慶涇固化道魏光燾鑒定　蘄春陳日新纂

圖考

平遠縣疆域圖　平遠縣城池圖

　　河圖秘啓先天，太極包涵萬象。志乘以圖啓例者，上蟠下際，靡不胚胎其中也。平遠地居邊險，繪事尤重。志《圖考》。

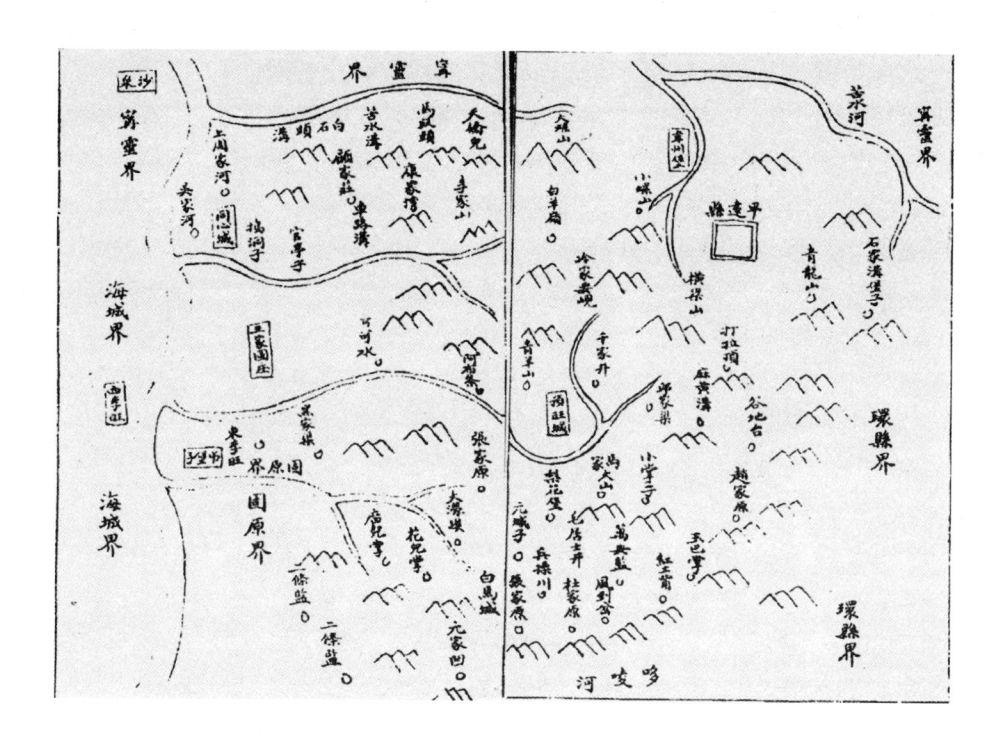

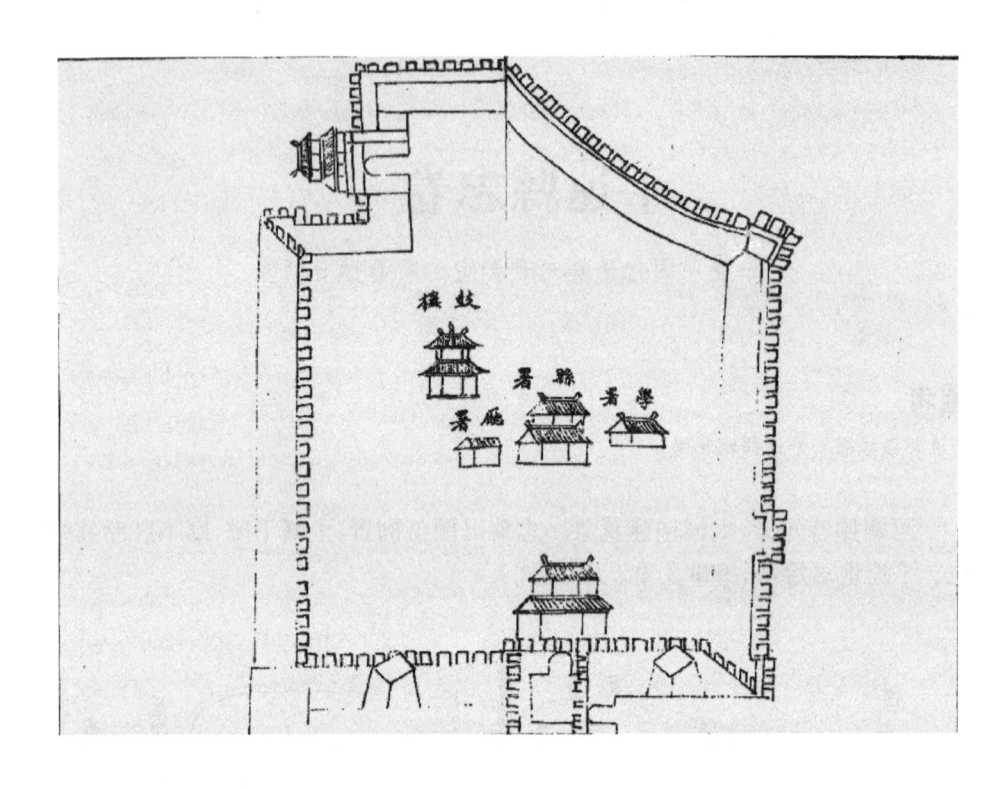

平遠縣志卷二

平慶涇固化道魏光燾鑒定　蘄春陳日新纂

歲時
氣候　風雨雪霜冰雹

　　陰陽所毗,氣候不齊,隴東苦寒,平遠其最,化工布濩,實異他邦。宰斯土者,當思有以調爕之。志《歲時》。

氣候

　　平遠地極高寒,受春氣最遲,受秋氣獨早,當盛夏亦如東南各省。四月清和時,無所謂酷熱。而毛居士井居萬山中,隆冬尤爲凛冽,故諺云"天下冷莫於毛居士井"。然山谷間,當驟雨方霽,雖盛夏時,猶凍殭駝、馬,匪獨人也。其冱陰之凝結,有如此者。

風雨霜雪冰雹

　　縣境近上郡,常苦旱,稼穡多不暢茂,往往於五七月降黑霜,尤傷稼。冰雹間亦爲災。自冬徂春,冰堅地裂,終日大風揚沙。

平遠縣志卷三

平慶涇固化道魏光燾鑒定　蘄春陳日新纂

建置

沿革　疆域　形勝　城池　公署　倉庫　里甲　驛站　鋪司　擯插　社倉

平遠在前沿革不一，設縣則自今始。疆域形勝，固足以雄峙邊隅。規制亦周，而民人社稷相與爲依，爲政者尚其加意。志《建置》。

沿革

平遠介乎平涼、寧夏之間，[1]天文在赤道井三十二度二分、鬼一度十八分、尾二十度、柳十四度。分野在唐虞爲三苗神農氏裔，禹格其逆，屬雍州。太康失國，復叛，后泄賜爵命服從。終商之世，不見於史册。周武王逐之涇北。春秋爲義渠。

秦惠文王奪其地之半而縣之。昭王則盡取其地，開北地郡。漢武帝析置安定。晋仍舊。周太和四年，築原州。隋大業，別置平涼郡以屬之。唐復屬原州。元和中陷於吐蕃。宋元符二年，遣大將折可適伐夏，因置西安州。[2]隨陷於夏，更名"東牟"。寶慶元年冬，元太祖取靈州，進兵鹽州川，命豫王築城於平虜所，亦名"平遠所"。旋建國於西安州。元至元十年，廢原州，立開成府，[3]爲安西王行都，亦宋度宗十年也。後王誅國除。

明洪武二年，徐達、俞通海攻走元豫王於西安州，降其部落，安置開成等縣，官其酋領把丹爲平涼千户。二十年冬，以地賜韓、肅、楚、慶諸藩爲牧場。成化五年，把丹孫滿四名俊者，據石城反，遣都督劉玉、副都御史項忠討平之。而項功居多，得總督軍務。因設固原衛，及西安、平遠、鎮戎三所以隸之，墾其地，屯兵以備河套。是爲固原有"總督"之始。代其軍者爲巡撫馬文昇。十年，套人愈熾，刑部主事張鼎言："延綏、甘肅、寧夏，鎮撫不相統一，宜推文武重臣一人總制三邊，巡撫以下悉聽節制。"詔起王越爲之，是爲固原有"總制"之始。十五年，秦紘總制，請徙開成之版爲固原州治，是爲有"固原州"之始。國朝定鼎，遷同知於固原，與州牧同城，裁撤衛所。更西陬牧地，招民開墾。乾隆十四年，復移同知駐海訥都，即今之海城縣也，分治州域。蓋同知在前明司監收，國朝改司鹽茶。

此縣之南西圍而向轄平涼者，東北則秦始皇遣蒙恬卻匈奴，取河南造陽地爲新秦中。漢武帝游獵，唐肅宗即位，赫連、西夏迭爲霸國。麥朵山鐵可爲兵，紅柳可爲笴。設險韋州，以固其圍，元起北方以滅之，定函夏，而進兵鹽州。明視河套之強如榻側臥虎，築長城以蔽其衝。此縣之東北圍而向轄寧夏者，同治間回逆闚秦隴，湘陰左侯相平之。以平、寧之間土地遼闊，宜建置，議陞固原爲直隸州，置硝河城州同，設平遠縣及同心城巡檢，改鹽茶爲海城縣，置打拉赤縣丞，統隸固原。奏之朝，報可，以觀察使魏公〔光燾〕督屬經營。檄予從刺史廖公，割鹽、固〔原〕、寧〔靈廳〕、靈〔州〕壤，相陰陽，觀流泉，以下馬關氣勢雄峻，建平遠縣治。以同心城當平〔涼〕寧〔夏〕孔道，且距縣迢遥，設巡檢一員分防西川，以助縣令治化之不及。

疆域

縣之西南域：預旺城、可可水、夾道堡，及李旺堡十分之三，皆割之海城地；元城子、毛居士井、永固堡，及白馬堡十分之七，皆割之固原州地。東北域：韋州全堡，同心城十分之三，皆割之新設寧靈廳地，而寧靈廳又由靈州分割而來。

治在州東北三百里，界預旺城西之梨花嘴，距縣一百二十里。正西距海城縣二百四十里，界王家團莊西之清水河，距縣一百三十里。西北距寧靈廳二百五十里，界蠡山西之南北兩關口，距縣七十里。又西界同心城北三十里鋪，距縣一百五十里。正北距靈州二百八十里，界韋州堡之苦水河，距縣七十里。東南距環縣三百二十里，界喬家嘴，距縣五十里。西南距省城一千六百里。東北距京師三千九百八十里。

形勝

峰巒環拱，溝澗縈旋，形壯邊陲，勢憑險阻。黃河回繞其北，蕭關雄鎮其南。東北扼慶寧咽喉，西南連鞏固肘腋。控制羌胡之地，屛藩沙漠之區。

城池

縣治，古之下馬關也，前明萬曆五年築。[4]外磚內土，週五里七分，高厚均三丈五尺。代遠年湮，西城悉沒於溪。國朝光緒二年，觀察使魏公飭其部將吳提督禧德等，新築西面土城一道，週四里五分，礮臺八座，雉堞七百有二，南北櫓樓備。經營三載，蕆事於光緒五年夏。

公署

縣治在城中,典史署在縣治右,監獄咸備。儒學在城東。均予於光緒三、四、五年創建。

倉庫

倉六間,在署左;庫一間,在大堂左,亦予創建。

里甲

城野之地,今分爲十里:曰在城,曰預旺,曰毛居士井,曰元城子,曰白馬,曰永固,曰可可水,曰夾道,曰同心城,曰韋州。

驛站

同心城安設驛站一所,遞送南北公文。計馬八匹,夫八名,南遞海城屬之李旺驛,北遞中衛屬之沙泉驛。此寧夏府遞省城公文並寧夏將軍摺奏之總道也。舊屬靈州。

鋪司

阿布條設跑夫三名,預旺城設跑夫四名,縣城設跑夫五名,韋州設跑夫二名。此由海城李旺驛分道,遞送平遠縣及惠安鹽捕通判衙門公文之路也。同治十三年冬新設。

搢插

予甫莅任,稽合縣丁口,不及千户。數年間,招徠漸殷,在邑在野,今近三千户。惟毛居士井、紅城水皆漢民,縣城、預旺城漢回雜處,田、馬家井皆升營、宣威營裁撤弁勇,安插而爲民者。其餘村堡,悉回部。

社倉

儲糧四百石。

【校勘記】

[1] 寧:原避清宣宗旻寧之名諱作"甯",今統改爲"寧"。下同。

[2] 西安州：原作"安西州"，據《宋史》卷八七《地理志》、卷二五三《折克行傳》改。
[3] 開成：原作"開城"，據《元史》卷六〇《地理志》《大明一統志》卷三五《平涼府》《大清一統志》卷二〇一《平涼府》改。下同。
[4] 曆：原避清高宗弘曆之名諱作"歷"，今回改。下同。

平遠縣志卷四

平慶涇固化道魏光燾鑒定　蘄春陳日新纂

山川

山　川　八景[1]　地宜

量地制邑，凡境內山川，支幹源流，隱相維繫。風氣剛勁，民性純良，雖曰習俗使然，半由峙停氣結。平遠伊始，亟宜講求。志《山川》。

山

大蠡山，[2]在韋州西二十五里，[3]距縣城六十五里。宋時有避秋者悟道於此，俗傳二虎隨身後仙去。其山層巒疊嶂，蒼翠如染。初無名，明慶藩長吏劉昉以其峰如蠡，故名。四旁皆平地，屹然獨立，上多奇花異卉、良藥珍禽。賀蘭對峙於前，黃河奔放其下，爲平遠第一名勝。山東有祠，爲雲青寺，雨暘輒禱之。慶藩諸墓，皆在其下。舊有宮殿，今毀。出《靈州志》。①

青沙峴，在縣城西北八十里。明嘉靖十三年，套虜吉囊由此入寇安、會、金三縣，兵部尚書劉龍遣劉文擊敗之。出《固原州志》。②

滿四川，元豫王部落有把丹者，仕平涼爲萬戶。明太祖兵至，歸附，授平涼衛正千戶，部落散處開成等縣，把丹之孫滿四遷居於此。成化五年，滿四倡亂，移居石城堡。都督劉玉、總督項忠平之，呼其居爲"滿四川"云。

麥朵山，在縣西北九十里，赫連、元昊迭爲霸國。麥朵山鐵可爲兵，河柳可爲笴。今查麥朵山在河西，故《靈州志》不載。縣之麥朵山，豈亦同名者歟？

青龍山，在縣東北四十里。有楊將軍廟斷碣稱，宋時楊將軍業遇契丹戰死處，其子都尉楊廷玉陪祀。愚按史載，楊業與契丹戰死陳家谷，其子廷玉殉之在朔州地。今立廟於此，豈前明邊將哀其忠勇，建廟以勵將士歟？蓋未可知也。然

---

① 參見《靈州志迹》卷一《地里山川志第三》。
② 參見《〔萬曆〕固原州志》卷下《藝文志》載明朝康海撰《平虜碑記略》。

山下亦有陳家谷云,姑録之。出斷碣。

旱海,即沙漠也,在縣北四十里之韋州堡,東北或數里,或數十里,皆沙磧。及抵靈州屬之海子井,東極蒙古,浩渺無際。豈《宋史》所載"吕端請發兵取鄜延環慶道,直擣銀夏巢穴,以解靈武之圍。或云盛夏涉旱海,糧運艱辛,不如静以待之",①果其處歟?

殿灣山,在縣城南三十里。山形蜿蜒,林壑深秀。上有玄真觀,塑諸神像,土人春秋敬祀焉。

打狼山,在縣城南三十里。《明一統志》:②"狼山,即北套虜由韋州入犯鎮原、平涼道。"今考之,蓋俗呼"打拉頂"也。

青羊泉山,在縣城西南一百里。山頂有泉,故名。

小螺山,在縣西二十里。明套虜入寇,常駐牧於此。

炭窑山,今呼"太陽山"。在韋州北,距縣七十里。

東山,在李旺堡,滿四川之東,距縣城西南一百里。乃土達滿四未叛之時駐牧地也,廢宅基址尚存。

天臺山,在預旺城北五十里,距縣城西四十里。上有千佛洞,法像似鐘乳結成,不假雕琢,亦奇觀也。

白楊林山,在縣城西南六十里。産煤,附近數百里均賴以爨。昔有爲陶冶者,前明設炭千總一員司其事,今裁。

水

哆唛河,在縣城東南二百三十里。宋徽宗政和四年,[4]環州大酋領夏人李訛哆,以書移其國統軍梁哆唛曰:"我居漢二十年,每見糧草轉輸,例給空券,方春未秋,士有飢色。若徑擣定遠,唾手可取。既得定遠,則旁十餘城,不攻而下矣。我儲穀累歲,闕地藏之。大兵之來,斗糧無齎,可坐而飽。"哆唛遂以萬人來踞藍河側。[5]轉運使任諒知其謀,募兵發窖穀,哆唛失其所藏而歸。出《通鑑》。③

大黑水,即"清水河",距縣一百二十里。宋哲宗紹聖三年,[6]夏王乾順奉其母率衆五十萬人入寇,二百餘里相繼不絶,踞黑水等處。出《通鑑》。

清水河,名"蔚茹水",又名"葫蘆河",在縣城西一百三十里。水源出固原西南,[7]北入寧夏中衛。出《一統志》。④今按清水河有兩源:一出固原之西海子,海

---

① 參見《宋史》卷四八五《夏國傳》。
② 《大明一統志》不載下文。
③ 參見《資治通鑑後編》卷九八《宋紀》。史料原載於《宋史》卷四八六《夏國傳》。
④ 參見《大清一統志》卷二〇一《平涼府》。

週二三里，深不可測。一出牛營子。即東漢隗囂使牛邯軍瓦亭時所築也。兩水合流於固原州城之南，再北至黑城子，而黑水亦合派。《州志》：大黑水，其源發於須滅都河。總之名清水河，北流中衛入黃河。此平遠西川水道也。

苦水河，發源於慶陽環縣之仙城驛，繞至韋州太陽山下始與縣川水合，北流靈州入黃河。此平遠東川水道也。出《一統志》。

東湖，在韋州東一里。

鴛鴦湖，在東湖北三里。

富泉，在縣城西北三十里，大蠡山之南。[8]引以灌田，即今之紅城水也。

八景

蠡山疊翠、鴛湖澄碧、天臺晚霞、磚城朝旭、官亭夜月、天橋霽雪、青沙捲浪、黑水洄波。

地宜

地產硝鹼，故水皆鹹苦，不生茂林。無水之處尤多，民間掘地爲窖，冬儲層冰，夏收暴漲，以資烹飪。縣治以北多平房，僅塗泥於房頂，遇雨澤而不滲漏，本土性之堅膩也。

【校勘記】

[1] 八景：原作"景物"，據本志正文類目改。

[2] 大蠡山：《〔正統〕寧志》卷上《山川》《〔弘治〕寧志》卷三《韋州·山川》作"蠡山"。

[3] 在韋州堡西二十五里：《〔正統〕寧志》卷上《山川》作"在韋城西二十餘里"，《〔弘治〕寧志》卷三《韋州·山川》作"城西三十里"，《朔方新志》卷一《山川·韋州》作"在韋州城西二十餘里"。"二十五里"，《古今圖書集成》卷五七六《職方典·寧夏衛山川考》作"二十里"。

[4] 政和：原作"正和"，據《宋史》卷四八六《夏國傳》及北宋徽宗趙佶年號用字改。

[5] 《宋史》卷四八六《夏國傳》僅載哆唆以萬人來迎，未言"踞藍河側"，《朔方道志》疑誤。

[6] 三年：原作"四年"，據《宋史》卷四八六《夏國傳》《宋史紀事本末》卷九《西夏用兵》改。

[7] 西南：原作"東南"，據《大清一統志》卷二〇一《平涼府》改。

[8] 大蠡山之南："大"字原脫，據《〔弘治〕寧志》卷三、《〔嘉靖〕寧志》卷三《韋州·山川》，《〔乾隆〕甘志》卷六《山川》補。《〔正統〕寧志》卷上《山川》作"居大小蠡山之間"，《〔嘉靖〕陝志》卷四《土地二·山川下》作"蠡山下"。

平遠縣志卷五

平慶涇固化道魏光燾鑒定　蘄春陳日新纂

古迹

以古爲鑑，可知興替。考之書，徵之迹，益覺了然。平遠昔爲戎馬場，易刁斗而絃誦，變芻牧而桑麻，爲政者當思策。今以勝昔。志《古迹》。

平遠所，舊名"平虜所"，在縣城西南七十里。一名豫王城，蓋元豫王城之也，今名預旺。週五里三分，高闊各三丈二尺。題設守禦千戶所，隸固原衛。東關被水患，嘉靖中改築西北關，週三里二分，高闊各三丈。倉場全，設墩臺十四座。地無泉，畜窖水以供飲。山産煤，土人販採餅壘以爲利用。明萬曆二十九年，哱拜、哱承恩反，總兵蕭如固守是所，相持數月，賊氛消沮。國朝裁千總，設把總一員。出《固原州志》。①　順治三年，[1]寧夏鎮兵變，戕巡撫焦安民。[2]總兵劉芳名，斬賊將王一林於預旺城。②　翌日，追及河兔坪，[3]縛賊將馬德，磔之。出《貳臣傳》。[4]

細腰葫蘆峽城，即宋之鎮戎所，今之李旺東堡也，在預旺城西，距縣一百五十里。宋仁宗慶曆五年，環原之間有明珠、[5]滅臧、康奴三族最大，交通西夏。宣撫使范仲淹議築古細腰城，斷其路。命知環州种世衡、知原州蔣偕董其事。种方臥病，至，即將所部晝夜興築，城成而卒。出《通鑑》及《固原志》。③

韋州堡城，週二里，在縣城正北四十里。明弘治間巡撫王珣築，[6]駐把總一員。其廢城則宋時夏元昊築。嘉祐七年，[7]夏人改韋州監軍司爲祥祐軍，後改靜塞軍。[8]元廢。明嘉靖十三年，參將史經、劉潮分布於此，以禦套虜，常得殊功。國朝順治六年，延安參將王永祥反，[9]陷延、榆，[10]花馬池軍民聞風謀變，吳三桂偕都統張天祿擊平之。出《貳臣傳》。④　康熙十四年閏五月，[11]提督陳福遣兵復惠

---

①　參見《〔萬曆〕固原州志》卷下《藝文志》載明朝葉夢熊撰《平定寧夏露布碑記略》。
②　據《貳臣傳》卷三《劉芳名列傳》《清史列傳》卷七八《貳臣傳甲·劉芳名》載，斬王一林事在順治四年(1647)。
③　參見《資治通鑑後編》卷五六《宋紀》〔萬曆〕《固原州志》卷上《地理志第一·古迹》。
④　參見《貳臣傳》卷六《張天祿列傳》《清史列傳》卷七八《貳臣傳·張天祿》。

安、韋州,六月,將軍畢力克圖追賊於宜州,[12]勝之。出《東華錄》。① 今由靈武營派把總一員分防。

同心城,舊名半角城,在縣正西一百二十里。不知築於何代,弘治年間重修。計二里半,內外皆土。蓋明以前,自寧夏至固原,軍塘皆設之惠安、韋州、下馬關、預旺城一路,而同心城或爲僻壤,故其地不著。嘉靖十三年,王縉與指揮田國破套虜於此。出《靈州志》。② 順治四年十一月,[13]提督馬寧斬逆將洪大誥於半個城。出《貳臣傳》。③ 今由靈武營派守備、把總、外委各一員駐防。

長城,在縣東城外。火篩及小王子連兵入寇,平固不能耕。明弘治十八年,三邊總制楊一清築邊牆以禦之。工方興,閹人劉瑾憾一清不附己,以勞費蹙境罷其役。嗣總制者唐龍、王瓊、王憲、劉天和輩踵成之,衰五百餘里。張珩復添設敵臺、墩鋪,而防禦益固,虜遂不敢犯。秦之長城,在固原州西北十里有遺址,[14]《綱目》"秦滅義渠,築長城以拒胡"即此。④ 距平遠二百九十里,然則平遠在秦昭王長城外也。追始皇遣蒙恬逐匈奴,立朔方郡,築長城,以陰山爲限,而平遠又在秦始皇長城內矣。

白馬城堡,古撒都地,在縣東南一百九十里。[15]土城,週五里三分,高闊各三丈。明嘉靖四年,總制楊一清築修,東北塹山,增築關城,巋然山巔,稱天險焉。倉場全設,轄民堡五,墩臺一十九座,今毀。出《固原州志》。

圓兒城,在白馬城東二十里,有遺址,距縣城二百一十里。

磚兒城,在白馬城東三十里,有遺址,距縣城二百二十里。

下馬關,今之縣治也,爲明慶藩牧地。弘治十五年,秦紘總制三邊,始建固原州治,開帥府,闢城廓,增兵實塞。剷削下馬關三百餘里,隨山設險,虜不敢犯。嘉靖五年,王憲爲總制,戰勝套人於花馬池、黑水苑,始築下馬關城。城內土外磚,週五里七分,高闊各三丈五尺。先設守備,兵寡力弱,不足防禦。萬曆二十二年,題改參將,增募兵丁、倉場,設墩塘十四座,密邇河套,每秋防,總兵移師駐焉。今爲城守,由固原提標派守備一員、把總一員、外委二員駐防。

秦隴山巒說略 附

按中原之山,皆祖於岷。自黃河以南,金沙江以北,皆岷山。枝幹蜿蜒,秦隴豫皖得其全,蜀鄂得其半,魯境亦有轄之者。姑以岷山北枝,蜿蜒陝甘者,言其

---

① 參見《東華錄》卷十一。
② 參見《靈州志迹》卷四《藝文志第十六下》載明朝康海撰《平虜大捷記》。
③ 參見《貳臣傳》卷六《馬寧列傳》《清史列傳》卷七八《貳臣傳·馬寧》。
④ 參見《資治通鑑綱目》卷二上。

大概。

　　蓋自峰產武坪土司轄境之分水嶺起，正東至秦、禮、西羌、寧、兩階、徽、成，陝西之郿、盩、鄠、西安。此大幹東去也，由分水嶺分枝：北至麻章土司所轄之崆峒山一峙，迤東至鞏昌，迤北爲鳥鼠山。通渭轄。此爲秦隴山祖。正北分一枝，至狄道、蘭州、金縣而止。由鳥鼠山一峙，迤東北至安定之七聖山。此間分一小枝，正東至通渭而止。由七聖山一峙，東北至青家驛南筆架山。此間分一枝，西北至會靖而止。由筆架山一峙，至硝河堡之須彌山。此間分一枝，北至海城打拉池而止。由須彌山一峙，南至固原之西海子。固原城山祖於此。由此迤東而南，至開成鎮之西南山，即六盤山也。

　　此間大一峙，分爲兩幹：東南去者爲隆、靜、莊、化、華、秦、清、平、涇、崇、靈，及陝西之隴、鳳、邠、乾四州郡全境，至咸陽東之涇渭合流而止。蓋渭水以北、涇水以南，皆祖六盤。又由六盤正北而去者，爲牛營子。東北至開邊鎮，分一枝至鎮原而止。由開邊鎮一峙，正北至環縣屬之虎家灣。此間分一枝，至平遠及寧夏屬之寧靈而止。由虎家灣一峙，東北至環縣屬之仙城驛。此間分一小枝，西北至寧夏之靈州而止。由仙城正北，則陝西定邊屬之三山堡。由此而東南分一枝，爲慶陽全郡。由此正北而去，則爲河套蒙古之鄂爾多斯七旗地。由此再東、再南，則爲陝西之延、榆、綏、同、鄜，及西安府屬之富、高、涇、原、同、耀州。總之，涇渭以北、黃河以南，縈紆數千里，皆牛營子山峽之祖。然則六盤分歧，又以牛營子爲正幹，與此其大較也。

【校勘記】

［1］三年：原作"二年"，據《貳臣傳》卷三《劉芳名列傳》《清史列傳》卷七八《貳臣傳甲·劉芳名》改。

［2］戕：此字原脫，據《貳臣傳》卷三《劉芳名列傳》《清史列傳》卷七八《貳臣傳甲·劉芳名》改。

［3］河兔坪：此同《貳臣傳》卷三《劉芳名列傳》，《清史列傳》卷七八《貳臣傳甲·劉芳名》作"河兒坪"。

［4］貳臣傳：原作"二臣傳"，據原書名及《清史列傳》卷七八《貳臣傳甲》改。下同。參見《貳臣傳》卷三《劉芳名列傳》。

［5］明珠：原作"明誅"，據《東都事略》卷六一《种世衡傳》《太平治迹統類》卷八《仁宗經制西夏要略》改。

［6］弘治：原避清高宗弘曆之名諱作"宏治"，今回改。下同。

［7］七年：原作"六年"，據《宋史》卷四八五《夏國傳》改。

［8］祥祐軍與静塞軍是兩個不同的軍事區劃，非前後之異名。《宋史》卷四八五《夏國傳》載："又改西壽監軍司爲保泰軍，石州監軍司爲静塞軍，韋州監軍司爲祥祐軍。"故《朔方道志》沿襲《寧夏府志》卷四《地里·古迹》曰"後又改静塞軍"誤。

［9］王永祥：原作"王永强"，據《貳臣傳》卷六《張天禄列傳》《清史列傳》卷七八《貳臣傳甲·張天禄》改。

［10］陷：此字原脱，據《貳臣傳》卷六《張天禄列傳》《清史列傳》卷七八《貳臣傳甲·張天禄》補。

［11］閏五月：原作"五月"，據《東華録》卷十一"康熙十四年閏五月"條改。

［12］宜州：原作"韋州"，據《東華録》卷十一"康熙十四年六月"條改。

［13］四年：原作"二年"，據《貳臣傳》卷六《馬寧列傳》《清史列傳》卷七八《貳臣傳·馬寧》改。

［14］西北十里："西北"原作"北"，據《元和郡縣圖志》卷三《關内道·原州》《〔嘉靖〕固原州志》卷一《古迹》《〔萬曆〕固原州志》卷上《地理志第一·古迹》改。"十里"，此同《元和郡縣圖志》卷三《關内道·原州》《〔萬曆〕固原州志》卷上《地理志第一·古迹》，《〔嘉靖〕固原州志》卷一《古迹》作"二十五里"。

［15］縣東南一百九十里：《〔嘉靖〕固原州志》卷一《白馬城堡》作"州東一百二十里"，《〔萬曆〕固原州志》卷上《建置志第二·城堡》作"州東九十里"。

平遠縣志卷六

平慶涇固化道魏光燾鑒定　蘄春陳日新纂

田賦

賦始　原畝額徵　清丈額徵　鹽課　戶口　物產

有財由於有土，有土由於有人。而維正之供，因地制宜，因時制宜。國計民生，義權兩濟。平遠地多瘠壤，接鹽池，人尚稀，政先烟戶。志《田賦》。

賦始

平遠地多磽瘠，居民鮮事稼穡，率以畜牧自雄，故漢唐而後，則壤成賦，①自國朝順治三年始。預旺、夾道、可可水三堡，皆明韓藩牧地，而夾道、可可水，又紅古城之屬堡。今紅古城，尚轄海城，歸平遠者特其半壁耳。韋州、同心城，皆明慶藩牧地。毛居土井、白馬城，皆明肅藩牧地。然則平遠合境磽，確無一寸膏腴土。

國朝定鼎，更革牧地，招民開墾。監軍廳奉檄勘丈，視地徵糧。雖民屯、租牧、更名、養廉，名色殊科，然川、原、坡、陡之折正一等地，隱寓懷來之意。有一畝五分折正一畝者，有逾畝五分折正一畝者，故土雖瘠而履畝寬裕，民得不困。

原畝額徵

一，接收海城縣劃歸平遠管轄之夾道、可可、預旺三堡原額屯、民、更、養，共地一十一萬一千三百七十三畝七厘。額徵正項倉斗本色糧六百九十石一斗五升五合八勺六杪三撮三圭三粟。額徵地丁二項正銀七百九十四兩四錢六分二毫四絲一忽三微九纖六塵一渺七漠。遇閏加徵銀七兩一厘三毫六忽四微四纖六塵一渺七漠。額徵本色草五百五十四束七分四厘四毫一絲三忽九微七纖七塵一漠。

一，接收寧靈廳劃歸平遠管轄之韋州全堡及同心城二甲半地方，原額二、三則硝、民、半硝，共地九千九百一十畝六分。額徵本色正項倉斗糧一百三十六石

---

① 《尚書·禹貢》："咸則三壤，成賦中邦。"

九斗二升八合二勺。額徵地丁二項正項銀五十五兩四錢二分八厘一毫。額徵本色七觔小草三千六十七束四分二厘。

一，接收固原劃歸平遠管轄之毛居士井、白馬城、永固堡養廉租地、牧馬監地，共地一千五百九十五頃八十六畝六分五厘。額徵本色正項倉斗粮二十六石七斗五升。額徵地丁二項正銀一千四十兩二錢九分三厘九毫三絲一忽一微七塵九渺五漠。遇閏加徵銀五兩三錢五分二厘四毫三絲八忽二纖四塵三渺五漠。

清丈額徵

一，迭次共丈清夾道、可可、預旺三堡墾熟屯、民、更、養，共地三萬三千六百一畝四分四厘七毫。共額徵本色正項粮一百九十石七升一合七勺五杪一撮七圭七粟七粒九顆。共徵地丁二項正項銀二百七十七兩二錢四分五厘五毫八絲九忽六微二纖七塵六渺四漠。遇閏加徵銀三兩三錢九厘八毫七絲六忽四微五纖八塵八渺三漠。共額徵本色草一百一十八束三分七厘九毫八絲三忽三微六纖六塵七渺八漠。

一，清丈韋州、同心城二、三則硝、民、半硝，共地二千九百三十九畝八分八厘六毫。共額徵本色正項粮七十六石五升三合。共額徵地丁二項正項銀一十五兩三錢九分九厘三毫。共額徵本色七觔小草一千五百二十三束二厘五毫。

鹽課

由海城撥歸鹽引二百六十八張，每張課銀二錢一分五厘五毫，共應徵課銀五十七兩七錢五分四厘。

由固原撥歸鹽引九百七十三張八分，共應徵課銀二百九兩八錢五分三厘九毫。

戶口

新編二千六百九十一戶，一萬五千一百一十八丁口。

物產

穀：大麥、小麥、蕎麥、豌豆、穭豆、大豆、黑豆、小豆、白穀、青穀、黃穀、紅穀、黏穀、白穄、紅穄、青穄、黑穄、黏穄、黃穄、胡麻、麻子、菜子、蘇子。

蔬：蔥、韭、蒜、苦苣、芥菜、芹菜、茄子、白菜、萵苣、蔓青、菩蓬、小蒜、白蘿蔔、胡蘿蔔、藤蒿、王瓜、匏子、蕨菜、薺菜。

果：桃、李、杏、榛、林檎、梨、秋子、冬果、花紅、櫻桃。

木：松、柏、槐、柳、青楊、白楊、榆、椿、桑。

花：牡丹、芍藥、薔薇、萱草、葵花、黃花、十樣錦、珍珠花、海棠、菊花、麗春、黃金蓮、山丹、石竹、金盞、玉簪、紫荊、百合、金絲桃、藏金蓮、剪紅羅、西番穀、串珠蓮。

藥：甘草、秦艽、芍藥、柴胡、知母、貝母、防風、款冬花、麻黃、蒼朮、蓯蓉、瑣陽、遠志、車前子、枸杞、菖蒲、芎藭、薄荷、羊鬙草、半夏、茵陳、蒔蘿、蒼耳、黃芩、野烏藥、苦參、沙參、紫蘇、荊芥、大地黃、地骨皮、杏仁、桃仁、馬藺、蕤仁、地榆、蒲公英、芒硝、香薷、即吉草、金銀花。

禽：鸛、雁、鷹、鷺、鵲、黃鴨、燕、烏、鳩、布穀、鶻、雉、雀、鴒、鴿、鵪鶉、沙雞、半翅、鷥老、鴛鴦、鷗鴉、雞、鵝、鴨。

獸：狼、兔、黃羊、青羊、野豬、黃鼠、狐狸、跳兔、牛、馬、驢、騾、豕、羊、犬、駱駝、貓、犛牛、犏牛。

平遠縣志卷七

平慶涇固化道魏光燾鑒定　蘄春陳日新纂

學校

學額[1]　選舉

庠序之設,所以明人倫也。漢始置博士弟子,後或增至千員,迄今額愈加廣。科目既重,選舉隨之。平遠育才之始,道在昌明孔道,蔚起人文。志《學校》。

學額

廩生十名,附生五名。

選舉

同治癸酉科舉人張樹勳,①今任靈州學正。
光緒乙亥科舉人熊紹龍。②
光緒乙亥科武舉劉華俊。
光緒丙子科舉人魏紀璠。③
光緒丙子科舉人謝序勳。
光緒己卯科舉人王鏊。④

【校勘記】

[1] 學額：原作"學校",據正文類目名稱改。

---

① 同治癸酉：同治十二年(1873)。
② 光緒乙亥：光緒元年(1875)。
③ 光緒丙子：光緒二年(1876)。
④ 光緒己卯：光緒五年(1879)。

平遠縣志卷八

平慶涇固化道魏光燾鑒定　蘄春陳日新纂

官師
新設文員　新設武員　附兵

知縣者，知一縣事也。民間疾苦，境內安危，無一不惕勵於心，遴求允濟，匪獨刑名、錢穀、明練已也，其它顧名思義率是。縣號"平遠"，寓"平治垂遠"之意。使皆思此二言以盡職，則得矣。志《官師》。

新設文員

知縣一員，訓導一員，典史一員，分駐同心城巡檢一員。
知縣陳日新，湖北蘄水縣人，監生，同治十三年任。
訓導秦世德，甘肅會寧縣人，貢生，同治十三年任。
訓導魏元善，甘肅洮州廳人，貢生，光緒二年任。
訓導賈塏，甘肅鎮原縣人，廩生，光緒二年任。
訓導甘桐，甘肅循化廳人，貢生，光緒三年任。
巡檢陳邦基，浙江山陰縣人，監生，同治十三年任。
巡檢徐炳南，湖南平江縣人，監生，光緒元年任。
典史李麟祥，江蘇興化縣人，監生，同治十三年任。
典史謝樹勳，浙江山陰縣人，監生，光緒元年任。
典史楊允卿，直隸大興縣人，供事，光緒二年任。
典史周藻立，湖南長沙縣人，監生，光緒五年任。

新設武員[1]　附兵

城守守備一員，把總一員，外委二員，分防平遠所汛把總一員。新設馬、步、守兵一百名，由固原提標派防。
同心城守備一員，把總一員，外委一員。新設馬、步、守兵一百名，由靈武營派防。各防兵皆新設,尚未規復舊章。

  韋州堡城把總一員,新設馬、步、守兵五十名,由靈武營派防。

  城守守備彭致和,江西彭澤人,軍功,同治十三年任。

  守備李揚廷,浙江金華人,軍功,光緒二年任。

  守備劉茂誠,陝西商州人,世襲,光緒五年任。

  把總譚洪斌,四川秀山縣人,軍功,同治十三年任。

  分防平遠所把總周玉彪,廣西人,同治十三年任。

  外委楊逢甲,陝西三原縣人,武生,光緒四年任。

  外委安玉鳳,陝西長安縣人,行伍,光緒四年任。

  同心城守備王宸績,湖南零陵縣人,同治九年任。

  把總翟天金,甘肅寧夏人,同治十三年任。

  外委王兆基,甘肅中衛人,光緒三年任。

  韋州堡把總朱明,甘肅寧夏人,行伍,光緒元年任。

【校勘記】

[1] 新:原作"舊",據本志目錄及正文內容改。

平遠縣志卷九

平慶涇固化道魏光燾鑒定　蘄春陳日新纂

人物

人材應運而興，鍾毓在天，培植在人。平遠自古英物寥寥，抑塞深則發揚必烈，晦蒙啓則光耀必騰。時會既逢，作之育之，官師之責。志《人物》。

宋

向寶，鎮戎軍人，今縣之西鄙李旺堡也。善騎射，年十四，遇敵斬獲。及壯，五原有虎，百里斷人迹，寶一矢殪之。道經潼關，巨盜郭邈山載關中子女玉帛，寶射走，盡獲所掠。當至太原，梁適命射弩，四發三中。適曰："今之飛將也。"神宗稱其勇，以比薛仁貴。歷官真定、鄜延副總管、嘉州團練使。

曲端，字正甫，鎮戎人。善屬文，長於兵略，爲涇原路將。夏人入寇，力戰敗之。歷官宣州觀察使，知渭州。

張達，鎮戎人。仕宋至太師，封慶國公。金圍太原，戰没於軍。

金

張中孚，字信甫，達之子。初事睿宗，知渭州。劉豫括民田，籍丁壯爲軍，中孚執不從，涇原獨免掊克之患。後拜參知政事，遷尚書左丞相，封南陽郡王。

張中彦，字才甫，中孚弟。歷官至臨洮尹，兼西秦路都總管。鞏州賊劉海構亂，中彦惟戮爲首者。西羌恃險不服，朝廷使御史就論方略。中彦曰："羌服叛不常，若非中彦自行，勢必不可。"即至積石，豪長四十來約降，事遂定。加儀同三司。

平遠縣志卷十

平慶涇固化道魏光燾鑒定　蘄春陳日新纂

藝文

文以載道，道包者廣，凡綱常名教、政治得失之言尚已。下至里歌輿誦，實有繫於人心世道，採風者亦在必登。惟無關體要，雖極風華，悉置不錄。平遠鮮文可徵，考之鹽、固、靈州舊志，見諸平境者，僅獲詩四十篇，[1]姑錄之以符體例。志《藝文》。

明

宋有文　　上項制府平虜頌[2]

成化戊子夏，[1]平涼逆虜獮夏，帝命都台項忠總督三軍討之，直擣巢穴。出奇策，冒矢石，凡百餘戰，而酋虜就擒，巢穴尋平。時有文執事帳下，目擊成功，故喜而集句九章以頌之。[2]

嗟嗟烈祖，受天之祜。
綱紀四方，奄有下土。
明明天子，繩其祖武。
柔遠能邇，民之父母。

獫狁匪茹，敢拒大邦。[3]
內奰中國，[4]陟彼高岡。
多將熇熇，如蜩如螗。
曾是彊禦，亦孔之將。

---

①　成化戊子：成化四年(1468)。
②　《〔嘉靖〕固原州志》卷二《送項都憲平虜凱還集句》本句後尚有："首述國家創業繼統之隆，而點虜昏愚跳梁，繼美其付託出將，而車馬兵威無敵，末言戡靖患難，執訊獻馘，而寵膺入相焉。然不足以揄揚公烈萬一之盛，抑亦庸備凱還之歌云耳。"

六月棲棲,我征徂西。
是類是禡,建旐設旄。[5]
薄伐玁狁,方何爲期。
既破我斧,民之方殿屎。

王赫斯怒,乃眷西顧。
王命卿士,文武吉甫。
陳師鞠旅,深入其阻。
左右陳行,仍執醜虜。

檀車煌煌,駟介旁旁。
鋑以觼軜,旗旐央央。
豈弟君子,[6]時維鷹揚。
有虔秉鉞,玁狁于襄。

我師我旅,如霆如雷。
我徒我禦,維熊維羆。
式遏寇虐,無縱詭隨。
是伐是肆,玁狁于夷。

赫赫業業,無競維烈。
桓桓于征,一月三捷。
孔淑不匱,[7]無俾作慝。
寵綏四方,惠此中國。

勿士行枚,載櫜弓矢。
振旅闐闐,垂轡濔濔。
執訊獲醜,[8]言旋言歸。
無大無小,云胡不喜。

入覲於王,佩玉鏘鏘。
以奏膚功,萬民所望。
天子是若,載錫之光。

實維阿衡,天子之邦。

楊一清　　開府行
旌旗晝拂烟塵開,鉦鼓動地聲如雷。
路旁群叟暗相語,不道我公今又來。
當年從公玉關道,我是壯夫今已老。
似聞軍令尚精明,頗覺容顏半枯槁。
弓刀萬騎如雲屯,多是當年鞭策人。
部將生兒還拜將,部卒亦復稱將軍。
自公入朝佐天子,功成身退誠善矣。
胡爲乎來復此行,遠涉沙場千萬里。
聖皇求舊溫旨褒,君臣之義安所逃。
不然七十二衰叟,豈任絕塞風塵勞。
黃河水深金城高,我士酣歌馬騰槽。
亦知保障乃良策,忍使赤子塗脂膏。
營平經略不無意,定遠功名歸彼曹。
羽書飛騎捷於鳥,獵獵西風捲沙草。
劍氣晴橫紫塞秋,角聲寒咽黃雲曉。
不用彎弓射虜營,坐銷氛祲回光晶。
將軍帳前但飲博,士女自織農自耕。
直遣羯胡齊北渡,我車旋指江南路。
經過到處要題名,他日知吾來幾度。

王瓊　　過預旺城
固原直北荒涼地,靈武臺西預旺城。
路入葫蘆細腰峽,苑開草莽苦泉營。
轉輸人困頻增戍,[9]寇掠胡輕散漫兵。
我獨征師三萬騎,揚威塞上虜塵清。

王越　　過韋州
停驂憑眺舊韋州,古往今來恨未休。
有酒不澆元昊骨,無詩可吊仲淹愁。
秦川形勢通西夏,河朔襟喉控上流。
借問蠡山山下路,幾人從此覓封侯?

唐龍　　固寧延官軍擊虜獲捷①
十萬番雛敢鼓行，嫖姚諸將按西營。
提刀直斫陰山虎，奮戟橫穿瀚海鯨。
三路捷聲飛羽檄，九秋勝氣蓊霓旌。
腐儒尚覓干城策，願得沙場長罷兵。

月明虜騎遯沙場，諸路交馳羽檄忙。
共有膚功騰幕府，喜將三捷獻明光。
帳前鶴唳榆陰碧，韝上鷹飛草色黃。
聞道虜中饞食馬，人人驚說漢兵強。

黃臣　　詠唐總制擊虜獲捷[10]
令嚴如雷皎如電，萬騎爭先樂酣戰。
屈指年來勝已多，膚功未若青沙現。[11]

連山殺氣稜稜起，胡淚亂零西海水。[12]
風雨長陰漠漠時，今日光天開萬里。

月高雲爭空山夕，[13]對壘官兵縮矢石。
毛頭星隕壓天低，砦上霜刀紅一尺。

龍劍騰光萬縷青，逋寇匿魄憚雷霆。
誰磨琬琰三千尺，欲勒燕然一段銘。

胡天日落亂山低，血染空營斷徑蹊。
山鳥亦能知順逆，歸來恥向舊巢棲。

秋滿胡山草樹肥，飛花紅白點征衣。
中丞揮麈傳新令，不許狂奴片甲歸。

趙時春　　上唐總制朔方破虜頌八章[14]
皇翼其武，耆靖萬方。
肇茜區夏，覃及紘荒。

---

① 《固寧延官軍擊虜獲捷》詩共二首。

北貉南蠻,西底戎羌。
崦嵫之東,罔不來享。

敦彼鞬靼,鹽蠕相將。
風於大瀚,不命而王。
弦驪維票,其來穰穰。
爰自營幷,[15]盜於秦涼。

帝矜齊氓,罔粊迺疆。[16]
馴師千旅,往屏之防。
大遴獻臣,夷我有邦。
錫命逮逮,胡對休光。

河海員綴,獫狁之場。
洸洸尚書,九伐用張。
蒐於絕野,我武孔揚。
翳而寠藪,靡敢獮猖。

或自斗壁,覬爲不臧。
偏師虔討,其元一戕。
徒熸而遁,如彪驅狼。
反決其眥,云噬而羊。

峙我鋌斨,筏我旂常。
厲我征夫,厥率聿良。
迅掃朔漠,賈於欓槍。
殄殲梟獍,賀蘭之陽。

厥初西師,或莘以殭。
帝命尚書,往哺之粮。
既飽而逸,無庸不昌。
撞彼朔野,其容煌煌。

我師之強,百蠻震降。
肆哉天龍,宇內溥康。
奄受多祉,執共維龎。
何以紹之,曰虞與唐。

楊守禮　　入平虜城
黃風吹遠塞,暝色入荒城。
門掩鐘初度,人喧雞亂鳴。
胡笳如在耳,軍餉倍關情。
惆悵渾無寐,隔簾山月明。

張珩　　防秋四首
紅山返照堪圖畫,戍堞悲笳動客懷。
戎馬十年雙鬢白,深秋孤興與誰偕。

興武營西清水河,牧童橫笛夕陽過。
逢人報道今年好,戰馬閑嘶綠草坡。

將士河邊飲馬回,元戎正在望高臺。
揚鞭隊隊如熊虎,欲縛單于俺不孩。

黃河影倒賀蘭山,紅柳灘頭奏凱還。
月色轅門寒劍戟,忽聞鴻雁度雲間。

魏謙吉　　登長城關瞻眺有懷二首
長城關外是呼韓,萬馬嘶風六月寒。
傳語胡兒休近塞,[17]新來大將始登壇。
東臨瀚海擒閼氏,西出蘭山覓可汗。
聞道虜營宵欲遯,卻防乘夜渡桑乾。

長城關外賀蘭東,白草黃沙日日風。
漢武當年經略地,仁愿曾築受降宮。
膏腴萬頃今何在？烟火千家入望空。
直欲憑高吞點虜,華夷一統奏元功。

喻時　　喜諸將大捷
塞上誰言汗馬稀,營中不厭羽書飛。

戍樓烟動連紅幟,戰壘風高拂翠微。
狼狽胡兒乘月竄,[18]咆哮漢將踏雲歸。
敢言一掃清天府,唯喜三軍仗帝威。

石茂華　　中秋登長城關樓
戍樓危處一雄觀,大漠遥通北溟看。
月色初添沙磧冷,秋風直透鐵衣寒。
雖非文酒陪嘉夕,剩有清暉共暮歡。[19]
且喜休屠今款塞,長歌不覺露溥溥。

石茂華　　九月九日登長城關
朔風萬里入衣多,嘹嚦寒空一雁過。
魚澤灘頭嘶獵馬,省嵬城畔看黃河。
香醪欲醉茱萸節,壯志還爲出塞歌。[20]
騁望因高雲外盡,鄉關回首愧烟蘿。

石茂華　　復登長城關
擁傳提兵兩歲過,朔城戎幕動鳴珂。
茫茫大野飛鴻度,漠漠平沙晚照多。
萬古塞愁沈戍壘,千年征怨付烟蘿。
而今已報櫬槍掃,[21]飲馬遥看瀚海波。

石茂華　　提兵防秋宿平虜所
城名預旺自何時?茌率戎行暫駐斯。
莫計旋期歌暮止,肯緣塞意動淒其。
邊烽直接渠搜野,戍道遥通瀚海涯。
頡利已收南牧馬,窮荒日日獵狐麋。[22]

張瀚　　出塞①
涇源北望塞門秋,漠漠沙塵暗戍樓。
羽檄不來氈帳遠,前軍夜獵海西頭。

邊城夜月聽胡笳,戍卒寒眠萬里沙。
征馬驕嘶飛將出,晶晶劍甲凛霜花。

披甲鞁鞪控騧騮,霓旌羽纛奮干將。

---

① 《出塞》詩共五首。

分麾百道蕭關下,何處飛來赤白囊。

賀蘭山後騎如雲,接地風塵慘不分。[23]
鬐箠聲隨征雁過,烏氏獨夜夢中聞。

已散胡群赤水灣,[24]秦雲漢月滿關山。
翩翩羽騎歡聲近,麾下偏裨較獵還。

李汶　　甲申秋防有懷①

蕭關倚劍又年華,鹿鹿川原走傳車。
白草遙逢秋氣變,青山況是暮雲遮。
羽幢羅拜匈奴種,榮戟高臨上將才。[25]
夜半啼雞支枕覺,躊躇往事倍咨嗟。

石茂華　　防秋戍花馬池

障亭直與塞雲班,入望盈盈白草屛。
河界龍沙趨砥柱,地連陸海擁秦山。
征夫遠出蕭關戍,胡騎初從麥朶還。
無奈邊人耕牧鮮,綏懷何計慰疲羸。

黃嘉善　　防秋過預旺城

邊程催客騎,曉起攬征衣。
野徑隨山轉,紅塵傍馬飛。
天連雲樹遠,霜冷幕庭微。
極目南歸雁,雙勞憶故扉。

國朝同治十三年,日新奉攝斯篆,迄今六載。作此創始官,行此創始事,爲此創始言,凡擬詞章,有關時務,例宜臚列。

〔陳日新〕　　初履任②

抱簿稽丁口,疲癃十七家。
老鰥悲失婦,惸獨哭無爺。
補綴氈衣重,棲遲土穴斜。
蒼生如此困,徒愧俸錢賒。

---

①　《〔萬曆〕固原州志》卷下《藝文志·詩》載《甲申秋防有懷》詩共二首,此選其一。"甲申",萬曆十二年(1584)。

②　詩《初履任》至本卷末文《勘定平遠記》,作者皆爲陳日新。

紀事二首

最難田賦事，斟酌總宜公。
賦仿租庸調，田分上下中。
北窗纔較簿，南畝又勘弓。
細繹魚鱗册，將毋《禹貢》同。

雉堞前明甃，曾經地震傾。
經營勞主將，版築倩防兵。
夜月歸新邑，秋風撼故城。
金湯期永奠，鎖鑰北門橫。

閒庭自詠①

長憶輿初下，空城傍晚霞。予初莅平遠，城內一片瓦礫。
破窰隨置榻，荒院免排衙。
雨濺衣痕濕，風吹燭影斜。下車之夕，宿破窰中，適風雨漂搖，衣衾皆濕。
不堪更定後，狼踞宰官車。唯時遍地皆豺狼，日間出門猶持械。

野宿人難寐，晨光透敝袍。
移牀除宿糞，薄暮抵此，置榻宿糞之上。臨爨砍新蒿。早炊無薪，覓蒿為爨。
席地杯盤籍，開裝案牘勞。
夕陽紅半嶺，隨意上東皋。

感懷

戰罷強酋後，符分縣尹餘。
淒涼三尺劍，風雨一鐙書。
熱血噴青史，冰心結太虛。
閒思伊呂事，明月上階初。

長城關奠前明三邊總制劉公天和

居與公同鄉，公，湖廣麻城人。仕與公同處。長城關，今設為平遠縣。
公來築雄關，我來設縣署。
治兵與治民，道不外忠恕。
相隔三百年，神情抑何豫。
捧觴敬奠公，精魂何所禦。

---

① 《閒庭自詠》詩共二首。

借問虜來時，守將胡急邊？
戰敗走硝河，天沉夜不曙。
仗公斬守將，一借留侯箸。
殺虜八千人，乾溝血皆瘀。
邊方尚憶公，長城雪飛絮。

重游蠡山

重作蠡山游，峰巒爲我秋。
人欹東嶺望，河入北荒流。
烟火曾驅馬，風波莫問鷗。
半林黄葉老，但見隴雲浮。

創修平遠縣署記

同治甲戌春，①平遠建邑既定，檄予攝縣事。甫下車，無棲止處，循坍塌陶穴以蔽風雨。居民十七家，皆流離瑣尾，野處荒灘。招徠撫綏之餘，徘徊瞻眺，城池衙署之必作，未嘗刻去諸懷也。雖然其事有難言者：野無可使之民，窮也；山無可伐之木，童也；什物器用，無不徵之數百里外，[26]而不能取諸官中也。況計及力役之資，而府庫空空也。是雖心欲爲之，力有未逮。且是時亟正經界，戴星出入，更何暇興及土木。越明年，因防兵力而城工成，觀察使魏公之謀也。遂以公廨數爲予計，予敬諾。城既建，施政無所，非所以昭體制而集人民也。乃從頹垣碎瓦之中爲之：除荒蕪，治版築，相陰陽，而百工群木，悉自遠致。幾勞心力，不得長鉅之材爲大廈支，罔知所措，髮間白矣。客有自湘江來者，爲予籌曰："預旺有禮拜寺，建自前明永樂間，傾圮過半，補葺維艱。與其風雨侵蝕，朽蠹不可用，曷若因其敝而購之官。"予喜集回族而謀之，僉曰可。遂經始於丙子年月，小民亦趨役恐後。期年公廨成。夫平遠生民以來，介在荒徼，今居然邑矣，居然城矣，又居然公庭矣！規模於是乎建，政令於是乎新。上而朝廷，下而大府、黎庶，期望正不知如何也。宰斯土者，得以坐堂皇而蒞治，更不知宜如何盡職，庶幾無負乎百里之寄。噫！草創之難也，托諸貞珉，爾爲我記。

重修平遠縣城記

固原東北，其土大荒，古義渠地，秦文公踰隴而有之。迨始皇以陰山爲限，而疆宇闢矣，屬斯土於新秦中。多磽瘠，不可皆播種，故宋以前爲不甚愛惜之地。明但裂之以賜藩臣芻牧。弘治以後，邊事日迫。三邊總制楊一清築邊牆於茲，以爲屏翰。踵其事而成之者，袤五百里。越數十年，總制王憲築城於牆西控制之，

① 同治甲戌：同治十三年（1874）。

命之曰長城關。秋防總制必先於是關下馬,關之名所由起也。關城外磚內土,高厚皆三丈五尺,週五里七分,極雄峻。國朝康熙二十五年地震傾,雖司城守備略爲補葺,然力薄不能復其舊。同治間回逆関秦隴,湘陰左相國平之。以平寧幅員遼闊,控制維艱,請於朝,建縣下馬關。而以古平遠所之名名者,從觀察使魏公之請也。時東路兵皆觀察使節制,潢池既靖,無事乎戰爭,凡雄藩要隘、勝地名區,莫不因其力而百廢俱興,匪獨平遠縣也。平遠督工主將,先之以張鎮軍九元,申之以李鎮軍瑞林,未幾皆移病去。而吳軍門禧德、魏鎮軍發沅,相與籌度於予。以西城爲溪水所齧,悉没於河,退數尋新築。內外皆土,並舉三隅之傾陷者補葺之,尚週四里七分,雉堞七百有二。其成功之速,蓋弁目、兵丁,勇於趨役,承觀察使志也。於是乎記。

預旺城城隍廟記

預旺城,古堡城。堡城不祀城隍,預旺惡乎祀?元太祖將定函夏,進兵鹽州川,今之惠安、下馬關川也。迺屯兵於六盤山,而斯地爲必由之路,命豫王築城,以通聲氣。於是乎名其地曰豫王城,今名預旺。王信佛敬神,嗜造浮圖,修廟宇,年湮悉毀,惟城隍廟巋然獨存。國朝同治間,叛回一炬,竟成焦土。湘陰左竹齋軍門視師於此,鞍馬餘間,感懷往事,乃獨捐千金,命張鎮軍九元董治其事。期年廟成,並建昭忠祠於廟右,以同袍之死王事於隴上者祠祀之。事竣,公不居其名而去。噫!公武將也,而有儒風。方大凶之未歸元也,此地創殘,人煙殆盡,公輕裘緩帶,招來撫綏,日不暇給。今城數百家,蒙公之惠亦至渥矣,公豈徒以是舉見哉!是爲記。

社倉記

社倉之設,始於隋開皇,歷朝因之。蓋所以備荒歉,惠窮黎,其利溥矣。甘肅社倉,自逆回亂後,悉成焦土。光緒四年間,各憲籌荒政,凡廳州縣之膺民社者皆設倉。於是平遠縣亦於閭閻有力之家捐秋粮四百石,由紳耆經管而官吏不與,杜侵漁也。然而紳耆之賢愚未必皆齊,按時查考,其責在官,果能遵。藩憲所頒社倉十二條,官民協力,濟之以公允,則平遠社倉將垂於不朽。第爲數寥寥,將來於大有年,能續勸而續捐之,是在後之君子。

重修蠱山廟記

余雅不喜佛,以其無人倫也,而老氏無爲之教,亦無益於天下、國家,故修廟宇乞序者,皆卻之。光緒四年夏,重修蠱山廟成,士民求布施,且乞序。予詢祀何神,僉曰文昌,予喜。夫文昌者,以忠孝文章爲法萬世者也。平遠地當邊徼,居民皆遷徙之徒。自漢武帝兩徙山東飢民實塞下,以故五方雜處,無巨室世家,而所謂忠孝文章者,殆未深求。今環海鏡清,無復風聲鶴唳矣。居是邦者,食茅踐土,早輸維正之供,是之謂忠;深耕易耨,以顧父母之養,是之謂孝;子弟之秀者,置諸庠序,以薰陶德性,是之謂文章。噫,文昌往矣,以一身而爲萬世法。爾今祀之,其亦以文昌爲法,安見不化僻陋而爲禮義之邦,變穹荒而爲人文之藪耶?神所憑依,亦在乎此。若徒視爲祈禱之區,懷詔媚之見,吾恐神其吐之,惡乎祀?

甘肅東路叛回紀略

甘肅回叛,自預旺城始。同治元年秋,陝回叛端著。預旺城把總馬兆元,回部人,素凶狠,恃預旺距鹽固遠,煽惑回教之邪闓者,脅制其良善,遂於是年八月初三日反。於是固原阿訇籍隸雲南納三者,及清水回逆李得倉、鹽茶回逆田成吉、平涼回紳穆生花之徒,羹沸而起,次年正月元旦陷固原,二十三日陷鹽茶。下馬關,今之縣治也,時民皆漢人,嬰城固守。延至八月初三日,援盡糧絕,始爲車路溝逆回馬伯森陷之。其地以黑子彈丸,咫尺預旺,相持經年,後鹽固之失八閱月。平涼通都大邑,戒嚴備至,陷於八月十二日,計遲下馬關九日而已。至今遺回稱述,竊嘆下馬關人心獨固,使皆如此,賊當年披猖或不至若是其甚也。凡茲叛黨,皆馬化隆新教。自下馬關失,寧夏郡縣亦相繼陷,狐鳴篝火,隴上輟耕。不數年,列郡漢人,幾無噍類。嗚呼,慘矣哉!夫逆回賦性殘忍,當鋌而走險,雖父子兄弟,猶相戕害,情侔梟獍,而況其他?然則逆回之罪,上通於天,而聖朝視如赤子,弄兵潢池,渠魁既殱,率予以赦。令此回民,其將何以報如天之德乎!

勘定平遠記

土著叛回,前經固原提督雷緯、堂星使於同治四年削平矣。自金積一敗,官軍譁潰,而反側子首鼠兩端。

八年秋,左侯相兵進金積,自平遠東西兩川而前,勢如破竹。雷軍門及陝安道黃彝峰觀察鼎,於九月復同心城,簡紹雍軍門,桂林復韋州,黃觀察又遣其部將徐昆山軍門占彪復預旺,皆進攻金積。周蓮池軍門紹濂以中路兵駐同心城爲援應。時老湘軍亦由陝西北山入金積矣。九年夏,張翰臣軍門會元以廂白副四旗馬隊,同宣威軍丁良臣軍門賢發守韋州。適回酋馬伯森降,代領蘇鎮如松之旌善營,駐紮預旺。皆新降群醜,於疑忌之間,值丁軍門如預旺,爲馬天法所害,副將楊正華及弁勇五十餘騎殉之。不旋踵,而馬伯森又爲其部曲馬彥龍等所殺。悉置軍法。由是左竹齋軍門日升守預旺。左公去,張貞庭鎮軍九元代之。代丁軍門守韋州者,李竹軒鎮軍瑞林。光緒二年秋,裁升營,李鎮軍亦去。吳軍門毓華禧德將之,駐平遠。諸軍誅鋤叛黨者,以周蓮池爲最;撫循遺黎者,以左竹齋爲最;勤勞工役者,以吳毓華爲最。此境內剿撫土回之大略也。

陝西叛回自董志塬一敗,悉竄鹽固及縣屬。於是崔三踞預旺城,馬生彥踞同心城,白彥虎、禹得彥踞固原屬之黑城子、鹽茶屬之李旺堡。馬振和、于彥祿先抵金積，與馬化隆合股。自夏徂秋，攻土回堡寨殆盡。雖窮鄉僻壤，如篦如剃，殺戮尤慘。土回之凋敝以此。八月間，聞官軍將至，陝回皆不戰而遁。經黃觀察一勝於打拉池，八年九月事。雷軍門再勝於馬家河，八年九月事。丁軍門三勝於清水河西之石峽口，九年正月事。此接壤戰勝陝回之大略也。九年冬，金積平，馬化隆既磔，於是朔方大定，歷謀長久治安，而平遠縣設。

〔忠義　工役附〕

劉甫田傳

劉甫田，字葭卓，湖南寧鄉縣人，由軍功薦保總兵、赫勇巴圖魯。同治八年冬，隨周紹濂軍門護同心城餉運。時大軍攻金積失利，簡提督敬臨死之，虜勢方張，馬家河撫回亦叛。甫田率隊擊敗，方振旅歸，偵者報曰："白彥虎糾合河回萬餘，赴援金積，將逼同心城。"甫田以同心城為屯糧重地，失則大局撼動，飭隊取大路返。自馳輕騎從間道歸。戰死，從騎皆沒。事聞，如例賜恤。又明年庚午，周紹濂出，路遇回騎。有馬見紹濂，嘶聲哀慘。紹濂心異，諦視之，乃甫田舊乘。執回研訊，得屍枯井中，齒牙無一存者，或罵賊被鑿使然。歸櫬日，磔回以祭。

潘錫齡〔傳〕

潘錫齡，湖南寧鄉縣人，薦職花翎、留浙補用游擊，勇敢誠樸。九年春，殉難王家團莊東山。事聞，賜恤。

黃仲馨〔傳〕

黃元芳，字仲馨，四川廣元縣人，攝平涼縣典史，有循聲。解任為旌善營帶兵官蘇鎮如松記室，守預旺城。蘇鎮去，降酋馬伯森代將。十年九月，伯森遇害，仲馨死之。

王游擊〔傳〕

王雲鵬，字翼翔，湖南寧鄉縣人，累保花翎、游擊，智勇兼備。同治八年，為周紹濂巡捕官，九年秋，降酋馬天法殺丁提督賢發於預旺城，將復叛。周紹濂以該部夙歸節制，往撫之。王翼翔力諫其不可。及紹濂以兵至滿四川，天寒士飢。謀為炊，賊猝至，我軍不及陣。紹濂馬僕，翼翔以自乘貽紹濂，己捉刀從，不數武傷足，哭曰："犬馬之力竭，請公速行，他日收吾骨於山右足矣。"賊殺之。

田守備〔傳〕

田榮曉，湖南常德府人，由軍功累保藍翎、守備，為升營差官。金積未平之前，陝回常出掠。左竹齋率隊擊之，飭總鎮張九元由惠安襲其後。遇賊於韋州北之苦水河，戰敗。榮曉洞穿其腹，猶扶創戰，死之。

丁提督賢發死事紀略

丁軍門賢發，湖北孝感縣人，由軍功累保提督、伊勒達蒙額巴圖魯。同治九年,以宣威三營守韋州,因粮運不繼,時降酋馬柏森守預旺,多騾馬。丁提督帶中右兩營如預旺借資餉運。命大隊駐黑風溝,距預旺二十里。自率副將楊正華、湖南鎮竿廳人。都司黃得勝、曾得高、守備李忠全、周東山等五十餘騎。既入城,降酋馬天法疑其將殺己也,立叛。丁提督與戰,肘受礮傷。楊正華從之,身無完膚,猶砍賊數輩,餘人均殺傷過當。究之衆寡不敵,且深入巢穴,五十餘騎,生還者一二,餘皆遇害。賊騎出,而大隊在黑風溝者,又疑其來迎丁都督而失道也。自黑風溝敗至韋州,迢遥百餘里,且戰且走,死者又百餘人。此九年月日事也。

義回合傳

王大貴,縣之王家團莊回民。當回逆悖亂之秋,深知順逆,力率鄉人毋從賊。同治二年春,穆生花輩謀陷固原。王大貴率壯丁千人,將援官軍。穆生花誘而殺之。

其子王銘忠投軍,累保提督銜,記名總兵、勵勇巴圖魯。

又有白義者,石塘嶺回民。賊脅之反,不從,罵賊遇害。

白鳳彩,預旺城回民。當預旺城汛把總馬兆元首叛,鳳彩伸明大義,曉之以"食茅踐土,二百餘年。朝廷子惠元元,至深且渥,況身爲職官,何忍爲反側子"。兆元不從,鳳彩絶食,復自縊。

義民傳

逆回之亂,漢民遇害多矣。然其姓氏不傳,今以死事最昭著者,先表之。同治元年八月間,預旺城回民反,漢民田創、胡正東、張化元、牛萬林等,糾合義民以擊之。適周學文、周彦、周可立、石乃波等,亦糾義民至。均敗。有被賊生獲者,刳腹而死。同戰之田彦禮、劉啓庫、胡正鈞、郝正業、賀萬朝、馬兆圖、張萬吉、張萬全、劉文儒、祁萬儒、馬天馹、石乃欠、孫善己等,亦死於陣。陳儉、汪俊池、張國瑞、薛文魁、趙登瀛被執,不屈,悉死。郭文興、張尚忠、王正法、張國吉、趙得祥、王存林,知不能免,率其全家投井死。二年八月間,下馬關守備、把總,先奉調出。王雨以六品頂戴,攝外委事。城陷,恐賊奪軍火,乃率郭仁、段成福,登樓舉軍火自焚。

【校勘記】

[1] 四十篇:本志實際共錄詩五十六首。

[2] 上項制府平虜頌:《〔嘉靖〕固原州志》卷二《詩》詩題作《送項都憲平虜凱還集句》,《〔萬曆〕固原州志》卷下《藝文志·頌》詩題作《項公平虜頌》。

[3] 拒:《〔嘉靖〕固原州志》卷二《送項都憲平虜凱還集句》作"距"。

[4] 内釁：此二字後原衍"于"字，據《〔嘉靖〕固原州志》卷二《詩·送項都憲平虜凱還集句》《〔萬曆〕固原州志》卷下《藝文志·項公平虜頌》改。
[5] 旐：《〔嘉靖〕固原州志》卷二《詩·送項都憲平虜凱還集句》《〔萬曆〕固原州志》卷下《藝文志·項公平虜頌》均作"旜"。
[6] 豈弟：《〔萬曆〕固原州志》卷下《藝文志·項公平虜頌》作"愷悌"，《〔嘉靖〕固原州志》卷二《詩·送項都憲平虜凱還集句》作"愷弟"。
[7] 淑：此同《〔萬曆〕固原州志》卷下《藝文志·項公平虜頌》，《〔嘉靖〕固原州志》卷二《詩·送項都憲平虜凱還集句》作"叔"。
[8] 執訊獲醜：此四字原在下文"言旋言歸"四字後，據《〔嘉靖〕固原州志》卷二《詩·送項都憲平虜凱還集句》《〔萬曆〕固原州志》卷下《藝文志·項公平虜頌》改。
[9] 頻：此同《〔萬曆〕固原州志》卷下《藝文志·項公平虜頌》，《〔嘉靖〕固原州志》卷二《詩·送項都憲平虜凱還集句》作"頓"。
[10] 詠唐總制擊虜獲捷：《〔萬曆〕固原州志》卷下《藝文志·詩》詩題作《總制唐公擊虜獲捷》。本詩共六首。
[11] 青沙峴：原作"青沙峴"，據《〔萬曆〕固原州志》卷下《藝文志·總制唐公擊虜獲捷》改。
[12] 胡淚：原作"虜淚"，據《〔萬曆〕固原州志》卷下《藝文志·總制唐公擊虜獲捷》改。
[13] 雲争：原作"雲净"，據《〔萬曆〕固原州志》卷下《藝文志·總制唐公擊虜獲捷》改。
[14] 上唐總制朔方破虜頌八章：《〔萬曆〕固原州志》卷下《藝文志·詩》詩題作《總制唐公朔方破虜》。
[15] 營幷：原作"營弁"，據《〔萬曆〕固原州志》卷下《藝文志·總制唐公朔方破虜》改。
[16] 敉：原作"奠"，據《〔萬曆〕固原州志》卷下《藝文志·總制唐公朔方破虜》改。
[17] 胡兒：原作"虜兒"，據《〔萬曆〕固原州志》卷下《藝文志·登長城關瞻眺有懷》改。
[18] 胡兒：原作"虜兒"，據《〔萬曆〕固原州志》卷下《藝文志·登長城關瞻眺有懷》改。
[19] 剩：原用"勝"，據《〔萬曆〕固原州志》卷下《藝文志·中秋登長城關樓》改。
[20] 壯志：原用"壯士"，據《〔萬曆〕固原州志》卷下《藝文志·九月九日登長城關》改。
[21] 欃槍：原作"攙搶"，據《〔萬曆〕固原州志》卷下《藝文志·復登長城關》改。
[22] 麋：原作"糜"，據《〔萬曆〕固原州志》卷下《藝文志·提秋防兵宿平虜所》改。
[23] 風塵：原作"風雲"，據《〔萬曆〕固原州志》卷下《藝文志·出塞》改。
[24] 胡群：原作"虜群"，據《〔萬曆〕固原州志》卷下《藝文志·出塞》改。
[25] 才：原作"牙"，據《〔萬曆〕固原州志》卷下《藝文志·甲申秋防有懷》改。
[26] 里：此字原脱，據文意補。

附　　録

一、《〔宣統〕甘肅新通志》所載平遠縣史料

卷一《天文志》①

春分、秋分太陽高度表

平遠縣，日影離地平五十二度五十一分〇秒。

夏至太陽高度表

平遠縣，日影離地平七十六度十八分〇秒。

冬至太陽高度表

平遠縣，日影離地平二十九度二十四分〇秒。

經度分秒表

平遠縣，分綫在西經十度十九分〇秒。

緯度分秒表

平遠縣，北極三十七度九分〇秒，低大興縣北極二度四十六分〇秒。

甘肅列宿躔次表

平遠縣，地平經度在井宿二十九度三十七分四秒。

---

① 參見《陝甘地方志中寧夏史料輯校》上册第301—304頁。

卷三《輿地志·圖考》[1]

固原州平遠縣圖

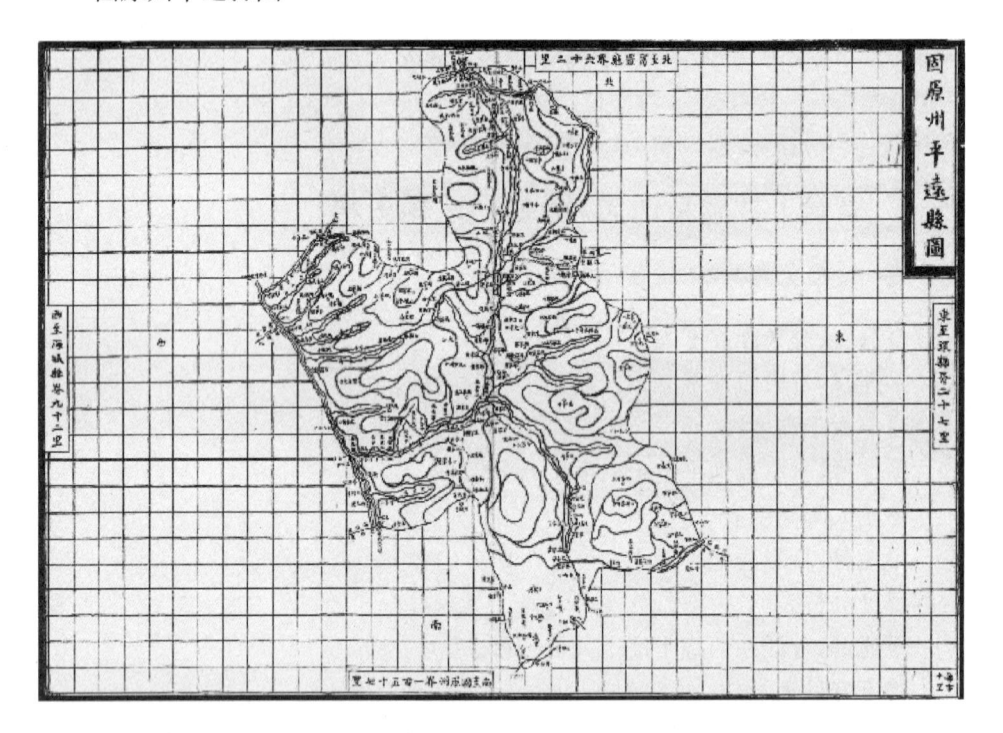

卷四《輿地志·沿革表·平遠縣》[2]

秦屬北地郡。漢武帝析,屬安定,晉仍舊。周屬原州,隋別置平凉郡以屬之,唐復屬原州。元和中,陷於吐蕃。宋元符二年,遣大將折可適伐夏,因置西安州屬焉,隨陷於夏。元築城平虜所,亦名平遠所。明洪武二十年,以地賜韓、肅、楚、慶諸藩牧場。成化五年,[3]滿俊據石城反,遣副都御史項忠討平之,因設固原衛。以西安、平虜、[1]鎮戎三所隸焉。[4] 皇清裁撤衛所,更西陲牧地,招民開墾。同治十三年,設平遠縣,屬固原州。

---

  [1] 參見《陝甘地方志中寧夏史料輯校》上冊第 294 頁。
  [2] 參見《陝甘地方志中寧夏史料輯校》上冊第 316—317 頁。
  [3] 滿俊反叛事在成化四年(1468)。五年(1469),平叛,遂設固原衛。
  [4] 西安、平虜、鎮戎三所分別設置於成化五年(1469)、弘治十八年(1505)、成化十二年(1476)。參見魯人勇等《寧夏歷史地理考》卷十四《明朝》。

秦		新秦中地。
漢	安定郡地。	
三國		
晋		
南北朝	周屬原州。	
隋	屬平涼郡。	
唐	屬原州,元和中陷於吐蕃。	
五代		
宋	屬西安州,後陷於西夏,爲東牟會地。	韋州,西夏置。
金		
元	平遠所地。	
明	初爲肅邸牧場,後屬固原衛。	

卷五《輿地志・疆域・平遠縣》①

治在州東北二百四十里。[2]東至慶陽府環縣界一百七里,西至海城縣界九十二里,南至固原州界一百五十七里,北至寧夏府寧靈廳界六十二里。東南至固原州界一百三十四里,西南至海城縣界一百九里,東北至寧夏府靈州界五十九里,西北至寧靈廳界六十二里。

卷六《輿地志・山川上・平遠縣》②

大蠱山,在縣城西北六十里,接寧夏府寧靈廳界。宋時有避狄者悟道於此,[3]俗傳二虎隨身,後仙去。其山層巒疊嶂,蒼翠如染,初無名,明慶藩長史劉昉以其峰如蠱,故名。四旁皆平地,屹然獨立,上多奇花異卉,良藥珍禽。賀蘭對峙於前,黃河奔放其下,爲平遠第一名勝。山東有祠,爲雲青寺,雨暘輒禱之。慶藩諸墓皆在其下。

青沙峴,在縣城西北八十里。明嘉靖十三年,套虜吉囊由此入寇安、會、金三縣,兵部尚書劉虎遣劉文擊敗之。

麥朵山,在縣西北九十里。《縣志》:③"赫連、元昊迭爲霸國,麥朵山鐵可兵,

---

① 參見《陝甘地方志中寧夏史料輯校》上册第329頁。
② 參見《陝甘地方志中寧夏史料輯校》上册第340—341頁。
③ 參見《平遠縣志》卷四《山川》。

河柳可笴。今查麥朶山在河西,故《靈州志》不載。縣之麥朶山豈亦同名者歟?"

炭窑山,在縣北七十里,今呼大陽山,[4]莊在韋州堡北。

白楊林山,在縣西南六十里,產煤,附近數百里均賴以爨。昔有爲陶冶者,前明設炭千總一員,[5]司其事,今裁。

青羊泉山,在縣西南一百里,山頂有泉,故名。

東山,在李旺堡滿四川之東,距縣城西南一百里,乃土達滿四未叛之時駐牧地也。廢,宅基址尚存。

殿灣山,在縣南三十里,山形蜿蜒,林壑深秀,上有玄真觀塑諸神像,[6]土人春秋祀焉。

打狼山,在縣南三十里。《明一統志》"狼山"即此。[7]套虜由小韋州入犯鎮原、平涼道,蓋俗呼打拉頂也。

騾山,在縣西二十里,[8]明套虜入寇常駐牧於此。

天臺山,[9]在縣西四十里,上有千佛洞法像,似鍾乳結成,不假雕琢,亦奇觀也。

青龍山,在縣東北四十里。《楊將軍廟斷碣》稱宋時楊將軍業遇契丹戰死處,其子都尉楊廷玉陪祀。《縣志》:①"史載楊業與契丹戰死陳家谷,其子廷玉殉之,在朔州地,今立廟於此,豈前明邊將哀其忠勇,建廟以勵將士歟? 蓋未可知也,然山下亦有陳家谷云,姑錄之。"

旱海,即沙漠,在縣北四十里之韋州堡東北,或數里或數十里,皆沙磧。及抵靈州,屬之海子井,東極蒙古,浩渺無際。《縣志》:②"《宋史》吕端請發兵取鄜、延、環、慶道,直擣銀、夏巢穴以解靈武之圍。或云盛夏涉旱海,糧運艱辛,不如靜以待之,果其處與?"

清水河,名蔚茹水,一名大黑河,又名葫蘆河,在縣西一百三十里。源出固原州東南,北流至高崖子入縣界。其西皆海城界,又北流至蔡家灘,有南流之薛家窰,北流之打狼溝、陳家堡子,諸水皆會於預旺城東,名螯死溝。可可堡水東來注之,又北流經同心城。城南有車路溝、洞子溝、沙溝諸水注之,北有丁家二溝、苦水溝、白石頭溝諸水注之,入寧靈廳界。《縣志》:③"清水河有兩源:一出固原之西海子,海周二三里,深不可測;一出牛營子,即東漢隗囂使牛邯軍瓦亭時所築也。兩水合流於固原州之南,[10]再北至黑城子,而黑水亦合派。《州志》:大黑水其源發於須濔都河。總名清水河,北流中衛,入黃河。此平遠西川水道也。"

---

① 參見《平遠縣志》卷四《山川》。
② 參見《平遠縣志》卷四《山川》。
③ 參見《平遠縣志》卷四《山川》。

苦水河，一名山水河，發源於慶陽環縣之仙城驛，繞至韋州堡太陽山下，始與縣川水合。北流，有廟兒溝、騷狐子溝二水西來注之，至靈州入黃河。此平遠東川水道也。

縣川水，源出打狼山，北流徑縣城西，過韋州堡，有乾溝水西來注之。又北至張家灘，入苦水河。

東湖，在韋州堡東一里。

鴛鴦湖，在東湖北三里。

卷八《輿地志·形勝·平遠縣》①

峰巒環拱，溝澗縈旋，形壯邊陲，勢憑險阻，黃河迴繞其北，蕭關雄鎮其南，東北扼慶、寧咽喉，西南連鞏、固肘腋，控制羌胡之地，屏藩沙漠之區。

卷九《輿地志·關梁·平遠縣》②

韋州堡，在縣北四十里。夏元昊築，宋嘉祐七年，[11]夏人改韋州監軍司爲祥祐軍，[12]後改靜塞軍，③元廢。明弘治間，巡撫王珣重築城，週二里。國朝康熙十四年五月，提督陳福遣兵，復惠安、韋州。六月，將軍畢力克圖追賊於韋州，勝之。

白馬城堡，在縣東南一百九十里，古撒都地。土城週五里，高三丈。明嘉靖四年，總督楊一清築城，東北塹山增築關城，轄民堡五，墩臺一十九座，今廢。又堡東二十里，圓兒城；[13]三十里，磚兒城。[14]均有遺址尚存。

鎮戎所，在縣東一百五十里，即葫蘆峽。土城週三里，高三丈。成化九年，馬文升重修。嘉靖三年增築，轄墩臺十九座，今名李旺東堡。

平遠所，在縣城西南七十里，即古豫望城。週五里三分，高闊各三丈三尺。明弘治十四年，總督秦紘題設千戶所，轄墩臺二十四座。山產煤炭，民以爲利，地無井泉，蓄潦水供飲。明石茂華《宿平虜所》詩：[15]"城名預望自何時，沿率戎行暫駐斯。莫計旋期歌暮止，肯緣寒意動悽其。邊烽直接渠搜野，戍道遙通瀚海涯。頡利已收南牧馬，窮荒日日獵狐麛。"

同心城，在縣西一百二十里，舊名半個城。[16]明弘治間重修，周二里半。嘉靖十三年，王緇與指揮田國破套虜於此。國朝順治三年，[17]提督馬寧斬敵將洪大誥於半個城。[18]同治十三年，始駐巡檢。

---

① 參見《陝甘地方志中寧夏史料輯校》上册第 331 頁。
② 參見《陝甘地方志中寧夏史料輯校》上册第 388—389 頁。
③ 祥祐軍與靜塞軍是兩個不同的軍事區劃，非前後之異名。

卷十一《輿地志·風俗》[1]

漢回雜處,風氣剛勁,民性醇良。《平遠志》。[2]

卷十三《輿地志·古迹·平遠縣》[3]

豫旺故城,在縣西南七十里,宋時與西夏分界處。寶慶元年,元太祖取靈州,進兵鹽州川,命豫王築城於此。明成化五年,討平滿俊,設平遠所。弘治十四年,總督秦紘奏設平虜千户所,隸固原衛,今名預旺堡。王瓊《過預旺城》詩:[19]"固原直北荒涼地,[20]靈武臺西預旺城。路入葫蘆細腰峽,苑開草莽苦泉營。轉輸人困頻增戍,寇掠胡輕散漫兵。我獨征師三萬騎,揚威塞上虜塵清。"

鎮戎所,在縣東一百二十里,[21]即葫蘆峽舊城。明成化十二年,巡撫余子俊奏設守禦千户所,隸固原衛。嘉靖三年,增築開城。今名李旺堡。

細腰葫蘆峽城,在縣東。宋慶曆五年,宣撫使范仲淹請築細腰葫蘆峽城,以斷西夏要害之路,命知環州種世衡知原州,蔣偕城之。

半個城,[22]在縣西一百二十里,今爲同心城。

圓兒城,在縣東南二百一十里,磚兒城在縣東南二百二十里,遺址俱存,未詳建置。

卷十四《建置志·城池·平遠縣》[4]

古長城關又名下馬關。明嘉靖五年,總督王憲築土城,甃以甎。周五里七分,高厚均三丈五尺,西城久没於溪。國朝光緒二年,提督吴禧德等新築西面土城,共周四里五分,礅臺八,雉堞七百有二,南北樓櫓具備,經營三載,告厥成功。[5]

卷十五《建置志·官廨》[6]

平遠縣署,在城中,光緒三年建。[7]

訓導署,在學宮左。

---

[1] 參見《陝甘地方志中寧夏史料輯校》上册第494頁。
[2] 參見《平遠縣志》卷四《山川》。
[3] 參見《陝甘地方志中寧夏史料輯校》上册第501頁。
[4] 參見《陝甘地方志中寧夏史料輯校》上册第358頁。
[5] 其後原附陳日新撰《重修平遠縣城記》、明魏謙吉《登長城關》詩、石茂華《復登長城關》,今不録,參見《平遠縣志》卷十《藝文》。
[6] 參見《陝甘地方志中寧夏史料輯校》上册第366—367頁。
[7] 其後原附陳日新撰《創修平遠縣署記》,今不録,參見《平遠縣志》卷十《藝文》。

典史署,在縣治右,光緒三、四年創建。

卷十六《建置志・貢賦上》[1]

平遠縣原撥民地三十三頃七十畝一分,又撥屯地二百四十頃九十畝五分五厘,內除現荒未墾地一百二十六頃七十五畝三分二厘外,實熟地一百一十四頃一十五畝二分三厘。又撥更名地六百九十八頃四十七畝三分三厘,內除現荒未墾地二百五十七頃九十三畝二分六厘外,實熟地四百四十頃五十四畝七厘,又撥養廉地一百四十一頃四十六畝五分九厘。原撥牧地一千一百四十六頃六十三畝六分五厘,內除現荒未墾地一千七十七頃三十六畝九分五厘八毫外,實熟地六十九頃二十六畝六分九厘二毫。又撥養廉租地四百四十九頃二十三畝,內除現荒未墾地四百一十九頃九十八畝九分六厘外,實熟地二十九頃二十四畝四厘。原撥更名地九十九頃一十畝六分,內除現荒未墾地三頃八十畝七分六厘四毫外,實熟地九十五頃二十九畝八分三厘六毫。額徵地丁連閏銀一千九百二兩五錢三分六厘,內除荒蕪無徵銀一千一百四十八兩六錢三分四厘外,實徵地丁連閏銀七百五十三兩九錢二厘,實徵耗羨銀一百一十三兩八分五厘。額徵糧八百五十三石八斗五升四合,內除荒蕪無徵糧三百三十四石六斗九升三合八勺外,實徵糧五百一十九石一斗六升二勺,實徵耗羨糧七十七石八斗七升四合。額徵草三千六百二十二束一分七厘,內除荒蕪無徵草一千一百八十二束五分二厘外,實徵草二千四百三十九束六分五厘。額徵雜賦共應徵銀二百九十三兩四錢六分六厘九毫,內除無從徵收銀一百九十三兩五錢八分二厘三毫外,實徵銀九十九兩八錢八分四厘六毫。

卷十七《建置志・貢賦下・户口》[2]

平遠縣三千六百五十九户。男女大小共一萬九千六百五十九丁口。

卷十八《建置志・倉儲》[3]

平遠縣常平等倉共儲各項京斗糧八百九十二石四斗五升八合九勺。

卷十九《建置志・驛遞》[4]

甘肅驛遞新章銀糧總數
平遠縣所管各驛共安馬一十四匹,[23] 夫二十一名,[24] 統計連閏一歲共支工

---

[1] 參見《陝甘地方志中寧夏史料輯校》上册第 436 頁。
[2] 參見《陝甘地方志中寧夏史料輯校》上册第 440 頁。
[3] 參見《陝甘地方志中寧夏史料輯校》上册第 441 頁。
[4] 參見《陝甘地方志中寧夏史料輯校》上册第 479 頁。

料、外備、站價等銀六百八十三兩九錢。額設鋪司三十五名，[25]每名歲支工食銀三兩五錢二分六厘，一年連閏共該銀一百三十三兩七錢八分二厘。

卷二〇《建置志・鹽法》①

平遠縣原額鹽課銀二百六十七兩六錢七厘九毫，內除無從徵收銀一百九十三兩五錢八分二厘三毫外，現徵銀七十四兩二錢五厘六毫。

卷二三《建置志・厘稅》②

平遠縣徵收續增煤稅銀四錢，無額商鹽稅銀一十一兩八錢四厘，畜稅銀一十一兩三錢九分三厘。

卷二八《祠祀志・祠宇上・平遠縣》③

關帝廟，……平遠縣在縣城東，光緒十年守備劉貴和創建。
文昌廟，……平遠縣在縣城東南，光緒十六年知縣宋芬創建。
忠孝祠，……平遠縣在縣城東南，光緒十六年知縣宋芬創建。
節義祠，……平遠縣在縣城東南，光緒十六年知縣宋芬創建。
城隍廟，……平遠縣在縣城東，光緒十六年創建。
風神廟，在南門外。光緒二十二年，知縣閔同文創建。

卷三〇《祠祀志・寺觀・平遠縣》④

蠢山廟，在縣西六十里。⑤

卷三一《學校志・學額》⑥

平遠縣學額，廩生十缺，增生十缺，四年一貢。歲考取文武生各五，各科考取文生五名。

卷三五《學校志・書院》⑦

平遠縣蠢山書院在本城內文昌宮側，光緒十九年知縣王寶鏞創設。

---

① 參見《陝甘地方志中寧夏史料輯校》上册第 487 頁。
② 參見《陝甘地方志中寧夏史料輯校》上册第 442 頁。
③ 參見《陝甘地方志中寧夏史料輯校》上册第 410—413 頁。
④ 參見《陝甘地方志中寧夏史料輯校》上册第 426 頁。
⑤ "蠢山廟"條後原附陳日新撰《重修蠢山廟記》，參見《平遠縣志》卷十《藝文》，茲不重錄。
⑥ 參見《陝甘地方志中寧夏史料輯校》上册第 375 頁。
⑦ 參見《陝甘地方志中寧夏史料輯校》上册第 376 頁。

卷三六《學校志·義學》①

平遠縣義學,城、鄉五處,俱光緒六年知縣英麟創設。

卷三八《學校志·學堂》②

平遠縣高等小學堂,在縣城西南隅,光緒三十年,知縣秦瑞珍開辦。教習一員,學生十三名。四鄉官民立初等學堂十一處,教習各一,學生一百二十八名。

卷三九《學校志·選舉上》③

舉人·國朝

光緒乙亥恩科帶補壬戌恩科④:熊紹龍,平遠人。

丙子科帶補甲子科⑤:魏紀璠,平遠人。謝序勳,平遠人。

己卯科⑥:王鏊,平遠人。

戊子科⑦:黃度,平遠人。

辛卯科⑧:黃璋,平遠人。

卷四〇《學校志·選舉下》⑨

貢生·國朝

武修文,宣統己酉拔貢,平遠人。

武舉·國朝

光緒乙亥恩科帶補丁卯科⑩

劉華俊,平遠人。

卷四一《兵防志·兵制》⑪

綠營·固原提督標屬各營汛下馬關營並平遠汛:馬兵四十名,步兵二十二

---

① 參見《陝甘地方志中寧夏史料輯校》上册第 380 頁。
② 參見《陝甘地方志中寧夏史料輯校》上册第 381 頁。
③ 參見《陝甘地方志中寧夏史料輯校》下册第 694—695 頁。
④ 光緒乙亥恩科帶補壬戌恩科:"乙亥",光緒元年(1875)。"壬戌",同治元年(1862)。
⑤ 丙子科帶補甲子科:"丙子",光緒二年(1876)。"甲子",同治三年(1864)。
⑥ 己卯:光緒五年(1879)。
⑦ 戊子:光緒十四年(1888)。
⑧ 辛卯:光緒十七年(1891)。
⑨ 參見《陝甘地方志中寧夏史料輯校》下册第 698 頁、第 739 頁。
⑩ 光緒乙亥恩科帶補丁卯科:"乙亥",光緒元年(1875)。"丁卯",同治六年(1867)。
⑪ 參見《陝甘地方志中寧夏史料輯校》上册第 451—452 頁。

名,守兵十八名。

陸軍·甘肅陸軍兵制各標營隊·固原提標巡防後旂,步隊分紮海城、平遠一帶。

卷四二《兵防志·塞防》①

邊牆,在平遠縣東城外。明弘治間,火篩及小王子常連兵入寇,平、固民不得耕作。三邊總制楊一清創築邊牆,唐龍、王瓊踵成之,袤五百餘里,復設敵臺、墩鋪,虜遂不敢犯。

卷四三《兵防志·巡警》②

平遠縣總局一所,局員三,巡兵四名。

卷四八《職官志·歷代官制》③

國朝文職官制

平遠縣:知縣一員,同治十三年,劃撥固原州寧靈廳及舊鹽茶廳地設。儒學訓導一員,同心城巡檢一員,典史一員。

國朝武職官制

下馬關營守備一員。千總一員,在平遠所。把總二員。

卷五三、卷五四《職官志·職官表》④

國朝武職官表

下馬關營守備　光緒三年以前檔案遺失,闕名。

譚呈祥,湖南湘潭人,光緒三年署。

劉茂誠,陝西商南人,光緒五年任。

陳大志,湖南善化人,光緒七年署。

劉貴和,湖南寧鄉人,光緒八年署。

余興魁,陝西安康人,光緒十年任。

田秋農,四川灌縣人,光緒十六年署。

王鳳林,固原人,光緒十七年署。

---

① 參見《陝甘地方志中寧夏史料輯校》上册第 452 頁。
② 參見《陝甘地方志中寧夏史料輯校》上册第 455 頁。
③ 參見《陝甘地方志中寧夏史料輯校》下册第 577 頁。
④ 參見《陝甘地方志中寧夏史料輯校》下册第 610—611 頁、614 頁。

余新發,湖北羅田人,光緒十八年署。
丁際清,伏羌武進士,光緒十九年署。
雷振亨,陝西大荔武進士,光緒二十年署。
楊振清,皋蘭人,光緒二十一年任。
梁正坤,湖正寧鄉人,光緒二十四年署。
楊振清,見前,光緒二十六年任。
赫全陞,四川綿竹人,光緒二十七年署。
王楚中,寧州人,光緒二十七年署。
崇厚,滿洲正黃旗人,光緒二十九年任。
沙兆麟,靜寧人,[26]光緒三十一年署。
雒輔國,山西武進士。
同心城營守備　順治二年設,同治十年以前檔案遺失,闕名。
王宸績,湖南零陵人,同治十年任。
白文治,平羅人,光緒五年署。
馬全,陝西磚坪人,光緒五年署。
巨延年,張掖人,光緒十年署。
劉殿甲,張掖人,光緒十二年署。
鄭柏林,安徽天長人,光緒十七年署。
陶慶林,湖南長沙人,光緒二十五年署。
蔣光龍,貴州施秉人,光緒二十九年署。
吕永福,涇州人,光緒二十九年任。
張鳳喈,中衛人,光緒三十四年署。
吳高吉,湖南平江人,宣統元年署。

卷六六《人物志・群材一・固原直隸州・國朝》①

　　張俊,字傑三,固原毛居士井人。性豪俠,幼即有乘風破浪之志。年甫冠,值同治回亂,與提督董福祥於瑣尾流離之際仗義大呼,招集鄉團,屢挫賊鋭。己巳,②提督劉松山分統湘軍西征,俊與福祥率所部往隸之,編爲董字三營,俊領左營。首克吴忠堡,繼破胡家旱八古城各賊巢,生擒逆酋王洪、楊朗、周洪,克金積堡。叙功,授都司,守河州。隨道員劉錦棠入湟中,解平戎、紅柳園、馬營灣重圍,破小峽堅壘四。小峽兩山壁立,稱絶險,俊與福祥率敢死士襲之,賊衆驚潰,擒逆

---

① 參見《陝甘地方志中寧夏史料輯校》下册第 759—780 頁、762 頁。
② 己巳:同治八年(1869)。

酋海有德。癸酉，①河州回復叛，馳往助剿，戰於三十里舖，陣斬賊目，進破角底臺、美家集、大禮拜寺，不數載而平。乙亥，[27]出關克古牧地、烏魯木齊、吐魯番各城，募定遠三營，躡賊於庫車、黑米地、察爾齊、烏什，嘗五晝夜，逐北千二百餘里，擒斬無算，拔出纏民十餘萬。先後敘功，洊保提督，換花翎，三易巴圖魯名號，賞穿黃馬袿。己卯，②駐軍英吉沙爾，偵知沿邊回目爲安夷教主，煽誘謀叛，率馬步各軍前進，遇賊木吉，力戰敗之，窮追至里雅口巴什，又敗之，蹙於黑孜達坂，殲焉。捷奏，賞頭品頂戴，給三代正一品封典。己丑，③特簡西寧鎮總兵，調伊犁鎮，信賞必罰，兵強民樂。甲午，④東事起，選將賫快礮二千桿於甘軍以資用。乙未，⑤擢喀什噶爾提督。時河湟回變，俊建援甘保新之策，駐阿克蘇，居中調度。事平，調署甘肅提督。旋奉旨陛見，賞賚有加。大學士榮祿統武衛全軍，以俊充翼長，並領中軍，訓練勤勞。未幾，以疾卒於軍。優旨賜卹，國史立傳，諡壯勤。

張果，字錦亭，提督俊弟也。同治初，以武童奮迹團伍，隸董福祥部下，隨剿西寧、靈州、金積堡、大通、古牧地等處，擣巢俘馘，積功洊提督，加一品秩，特予依博德恩巴圖魯。光緒初，以母老乞歸，大吏器其材，檄帶寧夏防軍馬隊。弟毅，以從征新疆有戰績，保游擊，加參將銜。

周天才，字厚庵，固原人。同治初，以行伍隸張俊團隊，旋充董字中營百長，從征靈州，克金積堡，保千總。進剿大通，陞都司。光緒初，復隨大軍出關，烏魯木齊、瑪納斯、達坂城諸役，節次報捷，擢參將，加佐勇巴圖魯。[28]克西四城，洊總兵，加芬誠巴圖魯。嗣以搜捕竄匪論功，晉提督。歷統定遠中、右各營，署庫車營游擊，喀什噶爾提標右營游擊，[29]授英吉沙爾營參將，陞回城營副將。

吳連科，字捷軒，固原人。同治初回亂，連科奮志從戎，遂隸張俊部下，襄理文牘。俊進剿金積堡，連科相度險要，決策運籌，悉中機宜。後轉戰河湟、安肅、新疆南北兩路，靡役不從，積功保總兵、倜勇巴圖魯。年甫五十卒。

張銘新，字錦堂，固原人。同治初，隨提督董福祥、提督張俊扶義練團以禦群回，援環縣，奮身酣鬬，城賴以保全。光緒初，從大軍出關，領董軍左路營隊，凡大軍屯剿處所，悉出死力爲助，福祥甚倚重之。積功擢提督、法福凌阿巴圖

---

① 癸酉：同治十二年(1873)。
② 己卯：光緒五年(1879)。
③ 己丑：光緒十五年(1889)。
④ 甲午：光緒二十年(1894)。
⑤ 乙未：光緒二十一年(1895)。

魯,授河南南陽鎮總兵,加一品秩。後卒於薊州營,次賜祭葬,國史立傳,錄其二子。

薛成德,固原人。以武童於同治初入張俊伍,隨剿河湟,著戰績,領營哨。馬家灘之役論首功,歷保都司。光緒初,隨董福祥攻克馬納斯、寨里河、吐魯番各要隘,保副將。入衛,駐防京師,領甘軍親軍馬隊。洊提督、額騰額巴圖魯,加一品秩。

張儒珍,字雅軒,提督俊子也。同治季年,以文童隨總督左宗棠治軍事,保縣丞,瑪納斯、托克遜諸戰有功,晋保知縣。光緒間,入道員劉錦棠幕,保薦直隸州加知府銜,隨提督董福祥剿河湟逆回,積功保道員,賞戴花翎二品頂戴,武能依巴圖魯,軍機處存記,尋以舊傷觸發,卒。子超,字幼升,以廩生官兵部郎中。

蘇灝,平遠韋州人。光緒二十一年五月,河回攻破豫望城,逼近縣城,灝率團勇百餘名駐縣防堵,賊匪遠遁,城賴以全。後有撒拉回新教馬登海欲來韋州傳教,灝力拒之。

王益萬,平遠人,儘先參將。光緒二十一年,逆匪李萬庚、馬福、楊保山等率衆攻城,益萬誘擒之,賊衆悉潰。後積勞病故。

卷七〇《人物志·忠節一·固原直隸州·國朝》[①]

田創、胡正東、張化元、牛萬林,俱平遠人。同治回亂,糾合義民擊賊,適周文學、周彥、周可立、石乃波等亦糾義民至,均敗死。有被賊生獲者,刲腹而死。同戰之田彥禮、劉啓庫、胡正鈞、郝正業、賀萬朝、馬兆圖、張萬吉、張萬全、劉文儒、祁萬儒、馬天駰、石乃欠、孫善己等,亦死於陣。陳儉、汪俊池、張國瑞、薛文魁、趙登瀛被執不屈,死之。郭文興、張尚忠、王正法、張國吉、趙得祥、王存林知不能免,率其全家投井死。二年八月間,下馬關守備把總先奉調出,王雨以六品頂戴攝外委事,城陷,恐賊奪軍火,乃率郭仁、段成福登樓,舉軍火自焚。

王大貴,平遠回民。同治二年春,穆生花輩謀陷固原,大貴率丁壯千人將援官軍,穆生花誘而殺之。子銘忠投軍,累保提督銜,記名總兵,勵勇巴圖魯。又有白義者,石塘嶺回民。賊脅之反,不從,罵賊,遇害。白鳳彩,預旺城回民。當預旺城汛把總馬兆元首叛,鳳彩伸明大義,力勸歸正,兆元不從,鳳彩絕食,旋自縊死。

---

① 參見《陝甘地方志中寧夏史料輯校》下冊第803頁。

馬文，平遠預望城人。同治十一年，提督左日昇以宣威三營駐預望城。五月，令部將朱某由省解餉回預，文隨往，護餉至黃家渠，遇賊數十，朱某被害，文亦死之。

告占榮，平遠人，果敢有力。同治間，隨大軍攻克金積、寧靈等城，又從官軍進剿西寧，屢夷賊壘，復西寧城，又乘勝復大通城。光緒二年，大軍剿新疆，占榮迭克烏魯木齊、瑪納斯逆巢。明年，進攻吐魯番，剿達坂賊匪。頃刻之間，斬馘四百有奇，賊遠遁，率衆追殺，奪回軍械馬匹無算。旋隨大軍攻克吐魯番城，累功擢游擊，賜卓勇巴圖魯名號。光緒六年六月間，舊傷猝發，以疾没於軍。事聞，優恤如例。

李存貴，平遠人，補用都司。光緒十八年，提督雷正綰委帶達春馬隊保護地方有功，二十一年隨征河湟，陣亡。

卷七八《人物志·列女三·固原直隸州·國朝》①

生員馮世榮母王氏，平遠人。年二十八夫亡，撫孤成立。守節五十三年，卒。光緒十六年旌表。

馬天第妻李氏，平遠人。年二十四夫亡，無子，撫夫侄爲嗣。守節五十年，卒。

李春知妻蘇氏，平遠人。于歸後夫即遠出，無耗，艱難困苦，紡績度日，待夫五十餘年，以節終。

蘇德舉妻王氏，平遠人。年二十五夫亡，無子，撫夫甥爲嗣。守節四十餘年，卒。

附同治間回亂殉難烈婦烈女表

閻氏，李生吉妻。

楊氏，李進堂妻。

余氏，李玉蓮妻。

吳氏，李相英妻。

何氏，李吉春妻。

侯氏，唐夢龍母。石氏、劉氏、馬氏，均夢龍叔母。鄭氏、顧氏，夢龍嫂。

張氏，韓文苑妻。

韓氏，楊慶林妻。

右二年二月分。

---

① 參見《陝甘地方志中寧夏史料輯校》下册第846—858頁。

韓氏，吳興周妻。
張氏，趙萬年妻。
劉氏，李向善妻。
田氏，韓錫昭母。文氏，錫昭妻。藺氏，錫昭弟妻。
右二年七月分。
耿氏，常純五妻。
楊氏，韓文蔚妻。
王氏，楊玉成妻。
常氏，祁述唐妻。
梁氏，曹長久妻。
張氏，曹作新母。
王氏，吳夢魁子媳。
梁氏，韓文蘭妻。
張氏，虎問德妻。李氏、喬氏，均問德媳。
黃氏，黃九福妻。
右二年八月分。
韓氏，楊德明妻。
右二年九月分。
董氏，王憲章母。
右二年十月分。
尹氏，高近顏母。張氏，近顏妻。
張氏，高襄清妻。
王氏，苟全孝妻。
劉氏，苟全魁妻。
黃氏，苟登業嫂。
黃氏，苟自林妻。
王氏，苟全成妻。
李氏，苟自深妻。
黃氏，苟全德妻。
董氏，苟全惠母。劉氏，全惠妻。
王氏，苟自白妻。
張氏，苟全祿妻。
孫氏，王一貴妻。

苟氏,王一富妻。
田氏,王全義妻。
右二年十一月分。
鄧氏,張炳林妻。孟氏,炳林媳。
崔氏,周學古妻。
右三年正月分。
梁氏,劉傑母。
陳氏,王彥漢妻。
賈氏,虎漢傑叔母。王氏,虎漢傑妻。韓氏、張氏,均漢傑媳。
右三年二月分。
曹氏,白絢堂妻。
高氏,白德娃祖母。
曹氏,梁玉財母。
毛氏,連三元母。
賀氏,白天佑嫂。甄氏,天佑媳。
右三年三月分。
楊氏,張永春妻。
尹氏,李樹蔭妻。
李氏,田生春弟媳。
尹氏,李柱銀妻。
張氏,田生春妻。
李氏,田生琳妻。
右三年四月分。
范氏,王玖妻。
右三年五月分。
韓氏,楊慶齡妻。
甯氏,劉萬邦母。
右三年六月分。
梁氏,趙烱妻。
孟氏,房肯構嫂。
右三年七月分。
趙氏,黃建正母。
田氏,張進士妻。

右三年八月分。
張氏,張連級妻。
右三年十月分。
倪氏,白正儒妻。秀貞、碎秀,均正儒女。
霍氏,梁殿鵬妻。張氏,殿鵬弟媳。
杜氏,梁嘉亭妻。
右三年十一月分。
梁氏,敖存實母。
右三年十二月分。
王氏,朱玉連妻。
楊氏,朱全珍妻。
楊氏,朱全盛妻。
朱氏,陳虎妻。
李氏,張進福妻。朱氏,進福媳。
趙氏,李積妻。
童氏,李安妻。
朱氏,李榮妻。
寵氏,李德貴妻。
趙氏,李穩妻。
孫氏,蔣貴妻。
右四年二月分。
張氏,王純德母。
陳氏,李文秀妻。
張氏,高政妻。
安氏,郭永壽母。
章氏,張鳳翔母。
李氏,常伯順母。
張氏,劉大亨妻。
右四年三月分。
張氏,唐德成母。
右四年四月分。
劉氏,姬達財妻。
右四年五月分。

秦氏,陳啓有母。
張氏,秦宏緒妻。
秦氏,周宗江妻。
右四年六月分。
謝氏,黃顯達妻。
唐氏,李楨侄妻。
右四年八月分。
王氏,楊成乾叔母。張氏,成乾妻。玉蓮、跟蓮,均成乾女。
李氏,白廷楨妻。
虎氏,高宏全妻。
白氏,李玉德妻。
米氏,楊進榮妻。
李氏,高宏靈妻。
楊氏,李玉珍母。
右四年九月分。
劉氏,傅和妻。
王氏,傅全貞妻。
右四年十月分。
張氏,陳邦贊妻。
右五年正月分。
趙氏,朱起禮妻。
右五年六月分。
楊氏,張鵬舉叔母。
右五年八月分。
韓氏,趙頂妻。祁氏、戴氏、徐氏、王氏,均頂媳。
何氏,蘇善積妻。白氏,善積媳。
右五年十月分。
陳氏,孟宗思妻。
楊氏,趙德蓄妻。
右六年五月分。
孫氏,路知儒妻。
孟氏,房延齡母。
王氏,延齡嫂。

伍氏,王仲元弟妻。
右六年十月分。
董氏,夫名未詳。
右七年正月分。
白氏,夫名未詳。
右七年二月分。

附光緒間回亂殉難烈婦烈女表
高氏,任可忠妻。
右二年八月分。
柳氏,王雙鎖妻。
汪氏,王受娃妻。
路氏,信得功嫂。春兒,得功女。
馮氏,宋立朝母。
右六年正月分。
杜氏,朱自勵妻。
彭氏,朱清妻。
趙氏,王善士母。戴氏,善士妻。王女兒,善士女。
谷氏,王四倍妻。
賀氏,馬占魁妻。
薛氏,朱寅祖母。
麻氏,祁杰母。
劉氏,楊灃妻。
劉氏,楊苾妻。
王氏,楊芬妻。
趙氏,朱良棟妻。
田氏,朱緒妻。
王氏,朱寬妻。諸氏,寬嫂。小娃,寬女。
王氏,朱滿賢妻。
白氏,宋兆興母。
朱氏,宋來煥母。李氏,來煥妻。
張氏,王現妻。
右六年二月分。

周氏,劉梅妻。
王氏,胡義學妻。
王氏,曾愷勇妻。
章氏,張興妻。
薛氏,張年妻。
李氏,張有年妻。
朱氏,張采仲母。孟氏,采仲妻。
趙氏,張年之表姊。
胡氏,种仲義妻。
王氏,劉三級妻。
右六年三月分。
秦氏,王萬成母。劉氏,萬成妻。李氏,萬成嫂。烈姐,萬成女。
路氏,王萬順妻。
汪氏,王萬林妻。
張氏,王萬田妻。
朱氏,任萬倉妻。
宮氏,任萬居妻。
宮氏,常遐齡妻。
王氏,朱乃倉妻。
張氏,朱陞玉妻。恩花,陞玉女。
李氏,朱義妻。
李氏,朱存妻。
魏氏,柳考妻。
王氏,柳茂妻。
王氏,柳章妻。
朱氏,柳作時妻。
潮姐,柳具娃女。
趙氏,朱羊兒妻。
朱氏,柳招羊妻。
常氏,張榮嫂。章氏,榮妻。
楊氏,張德妻。
盧氏,張成娃妻。
朱氏,張志娃妻。

陳氏,李養成妻。
朱氏,王廷花妻。
朱氏,王廷榮妻。
陳氏,王起福妻。
潘氏,王純妻。
孟氏,王幽蘭妻。
信氏,王冬成妻。
趙氏,王誦蘭妻。
薛氏,王貴妻。
右六年四月分。
蒙氏,王作新妻。
呂氏,王作所妻。
路氏,王路娃妻。
唐氏,王存記妻。
孟氏,王芳妻。蓮姐,芳女。
汝氏,王永德妻。
朱氏,王永雙妻。
張氏,王雙桂妻。
李氏,王生娃妻。
汪氏,王大喜母。朱氏,王大喜妻。
蘇氏,王金田妻。
朱氏,王義兒母。
賈氏,王有娃母。
汪氏,王彥妻。
趙氏,王萬雙妻。
朱氏,王德孚妻。
劉氏,王德盛妻。
關氏,王德禮妻。
何氏,王德仁妻。
劉氏,王德榮妻。
張氏,李文新妻。
朱氏,李文德妻。
王氏,李兔娃妻。

王氏,李文全妻。
楊氏,李隆妻。
朱氏,李興兒妻。
張氏,李萬玉妻。
朱氏,王萬一妻。
田氏,王萬昌妻。
曹氏,王萬花妻。
段氏,王萬福妻。
朱氏,王閏記妻。
張氏,薛來成妻。
王氏,路過兒母。秀姐,路過兒女。
路氏,常滿兒妻。
李氏,王樹勳母。朱氏,樹勳妻。
張氏,王廷有妻。
段氏,王歲蘭妻。
朱氏,王泰妻。
侯氏,王願學妻。
張氏,王儒學妻。
潤英、姑養,均王樹勳侄孫女。
杜氏,王存玉母。朱氏,存玉妻。
朱氏,王萬中母。汪氏,萬中妻。
田氏,劉繼堂妻。
朱氏,溫養智妻。
王氏,朱文齋妻。
王氏,朱金娃妻。
朱氏,柳映花母。王氏,映花妻。
李氏,王儒妻。
党氏,王存兒妻。
張氏,王德兒妻。
張氏,王壯妻。
李氏,柳憲章妻。
朱氏,柳貴章妻。
王氏,柳作棟妻。

朱氏,柳羊圈妻。
安氏,柳萬福妻。
田氏,樊俊德妻。
王氏,樊信德妻。
潘氏,樊根喜妻。
劉氏,樊榮母。汝氏,榮妻。
朱氏,樊昌妻。茹姐,昌女。
張氏,朱登皋妻。
朱蜡兒、朱桃兒、朱細桃,並朱考學女。
王氏,劉國梁妻。萃姐,國梁侄女。
周氏,劉國隆妻。
李氏,劉恭妻。
朱氏,劉恒妻。
柳氏,劉書妻。
王氏,劉信妻。
朱氏,劉剛妻。
高氏,李自泰母。
張氏,李永茂母。吳氏,永茂妻。
王氏,李尚彩母。張氏,尚彩妻。
朱氏,崔彥芳妻。
文氏,孟四汝妻。
趙氏,孟根娃妻。
陳氏,孟懷周妻。
屈氏,朱榮妻。
郗氏,朱映花妻。
張氏,朱華妻。
張氏,朱芝林妻。
右六年五月分。
潘氏,楊宗貴妻。
王氏,楊宗曾妻。
張氏,楊宗興妻。
侍氏,楊別長妻。
謝氏,楊萬學妻。

翁氏,楊萬祿妻。
宋氏,楊宗年妻。
右六年六月分。
朱氏,馬進前妻。
柳氏,馬榮妻。
路氏,馬駝兒母。
李氏,馬生榮妻。
謝氏,馬尚德妻。
王氏,馬會德妻。
王氏,荆儒林妻。
秦氏,荆三元妻。
劉氏,荆耀青妻。
荆氏,朱萬年妻。
潘氏,宋自新妻。
張氏,朱秀兒妻。
吳氏,朱生雲妻。
崔氏,柳逢青妻。
姚氏,柳逢柏妻。
張氏,柳逢槐妻。
李氏,王昭妻。
汪氏,王申信妻。
田氏,張乃云妻。
朱氏,張雙良妻。
吳氏,張寬妻。
朱氏,雷現妻。
朱氏,雷鳳娃妻。
侯氏,雷永和妻。
朱氏,雷茹娃妻。
韓氏,屈存兒母。
孟氏,屈鳳春妻。
劉氏,屈萬銀母。
田氏,屈林妻。
吳氏,郭喜云妻。

胡氏,荊向林母。劉氏,向林妻。
汝氏,楊存主妻。
田氏,楊萬錦妻。
安氏,張書紳妻。
朱氏,郭源弟妻。
朱氏,白蓮妻。
右六年七月分。
張氏,馬伍金妻。
侯氏,張喜兒妻。
朱氏,張存興妻。
王氏,柳正邦妻。
張氏,柳静可妻。
高氏,柳觀朝妻。
陸氏,柳貝娃母。朱氏,貝娃妻。
柳氏,秦萬林妻。
王氏,崔彥寅妻。
杜氏,高玉妻。
張氏,高彩妻。
吳氏,高保妻。
王氏,范長榮妻。
朱氏,范秀妻。
右六年八月分。
趙氏,朱桂芳母。李氏,桂芳妻。
李氏,魏功妻。丑姐,功女。
胡氏,王守源妻。
趙氏,王發源妻。
趙氏,袁肖本妻。
趙氏,袁雙存妻。
朱氏,李見有妻。
張氏,李永禄妻。
朱氏,井向善妻。
韓氏,井向玉妻。
孟氏,井向禄妻。

王氏，井生兒妻。
王氏，井守兒妻。
賀氏，甯庚寅妻。
羅氏，張自重嫂。
胡氏，魏貴母。
周氏，朱有恒母。余氏，有恒妻。段氏，有恒嫂。
王氏，趙可母。
朱氏，李長郁妻。供蘭、翠蘭，均長郁女。
楊氏，趙玉良妻。
右六年九月分。
陳氏，韓文達母。
王氏，韓存貴妻。陳氏，存貴妾。
宋氏，韓富貴妻。
戴氏，何連陞妻。
右六年十月分。
趙氏，朱茂妻。
蘇氏，朱敦善妻。
王氏，朱萬卷妻。
李氏，石貴妻。
文氏，石進存母。朱氏，進存妻。
何氏，王清妻。
魏氏，張清妻。
薛氏，朱光煜妻。
柳氏，信中規母。甘氏，中規嫂。任氏，中規弟妻。朱信氏，中規女。
關氏，朱增來妻。
李氏，田有年妻。
任氏，田永春妻。
井氏，田永川妻。
右六年十一月分。
范氏，尚有存妻。
右二十一年，月分未詳。

二、《〔宣統〕甘肅固原直隸州平遠縣地理調查表》
  （清）秦瑞珍　　呈報

序號	村鎮名目	方向位置	離城里數	戶數	人數	附記	承辦紳董姓名
1	城內			70	270	城內有文武衙署五所,高等小學二所,初等小學堂一所,寺廟八所,民立初等小學堂一所	從九：盧玉林 貢生：尹登科 教職：任家鼎 武生：喬含英
2				90	909	南關外有龍王廟、雷雨壇各一所。北關外有巡警局一所,牛王廟一宇,井二口。東城外有長城一道,已敗圮	同右
3	韓家塌	在縣城正南,打拉頂正北	10	9	67	莊北有牛王廟一宇	從九：盧玉林 貢生：尹登科 教職：任家鼎 武生：喬含英
4	打拉頂	在縣城正南,預望城正北	30	11	54	莊西有玄真觀一宇	同右
5	白家灘	在縣城東南,沈家灘正東	25	10	32	莊外有水井一口	同右
6	沈家灘	在縣城東南,打拉頂正東	30	10	57	莊內有蒙學堂一所,龍王廟一所,莊外有關帝廟一所,沼一	同右
7	李家堡	在縣城東南,廖馬山子正北	25	11	61	莊內有龍王廟一所	同右
8	廖馬山子	在縣城東南,窖坑子西北	25	22	127	莊外有玉皇廟一所	
9	窖坑子	在縣城西南,盧家塌正北	20	9	54	莊內有蒙學堂一所,莊外有井一口	
10	盧家塌	在縣城東南,劉家灘正北	15	14	102	莊外有龍王廟一所	

續　表

序號	村鎮名目	方向位置	離城里數	戶數	人數	附　記	承辦紳董姓名
11	劉家灘	在縣城東南，三步墩正南	15	12	76	莊内有蒙學一所，井一口	
12	三步墩	在縣城正東，陳家莊東南	15	12	76		增生：王漢英
13	陳家莊	在縣城正東，三步墩西北	15	19	107	莊東有龍王廟一所，井一口	
14	趙家洼	在縣城東南，白家灘正南	70	11	56		
15	紅城子	在縣城西北，韋州堡西南	25	109	707	莊内有蒙學堂二所，龍王廟二所，子孫宫一所，土地祠一所，泉一眼，民立初等小學堂一處	貢生：吳忠
16	韋州堡	在縣城正北，紅城子東北	40	310	2 036	堡内有武署一所，初等小學堂一所，財神廟一所，東舊城一座係宋夏王元昊筑，内有古塔一座，明萬曆年間修，禮拜寺一所，民立初等小學堂一處	貢生：蘇樂 武生：蘇槐清
17	張家舊莊	在縣城正北，韋州堡正北	60	14	108		
18	于溝子	在縣城西北，韋州堡正北	60	10	93		
19	巴而莊	在縣城西北，韋州堡西北	80	5	39		
20	黄河兒灣	在縣城東北，韋州堡東北	60	6	68		
21	江莊子	在縣城西北，韋州堡西北	60	3	28		
22	太陽山莊	在縣城正北，韋州堡正北	70	13	64		

續　表

序號	村鎮名目	方向位置	離城里數	戶數	人數	附　記	承辦紳董姓名
23	湯坊莊	在縣城正北，韋州堡東北	60	4	29		
24	田家沙窩	在縣城正北，韋州堡東北	45	7	48		
25	倒座子	在縣城東北，韋州堡正東	60	5	34		
26	青龍山	在縣城東北，韋州堡東北	65	4	38	村外有楊將軍廟斷碣稱，宋時楊將軍業遇契丹戰死處	
27	焦家畔	在縣城東北，韋州堡正北	75	12	67		
28	高家垣子	在縣城東北，韋州堡東南	25	6	38		
29	陶莊子	在縣城西北，韋州堡西南	35	4	21		
30	預望城	在縣城正南，毛居士井西北	70	117	599	城內把總署一所，初等小學堂一所，玉皇閣、關帝廟、城隍廟、菩薩廟、財神廟各一所	縣丞：張爲善監生：張俊選、楊相雲
31	校場灘	在縣城正南，預望城正東	75	4	23		
32	張個樹灣	在縣城正南，預望城東北	70	8	69		
33	王家渠	在縣城正南，預望城東北	90	2	11		
34	蔡家廟	在縣城正南，預望城正東	90	2	11	莊內有土地廟一座	
35	王家團莊	在縣城正南，預望城正東	90	2	18	莊內有土地廟一座	
36	田家畔	在縣城正南，預望城正東	70	6	40	莊內有火神廟一座，土地廟一座	

續表

序號	村鎮名目	方向位置	離城里數	戶數	人數	附　記	承辦紳董姓名
37	唐家上莊	在縣城正南，預望城正北	40	8	41		
38	盧家岔	在縣城正南，預望城正東	60	16	125	莊內有土地廟一座	
39	唐滿窖兒	在縣城正南，預望城正北	40	7	32		
40	灰土溝	在縣城正南，預望城正北	40	11	44		
41	郭家岔	在縣城正南，預望城正北	40	7	34	莊內有土地廟一座	
42	賀家莊	在縣城正南，預望城正東	80	14	86	莊內有土地廟一座，苦水井一口	
43	武家灣	在縣城正南，預望城正東	90	9	59		
44	楊家寨窠	在縣城正南，預望城正東	60	2	13		
45	計家嘴子	在縣城正南，預望城正東	60	7	40	莊內有土地廟一座	
46	劉家莊	在縣城正南，預望城正東	120	6	34	莊內有土地廟一座	
47	郭家大灣	在縣城正南，預望城正東	100	5	34		
48	周家灣	在縣城正南，預望城正東	60	9	44	莊內有土地廟一座	
49	馮家北川	在縣城正南，預望城正東	50	6	34		
50	李家莊	在縣城正南，預望城正東	70	16	98	莊內有土地廟一座	
51	張家井	在縣城正南，預望城正東	90	6	39	莊內有苦水井一口	
52	谷地臺	在縣城正南，預望城正東	120	6	31	莊內有土地廟一座	

續　表

序號	村鎮名目	方向位置	離城里數	戶數	人數	附　記	承辦紳董姓名
53	汪家塬	在縣城正南，預望城正東	85	8	43	莊內有龍王廟一座	
54	石家莊	在縣城正南，預望城正東	75	6	34	莊內有土地廟一，莊內有苦水井二口	
55	五里墩	在縣城正南，預望城正南	75	15	95	莊內有土地廟一座，井一口	
56	蘇家溝	在縣城正南，預望城正北	55	15	74	莊內有土地廟一座	
57	張家井灣	在縣城正南，預望城正北	70	8	45	莊內有苦甜水井各一口	
58	張家原	在縣城正南，預望城西北	70	10	57	莊內有土地廟一座	
59	來家川	在縣城正南，預望城西北	60	5	31	莊內有苦水井二口	
60	唐家店	在縣城正南，預望城正北	30	13	90	莊內有土地廟一座，莊南甜苦水井各二口，有玄真觀一座	
61	千家井	在縣城正南，預望城正北	30	20	137	莊內有土地廟一座，甜水井四口，莊東有甜水井四口	
62	張家後灣	在縣城正南，預望城正北	50	2	9		
63	鄭家臺	在縣城正南，預望城正北	50	13	81	莊內有土地廟一座，苦水井四口	
64	新莊子灘	在縣城正南，預望城正南	80	14	87	莊內有土地廟一座，甜苦水井各二口	
65	陳家堡子	在縣城正南，預望城東北	105	3	12		
66	折腰溝	在縣城正南，預望城正南	85	23	132	莊內有關帝廟、土地廟各一座，莊南有雷祖廟、九天娘娘廟各一座	

續　表

序號	村鎮名目	方向位置	離城里數	戶數	人數	附　記	承辦紳董姓名
67	陳家細溝	在縣城正南，預望城東南	90	2	17	莊內有雷祖廟一座	
68	張家山	在縣城正南，預望城正東	90	7	41	村內有九天娘娘廟一座	
69	石澇子	在縣城正南，預望城東南	110	5	29	村內有龍王廟一座	
70	姜家堡子	在縣城正南，預望城東南	100	17	111	莊內有土地廟一座	
71	趙家團莊	在縣城正南，預望城正南	80	9	44	村內有土地祠一座，臥龍寺一座，嘉慶元年石碑一座	
72	河棠河	在縣城正南，預望城正南	110	9	50	莊內有苦水井二口	
73	鮑家堡子	在縣城正南，預望城正南	90	4	17	莊內有土地廟一座	
74	姜家灣	在縣城正南，預望城東南	80	6	37	莊內有土地廟一座，苦水井一口	
75	陳家臺	在縣城正南，預望城正南	120	5	43	莊內有土地廟一座，甜水井二口	
76	黃家渠	在縣城正南，預望城正南	100	2	17		
77	沈家灣	在縣城正南，預望城正南	100	7	43		
78	關亭山	在縣城正南，預望城正南	70	9	75	莊外有興龍寺一宇，門外有乾隆、嘉慶年石碑各一座	
79	郭家嘴子	在縣城正南，預望城西南	110	10	75	村內有土地廟一座	
80	梨花嘴	在縣城西南，預望城正南	120	18	146	村內有土地廟、牛王廟各一座	
81	王家堡子	在縣城正南，預望城正南	70	6	46	村內有靈官廟一座	

續 表

序號	村鎮名目	方向位置	離城里數	戶數	人數	附　記	承辦紳董姓名
82	扈家原	在縣城正南，預望城正西	70	16	152	村內有土地廟一座	
83	和尚坡	在縣城正南，預望城正南	80	27	212	村內有土地廟一座	
84	梁家溝	在縣城正南，預望城正西	110	15	120	村內有土地廟一座，苦水井二口	
85	馬家莊	在縣城正南，預望城正東	90	15	96	村內有土地廟一座	
86	張家樹	在縣城正南，預望城正西	90	8	47	村內有井二口	
87	沙土坡子	在縣城西南，預望城西北	80	4	35	村內有土地廟一座	
88	王家滂壩	在縣城西南，預望城西南	90	5	46	村內有水井二口	
89	郭家陽洼	在縣城西南，預望城西北	100	9	56	村內有苦水井一口	
90	尖山	在縣城西南，預望城西北	100	3	14	村內有青龍寺一座，苦水井一口	
91	乾家川	在縣城西南，預望城西北	70	13	94	村內有土地廟一座，甜水井二口，苦水井三口	
92	馬家新莊	在縣城西南，預望城西北	70	4	29	村內有土地廟一座，甜水井一口，苦水井二口	
93	范家大坡	在縣城正西，預望城西北	70	9	54	村內有土地廟一座，水井一口	
94	白楊林	在縣城正西，預望城西北	70	2	7	村內有老君廟一座，煤洞二眼，水泉一眼	
95	赫家洼	在縣城西南，預望城西北	100	5	23		
96	劉家套子	在縣城西南，預望城西北	90	9	43		

續 表

序號	村鎮名目	方向位置	離城里數	戶數	人數	附　記	承辦紳董姓名
97	武家腦	在縣城西南,預望城正西	95	8	30		
98	尖圪塔	在縣城西南,預望城西北	70	7	54		
99	邱家坪	在縣城正西,預望城西北	100	13	71		
100	鎖家岔	在縣城正南,預望城正北	50	43	279	村內有禮拜寺一座,井一口	
101	青羊圈	在縣城西南,預望城西北	100	16	58		
102	王家灣	在縣城西南,預望城西南	100	5	35	村內有水泉一眼	
103	龔家灣	在縣城西南,預望城西南	100	19	104		
104	扁包川	在縣城西南,預望城西南	100	14	58		
105	開城土	在縣城西南,預望城正南	104	9	43		
106	馬家高莊	在縣城正南,預望城東北	60	5	29		
107	紅溝門	在縣城正南,預望城正南	150	2	10		
108	馬家套子	在縣城正南,預望城正南	150	16	106		
109	蘇家臺	在縣城正南,預望城正南	110	12	80	莊北有泉水一眼	
110	毛家墩	在縣城正南,預望城正北	50	7	31	莊南有水井一口	
111	楊家岔	在縣城東南,預望城正東	65	14	70	莊南有古寺一所,水井一口	
112	周家川	在縣城正南,預望城正東	80	5	27		

續　表

序號	村鎮名目	方向位置	離城里數	戶數	人數	附　記	承辦紳董姓名
113	三個窑兒	在縣城正南，預望城正東	60	12	67	莊內有古寺一所	
114	蘇家洼子	在縣城正南，預望城正東	70	28	113	莊內有古寺一所，水井一口	
115	馬家南灣	在縣城正南，預望城正東	60	8	41	莊內有古寺一所，莊外有水泉一眼	
116	白家陰洼	在縣城正南，預望城正東	70	15	85	莊內有古寺二所	
117	白家陽洼	在縣城正南，預望城東北	60	8	38		
118	楊家新莊	在縣城正南，預望城東北	60	11	59	莊內有寺一所	
119	馬家原山	在縣城正南，預望城東北	60	9	81		
120	馬家團莊	在縣城正南，預望城正北	70	7	45	莊內有水井一口	
121	樓溝子	在縣城西南，預望城東南	110	5	19		
122	張家嘴子	在縣城西南，預望城西南	111	10	61		
123	毛居士井	在縣城東南，預望城東南	160	7	52	村內有關帝廟、龍王廟各一座	貢生：李成章　從九：李廷貞、孫德明
124	北川	在縣城東南，毛居士井正北	150	10	57		
125	張家山	在縣城東南，毛居士井西北	100	5	35		
126	金掌川	在縣城東南，毛居士井正北	100	6	40		
127	谷山子	在縣城東南，毛居士井正北	90	5	29	村內有張公祠一宇，係莊勤公俊祠	

續　表

序號	村鎮名目	方向位置	離城里數	戶數	人數	附　記	承辦紳董姓名
128	燕麥掌	在縣城東南，毛居士井正北	90	12	88		
129	林家廟	在縣城東南，毛居士井正北	140	6	32		
130	陳戶掌	在縣城東南，毛居士井正北	110	11	73		
131	王朝山	在縣城東南，毛居士井正北	110	13	65		
132	苦水渠	在縣城東南，毛居士井正北	110	10	65		
133	臥牛灣	在縣城東南，毛居士井正北	160	13	84		
134	豬尾山	在縣城東南，毛居士井西北	120	12	89		
135	杜家廟	在縣城東南，毛居士井東南	170	8	72		
136	秦家洼	在縣城東南，毛居士井正東	170	10	78		
137	連家井	在縣城東南，毛居士井正南	120	28	197		
138	秦家鋪	在縣城東南，毛居士井正南	170	5	29		
139	磚城堡	在縣城東南，毛居士井正南	170	30	193	莊內有土地廟二座	
140	元城堡	在縣城東南，毛居士井正南	210	21	111		
141	廟兒掌	在縣城東南，毛居士井正南	220	13	98		
142	大潦垻	在縣城東南，毛居士井正南	230	24	115		

續　表

序號	村鎮名目	方向位置	離城里數	戶數	人數	附　記	承辦紳董姓名
143	校場川	在縣城東南,毛居士井東南	200	23	97		
144	夾道堡	在縣城西南,可可堡正北	120	60	382	村內有初等小學堂二所,禮拜寺一所,井四口	完備:王學詩
145	倒墩子	在縣城西南,夾道堡正北	120	41	240		
146	馬家套子	在縣城西南,夾道堡正東	130	21	72	莊內有禮拜寺一所,井一口	
147	新鎮里莊	在縣城西南,夾道堡正東	135	21	81	莊內有寺一所,井二口	
148	黃草嶺	在縣城西南,夾道堡正東	90	21	84		
149	花豹灣	在縣城西南,夾道堡東北	75	9	36		
150	大河灣		100	10	31		
151	古窰灣	在縣城西南,夾道堡正東	110	22	81		
152	常川子	在縣城西南,夾道堡正北	100	21	87	莊內有寺一所,井一口	
153	滿四川	在縣城西南,夾道堡正東	100	17	52	莊內有寺一所	
154	馬踏水	在縣城西南,夾道堡正南	150	18	84		
155	虎家山	在縣城西南,夾道堡正南	120	11	44		
156	余家洼	在縣城西南,夾道堡東南	110	17	64		
157	穆家槽子	在縣城西南,夾道堡東南	110	17	63		

續　表

序號	村鎮名目	方向位置	離城里數	戶數	人數	附　記	承辦紳董姓名
158	紅山墩	在縣城西南，夾道堡正南	150	24	91		
159	金家河	在縣城西南，夾道堡正北	120	26	140		
160	洞子溝沿	在縣城正西，夾道堡正北	120	37	168		
161	砂陽莊	在縣城正西，夾道堡正北	120	25	105	莊內有寺一所，井二口	
162	余家梁	在縣城正西，夾道堡正北	115	10	35		
163	和合山	在縣城西南，夾道堡正北	90	28	124	莊內有寺一所	
164	黃家水	在縣城正西，夾道堡正北	100	13	50		
165	三道嶺	在縣城正南，夾道堡正北	100	5	27		
166	孫家臺	在縣城正西，夾道堡正北	100	21	120		
167	石堉嶺	在縣城正西，夾道堡正北	90	25	164	莊內有寺一所	
168	買家洼	在縣城正西，夾道堡正北	80	9	41		
169	車路溝	在縣城西南，夾道堡正北	80	21	125		
170	紅灣梁	在縣城正西，夾道堡正北	90	13	75		
171	關亭山	在縣城正西，夾道堡正北	80	21	105		
172	麻圪塔	在縣城正西，夾道堡正北	70	32	161	莊內有寺一所，井二口	

續 表

序號	村鎮名目	方向位置	離城里數	戶數	人數	附 記	承辦紳董姓名
173	可可堡	在縣城西南，夾道堡正南	150	16	62		
174	新堡	在縣城西南，可可堡正西	150	29	131	莊內有寺一所	
175	蘇家嶺	在縣城西南，可可堡正西	150	25	112		
176	東紅圈	在縣城西南，可可堡正南	150	41	223		
177	吊堡子	在縣城西南，可可堡正南	160	15	91	莊內有寺一所	
178	駱駝崾峴	在縣城西南，可可堡正東	160	9	63		
179	麻衣川	在縣城西南，可可堡東北	150	16	65		
180	黃草掌	在縣城西南，可可堡東北	170	31	175		
181	蔡家口子	在縣城西南，可可堡正西	140	19	84		
182	張家灣	在縣城西南，可可堡正西	140	16	56		
183	虎家嘴子	在縣城西南，可可堡正北	150	17	49		
184	干溝門	在縣城西南，可可堡正北	150	22	70		
185	胡麻起	在縣城西南，可可堡正北	120	32	102		
186	紫花兒莊	在縣城西南，可可堡正北	120	30	102		
187	虎家河灣	在縣城西南，可可堡正北	120	30	103		

414　〔光緒〕平遠縣志

續　表

序號	村鎮名目	方向位置	離城里數	户數	人數	附　記	承辦紳董姓名
188	西套子	在縣城西南,可可堡正北	130	25	105		
189	張二水	在縣城西南,可可堡正北	130	15	50		
190	阿布條	在縣城西南,可可堡正北	120	18	57		
191	馮川	在縣城西南,可可堡正北	130	16	62		
192	同心城	在縣城正西,夾道堡西北	140	322	1 735	城内有文武衙署各一所,初等小學堂一所,武廟、娘娘廟各一座,清真寺四所,井三口	從九:黑滿福教職:丁育桂
193	東三排	在縣城正西,同心城正東	120	45	262		
194	楊家塢	在縣城正西,同心城正東	120	65	276		
195	沙堰兒	在縣城正西,同心城正東	120	19	64		
196	灣斷頭	在縣城正西,同心城東北	130	30	107		
197	八泉兒	在縣城正西,同心城正北	100	24	102		
198	陸家莊	在縣城正西,同心城正北	100	8	47		
199	麥朵山	在縣城西北,同心城正東	90	21	94		
200	青山兒	在縣城西北,同心城東北	80	28	121		
201	康家灣	在縣城西北,同心城東北	80	30	125		

續 表

序號	村鎮名目	方向位置	離城里數	戶數	人數	附 記	承辦紳董姓名
202	李家山	在縣城西北，同心城東北	80	15	53		
203	馬家莊	在縣城西北，同心城東北	90	14	52		
204	顧家莊	在縣城西北，同心城西北	90	44	225		
205	丁家莊	在縣城西北，同心城正北	110	41	172		
206	馬家二溝	在縣城西北，同心城正北	120	12	42		
207	李家溝	在縣城西北，同心城正北	80	4	20		
208	亂山子	在縣城西北，同心城正北	90	3	6		
209	苦水溝	在縣城西北，同心城正北	100	9	55		
210	干灣溝	在縣城西北，同心城正北	100	11	56		
211	吳家河灣	在縣城西北，同心城西北	170	11	33		
212	周家河灣	在縣城西北，同心城西北	170	6	21		

共計：大小村鎮212處,3 895戶,21 223人。①

---

① 原統計戶數爲3 868戶,人數爲21 125人,今據實際數字校改。

三、《〔民國〕朔方道志》所載鎮戎縣史料

《朔方道志》卷之二《輿地志上》

鎮戎縣疆域分圖

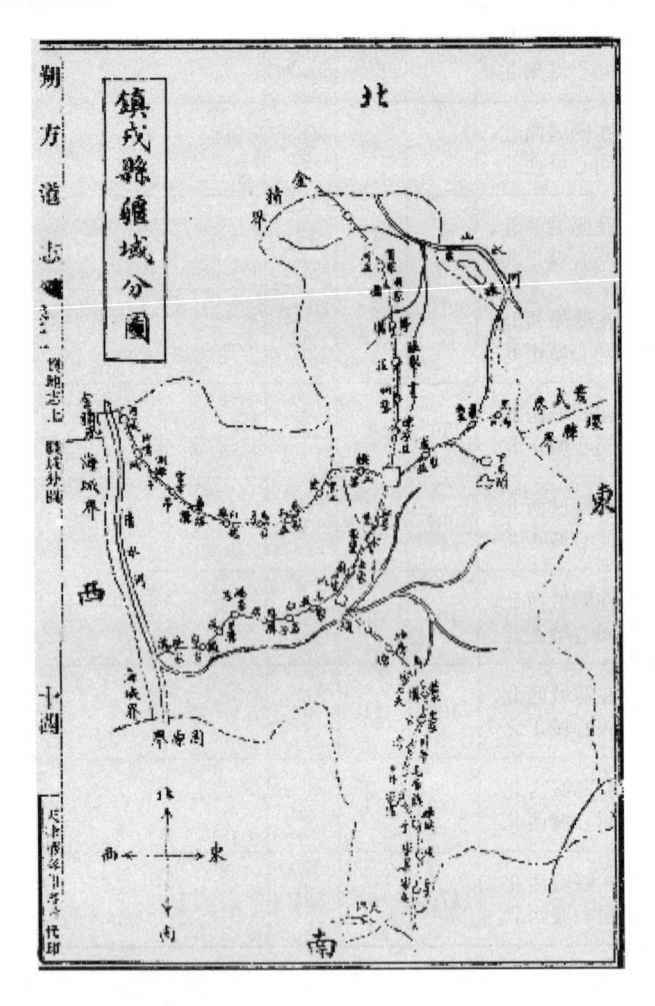

　　鎮戎縣，治在郡城之南。東至隴東道屬環縣界一百七里，西至隴東道屬海源縣界九十二里，南至隴東道屬固原縣界一百五十七里，北至金積縣界六十二里，東南至隴東道屬固原縣界一百三十四里，西南至隴東道屬海源縣界一百九里，東北至靈武縣界五十九里，西北至金積縣界六十二里。

　　距朔方道治三百三十六里。

鎭戎縣沿革

秦	
漢	安定郡地
後漢	
晉	
南北朝	周屬原州
隋	屬平涼郡
唐	復爲原州。元和中，陷於吐蕃
五代	陷於吐蕃
宋	屬安西州。隨陷於夏，[30]爲東牟會地。韋州，西夏置
元	平虜所。亦名平遠所
明	固原衛。以西安、平遠、鎭戎三所隸焉。萬曆五年，建下馬關
清	平遠縣。同治十三年，以下馬關改置，屬固原州
民國	鎭戎縣。民國二年，以平遠改置，隸朔方道

　　古羌戎地，秦屬北地郡。漢武帝析屬安定。晉仍之。周屬原州。隋別置平涼郡以屬之。唐復屬原州，元和中陷於吐蕃。宋元符二年收復，置安西州，隨陷於夏。元爲平虜所，亦爲平遠所。明洪武二十年，以地賜韓、肅、楚、慶諸藩爲牧場。成化五年，滿俊據石城反，討平之，因設固原衛，以安西、平遠、鎭戎三所隸焉。萬曆五年，建下馬關。清爲固原州轄地。同治十三年，因亂後，且距州過遠，置平遠縣，割固原州。今固原縣。屬之元城子、毛居士井、永固堡及白馬堡十分之七，海城縣今海源縣。屬之預旺堡、"預旺"爲"豫王"之訛，豫王曾駐於此，故名。可可水、夾道堡及李旺堡十分之三，寧靈廳今金積縣。屬之韋州堡及同心城十分之三同心城舊設巡檢，今裁。以隸之，屬固原直隸州。民國二年，改鎭戎縣，隸朔方道。採《新通志》平遠沿革。

邊界

　　今鎭戎縣東城外有長城一道，因明弘治間火篩及小王子常連兵入寇，平固民人不得耕作，三邊總制楊一清創築邊牆，唐龍、王瓊踵成之。袤五百餘里，復設敵臺、墩鋪，虜遂不敢犯。《平遠志》。

形勝·鎮戎縣

峰巒環拱，溝澗縈旋，形壯邊陲，勢頗險阻。黃河回繞其北，蕭關雄鎮其南。東北扼慶寧咽喉，西南連鞏固肘腋。控制羌胡之地，屏藩沙漠之區。舊《平遠志》。

按：鎮戎舊名"平遠"，介乎平、固、寧、慶之間。地極高寒，雖盛夏亦如東南各省。四月清和之時，無所酷熱。唐宋以後，或爲元豫王之盤踞，或爲韓、蕭諸藩之牧場。大蠹、哆唛山環水繞，亦可謂四塞險固、邊地雄封矣。

山川·鎮戎縣

大蠹山，在縣西六十里。[31]宋時有避秋者悟道於此，層巒疊障，蒼翠如染。明慶藩長史劉昉以其峰如蠹，[32]故名之曰"蠹"。多奇花異卉、良藥珍禽。山東有寺名雲青寺，雨暘禱之輒有應。慶藩諸墓皆在其下，舊有宮殿，今毀。

小螺山，在縣西二十里，亦曰"小蠹山"，套虜入寇，常駐牧於此。

琥八山，在韋州堡南八十里。[33]"琥八"，方言，猶華言"色駁雜"也。

打刺坡山，在韋州堡南四十里。

打狼山，在縣南三十里。《明一統志》：①"狼山即北套虜由韋州入犯鎮原、平涼道。"今改之。蓋俗呼"打拉頂"也。

三山，在韋州堡東一百里，三峰對峙。

樺子山，在三山南，溪澗險惡，豺虎所居，人迹罕到。

黑鷹山，在韋州堡南一百五十里，近琥八山。

青沙峴，在縣西北八十里。明嘉靖十三年，套虜吉囊入寇，兵部尚書劉虎遣劉文邀擊於此。

麥垛山，在縣西北九十里，鐵可爲兵，柳可爲箭。今查河西亦有麥垛山，豈山異而名同歟？

青龍山，在縣東北四十里。有楊將軍廟斷碑，稱宋時楊將軍業遇契丹戰死。按：史載楊業與契丹戰死陳家谷，其子廷玉殉之在朔州地，今立廟於此，又以其子廷玉陪祀，殆如俗傳自蕭關至靈武，楊家血戰多年，立廟祀以答其忠勇歟？然山下亦有陳家谷，姑存以備考。

殿灣山，在縣南三十里，山形蜿蜒，上有玄真觀，土人春秋祭祀焉。

青羊泉山，在縣西南一百里，山頂有泉故名。

太陽山，一名"炭窑山"，在韋州北，距縣七十里。

東山，在李旺堡滿四川之東，距縣一百里，乃豫王部落把丹之孫滿四川駐牧

---

① 《大明一統志》不載下文，《朔方道志》襲《〔乾隆〕甘志》卷六《山川·寧夏府》之說，《〔乾隆〕甘志》不知何據。

地也,廣宅基址尚存。

天台山,在預望堡北,距縣四十里。上有千佛洞,法像鍾乳結成,亦奇觀也。

林山,在縣西南六十里,產煤,附近數百里均賴以爨。昔有爲陶冶者,明設千總一員司其事,今廢。

按:舊《府志》自大螯至黑鷹山均載入靈州,今分歸鎮戎,應一併移入,餘由平遠舊志採入。

哆唛河,在縣東南二百三十里。宋政和四年,[34]夏人李訛哆關地藏穀以書統軍哆唛,若徑擣定遠,可坐而飽,哆唛遂以軍萬人來踞藍河側。[35]轉運使任諒知其謀,募兵發窖,哆唛失其所藏而歸,因此而名。

大黑水,[36]即清水河,距縣一百二十里。宋紹聖四年,[37]夏王乾順奉其母入寇,駐輿於此。

葫蘆水,一名"清水河",一名"蔚茹水",在縣西一百三十里,水源出固原東南,北入寧夏中衛。今按:清水河有兩源,一出固原之西海子,一出牛營子。兩水合流於固原州城之南,再北至里城子。而黑水亦合派,總之名清水河。北流中衛,入黃河,此平遠西川水道也。

苦水河,發源於慶陽環縣之仙城驛,繞至韋州太陽山下,始與縣川水合,北流靈州,入黃河,此平遠東川水道也。平遠即今鎮戎。

東湖,在韋州堡東一里。

鴛鴦湖,在東湖北三里。

富泉,在縣西北三十里,大螯山之南,[38]引以灌田,即今之紅城水也。

旱海,在縣北四十里。宋張洎曰:[39]"自威州抵靈州,有旱海七百里,斥鹵枯瀉,無溪澗川谷。"趙珣曰:①"鹽、夏、清遠軍並係沙磧,俗謂旱海。自環州出青岡川本靈州大路,[40]自北過美利砦,漸入平夏,徑旱海,中至耀德、清邊鎮,入靈州。"按,旱海皆沙磧,距韋州堡東北或數里,或數十里,抵靈州,屬之海子井,東極蒙古,浩渺無際。

按:舊《府志》東湖、鴛鴦、富泉、旱海亦載入靈州,今分歸鎮戎,應一併移入,餘由平遠《舊志》採入。

《朔方道志》卷之三《輿地志下》

風俗

漢回雜處,風氣剛勁,民性淳良。鎮戎《新通志》。山川雄壯,民性健勁。漢回

---

① 參見《資治通鑑》卷二八五胡三省注引趙珣《聚米圖經》。按:《聚米圖經》已佚,參見胡玉冰《傳統典籍中漢文西夏文獻研究》第一章第四節《宋代漢文西夏地理文獻》。

分教,而性情無甚差等。耕殖而外,多務畜牧。鎮戎《新通志》。

婚禮

婚不書庚帖,但憑媒妁一言爲定。初定親,送茶葉、燒酒,次送財禮、首飾、布疋,豐約不等。娶不親迎。新婦入門,偕壻行禮。次日謁翁姑。九日,壻偕新婦如岳家,謁其尊長,並謁新婦之外舅,禮如前。鎮戎舊志。

古迹

鐵角城,今屬鎮戎縣地,與鹽州相近,亦名"三角城"。明初爲官軍屯戍處。

韋州廢城,今屬鎮戎縣地,西夏置。《宋史》：①嘉祐七年,[41]夏人改韋州監軍司爲祥祐軍,後又改靜塞軍。[42]元廢。

地宮,在今鎮戎縣韋州堡慶府内,明慶王建以避暑者。

楊將軍廟,在今鎮戎縣東北四十里青龍山。有斷碑稱,宋時楊將軍遇契丹戰死處,其子都尉楊廷玉陪祀,與史載不同。

豫王城,在今鎮戎縣西南七十里,元豫王建。今誤爲"預望城"。

細腰城,宋之鎮戎所,今之李旺東堡也,宋宣撫使范仲淹建。

鎮戎舊邊牆,鎮戎舊名"平遠"。東城外,有邊牆。因火篩及小王子連兵入寇,明弘治十八年,總制楊一清奏築,唐龍、王瓊、王憲、劉天和輩踵成之,袤延五百餘里。秦之長城,在固原州北十里有遺址,《綱目》"秦滅義渠,築長城以拒胡"即此。② 距鎮戎二百九十里。然則鎮戎在秦昭王長城外也,迨始皇遣蒙恬逐匈奴,立朔方郡,築長城,以陰山爲限,而鎮戎又在秦始皇長城内矣。《平遠志》。

陵墓附

明

慶王墓,在鎮戎韋州堡大蠱山下,即明靖王、康王、懷王、莊王、恭王、定王、惠王、端王、憲王、端和世子,並慶藩分封之真寧、安化、弘農、豐林、壽陽、延川、華陰諸王墓也。

---

① 參見《宋史》卷四八五《夏國傳》。
② 參見《資治通鑑綱目》卷二上。

《朔方道志》卷之四《建置志上》

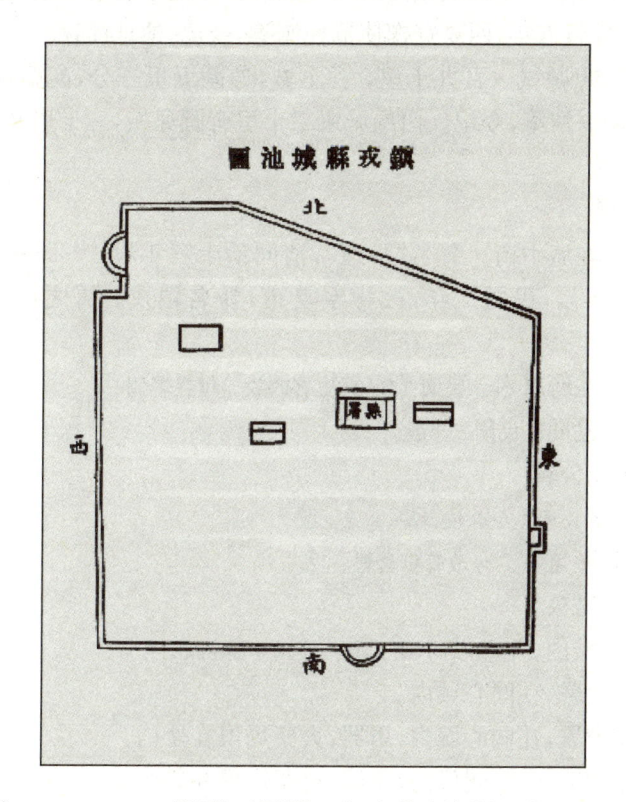

鎮遠縣城,舊名"平遠"。即明下馬關。初名"長城關",後以總制防秋必先下馬於此,故易名"下馬"。嘉靖五年築,外磚內土,週圍五里七分,高厚均三丈五尺。西城沒於溪。清光緒二年,平涼道魏光燾飭部將吳禧德等新築西面土城一道,週圍四里五分,炮臺八座,雉堞七百有二,南北櫓樓俱備。明先設守備,萬曆二十二年題改參將。每秋防,總制移師駐焉。清由固原提標派守備一員、把總二員、外委二員分駐,均裁,今改縣治。

附縣屬城池

韋州堡城,距縣城四十里,週圍二里,明弘治間巡撫王珣築,東關門二道。清駐把總,今裁。

同心城,舊名"半角城",距縣城一百二十里,明弘治年間重修,週圍二里五分,內外皆土。清駐巡檢守備,今裁。

豫王城,距縣城七十里,因元豫王所城,故名,今俗名預旺城。週圍五里三分,高厚各三丈二尺。明設守禦千戶所,嘉靖中改築西北關,週圍三里二分,高闊各三丈。清駐把總，今裁。

細腰城，又名細腰葫蘆峽城，即宋之鎮戎所，今之李旺東堡也，距縣城一百五十里。宋仁宗慶曆五年，西夏宣撫使范仲淹築，今圮，遺址尚存。

白馬堡城，距縣城一百九十里，[43]土城，週圍五里三分，高闊各三丈。明嘉靖四年，總制楊一清築，今圮。白馬城東二十里有圓兒城，三十里又有磚兒城，均圮，尚存遺址。

鎮戎縣公署

鎮戎縣署，在城中街。舊名"平遠"，清同治十三年設，[44]即明之下馬關也。舊為固原直隸州屬，民國二年，改隸寧夏道，易名鎮戎。署之曰"鎮戎縣行政公署"。

管獄員署，在縣署右。民國二年，典史署改設。獄在署側。

警察所，寓民間。民國二年設。

附縣屬取銷公署

以下公署均在民國二年取銷，歸入公產。

典史署，在縣署右。今改管獄員署。

儒學署，在城東。

守備署，在城內。舊值秋防，由固原提標派守備駐此。

同心城巡檢署，在同心城內。

同心城守備署，在同心城內，軍器、火藥局俱在署內。

韋州堡把總署，在韋州堡內，軍器、火藥局俱在署內。

豫王城把總署，在豫王城內，軍器、火藥局俱在署內。

《朔方道志》卷之五《建置志下》

壇廟·鎮戎縣

社稷壇，尚未建置，現於城外廟內祀之。

風雲雷雨壇，尚未建置，現於城外廟內祀之。

先農壇，尚未建置，現於城外隙地祀之。

文廟，在城內鐘鼓樓南。

關帝廟，一在豫王城內，一在豫王城外，一在毛居士井。

文昌宮，在城南門根。

武廟，一在城內鐘鼓樓南，一在同心城。

魁星閣，在南門城樓。

城隍廟，在鐘鼓樓東南。一在豫王城。

龍王廟，在南門外，附祀風神。又紅城水三座。

玉皇閣，在豫王城外。

玉皇廟，在紅城水。

無量廟，一在城北門外，一在紅城水，一在毛居士井無量山。

娘娘廟，一在鐘鼓樓東，一在紅城水。

佛祖廟，在城南門外。

三官廟，在豫王城内。

財神樓，在韋州堡内。

財神廟，[45]在北門外，以觀音大士附祀。

牛王廟，在北門外，以藥王、馬王附祀。

老君廟，在鐘鼓樓東北。

楊將軍廟，在青龍山。有斷碑稱宋大將楊業與契丹戰没處，其子廷玉陪祀之。

忠義祠，在城南門根。

節孝祠，在城南門根。

雲興寺，在大蠡山，一名雲青寺。

康濟寺，在韋州堡内，今廢。

清真寺，一在豫王城，一在同心城，一在韋州堡。又，另有禮拜寺五處。

堡寨・鎮戎縣

韋州堡，在城北四十里，夏元昊築。宋嘉祐七年，[46]夏人改韋州監軍司為祥祐軍，[47]後改靜塞軍。[48]明弘治間，巡撫王珣重修城，週二里。清康熙十四年，提督陳福遣兵復惠安韋州。

同心城，在城西一百二十里。舊名"半角城"，明弘治間重修，城週二里。嘉靖十三年，王縉與指揮田國破套虜於此。[49]清駐巡檢守備。

豫王城，在城西南七十里，俗名"預旺堡"，即舊平遠所。明弘治十四年，總督秦紘題設千户所，[50]轄墩臺二十四座。山產煤炭，民以為利。地無井泉，蓄潦水供飲。

李旺東堡，在城西南一百五十里，即舊鎮戎所，舊名"細腰城"，又名"葫蘆峽城"。宋范仲淹築，週三里。明成化九年，馬文升重修。嘉靖三年，增築，轄墩臺十九座。今圮。

白馬堡，在城東南一百九十里，古撒都地，城週五里。明弘治四年，[51]總督楊一清築。城東北塹山，增築關城，轄民堡五，墩臺十九座。今廢。

可可水堡，在城西南一百五十里。

夾道堡，在城西南。

元成子，在城西南。

毛居士井，在城東南。

永固堡，在城東南。

王家團莊，在城東南。

按：鎮戎縣原名"平遠"，清同治十三年新設，[52]即明之下馬關也。縣之西南域豫王城可可水、夾道堡及李旺堡十分之三皆割之海城縣地，今海源縣。元城子、毛居士井、永固堡及白馬堡十分之七皆割之固原州地，今固原縣。東北域韋州全堡、同心城十分之三皆割之，新設寧靈廳地。今金積縣。舊屬固原直隸州，今改名"鎮戎"，隸朔方道。

關梁・鎮戎縣

關一：下馬關，初名"長城關"，後以總制防秋，必先下馬於此，故易名"下馬"。明嘉靖五年築，外磚內土，西城後沒於溪。清光緒二年，平涼道魏光燾新築西面土城一道，今改縣治。

倉庫

鎮戎縣倉一，在本城。庫在堂左。按：鎮戎舊名"平遠"，清光緒初年，知事陳日新創修，庫無存儲。

警察

鎮戎縣本城總局一所，分局三處，警官三員，巡兵六十名。

郵政

九十里至李旺驛。舊屬固原州管理，今屬鎮戎縣馬十一匹，夫八名。

市集・鎮戎縣

市集四處：

本城，列肆十餘處，三、六、九日交易。

韋州堡，列肆十餘處，逐日交易。

同心城，列肆十餘處，逐日交易。

豫王城，列肆十餘處，逐日交易。

《朔方道志》卷之八《貢賦志上》

額徵・鎮戎縣

原撥田二千八百八頃七十畝二分七厘，內由海城縣分撥夾道堡、可可水堡、預旺堡地一千一百一十三頃七十三畝七厘。內：

民地三十三頃七十畝一分。

屯地二百四十頃九十畝五分五厘，除荒實熟地一百一十四頃一十五畝二分三厘。

更名地六百九十八頃四十七畝三分三厘，除荒實熟地四百四十頃五十四畝七厘。

養廉地一百四十一頃五分九厘。

由固原州分撥毛居土井、白馬城、永固堡地一千五百九十五頃八十六畝六分五厘。內：

牧地一千一百四十六頃六十三畝六分五厘，除荒實熟地六十九頃二十六畝六分九厘二毫。

養廉租地四百四十九頃二十三畝，除荒實熟地二十九頃二十四畝四厘。

由靈州分撥韋州堡及同心城三甲半地九十九頃一十畝六分。內：

更名地，二三則、硝民、半硝共九十九頃一十畝六分，除荒實熟地九十五頃二十九畝八分三厘。

應共徵糧八百五十三石八斗五升四合。

應共徵地丁連閏銀一千九百二兩五錢三分六厘。

應共徵七斤小草三千六百二十二束一分七厘。

自前清光緒初年分撥至民國十一年止，原荒蕪無徵地一千八百五十四頃二十六畝七分二厘，內：

除荒蕪無徵糧三百三十四石六斗九升三合八勺。

除荒蕪無徵地丁連閏銀一千一百四十八兩六錢三分四厘。

除荒蕪無徵七斤小草一千一百八十二束五分二厘。

今實成熟田九百五十四頃四十三畝六分五厘。

今實徵正糧五百四十二石七斗七升，耗羨糧八十一石三斗一升二合。

今實徵地丁正銀八百四十兩一錢八分二厘，耗羨銀一百二十六兩一錢八分四厘。

今實徵七斤小草二千三百六十四束二分八厘。

《朔方道志》卷之九《貢賦志下》

雜稅

鎮戎縣徵收印花稅洋四百元。民國三年，增設印花，發商粘貼。契稅銀無定額，牙帖二張，共稅洋八元。

附戶口

鎮戎縣四千四百七十八戶，男女共二萬四千九百六十九丁口。按：鎮戎舊爲平遠，清同治十三年設。[53]《平遠志》載，原二千六百九十一户，男女共一萬五千一百一十八丁口，今增加過半，甚可觀已。

《朔方道志》卷之十《學校志》

書院
鎮戎縣蠡山書院，在城内文昌宮側。光緒十九年，知縣王寶鏞建，規模狹小，今已廢置。

學額
平遠縣學額：即今鎮戎縣。廩生十，缺；增生十，缺。四年一貢，歲考取文武生各五名，科考取文生五名。

社學、義學
平遠縣，即今鎮戎縣。《通志》載義學五處。光緒六年，知縣英麟捐置，地點未詳。

學校·鎮戎縣學校
本城高級小學校，在城内北街。清光緒三十三年，就守備廢署改建，課程、圖書、設備同前。教員二名，學生三十二名。學款基本金四百五十元發商生息，餘就地籌備。

韋州堡清真高級小學校，在韋州堡内。民國八年，護軍使馬福祥創辦，課程、圖書、設備同前。附設初級小學校。教員一名，學生二十餘人。學款馬護軍使福祥捐錢一千串，餘就地籌備。

預望堡清真高級小學校，在預望堡。民國八年，護軍使馬福祥創辦，課程、圖書、設備同前。附設初級小學校。教員一名，學生十餘人。學款馬護軍使福祥捐錢五百串，餘就地籌備。

同心城清真高級小學校，在同心城。民國八年，護軍使馬福祥創辦，課程、圖書、設備同前。附設初級小學校。教員一名，學生二十餘人。學款馬護軍使福祥捐錢五百串，餘就地籌備。

縣屬初級小學校七：南街，國初立；北街，國初立；紅城水，國初立；韋州堡，國初立；預望堡，國初立；同心城，國初立；可可堡，國初立。學校各一所，教員各一員。學款均就地籌備。

縣屬清真初級小學校六：韋州堡，八年立；夾道堡，四年立；八方，四年立；溝南排，四年立；溝北排，四年立；顧家堡，四年立。學校各一所，教員各一員。學款均就地籌備。

《朔方道志》卷之十一《兵防志》

兵制

靈州營并分防同心城、臨河堡二處兵五百六十一名，花馬營并分防安定、惠安、韋州三堡兵四百七十六名。

防地

下馬關，即今鎮戎縣治。初名長城關，後以總制由固原蒞花馬池防秋，必先下馬於此，故以名"下馬"，今改鎮戎縣治。

靈州營二十五處：……大紅溝汛、白崖口汛、紅石崗汛、胭脂川汛。以上屬同心城。

花馬池營十一處：……威遠墩、雄峰墩、大口子汛、石板泉汛、石頭板汛。以上屬韋州堡。

鎮戎縣原名"平遠"，其防地舊由固原提標派兵駐紮，今隸朔方道，改屬朔方分防範圍之中。

《朔方道志》卷之十二《職官志一》

明代官制

韋州寧夏郡牧所千户一員，百户五員，倉大使一員，韋州驛丞一員。

附明藩制

慶王朱㮵，[54]明太祖第十六子。洪武二十四年封慶陽，二十五年徙韋州，建文三年徙寧夏，薨，諡曰靖。

靖王子四。秩煃襲慶王爵薨，諡曰康。秩㶏封真寧王，[55]秩炵封安化王，秩𤊷封安塞王。

康王子四。邃𪔂襲慶王爵，無子。邃墘紹封慶王，薨，諡曰莊。邃㙂封弘農王。[56]嗣王肅樗好學尚義，[57]捐置學田。邃垙封豐林王，嗣王肅㭎亦捐祿助置學田。

莊王子二。寘鏊襲慶王爵薨，諡曰恭。寘釗封鞏昌王。

恭王子二。台浤襲慶王爵，因罪降，薨，復爵，諡曰定。台濠封壽陽王，嗣王倪燫遭哱〔拜〕、劉〔東暘〕之亂，完節以死。

定王子六。鼒樻襲慶王爵，冊封慶世子，早薨。鼒枋襲爵，薨，諡曰惠。鼒樻封延川王。鼒橯、鼒札、鼒楥未封。

惠王子二。倪燩襲慶王爵，以孝聞，助修唐、漢渠等閘，薨，諡曰端。倪焯封華陰王。嗣王伸堬好善樂施，[58]重修土塔寺。

端王子二。伸域，襲慶王爵，薨，諡曰憲。伸壇封鎮原王。[59]遭哱〔拜〕、劉〔東暘〕

之亂，首被幽繫，矢節不屈。

憲王子二。帥鋅襲慶王爵。帥鉀封蒙陰王。各長子世襲，餘封鎮國將軍，其下有輔國將軍、奉國將軍、鎮國中尉、輔國中尉，各以世次降封，其下名糧八分。

王府官屬儀衛司正副各一員，典仗十員，承奉司正副各一員，內典寶、典膳、典服、門官正副各一員，左右長史各一員，典簿一員，教授一員，伴讀一員，紀善一員，良醫正副各一員，寄理正副各一員，工正正副各一員，典寶一員，典膳一員，典儀一員，引禮舍人一員，奉祀一員，典樂一員，書辦官五員，廣濟庫大使一員，廣濟倉大使一員。

按：藩府初有中護衛官并旗軍，正德六年改作中屯衛。又真寧等王亦有教授、典膳等官，校尉傳從人，並分撥慶府護衛、儀衛及中屯衛，茲不備列。

清代官制

石空寺、古水井、同心城、安定、橫城、大壩、清水等營守備各一員。

巡檢二員，中衛縣渠寧巡檢一員，寧靈廳同心城巡檢一員，同心城巡檢同治十一年設，光緒四年改歸平遠，即今鎮戎，歲俸銀各三十一兩五錢二分，養廉銀各六十兩。今俱裁。

及石空寺堡、古水井堡、大壩堡、橫城堡、同心城、安定堡守備各一員。

又靈州有沙泉、同心二驛，中衛有長流水、渠口、寧安、大滂、蘆溝各驛驛丞各一員，均裁。

安定堡、同心城、石空堡、古水堡守備各一員，各月支俸薪紙燭銀七兩五錢五分八厘八毫三絲三忽，養廉糧十分，馬四分，步六分，坐馬四匹。今俱裁。

民國官制

知事八員，寧夏、寧朔、中衛、平羅、靈武、金積六縣列二等缺，鹽池、鎮戎二縣列三等缺。

靈武、金積、鹽池、鎮戎四縣事務較簡，分設兩科，每科科長一人、科員二人、技士一人，嗣減去科長、技士，通設兩科二等缺科員三人、三等缺科員二人。第一科掌關於內務事件兼管司法事件。司法係獨立性質，此不過暫時權宜辦法，一俟地方審判成立，此項兼管自然取銷。第二科掌關於財政事件、教育事件、實業事件，繕寫文件，辦理庶務，得酌設僱員，其員數由各縣酌擬報告之。又地方審判尚未成立，事務繁者得設幫審二員，事務簡者得設幫審一員，專辦審判事宜，由各知事呈請本省司法籌備處處長委任之。

三等缺原定每知事月支俸洋二百四十元，科員二員，每員月支俸洋五十元，公費月支洋二百一十元，月共支俸費洋五百五十元，年計共支洋六千六百元。民國三年，護理甘肅民政長張炳華規定官俸案內核減俸洋三成，公費洋五成，每知事月支俸洋一百六十八元，科員，每員月支俸洋三十五元，公費月支洋一百零五元。民國九年一月，又核減洋十元。所減之數如何支配，由各該長官酌辦。前項核減洋十元歸知事薪俸項下，計月支俸洋一百五十八元。其公費、科員薪俸悉仍舊。民國十年十一月，甘肅財政支絀，財政會議議決行政費再核減一成，科員薪俸、公費仍舊計，三等知事每知事月支俸洋一百四十八元，科員二員，月仍共支俸洋七十元公費，月仍支洋一百零五元，共月支俸費洋三百二十三元，年計實共支洋三千八百七十六元。按季由財政廳核發。

管獄員八員，寧夏、寧朔、中衛、平羅、靈武、金積、鹽池、鎮戎八縣各一員，每員月支薪貲二十四元，年共支二百八十八元，管理民刑羈押被告人犯及刑事已決各犯等事。

勸學員八員，寧夏、寧朔、中衛、平羅、靈武、金積、鹽池、鎮戎八縣各一員，薪貲由本縣學款項下動支，管理勸學會計、庶務等事。

警察官八員，寧夏、寧朔、中衛、平羅、靈武、金積、鹽池、鎮戎八縣各一員，現因款項支絀，由各縣知事兼充，不另支薪。其警佐等員，就地籌款，管理巡查稽察、維持秩序等事。

縣議長各一員，議會爲立法機關，法用投票選舉，以得票多者爲議長，次者爲議員，爲一縣人民之代表，朔方各屬，自民國三年解散，尚未組織。

商務總會長一員。民國二年五月，奉令組織成立，法用投票選舉，以得票多者爲會長，次者爲副會長。寧郡爲朔方工商業總匯之區，得設總商會，並設會董、辦事等員，管理工商事務，維持市面秩序等事，其餘各屬市集，多者或設一二員不等。

《朔方道志》卷之十三《職官志二》

民國職官表・鎮戎縣知事

計十一人。民國建元，以平遠舊隸固原州，今州制既廢，且距隴東較遠，改隸朔方道，爲鎮戎縣。

黃承熙，四川西充人，民國元年任。

成謙，察哈爾人，民國二年任。

朱世材，字陶安，湖南湘鄉人，民國三年任。

余澤溥，字潤生，順天人，民國四年任。

黃象權，湖南衡陽人，民國五年任。

王棟，陝西韓城人，民國七年任。

石山儼，湖北黃陂人，民國九年任。

陳鴻訓，字徫芳，岳陽人，民國十年任。
傅廷珍，字子亨，直隸人，民國十一年任。
朱兆圭，字汝霖，湖南寧鄉人，民國十二年任。
饒守謙，字海樵，湖北人，民國十三年任。

《朔方道志》卷之十五《職官四》

宦迹下·清

陳日新，字煥齋，湖北蘄水人。同治十三年，任平遠縣事。時因回亂初平，總督左宗棠以固、寧相距之間隙地寥闊，兩處長官鞭長莫及，因於下馬關適中之地添設縣治，遴公以鎮理之。公莅事之後，殫精區畫，舉凡城池、衙署、倉庫、驛站、鋪司，次第建設。又於各屬劃分地畝，扦明界限，清丈招墾，不二年而規模大具。又以邊區新創，闇淡無文，籌設學校，請定學額。並詳考是地沿革、文物、山川、道里，纂輯成志，以資考核。平涼道製序謂"用心苦而盡職勤"，真實錄也。六年去任，士民依依不捨，群呼之爲"賢父母"云。

《朔方道志》卷之十七《人物志二》

學行·清

丁育桂，鎮戎同心城恩貢，授中衛縣訓導。鎮戎新設之邑，且屢遭兵燹，不知禮義。育桂創立義學，循循教誘，自是文風大振，人謂之有功名教。

魏國祥，鎮戎紅城水貢生，讀書有得，兼精岐黃。同治時避亂歸里，屏絕五量，不折稈草，不踐生蟲，扶危濟困，喜以陰騭因果感化鄉愚。與儒士王萬昭志同道合，人嘖嘖稱二人爲"一鄉善士"云。

孝友·清

施貴，鎮戎紅城水人。同治回亂，城陷，母曰："我老，汝可攜妻速逃，免斬吾祀。"其妻喬氏曰："可速負母逃，吾不累也。"自刎。貴遂負母逃至歸化城。事平始旋里，慈孝節烈，萃於一門，鄉鄰稱頌到今。

田得久，鎮戎預望堡人。同治回亂，城陷，得久負母逃於山西，傭工奉養。後旋里，母病，侍湯藥半載，始終毋惰。母歿，廬墓祭饗，一如生日，鄉里咸以孝稱之。

蘇爾璽，鎮戎韋州人。母海氏病疖瘡，醫謂需人肉湯洗之。爾璽潛割乳肉，煎湯以洗疾，果瘳，鄉人無不羨稱其孝。

王樂邦，鎮戎人，孝友一本天性。兄歿，視兄子如己子。時值回亂，侄病甚，或曰曷舍之，樂邦曰："何以見吾兄？"賊感其義，併釋之，同徙郡城。商人王榮遺百金，拾而還之，榮請以半分，樂邦曰："此汝物也，得之不祥。"其疏財仗義又如此。

張萬誠，鎮戎人。從戎回籍，積數百金。其姊李張氏青年守節，二子一女，貧不能養。萬誠出金，爲營業產，得全姊節，論者賢之。

《朔方道志》卷之十八《人物志三》

舉人·清

〔同治〕癸酉：①張樹勳，鎮戎人。

光緒乙亥恩科帶補壬戌恩科。[60]乙亥：熊紹龍，鎮戎人。

丙子：②魏紀璠，鎮戎人；謝序勳，鎮戎人。

己卯：③王鏊，鎮戎人。

戊子：④黃度，鎮戎人。

科分無考：黎守成，鎮戎人；趙芮，鎮戎人。

貢生·清

宣統己酉：⑤武修文，鎮戎人，拔貢。

武舉·清

〔光緒〕辛卯：⑥劉華俊，鎮戎人。

民國選舉·畢業生

清光緒季年，以學非所用，停科目，設學堂。民國因之，又一律改爲學校。其制：鄉設初級小學校，縣設高級小學校，省設中學校，京師設大學校。小學畢業則升中學，中學畢業則升大學，與古貢士之法差同。惟廢八股，重科學，其所學不同，此亦新開選士之一法。寧夏風氣遲開，其畢業升入中大學者尚少其人，暫付闕如。

《朔方道志》卷之十九《人物志四》

忠義·清

蘇兆明，鎮戎韋州堡之良回也。同治初，陝回上竄，馬化漋陰爲之應。鎮戎一帶爲逋逃藪，漢民無立足地。兆明暗地維持，有謂恐漢民反噬，當先剪除者，兆

---

① 癸酉：同治十二年(1873)。
② 丙子：光緒二年(1876)。
③ 己卯：光緒五年(1879)。
④ 戊子：光緒十四年(1888)。
⑤ 宣統己酉：宣統元年(1909)。
⑥ 辛卯：光緒十七年(1891)。

明陽奉陰違，並私地給粮，以賙其饑。後大軍不察兆明之佯與叛回馬兆元周旋，係爲保護漢民起見，乃竟疑爲兆元黨而戮之也，寃哉！迄今韋州漢民猶有言其事而涔涔淚下者，可見公道之尚在人心也。

　　王雨，鎮戎人。同治二年，鎮戎回亂，守備奉調外出。雨攝外委事守城。粮盡，雨以軍火儲鐘鼓樓，恐城陷爲賊所得，與所部郭仁、段成福舉火焚之，均撲火死。事聞，雨旌表雲騎尉，郭、段均從祀忠義祠。時兵丁白義、馬志保、王大富、王大觀俱被賊執，不屈而死。

　　趙得時，鎮戎趙家墅人。時預望堡把總馬兆元叛，得時糾合鄰村以禦。賊驟至，得時即率本莊及兄弟子侄等與鬬。衆寡不敵，同及於難。

　　扈聯登，鎮戎監生。同治回亂，與弟寧儒避山窰。寧儒出市麵餅，被賊執，拷問家資所在，寧儒罵曰："吾家藏豈濟賊乎？"賊怒殺之。聯登往救無及，叱曰："盍殺我！"又殺之。

　　扈介儒，鎮戎趙家墅人，與趙得時等同謀禦賊，不勝被執。介儒大罵，遂遇害，同戰死者十餘人。

　　白精萃，鎮戎文生。同治二年回亂，與民共守危城。逾年粮盡，精萃曰："守而死，不如戰可望生。"與廩生吳慶燾、武生杜天祿出城力戰，衆寡不敵，均戰歿，同死者九十四人。後夏學使贈匾額曰"儒林正氣"。

　　王天貴，鎮戎回民。同治二年，同心城把總馬兆元叛，天貴力勸鄉人勿從賊。後回酋穆生花攻固原，天貴團丁赴援，誘生花殺之。其力顧大義如此。子銘惠從軍，積功保提督。

　　周鳳泰，鎮戎人。同治二年回亂，詐降賊，密遣人約團首趙登瀛、田創等以圖之。賊覺，邀鳳泰入禮拜寺，鳳泰知謀洩，帶刀徑去。甫入門，砍斃數賊，鳳泰中槍，死於寺。

　　蘇冕，鎮戎人。同治九年，丁提督賢發帶宣威三營駐韋州，因粮不繼，冕偕赴預望堡催粮。撫回馬天發疑冕同來殺己，率衆與戰，冕與丁提督同戰死。

　　蘇灝，鎮戎人。同治回亂，灝毀家，團丁駐城防守，城得完全。縣令上其功，省給匾額曰"深明大義"。

　　張勉，鎮戎人，署本城經制。光緒二十一年，海原回亂，波及縣境。縣與守府束手無策，勉以桑梓所關，團兵固守，賊見戒嚴，未敢進攻，城賴以全。

　　王學詩，鎮戎王家團莊良回王萬鎰之子也。萬鎰自太祖以下保衛桑梓，屢立戰功，鄉人已感戴弗置。宣統辛亥，土匪作亂，學詩練團防守數月於玆，賊衆不敢入。境事平之後，學詩立即散團，令其歸農，所需經費，毫不累人。忠義傳家，宜乎鎮民之嘖嘖不置也。

《朔方道志》卷之二十一《人物志六》

節烈下·鎮戎縣

焦氏,清辛沛妻,鎮戎韋州人。同治二年回亂,圍韋州,焦氏恐受賊污,以鴉片烟令其女桂姐、媳張氏、孫喜娃遍服之。毒尚未發,賊至,見桂姐有姿容,欲拽之去,桂姐從容語曰:"我母氣尚未絕,緩須臾,當從命。"賊聽之。逾時毒發,一家四口,同時斃命。事平請旌,入節孝祠。

薛氏,清靳存多妻,鎮戎預望堡人。夫亡,氏年三十二歲。同治回亂,氏攜二幼子仁邦、義邦避難鄜州。後回籍務農於靳家溝,守節四十八載卒。

戴氏,清李春芳妻,鎮戎毛居士井人。夫亡,氏年二十四,撫二幼子年昌、林昌,祺備工度日。或勸之醮,氏曰:"嫁而生,不如守而死。"光緒二十一卒,守節四十二載。

張氏,清魏占妻,鎮戎紅城水人。夫亡,年二十四,子在乳哺。有以氏年輕色美對之醮,氏剪髮毀容,鍼薺度日。民國七年卒,守節十八年。

蘇氏,清李春知妻,鎮戎人。年二十,夫服賈遠出,杳無音。家貧,亦無子,矢志不他。壽七十餘而卒,守空幃者五十餘年。

王氏,清蘇得舉妻,鎮戎人。年二十五,夫亡無子,繼甥爲嗣。或謂其愚,氏曰:"吾只望延夫祀,而已教養成立。"壽七十而卒,守節四十餘年。

趙交交子,清趙繼邦女,鎮戎趙家墅人。同治回亂,年甫及笄,賊強逼之,女唾其面,窺賊他顧,自刎死。

薛氏,清鄧茂妻,鎮戎人。年二十五,同治回亂,執氏強逼。氏憤怒批其頰,賊殺之。

惠氏,清劉騰耀妻,鎮戎人。同治回亂,氏恐遭污辱,與高貴妻周氏及其娌劉氏同服毒,命尚未絕,復舉火焚之。

邢氏,清廩生扈愛蓮妻,鎮戎預望堡人。夫亡,守節已逾八載。回亂城陷,賊挾氏上馬,氏大罵。賊強之行,氏潛以薙髮刀自刎死。

趙氏,清田有道妻,鎮戎預望堡人。同治初,氏聞賊至,恐遭污辱,自縊死。

范氏,清尚有存妻,鎮戎預望堡人。年十八,同治回亂,夫被殺,逼氏順從。氏大罵,掌其賊,賊怒殺之。

蔡氏,清劉奇化之母,鎮戎人,夫早亡。同治回亂,謂奇化曰:"我老死何惜,汝速逃,以續吾祀。"奇化未忍行。城陷,氏乘子不備自刎,時年七十五歲。旌表如例。

柳氏,清馬祖邁之祖母,鎮戎預望堡人。夫死,年二十四守節撫孤,已逾二十餘載。同治回亂，城陷，與寡媳閻氏同服毒自盡。

全氏，清吳可仁妻，鎮戎人。年九十餘，老而愈烈。同治二年，城破之日，墮城而死。

《朔方道志》卷之二十二《人物志七》

耆壽·清

馬有年，鎮戎同心城人，生於乾隆三十五年，沒於光緒三十三年，享壽一百三十八歲。

《朔方道志》卷之二十三《人物志八》

任俠·清

任永，鎮戎廩生，家頗裕。同治回亂，避難於陝西甘泉府，鄉人踵至乏食，永傾囊購糧，全活甚衆。事平歸里，以亂民多由不學，倡設義學以化導之。

蘇槐，鎮戎韋州堡武生，耿直不苟。家小康有告急者，悉力周之。縣嘉其行，贈匾額以褒獎之。

殉難·兵民殉難表

田創、胡東正、張化元、牛萬林、周學文、周彥、周可立、石乃波、田彥禮、劉啓康、胡正鈞、郝正業、賀萬朝、馬兆圖、張萬吉、張萬全、劉文儒、祁萬儒、馬天駟、石乃欠、孫善己、陳儉、汪俊池、張國瑞、薛文奎、趙登瀛、郭文興、張尚忠、王正法、張國吉、趙登祥、王存林、郭仁、段成福。以上系鎮戎同治年殉難兵民。

《朔方道志》卷之三十一《志餘下》

歷史·清

世祖順治二年八月，寧夏兵變，總兵劉芳名討平之。寧夏鎮兵亂，巡撫焦安民檄總兵劉芳名討之，斬賊將王一林於預望城。翌日，復追賊於河兒坪，擒賊將馬德磔之，餘黨悉平。

〔順治十四年〕七月，陝西提督陳福復平遠所。提督陳福與副將太必圖進兵平遠，擊賊擒斬僞官二十二員，賊二千餘名，遂復平遠所。

穆宗同治元年，預望城把總馬兆元叛。兆元，回目也。是年四月，陝西回亂，兆元以預望距鹽固寫遠，煽誘回衆首發叛端，而固原阿訇納三、清水回民李德倉、鹽茶回民田成吉、平涼回紳穆生花羹沸起矣。

四年五月，曹克忠進援勝金關。時提督梁生嶽駐守勝金關，金積堡回分股竄擾，圍攻勝金，曹克忠乃進駐寧安堡以爲聲援。時雷正綰攻克預望城、下馬關，相約合搗金積巢穴，由下馬進駐滾泉，克忠亦由寧安進駐強家沙窩。

十二月，河州賊陷半箇城，[61]副將劉甫田死之。河州賊竄半箇城，其爛泥溝、段家溝各堡撫回復叛。副將劉甫田與戰，死之。提督周紹濂率所部令毛正明、陳高華分軍三路進攻克之，賊遁。

〔九年二月〕黃鼎破賊於下馬關。馬正和黨竄擾預望城等處，周紹濂軍擊敗之。又圍李旺堡，守將李光賓擊退。賊趨下馬關，鼎與李良穆軍聞警追剿，斬獲甚眾，餘皆奔潰。

〔六月〕丁賢發捕韋州堡賊目蘇兆明等誅之。韋州堡賊目蘇兆明自授撫後，仍持兩端，容匿竄賊。左宗棠令丁賢發率兵捕之，及抵韋州，竄賊已遁。賢發佯與約期議事，至期，兆明率各賊目咸集，賢發數其通賊罪斬之，降賊懾然。自此金積堡東路漸平，宗棠乃令正綰、黃鼎統中路諸軍進攻峽口。

〔十月〕陝回賊目余彥祿率眾竄漢伯堡，負創而歸，餘賊分竄半箇城等處。賊知大勢瓦解，陝西回目余彥祿因率眾向漢伯堡奔竄，錦棠督軍截剿，槍傷其頰而歸，餘黨竄半箇城、李旺堡一帶。周紹濂等剿襲之，餘竄黑城子，盡爲魏光燾所殲，惟騎賊有逸去者。

【校勘記】

［1］平虜：原避"虜"字諱改作"平遠"，據《明史》卷三八《地理志》、卷九〇《兵志》回改。下同。
［2］二百四十里：《平遠縣志》卷三《建置‧疆域》作"三百里"。
［3］避狄者：《平遠縣志》卷四《山川》作"避秋者"。
［4］大陽山：《平遠縣志》卷四《山川》作"太陽山"。
［5］炭：此字原脫，據《平遠縣志》卷四《山川》補。
［6］玄真觀：原避清聖祖玄燁諱改作"元真觀"，據《平遠縣志》卷四《山川》回改。
［7］此：原作"北"，據〔乾隆〕甘志》卷六《山川》改。
［8］螺山：《平遠縣志》卷四《山川》作"小螺山"，疑是。
［9］天臺山：《平遠縣志》卷四《山川》作"天台山"。
［10］南：原作"東南"，據《平遠縣志》卷四《山川》删。
［11］七年：原作"六年"，據《宋史》卷四八五《夏國傳》改。
［12］韋州：此同《宋史》卷四八五《夏國傳》，《長編》卷一九六作"綏州"。
［13］圓兒城：《〔嘉靖〕固志》卷一、《〔萬曆〕固志》上卷《建置志‧古迹》均作"圓城兒"。
［14］磚兒城：《〔嘉靖〕固志》卷一、《〔萬曆〕固志》上卷《建置志‧古迹》均作"磚城兒"。
［15］宿平虜所：《〔萬曆〕固志》下卷《藝文志‧詩》題作《提兵防秋宿平虜所》。
［16］半個城：原作"半角城"，據《清史列傳》卷七八《馬寧傳》改。下同。
［17］三年：《平遠縣志》卷五《古迹》作"二年"，《清史列傳》卷七八《馬寧傳》作"四年"，疑是。
［18］洪大誥：原作"洪大浩"，據《清史列傳》卷七八《馬寧傳》《平遠縣志》卷五《古迹》改。
［19］過預旺城：《〔嘉靖〕固志》卷二《詩》題作《嘉靖己丑夏五月兵過預旺城》。"嘉靖己丑"，

嘉靖八年(1529)。

[20] 固原：《〔嘉靖〕固志》卷二《詩》《〔萬曆〕固志》下卷《藝文志·詩》均作"原州"。

[21] 二十里：《平遠縣志》卷五《古迹》作"五十里"。

[22] 半個城：原作"半角城"，據《清史列傳》卷七八《馬寧傳》改。下同。

[23] 一十四匹：《平遠縣志》卷三《建置·驛站》作"八匹"。

[24] 二十一名：《平遠縣志》卷三《建置·驛站》作"八名"。

[25] 三十五名：據《平遠縣志》卷三《建置·鋪司》載，共有跑夫十四名。

[26] 靜寧人："寧人"二字原脫，據上文補。

[27] 乙亥：原作"丙子"，《清史稿》卷四五五《董福祥傳》《〔宣統〕固志》卷五《人物志二·國朝鄉賢仕進武職》均作"元年"，據改。"乙亥"，光緒元年(1875)。"丙子"，光緒二年(1876)。

[28] 佐勇：原作"左勇"，據《〔宣統〕固志》卷五《人物志二·國朝鄉賢仕進武職》改。

[29] 喀什：原作"哈什"，據《〔宣統〕固志》卷五《人物志二·國朝鄉賢仕進武職》改。

[30] 隨：原作"隋"，據文意改。

[31] 六十里：《寧夏府志》卷三《地里·山川》作"二十五里"，《古今圖書集成》卷五七六《職方典·寧夏衛山川考》作"二十里"。

[32] 長史：原作"長吏"，據《寧夏府志》卷三《地里·山川》改。

[33] 八十里：《〔弘治〕寧志》卷三、《〔嘉靖〕寧志》卷三《韋州·山川》均作"八十餘里"。

[34] 政和：原作"正和"，據《宋史》卷四八六《夏國傳》及北宋徽宗趙佶年號用字改。

[35] 《宋史》卷四八六《夏國傳》僅載哆唆以萬人來迎，未言"踞藍河側"，《朔方道志》疑誤。

[36] 大黑水：原作"大里水"，據《平遠縣志》卷四《山川·水》改。

[37] 紹聖：原作"紹勝"，據《平遠縣志》卷四《山川·水》及北宗哲宗趙煦年號用字改。

[38] 大蠡山之南："大"字原脫，據《〔弘治〕寧志》卷三、《〔嘉靖〕寧志》卷三《韋州·山川》、《〔乾隆〕甘志》卷六《山川》補。《〔正統〕寧志》卷上《山川》作"居大小蠡山之間"，《〔嘉靖〕陝志》卷四《土地二·山川下》作"蠡山下"。

[39] 張泊：原作"張洎"，據《長編》卷三九、《〔乾隆〕甘志》卷六《山川》改。

[40] 環州出青岡川：原作"儇州出青崗川"，據《資治通鑑》卷二八五、《寧夏府志》卷三《地里·山川》改。

[41] 七年：原作"六年"，據《宋史》卷四八五《夏國傳》改。

[42] 祥祐軍與靜塞軍是兩個不同的軍事區劃，非前後之異名。參見本志第14頁腳注⑦。

[43] 一百九十里：《〔嘉靖〕固原州志》卷一《白馬城堡》作"州東一百二十里"，《〔萬曆〕固原州志》卷上《建置志第二·城堡》作"州東九十里"，《平遠縣志》卷五《古迹》作"東南一百九十里"。

[44] 同治十三年：原作"光緒三年"，據《清穆宗實錄》卷三七二、《平遠縣志》載陳日新撰序改。

[45] 財神廟：原作"財神樓"，據文意改。

[46] 七年：原作"六年"，據《宋史》卷四八五《夏國傳》改。

[47] 爲：原作"馬"，據文意改。

[48] 祥祐軍與静塞軍是兩個不同的軍事區劃，參見本志第 42 頁脚注第 3。

[49] 套虜：原作"套勇"，據文意改。

[50] 秦紘：原作"秦竑"，據《明史》卷一七八《秦紘傳》《〔嘉靖〕陝志》卷十九《文獻七·全陝名宦》等改。

[51] 弘治：原作"宏靖"，據明孝宗年號用字改。

[52] 同治十三年：原作"光緒四年"，據《清穆宗實録》卷三七二、《平遠縣志》載陳日新撰序改。

[53] 同治十三年：原作"光緒二年"，據《清穆宗實録》卷三七二、《平遠縣志》載陳日新撰序改。

[54] 㮵：原作"旃"，據《慶王壙志》《明史》卷一〇〇、卷一〇二《諸王世表》、卷一一七《慶王㮵傳》改。下同。

[55] 秩燊：原同《明太宗實録》卷二三六、《明史》卷一〇二《諸王世表》作"秩榮"，據《慶王壙志》《明太宗實録》卷一四〇、《〔弘治〕寧志》卷一及《〔嘉靖〕寧志》卷一《寧夏總鎮·藩封》《〔嘉靖〕陝志》卷五《土地三·封建》改。下同。

[56] 弘農王：原避清高宗弘曆諱作"宏農王"，今回改。下同。

[57] 蕭檸：原作"蕭檻"，據《明史》卷一〇二《諸王世表》《〔嘉靖〕寧志》卷一《寧夏總鎮·藩封》《朔方新志》卷二《内治·藩封》改。

[58] 伸塓：原作"伸隅"，據《明史》卷一〇二《諸王世表》改。

[59] 伸埴：原同《明神宗實録》卷一〇二作"伸雖"，據《明史》卷一〇二《諸王世表》、卷一一七《慶王㮵傳》改。下同。

[60] 壬戌：疑當作"甲戌"，即同治十三年(1874)。又，光緒乙亥即光緒元年(1875)。

[61] 半簡城：原作"半角城"，據《清史列傳》卷七八《馬寧傳》改。下同。

參考文獻

一、古代文獻

(一) 陝甘寧舊志

《陝西通志》：(明)馬理、吕柟等纂，華東師範大學圖書館藏明嘉靖二十一年(1542)刻本；三秦出版社2006年版董健橋等校注本。簡稱《〔嘉靖〕陝志》。

《甘肅通志》：(清)許容等修撰，中國國家圖書館藏乾隆元年(1736)刻本；影印文淵閣《四庫全書》本，臺灣商務印書館1986年版。簡稱《〔乾隆〕甘志》。

《甘肅新通志》：(清)升允、長庚修，安維峻等纂，中國國家圖書館藏清宣統元年(1909)刻本。簡稱《〔宣統〕甘志》。

《〔正統〕寧夏志》：(明)朱栴撰，日本國立國會圖書館藏明萬曆二十九年(1601)重刻本；中國社會科學出版社2015年版胡玉冰、孫瑜校注本。簡稱《〔正統〕寧志》。

《〔弘治〕寧夏新志》：(明)胡汝礪撰，《天一閣藏明代方志選刊續編》影印明朝弘治刻本，上海書店1990年版；中國社會科學出版社2015年版胡玉冰、曹陽校注本。簡稱《〔弘治〕寧志》。

《〔嘉靖〕寧夏新志》：(明)管律等修，《天一閣藏明代方志選刊》影印明嘉靖刻本，上海古籍書店1961年版；中國社會科學出版社2015年版邵敏校注本。簡稱《〔嘉靖〕寧志》。

《〔萬曆〕朔方新志》：(明)楊壽等編，《故宮珍本叢刊》影印明萬曆刻本，海南出版社2001年版；《寧夏歷代方志萃編》影印明萬曆刻本，天津古籍出版社1988年版；中國社會科學出版社2015年版胡玉冰校注本。簡稱《朔方新志》。

《〔乾隆〕寧夏府志》：中國國家圖書館藏乾隆四十五年(1780)刻本；中國社會科學出版社2015年版胡玉冰、韓超校注本。

《朔方道志》：天津華泰印書館民國十六年(1927)鉛印本。

《靈州志迹》：(清)楊芳燦等修，郭楷編，鳳凰出版社等2008年影印清嘉慶三年(1798)刻本；中國社會科學出版社2015年版蔡淑梅校注本。

《固原州志》：（明）楊經編，明嘉靖十一年（1532）刻本；寧夏人民出版社1985年版牛春生、牛達生整理本。

《固原州志》：（明）劉敏寬編，中國國家圖書館、天一閣藏清乾隆年間重印明萬曆四十四年（1616）刻本；寧夏人民出版社1985年版牛春生、牛達生整理本。

《平遠縣志》：（清）陳日新編，中國國家圖書館藏光緒五年（1879）刻本；臺灣成文出版社1968年版《中國方志叢書》影印本；天津古籍出版社1988年版《寧夏歷代方志萃編》影印本；鳳凰出版社、上海書店、巴蜀書社2008年版《中國地方志集成》影印本；寧夏人民出版社1993年版王克林、陳志旺等標點注釋本。

（二）經部

《尚書正義》：（漢）孔安國傳，（唐）孔穎達等正義，北京大學出版社2000年版。

（三）史部

《宋史》：（元）脫脫等撰，中華書局1977年版。

《元史》：（明）宋濂等撰，中華書局1976年版。

《明史》：（清）張廷玉等撰，中華書局1974年版。

《清史稿》：（近代）趙爾巽等撰，中華書局1977年版。

《資治通鑑》：（宋）司馬光編著，中華書局1956年版。

《續資治通鑑長編》：（宋）李燾撰，中華書局2004年版。簡稱《長編》。

《資治通鑑綱目》：（宋）朱熹撰，影印本，北京圖書館出版社2005年版。

《資治通鑑後編》：（清）徐乾學撰，影印文淵閣《四庫全書》本，臺灣商務印書館1986年版。

《東華錄》：（清）蔣良騏撰，林樹惠、傅貴九校點，中華書局1980年版。

《宋史紀事本末》：（明）陳邦瞻撰，中華書局1977年版。

《明實錄》：臺灣"中央研究院"歷史語言研究所校印，1962年版。

《清實錄》：中華書局1985年版。

《東都事略》：（宋）王稱撰，影印文淵閣《四庫全書》本，臺灣商務印書館1986年版。

《太平治迹統類》：（宋）彭百川撰，影印文淵閣《四庫全書》本，臺灣商務印書館1986年版。簡稱《治迹統類》。

《慶王壙志》：寧夏博物館藏。

《貳臣傳》：（清）國史館編，《清代傳記叢刊》影印本，明文書局1985年版。

《清史列傳》：王鍾翰點校，中華書局1987年版。
《元和郡縣圖志》：（唐）李吉甫撰，賀次君點校，中華書局1983年版。
《大明一統志》：（明）李賢等撰，影印明天順監刻本，三秦出版社1990年版。
《大清一統志》：影印文淵閣《四庫全書》本，臺灣商務印書館1986年版。

（四）子部

《古今圖書集成》：（清）陳夢雷編纂，蔣廷錫校記，中華書局、巴蜀書社1985年版。

二、現當代文獻

（一）著作

《隴右方志錄》：張維編，《中國西北文獻叢書》據北平大北印刷局1934年版影印，蘭州古籍書店1990年版。

《寧夏方志述略》：高樹榆等編著，吉林省圖書館學會1985年內部發行。

《中國地方志聯合目錄》：中國科學院北京天文臺編，中華書局1985年版。

《寧夏地方文獻聯合目錄》：寧夏圖書館協作委員會編，寧夏人民出版社1992年版。

《中國地方志總目提要》：金恩暉、胡述兆編，漢美圖書有限公司1996年版。

《甘肅省圖書館藏地方志目錄》：甘肅省圖書館編，蘭州大學出版社1996年版。

《〈清實錄〉寧夏資料輯錄》：吳忠禮、楊新才主編，寧夏人民出版社1986年版。

《寧夏歷史地理考》：魯人勇等編著，寧夏人民出版社1993年版。

《傳統典籍中漢文西夏文獻研究》：胡玉冰著，中國社會科學出版社2007年版。

《寧夏歷史地理變遷》：吳忠禮、魯人勇、吳曉紅著，寧夏人民出版社2008年版。

《寧夏地方志研究》：胡玉冰著，中國社會科學出版社2012年版。

《陝甘地方志中寧夏史料輯校》：胡玉冰、韓超、邵敏、劉鴻雁輯校，上海古籍出版社2015年版。

（二）論文

《寧夏方志考》：高樹榆撰，《寧夏圖書館通訊》1980年第1期。

《寧夏方志錄》：高樹榆撰，《寧夏史志研究》1988 年第 2 期。

《寧夏方志評述》：高樹榆撰，《圖書館理論與實踐》1993 年第 3 期。

《平遠縣的創建及〈平遠縣志〉》：陳明猷撰，載《標點注釋平遠縣志》，寧夏人民出版社 1993 年版。

《寧夏回族自治區地方志述評》：高樹榆撰，載金恩暉、胡述兆編《中國地方志總目提要》，漢美圖書有限公司 1996 年版。

《〈光緒平遠縣志〉考》：劉海晏撰，《寧夏史志研究》2001 年第 6 期。

《寧夏(民國)〈豫旺縣志〉辨偽》：胡玉冰撰，《北方民族大學學報》2013 年第 2 期。

〔康熙〕新修朔方廣武志

（清）俞益謨　高巘　修　（清）俞汝欽　李品藚等　纂　田富軍　校注

前　言

胡玉冰

一、整理與研究現狀

　　《新修朔方廣武志》（簡稱《廣武志》）2卷，康熙五十六年（1717）刊刻。《隴右方志錄》《中國地方志聯合目錄》《稀見地方志提要》《寧夏地方文獻聯合目錄》《甘肅省圖書館藏地方志目錄》《中國地方志總目提要》《中國古籍善本書目》等方志書目對該志都有著錄或提要。[①] 關於《廣武志》的編修者，各家著錄有不同。《隴右方志錄》《稀見地方志提要》著錄爲俞益謨纂。《中國地方志聯合目錄》著錄爲高巖修，俞益謨、俞汝欽纂。《寧夏地方文獻聯合目錄》《甘肅省圖書館藏地方志目錄》著錄爲俞益謨修，高巖纂。《中國地方志總目提要》著錄爲俞益謨、李品翯修，高巖等纂。《中國古籍善本書目》著錄爲高巖、俞益謨纂修。據《廣武志·姓氏》羅列的編修人員分工名單，按舊志署名慣例及《廣武志》實際内容，該志編修者署爲"俞益謨、高巖修，俞汝欽、李品翯纂"比較符合實際。

　　高樹榆撰《寧夏方志錄》《寧夏方志評述》等論文對《廣武志》都有提要式介紹。馬力《〈朔方廣武志〉與俞益謨其人》、吳曉紅《康熙〈朔方廣武志〉考》是專題研究《廣武志》者。曾文俊《俞益謨生平事略》較早對俞益謨生平進行專題研究。胡迅雷《清代名將俞益謨》《清代廣武俞氏家族》兩文主要利用《廣武志》資料，對俞益謨等人的身世、政績、著述等進行評述。田富軍、楊學娟二人對俞氏家族及其著述研究最勤，論文成果有《清代寧夏籍湖廣提督俞益謨著述考》《清代寧夏籍湖廣提督俞益謨生平考》《清代寧夏籍湖廣提督俞益謨家世考》等，作者利用最新的資料特別是俞益謨著《青銅自考》《辦苗紀略》等，對其生平、著述、家世等問題進行詳細的梳理和評述，多有新見。《青銅自考》已由二人整理出版，《辦苗紀略》

[①] 《隴右方志錄》引《〔乾隆〕中衛縣志》，著錄《〔康熙〕新修朔方廣武志》爲佚書。蓋因張維未及見甘肅省圖書館藏書，故有此說。《稀見地方志提要》卷四《朔方廣武志》提要中，"向附鎮志"誤作"向附朔鎮起"，"辦苗紀略"誤作"辨苗紀略"，"城池邊墩圖"誤作"城池邊墪圖"。羅列校閱者姓名時，"賀爾康"誤作"賀士康"，漏"宋良能""杜景奇"。《甘肅省圖書館藏地方志目錄》將作者名"俞益謨"誤作"愈益謨"，又著錄館藏有1961年抄本。筆者查驗原抄本，扉頁題記時間落款是1957年。

的整理成果亦將出版。

《廣武志》康熙五十六年(1717)刻本僅見藏於甘肅省圖書館，1957年，該館據刻本抄録爲2册傳世。1965年，該館又有油印本1册傳世。寧夏圖書館亦據甘肅省圖書館抄本油印。1988年，天津古籍出版社據甘肅省圖書館1957年抄本影印，編入《寧夏歷代方志萃編》。1993年，寧夏人民出版社出版吴懷章校注本《康熙朔方廣武志》。校注本以甘肅省圖書館藏抄本爲底本，以原刻本、寧夏圖書館油印本、中衛市抄本爲參校本，以《〔乾隆〕寧夏府志》《〔民國〕朔方道志》《〔乾隆〕中衛縣志》等爲他書文獻，對原書進行標點、注釋、校勘、補遺。該整理本爲學者利用《廣武志》開展學術研究提供了方便。但由於整理者所據資料有限，特别是没有利用俞益謨傳世著作，致使整理本中某些問題没有得到合理解决。如《廣武志》下卷《適可園記》一文亦見載於俞氏《青銅自考》卷十，據《青銅自考》録文可校《廣武志》之脱文。北京大學圖書館藏康熙四十六年(1707)餘慶堂刻本《青銅自考》卷十録文題爲《適可園亭記》，據其文所載内容可知，《廣武志》題目"園"下脱"亭"字。《廣武志·適可園記》開篇有多處脱文，原作"無心□□□人情不見其適者由□□□不適此適可園亭之所以□□□□□亭適可構不求精"。① 據《青銅自考》可一一補足，當作"無心而遇之謂適，事不求備之謂可。人情不見其適者，由於不見其可。無往不可，則無往不適，此適可園亭之所以名也。園適可，地不求廣；亭適可，構不求精"。

二、編修者生平

《廣武志·姓氏》羅列了先後參與過《廣武志》編修的12人分工名單，總裁爲俞益謨，李品犞爲續筆者，纂修者爲高巖、賀遇隆、雷起潛等3人，編輯者爲俞汝欽、李元臣等2人，校閲者爲賀爾康、陳三恪、宋良能、杜景奇等4人，監刻者爲張繼程1人。

(一) 俞益謨、俞汝欽

1. 俞益謨

俞益謨(1653—1713)，字嘉言，號澹菴，别號青銅，祖籍直隸河間府(今河北河間市)，後遷居寧夏西路中衛廣武營(今寧夏青銅峽市)，官至湖廣提督，有文武

---

① 本文引《廣武志》，除特别説明外，均直接引自甘肅圖書館藏康熙五十六年(1717)刻本，恕不一一注明。

才。其生平資料詳見《廣武志》卷下《俞都督益謨墓志銘》（俞長策撰）。① 俞益謨門人馬見伯等曾刊刻有《青銅君傳》。《廣武志》卷上《鄉賢志》和《武階志》、〔乾隆〕《中衛縣志》卷六《獻征表》、〔乾隆〕《寧夏府志》卷十三《人物·鄉獻》《〔民國〕朔方道志》卷十六《人物志·鄉宦》等均有《俞益謨傳》。《清實錄·聖祖仁皇帝實錄》等文獻中亦散見有俞益謨事迹。寧夏博物館藏有俞益謨副室秦氏墓志銘，子俞汝亮撰文，是非常珍貴的研究俞益謨家世的第一手材料。②

據《俞都督益謨墓志銘》等文獻記載，俞益謨康熙十一年（1672）中壬子年武科解元，十二年（1673）中癸丑科進士。十四年（1675）正式從軍，從提軍陳福，平朱龍、陳江之亂，功授柳樹澗堡守備。十八年（1679），奉檄進征漢蜀有功，授左都督，管達州游擊事。二十七年（1688），陞廣西鬱林參將。三十二年（1693），特簡兩江督標中軍副將。時葛爾丹犯順，康熙皇帝擬親統西征。三十五年（1696），奉詔陛見，隨軍出征，初配粮運，繼充前鋒。因戰功，於第二年即三十六年（1697）陞授山西大同總兵官。③ 四十一年（1702）二月十二日，欽賜俞益謨御書"焜燿虎符"匾額，以示恩寵及褒獎。四十二年（1703），湖廣總督郭琇折奏湖廣提督林本植所部標兵公行焚劫，康熙遂將林本植解職，補授俞益謨爲湖廣提督。同年十一月初四，俞益謨奉旨出兵撫剿紅苗。四十三年（1704）正月，撫平"紅苗之亂"。同年，俞益謨根據其撫剿紅苗始末編成了《辦苗紀略》，於四十四年（1705）刊行。

俞益謨的仕途也並非一帆風順。康熙四十五年（1706）二月，刑部議復康熙四十二年（1703）湖廣提標兵丁搶掠當舖一案，俞益謨徇隱不行報參及報參不實，被降二級留用。四十六年（1707）二月，兵部等衙門議奏"湖廣土司田舜年一案"，俞益謨又被降一級，罰俸一年。同年，俞益謨《青銅自考》刊行。四十八年（1709）九月，巡撫趙申喬參劾俞益謨"抽調衡協兵丁三十五名，以致營伍空缺"等事。④ 四十九年（1710）正月，俞益謨亦上疏參劾趙申喬。七月，兵部議覆會審結果，認爲俞、趙"所參俱實"，應將二人革職，康熙下旨："俞益謨著休致，趙申喬著革職留任。"⑤俞益謨回鄉後關愛民生，並倡議編修《廣武志》。五十二年（1713）三月，康熙皇帝六十大壽，諭示：年六十以上獲罪官員，凡來京慶壽者，俱着給予

---

① 《廣武志》錄文有缺文，《〔民國〕朔方道志》卷二八《藝文志》錄文較全。
② 《寧夏歷代碑刻集》（銀川美術館編，寧夏人民出版社 2007 年版）將此墓志命名爲《清俞益謨母秦氏之墓》，顯誤。中國國家圖書館藏拓片題名爲《俞益謨妻秦慈君墓志》。
③ 田富軍、楊學娟根據俞益謨著述《青銅自考》等資料考證認爲，俞益謨康熙二十七年（1688）陞廣西鬱林參將，三十二年（1693）特簡兩江督標中軍副將，三十五年（1696）奉詔陛見，三十六年（1697）陞授山西大同總兵官。參見田富軍、楊學娟點校《青銅自考》代序《俞益謨及其〈青銅自考〉》，（清）俞益謨著，上海古籍出版社 2012 年版，第 9 至第 10 頁。
④ 《清實錄》：《聖祖仁皇帝實錄》卷二三九，中華書局 1985 年版，第 382 頁。
⑤ 《清實錄》：《聖祖仁皇帝實錄》卷二三九，第 410 頁。

恢復原品，並分別賜宴於暢春園正門前。俞益謨聞訊赴京賀壽，不料大慶之日，竟溘然長逝，年六十。葬於廣武城西南六里之蔭子山①，廣武士紳兵民懷念俞益謨的功績，在青銅峽神禹洞側，建有"青銅君祠"以示紀念。

俞益謨爲官期間，"修渠堰以惠桑梓，捐經史而開來學，敦本族，扶孤幼，建義學，置義田，周急救難，義全死生，種種芳行，美不勝書"。他不僅長於政事、武功，亦善文。《廣武志》卷上《鄉賢志·俞益謨》載："性好讀書，政事之餘，手不釋卷，著有《青銅自考》《道統歸宗》《辦苗紀略》等書行世。"《〔乾隆〕中衛縣志》卷六本傳載，俞益謨"性喜文學，多延博雅之士，於所至輒爲諸生課文講學，暇則集賓友考古爲詩文"。②《〔乾隆〕寧夏府志》卷十三本傳載，俞益謨"少英敏，既爲官，益務折節讀書，雅近文士。能詩文，軍中每手草露布，詞理可觀。慷慨好施予，嘗購書貯學宮，資後進講讀"。③《廣武志》卷下録俞益謨撰《重修牛首山正頂說法臺并製藏經碑記》一文也談到："余自總角讀書，稍長就童子試……庚辰秋杪，余以先大夫塋域，故乞疏歸省，酬應僕僕，弗勝其擾。"康熙三十九年（庚辰年，1700）俞益謨回家鄉，得知牛首山寺在三十五年（1696）發生火災，寺廟尚未完全修葺好，於是主動向住寺僧人含樓、印臺等人提出捐資修寺。工程竣工後，僧人函告俞益謨，他的捐款還有一半未用完，能否用其購買經書藏於寺中？"余曰：'金出於囊，余無復問，聽僧爲之。'印臺復詣南京，購三教經書、子史千數百卷，貯以閣。至是，余提督楚軍，僧復以成功備藏聞，且并請記勒石，以昭來兹。"

俞益謨的《道統歸宗》《辦苗紀略》《青銅自考》等著作在《廣武志》《〔乾隆〕中衛縣志》等文獻中被述及，以前學者多認爲著作都已亡佚。實際上，除《道統歸宗》外，其他兩種仍有傳世。《辦苗紀略》康熙四十四年（1705）刻本藏於北京大學圖書館，孤本傳世；北大還館藏有《青銅自考》康熙四十六年（1707）刻本、四十八至五十二年（1709至1713）間抄本，臺灣"中央研究院"歷史語言研究所亦藏有一種清抄本。④ 另外，國家圖書館藏清抄本《孫思克行述》亦爲俞益謨撰寫。

《廣武志·姓氏》羅列《廣武志》"總裁"爲俞益謨，且"鑒定"該志，從《廣武志》

---

① 今寧夏青銅峽市青銅峽鎮三趟墩村西南1公里有清代蔭子山俞氏墓，占地面積約10萬平方米，地面建築全毀，建築遺迹尚存。俞益謨墓地在青銅峽鎮園林村東北5公里，墓地附近有其叔俞君宰夫婦墓。參見國家文物局主編：《中國文物地圖集》，寧夏回族自治區分冊，文物出版社2010年版，第300至301頁。
② 范學靈等校注：《乾隆中衛縣志校注》，（清）黃恩錫編纂，寧夏人民出版社1998年版，第163頁。
③ 胡玉冰、韓超校注：《乾隆寧夏府志》，（清）張金城等修纂，中國社會科學出版社2015年版，第313頁。
④ 田富軍考證認爲，北大藏抄本當爲清康熙末至雍正年間抄本（十二卷）；另外，中國科學院國家科學圖書館還藏有清康熙末至雍正年間餘慶堂刻本（十二卷）。參見田富軍：《清代寧夏籍湖廣提督俞益謨〈青銅自考〉版本論略——兼論臺灣抄本的價值》，《圖書館理論與實踐》2012年第11期。

所記看，俞益謨參與過該志的編修工作應該是可信的。《廣武志》卷上《義志》載："俞汝欽曰：'向承纂輯諸公，以家慈事實録入《孝志》，先大夫不允。'"這説明，編修《廣武志》時，俞益謨對其內容曾起過把關作用。《廣武志》卷下録有俞益謨《詠百八塔》《廣武八景》《過大清閘》等詩10首，《兩義君傳》《適可園記》《重修廣武關夫子廟碑記》《重修牛首山正頂説法臺并製藏經碑記》等文4篇。

2. 俞汝欽

俞汝欽，①俞益謨子，一名汝敬，字念兹，生卒年不詳。《廣武志》卷上《學校志》載，康熙三十八年（1699），中己卯年武科舉人，亞元（即鄉試第二名）。《鄉賢志》有專傳，但資料甚簡，載其因南河功授按察司副使。《〔乾隆〕中衛縣志》卷七《選舉表》同。

結合《廣武志》資料看，俞汝欽是志書兩"編輯"之一，《廣武志》卷上《城池志》《建置沿革志》《風俗志》《忠志》《義志》之後都附有"俞汝欽曰"，可見他的確參與到志書的編修活動當中，且是重要一員。俞汝欽於康熙五十六年（1717）所寫《新修朔方廣武志序》載："言猶在也，志猶存也。志尚未刊，而先大夫已逝五載矣！余與諸先生謀，莫不樂從先大夫志，余安敢惜其費而忘其言、委其志不董其事乎？敬付梓人，因以是序。"故知，俞汝欽直接促成了《廣武志》的刊行。

《廣武志》卷下録俞汝欽《神禹洞鼎建殿宇聖像碑記》《餘慶堂捐建義學義田記》《積慶祠堂設立祭田志》等文，前兩文説明他遵父命建造殿宇、修建義學之事。《廣武志》卷上《橋閘志》還記有俞汝欽捐資整修黄行橋，修成後改名"慶遠橋"事。俞汝欽另有《都可觀賦寶田莊門樓有引》《詠新月岩》《詠白霓峰》等詩賦收入《廣武志》卷下。

（二）其他人員

參與《廣武志》編修活動的人員當中，賀遇隆與賀爾康爲父子關係。校閲者賀爾康、陳三恪、宋良能、杜景奇等4人均爲寧夏等衛儒學生員。據《〔乾隆〕中衛縣志》卷七《選舉表》《〔乾隆〕寧夏府志》卷十四載，賀爾康爲乾隆二年（1737）鄉貢生，任鎮安訓導。《〔乾隆〕寧夏府志》卷十三《人物鄉獻》載，賀爾康爲賀遇隆子，"修《鎮安志》未成，没於官署"。② 其他3位生平不詳。監刻者張繼程官候選府經歷司，生平事迹亦不詳。

寧夏等衛儒學廩膳生員李品旖爲續筆者，《〔乾隆〕中衛縣志》卷七《選舉表》

---

① 《〔乾隆〕寧夏府志》卷十五《人物·武舉》人名誤作"俞如欽"。
② 胡玉冰、韓超校注：《乾隆寧夏府志》，（清）張金城等修纂，第319頁。

《〔乾隆〕寧夏府志》卷十四載，他爲雍正三年（1725）商學鄉貢生。所撰《千金渠碑記》收入《廣武志》卷下，詳述俞益謨捐資修建千金渠（舊名石灰渠）一事。據碑記可知，李品犥與俞益謨同鄉，亦爲廣武人。

《廣武志》"纂修"者爲高巘、賀遇隆、雷起潛等 3 人。《廣武志》卷上《學校志》載，高巘於康熙四十一年（1702）中壬午科舉人，四十八年（1709）揀選知縣。《〔乾隆〕寧夏府志》卷十四《人物·舉人》載，高巘任朝邑教諭。《廣武志》卷上《學校志》載，賀遇隆爲康熙三十五年（1696）歲貢生，後候選訓導。雷起潛爲例監生，考授州同知，所撰《募化六塘嶺穿井疏引》一文收入《廣武志》卷下，記其倡議捐資於廣武六塘嶺打井抗旱事。

《廣武志》另一位"編輯"爲李元臣，卷上《武階志》有傳，曰："由武生從戎有功，授千總。俸滿，兵部引見，啓奏詳明，特用固原衛掌印守備。"並兼理屯田事。

三、編修始末及編修方法

傳世的《廣武志》是由俞益謨倡議編修，由李品犥、高巘、俞汝欽等纂修。由前引俞汝欽於康熙五十六年（1717）所寫《新修朔方廣武志序》可知，志書可能於康熙五十二年（1713）即俞益謨去世之年已經編成，但當年未正式刊行。四年後，即康熙五十六年（1717）《廣武志》才正式刊刻行世。

關於《廣武志》編修緣由，該志《凡例》載："廣武營汛城堡，舊無專志，向附鎮志，志其大略。今以孳生蕃衍，人文蔚起，多有可志者。且有因革利弊，虞後無稽，特爲另志，以記事也。非敢妄爲作述，以紊舊制。"由此可見，該志的編修主要有兩大原因。第一，作爲地方來講，廣武城於明英宗正統九年（1444）就存在了，距編修志書之時有 270 年左右的歷史，關於地方政治、經濟、人文等事一直無專志記載，諸事只見載於寧夏地方志書中，且只存大概，因此，需要有一部專志來詳志諸事。第二，廣武歷史上有很多值得總結的地方，把這些歷史經驗記載下來，對於後人來講無疑是一筆寶貴的精神財富。故俞益謨等起意要編修廣武志書。

志書編修方法在《凡例》中也有說明。關於取材，"廣武創志無徵，悉皆錄之鎮志，或詢諸故老，或考之碑碣，再三究核，務得確實。凡一切虛誕無稽之語，概不敢錄"。也就是說，志書以已有的寧夏志書爲主要取材對象，同時，也注意向有一定知識經驗的老者諮詢，實地調查取材。另外，對於地方歷史，還儘量利用第一手的碑石資料進行考證。凡入志者均要言之有據，持之有故，且忌虛誕無稽之語。《廣武志》在輯錄人物或地方事跡時與其他史書"善惡並書"有所不同，主要以記善爲主，"志善隱惡……然其志善之處，未嘗不寓懲惡之意，志善即所以警惡也"。同時，對於善事的記載是有原則的，即"寓千百世之褒美，不可以貧賤而忽之，不可以富貴而諛之。忽之、諛之，均其失也，慎爲鬼神所忌"。爲省筆墨，避免重複，《廣武志》行文採用互見筆法提示讀者參見内容。如卷上《建置沿革志》"寶田莊"條載："寶田莊，附城東郊，門樓題額'都可觀'三字。康熙五十六年建。主人俞汝欽有賦，見《詞翰》。"卷下載俞汝欽撰《都可觀賦》全文，卷上就不必摘録。《武階志》"俞益謨"條有"事功見《鄉賢》"語，在《鄉賢志》中有"俞益謨"專條，兩志内容相合，即可算"俞益謨"完整的傳記資料了。

正是在這些大原則的指導下，李品喬、高嶷、俞汝欽等人搜集各種與廣武有關的文獻資料，編成了廣武地方專志，並且是唯一傳世的廣武地方專志，爲後人了解、研究廣武營提供了寶貴的專書資料。

四、主要内容及史源分析

《廣武志》2卷，共88頁。甘肅省圖書館藏刻本按卷分成上下兩册，上册志書内容順序如下。

俞汝欽《新修朔方廣武志序》共3頁，每半頁5行，行14字。原序當有310字左右，但刻本内容嚴重殘缺，無序題，第1頁僅存9字，第2頁存56字，第3頁存72字，共137字。現存内容不及原來的一半。落款爲"時大清康熙歲次丁酉嘉平穀旦，鄉武進士南河功授副使道加三級武城念兹俞汝欽撰"，知該序由俞汝欽撰寫於康熙五十六年（1717）十二月。落款後印有"俞汝欽印"陰文方印、"念兹"陽文方印。序後爲《新修朔方廣武志姓氏》共1頁，記載參與編修《廣武志》者的分工、身份、姓名等。

此後爲《廣武志》卷上《目録》，共2頁。《目録》共列38目，包括《城池邊墩圖》《天文星宿分野圖》《地里疆域志》《城池志》《建置沿革志》《坊表志》《風俗志》《山川志》《形勝志》《户口志》《屯田志》《賦役志》《水利志》《宦迹志》《兵馬志》《官俸志》《糧餉志》《邊墩志》《塘墩志》《隘口志》《邊外水頭志》《公署行署志》《演武教場志》《廣武倉廠志》《學校志》《文武科貢監志》《鄉賢志》《武階志》《忠志》《孝志》《節志》《義志》《古迹志》《祥異志》《廟宇寺觀志》《橋閘志》《塋墓志》《物産志》等。與正文所標目録名相比，有些類目名稱有異。

《城池邊墩圖》，正文地圖題爲《廣武疆域地理圖》（簡稱《地理圖》），圖前配有50字的《廣武圖説》。從地圖附着的各種信息看，不僅有城池、邊墩，還有山、河渠、古迹、營堡等信息，故正文圖題更符合地圖内容實際。這部分内容相對獨立，和其後的《地理疆域志》《城池志》《邊墩志》《塘墩志》《隘口志》《邊外水頭志》等關係密切。《天文星宿分野圖》，正文圖題作《天文志星宿分野圖》（簡稱《分野圖》），多一個"志"字。《地里疆域志》之前的内容正是"天文志"内容，但未標目，故知，《廣武志》原本當有《天文志》類目。《屯田志》《邊墩志》至《武階志》，《古迹志》至《物産志》，正文標目均缺"志"字。另外，"粮餉志"，正文作"兵丁粮餉志"；"文武科貢監"，正文作"文武科貢監生"，其後又補"例監生"一類目名；"鄉賢"，正文作"鄉獻"；"廟宇寺觀"，正文作"廟宇寺觀庵祠"。

卷上《目録》後爲《廣武圖説》《地理圖》和《分野圖》，共 4 頁。前兩部分内容共 3 頁半，相當於有些舊志中的"圖考"，《廣武圖説》相當於《地理圖》的繪圖説明："廣武，寧夏西路營汛，右衛屯田地也。轄堡有三。賀蘭尾屏於後，紫金峙侍於前。青銅鎖秀，洪水灣緩，渠壩邊墩，接連蜿蜒，圖成佳畫。"從《地理圖》看，它是寧夏舊志中單幅地圖繪製篇幅最長的，一般地圖最多占雕版的一整頁，而這幅竟占了 3 頁半，蜿蜒成圖，非常壯觀。此圖方位未標出，經查，與現代地圖"上北下南，左西右東"的方位習慣不同，而是"上西下東，左南右北"。本圖用投影法繪製，各頁逐次相連翻看，相當於坐北朝南，自上而下俯視廣武。

《分野圖》用簡單的符號繪製出井宿、鬼宿、尾宿、柳宿等四星宿圖，原本應該附於天文志正文之前，但編輯者把它繪製在《地理圖》最後半頁圖之後，這可能是爲節省紙張的原因。圖後爲《朔方廣武志凡例》6 條，共 2 頁，説明《廣武志》編輯緣由及編修原則、方法。

《凡例》後即爲卷上正文，共 31 頁，每半頁 8 行，行 18 至 20 字不等。《廣武志》各志内容一般都比較簡略，少者如《户口志》《屯田志》《官俸志》，都不足 30 字，多者如《建置沿革志》，不過 300 字。從史源角度看，部分内容與明朝萬曆四十五年（1617）楊壽等纂修的《朔方新志》關係密切，更多的内容則是編修者的第一手調查資料。

《天文志》星宿圖與正文内容當輯録自《朔方新志》卷一《天文》，但部分内容有異。《朔方新志》卷一《天文》原作"井八度三十四分九十四秒，入鶉首之次辰在未"，《廣武志》卻作"井三十一度，鬼二度十八分，入鶉火、鶉尾之次，於辰在未"，不知其何據。

《地里疆域志》記廣武東西南北四至距離，還有到陝西省會、都城的距離。《廣武志》載，廣武至寧夏即今銀川 160 里，此同《朔方新志》，而〔弘治〕寧夏新志》《〔嘉靖〕寧夏新志》載，廣武至寧夏 140 里。

《城池志》記載廣武自明朝正統九年（1444）正式設城後的修築史，所記嘉靖四十年（1561）六月廣武發生地震後李世威修築城池一事不見載於他書，資料非常珍貴。本志後附有俞汝欽按語，指出現在廣武城已經是城漸崩、池早平、樓已無，遠不如昔日，希望當權者儘快再次對廣武舊城進行修築。

《建置沿革志》"青銅鎮""寶田莊"兩條資料，均係編輯親自調查的資料，他書未載。《坊表志》"靖魯"坊，《朔方新志》原作"靖虜"。清朝是少數民族入主中原，爲避諱，清初文獻中常常避諱"胡虜""夷狄"等字詞，"靖虜"改作"靖魯"顯係避諱。

《山川志》記紫金山、金積山等11處大山與廣武城的距離，及與此山有關之傳説。"回軍山"條内容被《〔乾隆〕中衛縣志》卷一《地理考》採用。《形勝志》載："西河要衝。古志。山環河繞，密邇邊塞，爲靈、夏之襟帶，實固、靖之藩屏。"《〔弘治〕寧夏新志》《〔嘉靖〕寧夏新志》《〔萬曆〕朔方新志》描述廣武形勝時均載其爲"西河要衝"，且均注明其出處爲《新志》，具體書名不詳。《廣武志》顯然也是從明朝志書中輯録的資料，又據實情補充部分内容。《水利志》只記千金渠的興修過程，實際上就是爲俞益謨的善行樹碑立傳。

與廣武有關的"宦迹"，在《〔弘治〕寧夏新志》《〔嘉靖〕寧夏新志》《〔萬曆〕朔方新志》都有資料可輯。《〔弘治〕寧夏新志》録种興至安國等13人姓名及職官名，《〔嘉靖〕寧夏新志》增加至19人，除姓名、職官名外，部分官員還録其籍貫、任職時間。《〔萬曆〕朔方新志》又增加至56人，最晚一位是萬曆四十三年（1615）任廣武游擊的吴自勉。《廣武志》在明朝文獻的基礎上，又新增加明朝在廣武任職者15人，清朝任職者17人，所記任職時間最晚的官員是康熙五十三年（1714）任職的李士勤。

《學校志》《文武科貢監志》（例監生）、《鄉賢志》《武階志》《忠志》《孝志》《節志》《義志》等志所載内容多未見載於其他文獻。有8人入《鄉賢志》，17人入《武階志》，1人入《忠志》，3人入《孝志》，3人入《節志》，2人入《義志》。

有9處古迹入《古迹志》。《祥異志》所記嘉靖、萬曆年間地震事輯録自（萬曆）《朔方新志》，新補充了清朝發生的7件"祥異"。有5處墳墓入《塋墓志》。《物産志》録12類廣武物産，個别物産還有小注説明。如《木類》"檉柳"條下注："'檉'音'稱'，《爾雅翼》：'天將雨，檉先起氣應之，因名雨師。'"

《廣武志》下册即卷下相當於"藝文"專卷，共録詩文43篇，有獨立的目録，共2頁。正文共43頁，每半頁8行，行20字。藝文可代表一地人文之盛，《廣武志》不濫載詩文，其編選方法是："必以有關於世道人心者録之。一切油腔滑調、瑣屑不經之詞，概不入載。"本卷録詩22首，賦1篇，傳記10篇。募引1篇，爲雷起潛作。此後是俞長策撰寫的俞益謨《墓志銘》1篇。

卷下最後録"貤封"，即皇帝的制誥。清朝皇帝下發給個人的制誥數量非常多，很多方志一般都不會録入，《廣武志》之所以把這類文獻編入志中，主要是因爲"惟兹彈丸，承寵無多，可以入志，用彰君恩，以勵臣節"。原來，編輯者認爲廣武營地域很小,皇帝下賜的制誥數量很有限,把這些數量有限的制誥編入志中,一方面彰顯皇帝的"天恩",另一方面也可激勵地方臣民。卷下《目録》統計"貤封"爲6道,正文中實際録有8道。其中4道是"貤封"俞氏家族的,另外4道分別"貤封"張振聲夫妻、張禎夫妻、賀遇隆夫妻、賀爾德夫妻。張振聲、張禎爲父子關係,賀遇隆、賀爾德爲父子關係。"貤封"前兩家的制詞與後兩家的相同,故《廣武志》以"同詞"代之,不再録全文,以省筆墨。

五、編修質量

參與編修《廣武志》的基本上都是廣武當地讀書人,以俞氏父子爲主。從編修方法看,《廣武志》基本遵從了方志編修的要求,組織了分工明確的編輯隊伍,制定了志書編修的原則和基本方法。從志書體例看,設置了類目,編制有《凡例》《目録》,繪製有專題地圖,體例基本完備。從內容看,與廣武有關的歷史、地理、軍事、人文、藝文等資料記載得比較豐富、全面,有很多資料都是他書未載的,許多資料都與志書編輯者密切相關,可信度較高。當然,由於與廣武有關的文獻資料比較少,加上受纂修人員學識水準所限,《廣武志》編修也存在一些問題,突出表現在資料疏漏與文字錯誤上。

明朝編修的《〔弘治〕寧夏新志》《〔嘉靖〕寧夏新志》《〔萬曆〕朔方新志》等寧夏舊志中保存的與廣武有關的資料較多,但《廣武志》編修過程中,某些類目的內容中疏漏了舊志中的資料,詳今略古。如關於廣武城的設置,《〔嘉靖〕寧夏新志》卷三"西路廣武營"條載:"本爲夏興州地。正統九年,巡撫、都御史金濂以其地當西路適中,平衍無據,兵欠聯絡,始奏築城。摘中護衛,即今中屯衛,並右屯衛官軍居之,以都指揮守備。成化五年,改守備爲協同分守西路,又調西安、寧羌、鳳翔等衛所官軍輪班備禦。城周回二里。成化九年,協同陳連拓之爲三里。弘治十三年,巡撫都御史王珣又拓之爲四里,高二丈五尺,池深一丈五尺,闊四丈,南門一,上有樓。"[1]《廣武志》卷上《城池志》所載內容中,涉及正統九年(1444)、成化五年(1469)、弘治十三年(1500)與廣武有關史事,成化二年(1466)史事,及王珣修築城池的規模都未涉及。補充了嘉靖四十年(1561)廣武修築事。兩相比較,《廣武志》顯然是有疏漏的。再如《廣武志》卷上《宦迹》載清朝任廣武游擊者共15人。考《〔乾隆〕寧夏府志》卷十《職官》載,張文遠於順治十六年(1659)、顧爾正於順治十七年(1660)都曾任廣武營游擊,而《廣武志》卻漏載此2

---

[1] 邵敏校注:《嘉靖寧夏新志》,(明)管律撰,中國社會科學出版社2015年版,第183頁。

人。《廣武志》文字輯錄上的錯誤校注者雖然有所糾正，但有的仍然存在。如據《朔方新志》卷二可知，羅保於嘉靖"二十二年"任職協同，《廣武志》卷上《宦迹》誤作"二十三年"；裴尚質、張維忠、汪廷佐、季永芳等4人名字，《廣武志》分別誤作裴上質、張繼忠、王廷佐、李永芳。

　　就資料本身來看，《廣武志》也有信息資料前後不一致的地方，特別是正文內容與地圖內容多有不相吻合之處。《邊墩志》《塘墩志》《隘口志》《邊外水頭志》《橋閘志》等志內容可與《地理圖》參照來看，但部分正文文字表述與地圖繪製的信息有異。如從地圖上看，按由北往南的排列順序，邊墩中觀音口、鎮邊、定羌3處緊密依次相接。正文中邊墩的排列順序很顯然也與地圖相同，由北往南依次記載，但上述3邊墩的排列次序變成了定羌、觀音口、鎮邊，且三者不是緊密依次相接，中間各插入了其他的邊墩。地圖中未繪製"得勝墩"，正文中卻羅列有此墩。正文中的"寺井兒""寺井兒小"，《地理圖》中標示作"寺兒井""小寺兒井"。正文中的"鐵筒堡"，《地理圖》中標作"鐵桶堡"。6處邊外水頭，有4處名稱有異。正文中的紅柳清、倒樹泉、磨兒山、紅山水，地圖中標出的名稱分別是紅柳溝、倒水泉、木耳山、紅山。根據《朔方新志》所附《西路圖》，"紅柳清"當作"紅柳溝"。根據《地理圖》"水頭"標示特點，"紅山水"當作"紅山"。《橋閘志》中記載上水閘、退水閘各有4道，上水閘分別爲攔河閘、李祥閘、趙行閘、上沙渠閘，退水閘分別爲永安閘、雙閘、小閘、拖尾閘，但《地理圖》從渠口堡往北，繪製的自南往北的閘共6道，依次是求安閘、攔河閘、吳家閘、小閘、流沙閘、古稍閘。據《〔乾隆〕中衛縣志》卷一《地理考·水利》"渠口廣武堡石灰渠"條載，上下水閘名同《廣武志》正文內容。《廟宇寺觀志》中"觀音臺""青銅君祠"，《地理圖》中分別標示爲"觀音閣"和"青銅祠"。

六、文獻價值

　　明朝爲邊防計，於正統九年（1444）正式設廣武營，它相當於一座有屯田戍守功能的營堡。《廣武志》作爲該營堡的專志，是今寧夏現存唯一一部獨立成書的基層鄉級志，具有較高的史料價值。

　　首先，廣武營屯田、賦役、水利、兵馬、粮餉等材料在其他文獻中罕有記載，《廣武志》的記載，對於了解和研究正統九年（1444）至清初寧夏邊塞的情況，以及軍屯經濟和賦稅制度等，都具有一定的史料價值。

　　其次，與廣武營有關的資料在明朝寧夏舊志中雖然有記載，但多散見於各類目中。《廣武志》把這些資料集中輯錄，特別補充了大量清朝廣武營資料，這就形成了較爲完整的廣武志資料。此後有關文獻在編輯時多從《廣武志》中取材。如《〔乾隆〕中衛縣志·凡例》載："廣武舊隸寧郡,今設縣後,已入中邑版圖。所有田土、貢賦、差役、戶口、山川、藝文,俱因《廣武志》匯載之。"①卷八《古迹》"秦王古渡"、《雜記》"大佛寺銅缽"等兩條中均注明其資料出處就是《廣武志》。《雜記》"金牛池""地湧塔"與"義犬冢",雖没有注明其史料出處,但很明顯,前兩條就是襲自《廣武志·古迹志》,第三條襲自《廣武志·祥異志》所載内容。

　　第三,《廣武志》相當多的内容都與當地望族俞氏有關,俞氏家族特別是俞益謨的文武功德在《水利志》《學校志》《坊表志》《鄉賢志》《武階志》中都有記載。《廣武志》有 8 人入《鄉賢志》,5 人是俞氏家人;3 人入《孝志》,其中一位爲俞益謨妻張氏;3 人入《義志》,其中一位爲俞益謨母趙氏。有 5 處墳墓入《塋墓志》,其中 4 處爲俞氏家族墓。"藝文"中俞氏族人作品更是占了大部分,録詩共 22 首,俞益謨有 10 首入選其中,其子俞汝欽有 2 首入選,另有 3 首歌頌俞益謨之父俞君輔的詩歌也入選。傳記共 8 篇,俞益謨有 4 篇入選,俞汝欽有 1 篇入選。賦 1 篇,記志 2 篇,均爲俞汝欽作。録"貤封"8 道,有 4 道是"貤封"俞益謨曾祖俞大河夫妻、祖父俞天義夫妻、父俞君輔夫妻、俞益謨夫妻。這些資料對於研究廣武俞氏家族顯然是很寶貴的資料。但這也成爲《廣武志》輯録資料的一大缺憾,即俞氏家族之外的史事被有意無意地忽略了。

---

　　① 范學靈等校注:《乾隆中衛縣志校注》,(清)黄恩錫編纂,寧夏人民出版社 1998 年版,第 24 至 25 頁。

整 理 説 明

一、本書主要以標點、校勘、注釋等方式對《〔康熙〕新修朔方廣武志》進行整理。以康熙五十六年(1717)刻本(甘肅省圖書館藏)爲底本,以1957年甘肅省圖書館抄本、1965年甘肅省圖書館油印本、《青銅自考》等爲參校本,部分整理成果參考寧夏人民出版社1993年版吴懷章校注本。

二、整理成果以繁體横排形式出版。注釋條目以當頁脚注形式注明,用圈碼①②③之類排序,校勘以[1][2][3]之類排序,放在卷末。正文或脚注中以"□"符號表示原本漫漶不清或破損的文字,一個"□"符號代表一個字;原本缺漏內容較多者脚注説明,並以"……"符號標明;凡正文中"〔 〕"符號括注的文字,均係整理者增加。

三、校勘以校異文爲主,酌校內容異同。因用字習慣不同而出現人名、地名、族名等同名異寫現象,均出校説明。底本或對校本中存在明顯的誤、脱、衍、倒等現象,於正文中校改後出校説明。雖有異文但意可兩通者,不改正文,僅在校記中説明。

四、《新修朔方廣武志》在刊刻時明顯誤刻之字,如"己""巳"誤作"已"等,校勘時徑改,不一一出校説明。底本中的異體字、俗體字、通假字、古今字等,一律不出校。某些不規範的異體字、俗體字、古今字等,或前後用字不一者,均按出版要求適當統改成規範、統一的字體,不出校記。該志轉引他書文字內容,引文若與該書通行版本文字不同,除引文確實有誤,如誤録人名、地名、時間等需要出校説明外,凡不影响文意理解者一般不改動引文。

五、當頁脚注徑出注釋條目。注釋內容主要包括:原文易致惑者(如文獻簡稱或省稱、干支紀年等)、原文提及的詩文或史料出處、原文體例中資料互見者、整理者對輯補史料的出處説明和整理者的補充文字等。

六、脚注中,凡言"本志"者,均指《新修朔方廣武志》。凡言"本志書例"者,均指《新修朔方廣武志》編修體例。徵引文獻書名較長者沿用習慣簡稱,具體簡稱參見《參考文獻》。

七、脚注中,凡引古代文獻,均只注明書名、卷次、篇名等,其作者、版本等詳見《參考文獻·古代文獻》。凡引現當代文獻,均只注明作者、書名或論文篇名、頁碼等,其出版社、刊物名、發表時間等詳見《參考文獻·現當代文獻》。若被引用古代文獻已有整理成果,一般直接吸收其合理意見,不再重復叙述校注理由,注明"參見××"字樣。注明引文出處、他校資料或他人校勘、考證成果,亦注明"參見××"字樣。

八、《參考文獻》分《古代文獻》和《現當代文獻》分別著録。其中,《古代文獻》分陝甘寧舊志、經、史、子、集等五類著録,《現當代文獻》分著作、論文兩類著録。

〔俞汝欽　　新修朔方廣武志序〕

　　聖天子偃武興〔文〕……道名公非……赴都時復……程。[1]勵忠孝，勉節義，□□□□有功於一鄉者，非但前□□□所傳，而後有所稽焉已也。嗟夫！言猶在也，志猶存也。志尚未刊，而先大夫已逝五載矣！①余與諸先生謀，莫不樂從先大夫志，余安敢惜其費而忘其言、委其志不董其事乎？敬附梓人，因以是序。

　　時大清康熙歲次丁酉嘉平穀旦，②鄉武進士南河功授副使道加三級武城念茲俞汝欽撰。③

【校勘記】

［1］本序文字多處漫漶不清，茲用省略號表示。"程"字之前有三個半頁，各存一句，即"聖天子偃武興……""道名公非……""赴都時復……"據原序行款，每半頁5行，行14字，故每半頁當有70字左右。

---

①　已逝五載：俞益謨卒於康熙五十二年（1713）三月（參見吳懷章編著《古峽攬勝》，第31頁），俞汝欽此文撰於康熙丁酉年嘉平，即康熙五十六年（1717）十二月，前後共占五個年頭，故曰五載。
②　丁酉：康熙五十六年（1717）。嘉平：臘月，即农历十二月。
③　鄉進士：舉人的別稱。

新修朔方廣武志姓氏

總裁
賜進士出身榮禄大夫提督湖廣全省軍務左都督加六級廣武俞益謨鑒定
寧夏等衛儒學廩膳生員李品犞續筆
纂修
壬午科舉人揀選知縣① 　高巗
歲貢生候選訓導　賀遇隆
太學生候選州同知　雷起潛
編輯
己卯武科舉人南河功授副使道② 　俞汝欽③
原任固原衛掌印守備兼理屯田事　李元臣
校閱
寧夏等衛儒學生員　賀爾康、陳三恪、宋良能、杜景奇
監刻
候選府經歷司　張繼程

---

① 壬午：康熙四十一年(1702)。
② 己卯：康熙三十八年(1699)。
③ 俞汝欽：俞益謨子，一名汝敬，字念茲，生卒年不詳。

凡　　例[①]

一、廣武營汛城堡，舊無專志，向附鎮志，[②]志其大略。今以孳生蕃衍，人文蔚起，多有可志者。且有因革利弊，虞後無稽，特爲另志，以記事也。非敢妄爲作述，以紊舊制。

一、廣武創志無徵，悉皆録之鎮志，[③]或詢諸故老，或考之碑碣，再三究核，務得確實。凡一切虛誕無稽之語，概不敢録。

一、志以志善隱惡，不比史筆，善惡並書。然其志善之處，未嘗不寓懲惡之意，志善即所以警惡也。

一、志者，大公無私之謂，非偶然也。寓千百世之褒美，不可以貧賤而忽之，不可以富貴而諛之。忽之，諛之，均其失也，慎爲鬼神所忌。

一、詞翰藝文，雖表人文之盛，亦必以有關於世道人心者録之。一切油腔滑

[①] 《凡例》内容原位於《天文志》之《分野星宿圖》及其後正文之間，今據舊志一般編纂體例調整至此。

[②] 鎮志：吴懷章認爲其特指《〔弘治〕寧志》，參見吴懷章校注《康熙朔方廣武志》（以下簡稱吴注），第2頁。胡玉冰認爲"鎮志"非特指其某一種寧夏舊志，而是泛指多種寧夏舊志，如《〔嘉靖〕寧志》《朔方新志》等志書，參見胡玉冰著《寧夏地方志研究》，第254頁脚注。

[③] 鎮志：此處當專指《朔方新志》，從後文中可以看出。第一，本志卷上《地里疆域志》載："廣武營……至寧夏一百六十里。"此説與《朔方新志》卷一《地里·疆域》所載完全相同。而《〔弘治〕寧志》卷三《廣武營》作"北至寧夏一百四十里餘"；《〔嘉靖〕寧志》卷三《中衛·屬城·西路廣武營》作"北至寧夏一百四十里"，差異很大。第二，本志卷上《城池志》所載内容與《朔方新志》基本相同。《朔方新志》卷一《地里·城池》載："廣武城週廻二里，高三丈二尺，池深一丈五尺，濶四丈。正統間巡撫金濂奏築，歷弘治間巡撫王珣拓爲四里，南門一，上有樓。"而《〔弘治〕寧志》《〔嘉靖〕寧志》二志基本相同，與本志卻不同，特別是本志和《朔方新志》均無"陳連拓之爲三里"之載，可見對《〔弘治〕寧志》《〔嘉靖〕寧志》没有承襲。第三，本志卷上《坊表志》"永寧"等前五個坊表，見諸《〔弘治〕寧志》《〔嘉靖〕寧志》，後面的"迎恩""河山毓秀"不載；在《朔方新志》卷一《地里·坊市》七個均見載，且前五個標明"舊有"，後二個標明是"新建"。而本志則對七個坊表均標明爲"舊志"，可見此"舊志"當指《朔方新志》。第四，本志卷上《宦迹志》所載"种興""施雲""馮紀"條後有"以上三人舊志未紀年"字樣，此語襲自《朔方新志》卷二《内治·宦迹·廣武營》，"舊志"二字亦爲因襲，且因《朔方新志》已明確記載有"种興……正德（案："德"當爲"統"字誤）九年任"字樣，而《〔弘治〕寧志》卷三《廣武營·宦迹》和《〔嘉靖〕寧志》卷三《中衛·屬城·西路廣武營·宦迹》均不載种興等三人任職紀年，故《朔方新志》中"舊志"當指《朔方新志》前之志書，由此可見本志此段内容完全因襲《朔方新志》，而非《〔弘治〕寧志》《〔嘉靖〕寧志》。參本志卷上校勘記[26]。當然，作爲一部方志書，資料源自前代舊志也是正常的，關鍵是看是否爲直接承襲。本志是否對《〔弘治〕寧志》《〔嘉靖〕寧志》有直接的承襲，無法辨明；相反，對《朔方新志》的承襲則是顯而易見的，故此處所謂"鎮志"理解爲《朔方新志》當更確切些。

調、瑣屑不經之詞，概不入載。

　　一、制誥之文，大方宜衆，難以備入。惟兹彈丸，承寵無多，可以入志，用彰君恩，以勵臣節。

朔方廣武志目録[①]

卷之上
 城池邊墩圖[②]
 天文星宿分野圖
 地里疆域志
 城池志
 建置沿革志
 坊表志
 風俗志
 山川志
 形勝志
 户口志
 屯田志
 賦役志
 水利志
 宦迹志
 兵馬志
 官俸志
 粮餉志[1]
 邊墩志
 塘墩志
 隘口志
 邊外水頭志
 公署行署志

[①] 《朔方廣武志》卷上、卷下的《目録》原各位於卷上、卷下正文之前，整理者將其合并在一起。
[②] 城池邊墩圖：正文内容包括文字解説《廣武圖説》和《廣武疆域地理圖》兩部分。

演武教場志

廣武倉廠志

學校志

文武科貢監志

鄉賢志[2]

武階志

忠志

孝志

節志

義志

古迹志

祥異志

廟宇寺觀志[3]

橋閘志

塋墓志

物産志

卷之下

詩

峽口山　　宋　張舜民

峽口吟　　明僉事　齊之鸞

登廣武遠眺　　總制　王瓊

登牛首山有序　　總兵　蕭如薰

登牛首山寺　　游擊　石棟

詠百八塔有小序　　俞益謨

詠新月巖　　俞汝欽

詠白電峰　　俞汝欽

牛首山和壁間韻　　俞汝翼

廣武八景八首　　俞益謨

過大清閘　　俞益謨

頌鄉賢俞君輔[4]　　大學士　吳琠

頌鄉賢俞君輔[5]　　大宗伯　韓菼

頌鄉賢俞君輔[6]　　編修　查昇

兩義君傳　　俞益謨

適可園記[7]　　俞益謨
千金渠碑記　　李品嶠
重修牛首寺碑記　　李賁
重修牛首寺佛閣記[8]　　楊壽
重修關夫子廟碑記並銘　　俞益謨
重修牛首山正頂説法臺並製藏經碑記　　俞益謨
神禹洞鼎建殿宇聖像碑記附告竣慶賀聖誕疏文[9]　　俞汝欽
都可觀賦竇佃莊門樓有引[10]　　俞汝欽
餘慶堂捐建義學義田碑記[11]　　俞汝欽
積慶祠堂設立祭田記[12]　　俞汝欽
募化六塘嶺穿井疏引　　雷起潛
墓志銘①　　編修　俞長策
貤封六道[13]

【校勘記】

[1] 粮餉志：正文標題作"兵丁粮餉志"。
[2] 賢：正文標題作"獻"。
[3] 廟宇寺觀志：正文標題作"廟宇寺觀庵祠志"。
[4] 頌鄉賢俞君輔：正文標題作"大學士吴琠爲鄉賢俞君輔頌"。
[5] 頌鄉賢俞君輔：正文標題作"禮部尚書韓菼爲鄉賢俞君輔頌"。
[6] 頌鄉賢俞君輔：正文標題作"翰林院編修查昇爲鄉賢俞君輔頌"。
[7] 適可園記：《青銅自考》卷十作"適可園亭記"。
[8] 重修牛首寺佛閣記：正文標題作"重修西夏牛首山寺佛閣記"。
[9] 疏：正文標題無此字。
[10] 佃：正文標題作"田"。
[11] 碑記：正文標題及《中衛縣志》卷九、《續中衛志》卷九均無"碑"字。
[12] 記：正文標題作"志"。
[13] 六道：正文中實有八道。第七、八兩道的内容與第五、六兩道的内容相同，正文中用"同詞"標明，目録統計有誤。

---

① 正文中，"貤封"在"墓志銘"之前。

朔方廣武志卷之上

廣武圖說

廣武，寧夏西路營汛，①右衛屯田地也。轄堡有三。②賀蘭尾屏於後，紫金峙侍於前。③青銅鎖秀，洪水灣綏，④渠壩邊墩，接連蜿蜒，圖成佳畫。

廣武疆域地理圖⑤

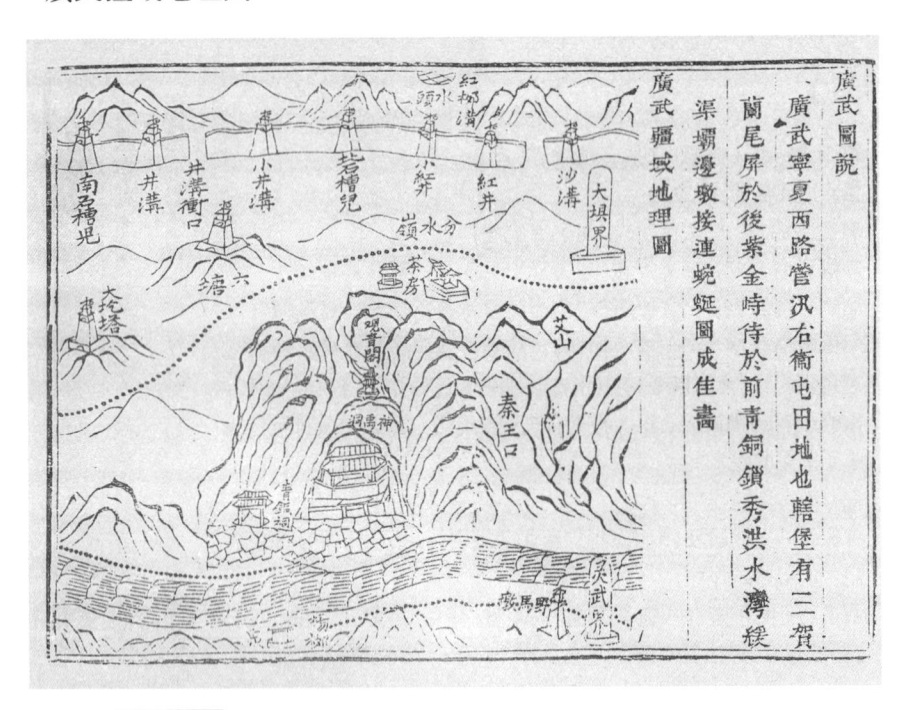

---

① 西路：廣武營屬中衛，中衛在寧夏西部，故名西路。
② 參見本志卷上《廣武疆域地理圖》及《建置沿革志》。
③ 參見本志卷上《山川志》。
④ 俞益謨《青銅自考》敘："黃河之水勢激湍，流經青銅之峽，若有受其束縛而不敢肆者，且瀠洄曲折，不欲遽去。"
⑤ 本圖標注的一些地名用字與其他文獻相異。其中，小紅井，本志卷上《邊墩志》和《嘉靖寧（轉下頁）

朔方廣武志卷之上　467

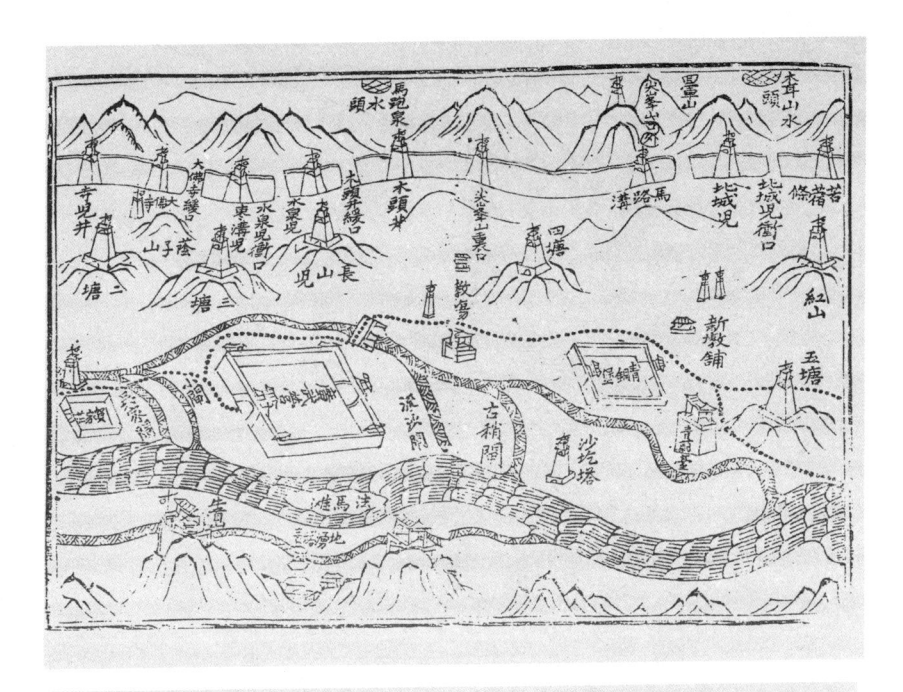

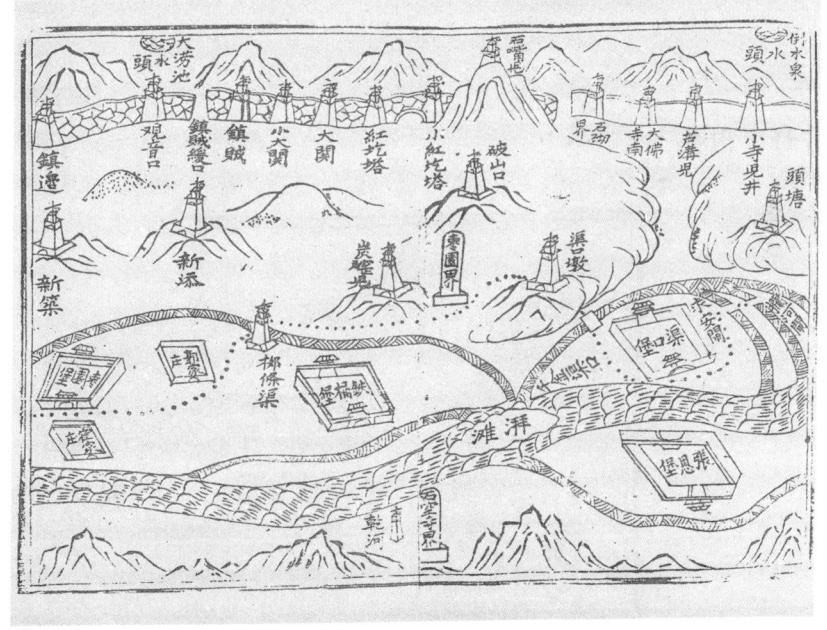

（接上頁）志》卷三《中衛・屬城・西路廣武營》及《朔方新志》卷二《外威・烽燧》均作"紅井小"；小井溝，本志卷上《邊墩志》和《〔嘉靖〕寧志》卷三《中衛・屬城・西路廣武營》均作"井溝小"；青銅祠，本志卷上《廟宇寺觀庵祠志》作"青銅君祠"；紅山，本志卷上《邊墩志》及《朔方新志》卷二《外威・烽燧》均作"紅山兒"；小大關，本志卷上《邊墩志》和《〔嘉靖〕寧志》卷三《中衛・屬城・西路廣武營》均作"大關小"。

天文志

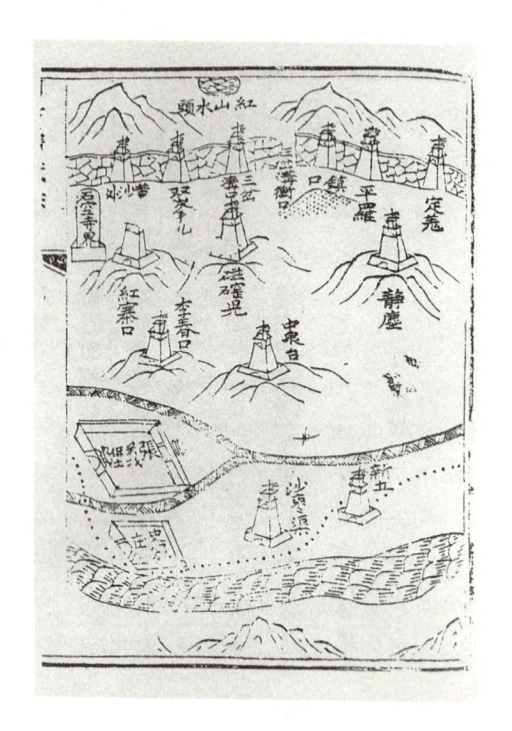

　分野星宿圖

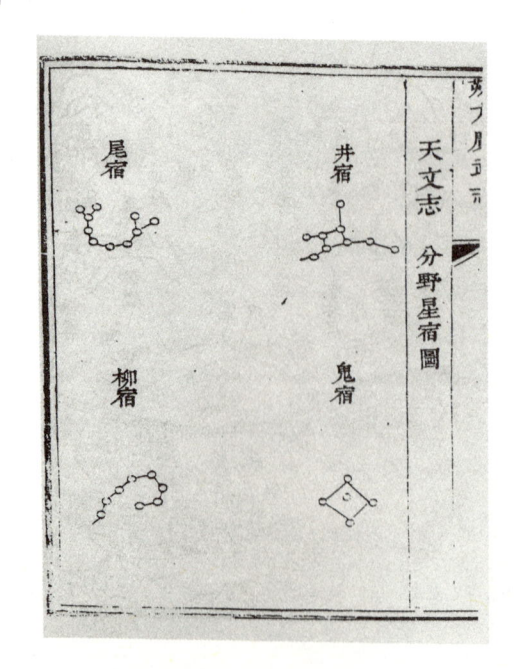

廣武屬寧夏,天文井、鬼分野,以其地偏西,兼得尾、柳斗樞,其宿之度數,古法已疏。今按《大統曆》測定者載之。①

井三十一度,鬼二度十八分,入鶉火、鶉尾之次,於辰在未。②

赤道:井三十三度三十分,鬼二度二十分,尾十九度一十分,柳十三度三十分。

黃道:井三十一度一分,鬼二度十一分,尾十七度九十五分,柳十三度。

地里疆域志

廣武營,東逾黃河界十五里,南至鳴沙州界三十里,西至中衛張義堡界九十里,北至大壩堡界二十里。至寧夏一百六十里。[1]至陝西省會一千四百里。至都會二千七百八十里。

城池志

廣武城,係正統九年巡撫金濂請設,③摘寧夏右、前、中屯三衛官軍五百名,[2]修營房以居之,設立都指揮守備防戍。成化五年,改守備爲協同。[3]城方二里許,[4]至弘治年間,[5]都御史王公珣增爲四里。[6]嘉靖四十年夏六月十四日巳刻,地震異常,城舍傾頹十之八九。協同李公世威,號南峰,西寧人。分守之初,統官軍四千員名,起工修築,增高女牆,四正四隅,俱有城樓,[7]于七月十二日告完工。高三丈二尺;池深一丈五尺,闊四丈。

俞汝欽曰:"今天下太平日久,城漸崩,池早平,樓已無矣!意者,道不拾遺,夜不閉户,無用此爲也。然未雨綢繆,事在當道籌度,非草莽寒儒所敢議,姑闕焉。"

---

① 《大統曆》:明初劉基所進,明代一直通行,直至明亡。本段自"天文"至"載之"共三十六字均與《朔方新志》卷一《天文》同。

② 本段上文與《朔方新志》卷一《天文》所載內容基本相同,下文"赤道""黃道"內容則完全相同,唯本段不同,不知何故。《朔方新志》卷一《天文》相對應內容爲:"井八度三十四分九十四秒,入鶉首之次,辰在未。"查各種史書之天文志,井三十一度、鬼二度亦非"鶉火、鶉尾之次","鶉火、鶉尾之次"更非"於辰在未",故本段內容當誤。根據上下文對《朔方新志》的承襲,當以該志所對應內容爲本志原編者本意。

③ 金濂(1392—1454),字宗瀚,陝西山陽人,明正統年間曾巡撫寧夏。

建置沿革志

　　廣武之設,①始隸寧夏中屯衛管。②順治年間裁中屯,③歸併右衛。凡徵糧納草、學校、籍貫,俱系右衛考成,並不與中衛相干。只因中衛千總管收糧草,撥屯廣武,支給本營兵馬。始則西路廳官往來,俱係中衛千總供應,並不累及廣武。康熙五年,內有西廳王姓者,路過廣武,差索供用豬羊等物。當差百姓徐漸舒不應,立斃杖下。子幼妻弱,冤怨未申。從此百姓寒心,官役得意,索派漸加,不敢不應;久假不歸,烏知非有!迨至康熙四十七、八年後,發易買派草豆,假借騙取,[8]種種豺蠧,民不堪命,而始有一地兩屬、偏苦難堪之控。歷告前任本道衙門,不果。於五十三年冬,逢總督川陝部院鄂公諱海按臨廣武暨屬堡,④士民始得呈訴一地兩屬、偏苦難堪之事,蒙批河西道查報。嗣蒙本道雷公諱有成"查得廣武等堡田土版籍、學校、錢糧併催徵考成,⑤既系右衛責成,其地方應歸右衛。至於逃盜案件,以及送往迎來一切事務,自此以往,惟與右衛是問,而中衛不得與焉。庶地方有專責,而民無重累矣。事關批查案件,是否允協,本道未敢擅便,理合詳報,恭候憲裁批示遵行"。蒙總督部院鄂批"既稱廣武等堡錢糧考成責在右衛,逃盜案件,[9]一切事務俱歸右衛經管,中衛不許再行越派,致滋民累。如詳行,仍報明甘撫都院並藩、臬兩司知照繳"等因,遵詳,各報明在案,特此志略。⑥

　　俞汝欽曰:"前害既除,是案可以不志,但制、道兩公之德,世不可泯,志以永感。且也官有陞遷,而蠧役沿蝕年久,一旦頓革,豈忘懷哉!將來漸次聳上圖復,亦未可定,志之不錯。"

　　青銅鎮,[10]城東北六里,康熙四十年,大同總鎮俞都督建。堡牆週一里□分,[11]內正建豎御書樓,藏欽賜御書詩聯、匾額,石刻於壁。⑦

---

① 廣武建制沿革,據吳注:明正統九年(1444)巡撫都御史金濂筑城;清初,歸右衛管轄,雍正三年(1725)屬中衛縣;1933年屬中寧縣;1960年劃歸青銅峽市;原廣武城1967年因青銅峽水利樞紐工程建成,已淹沒於庫區中。
② 參見本志卷上《廣武疆域地理圖》。
③ 順治年間:具體指順治十五年(1658)。參見清官修《皇朝文獻通考》卷二八三《輿地考十五》及《〔乾隆〕甘志》卷三下。
④ 鄂公諱海:鄂海,溫都氏,滿洲鑲白旗人。康熙四十九年(1710)任湖廣總督,五十二年(1713)調任川陝總督。
⑤ 雷有成:參見《寧夏府志》卷九《職官·皇清文職官姓氏》。
⑥ 參見本志卷上《倉廠志》。
⑦ 參見本志卷上《坊表志》、俞益謨《青銅自考》卷十《摹拓御書石刻後恭紀》。

寶田莊,附城東郊,門樓題額"都可觀"三字。康熙五十六年建。主人俞汝欽有賦,見《詞翰》。①

廣武屬堡三：[12]張恩堡、②鐵桶堡、[13]渠口堡。③

坊表志

"焜燿虎符",康熙四十一年二月十二日御書欽賜,④左都督臣俞益謨建立。

曰"永寧",曰"威鎮",曰"靖虜",[14]曰"武略",曰"保安",曰"迎恩",曰"河山毓秀"。舊志。⑤ 今廢。

"忠孝傳家""徽流四世""令緒三傳",以上俱俞都督恭書。

"綸音新建""朔方分鎮""屏壯兩河""陣雲摩空""劍霜逼斗",立游擊公署東西。

"秣馬勵兵""充糈資旅",立守備公署東西。

"旌表貞節"坊,奉旨旌表已故生員俞皋謨妻陳氏立。⑥

"清苦全節",鄉人爲葛天貴之妻、友蘭之母畢氏立。⑦

"女中丈夫",鄉人爲陳希士之妻杜氏立。⑧

風俗志

兵不驕,民不詐,士氣彬雅而恥競訟。重耕牧,尚質樸,信然諾,有古道存焉。

俞汝欽曰："近世喪不禮懺,婚不議財,是皆美俗。若移女不出面,病不專巫,漸成鄒、魯之區,是所望於士林諸君子矣。"

山川志

紫金山,[15]俗名牛首,在城東十餘里,黃河之東岸也。千峰羅列,最著者文

---

① 參見本志卷下俞汝欽撰《都可觀賦寶田莊門樓有引》。
② 參見《中衛縣志》卷二《建置考·堡寨》。
③ 參見《中衛縣志》卷二《建置考·堡寨》。
④ 參見《青銅自考》卷一《謝賜匾額翎帽貂裘》、卷十《摹拓御書石刻後恭紀》。
⑤ "永寧""威鎮""靖虜""武略""保安"等五處參見《[弘治] 寧志》卷三《廣武營·街坊》《[嘉靖] 志》卷三《中衛·屬城·西路廣武營·街坊》《朔方新志》卷一《地里·坊市》，"迎恩""河山毓秀"等二處參見《朔方新志》卷一《地里·坊市》。另,《朔方新志》在"保安"等五處後注明"舊有",在"河山毓秀"等二處後注明"新建"。
⑥ 參見本志卷上《節志》。
⑦ 參見本志卷上《節志》。
⑧ 參見本志卷上《節志》。

華、武英二峰。南跨仙橋，北擁三台，不可枚舉。上有梵宮十餘所，相傳爲小西天云。

金積山，[16]在牛首之北。山多頑石，[17]斧鑿不能制。

青銅峽，[18]在城東北十餘里。兩山相峙，黃河經其中。上有新月、白電、美女、彈筝諸峰。[19]詠新月、白電二峰，俞汝欽有詩，見《詞翰》。①

蔭子山，在城西南六里，新建俞都督塋葬於此。②塋寅方有井，③名瑜，④水色潔白如玉，其味甘冽異常。泉眼莫測淺深，試者以桿探之，失手桿上如矢。

回軍山，又名尖峰山，在城西北三十五里，其高不過里許。昔有西征軍士，遇大雪迷道，百無所見，惟有此山一峰獨青，望之行四日得還，故名。

紅山，在城西北二十里，因赤土著名也。

條山，在城北十五里。

艾山，在城北二十里。昔傳山產神艾，土人於午夜子半，密往得之，灸百病皆效。後有人歌採，遂不復獲。

長山，在城西二十里。

麥垛山，在城南二十里。[20]

羊頭山，在城西南三十里。長城經其下。

形勝志

西河要衝。古志。[21]山環河繞，密邇邊塞，爲靈、夏之襟帶，實固、靖之藩屛。

户口志

户一千四百有一，口八千有五。⑤

屯田〔志〕[22]

原額右衛兼併中屯衛田共六十五頃七畝三分四厘。⑥

---

① 參見本志卷下俞汝欽撰《詠新月巖》《詠白電峰》。
② 參見本志卷上《塋墓志》。
③ 寅方：東北方。
④ 參見《中衛縣志》卷一《地理考·山川》及《寧夏府志》卷三《地理·山川》"瑜井"條。
⑤ 此數據來自《朔方新志》卷一《食貨·户口》，非修本志時廣武實際的户口數。
⑥ 參見本志卷上《建制沿革志》。

賦役志

原額糧料共七百一十一石二斗四升五合八勺。
穀草一千八百四十四束二分二厘三絲四忽二微八纖五塵八渺。[23]
潮鹻地畝銀二十七兩四錢六分六厘。

水利志

千金渠一道，舊名石灰渠。① 自鐵桶碾盤灘起，至廣武五塘溝止，延長五十七里。[24] 每年本營按田出夫挑浚。緣俞都督念切鄉里渠壩雍崩，捐金千兩，建閘疏壅，② 鄉人感德不忘，因易渠名"千金"。李品嶠撰記，見《詞翰》。③

宦迹志

明

〔守備〕[25]

种興，鞏昌人。正統九年任。④
施雲，平凉人。
馮紀，甘州人。
以上三人舊志未紀年。[26]

〔協同〕[27]

陳連，西安衛人。成化五年任。改協同始此。
韓英，靈州人。十四年任。[28]
吳玉，綏德人。十八年任。[29]

---

① 石灰渠，參見《〔弘治〕寧志》卷三《廣武營·水利》和《〔嘉靖〕寧志》卷三《中衛·屬城·西路廣武營·力役》和《朔方新志》卷一《食貨·賦役》及《中衛縣志》卷一《地理考·水利》。

② 俞益謨《青銅自考》卷九《寄廣武閻邑公劄》："……廬舍田畝，并不知修廢何如，良可浩嘆。近聞渠埧淤塞，多因人力不齊，遂致通浚鮮效。然鞭長不及馬腹之論，又不可爲鄉梓論也。省俸千金，以助浚渠之用，必使源長潤廣，尤冀鄉賢之調停耳。然不可假他端公用，致誤一邑，而令一邑衣食源頭久成涸滯也。區區之私，恭望朗鑒。"

③ 參見本志卷下李品嶠《千金渠碑記》。

④ 种興在任至天順元年四月。案：种興正統九年任廣武守備，景泰五年十月己亥，"命守備廣武營都指揮使种興充左參將，鎮守寧夏西路地方"（《明實錄·英宗睿皇帝實錄》卷二四六），根據下文韓英、吳玉、閻斌、孫鑒等人任職《明實錄》記載中均有協守（分守）寧夏西路之説，故种興在景泰五年後當仍在廣武營任，直至天順元年四月作戰時"爲流矢所中，卒"（《明實錄·英宗睿皇帝實錄》卷二七七）。

閻斌,濟州人。①

孫鑑,京衛人。[30]

馬隆,西安人。[31]

張翼,北京人。[32]弘治十三年任。[33]

王勳,榆林人。正德元年任。②

藍海,榆林人。三年任。③

孫隆,榆林人。四年任。[34]

安國,綏德人。狀元,五年任。[35]

鄭驃,榆林人。七年任。

竇鋼,綏德人。十一年任。[36]

王效,榆林人。勳之弟,嘉靖三年任。[37]

史經,鎮人。[38]八年任。[39]九年,總制王瓊奏革協同,[40]改以操守。十八年,總制劉天和奏復之。[41]

成梁,鎮人。[42]十八年任。[43]

黃恩,鎮人。十九年任。

羅保,鎮人。二十二年任。[44]

韓欽,靈州人。[45]

楊銳,綏德人。④

孫賢,鎮人。二十三年任。⑤

趙梁,臨洮人。二十五年任。

田世威,河南人。二十七年任。[46]

劉爵,鎮人。二十八年任。

賀桂,綏德人。三十一年任。

陳謨,靖虜人。

王鰲,平涼人。三十四年任。

何其昌,鎮人。三十七年任。

李世威,西寧人。三十九年任。四十二年,李公議夫四百餘名,修渠闊一丈八尺,深四尺,埋有石灰樁。

---

① 《明實錄·孝宗敬皇帝實錄》卷九載,明弘治元年正月,"分守寧夏都指揮同知閻斌……罷回原任。帶俸"。

② 具體爲是年八月。參見《明實錄·武宗毅皇帝實錄》卷十六。

③ 是年七月,王勳離任,藍海代。參見《明實錄·武宗毅皇帝實錄》卷四〇。

④ 楊銳離任爲嘉靖二十三年二月。參見《明實錄·世宗肅皇帝實錄》卷二八三。

⑤ 具體爲是年二月。參見《明實錄·世宗肅皇帝實錄》卷二八三。

趙堂，山西人。四十三年任。

季勳，鎮人。四十五年任。

王國，鎮人。①

葛臣，鎮人。隆慶二年任。②

裴尚質，[47]鎮番人。四年任。③

魯相，莊浪人。四年任。[48]

張維忠，[49]延安人。六年任。④

劉濟，鎮人。萬曆元年任。⑤

畢景從，山西人。五年任。⑥

張守成，固原人。[50]七年任。[51]

林鳳舉，大同人。萬曆八年任。[52]

〔游擊〕[53]

巡撫蕭大亨九年題改游擊始此。[54]

王保，榆林人。⑦

汪廷佐，甘州人。[55]

王應禄，大同人。⑧

熊國臣，河州人。[56]十六年任。[57]

李紹祖。[58]

龐渤，十九年任。[59]

孫朝梁，十九年任。[60]

陳棟，二十年任。[61]

蕭如蕙，延安人。

郭淮，延安米脂縣人。[62]

崔張名，榆林人。二十一年任。[63]

---

① 王國離任爲隆慶二年二月。參見《明實録・穆宗莊皇帝實録》卷十七。
② 葛臣離任爲隆慶四年六月。參見《明實録・穆宗莊皇帝實録》卷四六。
③ 裴尚質離任爲隆慶四年十月。參見《明實録・穆宗莊皇帝實録》卷五〇。
④ 具體爲是年十月。參見《明實録・神宗顯皇帝實録》卷六。
⑤ 劉濟離任爲萬曆五年五月。參見《明實録・神宗顯皇帝實録》卷六二。
⑥ 具體爲是年五月。參見《明實録・神宗顯皇帝實録》卷六二。
⑦ 據《明實録・神宗顯皇帝實録》卷九六載，萬曆八年二月，"加大同入衛游擊王保參將銜，管寧夏領軍游擊事"，結合上文林鳳舉任職時間爲萬曆八年八月可以確定，萬曆八年二月王保並非廣武營游擊。再查《朔方新志》卷三《叛亂・國朝》中載，萬曆十年，王保爲廣武守將。疑王保因故謫守廣武。
⑧ 王應禄離任爲萬曆十六年十月。參見《明實録・神宗顯皇帝實録》卷二〇四。

張詩,延綏人。①

季永芳,[64]固原人。

江應詔,鎮人。②

楊從新,三十八年任。[65]

馬允登,鎮人。

石棟,鎮人。四十年任。

吴自勉,榆林人。四十三年任。③

任濟民,[66]鎮人。四十六年任。④

李同春,榆林人。泰昌元年任。[67]

王聰。[68]

潘惟忠,涼州人。天啓二年任。

王佩,榆林人。天啓四年任。

神光顯,寧塞人。天啓六年任。[69]

楊武,靈州人。崇禎二年任。

王三重,宣府人。崇禎六年任。[70]

朱應宸,浙江人。九年任。

孟養浩,靈州人。十年任。

莊朝棟,寧遠人。十一年任。勇力絕倫,邊彝畏之。

楊名世,西安人。十四年任。

劉渡,山東人。十五年任。

張文遠,雲中人。十七年任。

杜茂松,榆林人。崇禎十七年任。

國朝

〔游擊〕[71]

李子玉,四川人。順治二年任。

---

① 《朔方新志》卷二《外威·俘捷》載,萬曆"二十六年三月,銀歹等酋犯中衛……廣武游擊張詩斬首二十五顆"。據此可知,張詩當在萬曆二十六年左右任廣武游擊。

② 江應詔萬曆三十六年時已在任,參見《朔方新志》卷二《外威·俘捷》。三十七年三月時亦在任,離任爲三十八年六月,參見《明實録·神宗顯皇帝實録》卷四五六、四七二。案:卷四七二所載爲"江進詔","進"當爲"應"字形近而訛。

③ 任職具體爲萬曆四十三年三月,離任爲四十五年九月,參見《明實録·神宗顯皇帝實録》卷五三〇、五六一。

④ 具體爲是年閏四月。參見《明實録·神宗顯皇帝實録》卷五六九。

高棟,延安人。順治八年任。

王禎,遼東人。[72]順治十年任。凡地方有利可興,不惜宦囊以修舉之;有害可除,不畏豪强以捍衛之。一日,河水泛流,將花園山石搬運河邊,叠壓湃埂,城垣保固,軍民莫不尊親。[73]去後,建立生祠,①至今拜祝不衰。

楊本清,山東人。順治十二年任。

張文遠,雲中人。順治十六年任。[74]

顧爾正,大興人。順治十七年任。[75]

李文成,京衛人。康熙八年任。

孟述經,遼東人。[76]康熙十三年任。

徐養義,遼東人。[77]十九年任。

王錫,福建人。十九年任。[78]

董纘緒,直隸人。三十年任。

張法,鎮人。三十五年任。

藍鳳,福建人。四十年任。清餉足兵,嚴禁賭博,民無盜賊。去後,士民公立路碑。

劉業溥,京衛人。四十六年任。[79]

胡毓秀,定邊人。四十八年任。

陳守泰,甘州人。五十一年任。

李士勤,江南人。[80]五十三年任。

〔守備〕[81]

鄭明,鎮人。四十九年任守備。嚴兵恤民,捐柴迎水,盜息民安。紳士兵民立碑。

田壽,京衛人。中軍守備。

兵馬志

廣武營經制:游擊一員;中軍守備一員;千總一員,裁;把總二員。[82]

原額馬步戰守兵七百名,後裁守兵二百名,[83]添補馬戰兵一百名,嗣又抽調馬兵九名,實在馬步戰守兵五百四十一名。[84]

分防棗園堡把總一員,守兵五十名,官兵馬二百五十七匹。

新添馱炮駱駝四隻。

---

① 生祠:即王公祠。參見本志卷上《廟宇寺觀庵祠志》。

官俸志

歲支俸薪等銀四百三十兩零四分五厘九毫六絲。

兵丁糧餉志

歲支餉銀六千九百九十六兩。

歲支本色糧三千四百九十八石。

馬駝料草乾銀：春冬支本色料豆一千四百零九石四斗，夏秋乾銀七百七十一；[85]支本色草三萬四千一十九束九分，支不敷草折銀五百八十一兩七錢六分五厘。

邊墩志[86]

廣武營并屬堡邊墻壹道，[87]北自玉泉營所屬大壩堡邊界沙溝墩起，南至中衛營南所屬石空堡邊界黃沙外墩止，沿長一百六十七里五分。[88]

邊墩三十六座：[89]沙溝墩、紅井墩、紅井小墩、[90]北石槽兒墩、[91]井溝小墩、[92]井溝墩、南石槽兒墩、[93]苦蓿條墩、[94]北城兒墩、馬路溝墩、尖峰山口外墩、[95]尖峰山裏口墩、[96]木頭井墩、水泉兒墩、棗溝兒墩、大佛寺墩、[97]寺兒井墩、[98]小寺兒井墩、[99]蘆溝墩、[100]大佛寺南墩、石砌界墩、石嘴兒墩、定羌墩、紅圪塔小墩、[101]紅圪塔墩、大關墩、大關小墩、[102]鎮賊墩、觀音口墩、平羅墩、鎮口墩、三岔溝口墩、[103]雙峰兒墩、黃沙外墩、鎮邊墩、得勝墩。[104]

以上墩台，俱有目兵防守。

塘墩志

塘墩二十四座：[105]紅山兒墩、[106]六塘墩、大圪塔墩、五塘墩、沙圪塔墩、四塘墩、長山兒墩、三塘墩、二塘墩、頭塘墩、沙梁墩、[107]渠口墩、[108]破山口墩、炭磑兒墩、柳條渠墩、新添墩、新築墩、靜塵墩、新立墩、中全臺墩、[109]磁磑兒墩、李春口墩、沙棗溝墩、[110]紅寨兒墩。[111]

以上墩臺，量設兵丁瞭望。

隘口志

隘口七處：井溝口、[112]北城兒口、木頭井口、水泉兒口、大佛寺口、鎮賊口、三岔溝口。

以上隘口，俱有目兵防守。

邊外水頭志

邊外水頭六處：[113]紅柳溝、[114]倒樹泉、[115]馬跑泉、磨兒山、[116]大澇池、紅山水。[117]

公署行署志

公署

游擊府在城市中。[118]
守備衙門在城東南。[119]
千總署在城內南。[120]

行署

察院，在城東南。昔爲巡行御史而名，今爲往來大人寓所。

演武教場志

在城外西北。[121]背渠向西，①有廳臺，至排牆週三百八十四步。

廣武倉廠志

廣武倉廠，②在城內東南隅中衛管屯千總寓內。收中衛所屬各堡糧料、草束，就近支給廣武營兵馬。其廣武三衛田畝應納糧料、草束，③向例運赴玉泉倉

---

① 渠：查本志卷上《廣武疆域地理圖》，結合本志卷上《水利志》所載，當指"千金渠"，舊名"石灰渠"。
② 參見《中衛縣志》卷二《建置考·倉廩》"廣武倉"條。
③ 三衛：根據本志卷上《建置沿革志》，當指廣武屬堡張恩堡、鐵桶堡、渠口堡。

官大壩廠上納,其徵比、考成、奏銷仍係右衛專責。嗣因廣武、大壩相隔分水嶺,[122]於康熙三十年內,巡撫劉公諱斗經過廣武,①士民具呈運艱。巡撫劉公路過分水嶺,親目沙磧,運納果艱,准於本營中衛千總倉代收。其徵收、考成、奏銷,仍責右衛掌印守備。此中衛千總借寓右衛地方,代收廣武粮草,非以中衛千總兼管右衛地方民事也。久之,越職攬權,且聳西路廳爲害者,悉由此起。今蒙總督部院鄂公批示:"中衛不許再行越派,致滋民累。"茲害永除矣。②

堆草場,在城西北隅。

火器庫,在城內西馬神廟內。

學校志

社學,明嘉靖年間建立。

義學,[123]在城西北,係提督俞公諱益謨命子汝欽於康熙四十五年購買民房建豎,並置義田,以充館課。有碑記,見《詞翰》。③

文武科貢監志

文武科貢監生

宋文鑒,嘉靖年壬午科文舉人。④

俞益謨,康熙壬子武科解元,⑤連捷癸丑進士。⑥

俞汝欽,益謨子,康熙己卯武科中式亞元。⑦

高嶷,康熙壬午中式文舉,⑧己丑揀選知縣。⑨

---

① 劉斗:生卒年不詳,字耀薇,直隸清苑(今河北省清苑縣人),曾任國史院學士、甘肅巡撫、福建總督等職。
② 參見本志卷上《建置沿革志》。
③ 參見本志卷下俞汝欽撰《餘慶堂捐建義學義田記》。
④ 嘉靖年壬午:嘉靖元年(1522)。
⑤ 康熙壬子:康熙十一年(1672)。
⑥ 癸丑:康熙十二年(1673)。
⑦ 己卯:康熙三十八年(1699)。亞元:鄉試第二名。
⑧ 康熙壬午:康熙四十一年(1702)。
⑨ 己丑:康熙四十八年(1709)。

何鼎臣，由行伍於康熙癸巳年萬壽科中式武舉，①連捷進士。②
賀遇隆，丙子年歲貢。③

例監生

雷起潛，考授州同知。
張振文、龐順則、陸標、王國棟、俞汝明、俞汝賢、俞汝弼、俞維翰。

鄉獻志

虎際吟，寧庠生。廣武僻處邊陲，向遭流賊凶荒之後，不事詩書。始延虎生至營，教授生徒，文學復始於此，至今咸稱"虎先生"云。

俞君輔，④字勖宇，寧庠生，居廣武，益謨之父。三遇覃恩，叠封榮祿大夫。敦孝弟，說詩書，遵聖道，黜異端，解紛排難，焚券濟貧，卻金示義，捐資勸懇，倡議浚渠。蓋棺十年，閤鎮紳士兵民，景行思德，錄實呈公，用彰懿行，以光俎豆。蒙巡撫喀拜以事上聞，奉旨崇祀鄉賢，錄載有叙。有詩賦數百章，多出名公鉅卿之手，⑤難於殫述，祇擇一二，附見《詞翰》。⑥

俞君宰，字勷宇，君輔季弟。由庠生於順治年間隨征效力，督運有功，題授雲南永昌軍民府同知。

李先甲，字元長，廣武人，寧庠生。時稱理學名儒。心孔、孟，體朱、程，教授生徒，學不計修，成不計謝，且不誤人子弟。如其可教，雖窮不能讀，恒以別修轉助，務期有成；如不可教，即囑父兄，以早圖別業。介然自持，最重師生之誼，門多名士，誠服有七十子風，可表師範之範。因子李元臣貴，贈明威將軍。

畢聖功，字心齋，廣武人，爲寧庠諸生。性至孝，究心理學，立志正大，以身率教，略無苟簡，士氣益振，因而人士悅服。

---

① 癸巳：康熙五十二年(1713)。萬壽科：康熙五十二年(1713)是康熙帝六十歲大壽，朝廷在例行的三年一次科考外增加的一次考試，故名萬壽科。
② 官大同游擊。參見《中衛縣志》卷七《選舉表》和《續中衛志》卷七《選舉表》。
③ 丙子年：康熙三十五年(1696)。
④ 俞君輔、俞君宰、俞汝敬、俞汝翼等人生平參見楊學娟、田富軍《清代寧夏籍湖廣提督俞益謨家世考》，《寧夏社會科學》2008年第3期，第106—107頁；田富軍、楊學娟點校《青銅自考》代序《俞益謨及其〈青銅自考〉》，第9—10頁。
⑤ 這些詩賦的來源，參見《青銅自考》卷八《上陳地官》及其以後十二篇文章、卷十《崇祀鄉賢乞言小引》。
⑥ 參見本志卷下《大學士吳琠爲鄉賢俞君輔頌》《禮部尚書韓菼爲鄉賢俞君輔頌》《翰林院編修查昇爲鄉賢俞君輔頌》。

俞益謨，①字嘉言，號澹庵，別號青銅。君輔子。有文武才。以進士隨征，戡定吳三桂叛，恢全川，攝順慶郡篆。安集驚鴻，廷議戰功，加十七等，進左都督。歷任多德政。崑蹕西征，凱旋，賜龍衣，功襃一等，特授大同總兵。因時制宜，疏陳興革，悉合宸衷。欽賜御書"焜耀虎符"匾額，餘難悉紀。康熙四十二年，以楚兵屢噪，自大同總兵任特簡提督，僅半月，馳抵武陵，鎮定譁卒。撫平紅苗，朝廷倚重，俞揀天下武職，爲兩湖提督任用。[124]所薦一時豪俊，多至提鎮者。一切條奏，上咸嘉納。廷臣公薦，才兼文武，堪應總督之任。生平不蓄私囊，所得俸金，隨在整軍裝，犒士卒，建衙署，修教場，崇整文武聖廟，更以所餘，瞻顧鄰里鄉党，浚渠設塾，在在有記。歷任俱有祠祀。性好讀書，政事之餘，手不釋卷，著有《青銅自考》②《道統歸宗》③《辦苗紀略》④等書行世。

　　俞汝敬，即汝欽，南河功授按察司副使。

　　俞汝翼，君宰孫，由例監捐納，即選知縣。⑤

武階志

　　俞益謨，由武解元進士，初任柳樹澗守備，歷陞達州游擊，鬱林參將，兩江督標中軍副將，⑥大同掛印總兵官。提督湖廣全省軍務，統轄漢、土官兵兼軍衛土司，控制苗彝，節制各鎮總兵官，左都督加六級。事功見《鄉獻》。門人馬見伯等紀實編次，梓有《青銅君傳》。⑦

────────

　　① 關於俞益謨的生卒年，吳懷章先生曾告訴校注者說，他從俞益謨墓碑上抄錄爲：生於清順治癸巳年十一月二十六日（1654年1月14日）午映，卒於康熙癸巳年三月廿二日（1713年4月16日）辰時。此說可參吳懷章編著《古峽攬勝》，寧夏人民出版社1996年版，第31頁。亦可參《青銅君傳》。俞益謨生平、家世、著述等詳細情況，參見《中衛縣志》卷六《獻徵表·人物》和《續中衛志》卷六《獻徵表·人物》及《寧夏府志》卷十三《人物·鄉獻》；田富軍《清代寧夏籍湖廣提督俞益謨生平考》，《寧夏大學學報》（人文社會科學版）2005年第6期，第29—33頁；楊學娟、田富軍《清代寧夏籍湖廣提督俞益謨家世考》，《寧夏社會科學》2008年第3期，第106—109頁；田富軍《清代寧夏籍湖廣提督俞益謨著述考》，《寧夏社會科學》2005第2期，第97—103頁；田富軍、楊學娟點校《青銅自考》代序《俞益謨及〈青銅自考〉》，第1—40頁。

　　② 《青銅自考》傳世有北京大學圖書館藏清康熙四十六年（1707）餘慶堂刻本（十二卷）、清康熙末至雍正年間抄本（十二卷），中國科學院國家科學圖書館藏清康熙末至雍正年間餘慶堂刻本（十二卷）, 台灣"中央研究院"歷史語言研究所藏清康熙末至雍正年間抄本（十卷）。

　　③ 《道統歸宗》，今不見傳。

　　④ 《辦苗紀略》傳世有清康熙四十四年（1705）餘慶堂刻本，北京大學圖書館藏。

　　⑤ 康熙六十一年任河南府偃師縣（治今河南偃師市）知縣，雍正三年任河南祥符縣（治今河南省開封縣）知縣。參見（雍正）《河南通志》卷三七《職官八》。

　　⑥ 兩江：指江南（江蘇、安徽兩省的合稱）、江西。

　　⑦ 《青銅君傳》，內蒙古自治區圖書館藏有清康熙刻本，題黎宗周撰、王基續撰。查《青銅君傳》中並未提及馬見伯。考見伯曾作爲下屬跟隨俞益謨撫剿紅苗，與俞汝欽共同參與戰事，汝欽、見伯當熟識，且本志刊刻時見伯之官至總兵官，汝欽言"門人馬見伯等……梓有《青銅君傳》"應不會有誤，疑見伯爲此傳刊刻的倡導者或出資人。

閆天佑，由行伍功加左都督，任山西孟壽營游擊。[125]

魏弘泰，由武生從戎，功加，歷任大同山陰路都司。[126]

寧自福，猿臂善射，由行伍歷陞湖廣提標右營游擊。①

陳大國，由行伍任山東范縣營守備。

俞禮，[127]本姓張，名秉禮。由行伍歷陞湖廣提標中營守備。

張禎，②由行伍功加歷陞湖廣永州鎮標左營游擊，[128]駐防道州，現任。③ 其父張振聲，母孫氏，以子貴，有制誥，見《馳封》。④

朱訓，由行伍任獨石口守備。

李元臣，由武生從戎，[129]有功，授千總。俸滿，兵部引見，啓奏詳明，特用固原衛掌印守備。

趙國藺，由行伍千總俸滿，兵部引見，特旨撿選，現任廣西三里營守備。⑤

王家材，由行伍現任貴州提標守備。

賀爾德，由行伍現任西寧鎮海營守備。⑥

王義勝，由行伍千總俸滿，兵部注册，候選守備。

劉之珺，由行伍千總俸滿，兵部注册，候推守備。

唐聯魁，隨總督蔡毓榮征滇有功，加左都督，附湖廣提標，食半俸。

姚祥，隨勇略將軍趙襄忠公征川有功，[130]加副將。

董朝勳，隨勇略將軍趙襄忠公征川有功，加參將。

忠志

董自弘，廣武人。出兵召木多，與賊戰死。奉旨恩賜，優恤銀五十兩。

俞汝欽曰："廣武地雄氣聚，當產正人。況逼用武之地，忠君報國，想前不乏人，或列鎮志之中，兹無所稽，僅以此卒爲始。"

---

① 據《青銅自考》卷三《題補調任參游》載，康熙四十四年正月，經時任湖廣提督俞益謨保題，康熙皇帝特批，"山西潞澤營守備寧自福才品超卓，技勇軼倫"，由守備越級陞任湖廣提標右營游擊。又據《青銅自考》卷三《保題右營游擊》載，此後不久，寧自福"業於守備原任病故"。故寧自福實未任湖廣提標右營游擊之職。

② 參見《青銅自考》卷二《題補標營將備》。

③ 康熙五十三年任，參見《湖廣通志》卷三〇《武職官志》。後於康熙五十八年，陞任山西平陽營參將。參見《山西通志》卷八〇《職官八》。案：二志中"禎"均作"正"，當爲避雍正諱所改。

④ 參見本志卷下《馳封》。

⑤ 康熙五十四年任，參見《廣西通志》卷六十《秩官》。

⑥ 參見本志卷下《馳封》。

孝志

　　張氏夫人，俞都督妻，汝欽之母。姑早亡，都督從戎仕蜀，十年於外，子冲幼。翁常遣媳之任。氏曰："兒身入官，不能全孝；媳身事翁，勉夫作忠。若使忍心別翁之任，何顏見丈夫、受朝廷褒封乎？"由是十年如一日，遵禮節，勤定省。凡翁飲饌，不假僕手。有病，湯藥必自煎嘗。及翁殁，哀痛迫切，治喪、營葬無缺典。鄉黨稱孝、稱德、稱才、稱爲女中丈夫，久擬呈公請旌，以勵風化，額于受封不表之例。① 今兹修志品等，不忍淹没，姑志以備採風之獻。

　　戴天庥，廣武處士。自幼知孝，服勞奉養無缺。自置策杖，備父教訓笞己者。每奉杖，常以愉色伏地。一日被笞，庥淚下。父怒曰："昔責以愉色，今何淚下？"庥跪曰："傷吾父力衰，笞不甚痛。"其孝有合古人，可志以風。

　　賈謨子治軍，廣武農民也。秉性知孝，凡有時物初上者，未貢祖先，父母未食，必不敢嘗，且戒其內人，亦不許嘗。服勞奉養，加謹惟勤，父母亦甚慈愛。年五十乏嗣，其父憂戚，責治軍曰："汝年半百無子，何不禱神乞嗣？"治軍曰："兒於堂上活佛尚缺虔誠供養，何須禱神？"衹以孝親不衰。年逾五十，後連生二子，俱已成人，勤農業，守分持正。鄉人僉爲孝行之報。

節志

　　陳氏，故生員俞皋謨之妻，②汝翼之母。青年守節，白髮完貞。經地方士庶公呈上聞，③奉旨建坊旌表。④

　　杜氏，陳希士之妻。夫死子幼，甘貧苦節，白首完貞。鄉人表坊曰"女中丈夫"。⑤

　　畢氏，葛天貴之妻，友蘭之母。夫死，友蘭尚在襁褓，氏年二十三歲，誓死苦節，撫子成立。鄉人公表其門曰"清苦全節"。⑥

義志

　　賀天保，於崇禎年間，軍呼庚癸，捐粮給兵。游擊莊朝棟旌其門匾曰"尚義慷慨"。

---

① 參見本志卷下《馳封》。
② 俞皋謨：俞益謨堂兄，俞君宰之子。
③ 參見《青銅自考》卷九《謝甘肅齊撫軍請旌表》。
④ 參見本志卷上《坊表志》。
⑤ 參見本志卷上《坊表志》。
⑥ 參見本志卷上《坊表志》。

俞君輔，妻趙氏，以子貴，贈一品夫人，①性孝慈，行賢淑，中年早逝。輔懷賢德，誓以不緒終其身。順治二年，彝賊乘機入掠耕牛數十隻，遁。輔念切民本，忿不顧身，匹馬操弧，要而奪還失主。游擊李子玉郊備得勝鼓吹，簪花披紅迎歸，以旌賀之。再若卻王家聘，暮夜饋金，還顧興夫，散放多銀，悉難備道，姑志其略。②

俞汝欽曰："忠孝節義，能全者，天地之正氣，難泯者，人心之公道也。向承纂輯諸公，以家慈事實錄入《孝志》，③先大夫不允。今於先大夫蓋棺五載後，諸先生必不忍遺，欽何言哉，請志以質高明。"

古迹志

金牛池，④在紫金山巔，昔人常見金牛飲于池，明慶王見金牛於池，命用銅以效其形。⑤

天降塔，在紫金山巔。常有黃雲自天而下於其所，若傘蓋，或若浮屠，明遂仿其形而建塔，故名。

地湧塔，在紫金山麓。遇昏夜雷雨，偶見霞光萬道。昔有黃衣僧至其所云："此我大西天之甘南塔也，飛降於此。"問其山，曰："牛首。"僧曰："此乃小西天也。"人訐之。僧曰："吾藏有《大乘經》。"後去數十年，將經至其山，釋成漢文。至今黃衣僧來者必朝。⑥

神禹洞，[131]在青銅峽中，即坎離窯。⑦石古烟蒼。相傳神禹治水，曾宿此洞。廣武俞汝欽遵父遺命，鼎建禹王殿宇於洞口。莊嚴聖像，有記勒鐘鑴石，見《詞翰》。⑧

百八塔，⑨在青銅峽內。有古塔一百八座，不知所從來。都督俞益謨有詩，見《詞翰》。⑩

---

① 參見本志卷下《馳封》。
② 參見本志卷上《鄉獻志》"俞君輔"條。
③ 參見本志卷上《孝志》"張氏夫人"條。
④ 參見《中衛縣志》卷八《古迹考・雜記附》及《續中衛志》卷八《雜記・軼事附》。
⑤ 慶王：指明慶靖王朱㮵。參見明管律撰《牛首寺碑記》，載《朔方新志》卷四《詞翰》。
⑥ 參見《中衛縣志》卷八《古迹考・中衛各景考并序》之"牛首慈雲"條及《古迹考・雜記附》，亦可參見《續中衛志》卷八《雜記・中衛各景考并序》之"牛首慈雲"條及《雜記・軼事附》。
⑦ 參見《寧夏府志》卷四《地理・古迹》及《〔乾隆〕甘志》卷二三《古迹・寧夏府》"百八塔"條。
⑧ 參見本志卷下俞汝欽撰《神禹洞鼎建殿宇并圣像碑記》。
⑨ 參見《寧夏府志》卷四《地理・古迹》及《〔乾隆〕甘志》卷二三《古迹・寧夏府》。
⑩ 參見本志卷下《詞翰・詩》之《詠八百塔》。

避暑宮，①元昊建，在大佛寺口，有遺址。

秦王古渡，在峽內。唐太宗西征，常經渡於此。②

大佛寺，在城西三十里，元昊所建。昔有樵子，在址中撅焢，得一銅缽，大徑二尺餘。[132]

黑驢寺，在峽口山上。每日背負水桶，下至河沿以待行人注水，則自負蜿蜓而上。山多狼狽，見則隱伏而不敢傷。寺址猶存，因以傳名。

祥異志

嘉靖四十年六月十四日巳時，地震異常，城池館舍傾者十之八九，壓死人民大半。③

萬曆三十六年三月初三日，正東天鼓晝鳴，其聲如雷。④八月十五日巳刻，地震有聲，廣武營官廨、邊牆、城堞搖覆者多。四十三年六月二十五日，地震從西北往東南，有聲。十二月二十三日，地震從西北往東南，有聲。廣武營搖倒城垛、墩臺、房屋牆壁頗多。

順治二年，麥秀雙岐。十五年，地屢震。

康熙七年，蝗不爲災。八年，天雨粟。四十五年十月，桃、杏花大放。四十八年九月十二日，地震，城垣傾頹。自茲屢動五月餘。

義犬。庠生劉聯芳門首掘坑積糞，時天雨，水深數尺，聯次子之城，甫七歲，戲玩坑沿，失足誤陷溺水中。淹幾斃，人莫知救。其家黎犬見，引脛下坑，啣城衣袖，直扯出坑。後犬老死，聯收瘞，人咸義之，因嘆"有人弗如者"。

廟宇寺觀庵祠志

上帝廟，在城北臺上。[133]

——

① 參見《寧夏府志》卷四《地理·古迹》"元昊故宫"條。案：此"避暑宫"非《〔正統〕寧志》卷上《古迹》之"李王避暑宫"，亦非《〔弘治〕寧志》卷一《寧夏總鎮·古迹》和《〔嘉靖〕寧志》卷二《寧夏總鎮·古迹》及《銀川小志·古迹》所載之"避暑宫"，更非《〔乾隆〕甘志》卷二三《古迹·寧夏府》及《寧夏府志》卷六《建置·壇廟·府城》所載"清寧觀"前身之"避暑宫"。

② 此説疑爲誤傳，參見《中衛縣志》卷八《古迹考·古迹》及《續中衛志》卷一《地理考·古迹考·古迹》。

③ 據《朔方新志》卷三《祥異》及《銀川小志·災異》載："嘉靖四十年六月地震，城堞、官署、民房多毀。"且自是月餘，不時震動。《中衛縣志》卷二《建置考·祥異附》及《續中衛志》卷八《雜記·祥異附》均載："安慶寺碑云：'嘉靖四十年六月十四日地大震，山崩川決，城舍皆頽圮。安慶寺永壽塔頽其半，後慶王重修。至康熙四十八年地震，塔復崩其半云。'"《寧夏府志》卷二二《雜記·祥異》作"嘉靖……四十年六月壬午，寧夏地震，城垣、墩臺、屋舍皆摧，地擁黃黑沙水，壓死軍民無算"。

④ 《明實録·神宗顯皇帝實録》卷四四四載，萬曆三十六年三月庚寅（初三），"寧夏天鼓鳴"。

火神廟,在城内西。

馬王廟,在城内西。

城隍廟,在城西北。

漢壽亭侯廟,在城南門外。

東嶽廟,在城外東南。

龍王廟,在城外東南。

三官廟,在城内西北。

酆都廟,在城外南。

娑囉廟,在城外南。

魯班廟,在城南門。

八蠟廟,在城外西。

慶壽寺。

白衣寺。

牛王寺,在城内東南隅。

極樂寺,在紫金山西,明建。

懸空寺,在城金山東三里,[134]唐時建。

地藏庵。

娘娘庵。

大慧庵,在紫金山西,明建。

萬佛閣。

西方景。

觀音臺,[135]在分水嶺。

靈官殿,在分守水嶺。

王公祠,諱禎,[136]事詳《宦迹》。① 附鎮水寺中。

青銅君祠,俞都督事詳文獻《武階》,附神禹洞側。

橋閘志

橋閘二。

慶遠橋,隅城西北,跨大渠,通都要路。舊呼黄行橋,莫知所名。以土木、草束爲之,每行車馬重載,常陷溺,時葺墊,頗爲居民之累。鄉紳俞汝欽捐百八金,以石

---

① 參見本志卷上《宦迹志》。

鋪底，券石洞二空於上，永濟行旅。鄉人德之，祝其慶遠流長，公以是名。[137]

渠口橋，城南三十里，跨大渠，通都要路，木爲之。

上水閘四道：攔河閘、李祥閘、趙行閘、上沙渠閘。

退水閘四道：永安閘、雙閘、小閘、拖尾閘。[138]

塋墓志

宋李王元昊墓，一在城東北十里，一在城西三十里。

皇清贈榮禄大夫俞大河塋墓，在青銅峽左，地名河灣。

贈榮禄大夫俞天義塋墓，地名膠泥沙灘。

封榮禄大夫崇祀鄉賢俞君輔塋墓，在膠泥沙灘。傍有青蔚臺榭，上録名公詩文數百章。

特授榮禄大夫、湖廣提督總兵官、左都督俞益謨塋墓，在城西南六里，地名蔭子山。翰林院編修俞長策撰志。

以上制誥，俱見《貤封》。

物產志

大鹽、醋、極佳。麻、飴、靛、䕡、蘑菇、白土、地系、[139]紅土、苜蓿。

穀類：秔稻、有紅、白二種。糜、大麥、小麥、豌豆、黑豆、綠豆、黃豆、紅豆、扁豆、䜢豆、胡麻、蕎麥、花豆、梁穀、芝麻、糯稻。

蔬類：白菜、萵苣、菠菜、芹菜、韭菜、蒜、甘露子、茄子、較他處早一旬。[140]菘根、蔥、沙蔥、沙芥、蘿蔔、芫荽、刀豆、豇豆、紫莧菜、同蒿、苦菜。

瓜類：王、西、甜、香、菜、葫蘆、冬葫蘆。

花類：罌粟、牡丹、芍藥、海棠、菊、萱草、玉簪、蜀葵、馬蘭、金盞、向日葵、石竹、山丹、石榴、雞冠、薔薇、鳳仙。

果類：桃、棗、杏、林檎、葡萄、李、花紅。

木類：松、柏、榆、柳、青楊、槐、椿、桑、白楊、樿柳。"樿"音"稱"。《爾雅翼》：天將雨，樿先起氣應之，因名雨師。[141]

藥類：薄荷、柴胡、五加皮、蓯蓉、鎖陽、馬齒莧、車前子、甘草、兔絲子、[142]沙參、菠蘿、蒼耳、蒺藜、地膚子、菖蒲、麻黃、紅花、蒲公英、紫蘇、茺蔚、大小薊、金銀花、枸杞、遠志、海金沙。

羽類：雞、鵝、鴨、野雉、山雞、半翅、鴿、斑鳩、天鵝、雁、鵪鶉、鴛鴦、鷙。

獸類：馬、騾、牛、羊、驢、駝、豬、犬、黄羊、青羊、野馬、兔、猫、狐、狼、貓。
鱗類：鮎魚、鯉魚、鯽魚、鮊魚、沙嘴魚、鮍魚、鮹魚、鰍魚。
介類：鱉、蚌蛤、田螺。

【校勘記】

［1］至寧夏一百六十里：《〔弘治〕寧志》卷三《廣武營》作"北至寧夏一百四十里餘"，《〔嘉靖〕寧志》卷三《中衛·屬城·西路廣武營》作"北至寧夏一百四十里"。寧夏：今銀川市興慶區。

［2］《〔弘治〕寧志》卷三《廣武營》作"摘調寧夏中護衛官軍操守"；《〔嘉靖〕寧志》卷三《中衛·屬城·西路廣武營》作"摘中護衛，即今中屯衛，并右屯衛官軍居之"；《中衛縣志》卷二《建置考·城池》作"摘中右衛官軍居之"。

［3］《〔弘治〕寧志》卷三《廣武營》作"成化五年，又增調寧羌、鳳翔官軍輪班備禦，始改任寧夏西路協同分守"；《〔嘉靖〕寧志》卷三《中衛·屬城·西路廣武營》作"成化五年，改守備爲協同，分守西路，又調西安、寧羌、鳳翔等衛所官軍輪班備禦"。

［4］城方二里許：《〔弘治〕寧志》卷三《廣武營》作"舊城週迴二里"；《〔嘉靖〕寧志》卷三《中衛·屬城·西路廣武營》及《朔方新志》卷一《地里·城池》均作"城週迴二里"。此句後，《〔弘治〕寧志》卷三《廣武營》有"成化九年，協同陳連增築爲三里"之載，《〔嘉靖〕寧志》卷三《中衛·屬城·西路廣武營》亦有類似記載，當爲原文襲自《朔方新志》，脫此史實；《中衛縣志》卷二《建置考·城池》作"成化元年（案：誤，當爲九年），游擊（案：誤，當爲協同）陳連展築爲三里"。

［5］弘治年間：《〔弘治〕寧志》卷三《廣武營》及《〔嘉靖〕寧志》卷三《中衛·屬城·西路廣武營》均作"弘治十三年"。

［6］史：原文脫，據《〔弘治〕寧志》卷三《廣武營》及《〔嘉靖〕寧志》卷三《中衛·屬城·西路廣武營》補。王珣：山東曹縣人，弘治年間曾任寧夏巡撫。

［7］四正四隅俱有城樓：《〔嘉靖〕寧志》卷三《中衛·屬城·西路廣武營》及《朔方新志》卷一《地里·城池》均作"南門一，上有樓"。

［8］取：此字原無，據甘圖抄本補。

［9］案：原作"按"，誤。

［10］青銅鎮：本志卷上《廣武疆域地理圖》作"青銅堡"。查《中衛縣志》《寧夏府志》《續中衛志》均無"青銅鎮""青銅堡"之載。

［11］原文"里分"二字間有空格，疑爲編制時有脫文。

［12］廣武屬堡，《〔嘉靖〕寧志》卷三《中衛·屬城·西路廣武營》載"領棗園堡"；《朔方新志》卷一《地里·衛砦》記載有四，分別爲張恩、張義、棗園、渠口墩。

［13］桶：原作"筒"，據本志卷上《廣武疆域地理圖》，《中衛縣志》卷二《建置考·堡寨》，《寧夏

府志》卷五《建置·堡寨》及《〔乾隆〕甘志》卷十一《關梁》改。下同。

[14] 虜：原作"魯"，據《〔弘治〕寧志》卷三《廣武營·街坊》和《〔嘉靖〕寧志》卷三《中衛·屬城·西路廣武營·街坊》《朔方新志》卷一《地里·坊市》改。

[15] 紫金山：《〔正統〕寧志》《〔弘治〕寧志》《〔嘉靖〕寧志》《朔方新志》均不見載。

[16] 金積山：《〔弘治〕寧志》《〔嘉靖〕寧志》《朔方新志》《寧夏府志》均屬靈州，《中衛縣志》、本志卷上《廣武疆域地理圖》亦不見載。《〔正統〕寧志》卷上《山川》見載，吳忠禮箋證認爲"金積山……或名紫金山……亦名牛首山，俗呼牛頭山"，並指出其證據源自《朔方道志》卷二《輿地·山川》，然查《朔方道志》卷二《輿地志上·山川》，紫金山、金積山均有載，且並無二者有"或名""亦名"之關係；且此志在"中衛縣"内載紫金山，注明"俗名牛首山"；在"金積山"内並載牛首山、金積山，注明牛首山"又名紫金山，在縣東北四十里"，金積山"在縣三十里"。可見吳忠禮箋證有誤。綜上，本志所載之金積山與紫金山爲並存二山，自明至清均屬靈州（金積置縣後屬金積），只因縣域堡寨等接壤，本志誤載。

[17] 頑石：疑爲《〔弘治〕寧志》《〔嘉靖〕寧志》《朔方新志》所載金積山產"文石"之誤。山產頑石，志之無意義，意義在於石上有文（紋）之奇，即植物化石。本志卷下《詞翰·詩》有俞益謨之詩《廣武八景·花石松紋》可證。另，《朔方道志》卷二《輿地志上·山川》載："金積山……產五色紋石"，是又一證也。

[18] 青銅峽：《〔正統〕寧志》卷上《山川》載"峽口山，上有古塔一百八座"，《古迹》載"青銅峽，疑今之峽口是也，《水經》曰上河峽"，吳忠禮箋證引《明史·地理三》等資料認爲峽口山即青銅峽，可參看；《〔弘治〕寧志》卷三《靈州守禦千户所》作"青銅峽，疑即今之峽口也，《水經》曰上河峽"，然不載峽口；《〔嘉靖〕寧志》卷一《山川》及《朔方新志》卷一《山川》均載峽口山古名青銅硤，然《〔嘉靖〕寧志》卷三《靈州守禦千户所·古迹》又載"青銅峽，疑即今之峽口也，《水經》曰上河峽"，當爲沿襲《〔正統〕寧志》《〔弘治〕寧志》使然；《中衛縣志》卷一《地理考·山川》見載，並無青銅峽爲峽口山之說，亦不載峽口山；《寧夏府志》卷三《地理·山川》載青銅峽屬中衛，《地理·名勝》"青銅禹迹"條解釋"青銅"之名來由，但均無青銅峽爲峽口山之說，且另載峽口山，屬靈州；（嘉慶）《靈州志迹》卷一《地里山川志第三·山川》載"峽口山，在州西南一百四十里，東北岸爲中衛界"；《朔方道志》卷二《輿地志上·山川》載峽口山，亦載青銅峽，但未言二者之關係，青銅峽記載於中衛縣内，峽口山記載於金積縣内，"青銅峽在縣東北，兩山對峙，河水經焉，中有禹王廟，又有新月、白電、美女、彈筝諸峰"，然從峽口山有"古塔一百零八"之載可以看出二山實爲一。

[19] 筝：原作"穿"，據《寧夏府志》卷三《地理·山川》改。

[20] 《〔正統〕寧志》卷上《山川》載："麥垛山，在大河東。產鐵。"吳忠禮箋證認爲"寧夏境内麥垛山在黃河東者有三：一在今中寧縣白馬鄉新田村牛首山西麓，其間產鐵。"據此，本志麥垛山當指此。《〔弘治〕寧志》卷三《寧夏中衛·山川》作"麥垛山，城北六十里，以其色名"，亦當指此。《〔嘉靖〕寧志》卷一《寧夏總鎮·山川》作"麥垛山，城東北三百里，……以形似名"，可見非指本志之麥垛山；下文《物産》所載"鐵，麥垛山出"之"麥垛山"亦非本志之麥垛山。《朔方新志》卷一《山川》《食貨·物産》所載基本同《〔嘉靖〕寧志》。《銀川

小志》載"城東北三百里",亦非本志之麥垛山。《中衛縣志》卷一《地理考·山川》和《寧夏府志》卷三《地理·山川》載:"麥垛山,在鎮羅堡之北三十里,以形似,故名。其山頂平,舊有營址,相傳昔曾駐兵於此。"此二志所載即本志之"麥垛山"。

[21] 古志:《〔弘治〕寧志》卷三《寧夏中衛·廣武營·形勝》和《〔嘉靖〕寧志》卷三《中衛·屬城·西路廣武營·形勝》及《朔方新志》卷一《山川》均作"新志",所指不詳。《〔嘉靖〕寧志》在此條之下錄明三邊總制王瓊《渡河過廣武營》詩:"鳴沙渡口急鉦笳,鐵騎雲屯曉濟河。廣武人稀非土著,棗園田少盡徵科。赫連故壘游麋鹿,元昊遺宮長薜蘿。試問守邊誰有策,老臣憂國鬢雙旛。"《朔方新志》在此條下亦提及"總制王瓊詩,見《詞翰》",查卷五《詞翰》此詩題作《登廣武遠眺》。

[22] 志:原文無,據本志書例及卷上目錄補。

[23] 絲:原作"系",顯系度量詞"絲"字誤,據改。

[24] 五十七里:《中衛縣志》卷一《地理考·水利》作"六十里"。

[25] 守備:此二字原無,據《〔嘉靖〕寧志》卷三《中衛·屬城·西路廣武營·宦迹》補。

[26] 未:《朔方新志》卷二《内治·宦迹·廣武營》作"不"。案:本志自"种興"至"紀年"共二十九字均襲自《朔方新志》卷二《内治·宦迹·廣武營》,"舊志"二字亦爲因襲,且因《朔方新志》已明確記載有"种興……正德(案:"德"當爲"統"字誤)九年任"字樣,而《〔弘治〕寧志》卷三《寧夏中衛·廣武營·宦迹》和《〔嘉靖〕寧志》卷三《中衛·屬城·西路廣武營·宦迹》均不載种興等三人任職紀年,故本志"舊志"當指《朔方新志》之前之志書。

[27] 協同:此二字原無,據下文補。

[28] 十四年任:此四字原無,《明實錄·憲宗純皇帝實錄》卷一八一載,明成化十四年八月,"命陝西都指揮同知韓英守備廣武營,仍協守寧夏西路",據補。

[29] 十八年任:此四字原無,《明實錄·憲宗純皇帝實錄》卷二三五載,明成化十八年十二月,"命錦衣衛帶俸都指揮使吳玉協守寧夏西路廣武營地方",據補。另,《明實錄·憲宗純皇帝實錄》卷二七三載,明成化二十一年十二月,"協守寧夏西路都指揮使吳玉充甘肅游擊將軍"。

[30] 京衛人:《〔嘉靖〕寧志》卷三《東路興武營守禦千户所·宦迹》作"京師人"。《明實錄·孝宗敬皇帝實錄》卷十三載,明弘治元年四月,"命分守寧夏東路參將孫鑑協守西路"(《〔嘉靖〕寧志》卷三《東路興武營守禦千户所·宦迹》亦載孫鑑成化十七年以指揮使分守東路興武營,後"調廣武營");卷一一九載,弘治九年十一月,"虜入寧夏廣武營界,殺掠人畜。命罰守備都指揮孫鑑俸一月";卷一二四載,弘治十年四月,"協同分守寧夏西路署都指揮僉事孫鑑……乞休致",未準;卷一五四載,弘治十二年九月,"虜入寧夏蔣鼎等堡,殺掠人畜,協守西路署都指揮僉事孫鑑……下巡按御史逮問,擬充軍。上以情輕律重,命……降一級帶俸差操";卷一五五載,弘治十二年十月,"降分守寧夏西路署都指揮僉事孫鑑爲神武右衛署指揮使……以虜入寇失於禦備也"。

[31] 《〔弘治〕寧志》卷三《寧夏中衛·廣武營·宦迹》對"种興"至"馬隆"等人物均只羅列姓名,且在"馬隆"後有"俱都指揮"四字。《〔嘉靖〕寧志》卷三《中衛·屬城·西路廣武營·

宦迹》在"馬隆"後有"以上歲遠，莫詳其籍及其履任之年，皆都指揮"十八字。

[32] 北京：《〔嘉靖〕寧志》卷三《中衛·屬城·西路廣武營·宦迹》作"京師"。

[33] 十三：本志、《〔嘉靖〕寧志》卷三《中衛·屬城·西路廣武營·宦迹》及《朔方新志》卷二《內治·宦迹·廣武營》均作"十六"，《明實錄·孝宗敬皇帝實錄》卷一六二載，明弘治十三年五月，"命……神武左衛指揮同知張翼協守寧夏西路，以都指揮體行事"。據改。

[34] 四年：本志、《〔嘉靖〕寧志》卷三《中衛·屬城·西路廣武營·宦迹》及《朔方新志》卷二《內治·宦迹·廣武營》均作"五年"，《明實錄·武宗毅皇帝實錄》卷五五載，明正德四年閏九月，藍海離任，"命陝西署都指揮僉事孫隆協守寧夏西路"。據改。

[35] 五年：本志、《〔嘉靖〕寧志》卷三《中衛·屬城·西路廣武營·宦迹》及《朔方新志》卷二《內治·宦迹·廣武營》均作"六年"，《明實錄·武宗毅皇帝實錄》卷六七載，明正德五年九月，"命綏德衛署指揮使安國協同分守廣武營地方"。據改。

[36] 十一年：本志、《〔嘉靖〕寧志》卷三《中衛·屬城·西路廣武營·宦迹》及《朔方新志》卷二《內治·宦迹·廣武營》均作"十年"，《明實錄·武宗毅皇帝實錄》卷一四〇載，明正德十一年八月，"命協同分守寧夏西路廣武營署都指揮同知鄭驃充左參將分守大同東路"，寶鈞任當在鄭驃離任後。據改。

[37] 《〔嘉靖〕寧志》卷三《中衛·屬城·西路廣武營·宦迹》自張翼至王效任職時間後均有"以都指揮分守"六字。

[38] 鎮人：《〔嘉靖〕寧志》卷三《中衛·屬城·西路廣武營·宦迹》作"寧夏右屯衛人"。

[39] 八年任：《〔嘉靖〕寧志》卷三《中衛·屬城·西路廣武營·宦迹》作"嘉靖八年，以都指揮分守"。

[40] 九年：《明實錄·世宗肅皇帝實錄》卷一〇六載，嘉靖八年十月，"總制三邊尚書王瓊議稱……廣武營歸併於中衛參將……就近管轄……廣武……營協同分守當裁革。兵部覆奏。從之"。據此，"九年"當作"八年"。但考慮到裁革設置，過程有滯後性，本志有可能是根據當時實際裁革時間記載，故當尊重原文不改。

[41] 關於復協同的問題，《〔嘉靖〕寧志》卷三《中衛·屬城·西路廣武營·宦迹》在時間上同本志，但卻將"復協同始此"標在下一任"成梁"任職時間後。

[42] 鎮人：《〔嘉靖〕寧志》卷三《中衛·屬城·西路廣武營·宦迹》作"寧夏衛人"。

[43] 《〔嘉靖〕寧志》卷三《中衛·屬城·西路廣武營·宦迹》在任職時間後有"以都指揮分守，復協同始此"十一字。成梁嘉靖十九年十月離任，參見《明實錄·世宗肅皇帝實錄》卷二四二。

[44] 二十二：原作"二十三"，據《朔方新志》卷二《內治·宦迹·廣武營》改。案：如據本志原文，楊鋭離任爲嘉靖二十三年二月，説明嘉靖二十三年一月、二月兩個月中，就有羅保、韓欽、楊鋭三任協同戍守廣武營，這極不符合常理。

[45] 州：原作"洲"，據本志下文多處"靈州"及當時地名通用寫法改。

[46] 《明實錄·世宗肅皇帝實錄》卷三四一載，嘉靖二十七年十月，"命山西北樓口游擊將軍梁璽充左參將分守寧夏西路廣武營等處"。據此，田世威的下任當爲梁璽，結合再下任

[47] 尚：原作"上"，據《朔方新志》卷二《内治·宦迹·廣武營》及《明實錄·穆宗莊皇帝實錄》卷五〇改。

[48] 四年：本志、《朔方新志》卷二《内治·宦迹·廣武營》均作"五年"，《明實錄·穆宗莊皇帝實錄》卷五〇載，隆慶四年十月，"陞……甘肅山丹守備指揮同知魯相……署都指揮僉事……寧夏廣武營協同分守"，據改。另，此時間與上任裴尚質離任時間正好相符。

[49] 維：原作"繼"，據《朔方新志》卷二《内治·宦迹·廣武營》及《明實錄·神宗顯皇帝實錄》卷六改。

[50] 成：本志、《朔方新志》卷二《内治·宦迹·廣武營》均作"城"，據《明實錄·神宗顯皇帝實錄》卷九三改。

[51] 七年任：此三字原無，據《明實錄·神宗顯皇帝實錄》卷九三補。具體爲是年十一月。

[52] 八年：本志、《朔方新志》卷二《内治·宦迹·廣武營》均作"九年"，據《明實錄·神宗顯皇帝實錄》卷一〇三改。具體爲是年八月。

[53] 游擊：此二字原無，據下文補。

[54] 巡：原作"延"，顯系筆誤，據文意改。九年：原作"十一年"，誤。查《明實錄·神宗顯皇帝實錄》卷九九、一一一，萬曆八年閏四月至九年四月蕭大亨任寧夏巡撫，不可能在萬曆十一年已任宣府巡撫時題奏改寧夏地方官設置這樣的大事。再查《明實錄·神宗顯皇帝實錄》卷一〇九載，萬曆九年二月，"陝西寧夏督撫鄶光先等條陳……廣武……營協同職銜體統稍輕，乞更名游擊，仍管前項信地。部覆，從之"，鄶光先時任陝西總督，故此處"撫"當包含時任寧夏巡撫蕭大亨。故"十一年"當爲"九年"之誤。據改。

[55] 汪：原作"王"，據《朔方新志》卷二《内治·宦迹·廣武營》改。

[56] 河：原作"何"，據甘圖抄本及當時地名"河州"之通用寫法改。

[57] 十六年任：此四字原無，據《明實錄·神宗顯皇帝實錄》卷二〇四補，具體爲是年十月。熊國臣離任爲萬曆十九年九月，參見《明實錄·神宗顯皇帝實錄》卷二四〇。

[58] 李紹祖：此三字原無，《明實錄·神宗顯皇帝實錄》卷二四二載，萬曆十九年十一月，"寧夏廣武游擊李紹祖調孤山參將"。據補。

[59] 龐渤十九年任：此六字原無，《明實錄·神宗顯皇帝實錄》卷二四二載，萬曆十九年十一月李紹祖離任後，"以寧夏中路參將龐渤調補之"。據補。

[60] 孫朝梁十九年任：此七字原無，《明實錄·神宗顯皇帝實錄》卷二四三載，萬曆十九年十二，"以原任孤山參將孫朝梁任寧夏廣武營游擊"。據補。

[61] 陳棟二十年任：此六字原無，《明實錄·神宗顯皇帝實錄》卷二四五載，萬曆二十年二月，"起原任甘肅游擊陳棟管寧夏廣武營"。據補。

[62] 據《明實錄·神宗顯皇帝實錄》卷二三八載，萬曆十九年七月，"以寧夏鎮中軍坐營郭淮任分守延綏清平等堡參將"，而熊國臣離任爲萬曆十九年九月，時間牴牾，且查《明實錄·神宗顯皇帝實錄》無郭淮任廣武營甚至寧夏地他游擊之記載，疑爲誤記。

[63] 二十一年任：此五字原無，據《明實錄·神宗顯皇帝實錄》卷二六八補。具體爲是年十

二月。

［64］季：原作"李"，據《朔方新志》卷二《宦迹·廣武營》《外威·俘捷》改。另：《朔方新志》卷二《外威·俘捷》載，萬曆"二十七年二月，達賊入犯鎮城迤西……廣武游擊季永芳斬首二十七顆"。據此可知，季永芳當在萬曆二十七年左右任廣武游擊。

［65］楊從新三十八年任：此八字原無，《明實錄·神宗顯皇帝實錄》卷四七二載，萬曆三十八年七月，"陞……潘家口守備楊從新爲寧夏廣武營游擊"。據補。

［66］任：原作"汪"，據《明實錄·神宗顯皇帝實錄》卷五六九改。

［67］泰昌：原作"永昌"，據明光宗泰昌年號改。

［68］王聰：此二字原無，《明實錄·熹宗哲皇帝實錄》卷十七載，天啓元年十二月，"巡按陝西御史彭際遇參寧夏……廣武營游擊王聰。革任回衛"。據補。

［69］六年：原作"二年"，據《明實錄·熹宗哲皇帝實錄》卷七四改。具體爲是年七月。

［70］原文"王三重"條在前，"楊"武條在後，據任職時間移改。

［71］游擊：此二字原無，據《寧夏府志》卷十《職官·廣武營游擊》補。參見吳注《康熙朔方廣武志》，第37頁。

［72］禎：《〔乾隆〕甘志》卷二九《皇清武職官制·廣武營游擊》《中衛縣志》卷二《建置考·祠祀》"王公祠"條、《寧夏府志》卷十《皇清武職官制·廣武營游擊》《續中衛志》卷二《建置考·祠祀》"王公祠"條，以及《朔方道志》卷十三《職官志二·歷代職官表》均作"正"，當爲避雍正諱改。遼東：《〔乾隆〕甘志》《寧夏府志》《朔方道志》均作"奉天"。

［73］關於王禎生平，《中衛縣志》卷二《建置考·祠祀》和《續中衛志》卷二《建置考·祠祀》有類似記載。

［74］"張文遠"條：本條原無，據《〔乾隆〕甘志》卷二九《皇清武職官制·廣武營游擊》及《寧夏府志》卷十《皇清武職官制·廣武營游擊》和《朔方道志》卷十三《職官志二·歷代職官表》補。

［75］"顧爾正"條：本條原無，據《〔乾隆〕甘志》卷二九《皇清武職官制·廣武營游擊》及《寧夏府志》卷十《皇清武職官制·廣武營游擊》和《朔方道志》卷十三《職官志二·歷代職官表》補。

［76］遼東：《〔乾隆〕甘志》卷二九《皇清武職官制·廣武營游擊》及《寧夏府志》卷十《皇清武職官制·廣武營游擊》和《朔方道志》卷十三《職官志二·歷代職官表》均作"奉天"。

［77］遼東：《〔乾隆〕甘志》卷二九《皇清武職官制·廣武營游擊》及《寧夏府志》卷十《皇清武職官制·廣武營游擊》和《朔方道志》卷十三《職官志二·歷代職官表》均作"奉天"。

［78］十九年：《〔乾隆〕甘志》卷二九《皇清武職官制·廣武營游擊》及《寧夏府志》卷十《皇清武職官制·廣武營游擊》和《朔方道志》卷十三《職官志二·歷代職官表》均作"二十二年"。

［79］四十六年：《〔乾隆〕甘志》卷二九《皇清武職官制·廣武營游擊》及《寧夏府志》卷十《皇清武職官制·廣武營游擊》和《朔方道志》卷十三《職官志二·歷代職官表》均作"四十四年"。

［80］江南人：《〔乾隆〕甘志》卷二九《皇清武職官制·廣武營游擊》及《寧夏府志》卷十《皇清

武職官制·廣武營游擊》和《朔方道志》卷十三《職官志二·歷代職官表》均作"宛平人"。

[81] 守備：此二字原無，據下文補。

[82] 二：《朔方新志》卷一《地里·衛砦》載"廣武營屬堡四，張恩、張義置把總，棗園……置操守，渠口墩……設把總"，故把總數當爲"三"；《〔乾隆〕甘志》卷十四《兵防》、卷二九《皇清武職官制》和《寧夏府志》卷十《職官·皇清武職官制》及《中衛縣志》卷四《邊防考·營制》均作"三"；清官修《皇朝文獻通考》卷一八八《兵考十》及清官修《皇朝通典》卷七二《兵五》均作"二"。因無法確知此處之"經制"具體何指，故從原文。

[83] 名：刻本無，據甘圖抄本補。

[84] 四：據上文計算當作"九"，疑未將下文之分防棗園堡守兵五十名計算在内。

[85] 七十一："一"字後疑脱量詞"兩"字。

[86] 邊墩志：本類目原無，據本志書例及卷上目錄補。下文《塘墩志》《隘口志》《邊外水頭志》《公署行署志》《演武教場志》《廣武倉廒志》《文武科貢監志》《鄉獻志》《祥異志》《廟宇寺觀庵祠志》《橋閘志》《塋墓志》《物産志》或類目原無，或與全書體例不同，均作同樣處理，不再一一出校。

[87] 邊墻：《朔方新志》卷二《外威·邊防》作"邊城"。

[88] 關於廣武營並屬堡邊墻問題，《〔弘治〕寧志》卷三《廣武營·關隘》作"邊墻，在營西，長一百里，北至寧夏界，西至中衛界"；《〔嘉靖〕寧志》卷三《中衛·屬城·西路廣武營·邊防》作"自大關小墩起，至大溝墩止，袤長八十五里三分。今已傾圮，不堪保障"；《朔方新志》卷二《外威·邊防》所載略異，主要記載爲西路游擊（駐廣武）分守，具體爲"邊城一百三十里，自西黄沙外接中衛崇慶墩起，至沙溝墩接玉泉營界止"。

[89] 本志邊墩及下文塘墩共六十座，《〔弘治〕寧志》卷三《寧夏中衛·廣武營·斥候》只載"城西北、西南大關等墩一十四處"等十三字，並無具體名稱。《〔嘉靖〕寧志》卷三《中衛·屬城·西路廣武營》只載"烽堠二十六"座，並説明所築時間，具體爲"大關小墩、大關墩、石嘴兒墩、大佛寺南墩、大佛寺小墩、水泉兒墩、大佛寺裏口墩、尖峰山裏口墩、北城兒墩、南石槽墩、井溝小墩、井溝墩、北石槽墩、紅井小墩、紅井墩、大溝墩、渠口墩、紅山兒墩，以上一十八墩，皆正統九年築。三塘墩、四塘墩，以上二墩皆弘治十三年築。頭塘墩、二塘墩。五塘墩、界首墩，以上二墩，皆正德七年築。水頭井墩，嘉靖四年築。苦腥條墩，嘉靖十年築"。《朔方新志》卷二《外威·邊防》"中衛營墩"條中亦有多處不見載，當爲後築。另，下文所列各墩台排列順序與《廣武疆域地理圖》所標注多有不同。

[90] 紅井小：本志卷上《廣武圖説》作"小紅井"。

[91] 兒墩：原文漫漶不清，據本志卷上《廣武疆域地理圖》及《朔方新志》卷二《外威·烽燧》補。

[92] 井溝小：本志卷上《廣武疆域地理圖》作"小井溝"。

[93] 兒：《〔嘉靖〕寧志》卷三《中衛·屬城·西路廣武營》無此字。

[94] 蓿：《〔嘉靖〕寧志》卷三《中衛·屬城·西路廣武營》及《朔方新志》卷二《外威·烽燧》均作"腥"。墩：原文漫漶不清，據上下文意補。

〔康熙〕新修朔方廣武志

[95] 山口外：此三字原無，據本志卷上《廣武疆域地理圖》補。墩：此字原無，本志卷上《廣武疆域地理圖》亦無此字，據上下文意補。

[96] 尖峰山裏口：原文漫漶不清，據本志卷上《廣武疆域地理圖》及《〔嘉靖〕寧志》卷三《中衛·屬城·西路廣武營》作補。墩：原文漫漶不清，據上下文意補。山：《朔方新志》卷二《外威·烽燧》無此字。

[97] 大佛寺：《〔嘉靖〕寧志》卷三《中衛·屬城·西路廣武營》作"大佛寺裏口"，《朔方新志》卷二《外威·烽燧》作"大佛裏口"。

[98] 兒井：原作"井兒"，據本志卷上《廣武疆域地理圖》及《朔方新志》卷二《外威·烽燧》乙正。

[99] 小寺兒井：原作"寺井兒小"，據本志卷上《廣武疆域地理圖》乙正。

[100] 本志卷上《廣武疆域地理圖》"溝"字後有"兒"字。

[101] 紅圪塔小：本志卷上《廣武疆域地理圖》作"小紅圪塔"。

[102] 大關小：本志卷上《廣武疆域地理圖》作"小大關"。

[103] 溝：此字原無，據本志卷上《廣武疆域地理圖》補。

[104] 得勝：本志卷上《廣武疆域地理圖》不見載。

[105] 下文所列各塘墩排列順序與《廣武疆域地理圖》所標注多有不同。

[106] 兒：本志卷上《廣武疆域地理圖》無此字。

[107] 沙梁：本志卷上《廣武疆域地理圖》不見載。

[108] 口：原作"口堡"，據本志卷上《廣武疆域地理圖》及《朔方新志》卷二《外威·烽燧》改。

[109] 全：本志卷上《廣武疆域地理圖》作"泉"。

[110] 溝：本志卷上《廣武疆域地理圖》作"渠"。

[111] 兒：本志卷上《廣武疆域地理圖》作"口"。

[112] 口：本志卷上《廣武疆域地理圖》中，井溝口、北城兒口、木頭井口、水泉兒口、大佛寺口、鎮賊口、三岔溝口等隘口名之"口"皆作"衝口"字。

[113] 下文所列各水頭排列順序與《廣武疆域地理圖》所標注多有不同，《廣武疆域地理圖》由北向南標注順序依次爲：紅柳溝、木耳（磨兒）山、馬跑泉、倒水（樹）泉、大潦池、紅山。

[114] 溝：原作"清"，據本志卷上《廣武疆域地理圖》及《朔方新志》前附《西路圖》改。

[115] 樹：本志卷上《廣武疆域地理圖》作"水"。

[116] 磨兒：本志卷上《廣武疆域地理圖》作"木耳"。

[117] 紅山水：本志卷上《廣武疆域地理圖》作"紅山水頭"，據其所列水頭表述習慣，當理解此水頭名爲"紅山"；且本志卷上《山川志》載有"紅山"，上文有"紅山兒墩"；另查《〔嘉靖〕寧志》《朔方新志》等志書，均無"紅山水"之載。故疑"水"字衍。

[118]《中衛縣志》卷二《建置考·官署》載："廣武營游擊署，在廣武城東，南向。"《寧夏府志》卷五《建置·公署》載："廣武營游擊署，在堡東。"

[119] 南：原作"中"，其意殊不可解，當誤，據《中衛縣志》卷二《建置考·官署》改。《寧夏府志》卷五《建置·公署》載，廣武"守備署在堡西北"。

[120]《中衛縣志》卷二《建置考·官署》載:"中衛廣武營千總、把總各員,舊無衙署。"故疑本志为誤記。

[121] 城:《寧夏府志》卷五《建置·公署》作"堡"。

[122] 分水嶺:本志卷上《廣武疆域地理圖》及《廟宇寺觀庵祠志》,《〔嘉靖〕寧志》卷一《寧夏總鎮·南路邵剛堡》,《朔方新志》卷一《地里·疆域》、卷二《外威·烽燧》均作"分水嶺";《中衛縣志》卷一《地理考·山川》及《續中衛志》卷一《地理考·山川》均作"分守嶺",且此二志所載明確:"在廣武堡二十里,爲朔縣、中衛交界。"疑"水""守"二字音近而訛,參見青銅峽市志編纂委員會辦公室編《青銅峽市志》卷十七《民情風俗·方言》,方志出版社 2004 年版。

[123] 義學:《中衛縣志》卷二《建置考·學校》及《續中衛志》卷二《建置考·學校》均作"社學"。

[124] 俞揀天下武職,爲兩湖提督任用:疑此句錯簡,當在"以楚兵屢噪"後。

[125] 營游擊:此三字原無,《山西通志》卷八〇《職官八》載,"閆天佑,陝西寧夏人,功加,康熙三十二年任"山西孟壽營游擊。據補。案:本志"閆天佑"與《山西通志》"閻天佑"姓氏有異,"閆""閻"當爲同音而訛。

[126] 司:此字原無,《山西通志》卷八〇《職官八》載,"魏宏泰,陝西寧夏人,武生,康熙四十二年任"山西大同山陰路都司;《中衛縣志》卷七《選舉表·武階》亦有類似記載,據補。案:二志中"弘"均作"宏",當爲避康熙諱所改。

[127] 俞禮:原作"俞禮復",據《青銅自考》卷二《題補本標將備》載,康熙四十二年十一月,經時任湖廣提督俞益謨保題,康熙皇帝特批,"大同鎮標左營千總俞禮,才具優長,膽勇出衆",陞任湖廣提標中營守備,故"復"字當爲衍文,刪。

[128] 左:原作"右",據《湖廣通志》卷三〇《武職官志》改。《湖廣通志》按任職先後詳細開列了每位左營游擊的任職情況,應當信從。

[129] 武生:原作"生員",據《中衛縣志》卷七《選舉表·武階》改。

[130] 襄忠:原作"忠襄",誤。趙良棟(1621—1697),字擎之,號(一字)西華,謚襄忠。曾任寧夏提督、雲貴總督。著有《奏疏存藁》。《清史稿》卷二五五有傳。據此乙正。下同。

[131] 神:《中衛縣志》卷八《古迹考·古迹》及《續中衛志》卷一《地理考·古迹考·古迹》均無此字。另參見《中衛縣志》卷八《古迹考·中衛各景考并序》及《續中衛志》卷八《雜記·中衛各景考并序》之"青銅禹迹"條。

[132] 逕:原作"經",誤。《〔嘉靖〕寧志》卷三《中衛·屬城·西路廣武營·祠廟》作"大佛寺,元昊時所建。在邊外,迄今棟宇尚存"。另參見《中衛縣志》卷八《古迹考·雜記附》及《續中衛志》卷八《雜記·軼事附》之"大佛寺銅鉢"條。

[133]《〔嘉靖〕寧志》卷三《中衛·屬城·西路廣武營·祠廟》只載"上帝廟"名,不載具體位置。

[134] 城:疑爲"紫"字誤。查本志及《〔正統〕寧志》《〔弘治〕寧志》《〔嘉靖〕寧志》《朔方新志》《〔乾隆〕甘志》《寧夏府志》《中衛縣志》《朔方道志》等志書,均無"城金山"或"金山"之

載，而"紫金山"則多見於本志及上述志書，且符合本志所載實際情況。
[135] 臺：本志卷上《廣武疆域地理圖》作"閣"。
[136] 禎：《中衛縣志》卷二《建置考·祠祀》及《續中衛志》卷二《建置考·祠祀》均作"正"，當爲避雍正諱改。
[137] 區圖油印本、甘圖抄本"名"字後有"現橋仍堅固"等五字。
[138] 查本志卷上《廣武疆域地理圖》，共繪有閘六道，自南往北分別爲求安閘、攔河閘、吳家閘、小閘、流沙閘、古稍閘，與正文記載不同。
[139] 系：據吳注，疑爲"絲"字誤，即頭髮菜。此説是，參下文"兔系子"注，且《中衛縣志》卷一《地理考·物産》"蔬類"中亦只載有"頭髮菜"，并無"地系"之載。
[140] 較：原作"校"，誤。
[141] 《爾雅翼》原作"天之將雨，檉先起氣以應之，故一名雨師"。參見《爾雅翼》卷九《釋木·檉》。
[142] 絲：原作"系"，據區圖油印本改。查中藥醫書，無"兔系子"之説，一般均作"菟絲子"。再查本志卷上《賦役志》，亦有將"絲"字誤作"系"字之處。《中衛縣志》卷一《地理考·物産》"藥類"中亦只載有"兔絲子"，無"兔系子"之載。

朔方廣武志〔卷之下〕

詞翰

詩

峽口山① 　　宋　張舜民
青銅峽裏韋州路，[1]十去從軍九不回。
白骨似沙沙似雪，[2]憑君莫上望鄉臺。[3]

峽口吟② 　　僉事　齊之鸞
生犀飲河欲北渡，海月忽來首東顧。
馮夷舉手揮神鞭，鐵角半摧河山路。[4]
至今夜行水泣聲，[5]罔象欷歔鬼奸露。
土人作渠灌稻田，玄靈委順不敢怒。[6]

登廣武遠眺③ 　　總制　王瓊
鳴沙古渡急鉦笳，[7]鐵騎雲屯曉濟河。
廣武人稀非土著，棗園田少盡徵科。
赫連故壘游麋鹿，元昊遺宮長薜蘿。
試問守邊誰有策，老臣憂國鬢雙皤。[8]

---

① 詩亦見於《東坡志林》卷四、《東原錄》《仇池筆記》卷下、《類説》卷十、《畫墁集》卷四、《苕溪漁隱叢話》前集卷五二、《詩人玉屑》卷十八等，其中《畫墁集》卷四題作《西征回途中二絶》(其二)。
② 詩亦見於《〔嘉靖〕寧志》卷七《文苑志・詩詞》，題爲《硤口》。亦見於《銀川小志・山川》、《中衛縣志》卷十《藝文編・銘詩》、《寧夏府志》卷二一《藝文・詩》、《續中衛志》卷十《藝文編・銘詩》、《朔方道志》卷二九《藝文志六・賦詩》。
③ 詩亦見於《中衛縣志》卷十《藝文編・銘詩》、《寧夏府志》卷二一《藝文・詩》、《續中衛志》卷十《藝文編・銘詩》、《朔方道志》卷二九《藝文志六・賦詩》。

登牛首山有序[①]　　總兵　金明蕭如薰[9]

朔方壬辰之變,[②]不佞叨領斯鎮。後一載,嶺南周國雕先生填撫焉。[③][10]甲午春,[④]由賀蘭偕巡中衛,鼓櫂廣武河,望牛首之勝,蒼翠嵯峨,爲真如妙境。舊傳釋迦佛祖曾三過説法云。[11]因相期登眺,風阻弗遂焉。嗣是,我兩人相繼去朔,[12]回瞻牛首山,負此勝游。迨辛丑,[⑤]余再承乏,羈於戎馬,猶然蹉跎逾年。癸卯六月,[⑥][13]以閲事舟行廣武,乘半日暇,始於兹山一陟其巔。既參如來,領略諸勝,復聽沙彌焚香夜誦,[14]清梵泠泠,天風灑襟,佛燈遠見。時當炎夏,爽若清秋。[15]頼視紅塵紫塞,不啻脱火宅而游清涼國也。良與兹山有緣哉! 竟藉禪榻爲一宿留,[16]厥明乃去。漫賦二律,以紀游云。[17]

理楫還登岸,[18]攀蘿入紫烟。

雲霄千嶂出,色界一燈懸。

石蘚碑磨滅,金光像儼然。

不須探絶勝,即此是諸天。

二

聞道經臺古,如來説法年。

樹因藏垢拔,水爲渡迷穿。

人我終無相,[19]空門不二緣。

豈惟訢此遇,[20]投老願皈禪。[21]

登牛首山寺　　游擊　石棟

攬轡登登到上方,淩霄古刹接天荒。

雲垂龍樹滋容潤,烟鎖蓮臺貝葉香。

信是瞿曇傳鉢處,還疑化生煉魔場。

憑高會得如來旨,秋水長空雁一行。

詠百八塔有小引　　俞益謨

《阿育王經》言:諸佛滅渡後,晝夜役鬼神造塔五千四十八所。意者是即其數歟! 然海内郡縣所見寥寥,獨兹百八聚於一區,厥義未必無謂。余生斯長斯,靡所究竟,率成俚句,請質高明。

百八浮圖信異哉,無今無古壯山隈。

---

① 詩亦見於《朔方新志》卷五《詞翰・詩》,只有其一,題《登牛首山》;《寧夏府志》卷二一《藝文・詩》,題《登牛首山》,無序。亦見於《銀川小志・寺觀》,題《登牛首山》,無序,且只有第一首。亦見於《朔方道志》卷二九《藝文志六・賦詩》,無序。亦見於《中衛縣志》卷十《藝文編・銘詩》,《續中衛志》卷十《藝文編・銘詩》。

② 壬辰:明神宗萬曆二十年(1592)。

③ 周國雕:周光鎬,字國雕,時任巡撫寧夏都御史。

④ 甲午:萬曆二十二年(1594)。

⑤ 辛丑:萬曆二十九年(1601)。

⑥ 癸卯:萬曆三十一年(1603)。

降魔蜜頓金剛杵,説法偶成舍利堆。
祇慮激湍穿峽破,故將砥柱挽波頽。
誰能識得真如意,唱佛周遭日幾回。

詠新月巖　　俞汝欽
入罅天光一道眉,宛然皓魄乍生時。
清輝藉得巖間照,不用盈滿不願虧。

詠白電峰　　〔俞汝欽〕[22]
峰留一綫天痕碧,恰似銀蛇擘未收。
暮鼓沉沉來遠寺,雷聲隱隱下山頭。

牛首山和前賢壁間韻①　　俞汝翼
磴敧從緩步,[23]徑僻鎖寒烟。[24]
雪霽群峰出,崖虛半月懸。[25]
僧偈聞般若,吾心覺冷然。
一聲疏磬寂,遮莫是西天。

廣武八景②　　俞益謨
紫金曉霧
重巒咫尺斗牛通,碧色連天接遠空。
夜月常收千叠秀,曙星搖落萬峰雄。
丹巖積翠迷烟樹,環嶺飛雲逐曉風。
欲較晦明頻眺此,[26]三農景仰意何窮。

蘆溝晚霞
殘角吟風晚弄奇,[27]霞天歸雁宿蘆時。
邊城赤幟連三塞,天際紅雲覆九嶷。
色照黃河波有艷,彩飛綠野暮相宜。
方期光耀隨朝現,何事西暉日影移。

地湧浮圖
香刹初開日半輝,[28]凌霄古塔自巍巍。
法華諦演中原少,舍利光含化外稀。

---

① 詩亦見於《中衛縣志》卷十《藝文編・銘詩》及《續中衛志》卷十《藝文編・銘詩》,均題爲《登牛首山和壁間韻》。

② 詩亦見於《青銅自考》卷十二,題爲《廣武十二景》,錄《紫金曉霧》《蘆溝晚霞》《地湧浮圖》《青銅鎖秀》《花石松紋》《西天古刹》《濃柳鶯歌》《映流槐陰》《二螺聯燈》《長城環原》《閣繪萬佛》《中洲朱柳》等十二首詩。

七級清高雲獨立,兩河倒瀉水皈依。
西來共指虛空色,面面燈傳照不歸。
青銅鎖秀
臨淵空羨幾人漁,信步高樓目極初。
淡淡雲光浮水泊,青青草色映山墟。
嶺頭蒼翠千峰秀,峽内烟波一派舒。
月上扁舟尋釣侶,鷗夷佳趣娱閑諸。
花石松紋
紋石從來世豈無,奇花錯落動人吁。
精靈不事丹青手,工巧何須待價沽。
鳥影傳神飛落翠,霜花勵節現明珠。
丹巖自重千金節,不羨蒼溪麗楚都。
西天古刹①
塞上西天無與齊,長空惟見白雲低。
静中方識蓮臺古,鬧裏誰將覺路題。
結室百年三藏裕,閉關千日七情撕。
禪燈高照慈光普,暮鼓晨鐘醒世迷。[29]
閣繪萬佛
丹巖翠壁倚青山,[30]登閣須將小意攀。
幽刹人稀來野鶴,崇堂像麗自莊顔。
日沉更挂琉璃罩,風微時敲玉佩環。
聚散浮雲無定着,聽經龍去又飛還。
中洲朱柳紫塞上常作馬鞭[31]
二水中分異舊時,河洲朱柳少人知。[32]
虬枝偃蓋宜仙島,碧幹撐天入鳳池。
古木有緣皈净土,章台無分集寒鴉。
常隨寶鐙陪金勒,絶塞指揮萬馬嘶。
過大清閘②　　俞益謨[33]
唐漢平分萬里流,中添一道入青疇。
沿堤柳浪村村密,[34]刺水秧針處處稠。[35]

---

① 詩亦見於《朔方道志》卷二九《藝文志六·賦詩》。
② 詩亦見於《中衛縣志》卷十《藝文編·銘詩》,《寧夏府志》卷二一《藝文·詩》,《續中衛志》卷十《文藝編·銘詩》,題目同。

長覓濤翻橋閘外,[36]虛亭額映塞垣秋。
春風策馬頻來往,幾度低回去復留。[37]
大學士吳璸爲鄉賢俞君輔頌
三代有直道,斯民何所私。
羨君奇偉節,值此聖明時。
功德光於古,蒸嘗應在茲。[38]
九原如可作,敬誦景行詩。
禮部尚書韓菼爲鄉賢俞君輔頌①
風木傷心已十年,一朝崇祀始安然。[39]
捐軀報國先完節,貤贈榮親表大賢。
議出鄉評光俎豆,碑刊野乘廣詩篇。
即今峽口人傳誦,[40]好與貞襄作比肩。
翰林院編修查昇爲鄉賢俞君輔頌②
關雲隴樹久蒼然,劍已埋豐氣燭天。
惠此一方鄉祭酒,名高列傳野遺賢。
口碑月旦存公論,恩誥褒榮慶兩全。[41]
況有旂常光世業,早傳勳位日星懸。

傳記

兩義君傳③　　俞益謨

余生平樂善,而愧自無一善,不忍没人之善,[42]此《兩義君傳》之所由作也。或有請得兩君姓字,"義"於何指者,余應之曰:"一則吾鄉贈君弘猷張公,[43]急友之難,忘其身危;一則明季宗室雲章朱先生,[44]銜友之恩,畢生圖報者是也。"

當明之末,流賊充斥,僞總兵牛成虎負隅寧夏,爪牙橫噬。雲章履尾被擒,虎不自咥,解獻闖賊爲功。雲章在途,竊計萬無生理。一日,有男子馳駿彎弧,突然而要之隘,役從驚潰,急脱雲章於縶而挈之歸者,則友人弘猷也。家人莫測從來,禁不敢聲,鄉間間僉謂雲章死長安矣。久之,大清定鼎,宗室無所置問,雲章出,人競訝之,既而知爲張君所脱,莫不奇其事而高其義。自此共處偕行,契若同胞。

---

① 詩亦見於《中衛縣志》卷十《藝文編·銘詩》及《續中衛志》卷十《藝文編·銘詩》,題目均作《爲提軍俞益謨贈公君輔入祀鄉賢》,署名"宗伯韓菼"。
② 詩亦見於《中衛縣志》卷十《藝文編·銘詩》及《續中衛志》卷十《藝文編·銘詩》,題目均作《前題》(意即《爲提軍俞益謨贈公君輔入祀鄉賢》),署名"編修查昇"。
③ 文亦見於《青銅自考》卷十,《中衛縣志》卷十《藝文編·傳》,《寧夏府志》卷十八《藝文·傳》,《續中衛志》卷十《藝文編·傳》,《朔方道志》卷二八《藝文志五·書傳》。

張君勇幹善射，嫺武略。尋聞鄖漢間點賊李來亨等盤踞山谷，乃仗策從征，以軍功授守備，不數年，卒於官。雲章聞凶奔赴，痛絶而甦者數數。收其輜重，[45]扶柩歸，營葬無缺禮。人曰："是足以報活命之恩矣！"

惟時張君二子大用、大受悉在沖幼無識。[46]雲章爲之經紀資財，[47]督其家務，克勤克儉，不使缺乏；訓育二子，不使廢棄。初以己女妻大用，又以兄女妻大受。大用庚戌成進士，大受壬子領鄉魁，於是破壁出弘猷公衣物、宦囊，以授大用昆仲，曰："汝二人咸能自立，吾可免毀匱之憂矣。"二人拜受，始知尚有遺物焉。是時也，雲章可謂無忝大義，有始有卒者矣。雲章之心若猶未盡，必欲鞠躬盡瘁，死而後已者。時有勸雲章納妾生子者，先生然之。既而張族竊議，先生此後不能無私，先生聞而遽出其妾。又勸先生撫姪爲嗣者，先生復然之，乃所撫不率教，復去之。於是有以無後規先生者，先生曰："吾罹牛賊之變，已是既死人。今之餘年，張君甦我也，烏有已死人而復有後之理？不可陷我不義。"由是誓以鰥獨終其身。既卒，張子持服營葬如父禮。嗚呼！若二君者所稱"兩義"，是耶？否耶？

其後，大用官湖廣闈司，大受官辰沅總兵。弘猷公以子貴，贈榮禄大夫，而雲章無聞焉。

余以鄉人後進不爲略志梗概，以俟操觚諸君子採入鎮乘，[48]將數十年後，不特雲章銜恩報友，泯泯弗彰，[49]即弘猷之急難忘身，並歸淹没。讀是傳者，其諒余不忍没人之善云。

適可園亭記①[50]　　俞益謨

無心而遇之謂適，事不求備之謂可。[51]人情不見其適者，由於不見其可。無往不可，則無往不適，[52]此"適可園亭"之所以名也。[53]

園適可，地不求廣；[54]亭適可，搆不求精。適有洳，可小沼；適有水，可修鱗；適因高就下，可爲塹爲陵。花適滋，足四時；樹適種，集鳴禽。竹百个，蕉四檻，徑以仄砌，檻以周循。可以坐嘯，可以行吟，可以衆賞，可以獨臨。適青皇之在御，任群芳之鬭綺；適白帝之徂秋，寥闊而非寂岑。適獸炭之添紅，瑤階積玉；適火雲之絢赤，湘簟凝冰。適而雨淅可聽，適而風涼可乘，適而夕陽留照，適而霽旭初升。適牙籤而涵香氣，適漪漣而漾星辰。席陰可奕，據石可琴。適簾青之映草色，適屐緑之染苔痕。適新荷之高張，碧筒可捲；適蛙吹之競作，廣樂雜陳。客恣情而靡倦，主有興而未醺。晶盤高潔，枝影縱橫，移樽洗盞，脱烏披襟。忘夜漏之既永，忽銀漢以斜傾。茶鐺欲歇，僮僕欠伸。客適其適，莫能主顧；[55]主適其適，不復留賓。即朝朝之繼至，但日日以如新。去不相邀，來不厭頻。適醉而醉，適

---

① 文亦見於《青銅自考》卷十，題作《適可園亭記》。

醒而醒。既有所適，自有所存。隨遇而足，此之謂"適可主人"。

千金渠碑記　　李品嵜

都督俞公，廣武之鄉先達也。弱冠發解，奮翼聯登。值國家多故，不及謁銓，仗劍從戎。[56]廿年來，征邊、征漢、征川、征廣，以及征塞，迄無寧日。服官以後，由守、由游、由參、由協，以及總鎮，漸躋通途。除今廿載，所伐之地以仁聞，所履之任以義稱。身饒劍佩，囊僅圖書。歲得清俸，自公私粗給而外，即以其餘，先父族，次母族，親串之由戚及疏，執友之自厚而薄，某者未婚，某者未嫁，某者喪未舉，某者孤未成，莫不量爲分潤，榮悴適均。文正義田之贍，平仲舉火之待，何以加茲？

癸酉迄戊寅，①歲比不登，廣之老弱徙於鄰，壯而去其鄉者若而人。公聞之，蹙然曰："廣武爲吾桑梓區，自吾視廣之人，莫不族黨戚友也，奚分焉！"因考厥屢凶，實以灌渠湮敗之故。乃拮据千金，卑鄉之老成者董其事，爲修浚渠工費。於戲，盛矣！李子擊其盛，而不禁慨然曰："人固知廣武之渠，爲何如渠乎？口背通水，則堰河也難；河衝渠堤，更無可改，則叠湃也難；風沙壓塞，則挑浚也難。況河水逼近城垣，勢若不支，將胥一邑而爲波臣也，則修渠因以護城也更難。且河漲而溢，渠之潰也非一日；河落而竭，渠之淤也不一處。非公出此毅然之力，罄刮囊底之金，則襏襫數輩，畚鍤寥寥，石不能假運於巨靈，木不能自來於山谷，焉望其有成功，吾廣人享此久有利哉！"

董事者，覓夫購材。耕者冬暇，肇牽牛運石於山之隈，計斤授直；無田者因力之便，執事服役於河之滸，計日授直。工多材廣，渠因得通。較籌所費，僅去公之所捐者半。公命以其餘者歲購材力，添補修浚，務爲百年之計。

噫！盛矣。不規規於一日，而遠計於百年；不役役於一家，而計及於闔邑。公之心何心也！嗣是而渠事勿墜，歲獲有秋，露積蓋藏，人足家給，婚嫁吉凶之有資，門祚孤幼之有成，莫非公惠及廣人，俾得均蒙福澤焉。推之而父族、母族，戚屬親疏，交游厚薄，罔不共斯一渠水，源遠流長，而永邀餘潤焉。以視文正義田，平仲舉火，更有廣狹久暫之不侔者矣。要之，公之居心也至公，故所伐之地無濫殺；處事也至中，故所莅之任無偏情。先正有言曰："仁不遺物，義不溢情"，此之謂也。倘我邑之四民知公之意，繼此而各力其力，各輸其材，百斯千斯，綿綿勿替，又何多此助之有？此公意之所及，而未明示也。

予廣武人也，叨沐德惠，爰摭其實，而樂爲之記。

重修牛首寺碑記　　李賁

竊謂天下名山大刹，賴天下之名公大人弘護，安住高僧，或藉峻潔而創佛殿，

---

① 癸酉：清康熙三十二年(1693)。戊寅：清康熙三十七年(1698)。

或資幽僻以結禪林，上祝皇王萬壽千齡，下祈民社常寧永固，化度群迷，同歸善念，信矣！慈悲弘濟之至願，菩提善世之法門也。故天下東有九華，南有普陀，西有峨眉，北有五臺。雖未盡舉，然同是山則同是佛，同是佛則同是心。使天下之人，朝山進香者，接踵於道，四時猶一日，而齊聲和佛者，百人同一心也。豈非山之靈應攸鍾，佛天之感化然哉？

茲惟我寧夏西南隅，河東百七十里，以牛首爲名，雙峰插雲，取其高也。北則根底賀蘭、黃河，南則聯絡金積、蠡山。前後拱抱，宛若尊卑俯仰；左右擁護，藹如侍衛從隨。仁風清而纖塵不到，月上而石砌玉明，[57]慈雲出而峰巒增翠，法雨過而崗阜重青。盤旋百折，上擬登天；遙望四瞻，下臨無地。古佛孤燈，日夜香烟不斷；老僧野衲，晨昏禮誦無休。有時而放光山頂，五色呈祥，見之者，每以善緣自幸；有時而現燈河曲，天花散彩，遇之者，恒以遭際難逢。鐘響半天，空谷傳而狐狸豺狼遁迹；鼓鳴雲表，驚雷過而魍魎魑魅潛消。奇哉此山，真四鎮之靈境，朔方之名刹也。世傳爲小西天，釋迦牟尼嘗會諸佛眾生演法於兹，證有大乘經存，似不我誣。山下有田百畝，寺左有原一段，從來住僧，尺開寸墾，躬耕以資衣鉢，公私不得侵擾。但創始者，不知何代高僧；重修者，不知幾更善士。幸先進芸莊管先生記云，①奈世遠莫詳。

國初，慶靖王嘗見金牛現池，乃置其狀而去。歷世香火，亦未嘗廢。惟自嘉靖乙未春迄丙申冬，②歷二期，[58]重修一次，樂施者李繼榮等。其人也，山形之勝界，殿宇之森列，管先生匪不備記，似不復贅。無何，嘉靖辛酉季夏，③地震起自西南，牛首一帶寺宇傾頹，佛像損壞，此山寺之一大劫數也。欲瞻拜者，增傷墮淚，以千百年之福地毀於一旦，有善心者，寧容忍焉？

本山主持用達斑丹竹募化，鎮人李文約、鄉耆顧縉喜施資財不一。修理殿宇樓閣，銅鑄佛像三尊，仍蓋文殊寶殿，時啓慶先惠王、端王，④每助工費，幾數載而厥功告成，煥然一新，不改其舊。諺云：天定固能勝人，而人定亦能勝天。以震蕩殘毀之餘，復完美壯觀之盛，豈非人定亦能勝天耶？嗣是，每歲四、七月間，朝山進香者，無遠無近。其來也，持齋守戒，不約而同；其去也，洗心滌慮，不言而信。斯時也，野花啼鳥，足供往來耳目之玩；山光水色，可自游攀跋涉之勞。熙熙然，山與

---

① 芸莊管先生：管律，字應韶，號芸莊，芸莊子，又號賀蘭山人，寧夏人，正德十六年（1521）辛巳科進士，官至刑科給事中。記：當指管律《牛首寺碑記》，《朔方新志》卷四《詞翰》《銀川小志·寺觀》《寧夏府志》卷十九《藝文二·記》，以及《朔方道志》卷二五《藝文志二·記序》均有收錄。

② 乙未：明嘉靖十四年（1535）。丙申：明嘉靖十五年（1536）。

③ 辛酉：明嘉靖四十年（1561）。

④ 慶先惠王、端王：指慶惠王朱蕭枋，嘉靖三十一年（1552）至萬曆二年（1574）襲慶王位；慶端王朱倪濆，萬曆五年（1577）至萬曆十六年（1588）襲慶王位。

物而其適；怡怡然，人與我而相忘。不謂苦寒絶塞之邊方，乃有一帶烟霞之娯景。可與四方九華、普陀、峨眉、五臺名山勝地同其高深，靈感利濟羣生於無窮也。

邇者，本寺住持明潤，憂其重修之功，今已三十祀而不記碑，亦猶今之視昔，徒嗟無徵不信之嘆也。乃發心磨碑，索賁爲記，復叨國主慶王捐資善助，祈皇圖於鞏固，保國祚于無疆。愚維文約，賁之宗叔，即前修李繼榮之嫡孫，效乃賁之室兄也，皆有善功於兹寺，法得備書，以垂不朽，俾後之募善者，亦有所興起云。

重修西夏牛首山寺佛閣記　　楊壽[59]

今天下崇山深谷，據靈闡幽，建梵□□□□□□制典所不廢□□□□□□□□□□□壁矗如摺劍□□□□□□□□□□□爲牛首山，其□□□□□□□□□□介其間千百□□□□□□□□□□□□□□□□□□飾歲□□□□□□□□□□恒故代傳爲□□□□□□□□□□法於此證有□□□□□□□□□□□□乃塑其壯，世以顯應無乏。或放百□□□□□□謂化成祇園也。爰有佛閣，歲久礎□□□□□□廣武游戎石公，①若有夙因，慈悲夢現，運鼎阿於襟抱，[60]納山岳於胸懷，備邊治兵，暇捐俸亟修。市鄧林之材，輦它山之石，以繩以墨以圬陶。役夫其來如雲，落成其期揆日。瑩珠琢玉，砥石礪金。經始等於佛功，制作侔於造化。若不拔地若湧，掀空欲飛。丹碧交輝，欒櫨互映，龍蟠夭矯之壯，鵬運扶搖之風，可以截漢排虛，迎風承露。輪奐坎立，容相睟安；金塔珠林，憑欄入覽。足爲西夏之勝，概法門之雄觀。

兹役也，肇於孟夏初旬，醳於次月中浣，非所謂不急者矣。事既竣，公乃以香花落之，觀瞻之衆雲趨，讚歎之音雷動。飛聲走譽，自邇及遐，咸曰：功果者，濟衆之津梁也。悟之者，若發矢在空，恒虞力盡；迷之者，類無舟泛海，孰能望彼岸而攸躋，泛寶船而利涉者耶。公節約於家，勤施於國。金湯守塞，遘變若勁草之當疾風；甘苦同人，視卒如慈父之保赤子。才品氣節，孝友忠貞，爲式枌榆，重光閥閲。更崇無邊之福，輒積廩之財。[61]其心也，不可思議；其德也，不可少諼。經曰"名稱高遠如須彌"者，公其有之。又曰"堅固不壞如金剛"者，②閣其比之。公乃奉幣緘書，欲紀事詔遠。猥顧菲才，願揚善積。其或叙如來之教法，則內典具詳；志介址之招提，則豐碑自悉。兹乃書歲月而未敢略，語修建而無愧辭，采謡成文，拂石爲碣，固謝福先之作，永留不朽之名云。

---

① 廣武游戎石公：根據文意，推及本志卷上《宦迹志》，疑指時任廣武游擊石棟。
② 經：當指《維摩詰所説經》。名稱高遠如須彌：《維摩詰所説經・佛國品第一》作"名稱高遠，踰於須彌"。堅固不壞如金剛：《維摩詰所説經・佛國品第一》作"深信堅固，猶若金剛"。參見後秦鳩摩羅什譯、後秦僧肇注、常净校點《維摩詰所説經》，第4—5頁。

重修廣武關夫子廟碑記並銘[①]　　俞益謨

丁丑春仲,[②]益謨叨領大同鎮篆。視昔遠宦蜀、粵、吳江,路遠且夸。鄉人士束予,以先大夫遺命,重修聖侯關夫子廟貌事,且屬爲文,以紀謨思。

聖侯廟貌遍天下,靈感亘古今。郡有祠,邑有廟。窮鄉僻谷,必飭數椽爲崇奉;商賈菜傭,恒潔一龕以敬禮。聖侯其享之乎？曰:"享之以誠,罔弗昭也;誠而享之,罔弗格也。"《書》曰:"黍稷非馨,明德惟馨。"[③][62]經曰:"誠之不可掩。"言其理也,天下古今,有斷然不爽之理,即有無乎不顯之神,吾不敢謂盡人不知,更不敢謂盡人知之也。

益謨家廣武,小邑耳。邑有聖侯祠,其創其繼,具載前石,兹不贅。洎先大夫及庠生高鴻翼新之而未竟其功。余爲童子時,[63]歲時伏臘,侍長者以祀事入,長則隨鄉先生課文於兹。瞻拜間,儼然精忠正直之氣臨於其上。及詳思傳記,[64]始知聖侯之終始一節者,唯其誠也。謨孩提無知,對越唯虔者,誠之不可掩也。神之誠,布列宇宙,[65]無乎不充;人之誠,肅將禋祀,罔有弗虔。經書啓迪而外,其足以發人心思、歸於至誠無妄者,其惟聖侯乎？[66]謨自癸丑聯雋,[67]筮仕戎行,蜀之烟、粵之雨、吳之風濤、塞之沙霾,每於險阻艱難中,若或有啓之翼之,呵護而維持之者,抑獨何哉！惟此一誠爲憑依耳。神有其誠,斯徵靈應;人有其誠,自足感通。由此觀之,神人感昭之徵,總不外此一誠而已。[68]苟非然者,生平有屋漏之欺,將奉無對越之虔,而徒以廟貌莊嚴、金容焜耀,謂聖侯式憑在兹,即吾人蒙所庥蔭於兹焉,恐無是理者,即無是事。謨既捐薄俸,遵先大夫及邦人諸君子命,因成盛舉,爲綴數語記顚末,復願事聖侯者進而求之可矣。因系之銘曰:

日在天心,[69]心在人中。神之言也,一誠所充。觸之則照,感之則通。疇與啓之,宮殿是崇;疇與翼之,俎豆維豐。人自啓翼,神所式憑。歌斯祝斯,將百世其匪窮。

其附之,以侑侯之什:

迎神而歌曰:仰觀兮天青,静叩兮或聽。人心昭事兮,仰芳型;[70]不僭不忒兮,[71]在冥冥。神其降鑒兮,下雲軿;穀我邦兮,[72]百室以寧。

送神而歌曰:維新兮神宮,[73]作睹兮穹隆。[74]際天蟠地無所窮,[75]一日萬里馭清風。有誠斯格兮,亦將我憑;無微不應兮,澹然晴空。奚必襲言遺芳兮,[76]大節純忠。

---

① 文亦見《青銅自考》卷十。
② 丁丑：清康熙三十六年(1697)。
③ 參見唐陸德明音義、孔穎達疏《尚書注疏》卷十七《周書》。

重修牛首山正頂説法臺并製藏經碑記① 俞益謨

余自總角讀書，稍長就童子試，見夫城市閭閻之間，僧梵道宇，錯居並處。緇衣黄冠之徒奔走闤闠喧囂，[77]日與四民相競逐，心切厭之。初謂吾地僻遠有然耳，[78]鄉薦北上，所過通都大邑，莫不皆然，而京師爲甚。既筮仕南征，歷覽秦、蜀、滇、黔、兩粤、三楚，迄於吴會、中州、山之左右，其所爲僧梵道宇，莫不絢碧流丹，塗金耀日，一如京師，比埒而錯并於城市閭閻之間。[79]甚有男女混雜，頂禮膜拜，群然相與安之不爲怪。余不禁憤見乎色曰："是安得狄梁公輩數十人，分行天下，盡將城市閭閻所爲僧梵道宇者，一以庇寒士、栖窮民乎。"

庚辰秋杪，②[80]余以先大夫塋域故乞疏歸省，酬應僕僕，弗勝其擾。偶矚牛首山巔，僅隔黄河，[81]童時數數登覽，今不見者三十餘年。扣舷而度，見所謂百八塔者，依稀如昔，至岩壑遷變、寺址廢存，茫然不可復識矣。數憩及巔，斧斤剥啄聲與山谷相振響，就視，則大殿甫在葺新。工始半，其餘之待創待修者難悉數也。住僧有含樸、印臺者侍側，余詰殿之成毁所由來。應之曰："丙子秋中厄於火，③傾廢者數閲年，所幸金身不與俱燼。有以感其十方布施，第無給孤大願力，懼其終不克成。"余顧而笑曰："曷不遵爾世尊教旨，作苦行頭陀，一向沿門托鉢乎？"二僧曰："吾托迹空山，[82]歷有年所，誠不欲以清净芒鞋復沾人間泥水耳！"余聞之而嘉其志，高其行，曰："予橐且罄，不克留帶山門。僧能從我雲中，予得勉勷厥成乎？"僧應之曰："僧未嘗求資大護法，大護法慨發弘願，[83]僧安惜行脚從事！"余喜甚。抵雲中，刮囊中歲俸予之半。副戎王公元等，咸欣欣樂助，禁之不得，凡此共若干金。僧橐歸，爲之拓舊址，大新規模，[84]殿之巍焕倍往時。左右殿廡、齋堂、臺閣、坊表、山門、禪室，一切向無今有者，莫不畢具。工既竣，僧以椷請曰："向所布施，費僅過半，請以其赢製藏經，貯永久，開智慧，可乎？"余曰："金出於囊，余無復問，聽僧爲之。"印臺復詣南京，購三教經書、子史千數百卷，貯以閣。至是，余提督楚軍，僧復以成功備藏聞，且并請記勒石，以昭來兹。

余固惡夫佞佛，而欲以僧梵道宇庇寒士、栖窮民者，今既喜爲捐俸，更復爲文昭後，[85]毋乃矛盾甚？抑知余所惡者，惡夫城市閭閻，錯居並處；緇衣黄冠，日與四民相競逐；男女混迹，罔所遠嫌爲憤耳。若牛首山爲西夏名勝，遠隔塵囂，佛燈常焰，小西天之名，其來有舊。二僧不屑以募修暫到人間，而况能與四民日相競逐也耶？吾謂僧不如含樸、印臺者，不可布施；僧如含樸、印臺者，正不得不布施，而且勸人布施。從此，牛首山巔佛光常滿，實僧含樸與印臺有以啓之也。[86]至雲

---

① 文亦見於《青銅自考》卷十。
② 庚辰：清康熙三十九年(1700)。
③ 丙子：清康熙三十五年(1696)。

中捐金各將戎，例得附名碑陰者，惟僧是圖，[87]余不遑贅焉。[88]

是爲記。

神禹洞鼎建殿宇聖像碑記附告竣慶賀聖誕文　　俞汝欽

歷傳神禹疏河，經宿此洞，雖無方策可考，而土人世代相聞，若或有所見而云然也。且玩此洞，子午正向時有烟嵐氤氳，嶙峋蒼古，殆非後世人力所鑿。因稽八年於外，此峽疏通，能無計日，經宿之傳，有足信者。

歲庚辰，①余嚴先大夫掛印雲中，陳請疏上，俞允展墓。事既竣，偕二三故老，泛舟於下，散步其上，俯仰之餘，不禁感懷。時命余曰："汝知天地覆載之恩，而抑知所以成此覆載之恩者乎？設使洪水橫流於今，牛首、賀蘭之巔尚可播穀爲食、搆堂爲居乎！治平之功，與天地同況也。吾鄉浚河爲利，灌溉恒豐，飽食暖衣，日優游於治平沃野之中，而罔念勞心焦思之澤斯民也，愚昧豈若是哉！蓋未有以覺斯者，斯不應空谷傳聞，宜於此洞莊嚴廟貌，尊崇正祀，使民見像作福，久之，溯流窮源，俾知覆載同恩，凡有血氣，莫不尊親。再玩洞上，峰巒迭嶂間，一隙平坦。天然有待，不可不有點贅。"余對曰："是，欽兒心識之矣。"未幾，先大夫星馳回任。後武陵少亂，時膺特簡提督全楚，北平沙漠，南征溪洞，王事靡盬，不遑再計於此，而齎志以歿。

余承先命，經始于丙申春初，②鳩工築基，覓匠庀材，接連洞口建竪大殿三楹，階下翼以齋宿、僧舍六間。莊嚴聖像，致美黻冕於上，側侍敕符童官，殿立風火左右四帥，金碧輝煌，儼然玉闕。凡有瞻仰，信乎莫不尊親矣。洞上隙地，點贅文峰小閣，遠觀近仰，於朝雲夕照間，隱然天開圖畫，卓哉，宇宙奇觀也！玆於丁酉季夏落成，③門樓周垣，鐘鼓香案，一切供奉以及河邊道路，俱已修砌完固。約計工匠、物料需金若干，悉出先大夫俸餘己囊，以全先大夫遺志。

初，未嘗募化文粒也。第廟貌鼎新，如其香燈有缺，鐘鼓不聞，尤非先意焉耳。爰募住持，計供衣缽、齋粮，請於晨昏代奉香燈。洞前古津，捐造渡船一隻，附僧撐架，以濟往來。囑其願施者，積充鹽米之需；不給者，行乃方便慈航。嗟呼！神功普被，志全一家。若夫萬姓瞻仰，崇功報德之忱，出自自誠，似無用於余漬也。但願世世力能供奉，且無告於鄉之同志者矣。謹述先命以記，並勒銘之鐘云：

伏惟陛下，繼堯舜之精一，貢天地之平成。八載勞績，九州咸寧。宇宙普被其渥澤，西夏獨沾夫曠恩。導水循河，自入疆而波瀾不作；劈山成峽，若縛束而順流無驚。非當年之神力，何奕世其資生。沃野千頃，不望天而食足；距岸百城，均

---

① 庚辰：清康熙三十九年（1700）。
② 丙申：清康熙五十五年（1716）。
③ 丁酉：清康熙五十六年（1717）。

得地以居平。優游含鼓,允感覆載之大造;洪水橫流,時難天地以施仁。因而篤生大聖,是以參贊成功。嘗一饋而十起,欲聞善言興拜;時一沐而三握,惟恐下民有傷。至公至明,豈徒後世果報;無人無我,何嘗自惜朕躬。雖聖人無意於後世,而後世當知夫聖恩。哀哀臣父,覽聖迹而興懷;碌碌小子,曾受命以覺斯。尊崇正祀,非敢妄意邀福;鼎建廟貌,原欲丕顯神功。茲當告竣協吉,恭逢聖壽無疆。敬陳牲獻,虔告鑒光。伏願神靈與廟貌同永,香燈共日月常明。

後世小臣汝欽,無任瞻天仰聖之至,謹疏以聞。

都可觀賦寶田莊門樓有引　　俞汝欽

間嘗曠觀宇宙之大,歷觀南北之奇,遇岑樓而登眺,陟峻以舒眸,[89]皆可隨遇焉有得,未可一覽而無餘者。若茲樓也,高僅數仞,環不百尺,雖窮目不遠於千里,而足轉便周乎萬物。愚慚才樗,久疏搦管,偶臨小莊之斗榭,無任大膽以染翰。曰:

爰茲寶田之莊,都乎適中之野。瞻彼巍巍兮,紫金卓然;回首蒼蒼兮,賀蘭蜿蜒。方旭日之東昇兮,望峽口有情嵐;適霞光之返照兮,若隱顯乎長山。

登斯樓也,不禁一目都觀。可以收四維之景色,焕乎大塊文章者矣。值青皇之在御,欣東作而和暄。時火雲之絢赤,對長日以芸田。皞皞滌暑兮,禾黍載刪;六花飄飄兮,牧豎呼還。

登斯樓也,不禁一目都觀。可以勤四時之農業,庶幾無怠無荒者矣。不特此也,尤有甚焉。遠觀楸松兮,高瑩在灣;近觀青蔚兮,宗祖具瞻。引領蔭山兮,岡極悲天。

登斯樓也,不禁一目都觀。可以觀四世之丘隴,時乎永言孝思者矣。至若仰觀星象兮,目極周圜;俯觀河流兮,浩浩潺潺。時觀鳥飛上下,時觀魚躍於淵,時觀車馬馳驅夫孔道,時觀舟航往來於河間。城廓在望,咫尺市廛。

噫嘻異矣!斯何一日都觀而無餘也矣。俄焉入室,掃地焚烟,展縹緗而玩錦軸,校青史以起流連,粵盤古於今日,觀萬世之長年,披輿圖之廣帙,觀四海於目前。噫嘻異矣!斯何亘古,今天下一目都觀而無餘也矣。噫嘻異矣!斯其不爲都可觀乎?因題其額曰"都可觀"云。

餘慶堂捐建義學義田記①　　俞汝欽

今天下車書一統,萬邦咸熙。大凡書香世族子弟,莫不閉户潛修,爭自琢磨,上應聖天子右文隆武之制。間有孤寒,不能延師肄業者,上命督撫大臣飭令郡邑有司,設立義學,考選學行兼優者,延爲師範,啓迪童蒙,毋怠毋荒,定爲有司考成賢否一則。是以實心奉行,師資公給,弟免私修。一切孤寒無告之人,咸得奮志

---

①　文亦見於《中衛縣志》卷九《藝文編·記》及《續中衛志》卷九《藝文編·記》。

攻書，將見野無遺賢。濟濟廟堂，雖其間不能盡登書升，而稍讀《詩》《禮》，明倫曉義，自鮮悖逆爲非之事。久安長治之道，端不外於教化興行也矣。義學之設，不綦重哉。

惟我廣武，營壘汛守，非郡非邑，因無義學。余嚴先大夫向鎮雲中，[90]奉旨榮旋展墓。自睹渠壩壅崩，[91]恐廢鄉人養命之源，先刮己囊千金，囑咐老成殷實者，董事修浚，至今灌溉晏然，未遑計及於教。嗣陞楚提，復諭余云："吾鄉渠壩既固，永無虞於養矣。但有養不可無教，今寄俸餘若干，汝當即建義學一所，揀置義田若干，以資義師館俸，仍備幣禮，[92]延請通儒設帳後備具家報前來。父善即子善也，汝當遵行勿遲。"余遵即建學置田，幣聘春元九峰高先生，設帳斯館。

迄今數年，漸有成名上進之士，不負先大夫殷殷造就之雅。但斯田斯館，自捐之後，已非俞氏所有，永爲廣武世代相沿之義學、義田也。誠恐世遠無稽，或爲無良侵占，亦未可知，特將學堂間架，地基四至，田畝分數，坐落四至，應納粮草，一並勒石于左，以便後之師斯館者，輸賦耕田，不吝循循善誘，無墜先大夫樂施樂育之義，永感不朽，惟憑是記。

計開：捐建義學一所，共房一十六間，坐落本營城内。義學俸田二段，原買趙安全田二十畝；原買沈太全田二十畝，鱗田二畝，共田四十二畝。俱系附廓腴田，[93]坐落本營西郊地方。

積慶祠堂設立祭田志　　俞汝欽

粤家乘，先大夫，大宗子也。自我高祖卜築廣武，書香不替，積善慶餘，因而祥發大宗，掄元捷第，進爵左府，功名事業，彪炳天壤，普天之下，咸欽熙世偉人。但宦囊雖然澹泊，而舊墾新置之田畝，就地而論，甲於廣武。

余承緒大宗，近今不幸，遽居家長。每思大夫之家，祠墓、祭田不可不設，況我高、曾祖父，俱邀覃恩，三錫極品。先王父德重鄉評，崇祀鄉賢，①是皆不可不延百世蒸嘗者也。考《祭禮》注云：凡仕有禄食，居有餘資，宜置祭田，以供歲祀。多寡隨宜，但給祭用可也。宗子主之，或擇衆□□□□□經管，勒石聞官，不許典賣。如有不肖典賣，公以不孝治罪云云。

余家有田，不需外置，謹擇附廓腴田肆拾畝，坐落營西慶遠橋地方，永充祭田。凡我昆仲子孫，世世共守，或合種，或輪，或佃種，祗將所獲，計供四時忌辰等祭之用，不得妄自私爲，有負設立之義。似此祭田，既聞於官，似難爲他人謀奪，亦不容自家典賣者，敬勒瑱珉，虔告神主，統祈永佑。

---

① 參見本志卷上《鄉獻志》"俞君輔"條及其注釋。

募引

募化六塘嶺穿井疏引康熙丁酉年秋井成① 　　雷起潛

昔子輿氏有云："民非水火不生活。"②又曰："求水火，無弗與者。"是水火固生民之必需，而非不足之物。今人身佩火環，一擊便然，火固人人自足於身者。長流浩浩，泉瀑淼淼，水豈缺物也乎？但視其地爲何地，時爲何時耳。若夫登高跋峻，酷暑炎蒸，負重行旅之輩，皇華奔走之役，咽塵鼻火，屏氣吭噎，似有得水則生，不得則死之急。斯時也，或有應拯瓢飲之惠，則此一時之感，無吝湧泉以報。

嗟夫！一時一人之濟，尚爲濟人功德，若濟千百世，億萬人，豈不爲大功大德乎？吾鄉六塘嶺頂，通都要路，坡高沙深，上下頗艱。北抵大壩，南距廣武，咸二十里，既無樹蔭可憩，且無泉流可飲。雖有庵堂、僧舍，往返取水約二十里，不言人力爲艱，即驢駝牛車牲畜之苦，亦有不忍眼見者。茲憑堪輿，擇地穿井，將已及泉。所憾潛等力竭，恐棄半途成工，是不得不告募於鄉之同志者也。或分文，或升合，隨願樂施，衆輕易舉，成此千百世之功德，億萬人之方便，人畜咸蘇，貽休後世。諒尊達長者，必不讓美於區區數人而已也。

是爲引。

貤封

粵稽燕翼之德，佑啓後昆；鸞章之光，褒揚先美。闡幽勵世，義均重矣。應載方冊，永垂不朽。

皇清俞大河，以曾孫貴，贈榮禄大夫。曾祖母曹氏，贈一品夫人。

制曰：臣職克勤，錫命已逾常格；家聲丕顯，推恩特展隆施。爾俞大河，乃提督湖廣等處地方總兵官左都督加三級俞益謨之曾祖父。端方作則，忠藎貽謀。奕葉揚芬，鸞序晋崇高之秩；綿枝獨慶，鸞書加章服之榮。茲以覃恩，贈爾爲榮禄大夫提督湖廣等處地方總兵官左都督加三級，錫之誥命。於戲！規矩猶存，既克昌夫後裔；箕裘不墜，是用錫夫殊階。鉅典斯應，潛光永耀。

制曰：國無定爵，旌吏職以加崇；室有餘榮，藉閨芳而衍慶。爾提督湖廣等處地方總兵官左都督加三級俞益謨曾祖母曹氏，恩勤裕後，慈惠開先。機杼流聲，澤本象傳。母教詩書啓秀，恩沾再世孫枝。茲以覃恩，贈爾爲一品夫人。於戲！焕綸綍於方新，含章日麗；邀翟褕之渥寵，錫命天申。賁乃幽貞，欽茲茂典。

---

① 丁酉年：清康熙五十六年(1717)。
② 參見《孟子·盡心上》。下同。

俞天義，以孫貴，贈榮禄大夫。祖母張氏，贈一品夫人。

　　制曰：九章賜秩，先疏閥閱之勞；三世承恩，聿著燕貽之澤。特敷茂典，用闡休聲。爾俞天義，乃提督湖廣等處地方總兵官左都督加三級俞益謨之祖父。淳心抱質，善氣儲祥。樹坊表於鄉邦，人瑞夙推舊德；擁節麾於方域，孫謀式播新猷。茲以覃恩，贈爾爲榮禄大夫提督湖廣等處地方總兵官左都督加三級，錫之誥命。於戲！錫璀璨之雲章，高門益慶；沛瀰汪之天澤，奕葉流輝。寵命丕承，嘉修永著。

　　制曰：采甄世德，嘉貽穀於前人；導詠閨風，遡鍾祥於大母。爰敷茂典，特賁鴻章。爾提督湖廣等處地方總兵官左都督加三級俞益謨祖母張氏，履順宜家，凝休昌後。蘭儀被體，垂奕業以揚芳；椒實盈升，擢遠條而振秀。茲以覃恩，贈爾爲一品夫人。於戲！國恩稠叠，用摛彤管之輝；天澤優霑，式佩篆車之寵。令名無斁，渥澤永膺。

俞君輔，以子貴，贈榮禄大夫。母趙氏，贈一品夫人。

　　制曰：雲霄官閥，式崇開府之勳；榮戟家風，實始趨庭之訓。爰施寵獎，用賁徽章。爾〔俞〕君輔，乃提督湖廣等處地方總兵官左都督加三級俞益謨之父。世授青緗，庭生玉樹，貽之清白，蔚爲盛世。珪璋教以義方，屹作興朝屏翰。茲以覃恩，贈爾爲榮禄大夫提督湖廣等處地方總兵官左都督加三級，[94]錫之誥命。於戲！稱先則古，詩書蘊文武之謨；浴德澡身，忠孝立臣子之鵠。祗承渥典，永荷殊榮。

　　制曰：家聲光大，庭闈之式穀攸先；門祚蕃昌，閨閫之貽麻夙裕。攸加天寵，用闡母儀。爾提督湖廣等處地方總兵官左都督加三級俞益謨母趙氏，嫻於典則，著有規型。愛必先勞，每勖苞官之敬；忠於所事，率由胎教之賢。茲以覃恩，贈爾爲一品夫人。於戲！錫茂獎于蘭陔，芳蕤益播；被惠風於蕙佩，馨澤彌新。祗受榮章，永標淑德。

俞益謨，湖廣提督，特授榮禄大夫。妻張氏，封一品夫人。

　　制曰：樞府崇班，鎖鑰重河山之寄；中臺出鎮，封疆資節鉞之勳。允屬重臣，式甄勞績。爾提督湖廣等處地方總兵官左都督加三級俞益謨，器資瑰偉，風采嚴明。覃威惠以宣猷，允矣政行化洽；統文武而作憲，休哉吏肅民安。式弘樽俎之謀，懋著保厘之效。逢斯慶澤，爰賁徽章。茲以覃恩，特受爾階榮禄大夫，錫之誥命。於戲！百城凜範，益思表率之方；三命彌恭，式荷恩光之渥。訏謨克奏，殊眷丕膺。初任陝西柳樹澗守備，[95]二任四川達州營游擊，三任廣西鬱林營參將，四任兩江督標中軍副將，[96]五任山西大同總兵官，六任今職。
　　制曰：持綱秉憲，良臣奏節鉞之勳；履順思莊，淑女著珩璜之範。芳型無忝，茂獎宜加。爾提督湖廣等處地方總兵官左都督加三級俞益謨妻張氏，名家作配，內則是嫺。勵婦節于縞綦，每覺雙威輝映；謹家閑於捆閫，益彰鈐閣清嚴。茲以覃恩，封爾爲一品夫人。於戲！賁錫寵章，播休聲於閨閫；誕敷嘉澤，揚令問于巾桂。式受雲施，祗承顯命。

　　張振聲，以子張禎貴，贈明威將軍。母孫氏，封恭人。
　　制曰：寵綏國爵，式嘉閥閱之勞；蔚起門風，用表庭闈之訓。爾張振聲，乃湖廣永定營中軍守備加一級張禎之父。義方啓後，穀似光前。積善在躬，樹良型於弓冶；克家有子，拓令緒於韜鈐。茲以覃恩，贈爾爲明威將軍湖廣永定營中軍守備加一級，錫之誥命。於戲！錫策府之徽章，洊承恩澤；荷天家之休命，永賁泉壚。
　　制曰：祜恃同恩，人子勤思於將母；赳桓著績，王朝錫類以榮親。爾湖廣永定營中軍守備加一級張禎之母孫氏，七誡嫺明，三遷勤篤。令儀不忒，早流珩瑀之聲；慈教有成，果見干城之器。茲以覃恩，封爾爲恭人。於戲！錫龍綸而煥彩，用答劬勞；被象服以承榮，永膺光寵。

　　張禎，湖廣永定營守備，封明威將軍。妻楊氏，封恭人。
　　制曰：國威覃布，尚勤鼖鼓之思；武備勤修，允重干城之選。爾湖廣永定營守備加一級張禎，才勇著聞，韜鈐嫺習。戎行振飭，具知士伍無譁；軍政修明，因見拊循有素。欣逢慶典，宜焕溫綸。茲以覃恩，特受爾階明威將軍，錫之誥命。於戲！策幕府之勳名，祗承休命；荷天家之光寵，勿替成勞。初任大同鎮標中營千總，二任今職。
　　制曰：策府疏勳，甄武臣之茂績；寢門治業，闡賢助之徽音。爾湖廣永定營中軍守備加一級張禎之妻楊氏，毓質名閨，作嬪右族。擷蘋采藻，夙彰宜室之風；說禮敦詩，具見同心之雅。茲以覃恩，封爾爲恭人。於戲！錫寵章於閨閫，惠問常流；荷嘉獎於絲綸，芳聲永邵。

　　賀遇隆，以子爾德貴，封明威將軍。母俞氏，贈恭人。
　　制命守備，同詞。

　　賀爾德，陝西西寧鎮海營守備加一級，封明威將軍。妻潘氏，贈恭人。
　　制命守備，同詞。

〔墓誌銘〕[97]

墓誌銘①　　編修俞長策撰

癸巳,②王正,[98]余奉簡主衡三秦萬壽恩科典試。[99]事竣旋都,途次晉陽之王湖莊。東望紫氣氤氳,白雲冉冉,不識何異。行里許,瞬見輀車載道,哭聲哀哀,若有不忍見聞者。遣問爲誰,使馳躄復曰:"本家主大都督公,赴闕大慶而薨於京也。"[100]

余聞之,驚搶撲下車,[101]即趨柩前,撫棺再拜而哭。哭之不已,[102]乃與宗侄念茲相向而哭。[103]哭而問曰:"宗兄何其溘然而逝耶?"[104]念茲哭告於余曰:"某日抵都,某日赴闕請安,仰蒙顧問,呈進方物,叨賜光納。大慶之日,猶得隨班拜舞。不期奉召賜宴,偶爾違和,[105]不能躬赴,仍邀聖眷,頒賚袍褂、靴帽、筵宴果品到寓,時吾父已溘逝矣。嗚呼,痛哉!不孝汝欽,胡不遄死,而彼蒼遽奪吾父也耶!"因請志於余。余曰:唯唯。家乘之詳,余知之矣。至若宗兄之功名事業,彪炳天壤,豈特余知之,而四海之人,疇不知之也。但片石奚足以紀全勝?姑其略,可乎?

按宗兄與策,系同河潤宗譜兄弟也。自始祖伏四公從明藩封護衛關中,授西安前衛指揮使司,遂居咸寧。越五世,曾祖諱大河贈君,遨游西夏,[106]悅廣武山水之勝,[107]因而卜築。生祖諱天義贈君,[108]積善慶餘,生子三:仲諱君佐公,早殤;季諱君宰公,授奉政大夫,官雲南永昌郡丞;伯即榮祿大夫封考也,諱君輔,字勗宇,列弟子員,學行兼優,鄉人德之,崇祀鄉賢。元配趙氏大君,孝慈賢淑,贈一品夫人。[109]生子一,諱益謨,字嘉言,號澹庵,[110]別號青銅。生而穎異不凡,[111]喜讀孫吳韜略,年十五入膠庠,十九領壬子解,[112]癸丑成進士,③歸里候選。值吳逆蠢動,歲乙卯,④遣逆朱龍等逼及銀夏。[113]宗兄仗策從戎,[114]勘定輯寧,功授柳樹澗堡守備。堡人感德,至今尸祝。歲己未,⑤奉檄進征漢、蜀,攻克午關,恢復漢中等郡;攻克朝天等關,恢復保寧、重慶、順慶等郡,加一十七等,授左都督,管達州游擊事。歲丁卯,⑥陞廣西鬱林參將,奉檄遠征粵東,巨寇屏息,督提交薦。歲壬申,⑦特簡兩江督標中軍副將。時噶爾旦犯順,⑧上擬親統西征。乙

---

① 文亦見於《朔方道志》卷二八《藝文志五・銘贊》,題作《俞都督益謨墓誌銘》,不著撰人。
② 癸巳:康熙五十二年(1713)。
③ 癸丑:康熙十二年(1673)。
④ 乙卯:康熙十四年(1675)。
⑤ 己未:康熙十八年(1679)。
⑥ 丁卯:康熙二十六年(1687)。案:從本年開始,乃至下文的"壬申""乙亥""丙子"等年份,均比《青銅自考》及其他文獻所載俞益謨生平事件相應地早一年,不知何故,當屬誤記。詳參田富軍《清代寧夏籍湖廣提督俞益謨生平考》,《寧夏大學學報》(人文社會科學版)2005年第6期;田富軍、楊學娟點校《青銅自考》代序《俞益謨及其〈青銅自考〉》,第2—3頁。
⑦ 壬申:康熙三十一年(1692)。
⑧ 噶爾旦:今通譯作"葛爾丹"。

亥冬杪,①奉召陛見,敷奏詳明,賜五爪龍袍、龍緞。當奉命前行,初配粮運,繼充前鋒。奏凱後,丙子春初,②復奉召見,陞授山西大同總兵官。大同軍政廢弛,凡當興革,剴切陳奏,咸蒙俞允。西幸寧夏、五臺,三次迎送,叠荷恩賜,御書"焜耀虎符"區額,臨米、趙字,孔雀翎帽、紫貂袍褂、攝授綾帽、茶碗素珠,[115]頻頻寵渥,浩蕩難名。嗣因湖廣提標兵丁譟搶,癸未正月,③欽奉上諭,補授湖廣提督,命帶親信官兵,速赴新任。欽遵馳驛,星抵常德,宣播恩威,安撫肅清後,歷疏驕悍之弊,請開保題,凡百章奏,悉合宸衷。整飭訓練,三年有成,而全楚官兵,有勇知方。功名事業,大略如是。

他若修渠堰以惠桑梓,捐經史而開來學,敦本族,[116]撫孤幼,建義學,置義田,周急就難,義全死生,種種芳行,美不勝書。惟佩手澤,著述《道統歸宗》《青銅自考》《辨苗紀略》等集,④是皆有功名教,有裨經濟者,已附剞劂,將來行世,與世俱永。

猗歟休哉! 一代名將,千古文人。兄待死而不死者,斯可以昭來兹矣。

【校勘記】

[1] 銅:《東原錄》《仇池筆記》卷下、《類説》卷十均作"岡"。

[2] 沙沙:《仇池筆記》卷下、《類説》卷十均作"山山"。

[3] 憑君:《東坡志林》卷四、《畫墁集》卷四、《苕溪漁隱叢話》前集卷五二、《詩人玉屑》卷十八等均作"將軍"。莫上:《東原錄》《畫墁集》卷四均作"休上"。

[4] 山:《〔嘉靖〕寧志》卷七《文苑志·詩詞》,《銀川小志·山川》,《寧夏府志》卷二一《藝文·詩》,以及《朔方道志》卷二九《藝文志六·賦詩》均作"上"。

[5] 行:《〔嘉靖〕寧志》卷七《文苑志·詩詞》作"有"。

[6] 玄:《中衛縣志》卷十《藝文編·銘詩》,《寧夏府志》卷二一《藝文·詩》,《續中衛志》卷十《文藝編·銘詩》,以及《朔方道志》卷二九《藝文志六·賦詩》均作"元",當爲避康熙諱改。

[7] 鉦:《寧夏府志》卷二一《藝文·詩》和《朔方道志》卷二九《藝文志六·賦詩》均作"征"。

[8] 雙:《中衛縣志》卷十《藝文編·銘詩》和《續中衛志》卷十《藝文編·銘詩》均作"如"。

[9] 金明:疑此二字衍。

[10] 填:《中衛縣志》卷十《藝文編·銘詩》和《續中衛志》卷十《藝文編·銘詩》均作"鎮";撫:原作"撫",據甘圖抄本、《中衛縣志》卷十《藝文編·銘詩》和《續中衛志》卷十《藝文編·銘詩》改。

---

① 乙亥:康熙三十四年(1695)。
② 丙子:康熙三十五年(1696)。
③ 癸未:康熙四十二年(1703)。
④ 《道統歸宗》:今不見傳。

[11] 祖：區圖油印本、《中衛縣志》卷十《藝文編·銘詩》和《續中衛志》卷十《藝文編·銘詩》均無此字。
[12] 我：《中衛縣志》卷十《藝文編·銘詩》和《續中衛志》卷十《藝文編·銘詩》均無此字。
[13] 癸卯：《中衛縣志》卷十《藝文編·銘詩》和《續中衛志》卷十《藝文編·銘詩》均作"癸丑"，顯誤。
[14] 誦：《中衛縣志》卷十《藝文編·銘詩》和《續中衛志》卷十《藝文編·銘詩》均作"頌"。
[15] 清：《中衛縣志》卷十《藝文編·銘詩》和《續中衛志》卷十《藝文編·銘詩》均作"新"。
[16] 竟、留：《中衛縣志》卷十《藝文編·銘詩》和《續中衛志》卷十《藝文編·銘詩》均無此二字。
[17] 游云：《中衛縣志》卷十《藝文編·銘詩》和《續中衛志》卷十《藝文編·銘詩》均作"之"。
[18] 棹：《寧夏府志》卷二一《藝文·詩》，《中衛縣志》卷十《藝文編·銘詩》，《續中衛志》卷十《藝文編·銘詩》，以及《朔方道志》卷二九《藝文志六·賦詩》均作"棹"。
[19] 人：《朔方道志》卷二九《藝文志六·賦詩》作"無"。
[20] 訢：《朔方道志》卷二九《藝文志六·賦詩》作"忻"，二者文義皆通。
[21] 願皈：《寧夏府志》卷二一《藝文·詩》和《中衛縣志》卷十《藝文編·銘詩》及《續中衛志》卷十《藝文編·銘詩》均作"要歸"。
[22] 俞汝欽：原文未署作者，據本志卷下目錄補。
[23] 磴攲：《中衛縣志》卷十《藝文編·銘詩》及《續中衛志》卷十《文藝編·銘詩》均作"扳巖"。
[24] 徑僻：原作"經僻"。《中衛縣志》卷十《藝文編·銘詩》及《續中衛志》卷十《文藝編·銘詩》均作"野徑"，因參改。
[25] 崖虛：《中衛縣志》卷十《藝文編·銘詩》及《續中衛志》卷十《文藝編·銘詩》均作"空明"。
[26] 眺：原作"頫"，據《青銅自考》卷十二《廣武十二景》改。
[27] 晚：原作"曉"，據文意及《青銅自考》卷十二《廣武十二景》改。
[28] 輝：《青銅自考》卷十二《廣武十二景》作"暉"。
[29] 鐘：原作"鍾"，據《青銅自考》卷十二《廣武十二景》改。
[30] 壁：原刻本作"璧"，據《青銅自考》卷十二《廣武十二景》、區圖油印本、甘圖抄本改。
[31] 紫塞上常作馬鞭：《青銅自考》卷十二《廣武十二景》作"此木塞上專多爲馬鞭"，二者文義皆通。紫塞：指長城。
[32] 洲：原作"州"，據《青銅自考》卷十二《廣武十二景》改。
[33] 益：原作"蓋"，顯誤，此詩《中衛縣志》卷十《藝文編·銘詩》，《寧夏府志》卷二一《藝文·詩》，《續中衛志》卷十《藝文志·銘詩》均收錄，題作者爲俞益謨，據改。
[34] 浪村村：《寧夏府志》卷二一《藝文·詩》作"絮糁鋪"。
[35] 處處：《寧夏府志》卷二一《藝文·詩》作"組織"。
[36] 筧：《寧夏府志》卷二一《藝文·詩》作"霓"。
[37] 回：《中衛縣志》卷十《藝文編·銘詩》和《續中衛志》卷十《文藝編·銘詩》均作"徊"。
[38] 在：原作"枉"，當爲形近而訛，據區圖油印本改。另，從上句"功德光於古"中對應的"於"

字亦可知"在"字是。

[39] 祀：《中衛縣志》卷十《藝文編·銘詩》及《續中衛志》卷十《藝文編·銘詩》均作"賜"。
[40] 誦：《中衛縣志》卷十《藝文編·銘詩》及《續中衛志》卷十《藝文編·銘詩》均作"頌"。
[41] 誥：《中衛縣志》卷十《藝文編·銘詩》及《續中衛志》卷十《藝文編·銘詩》均作"詔"。
[42] 《青銅自考》卷十"忍"字後有"於"字。
[43] 弘猷：《青銅自考》卷十作"文淵"，下同；《朔方道志》卷二八《藝文志五·書傳》作"宏猷"，當爲避乾隆諱改，下同。
[44] 朱：《朔方道志》卷二八《藝文志五·書傳》無此字。
[45] 鎦：《青銅自考》卷十作"韜"。
[46] 無識：《青銅自考》卷十作"不能自立"。
[47] 爲之：《青銅自考》卷十作"於是"。
[48] 採：《青銅自考》卷十作"采"。入：《青銅自考》卷十作"人"。
[49] 弗：《寧夏府志》卷十八《藝文·傳》和《朔方道志》卷二八《藝文志五·書傳》均作"勿"。
[50] 可園亭記：原文此四字漫漶不清，據《青銅自考》補；另，本志卷下目錄、區圖油印本、甘圖抄本文題均作《適可園記》，但據文意及文中"此'適可園亭'之所以名也"句，當以《青銅自考》爲是。
[51] 而遇之謂適事不求備之謂可：此十二字原漫漶不清，據《青銅自考》卷十補。
[52] 於不見其可無往不可則無往：此十二字原漫漶不清，據《青銅自考》卷十補。
[53] 名也：此二字原文漫漶不清，據《青銅自考》卷十補。
[54] 園適可地不求廣：原文此七字漫漶不清，據《青銅自考》卷十補。
[55] 顧：原作"偐"，據《青銅自考》卷十改。
[56] 仗：原作"伏"，誤，據甘圖抄本改。
[57] 月上：根據上下文句式，疑此處脫一字。
[58] 期：原作"紀"，與上文所列時間不符，顯誤，據《朔方新志》卷四《詞翰》及《寧夏府志》卷十九《藝文二·記》所載管律《牛首寺碑記》改。
[59] 楊壽：此二字原無，據本志卷上目錄及甘圖抄本補。
[60] 運：原文漫漶不清，據區圖油印本補。
[61] 轍積廩之財：根據上下文句式，疑"廩"字前或後脫一字。
[62] 惟：《青銅自考》卷十作"維"，當誤。
[63] 余：《青銅自考》卷十作"予"，皆通。
[64] 及：此字原無，據《青銅自考》卷十補。
[65] 列：《青銅自考》卷十作"昭"。
[66] 惟：《青銅自考》卷十作"唯"。
[67] 丑：原作"甲"，誤，干支紀年中無"癸甲"年。根據本志卷上《文武科貢監志》載，俞益謨中康熙壬子武科解元，"連捷癸丑進士"，"聯雋"當指此事，故"癸甲"應爲"癸丑"之誤，據改。
[68] 總：《青銅自考》卷十作"統"，皆通。

[69] 心：《青銅自考》卷十作"上"。
[70] 仰芳型：原文漫漶不清，據《青銅自考》卷十補。
[71] 不：原文漫漶不清，據《青銅自考》卷十補。借：原作"潛"，據《青銅自考》卷十改。
[72] 穀：原文漫漶不清，據《青銅自考》卷十補。
[73] 宮：原作"功"，據《青銅自考》卷十改。
[74] 穹隆：原文漫漶不清，據《青銅自考》卷十補。
[75] 隙、蟠：原文漫漶不清，據《青銅自考》卷十補。
[76] 芳：《青銅自考》卷十作"芬"。
[77] "之徒奔走闤闠喧囂"等八字：原作"鋭若植圭右帶洪河"，其意殊不可解，據《青銅自考》卷十改。
[78] 謂：原文漫漶不清，據《青銅自考》卷十補。
[79] 并：《青銅自考》卷十作"並"。
[80] 秒：原作"抄"，區圖油印本作"秒"，均誤，據《青銅自考》卷十改。
[81] 黄：《青銅自考》卷十作"洪"。
[82] 山：此字原無，據《青銅自考》卷十補。
[83] 弘：原作"私"，據《青銅自考》卷十改。
[84] 《青銅自考》卷十無"規"。
[85] 昭：《青銅自考》卷十作"詔"。
[86] 啓之：原文漫漶不清，據《青銅自考》卷十補。
[87] 僧是圖：原文漫漶不清，據《青銅自考》卷十補。
[88] 余：《青銅自考》卷十作"餘"。
[89] 疑"峻"字後脱一字。
[90] 嚴先：《中衛縣志》卷九《藝文編·記》及《續中衛志》卷九《藝文編·記》均作"先嚴"。
[91] 自：《中衛縣志》卷九《藝文編·記》及《續中衛志》卷九《藝文編·記》均作"目"。
[92] 禮：《中衛縣志》卷九《藝文編·記》及《續中衛志》卷九《藝文編·記》作"理"。
[93] 廓：《中衛縣志》卷九《藝文編·記》及《續中衛志》卷九《藝文編·記》均作"郭"。意皆可通。
[94] 贈：原文漫漶不清，根據本文模式，以及前文"俞君輔，以子貴，贈榮禄大夫"語，此處當爲"贈"。
[95] 樹：原作"柳"，誤，據本志卷上《武階志》"俞益謨"條改。
[96] 兩江：原作"江南"，誤。查《青銅自考》卷一《到任謝恩》有"蒙恩特用兩江督標中軍副將"之載，但同卷康熙三十六年（1697）《遵例自陳》卻載"康熙三十二年陞江南督標中軍副將"，本志卷上《武階志》"俞益謨"條載："陞……兩江督標中軍副將。"可見關於俞益謨這一任職，即使俞益謨本人著述也記載有異。出現這樣的問題，當爲順治到康熙年間，對江蘇、安徽、江西等地總督設置時有反覆所致。再查，康熙三十二年（1693）時並無江南總督之設，只有兩江總督（主管江蘇、安徽、江西）；另據《〔乾隆〕江南通志》卷一一一載，俞益謨康熙三十二年（1693）時任總督江南（江蘇、安徽兩省的合稱）、江西軍務部院軍門中營副將。由此可以確定俞益謨當時是在"兩江"督標任職，據改。

朔方廣武志〔卷之下〕 521

[97] 墓志銘：原無此類目名，據本志編修體例補。
[98] 王正：《朔方道志》卷二八《藝文志五·銘贊》無此二字。
[99] 萬壽：《朔方道志》卷二八《藝文志五·銘贊》無此二字。
[100] 馳：《朔方道志》卷二八《藝文志五·銘贊》作"驅"。
[101] 驚搶：原文漫漶不清，據《朔方道志》卷二八《藝文志五·銘贊》補。
[102] 不已：原文漫漶不清，據《朔方道志》卷二八《藝文志五·銘贊》補。
[103] 乃與宗：原文漫漶不清，據《朔方道志》卷二八《藝文志五·銘贊》補。
[104] 兄何其溘然而逝耶：原文漫漶不清，據《朔方道志》卷二八《藝文志五·銘贊》補。
[105] 爾：《朔方道志》卷二八《藝文志五·銘贊》作"邇"，誤。
[106] 夏：原文漫漶不清，據《朔方道志》卷二八《藝文志五·銘贊》補。
[107] 悅廣武山水：原文漫漶不清，據《朔方道志》卷二八《藝文志五·銘贊》補。
[108] 天義：原文漫漶不清，據本志卷下《馳封》及《朔方道志》卷二八《藝文志五·銘贊》補。
[109] "君積善慶餘"至"贈一品"等七十六字：原文漫漶不清，據《朔方道志》卷二八《藝文志五·銘贊》補。
[110] 庵：《朔方道志》卷二八《藝文志五·銘贊》作"淹"，誤，據本志卷上《鄉獻志》"俞益謨"條改。
[111] "子一"至"生而"等十七字：原文漫漶不清，據《朔方道志》卷二八《藝文志五·銘贊》補。不凡：《朔方道志》卷二八《藝文志五·銘贊》無此二字。
[112] 韜略年十五入膠庠十九領壬：此十二字原漫漶不清，據《朔方道志》卷二八《藝文志五·銘贊》補。壬子：康熙十一年(1672)。
[113] 里候選值吳逆蠢動歲乙卯遣：此十二字原漫漶不清，據《朔方道志》卷二八《藝文志五·銘贊》補。
[114] "兄仗策從戎"至本文結束：原文漫漶不清，據《朔方道志》卷二八《藝文志五·銘贊》補。仗：《朔方道志》原作"伏"，當為形近而訛，據文意改。
[115] 素：《青銅自考》卷一《謝賜綾碗數珠》作"數"。
[116] 本：《朔方道志》卷二八《藝文志五·銘贊》作"木"，當系誤刻。

參考文獻

一、古代文獻

(一) 陝甘寧舊志

《陝西通志》：（明）馬理、呂柟等纂，華東師範大學圖書館藏明嘉靖二十一年（1542）刻本；三秦出版社2006年版董健橋等校注本。簡稱《〔嘉靖〕陝志》。

《陝西通志》：（清）賈漢復、李楷等纂，中國國家圖書館藏清康熙六至七年（1667—1668）刻本。簡稱《〔康熙〕陝志》。

《甘肅通志》：（清）許容等修撰，中國國家圖書館藏乾隆元年（1736）刻本。簡稱《〔乾隆〕甘志》。

《〔正統〕寧夏志》：（明）朱栴撰，日本國立國會圖書館藏明萬曆二十九年（1601）重刻本；寧夏人民出版社1996年版吳忠禮箋證本；中國社會科學出版社2015年版胡玉冰、孫瑜校注本。簡稱《〔正統〕寧志》。

《〔弘治〕寧夏新志》：（明）胡汝礪撰，《天一閣藏明代方志選刊續編》影印明朝弘治刻本，上海書店1990年版；中國社會科學出版社2015年版胡玉冰、曹陽校注本。簡稱《〔弘治〕寧志》。

《〔嘉靖〕寧夏新志》：（明）管律等修，《天一閣藏明代方志選刊》影印明嘉靖刻本，上海古籍書店1961年版；寧夏人民出版社1982年版陳明猷校勘本；中國社會科學出版社2015年版邵敏校注本。簡稱《〔嘉靖〕寧志》。

《〔萬曆〕朔方新志》：（明）楊壽等編，《故宮珍本叢刊》影印明萬曆刻本，海南出版社2001年版；中國社會科學出版社2015年版胡玉冰校注本。簡稱《朔方新志》。

《〔康熙〕新修朔方廣武志》：（清）俞益謨、高嶷修，（清）俞汝欽、李品嵩等纂，甘肅省圖書館藏清康熙五十六年（1717）刻本，簡稱本志；1957年甘肅省圖書館抄本，簡稱甘圖抄本；1965年甘肅省圖書館油印本，簡稱甘圖油印本；寧夏回族自治區圖書館據甘肅省圖書館抄本油印本，簡稱區圖油印本；《寧夏歷代方志萃編》影印甘肅省圖書館1957年抄本，天津古籍出版社1988年版；負有強、李習文主編《寧夏舊方志集成》影印清康熙五十六年(1717)刻本,學苑出版社 2015 年版;寧夏人民出版社 1993 年版吳懷章校注本。

《銀川小志》:(清)汪繹辰纂,南京圖書館藏乾隆二十年(1755)稿本;寧夏人民出版社 2000 年版張鍾和、許懷然整理本;中國社會科學出版社 2015 年版柳玉宏校注本。

《〔乾隆〕中衛縣志》:(清)黃恩錫等修纂,中國國家圖書館藏清嘉慶二年(1797)刻本;《中國地方志集成·寧夏府縣志輯》影印乾隆刻本,鳳凰出版社、上海書店、巴蜀書社 2008 年版;寧夏人民出版社 1998 年版范學靈等校注本。簡稱《中衛縣志》

《〔乾隆〕寧夏府志》:中國國家圖書館藏乾隆四十五年(1780)刻本;寧夏人民出版社 1992 年版陳明猷整理本;中國社會科學出版社 2015 年版胡玉冰、韓超校注本。簡稱《寧夏府志》

《〔道光〕續修中衛縣志》:(清)鄭元吉等修纂,中國國家圖書館藏道光二十一年(1841)刻本;《中國地方志集成·寧夏府縣志輯》影印道光刻本,鳳凰出版社、上海書店、巴蜀書社 2008 年版;寧夏人民出版社 1990 年版中衛縣縣志編纂委員會點注本。簡稱《續中衛志》。

《〔嘉慶〕靈州志迹·光緒靈州志》:(清)楊芳燦監修、(清)郭楷纂修,中國國家圖書館藏嘉慶四年(1799)刻本《靈州志迹》、光緒三十四年(1908)抄本《靈州志》;中國社會科學出版社 2015 年版蔡淑梅校注本。簡稱《靈州志迹》。

(二) 經部

《尚書正義》:(漢)孔安國傳,(唐)孔穎達等正義,北京大學出版社 2000 年版。

《孟子注疏》:(漢)趙岐注,(宋)孫奭疏,北京大學出版社 2000 年版。

《爾雅翼》:(宋)羅願撰,(元)洪焱祖音釋,中華書局 1985 年版。

(三) 史部

《明實錄》:臺灣"中央研究院"歷史語言研究所校印,1962 年版。

《欽定皇朝文獻通考》:(清)張廷玉等奉敕撰,影印文淵閣《四庫全書》本,臺灣商務印書館 1986 年版。

《欽定皇朝通典》:(清)嵇璜、劉墉等奉敕撰,影印文淵閣《四庫全書》本,臺灣商務印書館 1986 年版。

《江南通志》:(清)趙宏恩等監修,影印文淵閣《四庫全書》本,臺灣商務印書館 1986 年版。

《河南通志》：（清）王士俊等監修，影印文淵閣《四庫全書》本，臺灣商務印書館 1986 年版。

《山西通志》：（清）覺羅石麟等監修，影印文淵閣《四庫全書》本，臺灣商務印書館 1986 年版。

《湖廣通志》：（清）邁柱等監修，影印文淵閣《四庫全書》本，臺灣商務印書館 1986 年版。

《廣西通志》：（清）金鉷等監修，影印文淵閣《四庫全書》本，臺灣商務印書館 1986 年版。

《直齋書錄解題》：（宋）陳振孫撰，《中國歷代書目叢刊》第一輯，現代出版社 1987 年版。

《古今書刻》：（明）周弘祖撰，上海古籍出版社 2005 年版。

《萬卷堂書目》：（明）朱睦㮮撰，《續修四庫全書》本，上海古籍出版社 2002 年版。

《辦苗紀略》：（清）俞益謨編集，北京大學圖書館藏清康熙四十四年（1705）餘慶堂刻本。

《四庫全書總目》：（清）永瑢等撰，中華書局 1965 年版。

《千頃堂書目》：（清）黃虞稷撰，翟鳳起、潘景鄭整理，上海古籍出版社 2007 年版。

《天一閣書目》：（清）范邦甸撰，《續修四庫全書》本，上海古籍出版社 2002 年版。

《御批續資治通鑑綱目》：影印文淵閣《四庫全書》本，臺灣商務印書館 1986 年版。簡稱《御批綱目》。

《清實錄》：中華書局 1985 年版。

《青銅君傳》：（清）黎宗周撰、王基續撰，內蒙古自治區圖書館藏清康熙刻本。

（四）子部

《維摩詰所說經》：（後秦）鳩摩羅什譯、（後秦）僧肇注、常净校點，黑龍江人民出版社 1994 年版。

《藝文類聚》：（唐）歐陽詢編，上海古籍出版社 1999 年版。

《東坡志林》：（宋）蘇軾撰，影印文淵閣《四庫全書》本，臺灣商務印書館 1986 年版。

《東坡志林・仇池筆記》：（宋）蘇軾撰，華東師範大學古籍所點校，華東師範大學出版社1983年版。

《類說》：（宋）曾慥編，影印文淵閣《四庫全書》本，臺灣商務印書館1986年版。

（五）集部

《畫墁集》：（宋）張舜民撰，《叢書集成初編》本，據《知不足齋叢書》本排印，中華書局1985年版。

《苕溪漁隱叢話》：（宋）胡仔撰，廖德明校，人民文學出版社1980年版。

《詩人玉屑》：（宋）魏慶之撰，王仲聞校，中華書局2007年版。

《青銅自考》：（清）俞益謨撰，北京大學圖書館藏清康熙四十六年（1707）餘慶堂刻本（十二卷）、清康熙末至雍正年間抄本（十二卷），中國科學院國家科學圖書館藏清康熙末至雍正年間餘慶堂刻本（十二卷），臺灣"中央研究院"歷史語言研究所藏清康熙末至雍正年間抄本（十卷），上海古籍出版社2012年版田富軍、楊學娟點校本。

二、現當代文獻

（一）著作

《朔方道志》：馬福祥等修、王之臣纂，中國國家圖書館藏民國十六年（1927）天津華泰印書館鉛印本。簡稱《朔方道志》。

《明代文物和長城》：鍾侃撰，寧夏人民出版社1980年版。

《天一閣藏明代方志考錄》：駱兆平著，書目文獻出版社1982年版。

《西夏陵墓出土殘碑粹編》：李範文著，文物出版社1984年版。

《寧夏方志述略》：高樹榆等編著，吉林省圖書館學會1985年

《中國地方志聯合目錄》：中國科學院北京天文臺

《明清進士題名碑錄索引》：朱保炯、謝沛霖

《隴右方志錄》：張維編，《中國西北

版影印，蘭州古籍書店1990年版

《寧夏歷史地理考》：

《寧夏歷史人物

《甘肅省圖書館藏地方志目錄》：甘肅省圖書館編，蘭州大學出版社 1996 年版。
《寧夏出版志》(徵求意見稿)：寧夏人民出版社 2000 年 5 月内部發行。
《西夏地理研究》：王天順主編，甘肅文化出版社 2002 年版。
《青銅峽市志》：青銅峽市志編纂委員會辦公室編，方志出版社 2004 年版。
《西夏通史》：李範文主編，人民出版社、寧夏人民出版社 2005 年版。
《寧夏人地關係演化研究》：汪一鳴著，寧夏人民出版社 2005 年版。
《傳統典籍中漢文西夏文獻研究》：胡玉冰著，中國社會科學出版社 2007 年版。
《寧夏歷代碑刻集》：銀川美術館編，寧夏人民出版社 2007 年版。
《寧夏歷史地理變遷》：吳忠禮、魯人勇、吳曉紅著，寧夏人民出版社 2008 年版。
《方志與寧夏》：范宗興等著，寧夏人民出版社 2008 年版。
《寧夏地方志研究》：胡玉冰著，中國社會科學出版社 2012 年版。

(二) 論文

《〈嘉靖寧夏新志〉中的兩篇西夏佚文》：牛達生撰，《寧夏大學學報》1980 年第 4 期。

《明代中葉的寧夏經濟——讀〈嘉靖寧夏新志〉劄記之一》：陳明猷撰，《寧夏大學學報》1981 年第 1 期。

《康熙〈朔方廣武志〉考》：吳曉紅撰，《寧夏史志研究》2001 年第 3 期。

《〈嘉靖寧夏新志〉與明代寧夏社會》：楊浣撰，《固原師專學報》2004 年第 5 期。

《清代寧夏籍湖廣提督俞益謨著述考》：田富軍撰，《寧夏社會科學》2005 年第 2 期。

《〈嘉靖寧夏新志〉校勘三則》：陳永中撰，《寧夏史志》2005 年第 3 期。

《清代寧夏籍湖廣提督俞益謨生平考》：田富軍撰，《寧夏大學學報》2005 年第 6 期。

《清代寧夏籍湖廣提督俞益謨家世考》：楊學娟、田富軍撰，《寧夏社會科學》2008 年第 3 期。

《"試罷吳鈎學詠詩"——清代寧夏籍湖廣提督俞益謨詩詞的思想内容探析》：田富軍、葉根華撰，《文學界》2010 年第 7 期。

《寧夏籍湖廣提督俞益謨散……》2011 年第 5 期。

《清代寧夏籍湖廣提督俞益謨〈青……田富軍、葉根華撰，《寧夏社會科學》2012 年第 6 期。

《清代寧夏籍湖廣提督俞益謨……值》：田富軍撰，《圖書館理論與實踐》2012……兼論臺灣抄本的價

後　　記

胡玉冰

　　作爲《寧夏珍稀方志叢刊》主編，筆者非常感謝對本叢書出版給予支持的各位領導、學界同仁、研究生、責任編輯及家人們。感謝自治區副主席姚愛興先生特批本叢書爲自治區成立 60 周年獻禮項目，解決了叢書出版費的問題，感謝寧夏地方志辦公室給予的項目平臺，感謝崔曉華、劉天明、負有强等先生的大力支持。2011 年爲寧夏大學"學科建設年"，2016 年又逢"雙一流"建設期，感謝金能明、何建國、許興、謝應忠等校領導，感謝王正英、李學斌、李建設、陳曉芳、趙軍等職能部門領導，在你們的關心與支持下，以筆者爲學術帶頭人的學術團隊才能不斷推出新成果。合力出版本叢書，當是本團隊對學校的最好回報。邵敏、柳玉宏、蔡淑梅等寧夏大學人文學院青年教師作爲本叢書首批成果的作者，盡心盡力，不厭其煩，堅持不懈，保證了書稿的學術質量，爲完成好本項目帶了個好頭。田富軍、安正發等青年教師在本叢書計劃框架内會陸續出版高質量的學術成果。人文學院研究生韓超等同學在本叢書出版過程中也貢獻良多。孫佳、韓超、孫瑜、曹陽等是本叢書首批成果的作者，張煜坤、何玫玫、馬玲玲、魏舒婧、穆旋、徐遠超、孫小倩、李甜、李榮、張倩、曲絨、張娜娜、劉紅、蒲婧、王敏、韓中慧、付明易、何娟亮、姚玉婷等同學在舊志整理、書稿校對過程中也付出了辛勤的勞動。同學中有的已畢業離校，有的還將繼續求學。筆者想，無論他們將來身處何方，從事何種工作，大家共同追求學術的這段經歷應該是難忘的。研究生同學的青春朝氣讓筆者更加堅信：薪火相傳，學術常新。中國社會科學出版社張林等本叢書第一批成果的責任編輯、上海古籍出版社王珺等本叢書第二批成果的責任編輯，精心審讀、編輯，也讓本叢書學術質量得到了提升，謹致謝忱。本叢書的順利出版，也要感謝筆者及各位作者家人的理解與支持。你們默默無聞的奉獻精神，已幻化成萬千文字，在作者的成果中熠熠生輝。

　　學術成績從來就不是無源之水，無本之木。有了巨人的肩膀，我們才會看得更高、更遠。在寧夏，有一批從事地方文獻整理與研究的學者，他們的探索和努力爲我們今天的成績奠定了堅實的基礎，陳明猷、高樹榆、吴忠禮等老一輩學者更爲我們樹立了治學的榜樣。因篇幅所限，對學界各位同仁，恕不一一列舉大名。

　　此次全面整理寧夏地方舊志，主要由筆者策劃并組織實施。舊志整理的每一個環節，由筆者提出具體建議，各舊志底本的選擇、《總序》《前言》《整理説明》《後記》的撰寫等也皆由筆者完成。具體整理過程中，各團隊成員所取得的注釋或校勘等學術成果大家互享，這也體現了我們團隊合作的特色。宋朝沈括在《夢溪筆談》卷二五《雜志二》記載："宋宣獻博學，喜藏異書，皆手自校讎，常謂：'校書如掃塵，一面掃，一面生。故有一書每三四校猶有脱謬。'"宋綬（謚曰"宣獻"）家藏萬卷，博校經史，猶有"校書如掃塵"的感概，我輩於整理寧夏地方舊志而言，只能説："盡心而已！"更如《詩經·小雅·小旻》所詠："戰戰兢兢，如臨深淵，如履薄冰。"我們從主觀上力求圓滿，但因學識水平所限，成果中訛誤之處肯定在所難免，敬請學界同仁批評指正。

二〇一五年七月二十三日於寧夏銀川
二〇一七年八月三日修改於寧夏銀川